ŒUVRES
COMPLÈTES
DE BOSSUET

PUBLIÉES

D'APRÈS LES IMPRIMÉS ET LES MANUSCRITS ORIGINAUX

PURGÉES DES INTERPOLATIONS ET RENDUES A LEUR INTÉGRITÉ

PAR F. LACHAT

ÉDITION

RENFERMANT TOUS LES OUVRAGES ÉDITÉS ET PLUSIEURS INÉDITS

VOLUME X

PARIS

LIBRAIRIE DE LOUIS VIVÈS, ÉDITEUR

RUE DELAMBRE, 5

1863

ŒUVRES COMPLÈTES
DE BOSSUET.

SERMONS.
VOLUME III.

Besançon, — imprimerie d'Outhenin Chalandre fils.

OEUVRES

COMPLÈTES

DE BOSSUET

PUBLIÉES

D'APRÈS LES IMPRIMÉS ET LES MANUSCRITS ORIGINAUX

PURGÉES DES INTERPOLATIONS ET RENDUES A LEUR INTÉGRITÉ

PAR F. LACHAT

ÉDITION

RENFERMANT TOUS LES OUVRAGES ÉDITÉS ET PLUSIEURS INÉDITS

VOLUME X

PARIS

LIBRAIRIE DE LOUIS VIVÈS, ÉDITEUR

RUE DELAMBRE, 5

1863

LES SERMONS.

PREMIER SERMON

POUR

LE VENDREDI SAINT,

SUR LA PASSION DE NOTRE-SEIGNEUR JÉSUS-CHRIST (*a*).

Posuit Dominus in eo iniquitatem omnium nostrûm.
Dieu a mis en lui seul l'iniquité de nous tous. *Isa.*, LIII, 6.

Il n'appartient qu'à Dieu de nous parler de ses grandeurs; il n'appartient qu'à Dieu de nous parler aussi de ses bassesses. Pour parler des grandeurs de Dieu, nous ne pouvons jamais avoir des conceptions assez hautes; pour parler de ses humiliations, nous n'oserions jamais en avoir des pensées assez basses (*b*); et dans l'une et dans l'autre de ces deux choses, il faut que Dieu nous prescrive jusqu'où nous devons porter la hardiesse de nos expressions. C'est en suivant cette règle, que je considère aujourd'hui le divin Jésus comme chargé et convaincu de plus de péchés que les plus grands criminels du monde (*c*). Le prophète Isaïe l'a dit dans mon texte; et c'est pourquoi parlant du Sauveur : « Nous l'avons vu, dit-il, comme un lépreux : » *Vidimus eum tanquam leprosum*[1]; c'est-à-dire non-seulement comme un homme tout couvert de plaies, mais encore comme un homme tout couvert de crimes,

[1] *Isa.*, LIII, 4.
(*a*) Prêché à Metz vers 1656.
Au commencement du deuxième point, l'auteur, décrivant les cruautés des Juifs, emploie les mots : « coups de bâton, fou, canaille, camarades, corps-de-garde, casaque, victime écorchée; » il écrit des phrases comme celles-ci : « Il tend les joues, il tend le dos, il tend les épaules, » etc. On verra que, devenu plus sévère, il a supprimé ces expressions dans les autres discours sur la Passion.
Quant au mot *pleige* qu'on trouvera dans l'exorde, il signifie *caution, répondant.* « Ce terme vieillit même au palais, » dit *même* Gattel.
(*b*) *Var. :* Nous n'en oserions avoir d'assez basses. — (*c*) De plus de crimes que les plus grands malfaiteurs.

dont la lèpre étoit la figure. O saint et divin Lépreux! ô juste et innocent accablé de crimes! je vous regarderai dans tout ce discours courbé et humilié sous ce poids honteux, dont vous n'avez été déchargé qu'en portant (a) la peine qui leur étoit due.

C'est sur vous, ô croix salutaire, arbre autrefois infâme (b), et maintenant adorable, c'est sur vous qu'il a payé toute cette dette; c'est vous qui portez le prix de notre salut, c'est vous qui nous donnez le vrai fruit de vie. O croix, aujourd'hui l'objet de toute l'Eglise, que ne puis-je vous imprimer dans tous les cœurs! remplissez-moi de grandes idées des humiliations de Jésus; et afin que je puisse mieux prêcher ses ignominies, souffrez auparavant que je les adore en me prosternant devant vous et disant: *O Crux!*

La plus douce consolation d'un homme de bien affligé, c'est la pensée de son innocence; et parmi les maux qui l'accablent, au milieu des méchans qui le persécutent, sa conscience lui est un asile. C'est, mes frères, ce sentiment qui soutenoit la constance des saints martyrs; et dans ces tourmens inouïs qu'une fureur ingénieuse inventoit contre eux, quand ils méditoient en euxmêmes qu'ils souffroient comme chrétiens, c'est-à-dire comme saints et comme innocens, ce doux souvenir charmoit leurs douleurs et répandoit dans leurs cœurs et sur leurs visages une sainte et divine joie.

Jésus, l'innocent Jésus n'a pas joui de cette douceur dans sa passion, et ce qui a été donné à tant de martyrs (c) a manqué au Roi des martyrs. Il est mort, il est mort, et on lui a pour ainsi dire peu à peu arraché la vie (d) avec des violences incroyables; et parmi tant de honte et tant de tourmens, il ne lui est pas permis de se plaindre, ni même de penser en sa conscience qu'on le traite avec injustice. Il est vrai qu'il est innocent à l'égard des hommes; mais que lui sert de le reconnoître, puisque son Père, d'où il espéroit sa consolation, le regarde lui-même comme un criminel? C'est Dieu même qui a mis sur Jésus-Christ seul les iniquités de tous les hommes: le voilà, cet innocent, cet Agneau sans tache,

---

(a) *Var.:* Payant. — (b) O croix autrefois infâme... — (c) A tous les martyrs. — (d) On lui a pour ainsi dire peu à peu arraché sa vie.

devenu tout à coup ce bouc d'abomination, chargé des crimes, des impiétés, des blasphèmes de tous les hommes. Ce n'est plus ce Jésus qui disoit autrefois si assurément : « Qui de vous me reprendra de péché[1] ? » Il n'ose plus parler de son innocence, il est tout honteux devant son Père, il se plaint d'être abandonné ; mais au milieu de ces plaintes, il est contraint de confesser que cet abandonnement est très-équitable. Vous me délaissez, ô mon Dieu ! Eh ! mes péchés l'ont bien mérité : *Longè à salute meâ verba delictorum meorum*[2]. C'est en vain que je vous prie de me regarder ; les crimes dont je suis chargé ne permettent pas que vous m'épargniez : *Longè à salute meâ*. Frappez, frappez sur ce criminel ; punissez mes péchés, c'est-à-dire les péchés des hommes, qui sont véritablement devenus les miens. Ne croyez pas, mes frères, que ce soit ici une vaine idée. Non, le mystère de notre salut n'est pas une fiction, le délaissement de Jésus-Christ n'est pas une invention agréable, cet abandonnement est effectif ; et si vous voulez être convaincus qu'il est traité véritablement comme un criminel, prêtez seulement l'oreille au récit de sa passion douloureuse.

Le pécheur a mérité par son crime d'être livré aux mains de trois sortes d'ennemis. Le premier ennemi, c'est lui-même ; son premier bourreau, c'est sa conscience : *Torqueatur necesse est, sibi seipso tormento*[3]. Ce n'est pas assez de lui-même ; il faut en second lieu, chrétiens, que les autres créatures soient employées pour venger l'injure de leur Créateur. Mais le comble de sa misère, c'est que Dieu arme contre lui sa main vengeresse et brise une ame criminelle sous le poids intolérable de sa vengeance. O Jésus ! ô Jésus ! Jésus que je n'oserois plus nommer innocent, puisque je vous vois chargé de plus de crimes que les plus grands malfaiteurs ; on vous va traiter selon vos mérites. Au jardin des Olives, votre Père vous abandonne à vous-même ; vous y êtes tout seul, mais c'est assez pour votre supplice ; je vous y vois suer sang et eau. De ce triste jardin, où vous vous êtes si bien tourmenté vous-même, vous tomberez dans les mains des Juifs, qui

---

[1] *Joan.*, VIII, 46. — [2] *Psal.* XXI, 2. — [3] S. August., serm. II *in Psal.* XXXVI, n. 10.

soulèveront contre vous toute la nature. Enfin vous serez attaché en croix, où Dieu vous montrant sa face irritée, viendra lui-même contre vous avec toutes les terreurs de sa justice et fera passer sur vous tous ses flots. Baissez, baissez la tête ; vous avez voulu être caution, vous avez pris sur vous nos iniquités ; vous en porterez tout le poids, vous paierez tout du long la dette, sans remise, sans miséricorde.

Il le veut bien, il n'est que trop juste ; mais, hélas ! de son chef il ne devoit rien ; mais, hélas ! c'est pour vous, c'est pour moi qu'il paie. Joignons-nous ensemble, mes frères, et faisons quelque chose à la décharge de ce pleige innocent et charitable. Eh ! nous n'avons rien à donner, nous sommes entièrement insolvables ; c'est lui seul qui doit tout porter sur ses épaules. Et du moins donnons-lui des larmes, et donnons-lui du moins des soupirs, et laissons-nous du moins attendrir par une charité si bienfaisante. Vous en allez entendre l'histoire ; et plût à Dieu, mes frères, qu'elle soit interrompue par nos larmes, qu'elle soit entrecoupée par nos sanglots !

PREMIER POINT.

Mes frères, la première peine d'un homme pécheur, c'est d'être livré à lui-même ; et certainement il est bien juste. Le péché, dit saint Augustin [1], traîne son supplice avec lui ; quiconque le commet, s'en punit le premier lui-même : témoin ce ver qui ne meurt jamais ; témoin ces troubles, ces inquiétudes d'une conscience agitée. Tout cela suffit pour nous faire entendre que le pécheur est lui-même son supplice ; et si nous ne sentons pas cette peine durant le cours de cette vie, Dieu nous la fera sentir un jour dans toute son étendue. Mais ne nous arrêtons pas aujourd'hui à toutes ces propositions générales, et faisons-en l'application à l'état de Jésus souffrant.

Enfin le temps étant arrivé auquel il devoit paroître comme criminel, Dieu commence à lui faire sentir le poids des péchés par la peine qu'il se fait lui-même. Durant tout le cours de sa vie, il parle de sa passion avec joie, il désire continuellement cette heure

---

[1] Enarr. *in Psal.* XLV, n. 3.

dernière ; c'est ce qu'il appelle son heure [1] par excellence, comme celle qui est la fin de sa mission et qu'il attend par conséquent avec plus d'ardeur. Mais il ne faut pas, chrétiens, que son esprit soit toujours tranquille; c'est une secrète dispensation de la Providence divine, qu'il aille à la mort avec tremblement, parce qu'il y doit aller comme un criminel, parce qu'il doit s'affliger, se troubler lui-même. C'est pourquoi sentant approcher ce temps : « Maintenant, dit-il, mon ame est troublée : » *Nunc anima mea turbata est* [2]. C'est-à-dire ; jusqu'à cette heure elle n'avoit encore senti aucun trouble; maintenant que je dois paroître comme criminel, il est temps qu'elle soit troublée. Aussi est-il troublé sans mesure par quatre passions différentes : par l'ennui, par la crainte, par la tristesse et par la langueur : *Cœpit tædere et pavere, et contristari et mæstus esse* [3].

L'ennui jette l'ame dans un certain chagrin (a) qui fait que la vie est insupportable et que tous les momens en sont à charge ; la crainte ébranle l'ame jusqu'aux fondemens par l'image de mille tourmens qui la menacent; la tristesse la couvre d'un nuage épais qui fait que tout lui semble une mort ; et enfin cette langueur, cette défaillance, c'est une espèce d'accablement et comme un abattement de toutes les forces. Voilà l'état du Sauveur des ames allant au jardin des Olives, tel qu'il est représenté dans son Evangile. Ah! qu'il commence bien à faire sa peine ! Mais en effet ce n'est encore ici qu'un commencement ; et avant que de passer outre dans le récit de son histoire, pour vous faire vivement comprendre combien ce supplice est terrible, il nous faut répondre en un mot à une fausse imagination de quelques-uns, qui se persuadent que la constance inébranlable du Fils de Dieu, soutenue par cette force divine, a empêché que ses passions n'aient violemment agité son ame.

Une comparaison de l'Ecriture éclaircira cette objection, qui est presque dans l'esprit de tout le monde. Elle compare souvent la douleur à une mer agitée : et en effet la douleur a ses eaux amères, qu'elle fait entrer jusqu'au fond de l'ame ; elle a ses

---

[1] *Joan.*, XIII, 1. — [2] *Ibid.*, XII, 27. — [3] *Matth.*, XXVI, 37; *Marc.*, XIV, 33.
(a) *Var.*: Apporte à l'ame un certain chagrin.

vagues impétueuses, qu'elle pousse avec violence; elle s'élève par ondes, ainsi que la mer; et lorsqu'on la croit apaisée, elle s'irrite souvent avec une nouvelle furie. Ainsi la douleur ressemble à la mer; et le prophète dit expressément de celle du Fils de Dieu dans sa passion : *Magna est sicut mare contritio tua*[1] : « Ah! votre douleur est comme une mer. » Comme donc sa douleur ressemble à la mer, il est en son pouvoir, chrétiens, de réprimer la douleur en la même sorte que je lis dans son Evangile qu'il a autrefois dompté les eaux. Quelquefois la tempête s'étant élevée, il a commandé aux eaux et aux vents; « et il se faisoit, dit l'Evangéliste, une grande tranquillité : » *Facta est tranquillitas magna*[2]. Mais d'autres fois il en a usé d'une autre manière, et plus noble et plus glorieuse : il a lâché la bride aux tempêtes; il a permis aux vents d'agiter les ondes et de pousser, s'ils pouvoient, les flots jusqu'au ciel. Cependant il marchoit dessus avec une merveilleuse assurance[3], et fouloit aux pieds les flots irrités.

C'est en cette sorte, Messieurs, que Jésus traite la douleur dans sa passion. Il pouvoit commander aux flots, et ils se seroient apaisés; il pouvoit d'un seul mot calmer la douleur et laisser son ame sans trouble, mais il ne lui a pas plu de le faire. Lui qui est la sagesse éternelle, qui dispose et fait toutes choses selon le temps ordonné, se voyant arrivé au temps des douleurs, a bien voulu leur lâcher la bride et les laisser agir dans toute leur force. Il a marché dessus, il est vrai, avec une contenance assurée; mais cependant les flots étoient soulevés; toute son ame en étoit troublée, et elle sentoit jusqu'au vif, jusqu'à la dernière délicatesse, si je puis parler de la sorte, tout le poids de l'ennui, toutes les secousses de la crainte, tout l'accablement de la tristesse. Ne croyez donc pas, chrétiens, que la constance que nous adorons dans le Fils de Dieu ait rien diminué de ses douleurs. Il les a toutes surmontées, mais il les a toutes ressenties; il a bu jusqu'à la lie tout le calice de sa passion, il n'en a pas laissé perdre une seule goutte; non-seulement il l'a bu, mais il en a senti, il en a goûté, il en a savouré goutte à goutte toute l'amertume. De là cette crainte et cet ennui; de là cet abattement et cette langueur qui le presse si violemment

---

[1] *Thren.*, II, 13. — [2] *Marc.*, IV, 39. — [3] *Matth.*, XIV, 25.

qu'il est contraint de dire à ses apôtres : « Mon ame est triste jusqu'à la mort; demeurez ici, ne me quittez pas : » *Sustinete hîc, et vigilate mecum* [1]. Vous reconnoissez, chrétiens, que c'est le discours d'un homme accablé d'ennui. Et d'où lui vient cet accablement? C'est le poids de nos péchés qui le presse et qui à peine lui permet-il de respirer.

Et en effet, chrétiens, laissons les raisonnemens et les paroles étudiées, et appliquons nos esprits sérieusement sur cet étrange spectacle que le prophète nous représente. « Nous avons tous erré comme des brebis; chacun s'est égaré en sa voie, et le Seigneur a mis en lui seul l'iniquité de nous tous [2]. » Représentez-vous ce divin Sauveur sur lequel tombent tout à coup les iniquités de toute la terre; d'un côté les trahisons et les perfidies, de l'autre les impuretés et les adultères; de l'autre les impiétés et les sacriléges, les imprécations et les blasphèmes, enfin tout ce qu'il y a de corruption dans une nature aussi dépravée que la nôtre. Amas épouvantable! tout cela vient inonder sur Jésus-Christ. De quelque côté qu'il tourne les yeux, il ne voit que des torrens de péché qui viennent fondre sur sa personne (a) : *Torrentes iniquitatis conturbaverunt me* [3]. Ils le poussent, ils le renversent, ils l'accablent : (b) *Conturbaverunt me.* Le voilà prosterné et abattu, gémissant sous ce poids honteux, n'osant seulement regarder le ciel; tant sa tête est chargée (c) et appesantie par la multitude de ses crimes, c'est-à-dire des nôtres, qui sont véritablement devenus les siens. Pécheur superbe et rebelle (d), regarde Jésus-Christ en cette posture. Parce que tu marches la tête levée, Jésus-Christ a la face contre terre; parce que tu secoues le joug de la discipline et que tu trouves la charge du péché légère, voilà Jésus-Christ accablé sous sa pesanteur; parce que tu te réjouis en péchant, voilà Jésus-Christ que le péché met dans l'agonie : *Et factus in agoniâ prolixiùs orabat* [4].

Il faut considérer, chrétiens, ce que c'est que cette agonie; et afin de le bien comprendre, en insistant toujours aux mêmes prin-

---

[1] *Matth.*, XXVI, 38. — [2] *Isa.*, LIII, 6. — [3] *Psal.* XVII, 5. — [4] *Luc.*, XXII, 43.

(a) *Var.:* Fondre sur lui. — (b) *Note marg.:* Un homme à la chute de plusieurs torrens. — (c) *Var.:* Tant il est chargé... — (d) Opiniâtre.

cipes, disons que chaque péché attire deux choses, la honte et la douleur qui en sont comme les suites naturelles. La honte lui est due, parce qu'il s'est élevé déraisonnablement ; la douleur lui est due, parce qu'il s'est plu où il ne falloit pas. Et voici l'innocent Jésus, qui transportant en lui nos péchés, a pris aussi ces deux sentimens dans toute leur véhémence, et c'est la cause de son agonie.

La honte en premier lieu vient couvrir sa face, la honte l'abat contre terre; mais, ce qui est le plus remarquable, la honte le rend tremblant devant son Père; il ne lui parle plus avec cette douce familiarité, avec cette confiance d'un Fils unique qui s'assure sur la bonté de son Père. Père, Père, « s'il est possible ; » et qu'y a-t-il d'impossible à Dieu? *Si possibile est*[1]. Eh bien, Père, tout vous est possible, si vous voulez. Si vous voulez, et peut-il ne pas vouloir ce que lui demande un Fils si chéri? Toutefois écoutez la suite : « Détournez de moi ce calice; et toutefois faites, mon Père, non ma volonté, mais la vôtre. » O Jésus! ô Jésus! est-ce là le langage d'un Fils bien-aimé? Et vous disiez autrefois si assurément : « Mon Père, tout ce qui est à vous est à moi, tout ce qui est à moi est à vous[2]. » Et lorsque vous priiez autrefois, vous commenciez par l'action de graces : « O Père, je vous remercie de ce que vous m'avez écouté; et je le savois bien, que votre bonté paternelle m'écoute toujours[3]. » Pourquoi parlez-vous d'une autre manière? Pourquoi entends-je ces tristes paroles : « Non ma volonté, mais la vôtre? » Depuis quand cette opposition entre la volonté du Père et du Fils? Ne voyez-vous pas qu'il parle en tremblant, comme chargé des péchés des hommes? La honte des crimes dont il est couvert combat cette liberté filiale. Quelle gêne ! quelle contrainte (a) à ce Fils unique! *Factus in agoniâ prolixiùs orabat :* « Etant en agonie, il prioit longtemps. » Autrefois un mot suffisoit pour être assuré de tout emporter; il disoit en un mot : « Père, je le veux : » *Volo, Pater*[4]. Il a été un temps qu'il pouvoit hardiment parler de la sorte; maintenant que le Fils unique est couvert

[1] *Matth.*, XXVI, 39. — [2] *Joan.*, XVII, 10. — [3] *Ibid.*, XI, 41, 42. — [4] *Ibid.*, XVII, 24.

(a) *Var.* : Quel combat !

et enveloppé sous le pécheur, il n'ose plus en user si librement. Il prie, et il prie avec tremblement; il prie, et priant longtemps il boit tout seul à longs traits toute la honte d'un long refus. Taisez-vous, taisez-vous, caution des pécheurs; il n'y a plus que la mort pour vous.

La seconde cause de son agonie, c'est la douleur qu'il ressent des péchés qu'il porte; douleur si tuante et si accablante, qu'elle passe infiniment l'imagination. Nous ne sentons pas, pécheurs misérables et endormis dans nos crimes, hélas! nous ne sentons pas combien le péché est amer. Pour vous en former quelque idée, sans sortir de l'histoire de la passion, regardez le torrent de larmes amères qui se déborde impétueusement par les yeux de Pierre, pour un seul crime d'infidélité [1]. Et Jésus est couvert de tous les crimes, et du crime même de Pierre, et du crime même du traître Judas, et du crime même du lâche Pilate, et du crime même de tout ce peuple qui se rend coupable du déicide, en criant furieusement : « Qu'on le crucifie [2]! » O Jésus chargé de tous les péchés (a), dussiez-vous vous fondre en eau tout entier, vous n'avez pas assez de larmes pour fournir ce qu'il en faut à tant de crimes!

La douleur du cœur y supplée, et c'est pourquoi elle s'augmente jusqu'à l'infini. Il regrette tous nos péchés, comme s'il les avoit commis lui-même, parce qu'il en est chargé devant son Père; il les compte et les regrette tous en particulier, parce qu'il n'y en a aucun qui n'ait sa malice particulière; il les regrette autant qu'ils le méritent, parce qu'il en doit faire le paiement, et un paiement rigoureux. Or la douleur fait partie de ce paiement : nulle consolation dans cette douleur, parce que la consolation l'eût diminuée, et elle étoit due tout entière. Jugez, jugez de l'accablement! Ah! disoit autrefois David : « Mes péchés m'ont saisi de toutes parts; le nombre s'en est accru (b) par-dessus les cheveux de ma tête, et mon cœur m'a abandonné : » *Comprehenderunt me iniquitates meæ; multiplicatæ sunt super capillos capitis mei, et cor meum dereliquit me* [3]. Que dirai-je donc maintenant de vous, ô cœur du divin Jésus, accablé par l'infinité de nos péchés? Pauvre cœur, où avez-

---

[1] *Matth.*, XXVI, 75. — [2] *Ibid.*, XXVII, 23. — [3] *Psal.* XXXIX, 13.
(a) *Var.*: O Jésus, parmi tant de crimes. — (b) Multiplié.

vous pu trouver place à tant de douleurs qui vous percent, à tant de regrets qui vous déchirent?

Je ne crains point de vous assurer qu'il y avoit assez de douleur pour lui donner le coup de la mort. « Mon ame est triste jusqu'à en mourir[1]; » et il a voulu nous le faire entendre par une marque bien évidente. Cette sueur étrange et inouïe, qui depuis la tête jusqu'aux pieds a fait ruisseler par tout son corps des torrens de sang, n'est-ce pas pour nous en convaincre? Je ne recherche point de cause naturelle de cette sueur; elle est divine et miraculeuse, et la nature ne peut pas faire un effet semblable; mais le Fils de Dieu l'a permise, afin que nous fussions convaincus que, sans le secours d'aucun autre instrument (a), la seule douleur de nos crimes suffisoit pour verser son sang, pour épuiser sans ressource les forces du corps, en renverser l'économie et rompre enfin tous les liens qui retiennent l'ame. Il seroit donc mort, chrétiens; il seroit mort très-certainement par le seul effort de cette douleur, si une puissance divine ne l'eût soutenu pour le réserver à d'autres supplices. Mais ne devant point aller jusqu'à la mort, il est allé du moins jusqu'à l'agonie : *Factus in agoniâ*.

Et quelle a été cette agonie, différente infiniment de celle que nous voyons dans les autres hommes? Là une ame qui fait effort pour n'être point séparée du corps, en est arrachée par violence; et ici l'ame, prête à en sortir, y est retenue par autorité. L'ame combat dans les moribonds, pour ne point quitter cette chair qu'elle aime; la mort ayant déjà gagné les extrémités, l'ame se retire au dedans; poussée de toutes parts, elle se retranche enfin dans le cœur; et là elle se soutient, elle se défend, elle lutte contre la mort, qui la chasse enfin par un dernier coup. Et voici qu'au contraire dans notre Sauveur, l'harmonie du corps étant troublée, tout l'ordre déconcerté, toute la vigueur relâchée jusqu'à perdre des fleuves de sang, l'ame est arrêtée par un ordre exprès et par une force supérieure. Vivez donc, ô pauvre Jésus, vivez pour d'autres tourmens qui vous attendent; réservez quelque chose aux Juifs qui s'avancent, et au traître Judas qui est à leur tête.

[1] *Matth.*, XXVI, 38.
(a) *Var.*: D'aucun autre supplice.

C'est assez d'avoir montré aux pécheurs que le péché suffisoit tout seul pour vous donner le coup de la mort.

L'eussiez-vous cru, pécheur; eussiez-vous cru que votre péché eût une si grande et si malheureuse puissance? Si nous ne voyions défaillir le divin Jésus qu'entre les mains de ses bourreaux, nous n'accuserions de sa mort que ses supplices. Maintenant que nous le voyons succomber dans le jardin des Olives, où il n'a que nos péchés pour persécuteurs, accusons-nous nous-mêmes de ce déicide; pleurons, gémissons, battons nos poitrines, tremblons jusqu'au fond de nos consciences. Et comment pouvons-nous n'être pas saisis, ayant en nous-mêmes, au dedans de nos cœurs, une cause de mort si certaine? Le péché suffisoit pour la mort d'un Dieu; et comment pourroient subsister des hommes mortels, ayant ce poison dans les entrailles? Non, non, nous ne vivons plus que par miracle. Cette même puissance divine qui a retenu miraculeusement l'ame du Sauveur, c'est la même qui retient la nôtre par une semblable merveille (a); mais avec cette différence, qu'elle nous conserve la vie pour nous épargner des tourmens, et qu'elle ne la soutient en notre Sauveur que pour lui faire éprouver de nouveaux supplices, que je vais vous représenter dans ma seconde partie.

SECOND POINT.

Il est écrit dans le livre de la *Sagesse*[1] que toutes les créatures s'élèveront avec Dieu contre les pécheurs, et c'est le second fléau dont il menace ses ennemis. Notre saint, notre charitable, notre miséricordieux Criminel a déjà essuyé la première peine, il s'est déjà tourmenté lui-même; le voici au second degré de la vengeance divine, et il va être persécuté par un concours presque universel de toutes les créatures; où vous remarquerez, s'il vous plaît, Messieurs, que mon intention n'est pas de vous dire que toutes les créatures en particulier aient été employées contre Jésus-Christ : ce n'est pas ainsi qu'il le faut entendre, mais voici

---

[1] *Sap.*, v, 21.
(a) *Var.* : Miracle.

quelle est ma pensée. Je prétends considérer en Jésus-Christ un abandonnement général à toute sorte d'insultes, si cruelles et si outrageuses qu'elles puissent être, de quelque côté qu'elles puissent venir, fût-ce des mains les plus misérables.

Pour concevoir une forte idée de ce second genre de supplice qui a été une source de maux infinis, il faut poser avant toutes choses que Jésus considérant en lui-même qu'il est juste que le pécheur, s'étant séparé de Dieu qui est son appui, tombe dans la dernière foiblesse (a); au moment qu'il a été résolu qu'il se mettroit en la place (b) de tous les pécheurs, a suspendu volontairement et a retiré en lui-même tout l'usage de sa puissance. C'est pourquoi les Juifs s'approchant pour se saisir de sa personne, il leur dit cette mémorable parole : « Vous venez à moi comme à un voleur; j'étois tous les jours dans le temple, et vous ne m'avez pas arrêté; mais c'est que voici votre heure et la puissance des ténèbres [1]. » Il veut dire, ô Juifs, si vous l'entendez, que vous ne pouviez pas l'arrêter alors, parce qu'il se servoit de sa puissance; maintenant qu'elle n'agit plus, la puissance opposée n'a plus rien qui la borne, qui la contraigne (c). Voilà Jésus livré et abandonné à quiconque voudra l'outrager : *Nunc est hora vestra et potestas tenebrarum.* Cette suspension étonnante de la puissance du Fils de Dieu ne resserre pas seulement sa puissance extraordinaire et divine; elle enchaîne la puissance même naturelle, et elle en suspend tout l'usage jusqu'au point que vous allez voir.

Qui ne peut pas résister à la force, quelquefois se peut sauver par la fuite; qui ne peut pas éviter d'être pris, peut du moins se défendre quand on l'accuse; celui à qui on ôte cette liberté, a du moins la voix pour gémir et se plaindre de l'injustice. Jésus s'est ôté toutes ces puissances, tout cela (d); tout est lié, jusqu'à sa langue. Il ne répond pas quand on l'accuse, il ne murmure pas quand on le frappe; et jusqu'à ce cri confus que forme le gémis-

---

[1] *Luc.*, XXII, 52, 53.

(a) *Var.*: Considérant en lui-même qu'il est juste que le pécheur qui se sépare de Dieu tombe dans la dernière foiblesse. — (b) Qu'il prendroit la place. — (c) N'a plus rien qui l'arrête désormais, qui la contraigne. — (d) Tout cela est ôté au Fils de Dieu.

sement et la plainte, triste et unique ressource de la foiblesse opprimée, par où elle tâche d'attendrir les cœurs et d'arrêter par la pitié ce qu'elle n'a pu empêcher par la force, Jésus ne veut pas se le permettre. Parmi toutes ces violences on n'entend point de murmures ; mais « on n'entend pas seulement sa voix : » *Non aperuit os suum* [1] *;* bien plus, il ne se permet pas seulement de détourner la tête des coups. Eh ! un ver de terre que l'on foule aux pieds fait encore quelque effort pour se retirer; et Jésus se tient immobile, il ne tâche pas d'éluder le coup par le moindre mouvement : *Faciem meam non averti* [2].

Que fait-il donc dans sa passion ? Le voici en un mot dans l'Ecriture : *Tradebat autem judicanti se injustè* [3] *:* « Il se livroit, il s'abandonnoit à celui qui le jugeoit injustement; » et ce qui se dit de son juge, se doit entendre conséquemment de tous ceux qui entreprennent de l'insulter (a) : *Tradebat autem;* il se donne à eux pour en faire tout ce qu'ils veulent. On le veut baiser, il donne les lèvres; on le veut lier, il présente les mains; on le veut souffleter, il tend les joues; frapper à coups de bâton, il tend le dos; flageller inhumainement, il tend les épaules; on l'accuse devant Caïphe et devant Pilate, il se tient pour tout convaincu ; Hérode et toute sa Cour se moque de lui, et on le renvoie comme un fou ; il avoue tout par son silence. On l'abandonne aux valets et aux soldats, et il s'abandonne encore plus lui-même. Cette face autrefois si majestueuse, qui ravissoit en admiration le ciel et la terre, il la présente droite et immobile aux crachats de cette canaille ; on lui arrache les cheveux et la barbe; il ne dit mot, il ne souffle pas; c'est une pauvre brebis (b) qui se laisse tondre. Venez, venez, camarades, dit cette soldatesque insolente; voilà ce fou dans le corps-de-garde, qui s'imagine être roi des Juifs; il faut lui mettre une couronne d'épines : *Tradebat autem judicanti se injustè;* il la reçoit : et elle ne tient pas assez, il faut l'enfoncer à coups de bâton; frappez, voilà la tête. Hérode l'a habillé de blanc comme un fou : apporte cette vieille casaque d'écarlate

---

[1] *Isa.,* LIII, 7. — [2] *Isa.,* L, 6. — [3] 1 *Petr.,* II, 23.

(a) *Var. :* De lui faire insulte, — de lui faire outrage. — (b) Et il demeure muet comme une pauvre brebis...

pour le changer de couleurs; mettez (*a*), voilà les épaules : donne, donne ta main, Roi des Juifs, tiens ce roseau en forme de sceptre; la voilà, faites-en ce que vous voudrez. Ah! maintenant ce n'est plus un jeu, ton arrêt de mort est donné; donne encore ta main qu'on la cloue: tenez, la voilà encore. Enfin assemblez-vous, ô Juifs et Romains, grands et petits, bourgeois et soldats; revenez cent fois à la charge; multipliez sans fin les coups, les injures, plaies sur plaies, douleurs sur douleurs, indignités sur indignités; insultez à sa misère jusque sur la croix ; qu'il devienne l'unique objet de votre risée comme un insensé, de votre fureur comme un scélérat : *Tradebat autem ;* il s'abandonne à vous sans réserve, il est prêt à soutenir tout ensemble tout ce qu'il y a de dur et d'insupportable dans une raillerie inhumaine et dans une cruauté malicieuse.

Eh bien, chrétiens, avez-vous bien considéré (*b*) cette peinture épouvantable? Cet amas terrible de maux inouïs que je vous ai mis tout ensemble devant les yeux, suffit-il pas pour vous émouvoir? Quoi! je vois encore vos yeux secs ! quoi! je n'entends point encore de sanglots ! Attendez-vous que je représente en particulier toutes les diverses circonstances de cette sanglante tragédie ? Faut-il que j'en fasse paroître successivement tous les différens personnages, un Judas qui le baise, un Pierre qui le renie, un Malchus qui le frappe, des faux témoins qui le calomnient, des prêtres qui blasphèment son nom, un juge qui reconnoît et qui condamne néanmoins son innocence? Faut-il que je vous dépeigne notre Criminel gémissant à deux et trois reprises sous la grêle des coups de fouet, suant sous la pesanteur de sa croix, usant toutes les verges sur ses épaules, émoussant en sa tête toute la pointe des épines, lassant tous les bourreaux sur son corps (*c*)? Mais le jour nous auroit quittés avant que j'eusse seulement touché la moitié de ce détail épouvantable : abrégez ce discours infini par une méditation sérieuse.

Contemplez cette face, autrefois les délices, maintenant l'horreur

---

(*a*) *Var. :* Hérode l'a habillé de blanc comme un fou , et il le faut maintenant changer de couleurs; donne cette vieille casaque écarlate; mettez..... — (*b*) Médité. — (*c*) Épuisant sur son corps toute la force des bourreaux.

des yeux; regardez cet homme que Pilate vous présente au haut du prétoire. Le voilà, le voilà, cet homme; le voilà, cet homme de douleurs : *Ecce homo, ecce homo*[1] *:* « Voilà l'homme. » Et qui est-ce? Un homme ou un ver de terre? est-ce un homme vivant, ou bien une victime écorchée? On vous le dit, c'est un homme : *Ecce homo:* « Voilà l'homme. » Le voilà, l'homme de douleurs; le voilà dans le triste état où l'a mis la Synagogue sa mère; ou plutôt le voilà dans le triste état où l'ont mis nos péchés, nos propres péchés, qui ont fait fondre sur cet innocent tout ce déluge de maux. O Jésus, qui vous pourroit reconnoître? « Nous l'avons vu, dit le prophète, et il n'étoit plus reconnoissable. » Bien loin de paroître Dieu, il avoit même perdu l'apparence d'homme, et « nous l'avons cherché même en sa présence : » *Et desideravimus eum*[2]. Est-ce lui, est-ce lui? est-ce là cet homme qui nous est promis, « cet homme de la droite de Dieu, et ce Fils de l'homme sur lequel Dieu s'est arrêté? » *Super virum dexteræ tuæ, et super Filium hominis quem confirmasti tibi*[3]. C'est lui, n'en doutez pas : voilà l'homme, voilà l'homme qu'il nous falloit pour expier nos iniquités; il nous falloit un homme défiguré, pour reformer en nous l'image de Dieu que nos crimes avoient effacée; il nous falloit cet homme tout couvert de plaies, afin de guérir les nôtres : *Ipse autem vulneratus est propter iniquitates nostras, attritus est propter scelera nostra :* « Il a été blessé pour nos péchés, il a été froissé pour nos crimes; et nous sommes guéris par la lividité de ses plaies : » *Et livore ejus sanati sumus*[4].

O plaies, que je vous adore! flétrissures sacrées, que je vous baise! ô sang qui découlez, soit de la tête percée, soit des yeux meurtris, soit de tout le corps déchiré; ô sang précieux, que je vous recueille! Terre, terre, ne bois pas ce sang : *Terra, ne operias sanguinem meum*[5] *:* « Terre, ne couvre pas mon sang, » disoit Job; mais qu'importe du sang de Job? Mais, ô terre, ne bois pas le sang de Jésus : ce sang nous appartient, et c'est sur nos âmes qu'il doit tomber. J'entends les Juifs qui crient : « Son sang soit sur nous et sur nos enfans[6]! » Il y sera, race maudite; tu ne

---

[1] *Joan.*, XIX, 5. — [2] *Isa.*, LIII, 2. — [3] *Psal.* LXXIX, 18. — [4] *Isa.*, LIII, 5. — [5] *Job*, XVI, 19. — [6] *Matth.*, XXVII, 25.

seras que trop exaucée : ce sang te poursuivra jusqu'à tes derniers rejetons, jusqu'à ce que le Seigneur se lassant enfin de ses vengeances, se souviendra à la fin des siècles de tes misérables restes. Oh ! que le sang de Jésus ne soit point sur nous de cette sorte, qu'il ne crie point vengeance contre notre long endurcissement ; qu'il soit sur nous pour notre salut, que je me lave de ce sang, que je sois tout couvert de ce sang (*a*), que le vermeil de ce beau sang empêche mes crimes de paroître devant la justice divine !

Il n'est pas temps encore de se plonger dans ce bain salutaire, et il faut que le sang du divin Jésus coule pour cela à plus gros bouillons. Allons à la croix, chrétiens ; c'est là où nous pourrons nous plonger dans un déluge du sang de Jésus ; c'est là que tous les ruisseaux sont lâchés et se débordent si violemment qu'ils laissent enfin la source tarie (*b*). Allons donc à la croix, mes frères ; on y va bientôt attacher le divin Jésus, et on l'a déjà chargée sur ses épaules. C'est en ce lieu, chrétiens, que je ne puis vous dissimuler que je sens mon ame attendrie, quand je vois mon divin Sauveur porter lui-même sur ses épaules l'infâme instrument de son supplice. Ce qui me touche le plus vivement, c'est que de toutes les circonstances que nous avons vues il n'y en a, ce me semble, aucune où il paroisse plus en pécheur. Etre attaché à la croix, c'est souffrir le supplice des malfaiteurs ; mais porter soi-même sa croix, c'est confesser publiquement que l'on en est digne. Il faut avoir bien mérité la mort, pour être contraint d'en porter soi-même au gibet le malheureux instrument ; tellement que cette infamie que l'on ajoutoit au supplice des criminels, c'étoit une espèce d'amende honorable et comme un aveu public de leur crime.

O Jésus, innocent Jésus, faut-il que vous confessiez que vous avez mérité ce dernier supplice ? Il le faut, il le faut, mes frères. Les hommes lui imposent des crimes qu'il n'a pas commis ; mais Dieu a mis sur lui nos iniquités, et voilà qu'il en va faire amende

---

(*a*) *Var.:* Que je me couvre tout de ce sang. — (*b*) C'est là où tous les ruisseaux en doivent couler, et à force de se déborder, en laisser enfin la source tarie.

honorable à la face du ciel et de la terre. Aussitôt qu'il voit cette croix où il devoit bientôt être attaché : O mon Père, dit-il, elle m'est bien due, non à cause des crimes que les Juifs m'imposent, mais à cause de ceux dont vous me chargez. Viens, ô croix, viens que je t'embrasse ; il est juste que je te porte, puisque je t'ai si bien méritée. Il la charge sur ses épaules dans ce sentiment ; il ramasse toutes ses forces pour la traîner jusqu'au Calvaire ; en la chargeant sur ses épaules, il se charge et se revêt de nouveau de tous les crimes du monde pour les aller expier sur ce bois infâme.

Çà! y a-t-il encore quelque crime dont Jésus ne soit point chargé ? Qu'on l'apporte et qu'on le jette sur Jésus-Christ ; pendant qu'il va au supplice, il ne faut pas qu'aucun lui échappe. Ah! tout y est, la charge est complète (a). Approchons-nous, chrétiens ; et pendant que nos continuelles désobéissances, nos crimes, nos ingratitudes traînent Jésus-Christ au supplice et sont toutes entassées sur ses épaules, que chacun vienne reconnoître la part qu'il a dans ce fardeau. Hélas! moi misérable, de combien en ai-je augmenté le poids? Ah! combien de crimes et d'ingratitudes ai-je entassées (b) sur ses épaules ? Pleurons, pleurons, mes frères, en voyant chacun de nous cette charge infâme dont nous accablons le Sauveur. Tous nos péchés sont sur lui, tous lui pèsent, tous lui sont à charge ; mais ceux dont le poids est insupportable, ce sont ceux dont nous ne faisons point pénitence.

TROISIÈME POINT.

Il falloit que tout fût divin dans ce sacrifice : il falloit une satisfaction digne de Dieu, et il falloit qu'un Dieu la fît (c). Etre attaché à un bois infâme, avoir les mains et les pieds percés ; ne se soutenir que sur ses blessures, et tirer ses mains déchirées de tout le poids de son corps affaissé et abattu ; avoir tous les membres brisés et rompus par une suspension violente ; sentir cependant et sa langue et ses entrailles desséchées, et par la perte du sang, et par

(a) *Var.*: Çà! y a-t-il encore quelque crime dont Jésus ne soit point chargé? Qu'on l'apporte et qu'on le mette sur ses épaules. Ah! tout y est, la charge... — (b) Amassées. — (c) Il falloit une vengeance digne de Dieu, et que ce fût aussi Dieu qui la fît.

un travail incroyable d'esprit et de corps, et ne recevoir pour tout rafraîchissement qu'un breuvage de fiel et de vinaigre ; parmi ces douleurs inexplicables, voir de loin un peuple infini qui se moque, qui remue la tête, qui fait un sujet de risée d'une extrémité si déplorable ; avoir deux voleurs à ses côtés, dont l'un furieux et désespéré meurt en vomissant mille blasphèmes : c'est à peu près, mes frères, ce que notre foible imagination peut se représenter de plus terrible en Jésus-Christ crucifié. Ce spectacle, à la vérité, est épouvantable, cet amas de maux fait horreur ; mais ni la cruauté de ce supplice, ni tous les autres tourmens dont nous avons considéré la rigueur extrême, ne sont qu'un songe et une peinture en comparaison des douleurs, de l'oppression, de l'angoisse que souffre l'ame du divin Jésus sous la main de Dieu qui le frappe. Figurez-vous donc, chrétiens, que tout ce que vous avez entendu n'est qu'un foible préparatif : le grand coup du sacrifice de Jésus-Christ, qui abat cette victime publique de tous les pécheurs aux pieds de la justice divine, devoit être frappé sur la croix et venir d'une plus grande puissance que de celle des créatures.

En effet il n'appartient qu'à Dieu de venger ses propres injures ; et tant que sa main ne s'en mêle pas, les péchés ne sont punis que foiblement. A lui seul appartient de faire, comme il faut, justice aux pécheurs ; et lui seul a le bras assez puissant pour les traiter selon leur mérite : « A moi, à moi, dit-il, la vengeance ; eh ! je leur saurai bien rendre ce qui leur est dû : » *Mihi vindicta, et ego retribuam* [1]. Il falloit donc, mes frères, qu'il vînt lui-même contre son Fils avec tous ses foudres ; et puisqu'il avoit mis en lui nos péchés, il y devoit mettre aussi sa juste vengeance. Il l'a fait, chrétiens ; n'en doutons pas. C'est pourquoi le même prophète nous apprend que non content de l'avoir livré à la volonté de ses ennemis, lui-même voulant être de la partie, l'a rompu et froissé par les coups de sa main toute-puissante : *Et Dominus voluit conterere eum in infirmitate* [2] : Il l'a fait, dit-il, il a voulu le faire : *Voluit conterere;* c'est par un dessein prémédité. Jugez, Messieurs, où va ce supplice ; ni les hommes, ni les anges ne le peuvent jamais concevoir.

---

[1] *Rom.*, XII, 19. — [2] *Isa.*, LIII, 10.

Saint Paul nous en donne une idée terrible, lorsque, considérant d'un côté toutes ces étranges malédictions que la loi de Dieu attache (*a*) justement aux pécheurs, et regardant d'autre part des yeux de la foi Jésus-Christ tenant leur place en la croix, Jésus-Christ devenu péché pour nous [1], comme il parle, il ne craint point de nous dire que « Jésus-Christ a été fait pour nous malédiction [2]; » le grec porte *exécration,* et cela de la part de Dieu. Car il est écrit dans la loi, et c'est Dieu même qui l'a prononcé : « Maudit de Dieu est celui qui est pendu sur le bois [3]. » Et saint Paul nous apprend, Messieurs, que cette parole étoit prophétique et regardoit principalement le Fils de Dieu, qui étoit la fin de la loi [4]. C'est pourquoi il la lui applique déterminément. Le voilà donc maudit de Dieu; l'eussions-nous osé dire, l'eussions-nous seulement osé penser, si le Saint-Esprit ne nous l'apprenoit? Mais puisque cette doctrine vient de si bon lieu, tâchons de l'entendre comme nous pourrons.

Je trouve dans l'Ecriture que la malédiction de Dieu contre les pécheurs les environne par le dehors : *Induit maledictionem sicut vestimentum* [5]*;* qu'elle pénètre plus avant et qu'elle entre au dedans en s'attachant aux puissances de l'ame : *Intravit sicut aqua in interiora ejus;* et enfin qu'elle la pénètre jusque dans le fond de sa substance : *Et sicut oleum in ossibus ejus* [6]*,* « jusque dans la moelle des os. » Jésus-Christ mon Sauveur, avez-vous été réduit à ce point? Oui, n'en doutons pas, chrétiens; la malédiction l'a environné par le dehors. Son Père, qui durant le cours de sa vie s'étoit plu tant de fois de donner des marques de l'amour qu'il avoit pour lui, maintenant le laisse sans aucun secours, sans aucun témoignage de protection : faites ce que vous voudrez, je l'abandonne. Et que faites-vous, ô Père céleste? C'est alors qu'il le falloit secourir : *Ut quid, Domine, recessisti longè?* « Pourquoi vous êtes-vous retiré si loin, » si loin que vous ne paroissez pas : *Despicis in opportunitatibus* [7], dans l'occasion la plus importante. Voilà les Juifs qui lui disent en termes formels « que s'il

---

[1] II *Cor.,* v, 21.— [2] *Galat.,* III, 13. — [3] *Deuter.,* XXI, 23. — [4] *Rom.,* X, 4. — [5] *Psal.* CVIII, 18.— [6] *Ibid.* — [7] *Psal.* X, H. 1.

(*a*) *Var.:* Qui s'attachent.

descend de la croix, ils croiront en lui [1] : » c'est ici qu'il faudroit que les cieux s'ouvrissent; c'est le temps où il faudroit faire résonner cette voix céleste : « Celui-ci est mon Fils bien-aimé [2]. » Non, le ciel est d'airain sur sa tête. Bien loin de le reconnoître par aucun miracle, il retire jusqu'aux moindres marques de protection, jusque-là que les démons mêmes sentant bien ce prodigieux abandonnement, s'avancèrent aussi contre Jésus-Christ, pour en faire le jouet de leur fureur, *usque ad tempus* [3]. Les saints Pères interprètent du temps de la passion [4], qui étoit en effet leur temps. Et je vous laisse à penser si l'ayant remué si terriblement dans le désert, maintenant que voici leur jour, combien ils lui auront fait sentir d'outrages.

Secondement, Messieurs, la malédiction de Dieu pénètre au dedans et frappe Jésus-Christ dans ses puissances. Je remarque dans l'Ecriture que Dieu a un visage pour les justes et un visage pour les pécheurs. Le visage qu'il a pour les justes est un visage serein et tranquille, qui dissipe les nuages, qui calme les troubles de la conscience, qui la remplit d'une sainte joie : *Adimplebis me lœtitiâ cum vultu tuo* [5]. O Jésus crucifié, ce visage étoit autrefois pour vous, autrefois, autrefois: mais maintenant la chose est changée. Il y a un autre visage que Dieu tourne contre les pécheurs, un visage dont il est écrit : *Vultus autem Domini super facientes mala* [6] : « Le visage de Dieu sur ceux qui font mal; » c'est le visage de la justice. Dieu montre à son Fils ce visage, il lui montre cet œil enflammé; il le regarde, non de ce regard doux et pacifique qui ramène la sérénité, mais de ce regard terrible « qui allume le feu devant soi, » *ignis in conspectu ejus exardescet* [7], dont il porte l'effroi dans les consciences; il le regarde enfin comme un pécheur et marche contre lui avec tout l'attirail de sa justice. Mon Dieu, pourquoi vois-je contre moi ce visage dont vous étonnez les réprouvés? Visage de mon Père, où êtes-vous? Visage doux et paternel, je ne vois plus aucun de vos traits, je ne vois plus qu'un Dieu irrité. *Deus, Deus meus!* O bonté! ô misé-

---

[1] *Matth.*, XXVII, 42. — [2] *Ibid.*, XVII, 5. — [3] *Luc.*, IV, 13. — [4] S. August., Enarr. II *in Psal.* XXX, n. 10. — [5] *Psal.* XV, 11. — [6] *Psal.* XXXIII, 17. — [7] *Psal.* XLIX, 3.

ricorde ! ah ! que vous vous êtes retirée bien loin ! *Deus, Deus meus, ut quid dereliquisti me* [1] *?*

Troisièmement, Messieurs, la malédiction de Dieu va pénétrant dans le fond de son ame (*a*) : il n'appartient qu'à lui de l'aller chercher jusque dans son centre ; le passage en est fermé aux attaques les plus violentes des créatures ; Dieu seul en la faisant se l'est réservé ; mais aussi, quand il veut, « il la renverse, dit-il, jusqu'aux fondemens : » *Commovebit illos à fundamentis* [2]. Cela s'appelle dans l'Ecriture briser les pécheurs : *Dominus conteret eos* [3]. Et pour donner la perfection au sacrifice que devoit le divin Jésus à la justice divine, il falloit qu'il fût encore froissé de ce dernier coup, et c'est ce que le prophète a voulu dire dans ce passage qui s'entend de lui à la lettre : *Dominus voluit conterere eum in infirmitate* [4]. N'attendez pas, mes frères, que je vous représente ce dernier supplice ; mais concevez seulement qu'il falloit que le Fils de Dieu sentît en lui-même une oppression bien violente, pour s'écrier comme il fit : « Et pourquoi, mon Père, m'abandonnez-vous ? » Il falloit pour cela que la divinité de Jésus-Christ se fût comme retirée en elle même, ou que ne faisant sentir sa présence que dans une certaine partie de l'ame (*b*), ce qui n'est pas impossible à Dieu, qui sait diviser l'esprit d'avec l'ame (*c*), *Divisionem animæ ac spiritûs* [5], elle eût abandonné tout le reste aux coups de la vengeance divine ; ou que par quelque autre secret inconnu aux hommes ou par un miracle, comme tout est extraordinaire en Jésus-Christ, elle ait trouvé (*d*) le moyen d'accorder ensemble l'union très-étroite de Dieu et de l'homme avec cette extrême désolation où l'homme-Jésus-Christ a été plongé sous les coups redoublés et multipliés de la vengeance divine. De quelle sorte tout cela s'est fait, ne le demandez pas à des hommes ; tant y a qu'il est infaillible qu'il n'y avoit que le seul effort d'une angoisse inconcevable qui

---

[1] *Matth.*, XXVII, 46. — [2] *Sap.*, IV, 19. — [3] *Isa.*, I, 28. — [4] *Isa.*, LIII, 10. — [5] *Hebr.*, IV, 12.

(*a*) *Var.* : Au fond de l'ame.
(*b*) Dans la plus haute partie de l'ame.
(*c*) Qui va aux divisions les plus délicates.
(*d*) Ou que par un miracle extraordinaire, elle ait trouvé.....

pût arracher du fond de son cœur cette étrange plainte qu'il fait à son Père : *Quare me dereliquisti* [1] *?* C'est le mystère.

Pendant ce délaissement, Dieu étoit opérant en Jésus-Christ la réconciliation du monde, ne leur imputant point leurs péchés. En même temps qu'il frappoit, il ouvroit les bras aux hommes. Il rejetoit son Fils, et il nous ouvroit ses bras. Il le regardoit en colère, et il jetoit sur nous un regard de miséricorde : *Pater*, pour nous; *ignosce*, pour lui. Sa colère se passoit en se déchargeant; il frappoit son Fils innocent luttant contre la colère de Dieu. C'est ce qui se faisoit à la croix, jusqu'à tant que le Fils de Dieu lisant dans les yeux de son Père qu'il étoit entièrement apaisé, vit enfin qu'il étoit temps de quitter le monde. Je pourrois ici, chrétiens, vous faire une vive peinture d'un Jésus mourant et agonisant, défaillant peu à peu, attirant l'air avec peine d'une bouche toujours ouverte et livide, et traînant lentement les derniers soupirs par une respiration languissante, jusqu'à ce qu'enfin l'ame se retire et laisse le corps froid et immobile. Ce récit pourroit peut-être émouvoir vos cœurs; mais il ne faut pas travailler à vous attendrir par de vaines imaginations.

Jésus n'est pas mort de la sorte; il fait l'un après l'autre ce qu'il a à faire. Il parcourt toutes les prophéties, pour voir s'il reste encore quelque chose; il se retourne à son Père, pour voir s'il est apaisé. Voyant enfin la mesure comble et qu'il ne restoit plus que sa mort pour désarmer entièrement la justice, il recommande son esprit à Dieu; puis élevant sa voix avec un grand cri qui épouvanta tous les assistans, il dit hautement : « Tout est consommé [2]; » et remet volontairement son ame à son Père, d'une action libre et forte, pour accomplir ce qu'il avoit dit (a), que « nul ne la lui ôte par force, mais qu'il la donne lui-même de son plein gré [3]; » et ensemble pour nous faire entendre que vraiment il ne vivoit que pour nous, puisque notre paix étant faite, il ne veut plus rester un moment au monde. Ainsi est mort le divin Jésus, nous montrant combien il est véritable « qu'ayant aimé les siens, il les a aimés jusqu'à la fin [4]. » Ainsi est mort le divin Jésus, « pacifiant

---

[1] *Psal.* XXI, 1. — [2] *Joan.*, XIX, 30. — [3] *Ibid.*, X, 18. — [4] *Ibid.*, XIII, 1.
(a) *Var.:* Pour nous faire entendre, mes frères...

par ses souffrances le ciel et la terre [1]. » Il est mort, il est mort, et son dernier soupir a été un soupir d'amour pour les hommes.

Et je le dis et je le répète, et vous n'êtes pas encore attendris; et moi pécheur qui vous parle, plus dur et plus insensible que tous les autres, je puis vous parler encore! Il n'en est pas ainsi de ces personnes pieuses qui assistent à la mort du Sauveur Jésus : la douleur les saisit, de sorte qu'elle étouffe jusqu'aux sanglots (a). O Marie, divine Marie, ô de toutes les mères la plus désolée! qui pourroit ici exprimer de quels yeux vous vîtes cette mort cruelle? Tous les coups de Jésus sont tombés sur vous, toutes ses douleurs vous ont abattue, toutes ses plaies vous ont déchirée. Votre accablement incroyable vous ayant en quelque sorte rendue insensible, le dernier adieu qu'il vous dit renouvela toutes vos douleurs et rouvrit violemment toutes vos blessures. Vous étiez en cela plus inconsolable que, bien loin de diminuer ses afflictions, vous les redoubliez en les partageant; et que vos douleurs mutuelles s'accroissoient ainsi sans mesure et se multiplioient jusqu'à l'infini, pendant que les flots qu'elles élevoient se repoussoient les uns sur les autres par un flux et reflux continuel. Mais quand vous lui vîtes rendre les derniers soupirs, c'est alors que vous ne pouviez plus supporter la vie, et que votre ame le voulant suivre, laissa votre corps longtemps immobile.

Ce n'est pas pour cette Vierge, ô Père éternel, qu'il faut faire éclipser votre soleil, ni éteindre tous les feux du ciel; ils n'ont déjà plus de lumière pour elle. Il n'est pas nécessaire que vous ébranliez tous les fondemens de la terre, ni que vous couvriez d'horreur toute la nature, ni que vous menaciez tous les élémens de les remettre dans leur première confusion; après la mort de son Fils, tout le monde lui paroît couvert de ténèbres; la figure de ce monde est passée pour elle; et de quelque endroit qu'elle se tourne, ses yeux ne découvrent partout qu'une ombre de mort. Elle n'est pas la seule qui en est émue; et pour ne point parler des tombeaux qui s'ouvrent et des rochers qui se fendent, les cœurs des spectateurs, plus durs que les pierres, sont exci-

---

[1] *Coloss.*, I, 20.

(a) *Var.:* De sorte qu'elle ne leur permet pas même les soupirs.

tés par cette mort à componction (*a*). J'entends un centenier qui s'écrie : « Très-certainement cet homme étoit juste[1]. » Tous ceux qui assistoient à ce spectacle, s'en « retournoient, dit saint Luc, battant leur poitrine : » *Percutientes pectora sua revertebantur*[2].

Qu'il ne soit pas dit, chrétiens, que nous soyons plus durs que les Juifs. Ah! toutes nos églises sont aujourd'hui un Calvaire : qu'on nous voie sortir d'ici battant nos poitrines. Faisons résonner tout ce Calvaire de nos cris et de nos sanglots; mais que ce ne soit pas Jésus-Christ tout seul qui en fasse le sujet. Ne pleurez pas sur moi, nous dit-il; je n'ai que faire de vos soupirs ni de votre tendresse inutile. Pleurez, pécheurs, pleurez sur vous-mêmes. — Et pourquoi pleurer sur nous-mêmes? — *Quia si in viridi ligno hæc faciunt, in arido quid fiet*[3] ? « Si on fait ceci dans le bois verd, que sera-t-il fait au bois sec? » Si le feu de la vengeance divine a pris si fortement et si tôt sur ce bois verd et fructueux, bois aride, bois déraciné, bois qui n'attends plus que la flamme, comment pourras-tu subsister parmi ces ardeurs dévorantes, etc. ?

SECOND SERMON

POUR

LE VENDREDI SAINT,

SUR LA PASSION DE NOTRE-SEIGNEUR JÉSUS-CHRIST (*b*).

Non enim judicavi me scire aliquid inter vos, nisi Jesum Christum, et hunc crucifixum.

Je n'ai pas jugé que je susse autre chose parmi vous, sinon Jésus-Christ, et lui crucifié. I *Cor.*, II, 1.

Quelque étude que nous ayons faite pendant tout le cours de notre vie, et quelque soin que nous ayons pris d'enrichir nos

---

[1] *Luc.*, XXIII, 47. — [2] *Ibid.*, 48. — [3] *Ibid.*, 31.

(*a*) Sont attendris enfin par sa mort.

(*b*) *Premier point.* — Jésus-Christ crucifié, science du salut. Jésus-Christ a tout

entendemens par la connoissance du monde et des affaires, ou par celle des arts et de la nature, il faut aujourd'hui, chrétiens, que nous fassions sur le Calvaire profession publique d'une sainte et bienheureuse ignorance, en reconnoissant avec l'Apôtre, devant Dieu et devant les hommes, que toute la science que nous possédons est réduite à ces deux paroles : « Jésus, et lui crucifié. » Nous

pesé dans une juste balance, a estimé ce qu'il falloit estimer et mis le prix à toutes choses.

Le monde est crucifié et effacé par la mort de Jésus-Christ; il l'a couvert de l'horreur de sa croix.

Envie, cruelle; orgueil, moqueur. Le plaisir de l'envie, c'est la cruauté; le triomphe de l'orgueil, c'est la moquerie.

Ignominie de Jésus-Christ est la principale partie de la croix : *Sustinuit crucem confusione contemptâ* (Hebr., XII, 2). C'est donc elle dont il faut principalement se revêtir : *Exeamus igitur ad eum extra castra, improperium ejus portantes.* Hebr. XIII, 13). Nous sommes baptisés en cette infamie.

Second point. — L'homme est un prodige. S'admire et ne se connoît pas. Il faut lui donner des leçons pour s'estimer.

Il apprend à s'estimer ce qu'il vaut par le prix dont il a été racheté : *O anima, erige te, tanti vales* (S. August., *In Psal.* CII, n. 6)!

Combien nous sommes estimables, si nous savons nous peser avec ce prix. Combien nous sommes à Jésus-Christ par ce rachat.

Troisième point. — Malédiction de Dieu. Ce que c'est.

Consolation aux justes affligés. Que Dieu ne les abandonne point.

Pénitence de Jésus-Christ, douleur immense. La nôtre, à son imitation.

Satisfaction de Jésus-Christ par l'obéissance. La principale partie de la satisfaction, c'est une acceptation volontaire.

Cri de Jésus-Christ.

Prêché dans le Carême de 1661, aux Carmélites de la rue Saint-Jacques.

L'appellation « Mes sœurs » indique une communauté de religieuses, mais pas un mot n'annonce la présence de la reine ni de sa suite : notre sermon a donc été prêché aux Carmélites, non au Val-de-Grace. Et dans la description des cruautés commises par les Juifs sur la personne adorable de Jésus, l'auteur a conservé quelques expressions surannées du sermon précédent; mais il a supprimé les mots « fou, camarades, corps-de-garde et casaque. » Ces suppressions d'une part, et ces termes vieillis de l'autre, nous mènent vers 1660 ou 1661, années qui relient comme transition les deux premières époques du grand orateur.

Pascal dit dans les *Pensées*, qui parurent en 1670 : « Quelle chimère est-ce donc que l'homme? Quelle nouveauté, quel monstre, quel chaos, quel sujet de contradiction, quel prodige! » Et Bossuet, dans un sermon qui fut prêché en 1675, à la profession de Madame de la Vallière : « O Dieu! qu'est-ce donc que l'homme? Est-ce un prodige? est-ce un composé monstrueux de choses incompatibles, ou bien est-ce une énigme inexplicable? » Sur quoi certains critiques s'écrient : Voilà un emprunt manifeste fait par l'orateur au philosophe chrétien. C'est précisément le contraire qui est vrai; car Bossuet avoit dit dès 1661, dans notre sermon même, au commencement du deuxième point : « L'homme est un grand abîme dans lequel on ne connoît rien, ou plutôt l'homme est un prodige et un amas de choses confuses et mal assorties. »

ne devons point rougir de cette ignorance, puisque c'est elle qui a triomphé des vaines subtilités de la sagesse du monde, et qui a fait que tout l'univers révère en ce jour sacré, comme le plus grand de tous les miracles, le plus grand et le plus étrange de tous les scandales.

Mais je me trompe, Messieurs (a), d'appeler du nom d'ignorance la simplicité de notre foi. Il est vrai que toute la science du christianisme est réduite aux deux paroles que j'ai rapportées; mais aussi elles renferment les trésors immenses de la sagesse du Ciel, qui ne s'est jamais montrée plus à découvert à ceux à qui la foi a donné des yeux, que dans le mystère de la croix. C'est là que Jésus-Christ étendant les bras, nous ouvre le livre sanglant dans lequel nous pouvons apprendre tout l'ordre des secrets de Dieu, toute l'économie du salut des hommes, la règle fixe et invariable pour former tous nos jugemens, la direction sûre et infaillible pour conduire droitement nos mœurs, en un mot un mystérieux abrégé de toute la doctrine de l'Evangile et de toute la théologie chrétienne.

C'est, mes sœurs, ce qui m'a donné la pensée de vous prêcher aujourd'hui ce grand et admirable mystère dont saint Paul nous a parlé dans mon texte, la doctrine de vérité en Jésus souffrant, la science du chrétien en la croix. O croix, que vous donnez de grandes leçons! ô croix, que vous répandez de vives lumières! mais elles sont cachées aux sages du siècle; nul ne vous pénètre qu'il ne vous révère, nul ne vous entend qu'il ne vous adore; le degré pour arriver à la connoissance, c'est une vénération religieuse. Je vous la rends de tout mon cœur, ô croix de Jésus, en l'honneur de celui qui vous a consacrée par son supplice, dont le sang, les opprobres et l'ignominie vous rendent digne d'un culte et d'une adoration éternelle. Joignons-nous, ames saintes, dans cette pensée et disons avec l'Eglise : *O Crux, ave !*

Si le pontife de l'Ancien Testament, lorsqu'il paroissoit devant Dieu, devoit porter sur sa poitrine, comme dit le Saint-Esprit dans l'*Exode*, « la doctrine et la vérité [1], » dans des figures mystérieuses,

---

[1] *Exod.*, XXVIII, 30.

(a) *Var.*: Je me suis trompé, chrétiens...

à plus forte raison le Sauveur, qui est la fin de la loi et le Pontife de la nouvelle alliance, ayant toujours imprimées sur sa personne sacrée la doctrine et la vérité, par l'exemple de sa sainte vie et par ses actions irrépréhensibles, les doit porter aujourd'hui d'une manière bien plus efficace dans le sacrifice de la croix, où il se présente à son Père pour commencer véritablement les fonctions de son sacerdoce. Approchons donc avec foi, chrétiens, et contemplons attentivement ce grand spectacle de la croix, pour voir la doctrine et la vérité gravées sur le corps de notre Pontife en autant de caractères qu'il a de blessures, et tirer tous les principes de notre science de sa passion douloureuse.

Mais pour apprendre avec méthode cette science divine, considérons en notre Sauveur ce qu'il a perdu dans sa passion, ce qu'il a acheté, ce qu'il a conquis. Car il a dû y perdre quelque chose, parce que c'étoit un sacrifice; il a dû y acheter quelque chose, parce que c'étoit un mystère de rédemption; il a dû y conquérir quelque chose, parce que c'étoit un combat. Et pour accomplir ces trois choses, je dis qu'il se perd lui-même, qu'il achète les ames, qu'il gagne le ciel (a). Pour se détruire lui-même, il se livre aux mains de ses ennemis, c'est ce qui consomme la vérité de son sacrifice (b); en se livrant de la sorte, il reçoit les ames en échange, c'est ce qui achève le mystère de la rédemption; mais ces ames qu'il a rachetées de l'enfer, il les veut placer dans le ciel en surmontant les oppositions de la justice divine qui les en empêche (c), et c'est le sujet de son combat. Ainsi vous voyez en peu de paroles toute l'économie de notre salut dans le mystère de cette journée. Mais qu'apprendrons-nous pour régler nos mœurs dans cet admirable spectacle? Tout ce qui nous est nécessaire pour notre conduite : nous apprendrons à perdre avec joie ce que Jésus-Christ a perdu, c'est-à-dire les biens périssables; à conserver précieusement ce que Jésus-Christ a acheté (d), vous entendez bien que ce sont nos ames; à désirer avec ardeur ce que Jésus-Christ nous a conquis par tant de travaux, et je vous ai dit que c'étoit le ciel.

(a) *Var.*: Et dans ce sacrifice il se perd lui-même, dans cette rédemption il achète les ames, dans ce combat il gagne le ciel. — (b) C'est ce qui fait la perfection de son sacrifice. — (c) Contre la justice divine qui s'y oppose. — (d) Ce qu'il achète.

Quitter tout pour sauver son ame en allant à Dieu et à son royaume, n'est-ce pas toute la science du christianisme, et ne la voyez-vous pas toute ramassée en mon Sauveur crucifié? Mais vous le verrez bien plus clairement quand j'aurai établi par ordre ces trois vérités proposées, qui feront le sujet de ce discours.

PREMIER POINT.

Je ne pense pas, chrétiens, qu'il y ait un homme assez insensé pour ne pas aimer les biens éternels, s'il avoit pu se résoudre à mépriser les biens périssables (a). Sans doute notre inclination iroit droitement à Dieu, si elle n'étoit détournée par les attaches diverses que les sens font naître pour nous arrêter en chemin; d'où il est aisé de conclure que le premier pas dans la droite voie et aussi le plus difficile, c'est de mépriser les biens qui nous environnent; et par une suite infaillible, que le fondement le plus nécessaire (b) de la science dont nous parlons, c'est de savoir discerner au juste ce qui est digne de notre mépris.

Mais comme pour acquérir cette connoissance par la force du raisonnement, il faudroit un travail immense, Dieu nous ouvre un livre aujourd'hui où toutes les questions sont déterminées. En ce livre, les décisions sont indubitables, parce que c'est la sagesse de Dieu qui les a écrites. Elles y sont claires et intelligibles, parce qu'il ne faut qu'ouvrir les yeux pour les voir. Enfin elles sont ramassées en abrégé, parce que sans partager son esprit en des études infinies, il suffit de considérer Jésus-Christ en croix.

Et il n'est pas nécessaire de faire de grandes présuppositions, comme dans les écoles des philosophes, ni de conduire les esprits à la vérité par un long circuit de conclusions et de principes; il n'y a qu'une chose à présupposer, qui n'est ignorée d'aucun des fidèles, c'est que celui qui est attaché à ce bois infâme est la sagesse éternelle, laquelle par conséquent a pesé les choses dans une juste balance.

Et certainement, chrétiens, si nous voulons en juger par les effets, le Fils de Dieu a (c) toujours estimé ce qui méritoit de l'es-

---

(a) *Var.:* S'il avoit pu se dégoûter des... — (b) Le principe le plus important. — (c) Et en effet le Fils de Dieu a...

time. La foi de la Chananée et celle du Centenier ont trouvé en sa bouche leur juste louange¹. Non-seulement il a distingué le mal et le bien, mais il a fait à point nommé le discernement entre le plus et le moins. Par là il a su connoître la juste valeur du denier de la pauvre veuve²; et de peur de rien oublier, il a mis le prix jusqu'au verre d'eau qui se donne pour son service³. Enfin tout ce qui a quelque dignité est pesé dans sa balance jusqu'au dernier grain. Qui ensuite ne conclura pas que ce qu'il a rejeté avec mépris, n'étoit digne par conséquent d'aucune estime?

Que si vous voulez savoir maintenant quelles sont les choses qu'il a méprisées, il n'est pas besoin que je parle : ouvrez vous-mêmes le livre, lisez de vos propres yeux; les caractères en sont assez grands et assez visibles, les lettres en sont de sang pour frapper la vue avec plus de force (a); on a employé le fer et la violence pour les graver profondément sur le corps de Jésus-Christ crucifié.

Toute la peine, Messieurs, c'est que dans ce déluge de maux infinis qui viennent fondre sur notre Sauveur, on ne sait sur quoi arrêter la vue. Mais pour fixer nos regards, deux choses principalement sont capables de nous faire entendre l'état où il est réduit. C'est que dans cette heure destinée à ses souffrances, pour les faire monter jusqu'au comble, Dieu par l'effet du même conseil lâche la bride sans mesure à la fureur de ses envieux, et resserre dans le même temps toute la puissance de son Fils; il déchaîne contre sa personne toute la fureur des enfers, et il retire de dessus lui toute la protection du ciel (b).

Le souvenir de ses bienfaits miraculeux (c), qu'il avoit répandus à pleines mains sur ce peuple ingrat, devoit apparemment, chrétiens, sinon calmer tout à fait, du moins tempérer un peu l'excès de leur haine; mais c'est la haine au contraire qui efface la mé-

¹ *Matth.*, xv, 28; viii, 10. — ² *Marc.*, xii, 43. — ³ *Matth.*, x, 42.

(a) *Var.*: Pour être plus remarquables. — (b) *Note marg.*: Si bien que ses ennemis sont en état de tout oser, et lui réduit dans le même temps à la nécessité de tout souffrir. Il veut être traité de la sorte, pour rompre avec violence les liens qui nous empêchent d'aller au bien véritable; *et ut possemus bonum assequi quod optamus, perpetiendo docuit contemnere quod timemus.* — (c) *Var.*: Le souvenir de tant de bienfaits et de ses miracles qu'il avoit répandus.....

moire de tous les bienfaits, et je ne m'en étonne pas. L'un des plus grands supplices du Fils de Dieu devoit être l'ingratitude des siens. C'est pourquoi les douleurs de sa passion commencent par la trahison d'un de ses apôtres (a). Après ce premier effet de la perfidie, tous ses miracles et tous ses bienfaits vont être couverts d'un épais nuage; toute la mémoire en est abolie; l'air ne retentira que de ces cris furieux : C'est un scélérat (b), c'est un imposteur; il a dit qu'il détruiroit le temple de Dieu! Et là-dessus la vengeance aveugle se précipite aux derniers excès; elle ne peut être assouvie (c) par aucun supplice. « Méchans! dit saint Augustin [1]; quand ils lui rendroient le mal pour le mal, ils ne seroient pas innocens; s'ils ne lui rendent pas le bien pour le bien, ils seront ingrats; mais pour le bien ils lui rendent le mal; » pour de tels bienfaits, de si grands outrages; il n'y a plus de nom parmi les hommes qui puisse exprimer leur fureur.

Mais afin que nous entendions combien Jésus-Christ méprise tout ce que peut lui arracher la haine des hommes et tout ce qu'elle peut lui faire souffrir, en même temps que ses ennemis sont en la disposition de tout entreprendre, il se réduit volontairement à la nécessité de tout endurer. Chrétiens, réveillez vos attentions; c'est ici que le mystère commence.

Pour en concevoir une forte idée, je vous prie de considérer que l'heure dernière étant venue, en laquelle il avoit été résolu que le Fils de Dieu se mettroit en un état de victime, il suspendit aussitôt tout l'usage de sa puissance, parce que l'état de victime étant un état de destruction, il falloit qu'il fût exposé sans force et sans résistance à quiconque méditeroit de lui faire injure; et c'est ce qu'il a voulu nous faire connoître par ces paroles mémorables qu'il adresse aux Juifs dans le moment de sa capture (d) : « Vous venez à moi comme à un voleur; cependant j'étois tous les jours au milieu de vous, enseignant au temple, et vous ne m'avez point arrêté; mais c'est que c'est ici votre heure et la puis-

---

[1] *In Psal.* XXXVII, n. 25.

(a) *Var :* D'un de ses disciples. — (b) C'est un méchant. — (c) Rassasiée. — (d) Il falloit qu'il s'exposât nu et désarmé à quiconque entreprendroit de lui faire outrage; et c'est ce qu'il a voulu nous faire connoître lorsqu'il a parlé aux Juifs en ces termes : « Vous venez..... »

sance des ténèbres : » *Nunc est hora vestra et potestas tenebrarum*¹. Jusque-là, malgré leur fureur, ils ne pouvoient rien contre sa personne, parce que sa volonté toute-puissante leur lioit les mains ; mais il est maintenant du conseil de Dieu qu'il resserre volontairement (*a*) et qu'il retire en lui-même toute sa puissance, pour donner la liberté tout entière à la puissance opposée.

Il faut ici observer que cette suspension surprenante (*b*) de la puissance du Fils de Dieu, ne restreint pas seulement sa puissance extraordinaire et divine, mais que pour le mettre plus parfaitement en l'état d'une victime qu'on va immoler, elle resserre la puissance même naturelle et en empêche (*c*) tellement l'usage, qu'il n'en reste pas la moindre apparence. Qui ne peut résister à la force, se peut quelquefois sauver par la fuite. Qui ne peut éviter d'être pris, peut du moins se défendre quand on l'accuse. Celui à qui on ôte la juste défense (*d*), a du moins la voix pour gémir et se plaindre de l'injustice. Mais Jésus ne se laisse pas cette liberté. Tout est lié en lui jusqu'à la langue ; il ne répond pas quand on l'accuse ; il ne se plaint pas quand on le frappe : et jusqu'à ce cri confus que forme le gémissement, triste et unique recours de la foiblesse opprimée, par lequel elle tâche d'attendrir les cœurs et d'empêcher par la pitié ce qu'elle n'a pu arrêter par la force, il ne plaît pas à mon Sauveur de se le permettre ; bien loin de s'emporter jusqu'aux murmures, on n'entend pas même le son de sa voix ; « il n'ouvre pas seulement la bouche : » *Non aperuit os suum*². O exemple de patience mal suivi par les chrétiens, qui se vantent d'être ses disciples ! Il est si abandonné aux insultes, qu'il ne pense pas même avoir aucun droit de détourner la face des coups. Un ver de terre que l'on foule aux pieds, fait encore quelque foible effort pour se retirer ; et Jésus, comme une victime qui attend le coup, n'en veut pas seulement diminuer la force par le moindre mouvement de tête (*e*) : *Faciem meam non averti ab increpantibus et conspuentibus*³. Ce visage autrefois si majes-

¹ *Luc.*, XXII, 52, 53. — ² *Isa.*, LIII, 7. — ³ *Ibid.*, L, 6.

(*a*) *Var.*: Mais il est maintenant du conseil de Dieu qu'il se mette en un état de victime, et qu'il resserre volontairement et qu'il retire... — (*b*) Étrange. — (*c*) Et en suspend. — (*d*) Cette liberté. — (*e*) Et Jésus ne veut pas éluder le coup par le moindre mouvement de tête.

tueux, qui ravissoit en admiration le ciel et la terre, il le présente droit et immobile à toutes les indignités dont s'avise une canaille furieuse. Pour quelle raison, chrétiens? Parce qu'il est dans un état de victime, toujours attendant le coup; c'est-à-dire dans un état de dépouillement qui l'expose nu et désarmé, pour être en butte à toutes les insultes (*a*), de quelque côté qu'elles puissent venir, même des mains les plus méprisables.

L'étrange abandonnement de cette victime dévouée nous est très-bien expliqué par un petit mot de saint Pierre, en sa *première Epître canonique*, où remettant devant nos yeux Jésus-Christ souffrant, il dit « qu'il ne rendoit point opprobres pour opprobres, ni malédiction pour malédiction, et qu'il n'usoit ni de plaintes, ni de menaces : » *Cum pateretur, non comminabatur.* Que faisoit-il donc, chrétiens, dans tout le cours de sa passion ? Voici une belle parole : *Tradebat autem judicanti se injustè*[1]. « Il se livroit, il s'abandonnoit à celui qui le jugeoit injustement; » et ce qui se dit de son juge se doit entendre conséquemment de tous ceux qui entreprenoient de lui faire insulte : *Tradebat autem*; il se donne à eux pour faire de lui à leur volonté. Un perfide le veut baiser, il donne les lèvres; on le veut lier, il présente les mains; frapper à coups de bâton (*b*), il tend le dos; on veut qu'il porte sa croix, il tend les épaules; on lui arrache le poil, « c'est un agneau (*c*), dit l'Ecriture[2], qui se laisse tondre. » Mais attendez-vous, chrétiens, que je vous représente en particulier toutes les diverses circonstances de cette sanglante tragédie? Faut-il que j'en fasse paroître successivement tous les différens personnages : un Malchus qui lui frappe la joue, un Hérode qui le traite comme un insensé, un pontife qui blasphème contre lui, un juge (*d*) qui reconnoît et qui condamne néanmoins son innocence? Faut-il que je promène le Fils de Dieu par tant de lieux (*e*) éloignés qui ont servi de théâtre à son supplice, et que je le fasse paroître usant sur son dos à plusieurs reprises toute la dureté des fouets, lassant sur son corps toute la force des bourreaux, émoussant en sa tête

---

[1] I *Petr.*, II, 23. — [2] *Isa.*, LIII, 7.

(*a*) *Var.*: Qui l'expose sans force et sans puissance à toute sorte d'outrages. — (*b*) Flageller inhumainement. — (*c*) « C'est une brebis... » — (*d*) Un Pilate. — (*e*) En tant de lieux.

toute la pointe des épines? La nuit nous auroit surpris avant que nous eussions achevé toute cette histoire lamentable. Parmi tant d'inhumanités (a), il ne fait que tendre le cou, comme une victime volontaire. Enfin assemblez-vous, ô Juifs et Romains, grands et petits, peuples et soldats; revenez cent fois à la charge; multipliez sans fin les coups, les injures, plaies sur plaies, douleurs sur douleurs, indignités sur indignités; qu'il devienne l'unique objet de votre risée comme un insensé, de votre fureur comme un scélérat : *Tradebat autem judicanti se ;* il s'abandonne à vous sans réserve, il est prêt à soutenir tout ensemble tout ce qu'il y a de dur et d'insupportable dans une raillerie inhumaine et dans une cruauté malicieuse.

Après cela, chrétiens, que reste-t-il autre chose, sinon que nous approchions pour lire ce livre? Contemplez Jésus à la croix ; voyez tous ses membres brisés et rompus par une suspension violente; considérez cet homme de douleurs, qui ayant les mains et les pieds percés, ne se soutient que sur ses blessures, et tire ses mains déchirées de tout le poids de son corps affaissé et abattu par la perte du sang et par un travail inconcevable; qui parmi ces douleurs immenses, ne semble élevé si haut que pour découvrir de loin un peuple infini qui se moque, qui remue la tête, qui fait un sujet de risée d'une extrémité si déplorable.

Après ces décisions si sanglantes contre tous les biens de la terre, le monde a-t-il encore quelque attrait caché qui puisse mériter votre estime? Non, sans doute; il n'a plus d'éclat. Saint Paul a raison de dire « qu'il est mort maintenant et crucifié [1]; » Jésus a répandu sur sa face toute l'horreur de sa croix; dans le moment de sa mort, il fit retirer le soleil et couvrit de ténèbres pour un peu de temps le monde, qui est l'ouvrage de Dieu; mais il a obscurci pour jamais tout ce qui brille, tout ce qui surprend, tout ce qui éblouit dans ce monde de vanité et d'illusion, qui est le chef-d'œuvre du diable; il l'a détruit principalement dans la partie la plus éclatante, dans le trophée qu'il érige, dans l'idole qu'il fait adorer, je veux dire dans le faux honneur.

[1] *Galat.*, VI, 14.
(a) *Var.:* Partout.

C'est pourquoi son supplice, quoique très-cruel, est encore beaucoup plus infâme. Sa croix est un mystère de douleurs, mais encore plus d'opprobres et d'ignominies. Aussi l'Apôtre nous dit « qu'il a souffert la croix en méprisant la honte et l'ignominie : » *Sustinuit crucem confusione contemptâ* [1] ; et il semble même réduire tout le mystère de sa passion à cette ignominie, lorsqu'il ajoute que Moïse jugea que « l'ignominie de Jésus-Christ étoit un plus grand trésor que toutes les richesses de l'Egypte : » *Majores divitias æstimans thesauro Ægyptiorum, improperium Christi* [2]. Rien de plus infâme que le supplice de la croix ; mais comme l'infamie en étoit commune à tous ceux qui étoient à la croix, remarquons principalement cette dérision qui le suit depuis le commencement jusqu'à l'horreur de sa croix.

C'est une chose inouïe que la cruauté et la risée se joignent ensemble dans toute leur force, parce que l'horreur du sang répandu remplit l'ame d'images funestes qui répriment l'emportement de cette joie maligne dont se forme la moquerie, et l'empêche de se produire dans toute son étendue. Mais il ne faut pas s'étonner si le contraire arrive en ce jour, puisque l'enfer vomit son venin, et que les démons sont comme les ames qui produisent tous les mouvemens que nous voyons (*a*).

Tous ces esprits rebelles sont nécessairement cruels et moqueurs : cruels, parce qu'ils sont envieux ; moqueurs, parce qu'ils sont superbes. Car on voit assez, sans que je le dise, que l'exercice, le plaisir de l'envie, c'est la cruauté ; et que le triomphe de l'orgueil, c'est la moquerie. C'est pourquoi en cette journée où règnent les esprits moqueurs et cruels, il se fait un si étrange assemblage de dérision et de cruauté, qu'on ne sait presque laquelle y domine. Et toutefois la risée l'emporte, parce qu'étant l'effet de l'orgueil qui règne dans ces esprits malheureux, au jour de leur puissance et de leur triomphe ils auront voulu donner la première place à leur inclination dominante. Aussi étoit-ce le dessein de Notre-Seigneur que ce fût un mystère d'ignominie, parce que

[1] *Hebr.*, XII, 2. — [2] *Ibid.*, XI, 26.

(*a*) *Var.* : ..... qui répriment l'emportement de cette joie maligne qui forme la dérision et se fait un sujet de risée d'une extrémité déplorable. Mais aujourd'hui l'enfer vomit son venin, et les démons sont les ames qui produisent...

c'étoit l'honneur du monde qu'il entreprenoit à la croix, comme son ennemi capital; et il est aisé de connoître que c'est la dérision qui prévaut dans l'esprit des Juifs, puisque c'est elle qui a inventé la plus grande partie des supplices. J'avoue qu'ils sont cruels et sanguinaires; mais ils se jouent dans leur cruauté, ou plutôt la cruauté est leur jeu.

Il le falloit de la sorte, afin que le Fils de Dieu « fût soûlé d'opprobres, » comme l'avoit prédit le prophète [1]; il falloit que le Roi de gloire fût tourné en ridicule de toutes manières, par ce roseau, par cette couronne et par cette pourpre. Il falloit pousser la raillerie jusque sur la croix, insulter à sa misère jusque dans les approches de la mort, enfin inventer pour l'amour de lui une nouvelle espèce de comédie dont la catastrophe fût toute sanglante.

Que si l'ignominie de Notre-Seigneur c'est la principale partie de sa passion, c'est celle par conséquent dont il y a plus d'obligation de se revêtir. *Exeamus igitur ad eum extra castra, improperium ejus portantes.* Et toutefois, chrétiens, c'est celle qu'on veut toujours retrancher; dans les plus grandes disgraces on est à demi consolé, quand on peut sauver l'honneur et les apparences. Mais qu'est-ce que cet honneur, sinon une opinion mal fondée? et cette opinion trompeuse ne s'évanouira-t-elle jamais en fumée, en présence des décisions claires et formelles que prononce Jésus-Christ en croix? Nous sommes convenus, Messieurs, que le Fils de Dieu a pesé les choses dans une juste balance; mais il n'est plus question de délibérer, nous avons pris sur nous toute cette dérision et tous ces opprobres, nous avons été baptisés dans cette infamie : *In morte ipsius baptizati sumus* [2]. Or sa mort est le mystère d'infamie, nous l'avons dit. Eh quoi! tant d'opprobres, tant d'ignominies, tant d'étranges dérisions, dans lesquelles nous sommes plongés dans le saint baptême, ne seront-elles pas capables d'étouffer en nous ces délicatesses d'honneur! Non, il règne parmi les fidèles; cette idole s'est érigée sur les débris de toutes les autres, dont la croix a renversé les autels. Nous lui offrons de l'encens; bien plus, on renouvelle pour l'amour de lui les sacrifices cruels

[1] *Thren.*, III, 30. — [2] *Rom.*, VI, 3.

de ces anciennes idoles qu'on ne pouvoit contenter que par des victimes humaines; et les chrétiens sont si malheureux que de chercher encore de vaines couleurs, pour rendre à cette idole trompeuse l'éclat que lui a ravi le sang de Jésus. On invente des raisons plausibles et des prétextes artificieux pour excuser les usurpations de ce tyran, et même pour autoriser jusqu'à ses dernières violences; tant la discipline est corrompue, tant le sentiment de la croix est éteint et aboli parmi nous. Chrétiens, lisons notre livre; que la croix de notre Sauveur dissipe aujourd'hui ces illusions; ne sacrifions plus à l'honneur du monde, et ne vendons pas à Satan, pour si peu de chose, nos ames qui sont rachetées par un si grand prix.

SECOND POINT.

C'est une chose assez surprenante, que dans cette vanité qui nous aveugle et qui nous fait adorer toutes nos pensées, il faille nous donner des leçons pour nous apprendre à nous estimer et à faire cas de nous-mêmes. Mais c'est que l'homme est un grand abîme dans lequel on ne connoît rien; ou plutôt l'homme est un grand prodige et un amas confus de choses contraires et mal assorties. Il n'établit rien qu'il ne renverse, et il détruit lui-même tous ses sentimens.

Une marque de ce désordre, c'est que l'homme se cherche toujours et ne veut pas se connoître; il s'admire et ne sait pas ce qu'il vaut. L'estime qu'il fait de lui-même fait qu'il veut conserver tout ce qui le touche; et cependant, par le plus indigne de tous les mépris, il prodigue son ame sans peine et ne daigne pas seulement penser à une perte si considérable.

Cette ame est en effet un trésor caché, c'est un or très-fin dans de la boue, c'est une pierre précieuse parmi les ordures; la terre et la mortalité dont elle est couverte empêchent de remarquer sa juste valeur. C'est pour cela qu'il a plu à Dieu que le mystère de notre salut se fit par échange, afin de nous faire entrer dans l'estime de ce que nous sommes par la considération de notre prix. Ce n'est donc point dans les livres des philosophes que nous devons prendre une grande idée de l'honneur de notre nature. La croix nous découvre par un seul regard tout ce qui se peut lire sur cette matière. O ame, image de Dieu, viens apprendre ta dignité à la croix. Jésus-Christ se donne lui-même pour te racheter. « Prends courage, dit saint Augustin [1], ame raisonnable, et considère combien tu vaux : » *O anima, erige te, tanti vales!* « Si tu parois vile et méprisable à cause de la mortalité qui t'environne, apprends aujourd'hui à t'estimer par le prix auquel te met la Sagesse même : » *Si vos vobis ex terrenâ fragilitate viluistis, ex pretio vestro vos appendite* [2]. Appliquons-nous, chrétiens, à cette divine science, et méditons le mystère de cet échange admirable par lequel Jésus-Christ s'est donné pour nous, afin de consommer l'œuvre de notre rédemption.

Mais pour cela rappelons en notre mémoire « que notre péché nous avoit doublement vendus : » *Venumdati sub peccato* [3] : il nous avoit vendus à Satan, auquel nous appartenions comme des esclaves qu'il avoit vaincus ; il nous avoit vendus à la justice divine, à laquelle nous appartenions comme des victimes dues à sa vengeance. Vous savez assez, chrétiens, que le démon avoit surmonté les hommes et qu'ils étoient par conséquent devenus sa proie : *A quo enim quis superatus est, hujus et servus est* [4]. Dieu même l'avoit ainsi prononcé par un ordre admirable de sa justice. Car, comme dit excellemment saint Augustin, « quoiqu'il ne fasse pas les ténèbres, néanmoins il les range et il les ordonne; et il aime tellement la justice, qu'il veut que la disposition en paroisse même dans les ruines des péchés : » *Non deserit ordinandas ruinas peccatorum* [5]. C'est pourquoi le démon nous ayant vaincus, parce que nous nous étions vendus lâchement à lui, Dieu a voulu suivre cette loi, qu'on devient le bien de son conquérant et qu'on appartient sans réserve à celui à qui l'on se donne sans condition; et selon cette règle de justice, Dieu nous adjugea à notre vainqueur et ordonna par une juste sentence que nous fussions livrés entre ses mains.

Lorsque Dieu touché de miséricorde voulut nous affranchir (a)

[1] *In Psal.* CII, n. 6. — [2] Enarr. II *in Psal.* XXXII, n. 4. — [3] *Rom.*, VII, 14. — [4] II *Petr.*, II, 19. — [5] *De Lib. arbit.*, lib. III, n. 29.

(a) *Var.:* Délivrer.

de ce joug de fer, « il n'usa pas, dit saint Augustin [1], de sa souveraine puissance, » et en voici la raison. Il voulut faire comprendre à l'homme qui s'étoit vendu à si bas prix, combien il valoit. Et d'ailleurs c'est que Dieu s'étoit proposé dans l'ouvrage de notre salut d'aller par les voies de la justice; et comme nous étions passés dans la possession de notre ennemi, en vertu d'une sentence très-juste (a), il falloit nous retirer par les formes. Ô Jésus, voici votre ouvrage! ô Jésus, voici le miracle de votre charité estimable! C'est pourquoi vous avez vu, chrétiens, qu'il se livre volontairement à la puissance (b) des ténèbres et à la fureur de l'enfer. « Il attire, disent les saints Pères [2], notre ennemi au combat, en lui cachant sa divinité. » Cet audacieux s'approcha et voulut l'assujettir sous sa servitude; mais aussitôt qu'il eut mis la main sur celui qui ne devoit rien à la mort, parce qu'il étoit innocent, Dieu, qui dans l'œuvre de notre salut vouloit faire triompher sa miséricorde par l'ordre de sa justice, rendit en notre faveur ce jugement par lequel il fut dit et arrêté que le diable, pour avoir pris l'innocent, seroit contraint de lâcher les pécheurs; il perdit les coupables qui étoient à lui, en voulant réduire sous sa puissance Jésus-Christ, le Juste dans lequel il n'y avoit rien qui lui appartînt. Ceux qui sont tant soit peu versés dans la lecture des saints docteurs me rendront bien ce témoignage, qu'encore que je n'aie point cité leurs paroles, je n'ai rien dit en ce lieu qui ne soit tiré de leur doctrine, et que c'est en cette manière qu'ils nous ont souvent expliqué l'ouvrage de la rédemption. Mais il nous faut encore élever plus haut et entrer plus avant au fond du mystère, par des maximes plus élevées qu'ils ont prises des Ecritures.

C'étoit à la justice divine que nous étions vendus et livrés par une obligation bien plus équitable, mais aussi bien plus rigoureuse. Car quiconque lui est redevable ne peut s'acquitter que par sa mort, ne peut la payer que par son supplice. Non, mes frères, nulle créature n'est capable de réparer l'injure infinie qu'elle a

---

[1] *De Trinit.*, lib. XIII, n. 17 et seq. — [2] S. Chrysost., homil. XII *in Matth.*, n. 2; S. Leo, serm. II *in Nativ. Domin.*, cap. III, IV; *De Pass. Domin.*, cap. III.

(a) *Var.:* Par une juste sentence. — (b) C'est pourquoi il se livre, comme vous avez déjà vu, à la puissance.

faite à Dieu par son crime. Les théologiens le prouvent fort bien par des raisons invincibles ; mais il suffit de vous dire que c'est une loi prononcée au ciel et signifiée à tous les mortels par la bouche du saint Psalmiste : *Non dabit Deo placationem suam, nec pretium redemptionis animæ suæ*[1] *:* « Nul ne peut se racheter lui-même, ni rendre à Dieu le prix de son ame. » Il peut s'engager à sa justice, mais il ne peut plus se retirer de la servitude (*a*).

En vain le genre humain effrayé par le sentiment de son crime, cherche des victimes et des holocaustes pour les subroger en sa place; dussent-ils désoler tous leurs troupeaux par des hécatombes et les immoler à Dieu devant ses autels, il est impossible que la vie des bêtes paie pour la vie des hommes ; la compensation n'est pas suffisante : et c'est pourquoi cette maxime (*b*) de l'Apôtre est toujours d'une éternelle vérité, « qu'il n'est pas possible que les péchés soient ôtés par le sang des taureaux et des boucs : » *Impossibile est sanguine taurorum et hircorum auferri peccata*[2]. Si bien que ceux qui les immoloient, faisoient bien à la vérité une reconnoissance publique de ce que méritoient leurs crimes, mais ils n'en avançoient pas l'expiation. « Aussi, dit le même Apôtre[3], ils multiplioient sans fin leurs holocaustes, et toujours leurs péchés demeuroient sur eux. » Puis donc qu'il n'y avoit parmi nous aucune ressource, que restoit-il autre chose, sinon que Dieu réparât lui-même l'injustice de notre crime par la justice de notre peine, et satisfît à sa juste vengeance (*c*) par notre juste punition?

Dans cette cruelle extrémité que devenions-nous, chrétiens, si le Fils unique de Dieu n'eût proposé cet heureux échange prophétisé par David et rapporté par le saint Apôtre[4] ? « O Père, les holocaustes ne vous ont pas plu; » c'est en vain que les hommes tâchent de subroger en leur place d'autres victimes ; elles ne vous sont pas agréables ; mais j'irai moi-même me mettre en leur place. Tous les hommes sont dus à votre vengeance; mais une victime de ma dignité peut bien remplir

---

[1] *Psal.* XLVIII, 8, 9. — [2] *Hebr.*, X, 4. — [3] *Ibid.*, 1. — [4] *Psal.* XXXIX, 9, 10; *Hebr.*, X, 5 et seq.

(*a*) *Var.:* Il ne peut payer que par son supplice ; — Il ne peut payer que par sa mort. — (*b*) Et cette maxime de l'Apôtre est toujours... — (*c*) A sa juste colère.

justement la place même d'une infinité de pécheurs : *Tunc dixi : Ecce venio*. Là se vit ce spectacle de charité, spectacle de miséricorde auquel nous ne devrions jamais penser sans verser des larmes : un Fils uniquement agréable, qui se met en la place des ennemis; l'innocent, le juste, la sainteté même, qui se charge des crimes des malfaiteurs; celui qui étoit infiniment riche, qui se constitue caution pour les insolvables!

Mais, ô Père, consentirez-vous à cet échange? pourrez-vous voir mourir votre Fils, pour donner la vie à des étrangers? Un excès de miséricorde lui fera accepter cette offre; son Fils devient sa victime en la place de tous les mortels. Mais que n'use-t-il entièrement de miséricorde? Je vous l'ai déjà dit, c'est qu'il veut faire triompher la miséricorde dans l'ordre de justice : premièrement, chrétiens, afin de glorifier ces deux attributs dans le mystère de notre salut, qui est le chef-d'œuvre de sa puissance; mais la raison la plus importante, c'est qu'il lui plaît de montrer ainsi son amour aux hommes : *Sic Deus dilexit mundum* [1] *:* « Dieu a tant aimé le monde » etc, (a).

En effet, qui seroit capable de bien pénétrer cette charité immense de Dieu envers nous? Donner l'héritier (b) pour les étrangers! donner le naturel pour les adoptifs! Epanchons nos cœurs, ames saintes, dans une pieuse méditation de ces paroles si tendres et de cet échange si merveilleux. C'est déjà une bonté incomparable que Dieu ait voulu adopter des hommes mortels. Car, comme remarque excellemment saint Augustin [2], les hommes ne recourent à l'adoption que lorsqu'ils n'espèrent plus d'enfans véritables, si bien qu'elle n'est établie que pour venir au secours et suppléer au défaut de la nature qui manque. Et néanmoins, ô miséricorde! Dieu a engendré dans l'éternité un Fils qui contente parfaitement son amour, comme il épuise entièrement sa fécondité; et néanmoins, ô bonté incompréhensible! lui qui a un

---

[1] *Joan.*, III, 16. — [2] *Serm.* LI, n. 26.

(a) *Note marg.* : Tout est mystérieux dans la passion du Fils de Dieu. Caïphe prophétise; Pilate le déclare roi des Juifs, *rex Judæorum*; le peuple demande que son sang tombe sur lui, *sanguis super nos*, par la vengeance, par la rédemption; il ne veut point de celui-ci, mais il lui préfère Barabbas : *Non hunc, sed Barabbam*; l'innocent pour le pécheur : c'est ce que fait le Père céleste. Non, ne nous faut pas Barabbas; il nous faut un innocent. — (b) *Var.* : L'unique.

Fils si parfait (*a*), par l'immensité de son amour, par les richesses infinies d'une charité (*b*) surabondante, il donne des frères à ce premier-né, des compagnons à cet unique, et enfin des cohéritiers à ce bien-aimé de son cœur. Il fait quelque chose de plus au Calvaire : non-seulement il joint à son propre Fils des enfans qu'il adopte par miséricorde; mais, ce qui passe toute créance, il livre son propre Fils à la mort pour faire naître les adoptifs. Qui voudroit adopter à ce prix et donner son fils pour des étrangers ? Et néanmoins c'est ce que fait le Père éternel : *Sic Deus dilexit mundum.* Pesons un peu ces paroles : « Il a tant aimé le monde, » dit le Fils de Dieu : voilà le principe de l'adoption; « qu'il a donné son Fils unique : » voilà le Fils unique livré à la mort. Paroissez maintenant, enfans adoptifs, « afin que ceux qui croient ne périssent pas, mais qu'ils aient la vie éternelle. » Ne voyez-vous pas l'échange admirable? Il donne son propre Fils à la mort, pour faire naître les enfans d'adoption. Cette même charité du Père qui le livre, qui l'abandonne, qui le sacrifie, nous adopte, nous vivifie et nous régénère; comme si le Père éternel ayant vu que l'on n'adopte des enfans que lorsque l'on a perdu les véritables, un amour saintement inventif lui avoit heureusement inspiré pour nous ce conseil de miséricorde, de perdre en quelque sorte son Fils pour donner lieu à l'adoption, et de faire mourir l'unique héritier pour nous faire entrer dans ses droits.

Par conséquent, ô enfans adoptifs, que vous coûtez au Père éternel; mais que vous êtes chers et estimables à ce Père qui donne son Fils, et à ce Fils qui se donne lui-même pour vous! Voyez à quel prix il vous achète : un grand prix, dit le saint Apôtre, un prix infini : *Pretio empti estis, nolite fieri servi hominum*[1] *:* « Vous êtes achetés d'un prix, c'est-à-dire d'un prix infini et inestimable; ne vous rendez pas esclaves des hommes. » Un de vos amis vous aborde, un de ces amis mondains qui vous aiment pour le siècle et les vanités. Il vous veut donner un sage conseil; comme il vous honore, dit-il, et qu'il vous estime, il désire votre avancement; c'est pourquoi il vous exhorte de vous

---

[1] I *Cor.,* vii, 23.

(*a*) *Var.:* Lui ayant un Fils si parfait.—(*b*) Les richesses népuisables d'une bonté...

embarquer dans cette intrigue, peut-être malicieuse, d'engager ce grand dans vos intérêts, peut-être au préjudice de la conscience. Prenez garde soigneusement, et ne vous rendez pas esclaves des hommes. Vous avez un autre homme qui vous estime; cet homme c'est Jésus-Christ, qui est aussi votre Dieu; c'est lui qui vous estime véritablement, parce qu'il vous a acheté au prix de son sang. Parce que cet ami vous estime, il veut vous engager dans le siècle; parce que Jésus vous estime, il veut vous élever au-dessus du siècle. Vous promettez beaucoup, vous dit-il, et l'estime qu'il fait de vous fait qu'il voudroit vous voir dans le monde en la place dont vous êtes digne; mais Jésus, qui vous estime véritablement, ne voit rien dans le monde qui vous mérite. Car que voyez-vous dans le monde qui puisse contenter une ame pour laquelle Jésus-Christ se donne? Quand on vous représente ce que vous valez, n'entrez pas tout seul dans la balance, pesez-vous avec votre prix, et vous trouverez (a) que rien n'est digne de vous que ce qui est digne aussi de Jésus-Christ même. *Pretio empti estis :* ne vous rendez pas esclave de la complaisance, ne vous donnez pas à si bas prix, ne vous vendez pas pour si peu de chose (b). « Non, non, mes frères, dit saint Augustin, ne soyons pas vils à nous-mêmes, nous qui sommes si précieux au Père (c) qu'il nous achète au Calvaire du sang de son Fils; et encore n'étant pas content de nous le donner une fois, il nous le verse tous les jours sur ces saints autels : » *Tam caros œstimat, ut nobis quotidie Unigeniti sui sanguinem fundat* [1].

Entrons aujourd'hui sérieusement dans une grande estime de ce que nous sommes en qualité de chrétiens, et que cette pensée nous retienne dans nos crimes les plus secrets. Si vous aviez un témoin, ses yeux vous inspireroient de la retenue. Si vous perdez de vue Dieu qui vous regarde, songez du moins à vous-même, après le prix que vous coûtez au Sauveur. Comptez-vous dorénavant pour quelque chose; ayez honte de vous-même, à cause de vous-même; respectez vos yeux et votre présence : *Unus-*

---

[1] S. August., *Serm.* CCXVI, n. 3.

(a) *Var. :* Et sachez. — (b) Ne vendez pas pour si peu de chose votre liberté, et ne vous donnez pas à si bas prix. — (c) Nous que le Père céleste tient si précieux, — d'un si grand prix.

quisque dignum se existimet coràm quo si peccatum cogitaverit, erubescat [1].

Mais en apprenant aujourd'hui à nous estimer par notre prix, méditons aussi attentivement que « nous ne sommes pas à nous-mêmes, » et regardons-nous dans cette vue que « nous sommes des personnes achetées : » (a) *Non estis vestri; empti enim estis pretio magno* [2]. Nous pouvons aisément connoître, non-seulement combien légitimement, mais combien étroitement et intimement nous sommes acquis au Sauveur, si nous savons entendre les lois de cet échange mystérieux : *Non enim corruptibilibus auro vel argento redempti estis de vanâ vestrâ conversatione, sed pretioso sanguine quasi Agni immaculati Christi* [3]. Nous avons déjà dit, Messieurs, que l'achat n'est pas une perte, mais un échange : vous me donnez, et je donne; je me dessaisis en achetant de ce que je donne, mais néanmoins je ne le perds pas, parce que ce que je reçois me tient lieu de ce que je donne et en fait le remplacement. (b) Ce n'est pas sans raison, Messieurs, que l'Ecriture nous dit souvent que Jésus-Christ s'est donné pour nous. Il ne nous achète pas, dit saint Pierre, ni par or, ni par argent, ni par des richesses mortelles. Car étant maître de tout l'univers, tout cela ne lui coûtoit rien; mais parce qu'il nous vouloit acheter beaucoup pour marque de son estime, il a voulu qu'il lui en coûtât; et afin que nous entendions jusqu'à quel point nous lui sommes chers, il a donné son sang d'un prix infini, il a voulu se donner lui-même : par conséquent nous lui tenons lieu de sa chair, de son sang, de sa propre vie; et par conséquent, lorsque nous nous retirons de lui, nous lui faisons la même injure que si nous lui arrachions un de ses membres. Nous portons sa croix sur nos fronts, nous sommes teints de son sang; n'effaçons pas les marques d'une si glorieuse servitude; consacrons au Sauveur toute notre vie, puisqu'il l'a si bien achetée, et ne rompons pas un marché qui nous est si avantageux. Car comme il ne nous achète que comme Sauveur, il ne nous achète que pour nous sauver; et il va com-

[1] S. August., *Serm.* CCCLXXI, n. 4. — [2] I *Cor.*, VI, 19, 20. — [3] I *Petr.*, I, 18, 19.
(a) *Note marg.* : Jésus-Christ ne s'est pas donné à pure perte. — (b) Lois du commerce qui ne peuvent être renversées sans ruiner tous les fondemens de la ociété humaine.

battre à toute outrance, si je puis parler de la sorte, contre la justice de son Père, pour nous gagner le ciel qu'elle nous ferme.

TROISIÈME POINT.

Il n'y a rien qui attache les attentions comme le spectacle d'un grand combat qui décide des intérêts de deux puissances opposées; les voisins intéressés le considèrent avec tremblement, et les plus indifférens sont émus dans l'attente d'un événement si remarquable.

J'ai à vous proposer ici un combat où se décide la cause de notre salut, dans lequel un Dieu combat contre un Dieu, le Fils contre son Père et en quelque sorte contre lui-même. Mais comme on ne combat contre Dieu qu'en lui cédant, le Dieu-Homme, qui est le tenant contre la justice divine, pendant qu'elle marche contre lui personnellement armée de toutes ses vengeances, paroît armé de sa part d'une obéissance profonde. Toutefois, par cette obéissance toute-puissante la justice divine est vaincue, les portes du ciel sont forcées, et l'entrée en est ouverte aux enfans d'Adam, qui en étoient exclus par leurs crimes : *Per proprium sanguinem introivit semel in Sancta, æternâ redemptione inventâ*[1].

C'est ici la principale partie de la passion du Sauveur, et c'est pour ainsi dire l'ame du mystère, mais c'est un secret incompréhensible. Un Dieu qui se venge sur un Dieu, un Dieu qui satisfait à un Dieu, qui pourroit approfondir un si grand abîme? Les bienheureux le voient, et ils en sont étonnés (a); mais qu'en peuvent penser les mortels? Disons néanmoins, Messieurs, selon notre médiocrité, ce qu'il a plu à Dieu que nous en sussions par son Ecriture divine, et apprenons premièrement du divin Apôtre quelles armes tient en main le Père, quand il marche contre son Fils. Il est armé de son foudre, je veux dire de cette terrible malédiction qu'il lance sur les têtes criminelles. Quoi! ce foudre tombera-t-il sur le Fils de Dieu ? Ecoutez l'apôtre saint Paul : « Il est fait pour nous malédiction: » *Factus pro nobis maledictum*[2]; le grec porte *exécration*.

---

[1] *Hebr.*, IX, 12. — [2] *Galat.*, III, 13.
(a) *Var.:* Le voient et l'admirent.

Pour entendre le sens de l'Apôtre, vous voyez qu'il faut méditer avant toutes choses quelle est la force, quelle l'énergie de la malédiction divine; mais il faut que Dieu l'explique lui-même par la bouche du divin Psalmiste. *Induit maledictionem sicut vestimentum, et intravit sicut aqua in interiora ejus et sicut oleum in ossibus ejus*[1] *:* « La malédiction l'environne comme un vêtement, elle entre comme de l'eau dans son interieur et pénètre comme de l'huile jusqu'à ses os. » Voilà donc trois effets terribles de la malédiction. Elle environne les pécheurs par le dehors, elle entre jusqu'au dedans et s'attache aux puissances de leur ame (a); mais elle passe encore plus loin, elle pénètre comme de l'huile jusqu'à la moelle de leurs os, elle perce jusqu'au fond de leur substance. Jésus chargé des péchés des hommes, en qualité de répondant et de caution, est frappé de ces trois foudres ou plutôt de ces trois dards du foudre de Dieu. Expliquons ceci en peu de paroles, autant que le sujet le pourra permettre.

L'un des priviléges des justes, c'est que Dieu les assure dans les saintes Lettres que sa miséricorde les environne : *Sperantem autem in Domino misericordia circumdabit*[2]. Il veut par là que nous entendions qu'il fait pour ainsi dire la garde autour d'eux, pour détourner de sa main les coups qui menacent leurs têtes, qu'il bride la puissance de leurs ennemis et qu'il les met à couvert de toutes les insultes du dehors sous l'aile de sa protection.

Ainsi le premier degré de malédiction, c'est que Dieu retire des pécheurs cette protection extérieure et les laisse par conséquent exposés à un nombre infini d'accidens fâcheux qui menacent de toutes parts la foiblesse humaine. Je vous ai déjà fait voir, chrétiens, que Jésus a été réduit à ce triste état par la volonté de son Père, qu'il s'y est assujetti volontairement en qualité de victime; et comme ce que j'aurois à dire sur ce sujet tomberoit à peu près dans le même sens de ma première partie, pour ne vous point accabler par des redites dans un discours déjà assez long, je remarquerai seulement cette circonstance.

C'est que la protection de Dieu sur les justes leur est promise

[1] *Psal.* CVIII, 18. — [2] *Psal.* XXXI, 10.
(a) *Var.:* De l'ame.

principalement dans le temps des afflictions, parce que Dieu, comme un bon ami, se plaît de faire paroître à ses serviteurs dans le temps des adversités la fidélité de ses soins. De là vient que, lorsqu'il semble les abandonner, il fait luire sur eux ordinairement par certaines voies imprévues, qui ne manquent jamais à sa providence, quelque marque de sa faveur (a). Jésus n'en voit pas la moindre étincelle; si bien qu'en se plaignant que Dieu le délaisse [1], dans les termes du Roi-Prophète, il pouvoit encore ajouter ce qu'il a dit en un autre lieu [2] : *Ut quid, Domine, recessisti longè ?* « O Dieu ! pourquoi vous êtes-vous retiré si loin, » qu'il semble que je vous perde de vue ? *Despicis in opportunitatibus :* « Vous qui vous glorifiez d'être si fidèle, vous me dédaignez dans l'occasion, lorsque j'ai le plus besoin de votre secours; » *Despicis in opportunitatibus;* et quelle est cette occasion ? *In tribulatione :* « O Dieu ! vous me méprisez dans l'extrémité de mes angoisses. »

Voilà l'état du Sauveur. Mais disons ici en passant aux enfans de Dieu qui semblent abandonnés parmi leurs ennuis, qu'ils considèrent Jésus, qu'ils sachent que Dieu, cet ami fidèle, ne nous manque jamais aux occasions; mais ce n'est pas à nous de les lui prescrire, elles dépendent de l'ordre de ses décrets, et non de l'ordre des temps; il suffit que nous soyons assurés qu'il viendra infailliblement à notre secours, pourvu que nous ayons la force d'attendre. Après ce mot de consolation que nous devions, ce me semble, aux affligés, revenons maintenant au Fils de Dieu, et voyons la divine malédiction qui commence à pénétrer son intérieur et le frappe dans les puissances de l'ame ; suivons toujours l'Ecriture sainte et ne parlons point sans la loi.

J'ai appris de cette Ecriture que Dieu a un visage pour les justes et un visage pour les pécheurs. Le visage qu'il a pour les justes est un visage serein et tranquille, qui dissipe tous les nuages, qui calme tous les troubles de la conscience ; un visage doux et paternel, « qui remplit l'ame d'une sainte joie : » *Adimplebis me lætitiâ*

---

[1] *Psal.* xxi, 1. — [2] *Psal.* x, H. 1.

(a) *Var.:* ... se plaît de faire paroître dans l'adversité la fidélité de ses soins; et lorsqu'il semble es abandonner, il fait luire sur eux quelque marque de sa faveur.

*cum vultu tuo*¹. O Jésus ! il étoit autrefois pour vous, autrefois ; mais maintenant la chose est changée. Il y a un autre visage que Dieu tourne contre les pécheurs ; un visage dont il est écrit : *Vultus autem Domini super facientes mala*² *:* « Le visage de Dieu sur ceux qui font mal ; » visage terrible et épouvantable, visage de la justice irritée. (*a*) O grace ! ô rémission ! ô salut de hommes ! que vous coûtez à Jésus ! Son Père lui paroît avec ce visage ; il lui montre cet œil enflammé ; il lance contre lui ce regard terrible « qui allume le feu devant lui : » *Ignis in conspectu ejus exardescet* ³. Il le regarde enfin comme un criminel, et la vue de ce criminel lui fait en quelque sorte oublier son Fils.

Mon Sauveur en est étonné. Voyez comme il entre aussi dans ce sentiment et comme il prend en vérité l'état de pécheur. Ah ! c'est ici mon salut. Je me plais de m'occuper dans cette pensée ; j'aime à voir que mon Sauveur prend mes sentimens, parce que c'est en cette manière qu'il me donne la liberté de prendre les siens ; parce qu'il parle à Dieu comme un pécheur, ah ! c'est ce qui me donne la liberté de parler comme un innocent. Je remarque donc, ames saintes, que dès le commencement de sa passion il ne parle plus à Dieu qu'en tremblant. Lui qui priant autrefois commençoit sa prière par l'action de graces ⁴, assuré d'être toujours ouï ; lui qui disoit si hardiment : « Père, je le veux ⁵, » dans le jardin des Olives commence à tenir un autre langage : « Père, dit-il, s'il est possible ; Père, si vous voulez, détournez de moi ce calice : non ma volonté, mais la vôtre ⁶. » Est-ce là le discours d'un Fils bien-aimé ? Eh ! vous disiez autrefois si assurément : « Tout ce qui est à vous est à moi, tout ce qui est à moi est à vous ⁷. » Il a été un temps qu'il pouvoit parler de la sorte ; maintenant que le Fils unique est caché et enveloppé sous le pécheur, il n'ose plus lui parler avec cette liberté première, il prie avec

---

¹ *Psal.* XV, 11. — ² *Psal.* XXXIII, 17. — ³ *Psal.* XLIX, 3. — ⁴ *Joan.*, XI, 41, 42. — ⁵ *Ibid.*, XVII, 24. — ⁶ *Matth.*, XXVI, 39 ; *Luc.*, XXII, 42. — ⁷ *Joan.*, XVII, 10.

(*a*) *Note marg. :* Visage terrible et épouvantable, le visage de la justice irritée, dont Dieu étonne les réprouvés ! Ah ! si nous pouvions ouvrir les yeux pour considérer ce visage ! Jésus lui-même en est étonné, parce qu'il porte l'image d'un criminel. Voyez en l'image et en la peinture ce que c'est qu'un crime réel, ce que c'est qu'un pécheur véritable. *Si in viridi ligno hæc faciunt, in arido quid fiet* (Luc., XXIII, 31) ?

tremblement ; et enfin dans la suite de sa passion, se voyant toujours traité comme un criminel, ne découvrant plus aucuns traits de la bonté de son Père, il n'ose plus aussi lui donner ce nom ; et pressé d'une détresse incroyable, il ne l'appelle plus que son Dieu : « Mon Dieu, mon Dieu, pourquoi m'avez-vous abandonné ? » *Deus meus, Deus meus, ut quid dereliquisti me* [1] *?*

Mais la cause principale de cette plainte, c'est que la colère divine, après avoir occupé toutes ses puissances, avoit produit son dernier effet, en perçant et pénétrant jusqu'au fond de l'ame. Je n'aurois jamais fini ce discours, si j'entreprenois de vous expliquer combien ce coup est terrible. Il suffit que vous remarquiez qu'il n'appartient qu'à Dieu seul d'aller chercher l'ame jusque dans son centre; le passage en est fermé aux attaques les plus violentes des créatures ; Dieu seul en la faisant se l'est réservé ; et c'est par là qu'il la prend, « quand il veut la renverser par les fondemens, » selon l'expression prophétique : *Evertam eos à fundamentis* [2]. C'est ce qui s'appelle dans l'Ecriture « briser les pécheurs : » *Deus conteret eos* [3]. Voyez ici combien il est terrible de tomber entre les mains du Dieu vivant : c'est pour cela que Dieu a suivi cette voie de justice. Isaïe l'a dit clairement dans ce beau chapitre qui s'entend de Jésus-Christ à la lettre : « Le Seigneur l'a voulu briser : » *Dominus voluit conterere eum in infirmitate* [4]*;* et pour achever la perfection de son sacrifice, il falloit qu'il fût encore froissé par ce dernier coup.

Je ne crains point de dire que tous les autres tourmens de notre Sauveur, quoique leur rigueur soit insupportable, ne sont qu'une ombre et une peinture en comparaison des douleurs, de l'oppression, de l'angoisse que souffre son ame très-sainte sous la main de Dieu qui la froisse.

De quelle sorte le Fils de Dieu a pu ressentir ce coup de foudre, c'est un secret profond qui passe de trop loin notre intelligence, soit que sa divinité se fût comme retirée en elle-même ; soit que ne faisant sentir sa présence qu'en une certaine partie de son ame, ce qui n'est pas impossible à Dieu, « dont la vertu pénétrante,

---

[1] *Matth.*, XXVII, 46. — [2] *Sap.*, IV, 19. — [3] *Job*, XXXIV, 24. — [4] *Isa.*, LIII, 10.

comme dit saint Paul [1], va jusqu'aux divisions (a) les plus délicates de l'ame d'avec l'esprit, » elle eût abandonné tout le reste aux coups de la vengeance divine; soit que par quelque autre miracle inconnu et inconcevable aux mortels, elle ait trouvé le moyen d'accorder ensemble l'union très-étroite de Dieu et de l'homme avec cette extrême désolation où l'homme-Jésus-Christ a été plongé sous les coups redoublés et multipliés de la vengeance divine. Quoi qu'il en soit et de quelque sorte que se soit accompli un si grand mystère en la personne de Jésus-Christ, toujours est-il assuré qu'il n'y avoit que le seul effort d'une détresse (b) incompréhensible qui pût arracher du fond de son cœur cette plainte étrange qu'il fait à son Père : *Quare me dereliquisti?*

Le croirions-nous, chrétiens, si l'Ecriture divine ne nous l'apprenoit, que pendant cette guerre ouverte qu'un Dieu vengeur faisoit à son Fils, le mystère de notre paix se négocioit? On avançoit pas à pas la conclusion d'un si grand traité; et « Dieu étoit en Christ, se réconciliant le monde [2]. » Comme on voit quelquefois dans un grand orage, le ciel semble s'éclater et fondre tout entier sur la terre ; mais en même temps qu'il se décharge, il s'éclaircit peu à peu jusqu'à ce qu'il reprend enfin sa première sérénité, calmé et apaisé, si je puis parler de la sorte, par sa propre indignation : ainsi la justice divine éclatant sur le Fils de Dieu de toute sa force, se passe peu à peu en se déchargeant; la nue crève et se dissipe ; Dieu commence à ouvrir aux enfans d'Adam cette face bénigne et riante (c); et par un retour admirable (d), qui comprend tout le mystère de notre salut, pendant qu'il frappe sans miséricorde son Fils innocent pour l'amour des hommes coupables, il pardonne sans réserve aux hommes coupables pour l'amour de son Fils innocent.

Mais aussi c'est que sa rigoureuse justice fut si fortement combattue par le Fils de Dieu, qu'il fallut enfin qu'elle se rendît et qu'elle laissât emporter le ciel à une si grande violence. O ciel, enfin tu nous es ouvert; nous ne sommes plus des bannis, chassés

---

[1] *Hebr.*, IV, 12. — [2] II *Cor.*, V, 19.

(a) *Var.:* « Qui pénètre, comme dit saint Paul, les divisions... » — (b) Angoisse. — (c) Bénigne et tranquille. — (d) Heureux.

honteusement de notre patrie. C'est ici qu'il faut lire notre instruction. Car nous avons aussi à conquérir le ciel, mais il faut l'attaquer par les mêmes armes (a).

Le Sauveur s'est donc servi de deux sortes d'armes contre la sévérité de son Père, la contrition et l'obéissance. Car comme elle avoit pour objet le péché des hommes et qu'il falloit en détruire la coulpe et la peine, il a opposé à la coulpe une douleur immense des crimes, *Magna est velut mare contritio tua*[1], et satisfait à la peine par une obéissance infatigable, déterminée à tout endurer. Disons l'un et l'autre en peu de paroles; c'est la moralité de ce discours.

Je dis premièrement, chrétiens, que se trouvant chargé, investi, accablé des péchés du monde, il les envisage tous en détail (b); il les pèse à cette juste balance de sa divine sagesse; il les confronte aux règles immuables dont elles violent l'équité par leur injustice; et connoissant parfaitement, pénétrant profondément leur énormité par l'opposition aux principes, il gémit sur tous nos désordres avec toute l'amertume que chacun mérite. Ah! disoit autrefois David : *Comprehenderunt me iniquitates meæ..., multiplicatæ sunt super capillos capitis mei, et cor meum dereliquit me*[2]. « Mes iniquités m'ont saisi et environné de toutes parts; elles se sont multipliées plus que les cheveux de ma tête; » et pendant que je m'applique à les déplorer, « mon cœur tombe en défaillance, » ne pouvant fournir à tant de larmes. Que dirai-je donc maintenant de vous, ô cœur du divin Jésus, environné et saisi par l'infinité de nos crimes? Où avez-vous pu trouver place à tant de douleurs qui vous percent, à tant de regrets qui vous déchirent?

En unité de cette douleur par laquelle le Fils de Dieu déplore nos crimes, brisons nos cœurs devant lui par l'esprit de componction. Car qu'attendons-nous, chrétiens, à regretter nos péchés? Jamais nous n'en verrons l'horreur plus à découvert que dans la croix de Jésus. Dieu nous a voulu donner ce spectacle de la haine qu'il a pour eux et de la rigueur qu'ils attirent, afin que les voyant

[1] *Thren.*, II, 13. — [2] *Psal.* XXXIX, 13.

(a) *Var.*: Et qu'elle laissât emporter le ciel à une si grande violence. C'est ici qu'il faut lire notre instruction. Car nous devons aussi conquérir le ciel et le forcer par les mêmes armes. — (b) En particulier.

si horribles en la personne du Fils de Dieu, où ils ne sont que par transport, nous pussions comprendre par là quels ils doivent être en nos cœurs, dans lesquels ils ont pris naissance. Çà donc, ô péché régnant! ô iniquité dominante! que je te recherche aujourd'hui dans le fond de ma conscience. Est-ce un attachement vicieux? Est-ce un désir de vengeance, une inimitié invétérée? O vengeance! oses-tu paroître, quand Jésus outragé à l'extrémité demande pardon pour ses ennemis? Vous le savez, je ne le sais pas; mais je sais que tant que vous la laisserez régner dans vos cœurs, le ciel toujours d'airain sur vos têtes, vous sera fermé sans miséricorde; et au contraire que la justice divine, toujours inflexible et inexorable, ouvrira sous vos pas toutes les portes de l'abîme. Renversez donc aujourd'hui ce règne injuste et tyrannique; donnez cette victoire à Jésus-Christ; que sa croix emporte sur vous cet attachement ou cette aversion criminelle; (a) délivrez-vous de sa tyrannie par l'effort d'une contrition sans mesure. Le Fils de Dieu commence à gémir; suivez et sanctifiez votre repentir par la société de ses douleurs.

Mais pour surmonter tout à fait la justice de Dieu son Père, il s'arme encore de l'obéissance. Sur quoi je vous dirai seulement ce mot, car il est temps de conclure, que ce qu'il y a de plus important pour contenter la justice, c'est l'acceptation volontaire de tous les supplices. C'est la pratique de l'obéissance d'adorer la justice de Dieu, non-seulement en elle-même, mais dans son propre supplice. *Deus, Deus meus, quare me dereliquisti?* C'est la plainte du délaissement; mais il confesse en même temps qu'il est équitable : *Longè à salute meâ verba delictorum meorum* [1] : mes péchés l'ont bien mérité, qui sont devenus les miens par transport. C'est pourquoi, dès le commencement de sa passion, il ne parle plus de son innocence, il ne songe qu'à porter les coups. Ainsi s'étant abaissé infiniment davantage (b) qu'Adam ni tous ses enfans n'ont été rebelles, il a réparé toutes les injures par lesquelles ils déshonoroient la bonté de Dieu. La justice divine s'est

[1] *Psal.* XXI, 1.

(a) *Note marg.* : Qu'il brise une liaison mal assortie, qu'il renoue une rupture mal faite. — (b) Bossuet avoit dit d'abord : *infiniment plus.*

enfin rendue et a ouvert toutes les portes de son sanctuaire.

« Ayant donc cette confiance de pouvoir entrer dans le sanctuaire, ayant cette voie nouvelle que le Fils de Dieu nous a ouverte, je veux dire sa sainte chair, qui est la propitiation de nos crimes, approchons-nous de lui avec un cœur vraiment sincère et avec une pleine foi. » (a) Suivons, mes frères, après Jésus-Christ ; mais il faut combattre aussi bien que lui contre la justice. — Mais n'est-ce pas assez qu'il l'ait désarmée et qu'il ait porté en lui-même tout le fardeau de ses vengeances ? — Ne croyez pas qu'il ait tant souffert pour nous faire aller au ciel à notre aise. Il a soutenu tout le grand effort pour payer nos dettes ; il nous a laissé de moindres épreuves, mais néanmoins nécessaires pour entrer en conformité de son esprit et être honoré de sa ressemblance.

Approchons du sacrement de la pénitence avec un esprit généreux, résolus de satisfaire à la justice divine par une pénitence ferme et vigoureuse. (b) La satisfaction nous doit rendre conformes à Jésus crucifié. Mon Sauveur, quand je vois votre tête couronnée d'épines, votre chair déchirée, votre corps tout couvert de plaies, votre ame percée de tant de douleurs, je dis aussitôt en moi-même : Quoi donc! une courte prière, ou quelque légère aumône, ou quelque effort médiocre sont-ils capables de me crucifier avec vous? Ne faut-il point d'autres clous pour percer mes pieds qui tant de fois ont couru aux crimes, et mes mains qui se sont souillées par tant d'injustices? Que si notre délicatesse ne peut plus supporter les peines du corps que l'Eglise imposoit autrefois par une discipline si salutaire, récompensons-nous sur les cœurs. Ne sortons point les yeux secs de ce grand spectacle du Calvaire. « Tous ceux qui assistoient, dit saint Luc, s'en retournoient frappant leurs poitrines (c) : » qu'il ne soit pas dit, chrétiens,

---

(a) Note marg. : *Habentes fiduciam in introitu sanctorum in sanguine Christi, quam initiavit nobis viam novam et viventem per velamen, id est, carnem suam...: accedamus cum vero corde in plenitudine fidei* (Hebr., x, 19, 20, 22). — (b) Le concile de Trente. — (c) *Var.*: « Tous ceux qui assistoient, dit saint Luc, s'en retournoient frappant leurs poitrines : » *Percutientes pectora sua revertebantur* (Luc., XXIII, 48). Jésus-Christ mourant avoit répandu un certain esprit de componction et de pénitence : qu'il ne soit pas dit, chrétiens, que nous soyons plus durs que les Juifs. Dieu vengera la mort de son Fils.

que nous soyons plus durs que les Juifs. Faisons retentir tout le Calvaire de nos cris et de nos sanglots ; pleurons amèrement nos iniquités ; irritons-nous saintement contre nous-mêmes ; rompons tous ces indignes commerces ; quittons cette vie mondaine et licencieuse ; mourons enfin au péché avec Jésus-Christ, c'est lui-même qui nous le demande ; écoutez ce grand cri qu'il fait en mourant, c'est qu'il vous invite à la pénitence (a) ; il vous avertit de sa mort prochaine, afin que vous mouriez avec lui. Il va mourir, il baisse la tête, ses yeux se fixent, il passe, il expire ; c'en est fait, il a rendu l'ame. Eh bien, sommes-nous morts avec lui ? Allons-nous commencer une vie nouvelle par la conversion de nos mœurs ? Puis-je l'espérer, chrétiens ? Quelle marque m'en donnerez-vous ? Ah ! ce n'est pas à moi qu'il la faut donner : donnez-la au Sauveur Jésus, qui vous la demande. Ne sortez point de ce temple sans lui confesser vos péchés dans l'amertume de vos cœurs ; entrez dans les sentimens de sa mort par les douleurs de la pénitence, et vous participerez bientôt au bonheur de sa résurrection glorieuse. *Amen.*

(a) *Var. :* ..... mourons enfin avec Jésus-Christ, c'est lui-même qui nous le demande. Jésus, qui n'a jamais cessé d'exhorter les hommes à se repentir de leurs crimes, jusqu'à l'extrémité de son agonie, ramasse ses forces épuisées ; il fait un dernier effort, lui dont le cri a été ouï de Lazare jusqu'au tombeau, « dont les morts entendront la voix, et ceux qui l'entendront vivront : » *Mortui audient vocem Filii Dei, et qui audierint vivent* (Joan., v, 25). Ecoutez ce grand cri qu'il fait en mourant, qui étonne le Centenier qui le garde, qui arrête tous les yeux des spectateurs, qui étonne toute la nature, et que le ciel et la terre écoutent par un silence respectueux : c'est qu'il vous invite à la pénitence ; il vous avertit de sa mort prochaine.....

TROISIÈME SERMON

POUR

LE VENDREDI SAINT,

SUR LA PASSION DE NOTRE-SEIGNEUR JÉSUS-CHRIST (a).

Hic est sanguis meus Novi Testamenti.
C'est ici mon sang, le sang du Nouveau Testament. *Matth.*, XXVI, 28.

Le testament de Jésus-Christ a été scellé et cacheté durant tout le cours de sa vie. Il est ouvert aujourd'hui publiquement sur le Calvaire, pendant que l'on y étend Jésus à la croix. C'est là qu'on voit ce testament gravé en caractères sanglans sur sa chair indignement déchirée; autant de plaies, autant de lettres; autant de gouttes de sang qui coulent de cette victime innocente, autant de traits qui portent empreintes les dernières volontés de ce divin Testateur. Heureux ceux qui peuvent entendre (a) cette belle et admirable disposition que Jésus a faite en notre faveur et qu'il a confirmée par sa mort cruelle! Nul ne peut connaître cette écriture, que l'esprit de Jésus ne l'éclaire et que le sang de Jésus ne le purifie. Ce testament est ouvert à tous, et les Juifs et les Gentils voient le sang et les plaies de Jésus crucifié; « mais ceux-là n'y

---

(a) Prêché en 1662, dans le Carême du Louvre, devant le roi.
L'apôtre de la charité plaide dans ce sermon la cause des pauvres avec son éloquence et son zèle ordinaires : « J'ai, dit-il dans la péroraison, j'ai à vous proposer une peinture vivante et parlante qui porte une expression naturelle de Jésus mourant. Ce sont les pauvres... Jésus souffre dans les pauvres, il languit, il meurt de faim dans les pauvres, » etc. Ce sombre tableau nous représente au naturel les angoisses et les calamités de 1662. Un peu plus loin, après avoir dit au roi que « Jésus mourant lui recommande ses pauvres peuples, » le saint prédicateur ajoute : « Qui sait si ce n'est pas un conseil de Dieu d'accabler pour ainsi dire le monde par tant de calamités, afin que Votre Majesté portant promptement la main au secours de tant de misères, attire sur tout son règne ces grandes prospérités que le Ciel lui promet si ouvertement? » On voit que ces paroles indiquent le commencement du règne de Louis XIV, et notre date par conséquent.

(a) *Var.* : Lire.

voient que scandale, et ceux-ci n'y voient que folie[1]. » Il n'y a que nous, chrétiens, qui apprenons de Jésus-Christ même que le sang qui coule de ses blessures est le sang du Nouveau Testament; et nous sommes ici assemblés, non tant pour écouter que pour voir nous-mêmes dans la passion du Fils de Dieu la dernière volonté de ce cher Sauveur, qui nous a donné toutes choses quand il s'est lui-même donné pour être le prix de nos ames.

Il y a dans un testament trois choses considérables. On regarde en premier lieu si le testament est bon et valide; on regarde en second lieu de quoi dispose le testateur en faveur de ses héritiers; et on regarde en troisième lieu ce qu'il leur ordonne. Appliquons ceci, chrétiens, à la dernière volonté de Jésus mourant : voyons la validité de ce testament mystique par le sang et par la mort du testateur; voyons la magnificence de ce testament par les biens que Jésus-Christ nous y laisse; voyons l'équité de ce testament par les choses qu'il nous y ordonne. Disons encore une fois, afin que tout le monde l'entende, et proposons le sujet de tout ce discours. J'ai dessein de vous faire lire le testament de Jésus, écrit et enfermé dans sa passion. Pour cela je vous montrerai combien ce testament est inébranlable, parce que Jésus l'a écrit de son propre sang; combien ce testament nous est utile, parce que Jésus nous y laisse la rémission de nos crimes; combien ce testament est équitable, parce que Jésus nous y ordonne la société de ses souffrances. Voilà les trois points de ce discours. Le premier nous expliquera le fond du mystère de la passion, et les deux autres en feront voir l'application et l'utilité. C'est ce que j'espère de vous faire entendre avec le secours de la grace.

PREMIER POINT.

Comme toutes nos prétentions sont uniquement appuyées sur la dernière disposition de Jésus mourant, il faut établir avant toutes choses la validité de cet acte, qui est notre titre fondamental; ou plutôt, comme ce que fait Jésus-Christ se soutient assez de soi-même, il ne faut pas tant l'établir qu'en méditer

[1] I *Cor.*, I, 23.

attentivement la fermeté immobile (*a*), afin d'appuyer (*b*) dessus notre foi. Considérons donc, chrétiens, quelle est la nature du testament de Jésus; disons en peu de paroles ce qui sera de doctrine et seulement pour servir d'appui; et ensuite venons bientôt à l'application. Un testament, pour être valide, doit être fait selon les lois. Chaque peuple, chaque nation a ses lois particulières; Jésus, soumis et obéissant, avoit reçu la sienne de son Père; et comme dans l'ordre des choses humaines il y a des testamens qui doivent être écrits tout entiers de la propre main du testateur, celui de notre Sauveur a ceci de particulier, qu'il devoit être écrit de son propre sang et ratifié par sa mort, et par sa mort violente. Dure condition qui est imposée à ce charitable Testateur, mais condition nécessaire, que saint Paul nous a expliquée dans la divine *Epître aux Hébreux*. « Un testament, dit ce grand Apôtre [1], n'a de force que par le décès de celui qui teste; tant qu'il vit, le testament n'a pas son effet, de sorte que c'est la mort qui le rend fixe et invariable. » C'est la loi générale des testamens. « Il falloit donc, dit l'Apôtre, que Jésus mourût, afin que le Nouveau Testament qu'il a fait en notre faveur fût confirmé par sa mort. » Une mort commune ne suffisoit pas; il falloit qu'elle fût tragique et sanglante; il falloit que tout son sang fût versé et toutes ses veines épuisées, afin qu'il nous pût dire aujourd'hui : « Ce sang que vous voyez répandu pour la rémission des péchés, c'est le sang du Nouveau Testament, » qui est rendu immuable par ma mort cruelle et ignominieuse : *Hic est enim sanguis meus* [2].

Que si vous me demandez pourquoi ce Fils bien-aimé avoit reçu d'en haut cette loi si dure, de ne pouvoir disposer d'aucun de ses biens que sous une condition si onéreuse, je vous répondrai en un mot que nos péchés l'exigeoient ainsi. Oui, Jésus eût bien pu donner, mais nous n'étions pas capables de rien recevoir; notre crime nous rendoit infâmes et entièrement incapables de recevoir aucun bien. Car les lois ne permettent pas de disposer de ses biens en faveur de criminels condamnés, tels que nous étions par une juste sentence. Il falloit donc auparavant expier nos crimes; c'est

---

[1] *Hebr.*, IX, 16, 17. — [2] *Matth.*, XXVI, 28.
(*a*) *Var.* : Immuable. — (*b*) D'affermir.

pourquoi le charitable Jésus voulant nous donner ses biens qui nous enrichissent, il nous donne auparavant son sang qui nous lave, afin qu'étant purifiés nous fussions capables de recevoir le don qu'il nous a fait de tous ses trésors. Allez donc, ô mon cher Sauveur, allez au jardin des Olives, allez en la maison de Caïphe, allez au prétoire de Pilate, allez enfin au Calvaire, et répandez partout avec abondance ce sang du Nouveau Testament, par lequel nos crimes sont expiés et entièrement abolis.

C'est ici qu'il faut commencer à contempler Jésus-Christ dans sa passion douloureuse et à voir couler ce sang précieux de la nouvelle alliance, par lequel nous avons été rachetés; et ce qui se présente d'abord à mes yeux, c'est que ce divin sang coule de lui-même dans le jardin des Olives; les habits de mon Sauveur sont percés et la terre toute humectée de cette sanglante sueur qui ruisselle du corps de Jésus. O Dieu! quel est ce spectacle qui étonne toute la nature humaine, ou plutôt quel est ce mystère qui nettoie et qui sanctifie la nature humaine! Je vous prie de le bien entendre.

N'est-ce pas que notre Sauveur savoit que notre salut étoit dans son sang, et que pressé d'une ardeur immense de sauver nos ames, il ne peut plus retenir ce sang qui contient en soi notre vie bien plus que la sienne? Il le pousse donc au dehors par le seul effort de sa charité; de sorte qu'il semble que ce divin sang, avide de couler pour nous, sans attendre la violence étrangère, se déborde déjà de lui-même, poussé par le seul effort de la charité. Allons, mes frères, recevoir ce sang : « Ah! terre, ne le cache pas : » *Terra, ne operias sanguinem istum*[1] *:* c'est pour nos ames qu'il est répandu, et c'est à nous de le recueillir avec une foi pieuse.

Mais cette sueur inouïe me découvre encore un autre mystère. Dans ce désir infini que Jésus avoit d'expier nos crimes, il s'étoit abandonné volontairement à une douleur infinie de tous nos excès; il les voyoit tous en particulier, et s'en affligeoit sans mesure, comme si lui-même les avoit commis; car il en étoit chargé devant Dieu. Oui, mes frères, nos iniquités venoient fondre sur lui

[1] *Job,* XVI, 19.

de toutes parts, et il pouvoit bien dire avec David : *Torrentes iniquitatis conturbaverunt me*[1] *:* « Les torrens des péchés m'accablent. » De là ce trouble où il est entré lorsqu'il dit : « Mon ame est troublée[2]; » de là ces angoisses inexplicables qui lui font prononcer ces mots dans l'excès de son accablement : « Mon ame est triste jusqu'à mourir : » *Tristis est anima mea usque ad mortem*[3]. Car en effet, chrétiens, la seule immensité de cette douleur lui auroit donné le coup de la mort, s'il n'eût lui-même retenu son ame pour se réserver à de plus grands maux et boire tout le calice de sa passion. Ne voulant donc pas encore mourir dans le jardin des Olives, parce qu'il devoit pour ainsi dire sa mort au Calvaire, il laisse néanmoins déborder son sang pour nous convaincre, mes frères, que nos péchés, oui, nos seuls péchés, sans le secours des bourreaux, pouvoient lui donner la mort. L'eussiez-vous pu croire, ô pécheur, que le péché eût une si grande et si malheureuse puissance ? Ah ! si nous ne voyions défaillir Jésus qu'entre les mains des soldats qui le fouettent, qui le tourmentent, qui le crucifient, nous n'accuserions de sa mort que ses supplices ; maintenant que nous le voyons succomber dans le jardin des Olives, où il n'a pour persécuteurs que nos péchés, accusons-nous nous-mêmes de ce déicide : pleurons, gémissons, battons nos poitrines et tremblons jusqu'au fond de nos consciences. Et comment pouvons-nous n'être pas saisis de frayeur, ayant en nous-mêmes, au dedans du cœur, une cause de mort si certaine? Si le seul péché suffisoit pour faire mourir un Dieu, comment pourroient subsister des hommes mortels, ayant un tel poison dans les entrailles? Non, non, nous ne subsistons que par un miracle continuel de miséricorde; et la même puissance divine qui a retenu miraculeusement l'ame du Sauveur pour accomplir son supplice, retient la nôtre pour accomplir ou plutôt pour commencer notre pénitence.

Après que notre Sauveur a fait couler son sang par le seul effort de sa charité affligée, vous pouvez bien croire, mes frères, qu'il ne l'aura pas épargné entre les mains des Juifs et des Romains, cruels persécuteurs de son innocence. Partout où Jésus a été pendant la suite de sa passion, une cruauté furieuse l'a chargé

---

[1] *Psal.* XVII, 5. — [2] *Joan.*, XII, 27. — [3] *Matth.*, XXVI, 38.

de mille plaies ; si nous avons dessein de l'accompagner dans tous les lieux différens où il a paru, nous verrons partout des traces sanglantes qui nous marqueront les chemins ; et la maison du pontife, et le tribunal du juge romain, et le gibet et les corps-de-garde où Jésus a été livré à l'insolence brutale des soldats, et enfin toutes les rues de Jérusalem sont teintes de ce divin sang qui a purifié le ciel et la terre.

Je ne finirois jamais ce discours, si j'entreprenois de vous raconter toutes les cruelles circonstances où ce sang innocent a été versé ; il me suffit de vous dire qu'en ce jour de sang et de carnage, en ce jour funeste et salutaire tout ensemble, où la puissance des ténèbres avoit reçu toute licence contre Jésus-Christ, il renonce volontairement à tout l'usage de la sienne ; si bien qu'en même temps que ses ennemis sont dans la disposition de tout entreprendre, il se réduit volontairement à la nécessité de tout endurer. Dieu, par l'effet du même conseil, lâche la bride sans mesure à la fureur de ses envieux, et il resserre en même temps toute la puissance de son Fils ; pendant qu'il déchaîne contre lui toute la fureur des enfers, il retire de lui toute la protection du ciel, afin que ses souffrances montent jusqu'au comble et qu'il s'expose lui-même nu et désarmé, sans force et sans résistance, à quiconque auroit envie de lui faire insulte.

Après cela, chrétiens, faut-il que je vous raconte le détail infini de ses douleurs ? Faut-il que je vous décrive comme il est livré sans miséricorde, tantôt aux valets, tantôt aux soldats, pour être l'unique objet de leur dérision sanglante et souffrir de leur insolence tout ce qu'il y a de dur et d'insupportable dans une raillerie inhumaine et dans une cruauté malicieuse ? Faut-il que je vous le représente, ce cher Sauveur, lassant sur son corps à plusieurs reprises toute la force des bourreaux, usant sur son dos toute la dureté des fouets, émoussant en sa tête toute la pointe des épines ? O testament mystique du divin Jésus, que de sang vous coûtez à cet Homme-Dieu, afin de vous faire valoir pour notre salut !

Tant de sang répandu ne suffit pas pour écrire ce testament ; il faut maintenant épuiser les veines pour l'achever à la croix.

Mes frères, je vous en conjure, soulagez ici mon esprit; méditez vous-mêmes Jésus crucifié, et épargnez-moi la peine de vous décrire ce qu'aussi bien les paroles ne sont pas capables de vous faire entendre. Contemplez ce que souffre un homme qui a tous les membres brisés et rompus par une suspension violente; qui ayant les mains et les pieds percés, ne se soutient plus que sur ses blessures, et tire ses mains déchirées de tout le poids de son corps entièrement abattu par la perte du sang; qui parmi cet excès de peines, ne semble élevé si haut que pour découvrir de loin un peuple infini qui se moque, qui remue la tête, qui fait un sujet de risée d'une extrémité si déplorable. Et après cela, chrétiens, ne vous étonnez pas si Jésus dit « qu'il n'y a point de douleur semblable à la sienne [1]. »

Laissons attendrir nos cœurs à cet objet de pitié; ne sortons pas les yeux secs de ce grand spectacle du Calvaire. Il n'y a point de cœur assez dur pour voir couler le sang humain sans en être ému. Mais le sang de Jésus porte dans les cœurs une grace de componction, une émotion de pénitence : ceux qui demeurèrent au pied de sa croix et qui lui virent rendre les derniers soupirs, « s'en retournèrent, dit saint Luc, frappant leur poitrine [2]. » Jésus-Christ mourant d'une mort cruelle et versant sans réserve son sang innocent, avoit répandu sur tout le Calvaire un esprit de componction et de pénitence. Ne soyons pas plus durs que les Juifs; faisons retentir le Calvaire de nos cris et de nos sanglots, pleurons amèrement nos péchés, irritons-nous saintement contre nous-mêmes. Rompons tous ces indignes commerces, quittons cette vie mondaine et licencieuse, portons en nous la mort de Jésus-Christ, rendons-nous dignes par la pénitence d'avoir part à la grace de son testament. Il est fait, il est signé, il est immuable; Jésus a donné tout son sang pour le valider; je me trompe, il en reste encore; il y a une source de sang et de grace qui n'a pas encore été ouverte. Venez, ô soldat, percez son côté; un secret réservoir de sang doit encore couler sur nous par cette blessure. Voyez ruisseler ce sang et cette eau du côté percé de Jésus. C'est l'eau sacrée du baptême, c'est l'eau de la pénitence,

---

[1] *Thren.*, 1, 12. — [2] *Luc.*, XXIII, 48.

l'eau de nos larmes pieuses. Que cette eau est efficace pour laver nos crimes ! mais, mes frères, elle ne peut rien qu'étant jointe au sang de Jésus, dont elle tire toute sa vertu. Coulez donc, ondes bienheureuses de la pénitence, mais coulez avec le sang de Jésus, pour être capables de laver les ames. Chrétiens, j'entends le mystère ; je découvre la cause profonde pour laquelle le divin Sauveur prodiguant tant de sang avant sa mort, nous en gardoit encore après sa mort même. Celui qu'il répand avant sa mort faisoit le prix de notre salut, celui qu'il répand après nous en montre l'application par les sacremens de l'Eglise. Disposons-nous donc, chrétiens, à nous appliquer le sang de Jésus, ce sang du Nouveau Testament, en méditant qu'il nous est donné pour la rémission de nos crimes. C'est ma seconde partie.

SECOND POINT.

Jésus-Christ, pour nous mériter la rémission de nos crimes, nous en a premièrement mérité la haine, et les douleurs de sa passion portent grace dans les cœurs pour les détester. Ainsi pour nous rendre dignes de mériter ce pardon, cherchons dans sa passion les motifs d'une sainte horreur contre les désordres de notre vie.

Pour cela il nous faut entendre ce que le péché en général, et ce que tous les crimes en particulier ont fait souffrir au Fils de Dieu, et apprendre à détester le péché par le mal qu'il a fait à notre Sauveur. Le péché en général porte séparation d'avec Dieu et attache très-intime à la créature. Deux attraits nous sont présentés avec ordre indispensable de prendre parti. D'un côté le bien incréé, de l'autre le bien sensible, et le cœur humain par un choix indigne abandonne le Créateur pour la créature. Qu'a porté le divin Sauveur pour cette indigne préférence ? La honte de voir Barabbas, insigne voleur, préféré publiquement à lui-même par le sentiment de tout un grand peuple (a). Ne frémissons pas vainement contre l'aveugle fureur de ce peuple ingrat. Tous les jours, pour faire vivre en nos cœurs une créature chérie, nous faisons

(a) *Var.* : Le malheureux Barabbas étoit un voleur, et c'est celui-là que nous voulons.

mourir Jésus-Christ; nous crions : Qu'on l'ôte, qu'on le crucifie !
nous-mêmes nous le crucifions de nos propres mains, « et nous
foulons aux pieds, dit le saint Apôtre [1], le sang du Nouveau Testament, répandu pour laver nos crimes. »

Mais l'attache aveugle à la créature au préjudice du Créateur, a mérité à notre Sauveur un supplice bien plus terrible, c'est d'avoir été délaissé de Dieu. Car écoutez comme il parle : « Mon Dieu, mon Dieu, dit Jésus, pourquoi m'avez-vous abandonné [2]? » Arrêtons ici, chrétiens; méditons la force de cette parole et la grace qu'elle porte en nous pour nous faire détester nos crimes.

C'est un prodige inouï qu'un Dieu persécute un Dieu, qu'un Dieu abandonne un Dieu, qu'un Dieu délaissé se plaigne, et qu'un Dieu délaissant soit inexorable. C'est ce qui se voit sur la croix. La sainte ame de mon Sauveur est remplie de la sainte horreur d'un Dieu tonnant; et comme elle se veut rejeter entre les bras de ce Dieu pour y chercher son soutien, elle voit qu'il tourne la face, qu'il la délaisse, qu'il l'abandonne, qu'il la livre tout entière en proie aux fureurs de sa justice irritée. Où sera votre recours, ô Jésus ? Poussé à bout par les hommes avec la dernière violence, vous vous jetez entre les bras de votre Père, et vous vous sentez repoussé, et vous voyez que c'est lui-même qui vous persécute, lui-même qui vous délaisse, lui-même qui vous accable par le poids intolérable de ses vengeances. Chrétiens, quel est ce mystère ? Nous avons délaissé le Dieu vivant, et il est juste qu'il nous délaisse par un sentiment de dédain, par un sentiment de colère, par un sentiment de justice : de dédain, parce que nous l'avons méprisé; de colère, parce que nous l'avons outragé; de justice, parce que nous avons violé ses lois et offensé sa justice. Créature folle et fragile, pourras-tu supporter le dédain d'un Dieu, et la colère d'un Dieu, et la justice d'un Dieu ? Ah! tu serois accablée sous ce poids terrible. Jésus se présente pour le porter. Il porte le dédain d'un Dieu, parce qu'il crie et que son Père ne l'écoute pas; et la colère d'un Dieu, parce qu'il prie et que son Père ne l'exauce pas; et la justice d'un Dieu, parce qu'il souffre et que son Père ne s'apaise pas. Il ne s'apaise pas sur son Fils, mais il s'apaise sur

---

[1] *Hebr.*, X, 29. — [2] *Matth.*, XXVII, 46.

nous. Pendant cette guerre ouverte qu'un Dieu vengeur faisoit à son Fils, le mystère de notre paix s'achevoit; on avançoit pas à pas la conclusion d'un si grand traité : « et Dieu étoit en Christ, dit le saint Apôtre [1], se réconciliant le monde. »

Comme on voit quelquefois un grand orage, le ciel semble s'éclater et fondre tout entier sur la terre; mais en même temps on voit qu'il se décharge peu à peu jusqu'à ce qu'il reprenne enfin sa première sérénité, calmé et apaisé, si je puis parler de la sorte, par sa propre indignation : ainsi la justice divine éclatant sur le Fils de Dieu de toute sa force, se passe peu à peu en se déchargeant; la nue crève et se dissipe; Dieu commence à ouvrir aux enfans d'Adam cette face bénigne et riante, et par un retour admirable qui comprend tout le mystère de notre salut, pendant qu'il délaisse son Fils innocent pour l'amour des hommes coupables, il embrasse tendrement les hommes coupables pour l'amour de son Fils innocent.

Jetons-nous donc, chrétiens, dans les horreurs salutaires du délaissement de Jésus, comprenons ce que c'est que de délaisser Dieu et d'être délaissé de Dieu. Nos cœurs sont attachés à la créature, elle y règne, elle en exclut Dieu; c'est pour cela que cet outrage est extrême, puisque c'est pour le réparer que Jésus s'expose à porter pour nous le délaissement et le dédain de son propre Père. Retournons à Dieu, chrétiens, et recevons aujourd'hui la grace de réunion avec Dieu que ce délaissement nous mérite.

Mais poussons encore plus loin, et voyons dans la passion de notre Sauveur tous les motifs particuliers que nous avons de nous détacher de la créature. Il faut donc savoir, chrétiens, qu'il y a dans la créature un principe de malignité qui a fait dire à saint Jean, non-seulement que « le monde est malin, mais qu'il n'est autre chose que malignité [2]. » Mais pour haïr davantage ce monde malin et rompre les liens qui nous y attachent, il n'y a rien, à mon avis, de plus efficace que de lui voir répandre contre le Sauveur toute sa malice et tout son venin. Venez donc connoître le monde en la passion de Jésus; venez voir ce qu'il faut attendre de l'amitié, de la haine, de l'indifférence des hommes, de leur pru-

[1] II *Cor.*, V, 19. — [2] I *Joan.*, V, 19.

dence, de leur imprudence, de leurs vertus, de leurs vices, de leur appui, de leur abandon, de leur probité et de leur injustice. Tout est changeant, tout est infidèle; tout se tourne en affliction et en croix, et Jésus nous en est un exemple.

Oui, mes frères, tout se tourne en croix. Et premièrement les amis : ou ils se détachent par intérêt, ou ils nous perdent par leurs tromperies, ou ils nous quittent par foiblesse, ou ils nous secourent à contre-temps selon leur humeur, et non pas selon nos besoins; et toujours ils nous accablent. Le perfide Judas nous fait voir la malignité de l'intérêt qui rompt les amitiés les plus saintes. Jésus l'avoit appelé parmi ses apôtres, Jésus l'avoit honoré de sa confiance particulière et l'avoit établi le dispensateur de toute son économie. Cependant, ô malice du cœur humain! ce n'est point ni un ennemi ni un étranger, c'est Judas, ce cher disciple, cet intime ami, qui le trahit, qui le livre, qui le vole premièrement, et après le vend lui-même pour un léger intérêt; tant l'amitié, tant la confiance est foible contre l'intérêt. Ne dites pas : Je choisirai bien; qui sait mieux choisir que Jésus? Ne dites pas : Je vivrai bien avec mes amis; qui les a traités plus bénignement que Jésus, la bonté et la douceur même? Détestons donc l'avarice qui a fait premièrement un voleur, et ensuite un traître même d'un apôtre; et n'ayons jamais d'assurance où nous voyons l'entrée au moindre intérêt.

C'est toujours l'intérêt qui fait les flatteurs; et c'est pourquoi ce même Judas, que le démon de l'intérêt possède, s'abandonne par même raison à celui de la flatterie. Il salue Jésus, et il le trahit; il l'appelle son maître, et il le vend; il le baise, et il le livre à ses ennemis. C'est l'image parfaite d'un flatteur qui n'applaudit à toute heure à celui qu'il nomme son maître et son patron, que pour trafiquer de lui, comme parle l'apôtre saint Pierre. « Ce sont ceux-là, dit ce grand apôtre, qui poussés par leur avarice, avec des paroles feintes, trafiquent de nous : » *In avaritiâ fictis verbis de vobis negotiabuntur* [1]. Toutes leurs louanges sont des piéges, toutes leurs complaisances sont des embûches. Ils font des traités secrets dans lesquels ils nous comprennent sans que

---

[1] II *Petr.*, II, 3.

nous le sachions; ils s'allient avec Judas : « Que me donnerez-vous, et je vous le mettrai entre les mains [1] ? » Ainsi ordinairement ils nous vendent, et assez souvent ils nous livrent. Défions-nous donc des louanges et des complaisances des hommes. Regardez bien ce flatteur qui épanche tant de parfums sur votre tête; savez-vous qu'il ne fait que couvrir son jeu, et que par cette immense profusion de louanges qu'il vous donne à pleines mains, il achète la liberté de décrier votre conduite ou même de vous trahir sans être suspect? Qui ne te haïroit, ô flatterie corruptrice de la vie humaine, avec tes perfides embrassemens et tes baisers empoisonnés, puisque c'est toi qui livre le divin Sauveur entre les mains de ses ennemis implacables?

Mais après avoir vu, Messieurs, ce que c'est que des amis corrompus, voyons ce qu'il faut attendre de ceux qui semblent les plus assurés. Foiblesse, méconnoissance, secours en paroles, abandonnement en effet : c'est ce qu'a éprouvé le divin Jésus. Au premier bruit de sa prise, tous ses disciples le quittent par une fuite honteuse [2]. O Cour à qui je prêche cet évangile, ne te reconnois-tu pas toi-même dans cette histoire? N'y reconnois-tu pas tes faveurs trompeuses et tes amitiés inconstantes? Aussitôt qu'il arrive le moindre embarras, tout fuit, tout s'alarme, tout est étonné ; ou l'on garde tout au plus un certain dehors, afin de soutenir pour la forme quelque apparence d'amitié trompeuse et quelque dignité d'un nom si saint. Mais poussons encore plus loin, et voyons la foiblesse de cette amitié, lorsqu'elle semble le plus secourante. C'est le foible des amis du monde de nous vouloir aider selon leur humeur, et non pas selon nos besoins.

Pierre entreprend d'assister son Maître, et il met la main à l'épée, et il défend par le carnage celui qui ne vouloit être défendu que par sa propre innocence. O Pierre! voulez-vous soulager votre divin Maître, vous le pouvez par la douceur et par la soumission, par votre fidélité persévérante. O Pierre! vous ne le faites pas, parce que ce secours n'est pas selon votre humeur; vous vous abandonnez au transport aveugle d'un zèle inconsidéré, vous frappez les ministres de la justice, et vous chargez de nouveaux

[1] *Matth.*, XXVI, 15. — [2] *Marc.*, XIV, 50.

soupçons ce Maître innocent qu'on traite déjà de séditieux. C'est ce que fait faire l'amitié du monde ; elle veut se contenter elle-même et nous donner le secours qui est conforme à son humeur, et cependant elle nous dénie celui que demanderoient nos besoins.

Mais voici, si je ne me trompe, le dernier coup qu'on peut recevoir d'une amitié chancelante. Un grand zèle mal soutenu, un commencement de constance qui tombe dans la suite tout à coup et nous accable plus cruellement que si l'on nous quittoit au premier abord. Le même Pierre en est un exemple. Qu'il est ferme ! qu'il est intrépide ! il veut mourir pour son Maître ; il n'est pas capable de l'abandonner. Il le suit au commencement ; mais, ô fidélité commencée, qui ne sert qu'à percer le cœur de Jésus par un reniement plus cruel, par une perfidie plus criminelle ! Ah ! que l'amitié de la créature est trompeuse dans ses apparences, corrompue dans ses flatteries, amère dans ses changemens, accablante dans ses secours à contre-temps et dans ses commencemens de constance qui rendent l'infidélité plus insupportable ! Jésus a souffert toutes ces misères, pour nous faire haïr tant de crimes que nous fait faire l'amitié des hommes par nos aveugles complaisances. Haïssons-les, chrétiens, ces crimes, et n'ayons ni d'amitié, ni de confiance dont Dieu ne soit le motif, dont la charité ne soit le principe.

Que lui fera maintenant souffrir la fureur de ses ennemis ? Mille tourmens, mille calomnies, plaies sur plaies, douleurs sur douleurs, indignités sur indignités, et ce qui emporte avec soi la dernière extrémité des souffrances, la risée dans l'accablement, l'aigreur (a) de la raillerie au milieu de la cruauté.

C'est une chose inouïe que la cruauté et la dérision se joignent dans toute leur force, parce que l'horreur du sang répandu remplit l'ame d'images funèbres qui modèrent cette joie malicieuse dont se forme la moquerie. Cependant je vois mon Sauveur livré à ses ennemis pour être l'unique objet de leur raillerie comme un insensé, de leur fureur comme un scélérat ; en telle sorte, mes frères, que nous voyons régner dans tout le cours de sa passion

(a) *Var. :* L'insulte.

la risée parmi les douleurs, et l'aigreur de la moquerie dans le dernier emportement de la cruauté.

Il le falloit de la sorte; il falloit que mon Sauveur « fût rassasié d'opprobres, » comme avoit prédit le prophète [1], afin d'expier et de condamner par ses saintes confusions, d'un côté ces moqueries outrageuses, de l'autre ces délicatesses et ce point d'honneur qui fait toutes les querelles. Chrétiens, osez-vous vous abandonner à cet esprit de dérision qui a été si outrageux contre Jésus-Christ? Qu'est-ce que la dérision, sinon le triomphe de l'orgueil, le règne de l'impudence, la nourriture du mépris, la mort de la société raisonnable, la honte de la modestie et de la vertu? Ne voyez-vous pas, railleurs à outrance, que d'opprobres et quelle risée vous avez causés au divin Jésus, et ne craignez-vous pas de renouveler ce qu'il y a de plus amer dans sa passion?

Mais vous, esprits ombrageux qui faites les importans et qui croyez vous faire valoir par votre délicatesse et par vos dédains, dans quel abîme de confusions a été plongé le divin Jésus par cette superbe sensibilité? Pour expier votre orgueil et votre dédain, il faut que son supplice, tout cruel qu'il est, soit encore beaucoup plus infâme; il faut que ce Roi de gloire soit tourné en ridicule de toute manière, par ce roseau, par cette couronne et par cette pourpre; il faut que l'insulte de la raillerie le poursuive jusque sur la croix et dans les approches mêmes de la mort; et enfin qu'on invente dans sa passion une nouvelle espèce de comédie, dont toutes les plaisanteries soient pour ainsi dire teintes de sang, dont la catastrophe soit toute tragique (a).

« Mes frères, dit le saint Apôtre [2], nous sommes baptisés en sa mort; » et puisque sa mort est infâme, nous sommes baptisés en sa confusion. Nous avons pris sur nous, par le saint baptême, toute cette dérision et tous ces opprobres. Eh quoi! tant de honte, tant d'ignominies, tant d'étranges dérisions dans lesquelles nous sommes plongés par le saint baptême, ne seront-elles pas capables d'étouffer en nous les cruelles délicatesses du faux point d'honneur? Et sera-t-il dit que des chrétiens immoleront encore à cette

[1] *Thren.*, III, 30. — [2] *Rom.*, VI, 3.
(a) *Var.*: Une nouvelle espèce de comédie où tout est plein de sang.

idole et tant de sang et tant d'ames que Jésus-Christ a rachetées ? Ah ! Sire, continuez à seconder Jésus-Christ, pour empêcher cet opprobre de son Eglise et cet outrage public qu'on fait à l'ignominie de sa croix.

Je voulois encore vous représenter ce que font les indifférens; et je vous dirai en un mot qu'entraînés par la fureur, qui est toujours la plus violente, ils prennent le parti des ennemis. Ainsi les Romains, que les promesses du Messie ne regardoient pas encore, à qui sa venue et son Evangile étoient alors indifférens, épousent la querelle des Juifs passionnés; et c'est l'un des effets les plus remarquables de la malignité de l'esprit humain, qui, dans le temps où il est pour ainsi parler le plus balancé par l'indifférence, se laisse toujours gagner plus facilement par le penchant de la haine. Je n'ai pas assez de temps pour peser cette circonstance; mais je ne puis omettre en ce lieu ce que souffre le divin Sauveur par l'ambition et la politique du monde, pour expier les péchés que fait faire la politique. Toujours, si l'on n'y prend garde, elle condamne la vérité, elle affoiblit et corrompt malheureusement les meilleures intentions. Pilate nous le fait bien voir, en se laissant lâchement surprendre aux piéges que tendent les Juifs à son ambition tremblante.

Ces malheureux savent joindre si adroitement à leurs passions les intérêts de l'Etat, le nom et la majesté de César qui n'y pensoit pas, que Pilate reconnoissant l'innocence et toujours prêt à l'absoudre, ne laisse pas néanmoins de la condamner. Oh! que la passion est hardie, quand elle peut prendre le prétexte du bien de l'Etat ! Oh ! que le nom du prince fait souvent des injustices et des violences qui feroient horreur à ses mains, et dont néanmoins quelquefois elles sont souillées, parce qu'elles les appuient ou du moins qu'elles négligent de les réprimer ! Dieu préserve de tels péchés le plus juste de tous les rois; et que son nom soit si vénérable, qu'il soit toujours si sainement et si respectueusement ménagé, que bien loin d'opprimer personne, il soit l'espérance et la protection de tous les opprimés, jusqu'aux provinces les plus éloignées de son empire.

Mais reprenons le fil de notre discours et admirons ici, chrétiens, en Pilate la honteuse et misérable foiblesse d'une vertu mondaine et politique. Pilate avoit quelque probité et quelque justice. Il avoit même quelque force et quelque vigueur. Il étoit capable de résister aux persuasions des pontifes et aux cris d'un peuple mutiné. Combien s'admire la vertu mondaine, quand elle peut se soutenir en de semblables rencontres! Mais voyez que la vertu même, quelque forte qu'elle nous paroisse, n'est pas digne de porter ce nom, jusqu'à ce qu'elle soit capable de toute sorte d'épreuves. C'étoit beaucoup, ce semble, à Pilate d'avoir résisté à un tel concours et à une telle obstination de toute la nation judaïque, et d'avoir pénétré leur envie cachée malgré tous leurs beaux prétextes; mais parce qu'il n'est pas capable de soutenir le nom de César qui n'y pense pas et qu'on oppose mal à propos au devoir de sa conscience, tout l'amour de la justice lui est inutile; sa foiblesse a le même effet qu'auroit la malice; elle lui fait flageller, elle lui fait condamner, elle lui fait crucifier l'innocence même; ce qu'auroit pu faire de pis une iniquité déclarée, la crainte le fait entreprendre à un homme qui paroît juste. Telles sont les vertus du monde; elles se soutiennent vigoureusement jusqu'à ce qu'il s'agisse d'un grand intérêt, mais elles ne craignent point de se relâcher pour faire un coup d'importance. O vertus indignes d'un nom si auguste! ô vertus qui n'avez rien par-dessus les vices, qu'une foible et misérable apparence!

Qu'il me seroit aisé, chrétiens, de vous faire voir en ce lieu que la plupart des vertus du monde sont des vertus de Pilate, c'est-à-dire un amour imparfait de la vérité et de la justice! On les estime, on en parle, on en veut savoir les devoirs, mais foiblement et nonchalamment. On demande à la façon de Pilate : « Qu'est-ce que la vérité? [1] » et aussitôt on se lève sans avoir reçu la réponse. C'est assez qu'on s'en soit enquis en passant et seulement pour la forme. Mais on ne veut pas pénétrer le fond. Ainsi l'on ignore la vérité, ou l'on ne la sait qu'à demi; et la savoir à demi, c'est pis que de l'ignorer tout entière, parce que cette connoissance imparfaite fait qu'on pense avoir accompli ce qui souvent n'est pas commencé. C'est ainsi qu'on vit dans le monde; et manque

[1] *Joan.*, XVIII, 38.

de s'être affermi dans un amour constant de la vérité, on étale magnifiquement une vertu de parade dans de foibles occasions, qu'on laisse tout à coup tomber dans les occasions importantes.

Jésus donc étant condamné par cette vertu imparfaite, nous apprend à expier ces défauts et ces foiblesses honteuses. Vous avez vu, ce me semble, toute la malignité de la créature assez clairement déchaînée contre Jésus-Christ; vous l'avez vu accablé par ses amis, par ses ennemis, par ceux qui étant en autorité devoient protection à son innocence, par l'inconstance des uns, par la cruelle fermeté des autres, par la malice consommée et par la vertu imparfaite. Il n'oppose rien à toutes ces insultes qu'un pardon universel qu'il accorde à tous, et qu'il demande pour tous. « Père, dit-il, pardonnez-leur; car ils ne savent pas ce qu'ils font [1]. » Non content de pardonner à ses ennemis, sa divine bonté les excuse, elle plaint leur ignorance plus qu'elle ne blâme leur malice; et ne pouvant excuser la malice même, elle donne tout son sang pour l'expier. A la vue d'un tel excès de miséricorde y aura-t-il quelque ame assez dure pour ne vouloir pas excuser tout ce qu'on nous a fait souffrir par foiblesse, pour ne vouloir pas pardonner tout ce qu'on nous a fait souffrir par malice? Ah! pardon, mes frères, pardon, grace, miséricorde, indulgence en ce jour de rémission; et que personne ne laisse passer ce jour sans avoir donné à Jésus quelque injure insigne, et pardonné pour l'amour de lui quelque offense capitale.

Mais au sujet de ces haines injustes, je me souviens, chrétiens, que je ne vous ai rien dit dans tout ce discours de ce que l'amour déshonnête avoit fait souffrir au divin Jésus. Toutefois, je ne crains point de le dire, aucun crime du genre humain n'a plongé son ame innocente dans un plus grand excès de douleurs. Oui, ces passions ignominieuses font souffrir à notre Sauveur une confusion qui l'anéantit. C'est ce qui lui fait dire à son Père : *Tu scis improperium meum* [2]. Ce trouble qui agite nos sens émus a causé à sa sainte ame ce trouble fâcheux qui lui a fait dire : « Mon ame est troublée [3]. » Cette intime attache au plaisir sensible qui pénètre la moelle de nos os, a rempli le fond de son cœur de tristesse et de

---

[1] *Luc.*, XXIII, 34. — [2] *Psal.* LXVIII, 23. — [3] *Joan.*, XII, 27.

langueur; et cette joie dissolue qui se répand dans les sens a déchiré sa chair virginale par tant de cruelles blessures qui lui ont ôté la figure humaine, qui lui font dire par le saint Psalmiste : « Je suis un ver et non pas un homme [1]. » Donc, ô délices criminelles, de combien d'horribles douleurs avez-vous percé le cœur de Jésus! Mais il faut aujourd'hui, mes frères, satisfaire à tous ces excès en nous plongeant dans le sang et dans les souffrances de Jésus-Christ.

TROISIÈME POINT.

C'est, Messieurs, ce qu'il nous ordonne, et c'est la dernière partie de son testament. Quiconque veut avoir part à la grace de ses douleurs, il doit en ressentir quelque impression. Car ne croyez pas qu'il ait tant souffert pour nous faire aller au ciel à notre aise et sans goûter l'amertume de sa passion. Il est vrai qu'il a soutenu le plus grand effort; mais il nous a laissé de moindres épreuves, et toutefois nécessaires pour entrer en conformité de son esprit et être honorés de sa ressemblance.

C'est dans le sacrement de la pénitence que nous devons entrer en société des souffrances de Jésus-Christ. Le saint concile de Trente dit que les satisfactions que l'on nous impose doivent nous rendre conformes à Jésus-Christ crucifié [2]. Mon Sauveur, quand je vois votre tête couronnée d'épines, votre corps déchiré de plaies, votre ame percée de tant de douleurs, je dis souvent en moi-même : Quoi donc! une courte prière, ou quelque légère aumône, ou quelque effort médiocre, sont-ils capables de me crucifier avec vous? Ne faut-il point d'autres clous pour percer mes pieds qui tant de fois ont couru aux crimes, et mes mains qui se sont souillées par tant d'injustices? Que si notre délicatesse ne peut supporter les peines du corps, que l'Eglise imposoit autrefois à ses enfans par une discipline salutaire, récompensons-nous sur les cœurs. Pour honorer la douleur immense par laquelle le Fils de Dieu déplore nos crimes, brisons nos cœurs endurcis par l'effort d'une contrition sans mesure. Jésus mourant nous y presse. Car que signifie ce grand cri avec lequel il expire? Ah! mes frères,

---

[1] *Psal.* XXI, 6. — [2] *De Satisfact. necess.*, Sess. XIV, cap. VIII.

il agonisoit, il défailloit peu à peu, attirant l'air avec peine d'une bouche toute livide et traînant lentement les derniers soupirs par une respiration languissante. Cependant il fait un dernier effort pour nous inviter à la pénitence : il pousse au ciel un grand cri, qui étonne toute la nature et que tout l'univers écoute avec un silence respectueux. Il nous avertit qu'il va mourir, et en même temps il nous dit qu'il faut mourir avec lui. Quelle est cette mort? C'est qu'il faut arracher son cœur de tout ce qu'il aime désordonnément, et sacrifier à Jésus ce péché régnant qui empêche que sa grace ne règne en nos cœurs.

Chrétiens, Jésus va mourir; il baisse la tête, ses yeux se fixent; il passe, il expire : c'en est fait, il a rendu l'ame. Sommes-nous morts avec lui? Sommes-nous morts au péché? Allons-nous commencer une vie nouvelle? Avons-nous brisé notre cœur par une contrition véritable, qui nous fasse entrer aujourd'hui dans la société de ses souffrances? Qui me donnera, chrétiens, que je puisse imprimer en vos cœurs ce sentiment de componction? Que si mes paroles n'en sont pas capables, arrêtez les yeux sur Jésus et laissez-vous attendrir par la vue de ses divines blessures. Je ne vous demande pas pour cela, Messieurs, que vous contempliez attentivement quelque peinture excellente de Jésus-Christ crucifié. J'ai une autre peinture à vous proposer, peinture vivante et parlante qui porte une expression naturelle de Jésus mourant. Ce sont les pauvres, mes frères, dans lesquels je vous exhorte de contempler aujourd'hui la passion de Jésus. Vous n'en verrez nulle part une image plus naturelle. Jésus souffre dans les pauvres; il languit, il meurt de faim dans une infinité de pauvres familles. Voilà donc dans les pauvres Jésus-Christ souffrant, et nous y voyons encore pour notre malheur Jésus-Christ abandonné, Jésus-Christ délaissé, Jésus-Christ méprisé. Tous les riches devroient courir pour soulager de telles misères, et on ne songe qu'à vivre à son aise, sans penser à l'amertume et au désespoir où sont abîmés tant de chrétiens. Voilà donc Jésus délaissé; voici quelque chose de plus. Jésus se plaint par son prophète de ce que « l'on a ajouté à la douleur de ses plaies : » *super dolorem vulnerum meorum addiderunt*[1] ;

[1] *Psal.* LXVIII, 31.

« de ce que dans sa soif extrême on lui a donné du vinaigre [1]. » N'est-ce pas donner du vinaigre aux pauvres que de les rebuter, de les maltraiter, de les accabler dans leur misère et dans leur extrémité déplorable? Ah! Jésus, que nous voyons dans ces pauvres peuples une image trop effective de vos peines et de vos douleurs! Sera-ce en vain, chrétiens, que toutes les chaires retentiront des cris et des gémissemens de nos misérables frères, et les cœurs ne seront-ils jamais émus de telles extrémités?

Votre Majesté, Sire, les connoît, et votre bonté paternelle témoigne assez qu'elle en est émue. Que Votre Majesté, Sire, ne se lasse pas; puisque les misères s'accroissent, il faut étendre les miséricordes; puisque Dieu redouble ses fléaux, il faut redoubler les secours et égaler autant qu'il se peut le remède à la maladie. Dieu veut qu'on combatte sa justice par un généreux effort de charité, et les nécessités extrêmes demandent que le cœur s'épanche d'une façon extraordinaire. Sire, c'est Jésus mourant qui vous y exhorte; il vous recommande vos pauvres peuples; et qui sait si ce n'est pas un conseil de Dieu d'accabler pour ainsi dire le monde par tant de calamités, afin que Votre Majesté portant promptement la main au secours de tant de misères, elle attire sur tout son règne ces grandes prospérités que le Ciel lui promet si ouvertement? Puisse Votre Majesté avoir bientôt le moyen d'assouvir son cœur de ce plaisir vraiment chrétien et vraiment royal, de rendre ses peuples heureux! Ce sera le dernier trait de votre bonheur sur la terre; c'est ce qui comblera Votre Majesté d'une gloire si accomplie, qu'il n'y aura plus rien à lui désirer que la félicité éternelle, que je lui souhaite dans toute l'étendue de mon cœur. *Amen.*

[1] *Psal.* LXVIII, 26.

QUATRIÈME SERMON

POUR

LE VENDREDI SAINT,

SUR LA PASSION DE NOTRE SEIGNEUR JÉSUS-CHRIST (a).

Justus perit, et non est qui recogitet in corde suo.

Le juste meurt, et il ne se trouve personne qui médite cette mort en son cœur. *Isa.*, LVII, 1.

Toute la science du chrétien est renfermée dans la croix; et le grand apôtre saint Paul, après avoir appris au troisième ciel les secrets de la sagesse de Dieu, est venu publier au monde « qu'il ne savoit autre chose que Jésus-Christ crucifié : » *Non enim judicavi me scire aliquid inter vos, nisi Jesum Christum, et hunc crucifixum*[1].

En effet il est véritable que la sagesse divine (b) ne s'est jamais montrée plus à découvert à ceux à qui la foi a donné des yeux, que dans le mystère de la croix. C'est là que Jésus-Christ étendant les bras nous ouvre le livre sanglant dans lequel nous pouvons apprendre tout l'ordre des conseils de Dieu, toute l'économie du salut des hommes, la règle fixe et invariable pour former tous

---

[1] *I Cor.*, II, 12.

(a) Prêché dans le Carême de 1666, devant la Cour.

Ce sermon n'a été prêché, ni en 1660, parce que le style ne s'accorde pas avec cette date; ni en 1661 ou 1663, parce qu'il ne renferme pas l'appellation « Mes sœurs; » ni en 1662, parce que nous avons un autre sermon pour cette année-là : i a donc été prêché en 1666.

Dans les quatre discours sur la Passion, l'auteur décrit les mauvais traitemens que la cruauté des Juifs a fait subir au Fils de Dieu; le lecteur trouvera, dans la comparaison de ces peintures, autant de plaisir que d'avantage. Une phrase seulement. Bossuet dit, en 1656 : « On le veut baiser, il donne les lèvres; frapper à coups de bâton, il tend le dos. » En 1661 : « Un perfide le veut baiser, il donne » (comme précédemment). En 1662 et en 1666 : « Il ne refuse pas sa divine bouche aux perfides baisers de Judas; il tend volontairement aux coups de fouet ses épaules innocentes. »

(b) *Var.:* La sagesse de Dieu.

nos jugemens, la direction sûre et infaillible pour conduire droitement nos mœurs, enfin un mystérieux abrégé de toute la doctrine de l'Evangile et de toute la théologie chrétienne. Ce n'est donc pas sans raison que le prophète Isaïe se plaint dans mon texte que cette mort n'est pas méditée : « Le juste meurt, nous dit-il, et personne n'y pense en son cœur; » c'est en vain que la sainte Eglise appelle aujourd'hui tous ses enfans à la croix; tous en révèrent l'image; peu en contemplent le mystère, aucun presque ne s'en applique la vertu; de sorte que le plus saint de tous les spectacles et celui qui est le plus capable de toucher les cœurs, n'a pas de force pour changer les nôtres.

Qui me donnera, chrétiens, que je puisse aujourd'hui vous rendre attentifs à la croix de Jésus-Christ, que je puisse graver dans vos cœurs un souvenir éternel de sa passion et vous découvrir les secrets qu'elle enferme pour votre salut! Mais, mes frères, nul n'est capable d'entendre le mystère de la croix, si auparavant il ne l'adore; et le degré nécessaire pour pénétrer ses grandeurs, c'est de révérer ses bassesses.

Donc, ô croix du Sauveur Jésus, qui nous fais voir aujourd'hui le plus grand de tous les miracles (a) dans le plus grand de tous les scandales! ô croix, supplice du juste et asile des criminels, ouvrage de l'injustice et autel de la sainteté, qui nous ôtes Jésus-Christ et qui nous le donnes; qui le fais notre victime et notre monarque, et enfermes dans le mystère du même écriteau la cause de sa mort et le titre de sa royauté, reçois nos adorations et fais-nous part de tes graces et de tes lumières. Je te rends, ô croix de Jésus, cette religieuse adoration que l'Eglise nous enseigne (b); et pour l'amour de celui dont le supplice t'honore, dont le sang te consacre, dont les opprobres te rendent digne d'un culte éternel, je te dis avec cette même Eglise : *O Crux, ave!*

Ces saintes lamentations que l'Eglise récite durant ces saints (c) jours, les plaintes qui retentissent dans ses chants, la mysté-

(a) *Var.:* Des mystères. — (b) Que ton infamie t'a méritée. — (c) Durant ces jours.

rieuse tristesse de ses cérémonies sacrées, nous avertissent que voici le temps de penser sérieusement à la mort du Juste; et si nous refusons nos attentions à ce grand et admirable spectacle, le prophète s'élèvera contre nous par ces paroles de mon texte : « Le juste meurt, dira-t-il, et cette mort (*a*) si importante au genre humain n'est considérée de personne : » *Justus moritur*, etc. Le juste dont il nous veut faire contempler la mort, c'est celui qui est nommé dans les Ecritures le Juste par excellence [1]; c'est celui qui a été attendu dès l'origine du monde sous ce titre (*b*) vraiment auguste; c'est celui qui ayant paru au temps destiné, a dit hautement à tous les hommes : « Qui de vous me reprendra de péché [2] ? » et pour tout dire en un mot, qui étant Dieu et homme tout ensemble, est saint d'une sainteté infinie, et appelé pour cette raison « le Saint des saints [3]. » Cependant une cabale impie (*c*) s'est liguée malicieusement contre lui; elle a trouvé le moyen de corrompre un disciple perfide, d'animer un peuple infidèle (*d*), d'intimider un juge trop foible et malheureusement politique (*e*), et de faire concourir toutes les puissances du monde au supplice de l'Innocent et du Saint qu'on attache à un bois infâme au milieu de deux scélérats : *Et cum iniquis reputatus est* [4].

Mais tandis que les Juifs ingrats traitent leur Sauveur en cette sorte, lui cependant qui reconnoît l'ordre de son Père dans leur haine aveugle et envenimée, et qui sait que c'est leur heure et la puissance des ténèbres, ne se sert ni de son pouvoir infini, ni de sa sagesse pour les confondre, il ne fait que baisser la tête; et bien loin d'appeler à son secours des légions d'anges, lui-même n'allègue rien pour sa justification (*f*). Bien plus, il ne se plaint pas même de ses ennemis. On a vu les innocens affligés faire de funestes (*g*) imprécations contre leurs persécuteurs; celui-ci, le plus juste sans comparaison et le plus indignement traité, ni ne dit rien de fâcheux, ni n'invoque contre les Juifs qui le persé-

---

[1] *Isa.*, XLV, 8; *Jerem.*, XXIII, 6; I *Joan.*, II, 1. — [2] *Joan.*, VIII, 46. — [3] *Dan.*, IX, 24. — [4] *Isa.*, LIII, 12.

(*a*) *Var.*: « Le juste meurt, et cette mort...... » — (*b*) Nom. — (*c*) Sacrilége. — (*d*) Ingrat. — (*e*) Un juge foible et irrésolu. — (*f*) Pour sa défense. — (*g*) De cruelles.

cutent (*a*) le Ciel témoin de son innocence; au contraire il n'ouvre la bouche que pour demander leur grace; et non content de leur pardonner pendant qu'ils le font mourir inhumainement, il offre encore pour eux ce sang que répandent leurs mains sacriléges (*b*); tant sa bonté est inépuisable.

C'est ainsi que pendant que les méchans osent tout contre le Juste, non-seulement il souffre tout par obéissance, mais encore il pardonne tout par miséricorde. O le saint et admirable spectacle! Qu'a jamais vu le ciel et la terre, qui mérite davantage d'être regardé qu'une telle persécution si injustement entreprise, si humblement soutenue (*c*), si miséricordieusement pardonnée? Ouvrons donc les yeux, chrétiens; et pour obéir au prophète qui nous presse avec tant de force de penser à la mort du Juste, considérons attentivement avec quelle malice on le persécute, avec quelle obéissance il se soumet, avec quelle bonté il pardonne. Mais puisque tout se fait ici pour notre salut, et que nous avons tant de part en toutes manières à la mort de cet Innocent, pénétrons encore plus loin, et nous trouverons, Messieurs, dans ses persécutions notre crime, dans son obéissance notre exemple, dans le pardon qu'il accorde notre grace et notre espérance.

PREMIER POINT.

Il est aisé, chrétiens, de rencontrer notre crime dans les injustes persécutions du Sauveur des ames. Car comme la foi nous apprend « qu'il a été livré pour nos péchés [1], » nous pouvons comprendre sans peine, dit le dévot saint Bernard [2], que nous sommes les auteurs de son supplice, plus que Judas qui le trahit, plus que les Juifs (*d*) qui l'accusent, plus que Pilate qui le condamne, plus que les soldats qui le crucifient. Mais c'est d'une autre manière que je prétends (*e*) considérer notre crime dans la passion du Sauveur. Je veux vous y faire voir les diverses dispositions de ceux

---

[1] *Rom.*, IV, 25. — [2] *Serm. Fer.* II *Pasch.*, Append., tom. II, n. 13.

(*a*) *Var.*: Ni ne dit rien de fâcheux contre ses ennemis, ni n'invoque contre ceux qui le persécutent le Ciel témoin..... — (*b*) Et non content de leur pardonner, il offre encore pour eux ce sang que répandent leurs mains sacriléges avec une inhumanité si funeste, — avec une si funeste inhumanité. — (*c*) Si fortement soutenue. — (*d*) Les pontifes. — (*e*) Que je veux.

qui ont concouru à persécuter l'Innocent, et dans ces dispositions les inclinations et les mœurs des hommes, afin que chacun puisse reconnoître la malignité qu'il porte en son cœur. Pour cela il faut remonter jusqu'au principe et remarquer, chrétiens, que ç'a été un conseil de Dieu que Jésus-Christ, qui devoit mourir pour le péché, mourût aussi par le péché même; je veux dire qu'étant la victime et la commune propitiation de tous les crimes du monde [1], il est aussi arrivé que presque tous les crimes ont part à sa mort et à son supplice : c'est pourquoi nous y voyons concourir l'envie, la cruauté, la dérision, les blasphèmes, les artifices, les faux témoignages, l'injustice et la perfidie; enfin il a éprouvé tout ce qu'il y a de plus furieux, de plus injuste et de plus malin dans le cœur de l'homme.

Que si vous me demandez quelle a été la cause de ce conseil, et pourquoi tant de crimes ont concouru au supplice du Sauveur des ames, je vous dirai, chrétiens, c'est que le Fils de Dieu nous est proposé comme celui qui non-seulement doit expier les péchés et la malice du monde, mais encore la faire haïr. Il y a dans la créature un fond de malignité infinie, qui fait dire à l'apôtre saint Jean, non-seulement que le monde est malin, mais encore « qu'il n'est autre chose que malignité : » *Mundus totus in maligno positus est* [2]. Elle se produisit contre Jésus-Christ pour deux raisons. Premièrement il est venu combattre la malignité du monde; il a été nécessaire qu'il la fît déclarer tout entière, afin de faire éclater l'opposition éternelle de lui et du monde : c'est pourquoi elle a pour ainsi dire marché contre lui comme en bataille rangée et déployé contre lui tout ce qu'elle a de malices (a). Secondement il est venu expier les péchés, nous donner les moyens de les connoître et les motifs de les haïr. Mais rien ne nous peut faire haïr davantage la malignité du monde, que de lui voir répandre contre le Sauveur tout ce qu'elle a de venin. C'est pour cela qu'il a fallu que tout ce qu'il y a de plus secret, tout ce qu'il y a de profondeur dans la malice des hommes se déployât pour ainsi dire contre lui (b), afin qu'elle nous parût d'autant plus digne d'exé-

[1] I Joan., II, 2. — [2] Ibid., V, 19.
(a) *Var.:* Toutes ses malices. — (b) Parût au jour.

cration, qu'elle est plus avant mêlée dans le plus noir attentat que l'univers (a) ait jamais vu. Ainsi la manière la plus utile de considérer les persécutions qu'on fait au Sauveur des ames, c'est de peser attentivement de quoi le cœur de l'homme a été capable, afin qu'autant de fois que nous connoîtrons en nous-mêmes quelque ressemblance avec ceux qui ont affligé et persécuté Jésus-Christ, nous voyions en combien de sortes nous renouvelons le crime des Juifs et la passion du Sauveur des ames (b).

Venez donc apprendre, Messieurs, dans l'histoire de ses douleurs ce qu'il faut attendre du monde. Venez connoître le naturel et les malignes dispositions de l'esprit humain : enfin venez voir ce qu'il faut souffrir de l'amitié, de la haine, de l'indifférence des hommes, de leur appui, de leur abandon, de leurs vertus et de leurs vices, de leur probité et de leur injustice. Tout est changeant, tout est infidèle, tout se tourne en affliction, et Jésus-Christ nous en est un illustre exemple (c).....

Que lui fera maintenant souffrir la fureur de ses ennemis? Mille tourmens, mille afflictions, mille calomnies. Mais avant que de vous parler de toutes ces indignités, regardons-en la première cause, qui étoit une noire envie. C'est la plus basse, la plus odieuse, la plus décriée de toutes les passions, mais peut-être la plus commune et dont peu d'ames sont tout à fait pures. Apprenons donc à la détester et à la déraciner jusqu'aux moindres fibres, puisque c'est elle qui a inventé et exécuté tout ce qui a été entrepris contre le Juste. Les hommes se piquent d'être délicats; et la flatterie de notre amour-propre nous fait si grands à nos yeux, que nous prenons pour un attentat la moindre apparence de contradiction, et nous nous emportons si peu qu'on nous blesse.

Mais ce qu'il y a en nous de plus déréglé, c'est que même, tant nous sommes tendres, on nous fâche sans nous faire mal, on nous blesse sans nous toucher. Celui-là fait sa fortune innocemment, et

(a) *Var.* : Que la terre, le soleil, le monde ait... — (b) ... de quoi le cœur de l'homme est capable, et de haïr en nous-mêmes tout ce qui peut avoir le moindre rapport avec ces malheureuses inclinations. — (c) La fin du passage se trouve dans le sermon précédent, p. 63, depuis ces mots : « Venez voir ce qu'il faut attendre de l'amitié, » jusqu'à ceux-ci, p. 66 : « Que lui fera maintenant souffrir la fureur de ses ennemis. » Bossuet renvoie expressément, dans le troisième point, au sermon qu'on vient d'indiquer.

il nous rend ses ennemis par ses bons succès. Ou sa vertu nous fait ombre, ou sa réputation nous offusque (a). Les scribes et les pharisiens ne pouvoient souffrir Jésus-Christ, ni la pureté de sa doctrine, ni l'innocente simplicité de sa vie et de sa conduite, qui confondoit leur hypocrisie, leur orgueil et leur avarice (b). « O envie, dit excellemment saint Grégoire de Nazianze [1], tu es la plus juste et la plus injuste de toutes les passions : injuste certainement, parce que tu affliges les innocens; mais juste aussi tout ensemble, parce que tu punis (c) les coupables : injuste encore une fois, parce que tu incommodes tout le genre humain; mais juste en cela souverainement, que tu commences ta maligne (d) opération par le cœur où tu es conçue. » Les pontifes des Juifs et les pharisiens, tourmentés nuit et jour de cette lâche passion, s'emportent aux derniers excès contre le Sauveur, et joignent ensemble pour l'accabler tout ce que la dérision a de plus outrageux et la cruauté de plus sanguinaire.

C'est une chose inouïe que la risée et la cruauté se joignent dans toute leur force, à cause que l'horreur du sang répandu remplit l'ame d'images funèbres qui rabattent (e) cette joie malicieuse dont se forme la moquerie. Cependant (f).....

SECOND POINT.

Saint Augustin a remarqué comme trois principes de la mort de Notre-Seigneur. « Jésus-Christ, dit ce saint évêque [2], a été livré au dernier supplice par trois sortes de personnes, premièrement par son Père, secondement par ses ennemis, troisièmement par lui-même. » Il a été livré par son Père; c'est ce qui fait dire à l'Apôtre que « Dieu n'a pas épargné son propre Fils, mais qu'il l'a livré pour nous tous : » *Pro nobis omnibus tradidit eum* [3]. Il a

---

[1] *Orat.* XXVII, n. 8. — [2] Tract. VII *in Epist. Joan.*, n. 7. — [3] *Rom.*, VIII, 38.

(a) *Var.*: Nous incommode. — (b) Ni la sainteté de sa vie qui condamnoit leur hypocrisie... — (c) Tu tourmentes. — (d) Cruelle. — (e) Empêchent. — (f) Ce passage est ainsi terminé dans le sermon précédent, p. 66 : « Cependant je vois mon Sauveur livré à ses ennemis pour être l'unique objet de leur raillerie comme un insensé, de leur fureur comme un scélérat; de telle sorte, mes frères, que nous voyons régner dans tout le cours de sa passion la risée parmi les douleurs, et l'aigreur de la moquerie dans le dernier emportement de la cruauté. »

été livré par ses ennemis ; Judas l'a livré aux Juifs : *Ego vobis eum tradam*[1] ; les Juifs l'ont livré à Pilate : *Tradiderunt Pontio Pilato præsidi*[2] ; « Pilate l'a livré aux soldats pour le crucifier : » *Tradidit eum militibus ad crucifigendum*[3]. Non-seulement, chrétiens, il a été livré par son Père et livré par ses ennemis, mais encore livré par lui-même ; et saint Paul en est touché jusqu'au fond de l'ame, lorsqu'il écrit ainsi aux Galates : « Je vis en la foi du Fils de Dieu qui m'a aimé et s'est livré lui-même pour moi : » *Et tradidit semetipsum pro me*[4]. Voilà donc le Fils de Dieu livré à la mort par de différentes personnes et par des motifs bien différens. Son Père l'a livré par un sentiment de justice, Judas par un motif d'intérêt, les Juifs par l'instinct d'une noire envie (*a*), Pilate par lâcheté, lui-même enfin par obéissance.

Mais pour entendre jusqu'où va son obéissance (*b*), il faut rappeler en notre mémoire que s'étant chargé volontairement des iniquités du monde (*c*), la justice de son Père a voulu les venger sur sa personne. Et l'heure n'est pas plutôt arrivée de transporter sur cet Innocent toute la peine des coupables pour lesquels il a répondu, qu'aussitôt le Père éternel fait deux choses étonnantes ; il lâche contre son Fils toute la puissance des enfers, et il semble en même temps retirer de lui toute la protection du ciel. Jusqu'à ce jour, chrétiens, ses ennemis avoient tenté vainement, tantôt de le lapider, tantôt de le prendre ; ils pouvoient bien attenter, mais non rien exécuter contre sa personne, jusqu'à ce que le signal fût donné d'en haut. Mais Dieu ayant aujourd'hui lâché la main, vous avez vu en un moment toutes les passions excitées, toutes les puissances émues, toutes les furies déchaînées contre Jésus-Christ. Que ces efforts (*d*) seroient vains et que cette rage du monde seroit impuissante, si le Fils de Dieu vouloit résister. Il ne le fait pas, chrétiens ; il voit son heure arrivée, il adore l'ordre de son Père ; et résolu d'obéir, il laisse à la malice des Juifs (*e*)

---

[1] *Matth.*, XXVI, 15. — [2] *Ibid.*, XXVII, 2. — [3] *Ibid.*, 26. — [4] *Galat.*, II, 20.

(*a*) *Var.* : Par envie, — par l'impression d'une maligne envie. — (*b*) Pour entendre le mérite de l'obéissance de Jésus-Christ. — (*c*) S'étant soumis à la volonté de son Père et à toutes les volontés, quoique dépravées, de ses plus cruels ennemis, et s'étant chargé volontairement des iniquités du monde. — (*d*) Mais que ces efforts... — (*e*) Aux Juifs envieux.

une puissance sans bornes contre sa personne : si bien que, pendant que ses ennemis sont dans la disposition de tout oser (a), il se réduit lui-même volontairement à la nécessité de tout souffrir. C'est en cette sorte, Messieurs, qu'ils deviennent pour ainsi dire tout-puissans contre le Tout-Puissant même, qui s'expose sans force et sans résistance à quiconque entreprendra de lui faire outrage.

C'est ce que l'apôtre saint Pierre nous explique excellemment en un petit mot dans sa *première Epître canonique*[1], où remettant devant nos yeux Jésus-Christ souffrant, il remarque « qu'il ne rendoit point ni opprobres pour opprobres, ni malédiction pour malédiction, ni menaces pour menaces. » Que faisoit-il donc, chrétiens, dans tout le cours de sa passion? L'apôtre saint Pierre nous l'expliquera dans une seule parole : *Tradebat autem judicanti se injustè :* « Il se livroit, il s'abandonnoit à celui qui le jugeoit injustement. » Et ce qui se dit de son juge, se doit entendre de la même sorte de tous ceux qui entreprennent de lui faire insulte (b) : il se livre tout à fait à eux pour faire de lui à leur volonté. C'est pourquoi il ne refuse pas sa divine bouche aux perfides baisers de Judas; il tend volontairement aux coups de fouet ses épaules innocentes; il donne lui-même ses mains, qui ont opéré tant de miracles, tantôt aux liens et tantôt aux clous; et présente ce visage, autrefois si majestueux, à toutes les indignités dont s'avise une troupe furieuse (c). Il est écrit expressément « qu'il ne détournoit pas seulement sa face : » *Faciem meam non averti ab increpantibus et conspuentibus in me*[2]. Victime humblement dévouée à toute sorte d'excès, il ne fait qu'attendre le coup sans en vouloir seulement éluder (d) la force par le moindre mouvement de tête. Venez donc, ô Juifs et Romains, magistrats et particuliers, peuples et soldats, venez cent fois à la charge; multipliez sans fin vos outrages, plaies sur plaies, douleurs sur douleurs, indignités sur indignités; mon Sauveur ne résiste pas et respecte en votre

---

[1] I *Petr.*, II, 23. — [2] *Isa.*, L, 6.

(a) Var. : De tout entreprendre. — (b) De l'outrager. — (c) C'est pourquoi vous lui voyez donner sa bouche aux perfides baisers de Judas, présenter lui-même ses mains ouvrières de tant de miracles tantôt aux liens et tantôt aux clous, ce visage autrefois si majestueux à toutes les indignités d'une populace furieuse. — (d) Eviter.

fureur l'ordre de son Père. Ainsi son innocence est abandonnée au débordement effréné de votre licence et à la toute-puissance, si je puis l'appeler ainsi, de votre malice.

Si jamais il vous arrive, Messieurs, de tomber entre les mains de vos ennemis, d'être décriés par leurs médisances, enveloppés dans leurs artifices, accablés par leur puissance et par leur crédit, souvenez-vous du Juste que vous voyez succomber aujourd'hui sous la malice obstinée de ses envieux. C'est là, je le confesse, la plus rude épreuve de la patience. On cède plus facilement dans les autres maux où la malice des hommes ne se mêle pas; mais quand la malignité de nos ennemis est la cause de nos disgraces, on a peine à trouver (a) de la patience. Et la raison, chrétiens, c'est que par exemple dans les maladies, un certain cours naturel des choses nous découvre plus clairement l'ordre de Dieu, auquel notre volonté quoique indocile voit bien néanmoins qu'il faut se rendre. Mais cet ordre qui nous est montré dans les nécessités naturelles, nous est caché au contraire par la malice des hommes. Lorsque nous sommes circonvenus (b) par des fraudes, par des injustices, par des tromperies; lorsque nou voyons que « nos ennemis nous ont comme assiégés et environnés par des paroles de haine, » ainsi que parle le divin Psalmiste, *Sermonibus odii circumdederunt me*[1]; et que de quelque côté que nous nous tournions, leur malice a pris les devans et nous a fermés de toutes parts, (c) alors il est malaisé de reconnaître l'ordre d'un Dieu juste parmi tant d'injustices qui nous pressent; et comme rien ne nous paroît que la malice des hommes qui nous trompent et qui nous oppriment, notre cœur croit avoir droit de se révolter, et c'est là qu'on se sent poussé aux derniers excès (d).

O Jésus crucifié par les impies! ô Juste persécuté de la manière du monde la plus outrageuse! venez ici à notre secours, et faites-nous voir l'ordre de Dieu dans les maux que nous endurons par la malice des hommes. En effet qu'est-il jamais arrivé au monde par un ordre plus manifeste de la providence de Dieu que la pas-

---

[1] *Psal.* CVIII, 3.

(a) *Var.*: On ne peut plus trouver. — (b) Lorsque nous nous trouvons accablés. — (c) *Note marg.*: Les sorties pour nous échapper, les avenues pour nous secourir, circonvallation d'iniquité. — (d) *Var.*: Et ne peut plus trouver la patience.

sion de son Fils, et quel événement a-t-on jamais vu où la malice, où la perfidie, où tous les crimes aient plus de part? C'est là, si nous l'entendons, la cause de ce grand combat de Jésus-Christ contre la justice de son Père. « O Père, lui dit-il avec tant d'ardeur dans le jardin des Olives, que ce calice passe loin de moi. » A la vérité, chrétiens, étant homme comme nous et de même complexion, il avoit une horreur naturelle de la mort et des tourmens; mais je ne me tromperai pas en vous assurant que c'est quelque chose de plus rigoureux qui lui fait faire cette prière avec tant d'instance. C'est qu'il voyoit dans le calice de sa passion non-seulement des douleurs extrêmes, mais encore des injustices inouïes; c'est ce qui en fait la grande amertume, c'est ce qui cause le plus d'horreur à sa sainte ame; et rien ne l'afflige tant dans ses plaies, que lorsqu'il voit qu'il n'en reçoit point que par autant de sacriléges. — O mon Père, ce n'est pas ainsi que je voudrois être couvert des péchés du peuple; oh! je ne refuse pas les douleurs; eh! mon Père, s'il se pouvoit que je souffrisse sans tant de crimes de la part de mes ennemis, mes peines seroient supportables; mais faut-il qu'avec tant de tourmens je boive encore pour ainsi dire tant d'iniquités, et que je me voie l'unique sujet de tant d'horribles blasphèmes, de tant de violences furieuses? *Pater, si fieri potest, transfer calicem istum à me:* « O Père, s'il est possible, délivrez-moi du moins de cette amertume; et toutefois, ajoute-t-il, non ma volonté, mais la vôtre : » *Verumtamen non mea voluntas, sed tua fiat*[1]. Quoi donc! la volonté du Père céleste est-elle dans la trahison de Judas, dans la fureur des pontifes et dans tous les autres crimes énormes dont je vous ai fait tant de fois le dénombrement?

C'est ici qu'il nous faut entendre avec le grand saint Augustin[2] que Dieu préside invisiblement même aux mauvais conseils et les conduit à ses fins cachées; (a) qu'il ordonne les ténèbres aussi bien

---

[1] *Matth.*, XXVI, 39; *Luc.*, XXII, 42. — [2] Lib. *De Grat. et lib. arbit.*, n. 41, 42; *Serm.* CXXV, n. 5.

(a) *Note marg.* : Il les bride, il les pousse, il lâche la main, il les tient domptés et captifs; et malgré les mauvaises intentions, il les conduit à ses fins cachées : Dieu tout-puissant et tout bon ne permettroit pas tant de péchés; et il ordonne les ténèbres.....

que la lumière, c'est-à-dire qu'il rapporte aux desseins secrets de sa providence, non moins les complots criminels que les actions vertueuses; et quelque effort que les méchans fassent pour se retirer de lui, ils retombent d'un autre côté dans l'ordre de sa sagesse (a).

Ainsi osez tout, ô méchans esprits; attaquez, pressez, accablez, aiguisez vos langues malignes, enfoncez bien avant vos dents venimeuses, assouvissez par vos médisances cette humeur malfaisante qui vous domine : le fidèle doit vivre en repos, parce que vous pouvez bien entreprendre, mais vous ne pouvez rien opérer que ce que Dieu veut. Vous lancez vos traits empoisonnés; mais ils ne portent pas toujours où votre main les adresse (b), et Dieu saura bien, quand il lui plaira, non-seulement les détourner, mais encore les repousser (c) contre vous. Il ne faut donc pas nous troubler pour la malice des hommes. Jésus persécuté et obéissant nous y fait reconnoître l'ordre de son Père.

Prenons garde seulement, Messieurs, à n'aigrir pas nos maux par l'impatience et à n'irriter pas Dieu par nos murmures; allons toujours constamment par les droites voies; si cependant nos ennemis l'emportent sur nous, si les desseins équitables sont les moins heureux et que la malice prévale contre la simplicité, ne perdons pas pour cela notre confiance; ne croyons pas que nous succombions sous l'effort d'une main mortelle; regardons d'où est parti l'ordre souverain, et disons à nos ennemis comme le Sauveur faisoit à Pilate : « Vous ne pourriez rien contre moi, s'il ne vous étoit donné d'en haut : » *Non haberes potestatem adversùm me ullam, nisi tibi datum esset desuper* [1].

C'est ce qui doit éteindre en nos cœurs tous les sentimens de vengeance. Car la malice de nos ennemis, toute odieuse qu'elle est, ne laisse pas d'être l'instrument d'une main divine pour nous exercer ou pour nous punir. Il faut que cette pensée désarme notre colère; et celui-là est trop hardi qui voyant paroître la main de Dieu et l'ordre d'un tel souverain, songe encore à se venger,

---

[1] *Joan.*, XIX, 11.

(a) *Var.* : De sa providence, — de ses conseils. — (b) Votre main vise. — (c) Les rabattre.

et non à s'abaisser et se soumettre. Ainsi regardons, Messieurs, non ce que les hommes ont fait contre nous, mais qui est celui « qui leur a donné la puissance de nous nuire : » *Datum est illis ut nocerent*[1]; alors nos ressentimens n'oseront paroître; une plus haute pensée nous occcupera, et par respect pour l'ordre de Dieu nous serons prêts non-seulement à souffrir, mais encore à pardonner. Jésus-Christ crucifié nous en a donné l'exemple.

TROISIÈME POINT.

Vous avez vu, chrétiens, toute la malignité de la créature déclarée ouvertement contre lui; vous avez vu le Juste accablé par ses amis, par ses ennemis, par ceux qui étant en autorité devoient leur protection à son innocence, par la foiblesse des uns, par la cruelle fermeté des autres; il n'oppose rien à tous ces outrages qu'un pardon universel qu'il accorde à tous et qu'il demande pour tous à son Père : « O Père, dit-il, pardonnez-leur, car ils ne savent ce qu'ils font : » *Pater, dimitte illis, non enim sciunt quid faciunt*[2]. Vous voyez que non content de leur pardonner, sa divine bonté les excuse; il plaint leur ignorance plus qu'il ne blâme leur malice; et ne pouvant excuser la malice même, il offre pour l'expier la mort qu'ils lui font souffrir et « les rachète du sang qu'ils répandent : » *Ipso redempti sanguine quem fuderunt*[3].

A la vue d'un tel excès de miséricorde, aurons-nous l'ame assez dure (a) pour ne vouloir pas aujourd'hui et excuser tout ce qu'on nous a fait souffrir par la foiblesse, et pardonner de bon cœur tout ce qu'on nous a fait souffrir par la malice (b)? Chrétiens, ceux qui nous haïssent et nous persécutent ne savent (c) en vérité ce qu'ils font. Ils se font plus de mal qu'à nous. Leur injustice nous blesse, mais elle les tue. Ils se percent eux-mêmes le sein pour nous effleurer la peau. Ainsi nos ennemis sont des furieux qui ne savent ce qu'ils font; qui voulant nous faire boire pour ainsi dire tout le venin de leur haine, en font eux-mêmes un essai funeste et avalent les premiers le poison qu'ils nous pré-

---

[1] *Apoc.*, VII, 2. — [2] *Luc.*, XXIII, 34. — [3] S. August., Tract. XCII *in Joan.*, n. 1.

(a) *Var*.: Y aura-t-il quelque ame assez dure. — (b) Et pardonner tout ce qu'on nous a fait souffrir par malice. — (c) Ceux qui nous outragent ne savent...

parent. Que si ceux qui nous font du mal sont des malades emportés, pourquoi les aigrissons-nous par nos vengeances, et que ne tâchons-nous plutôt à les ramener à leur bon sens par la patience et par la douceur ? Mais nous sommes bien éloignés de ces charitables dispositions. Bien loin de faire effort sur nous-mêmes pour endurer une injure, nous croirions nous dégrader et nous ravilir, si nous ne nous piquions d'être délicats si peu qu'on nous blesse. Aussi poussons-nous sans bornes nos ressentimens ; nous exerçons sur ceux qui nous fâchent des vengeances impitoyables ; ou bien nous nous plaisons de les accabler par une vaine ostentation d'une patience et d'une pitié outrageuse, qui ne se remue pas par dédain et qui feint d'être tranquille pour insulter davantage ; tant nous sommes cruels ennemis et implacables vengeurs, qui faisons des armes offensives et des instrumens de colère de la patience même et de la pitié.

Chrétiens, que ce saint jour ne se passe pas sans que nous donnions nos ressentimens à Jésus-Christ crucifié. Ne pensons pas inutilement à la mort du Juste et à ses bontés infinies. Pardonnons à son exemple à nos ennemis, et songeons qu'il n'y a point de pâque pour nous sans ce pardon nécessaire. Je sais que ce précepte évangélique n'est guère écouté à la Cour. Les vengeances y sont infinies ; et quand on ne les pousseroit pas par ressentiment, on se sentiroit obligé de le faire par politique. On croit qu'il est utile de se faire craindre, et on pense qu'on s'expose trop quand on est d'humeur à souffrir. Et peut-être qu'on supporteroit cette maxime antichrétienne, si nous n'avions à ménager que les intérêts du monde. Mais notre grand intérêt, c'est de savoir nous concilier la miséricorde divine, c'est de ménager un Dieu qui ne pardonne jamais qu'à ceux qui pardonnent sincèrement, et n'accorde sa miséricorde qu'à ce prix. Notre aveuglement est extrême, si nous ne sacrifions à cet intérêt éternel nos intérêts périssables. Pardonnons donc, chrétiens ; mais après la grace accordée, qu'il n'y ait plus de froideur. Je vous le dis devant Dieu, et Jésus-Christ crucifié me sera un témoin fidèle que je dis la vérité. La manière de pardonner qu'on introduit dans le monde est une dérision manifeste de son Evangile : amis, pourvu qu'on ne se voie pas, on ne veut point revenir des premiers ombrages. Pardonner comme Jésus-Christ a pardonné, tâcher de rétablir la confiance perdue, rappeler le cœur aliéné et rallumer la charité toute éteinte par des bienfaits effectifs ; *Benefacite* [1] *:* ne me demandez point d'autre raison ; le mystère me rappelle. Décidons une fois ce que l'Evangile a décidé. Le sang de Jésus-Christ, son exemple, pour toute raison ; autrement nulle communion avec Jésus-Christ, nulle société à la croix et nulle part à la grace qu'il a demandée pour nous à son Père.

Car, mes frères, vous n'ignorez pas que nous avons tous été compris dans la prière qu'il a faite. Jésus-Christ étoit attaché à un bois infâme, levant à Dieu ses mains innocentes, et sembloit n'être élevé si haut que pour découvrir un peuple infini qui se moque de ses maux, qui remue la tête et fait un sujet de risée d'une extrémité si déplorable. Mais sa vue porte bien plus loin. Il voit tous les hommes avec tous leurs crimes. Il nous a vus chacun en particulier : En ce jour, « je vous ai vu, dit-il, et je vous ai appelé par votre nom [2]. » Il est frappé de tous nos péchés non moins que de ceux des Juifs qui le persécutent. Il ne nous trouve ni moins aveugles ni moins inconsidérés dans nos passions ; et touché de compassion, il déplore notre aveuglement plutôt qu'il ne blâme notre malice. Il se tourne donc à son Père et lui demande avec larmes qu'il ait pitié de notre ignorance. En effet les hommes qui pèchent sont doublement aveugles : ils ne savent ni ce qu'ils font ni où ils s'engagent ; et permettez-moi, chrétiens, de considérer ici notre aveuglement dans celui des malheureux Juifs.

Ils sont misérablement aveugles, puisqu'après tant de signes et tant de miracles ils ne veulent pas considérer la dignité de celui sur lequel ils mettent leurs mains sacrilèges. Mais voici le dernier excès ; c'est, Messieurs, qu'ayant à choisir entre Jésus et Barabbas, « ils renient, comme dit saint Pierre [3], le Juste et le Saint ; ils délivrent le meurtrier et font mourir l'Auteur de la vie. » (*a*) Il n'est pas nécessaire que je parle ici : c'est déjà une chose horrible de voir qu'ils ont mis leur Sauveur en croix ; mais si nous venons à

---

[1] *Matth.,* V, 44. — [2] *Isa.,* XLIII, 1. — [3] *Act.,* III, 14, 15.

(*a*) *Note marg. :* Préférer, préférence.

considérer de qui il remplit la place, il n'y a rien qui puisse égaler l'indignité de ce choix. Mais soit que nous nous indignions contre l'injustice des Juifs, soit que nous nous étonnions d'un si étrange aveuglement, jetons les yeux sur nous-mêmes. Il n'est pas nécessaire que je parle ici; que chacun se juge en sa conscience. Que quittons-nous? que choisissons-nous? que préférons-nous à Jésus-Christ? Que faisons-nous non-seulement vivre, mais régner en sa place? Pour qui est-ce que notre cœur se déclare, et qu'est-ce qui nous fait dire : « Qu'on l'ôte, qu'on le crucifie[1]! » et crucifions Jésus-Christ encore une fois[2]? Quel est donc notre aveuglement, et après cet indigne choix quelle espérance nous resteroit de notre salut, si Jésus-Christ n'avoit prié à la croix pour ceux qui ne savent ce qu'ils font?

Mais nous pensons encore moins à quoi nous nous engageons et quelle vengeance nous attirons sur nos têtes par cette outrageuse (a) préférence. Les Juifs contentent leur haine; et pendant qu'ils répandent le sang innocent avec une si furieuse inhumanité, ils ont encore l'audace de dire : « Son sang soit sur nous et sur nos enfans[3]! » Ils ne savent ni ce qu'ils font ni ce qu'ils disent; et ne pensent pas, les malheureux! que pendant qu'ils assouvissent leur passion, ils avancent leur jugement, leur dernière ruine. Race maudite et déloyale, ce sang sera sur toi selon ta parole. Ce sang suscitera contre toi des ennemis implacables qui abattront tes murailles et tes forteresses, et renverseront jusqu'aux fondemens ce temple l'ornement du monde. Ils ne savent pas, ils n'entendent pas; et enchantés par leur passion, ils ne voient point la colère qui les menace (b). Et nous également enivrés par nos passions insensées, nous ne regardons point le jour de Dieu, jour de ténèbres, jour de tempête, jour d'indignation éternelle[4]; et nous ne considérons pas de quelle sorte nous pourrons porter les coups incessamment redoublés de cette main souveraine. Jésus-Christ succombe sous ce poids terrible. Il s'afflige, il se trouble, il sue sang et eau, il se plaint d'être délaissé, il ne trouve point de consolation.

Tel est, Messieurs, un Jésus sous l'effroyable pressoir de la jus-

---

[1] *Joan.*, xix, 15. — [2] *Hebr.*, vi, 6. — [3] *Matth.*, xxviii, 25. — [4] *Joel.*, ii, 1, 2.
(a) *Var.* : Injurieuse, — aveugle. — (b) Qui les poursuit.

tice divine. Les femmes de Jérusalem sont émues de compassion, voyant l'excès de ses maux et de ses douleurs. Mais écoutez comme il leur parle : « Ne pleurez point sur moi, leur dit-il; mais pleurez sur vous-mêmes et sur vos enfans [1]. » Déplorez la calamité qui vous suit de près. Car « si on fait ainsi au bois verd, que fera-t-on au bois sec [2]? » Chrétiens, qui vous étonnez de voir Jésus-Christ traité si cruellement, étonnez-vous de vous-mêmes et des supplices que vous attirez sur vos têtes criminelles. Si la justice divine n'épargne pas l'Innocent, parce qu'il a répondu pour les pécheurs, que doivent attendre les pécheurs eux-mêmes, s'ils méprisent la miséricorde qui leur est offerte? Si ce bois verd, ce bois vivant, si Jésus-Christ, cet arbre fécond qui porte de si beaux fruits, n'est pas épargné, pécheur, bois aride, bois déraciné, qui n'est plus bon que pour le feu éternel, que dois-tu attendre? C'est ce que nous ne voyons pas. Et Jésus touché de compassion des misères qui nous attendent : O Père, ayez pitié de ces insensés qui courent en aveugles à leur damnation, en riant, en battant des mains, en s'applaudissant les uns aux autres. O Père, ayez pitié de leur ignorance, ou plutôt de leur stupidité insensée : *Pater, ignosce, quia nesciunt quid faciunt* [3]. Non-seulement il prie, chrétiens, mais il sacrifie pour nous. « Dieu étoit en Christ se réconciliant le monde (a) [4]. »

Mais que nous sert, chrétiens, que Jésus-Christ ait crié pour nous à son Père et qu'il ait payé de son propre sang le prix de notre rachat, si nous périssons cependant parmi les mystères de notre salut et à la vue de la croix, en négligeant de nous appliquer les graces qu'elle nous présente? Ah! voici les jours salutaires où Jésus-Christ veut célébrer (b) la pâque avec nous, où les pasteurs, où les prédicateurs, où toute l'Eglise nous crie : « Mes frères, nous vous conjurons pour Jésus-Christ de vous réconcilier avec Dieu [5]. » Qui de nous n'est pas résolu durant ces saints jours d'approcher de la sainte table? O sainte résolution! mais trouvez

[1] *Luc.*, XXIII, 28. — [2] *Ibid.*, 31. — [3] *Ibid.*, 34. — [4] II *Cor.*, v, 19. — [5] *Ibid.*, 20.

(a) *Note marg.* : *Voy.* Passion du Louvre, second point. — Le passage indiqué par Bossuet se trouve au sermon précédent, dans la belle comparaison qui commence par ces mots, p. 63 : « Comme on voit quelquefois un grand orage... » — (b) *Var.*: Faire.

bon néanmoins que je vous arrête pour vous dire avec l'Apôtre : *Probet autem seipsum homo* [1] *:* « Que l'homme s'éprouve soi-même. » L'action que vous allez faire est la plus sainte, la plus auguste (*a*) du christianisme. Il ne s'agit de rien moins que de manger de sa propre bouche sa condamnation ou sa vie, de porter la miséricorde ou la mort toute présente dans ses entrailles. Le mystère de l'Eucharistie, c'est le mémorial sacré de la passion de Jésus : il y est encore sur le Calvaire, il y répand encore pour notre salut le sang du Nouveau Testament; il y renouvelle, il y représente, il y perpétue son saint sacrifice.

Nous avons remarqué, mes frères, dans la passion le crime de ses ennemis et sa sainteté infinie. Maintenant il est question en communiant de savoir à laquelle de ces deux choses vous aurez part? Sera-ce à la sainteté de la victime ou aux crimes de ceux qui l'immolent? (*b*) Dans une action dont les suites sont si importantes, l'Apôtre a raison de nous arrêter et de nous ordonner une sainte épreuve. (*c*) Oubliez donc toutes vos affaires. Car quels soins ne doivent céder à celui de se rendre digne de Jésus-Christ? et peut-on imaginer quelque chose qu'il soit ni plus utile de bien recevoir, ni plus dangereux de profaner que son mystère adorable?

Songez-vous à corriger votre vie, à restituer le bien mal acquis, à réparer les injustices que vous avez faites? Je ne puis vous en faire ici le dénombrement; songez seulement à celles du jeu si fréquentes, si peu méditées, si peu réparées. Je tremble pour vous quand je considère les avantages frauduleux que vous prenez et que vous donnez, les ruines qui s'en ensuivent, et le repos malheureux que je vois sur ce sujet dans les consciences. Il semble qu'on se persuade que tout est jeu dans le jeu; mais il n'en est pas de la sorte. Les injustices ne sont pas moins grandes, ni les restitutions moins obligatoires, sans que j'y puisse remarquer d'autres différences sinon qu'on y pense moins et que les fraudes

---

[1] I *Cor.*, xi, 28.

(*a*) *Var. :* La plus importante. — (*b*) *Note marg. :* Sera-ce pour perpétuer la violence ou la soumission, les outrages ou l'obéissance, la trahison de Judas ou...? Dieu ne venge rien plus terriblement que la profanation de ses saints mystères. — (*c*) Donc à la vue de ce saint autel que chacun s'éprouve soi-même et rentre dans les replis de sa conscience.

et les voleries sont plus ordinaires et plus manifestes. Pensez-y donc, chrétiens, si ce n'est qu'avec vos richesses vous vouliez encore jouer votre ame, ou plutôt non tant la jouer que la perdre très-assurément, d'une manière bien plus hardie que vous ne faites vos biens. Le grand saint Ambroise s'étonne de la hardiesse des grands joueurs, « qui changent, dit ce grand homme [1], à tous momens de fortune, tantôt riches, tantôt ruinés, selon qu'il plaît au hasard. » Et ne vous étonnez pas, chrétiens, si nous descendons à ces bassesses; et si vous trouvez peut-être que c'est trop rabaisser nos discours, jugez donc combien il est plus indigne de rabaisser jusque-là votre conscience. Mais je ne finirois jamais ce discours, si je voulois faire avec vous tout votre examen : *Probet autem se ipsum homo.* Si vous vous mettez à l'épreuve, connoissez votre foiblesse et défiez-vous de vos forces (a).....

PREMIER SERMON

POUR

LE JOUR DE PAQUES,

SUR LA NÉCESSITÉ DE MOURIR AVEC JÉSUS-CHRIST, DE RESSUSCITER AVEC LUI ET D'ETRE COMME LUI IMMORTEL A LA GRACE (b).

Christus resurgens ex mortuis jam non moritur, mors illi ultrà non dominabitur. Quòd enim mortuus est peccato, mortuus est semel; quòd autem vivit, vivit Deo. Rom., VI, 9 et 10.

Quand je vois ces riches tombeaux sous lesquels les grands de la terre semblent vouloir cacher la honte de leur corrup-

---

[1] Lib. *De Tob.*, cap. XI.

(a) *Note marg.* : De cette même bouche dont nous consacrons les divins mystères, recevez-les saintement. Ne faites point vos pâques par un sacrilége.

(b) **Premier point.** — Pourquoi la conversion est-elle appelée *mort*? Pour trois raisons : 1° d'une propriété du péché; 2° de la qualité du remède; 3° regarde l'instruction du pécheur.

Le péché vient par l'origine : donc doit être détruit par une espèce de mort.

État de l'homme aussitôt après le péché. La honte, jusqu'alors inconnue, fut

tion (a), je ne puis assez m'étonner de l'extrême folie des hommes, qui érigent de si magnifiques trophées à un peu de cendre et à quelques vieux ossemens. C'est en vain que l'on enrichit leurs cercueils de marbre et de bronze. C'est en vain que l'on déguise leur nom véritable par ces titres superbes de monumens et de mausolées. Que nous profite après tout cette vaine pompe, si ce n'est que le triomphe de la mort est plus glorieux, et les marques de notre néant (b) plus illustres? Il n'en est pas ainsi du sépulcre de mon Sauveur. La mort a eu assez de pouvoir sur son divin corps. Elle l'a étendu sur la terre sans mouvement et sans vie (c), elle n'a pas pu le corrompre; et nous lui pouvons adresser aujourd'hui cette parole que Job disoit à la mer : « Tu iras jusque-là et ne passeras pas plus outre; cette pierre donnera des bornes à ta furie; » et à ce tombeau, comme à un rempart invincible, seront enfin rompus tes efforts : *Illuc progredieris, et non procedes amplius; illuc confringes tumentes fluctus tuos*[1].

C'est pourquoi Notre-Seigneur Jésus, après avoir subi volontairement une mort infâme, il veut après cela que « son sépulcre soit honorable, » comme dit le prophète Isaïe : *Erit sepulcrum*

---

[1] *Job*, XXXVIII, 11.

la première de ses passions qui lui décela la conspiration de toutes les autres : *Nihil primum senserunt quàm erubescendum* (Tertull., *Epist.* XXIX *ad Concil. Carthag.*, n. 6).

Second point. — Péché ne peut être guéri que par la mort du Sauveur, et notre configuration avec sa mort. Image de mort en nous conformément à Jésus-Christ.
La conversion n'est pas un changement superficiel, c'est une mort.
Réjouissance charnelle des chrétiens à Pâques.
Eucharistie. Est notre vie.

Prêché à Metz, vers 1655.
Plusieurs indices révèlent cette date, la longueur de l'exorde, la forme didactique, les sentences, les textes accumulés; puis ces sortes d'expressions : « Quasi, esquelles, cette bouche divine de laquelle inondoient des fleuves de vie éternelle; ruminez ce petit mot d'Origène, estimant que l'utilité que tu recevras d'une médecine si salutaire (de la pénitence) t'en fera digérer l'amertume. » L'auteur rappelle aussi les souffrances et les malheurs de l'époque indiquée par notre date : Les chrétiens, dit-il, « sont patiens dans les tribulations. Que ces paroles, mes frères, soient votre consolation pendant les calamités de ces temps. »
Le mot *mystagogie*, que l'on trouvera dans l'exorde, veut dire initiation aux mystères, ou doctrine mystérieuse, mystique, obscure.
(a) *Var.* : De leur pourriture. — (b) Ce ne sont après tout que les écueils où vont se briser toutes les grandeurs humaines; cette pompe ne produit autre chose, sinon que les vers en sont servis plus honorablement, et que les marques de notre corruption en sont plus illustres. — (c) Elle lui a ôté la vie.

ejus gloriosum[1]. Il est situé au milieu d'un jardin, taillé tout nouvellement dans le roc. Et de plus il veut qu'il soit vierge aussi bien que le ventre de sa mère, et que personne n'y ait été posé devant lui. Davantage (a), il faut à son corps cent livres de baume du plus précieux (b), et un linge très-fin et très-blanc pour l'envelopper. Et après que durant le cours de sa vie « il s'est rassasié (c) de douleurs et d'opprobres, » *Saturabitur opprobriis*, nous dit le prophète[2], vous diriez qu'il soit devenu délicat dans sa sépulture. N'est-ce pas pour nous faire entendre qu'il se préparoit un lit plutôt qu'un sépulcre? Il s'y est reposé doucement jusqu'à ce que l'heure de se lever fût venue; mais tout d'un coup il s'est éveillé, et se levant il vient éveiller la foi endormie de ses apôtres.

Aujourd'hui les trois pieuses Maries étant accourues dès le grand matin pour chercher leur bon Maître dans ce lit de mort : « Que cherchez-vous ici, leur ont dit les anges? Vous cherchez Jésus de Nazareth crucifié : il n'y est plus, il est levé, il est ressuscité; voyez le lieu où il étoit mis[3]. » O jour de triomphe pour notre Sauveur! ô jour de joie pour tous les fidèles! Je vous adore de tout mon cœur, ô Jésus victorieux de la mort. Vraiment c'est aujourd'hui votre pâque, c'est-à-dire votre passage, où vous passez de la mort à la vie. Faites-nous la grace, ô Seigneur Jésus, que nous fassions notre pâque avec vous (d), en passant à une sainte nouveauté de vie. Ce sera le sujet de cet entretien.

O Marie, nous ne craindrons pas de nous adresser à vous aujourd'hui : l'amertume de vos douleurs est changée en un sentiment de joie ineffable. Vous avez déjà appris la nouvelle que votre Fils bien-aimé a pris au tombeau une nouvelle naissance, et vous n'avez point porté d'envie à son saint sépulcre de ce qu'il lui a servi de seconde mère. Au contraire, vous n'avez pas eu moins de joie que vous en conçûtes lorsque l'ange vous vint annoncer qu'il naîtroit de vous, en vous adressant ces paroles par lesquelles nous vous saluons (e). *Ave*.

---

[1] *Isa.*, XI, 10. — [2] *Thren.*, III, 30. — [3] *Luc.*, XXIV, 5; *Marc.*, XVI, 6.

(a) *Var.:* De plus. — (b) Des parfums les plus précieux. — (c) Soûlé. — (d) Nous venons faire notre pâque avec vous, en passant...

(e) Bossuet vouloit d'abord prêcher le présent sermon le jour du Samedi saint. Dans ce premier dessein, il avoit rédigé la première partie de l'exorde comme

Je m'étonne quelquefois, chrétiens, que nous ayons si peu de soin de considérer et ce que nous sommes par la condition de notre naissance, et ce que nous devenons par la grace du saint baptême. Une marque évidente que nous n'avons pas bien pénétré le mystère de notre régénération, c'est de voir les divers sentimens des auditeurs, quand on vient à discourir de cette matière. Les uns tout charnels et grossiers, sitôt qu'ils entendent parler de nouvelle vie, et de résurrection spirituelle, et de seconde naissance, demeurent presque interdits; peu s'en faut qu'ils ne disent avec Nicodème : « Comment se peuvent faire ces choses? Quoi! un vieillard naîtra-t-il encore une fois? Faudra-t-il que nous rentrions dans le ventre de nos mères [1]? » Tels étoient les doutes que se formoit en son ame ce pauvre pharisien. Les autres plus délicats reconnoissent que ces vérités sont fort excellentes, mais il leur semble que cette morale est trop raffinée, qu'il faut renvoyer ces subtilités dans les cloîtres pour servir de matière aux méditations de ces (a) ames qui se sont plus épurées dans la solitude. Pour nous, diront-ils, nous avons peine à goûter toute cette mystagogie. N'est-il pas vrai que c'est la secrète réflexion de quantité de personnes, lorsqu'on traite de ces mystères?

Qu'est-ce à dire ceci, chrétiens? En quelle école ont-ils été élevés? Ignorent-ils qu'il n'y a quasi point de maximes que les saints docteurs de l'Eglise aient plus souvent inculquées; et que

---

[1] *Joan.*, III, 4.

il suit : « Vous diriez qu'il (Jésus) est devenu délicat dans sa sépulture. N'est-ce pas pour nous faire entendre qu'il se préparoit un lit plutôt qu'un sépulcre? Il faut qu'il y dorme et qu'il repose encore quelque temps, jusqu'à ce que l'heure de se lever soit venue. Nous aurons jusqu'à la nuit quelque reste de tristesse, *ad vesperum demorabitur fletus*; mais demain dès le matin sa résurrection nous comblera d'une sainte réjouissance, *ad matutinum lætitia* (Psal. XXXIX, 6). Que ferons-nous donc ainsi partagés entre la tristesse et la joie? Si nous ne parlons que de sa résurrection, notre douleur sans doute s'en trouvera offensée; que si nous nous contentons de nous entretenir de sa mort, notre espérance ne sera pas satisfaite. Joignons-les toutes deux, chrétiens; et voyons les obligations que l'une et l'autre nous impose.

O Marie, nous ne craindrons pas de nous adresser à vous aujourd'hui : nous savons que l'amertume de vos douleurs est bien adoucie. Bientôt vous apprendrez que votre Fils aura pris une nouvelle naissance; et vous ne porterez point d'envie à son saint sépulcre, de ce qu'il aura été comme sa seconde mère; au contraire, vous n'en recevrez pas moins de joie que lorsque l'ange, » etc.

(a) *Var.*: Aux méditations de ces personnes dont les ames se sont...

qui ôteroit des écrits de l'Apôtre les endroits où il explique cette doctrine, non-seulement il énerveroit ses raisonnemens invincibles, mais encore qu'il effaceroit la plus grande partie de ses divines *Epîtres?* D'où vient donc, je vous prie, que nous avons si peu de goût pour ces vérités? d'où vient cela, sinon du dérèglement de nos mœurs? Sans doute nous ne permettons pas à l'Esprit de Dieu d'habiter ni assez longtemps, ni assez profondément dans nos ames, pour nous faire sentir ses divines opérations. Car le Sauveur ayant dit à ses apôtres qu'il leur enverroit cet Esprit consolateur que le monde ne connoissoit pas : « Pour vous, ajoute-t-il, mes disciples, vous le connoîtrez, parce qu'il sera en vous et habitera dans vos cœurs : » *Vos autem cognoscetis eum, quia apud vos manebit et in vobis erit*[1]. Par où nous voyons que si nous le laissions habiter quelque temps dans nos ames, il feroit sentir sa présence par les bonnes œuvres, esquelles sa main puissante porteroit nos affections. Et comme il n'y a point de christianisme en nos mœurs, comme nous menons une vie toute séculière et toute païenne, de là vient que nous ne remarquons aucun effet de notre seconde naissance.

Ainsi, chrétiens, pour vous instruire de ces vérités, le plus court seroit de vous renvoyer à l'école du Saint-Esprit et à une pratique soigneuse des préceptes évangéliques. Mais puisque la saine doctrine est un excellent préparatif à la bonne vie, et que les solennités pascales que nous avons aujourd'hui commencées, nous invitent à nous entretenir de ces choses, écoutez non point mes pensées, mais trois admirables raisonnemens du grand apôtre saint Paul, dont il pose les principes dans le texte que j'ai allégué et en tire les conséquences dans les paroles suivantes : « Jésus est mort, dit-il, et c'est au péché qu'il est mort : » *Peccato mortuus est*[2]. Si donc nous voulons participer à sa mort, il faut que nous mourions au péché. C'est notre première partie. Jésus étant mort a repris une nouvelle vie ; et cette vie n'est plus selon la chair, mais entièrement selon Dieu, « parce qu'il ne vit que pour Dieu : » *Quòd autem vivit, vivit Deo*[3]. Il faut donc que nous passions à une nouvelle vie, qui doit être toute céleste. Voilà la seconde. Jésus

---

[1] *Joan.*, XIV, 17. — [2] *Rom.*, VI, 10. — [3] *Ibid.*

étant une fois ressuscité « ne meurt plus, la mort ne lui domine plus : » *Jam non moritur, mors illi ultrà non dominabitur* ¹. Si donc nous voulons ressusciter avec lui, il faut que nous vivions éternellement à la grace et que la mort du péché ne domine plus en nos ames. C'est par où finira ce discours. Le Sauveur est mort, mourons avec lui; il est ressuscité, ressuscitons avec lui; il est immortel, soyons immortels avec lui. Tâchons de rendre ces vérités sensibles par une simple et naïve exposition de quelques maximes de l'Evangile, et faisons voir en peu de mots avant toutes choses quelle nécessité il y a de mourir avec le Sauveur.

PREMIER POINT.

D'où vient que l'apôtre saint Paul ne parle que de mort et de sépulture, quand il veut dépeindre la conversion du pécheur; et pourquoi a-t-il toujours à la bouche qu'il faut mourir au péché avec Jésus-Christ et crucifier le vieil homme, et tant d'autres semblables discours qui d'abord paroissent étranges? Car s'il ne veut dire autre chose sinon que nous devons changer (*a*) nos méchantes inclinations, pour quelle raison se sert-il si souvent d'une façon de parler qui semble si fort éloignée? Et ce changement d'affections étant si commun dans la vie humaine, comment ne l'exprime-t-il pas en termes plus familiers? C'est ce qui me fait croire que ces sortes d'expressions ont quelque sens plus caché; et sans doute il ne les a pour ainsi dire affectées qu'afin de nous inviter à en pénétrer le secret. Or pour avoir une pleine intelligence de l'intention de l'Apôtre, je me sens obligé à vous représenter deux considérations importantes : par la première je vous ferai voir avec l'assistance divine, pour quelle raison la conversion du pécheur s'appelle une mort, et elle sera tirée d'une propriété du péché; par la seconde je tâcherai de montrer que nous sommes obligés de mourir au péché avec le Sauveur, et celle-ci sera prise de la qualité du remède. De ces deux considérations il en naîtra une troisième pour l'instruction des pécheurs (*b*).

¹ *Rom.*, VI, 9.
(*a*) *Var.:* Que nous sommes obligés de changer...— (*b*) Et sans doute il ne les a pour ainsi dire affectées qu'afin de nous inviter à en pénétrer le secret. J'en trouve trois raisons principales. Je tire la première d'une propriété que le péché

Tout péché doit avoir son principe dans la volonté. Mais dans l'homme il a une propriété bien étrange, c'est qu'il est tout ensemble volontaire et naturel. Les pélagiens ne comprenant point cette vérité, ne pouvoient souffrir que l'on leur parlât de ce péché d'origine avec lequel nous naissons, et disoient que cela alloit à l'outrage de la nature, qui est l'œuvre des mains de Dieu. Ils n'entendoient pas que la source du genre humain étant corrompue, ce qui avoit été volontaire seulement dans le premier père, avoit passé en nature à tous ses enfans. Qu'est-il nécessaire de vous raconter plus au long l'histoire de nos malheurs? Vous savez assez que le premier homme, séduit par les infidèles conseils de ce serpent frauduleux, voulut faire une funeste épreuve de sa liberté; et « qu'usant inconsidérément de ses biens, » ce sont les propres mots du saint pontife Innocent [1], il ne sut pas reconnoître la main qui les lui donnoit : de sorte que son esprit s'étant élevé contre Dieu, il perdit l'empire naturel qu'il avoit sur ses appétits. La honte qui jusqu'à ce temps-là lui avoit été inconnue, fut la première de ses passions qui lui décela la conspiration de toutes les autres. Il s'étoit enflé d'une vaine espérance de savoir le bien et le mal; et il arriva par un juste jugement de Dieu que « la première chose dont il s'aperçut, c'est qu'il falloit rougir : » *Nihil primùm senserunt quàm erubescendum*, dit Tertullien [2]. Cela est bien étrange. Il remarqua incontinent sa nudité, ainsi que nous apprend l'Ecriture [3]. C'est qu'il commença à sentir une révolte à laquelle il ne s'attendoit pas; et la chair s'étant soulevée inopinément contre la raison, il étoit tout confus de ce qu'il ne pouvoit la réduire.

Mais je ne m'aperçois pas que je m'arrête peut-être trop à des choses qui sont très-connues : il suffit présentement que vous

---

[1] *Epist.* XXIX *ad Concil. Carthag.*, n. 6; *Epist. Rom. Pontif.*, édit. D. Coustant. — [2] *De Veland. virgin.*, n. 11. — [3] *Genes.*, III, 7.

a dans tous les hommes; la seconde, de la qualité du remède par lequel nous en sommes guéris; la troisième regarde une instruction du pécheur qui doit être changé. Par ces trois raisons, je prétends vous faire voir avec l'assistance divine, et que c'est à bon droit que la conversion des pécheurs s'appelle une *mort*, et que la mort du Fils de Dieu nous oblige de mourir au péché, et à quelle sainteté cette obligation nous engage. Je les tirerai des vérités les plus communes et les plus connues du christianisme : je vous prie de vous y rendre attentifs.

remarquiez que nous naissons tous, pour notre malheur, de ces passions honteuses, qui étant suscitées par le péché, s'élèvent dans la chair à la confusion de l'esprit. Cela n'est que trop véritable. Et voici le raisonnement que saint Augustin en tire après le Sauveur : « Qui naît de la chair est chair, » dit Notre-Seigneur en saint Jean [1] : *Quod natum est ex carne caro est.* Que veut dire cela ? La chair en cet endroit, selon la phrase de l'Ecriture, signifie ces inclinations corrompues qui s'opposent à la loi de Dieu. C'est donc comme si notre Maître avoit dit plus expressément : O vous, hommes misérables qui naissez de cette révolte, vous naissez par conséquent rebelles contre Dieu et ses ennemis : *Quod natum est ex carne caro est* ; vous recevez en même temps et par les mêmes canaux, et la vie du corps et la mort de l'ame ; qui vous engendre, vous tue ; et la masse dont vous êtes formés étant infectée dans sa source, le péché s'attache et s'incorpore à votre nature. De là cette profonde ignorance, de là ces chutes continuelles, de là ces cupidités effrénées qui font tout le trouble et toutes les tempêtes de la vie humaine : *Quod natum est ex carne caro est;* et voyez, s'il vous plaît, où va cette conséquence.

Les philosophes enseignent que la naissance et la mort conviennent aux mêmes sujets. Tout ce qui meurt prend naissance, tout ce qui prend naissance peut mourir. C'est la mort qui nous ôte ce que la naissance nous donne. Vous êtes homme par votre naissance ; vous ne cessez d'être homme que par la mort. L'union de l'ame et du corps se fait par la naissance, aussi est-ce la mort qui en fait la dissolution. Or jusqu'à ce que la nature soit guérie, être homme et être pécheur, c'est la même chose. L'ame ne tient pas plus au corps que le péché et ses mauvaises inclinations s'attachent pour ainsi dire à la substance de l'ame. Que si le péché a sa naissance, il aura par conséquent sa vie et sa mort : il a sa naissance par la nature corrompue, sa vie par nos appétits déréglés. Ce n'est donc pas sans raison que nous appelons une mort la guérison qui s'en fait par la grace médicinale qui délivre notre nature ; par où vous voyez que ce n'est pas sans raison que la conversion du pécheur s'appelle une mort. C'est pourquoi je ne

---

[1] *Joan.,* III, 6; S. August., *Serm.* CLXXIV, n. 9; *Serm.* CCXCIV, n. 16.

m'étonne plus, grand Apôtre, si vous la nommez ordinairement de la sorte; vous nous voulez faire entendre combien nos blessures sont profondes, combien le péché et l'inclination au mal nous est devenue naturelle, et que naissant avec nous, il ne faut rien moins qu'une mort pour l'arracher de nos ames.

Voilà déjà, ce me semble, quelque éclaircissement de la pensée de saint Paul, tiré à la vérité, non des maximes orgueilleuses de la sagesse du siècle, mais des principes soumis et respectueux de l'humilité chrétienne. Nous n'avons point de honte d'avouer les infirmités de notre nature. Que ceux-là en rougissent qui ne connoissent pas le Libérateur. Pour nous au contraire, nous osons nous glorifier de nos maladies, parce que nous savons et la miséricorde du Médecin et la vertu du remède. Ce remède, comme vous le savez, c'est la mort de Notre-Seigneur; et puisque nous voilà tombés sur la considération du remède, il est temps désormais que nous entendions raisonner l'apôtre saint Paul. Le Fils de Dieu, dit-il, « est mort au péché, » *mortuus est peccato;* « ainsi estimez, conclut-il, que vous êtes morts au péché, » *ita et vos existimate mortuos quidem esse peccato*[1]. Que veut-il dire que Notre-Seigneur est mort au péché, lui qui dès le premier moment de sa conception a toujours vécu à la grace? Pour pénétrer sa pensée, il est nécessaire de reprendre la chose de plus haut et de vous mettre devant les yeux quelques points remarquables de la doctrine de saint Paul, dans lesquels j'entre par cet exemple.

Si jamais vous vous êtes rencontrés dans une place publique où l'on auroit exécuté quelque criminel, n'est-il pas vrai que par la qualité de la peine vous avez souvent jugé de l'horreur du crime, et qu'il vous a semblé voir quelque idée de leurs forfaits dans les marques de leurs supplices et dans leurs faces défigurées? Vous êtes surpris peut-être que je vous propose un si funèbre spectacle. C'est pour vous faire avouer qu'il y a dans la peine quelque représentation de la coulpe. Oserons-nous bien maintenant, mon Sauveur, vous appliquer cet exemple? Il le faut bien certes, puisque vous avez paru sur la terre comme un criminel. Vous avez désiré vous rendre semblable aux pécheurs.

[1] *Rom.*, vi, 10, 11.

N'ayant point de péché, vous avez voulu néanmoins en subir toutes les peines pendant votre vie. Votre sainte chair a été travaillée des mêmes incommodités que le péché seul avoit attirées sur la nôtre. C'est pourquoi saint Paul ose dire que vous vous êtes fait « semblable à la chair du péché : » *Factus in similitudinem carnis peccati*[1]. Quelle bonté, chrétiens! Ce n'a pas été assez au Fils du Père éternel de revêtir sa divinité d'une chair humaine: cette chair plus pure que les rayons du soleil, qui méritoit d'être ornée d'immortalité et de gloire, il la couvre encore, pour l'amour de nous, de l'image de notre péché! n'est-ce pas de quoi nous confondre? Que sera-ce donc si nous venons à considérer que c'est par ce moyen que nos péchés sont guéris? C'est ici, c'est ici le trait le plus merveilleux de la miséricorde divine (a).

Où étoit l'image du péché? En sa chair bénie. Où étoit le péché même? En vous et en moi, chrétiens. La chair du Sauveur, cette image innocente du crime, a été livrée entre les mains des bourreaux pour en faire à leur fantaisie; ils l'ont frappée, les coups ont porté sur le péché; ils l'ont crucifiée, le péché a été crucifié; ils lui ont arraché la vie, le péché a perdu la sienne. Et voilà justement ce que l'Apôtre veut dire. Le Sauveur selon sa doctrine est mort au péché, parce qu'abandonnant à la mort sa chair innocente qui en étoit l'image, il a anéanti le péché. Mais pourrons-nous conclure de là « qu'il faut que nous mourions avec lui, » *ita et vos existimate mortuos quidem esse peccato?* Certainement, chrétiens, la conséquence en est bien aisée; il ne faut que lever les yeux et regarder notre Maître pendu à la croix. O Dieu, comment a-t-on traité sa chair innocente? Quelque part où je porte ma vue, je n'y saurois remarquer aucune partie entière. Quoi! parce qu'elle portoit l'image du péché, il a bien voulu qu'elle fût ainsi déchirée; et nous épargnerons le péché même qui vit en nos

---

[1] *Rom.*, VIII, 3.

(a) *Passage barré :* On rapporte que parfois les magiciens, possédés en leur ame d'un désir furieux de vengeance, font des images de cire de leurs ennemis, sur lesquelles ils murmurent quelques paroles d'enchantement; et après, ajoute-t-on, frappant ces statues, la blessure, par un fatal contre-coup, en retombe sur l'original. Est-ce fable ou vérité? Je vous le laisse à juger. Seulement sais-je bien qu'il s'est passé quelque chose de semblable en la personne de mon Maître. Où étoit l'image du péché...?

ames, nous ne mortifierons point nos concupiscences (a), au contraire nous nous y laisserons aveuglément emporter! Gardons-nous-en bien, chrétiens (b); il nous faut faire aujourd'hui un aimable échange avec le Sauveur. Innocent qu'il étoit, il s'est couvert de l'image de nos crimes, subissant la loi de la mort; criminels que nous sommes, imprimons en nous-mêmes la figure de sa sainte mort, afin de participer à son innocence. Car lorsque nous portons la figure de cette mort, par une opération merveilleuse de l'Esprit de Dieu, la vertu nous en est appliquée. C'est pour cela que l'Apôtre nous exhorte à porter l'image de Jésus crucifié sur nos corps mortels, à avoir sa mort en nos membres, à nous conformer à sa mort [1].

Mais quelle main assez industrieuse pourra tracer en nous cette aimable ressemblance? Ce sera l'amour, chrétiens, ce sera l'amour. Cet amour saintement curieux ira aujourd'hui avec Madeleine adorer le Sauveur dans sa sépulture; il contemplera ce corps innocent gisant (c) sur une pierre, plus froid et plus immobile que la pierre; et là se remplissant d'une idée si sainte, il en formera les traits dans nos ames et dans nos corps. Ces yeux si doux, dont un seul regard a fait fondre saint Pierre en larmes, ne rendent plus de lumières : l'amour portera la main sur les nôtres, il les tiendra clos pour toute cette pompe du siècle, ils n'auront plus de lumière pour les vanités. Cette bouche divine, de laquelle inondoient des fleuves de vie éternelle, je vois que la mort l'a fermée : l'amour fermera la nôtre à jamais aux blasphèmes et aux médisances; il rendra nos cœurs de glace pour les vains plaisirs qui ne méritent pas ce nom; nos mains seront immobiles pour les rapines; il nous sollicitera de nous jeter à corps perdu sur cet aimable mort et de nous envelopper avec lui dans son drap mortuaire. Aussi bien l'Apôtre nous apprend que « nous sommes ensevelis avec lui par le saint baptême : » *Consepulti Christo in baptismo* [2].

[1] II *Cor.*, IV, 10; *Coloss.*, III, 5; *Rom.*, VI, 5. — [2] *Coloss.*, II, 12.

(a) *Var.*: Nos méchantes inclinations. — (b) Non, non, chrétiens. — (c) Lorsque nous portons la figure de cette mort, la vertu nous en est appliquée. Allons donc aujourd'hui avec Madeleine adorer notre aimable Sauveur dans sa sépulture; contemplons ce corps innocent gisant...

La belle cérémonie qui se faisoit anciennement dans l'Eglise au baptême des chrétiens! c'étoit en ce jour qu'on les baptisoit dans l'antiquité, et vous voyez que nous en retenons quelque chose dans la bénédiction des fonts baptismaux. On avoit accoutumé de les plonger tout entiers et de les ensevelir sous les eaux; et comme les fidèles les voyoient se noyer pour ainsi dire dans les ondes de ce bain salutaire, ils se les représentoient en un moment tout changés par la vertu du Saint-Esprit dont ces eaux étoient animées; comme si sortant de ce monde à même temps qu'ils disparoissoient de leur vue, ils fussent allés mourir et s'ensevelir avec le Sauveur. Cette cérémonie ne s'observe plus, il est vrai; mais la vertu du sacrement est toujours la même, et partant vous devez vous considérer comme étant ensevelis avec Jésus-Christ.

Encore un petit mot de réflexion sur une ancienne cérémonie. Les chrétiens autrefois avoient accoutumé de prier debout et les mains modestement élevées en forme de croix, et vous voyez que le prêtre prie encore en cette action dans le sacrifice. Quelle raison de cela? Il me semble qu'ils n'osoient se présenter à la Majesté divine qu'au nom de Jésus crucifié. C'est pourquoi ils en prenoient la figure et paroissoient devant Dieu comme morts avec Jésus-Christ. Ce qui a donné occasion au grave Tertullien d'adresser aux tyrans ces paroles si généreuses: *Paratus est ad omne supplicium ipse habitus orantis christiani*[1]: « La seule posture du chrétien priant affronte tous vos supplices; » tant ils étoient persuadés, dans cette première vigueur des mœurs chrétiennes, qu'étant morts avec le Sauveur, ni supplices ni voluptés ne leur étoient rien. Et c'est (a) pour le même sujet qu'ils prenoient plaisir en toute rencontre d'imprimer le signe de la croix sur toutes les parties de leurs corps, comme s'ils eussent voulu marquer tous leurs sens de la marque du crucifié, c'est-à-dire de la marque et du caractère de mort. Pour la cérémonie, nous l'avons tous les jours en usage; mais nous ne considérons guère le prodigieux

---

[1] *Apolog.*, n. 30.

(a) *Var.*: Et c'est ce détachement si entier que l'Apôtre entreprend de nous persuader aujourd'hui.

détachement qu'elle demande de nous; et c'est à quoi néanmoins l'apôtre saint Paul nous presse (a). Car le péché se contractant par la naissance, il ne se détache que par une espèce de mort; il faut qu'il meure, car il faut qu'il s'applique et la ressemblance et la vertu de la mort de notre Sauveur, qui est l'unique guérison de ses maladies. Voilà déjà deux raisons : la première est tirée d'une propriété du péché; la seconde, de la qualité du remède. Oublierons-nous cette instruction particulière que nous avons promise? Elle me semble trop nécessaire, et ce n'est point tant une nouvelle raison qu'une conséquence que nous tirerons des deux autres.

Ecoutez, écoutez, pécheurs, la grave et sérieuse leçon de cet admirable docteur. Puisqu'il ne nous parle que de mort et de sépulture, ne vous imaginez pas qu'il ne demande de nous qu'un changement médiocre. Où sont ici ceux qui mettent tout le christianisme en quelque réformation extérieure et superficielle, et dans quelques petites pratiques? En vain vous a-t-on montré combien le péché tenoit à notre nature, si vous croyez après cela qu'il ne faut qu'un léger effort pour l'en détacher. L'Apôtre vous a enseigné que vous devez traiter le péché comme Jésus-Christ en a traité la ressemblance en sa sainte chair. Voyez s'il l'a épargnée. Quel endroit de son corps n'a pas éprouvé la douleur de quelque supplice exquis? Et vous ne comprenez pas encore quelle obligation vous avez de rechercher dans le plus secret de vos cœurs tout ce qu'il y peut avoir de mauvais désirs, et d'en arracher jusqu'à la plus profonde racine! Oui, je vous le dis, chrétiens, après le Sauveur : quand cet objet qui vous sépare de Dieu vous seroit plus doux que vos yeux, plus nécessaire que votre main droite, plus aimable que votre vie, coupez, tranchez, *abscide eum*[1]. Ce n'est pas sans raison que l'Apôtre ne nous prêche que mort. Il veut nous faire entendre qu'il faut porter le couteau jusqu'aux inclinations les plus naturelles, et même jusqu'à la source de la vie, s'il en est besoin.

[1] *Matth.*, v, 30.

(a) *Var. :* C'est-à-dire de la marque et du caractère de mort. Tant y a qu'ils n'avoient rien de plus présent dans l'esprit que cette pensée : il faut que tout chrétien meure avec Jésus-Christ; il faut qu'il meure, car le péché se contractant par la naissance...

Saint Jean Chrysostome fait, à mon avis, une belle réflexion sur ces beaux mots de saint Paul : *Mihi mundus crucifixus est, et ego mundo* [1] *:* « Le monde m'est crucifié, et moi au monde. » Entendez toujours par le monde les plaisirs du siècle. « Ce ne lui étoit pas assez d'avoir dit que le monde étoit mort pour lui, remarque ce saint évêque [2]; il faut qu'il ajoute que lui-même est mort au monde. Certes, poursuit le merveilleux interprète, l'Apôtre considéroit que non-seulement les vivans ont quelques sentimens les uns pour les autres, mais qu'il leur reste encore quelque affection pour les morts, qu'ils en conservent le souvenir et rendent du moins à leurs corps les honneurs de la sépulture. Tellement que le saint Apôtre, pour nous faire entendre jusqu'à quel point le fidèle doit être dégagé des plaisirs du siècle : Ce n'est pas assez, dit-il, que le commerce soit rompu entre le monde et le chrétien, comme il l'est entre les vivans et les morts, parce qu'il y reste encore quelque petite alliance; mais tel qu'est un mort à l'égard d'un mort, tels doivent être l'un à l'autre le siècle et le chrétien. » Comprenez l'idée de ce grand homme; et voyez comme il se met en peine de nous faire voir que pour les délices du monde, le fidèle y doit être froid, immobile, insensible (a); si je savois quelque terme plus significatif, je m'en servirois.

C'est pourquoi armez-vous, fidèles, du glaive de la justice; domptez le péché en vos corps par un exercice constant de la pénitence. Ne m'alléguez point ces vaines et froides excuses, que vous en avez assez fait et que vous avez déchargé le fardeau de vos consciences entre les mains de vos confesseurs. Ruminez en vos esprits ce petit mot d'Origène : *Ne putes quòd innovatio semel facta sufficiat : ista ipsa novitas innovanda est* [3] *:* « Il faut renouveler la nouveauté même; » c'est-à-dire que quelque participation que vous ayez de la sainteté et de la justice, fussiez-vous aussi justes comme vous présumez de l'être, il y a toujours mille choses à renouveler par une pratique exacte de la pénitence : à plus forte

[1] *Galat.*, VI, 14. — [2] Lib. II *De Compunct.*, n. 2. — [3] Lib. V *in Epist. ad Rom.*, n. 8.

(a) *Var.* : « Tels doivent être l'un à l'autre le siècle et le chrétien. Telle est, dit saint Jean Chrysostome, la philosophie de saint Paul, par laquelle il nous aut entendre que pour les délices du monde, le fidèle... »

raison êtes-vous obligés de vous y adonner, n'ayant point expié vos fautes et sentant en vos ames vos blessures toutes fraîches et vos mauvaises habitudes encore toutes vivantes. Et Dieu veuille que vous ne le connoissiez pas sitôt par expérience!

Mais il me semble que j'entends ici des murmures. — Quoi! encore la pénitence! Eh! on ne nous a prêché autre chose durant ce Carême; nous parlera-t-on toujours de pénitence? — Oui certes, n'en doutez pas, tout autant qu'on vous prêchera l'Evangile et la mort de notre Sauveur. Tu t'abuses, chrétien, tu t'abuses, si tu penses donner d'autres bornes à ta pénitence que celles qui doivent finir le cours de ta vie. Sais-tu l'intention de l'Eglise dans l'établissement du Carême? Elle voit que tu donnes toute l'année à des divertissemens mondains; cela fâche cette bonne Mère. Que fait-elle? Tout ce qu'elle peut pour dérober six semaines à tes déréglemens. Elle te veut donner quelque goût de la pénitence, estimant que l'utilité que tu recevras d'une médecine si salutaire, t'en fera digérer l'amertume et continuer l'usage : elle t'en présente donc un petit essai pendant le Carême; si tu le prends, ce n'est qu'avec répugnance (a); tu ne fais que te plaindre et que murmurer durant tout ce temps.

Hélas! je n'oserois dire quelle est la véritable cause de notre joie dans le temps de Pâques. Sainte piété du christianisme, en quel endroit du monde t'es-tu maintenant retirée? On a vu le temps que Jésus en ressuscitant trouvoit ses fidèles ravis d'une allégresse toute spirituelle, parce qu'elle n'avoit point d'autre sujet que la gloire de son triomphe. C'étoit pour cela que les déserts les plus reculés et les solitudes les plus affreuses prenoient une face riante. A présent les fidèles se réjouissent, il n'est que trop vrai; mais ce n'est pas vous, mon Sauveur, qui faites leur joie. On se réjouit de ce qu'on pourra faire bonne chère en toute licence; plus de jeûnes, plus d'austérités. Si peu de soin que nous avons peut-être apporté durant ce Carême à réprimer le désordre de nos appétits, nous nous en relâcherons tout à fait. Le saint jour de Pâques, destiné pour nous faire commencer une nouvelle vie avec le Sauveur, va ramener sur la terre les folles délices du

(a) *Var.* : Tu ne le prends qu'à ton corps défendant.

siècle, si toutefois nous leur avons donné quelque trêve, et ensevelira dans l'oubli la mortification et la pénitence, tant la discipline est énervée parmi nous.

Ici vous m'arrêterez peut-être encore une fois pour me dire : Mais ne faut-il pas se réjouir dans le temps de Pâques? n'est-ce pas un temps de réjouissance? — Certes, je l'avoue, chrétiens; mais ignorez-vous quelle doit être la joie chrétienne, et combien elle est différente de celle du siècle? Le siècle et ses sectateurs sont tellement insensés, qu'ils se réjouissent dans les biens présens; et je soutiens que toute la joie du chrétien n'est qu'en espérance. Pour quelle raison? C'est que le chrétien dépend tellement du Sauveur, que ses souffrances et ses contentemens n'ont point d'autres modèles que lui. Pourquoi faut-il que le chrétien souffre? Parce que le Sauveur est mort. Pourquoi faut-il qu'il ait de la joie? Parce que le même Sauveur est ressuscité. Or sa mort doit opérer en nous dans la vie présente, et sa résurrection seulement dans la vie future. Grand Apôtre, c'est votre doctrine; et partant notre tristesse doit être présente; notre joie ne consiste que dans des désirs et dans une généreuse espérance. Et c'est pour cette raison que (*a*) le saint Apôtre dit ces deux beaux mots, décrivant la vie des chrétiens : *Spe gaudentes;* et incontinent après : *In tribulatione patientes*[1]. Savez-vous quelles gens ce sont que les chrétiens? Ce sont des personnes qui se réjouissent en espérance; et en attendant que sont-ils? Ils sont patiens dans les tribulations. Que ces paroles, mes frères, soient notre consolation pendant les calamités de ces temps, qu'elles soient aussi la règle de notre joie durant ces saints jours! Ne nous imaginons pas que l'Eglise nous ait établi des fêtes pour nous donner le loisir de nous chercher des divertissemens profanes, comme la plupart du monde semble en être persuadé. Nos véritables plaisirs ne sont pas de ce monde; nous en pouvons prendre quelque avant-goût par une fidèle attente, mais la jouissance en est réservée pour la vie future (*b*). Et pour ce siècle pervers dont Dieu abandonne l'usage à ses ennemis,

[1] *Rom.*, XII, 12.

(*a*) *Var.*: C'est pourquoi. — (*b*) Considérons que nos véritables plaisirs sont réservés pour la vie future; seulement il nous est permis d'en prendre quelque avant-goût par une attente fidèle.

songeons que la pénitence est notre exercice, la mort du Sauveur notre exemple, sa croix notre partage, son sépulcre notre demeure. Ah! ce sépulcre, c'est une mère; mon Maître y est entré mort, il l'a enfanté à une vie toute divine. Il faut qu'après y avoir trouvé la mort du péché, j'y cherche la vie de la grace. C'est notre seconde partie.

SECOND POINT.

Saint Augustin distingue deux sortes de vie en l'ame : l'une « qu'elle communique au corps, et l'autre dont elle vit elle-même : » *Aliud est enim in animâ unde corpus vivificatur, aliud unde ipsa vivificat*[1]. Comme « elle est la vie du corps, ce saint évêque prétend que Dieu est sa vie : » *Vita corporis anima est, vita animæ Deus est*[2]. Expliquons, s'il vous plaît, sa pensée et suivons son raisonnement. Afin que l'ame donne la vie au corps, elle doit avoir par nécessité trois conditions. Il faut qu'elle soit plus noble, car il est plus noble de donner que de recevoir. Il faut qu'elle soit unie, car il est manifeste que notre vie ne peut être hors de nous. Il faut qu'elle lui communique des opérations que le corps ne puisse exercer sans elle, car il est certain que la vie consiste principalement dans l'action. Que si nous trouvons que Dieu a excellemment ces trois qualités à l'égard de l'ame, sans doute il sera sa vie à aussi bon titre qu'elle-même est la vie du corps. Voyons en peu de mots ce qui en est.

Et premièrement, que Dieu soit sans comparaison au-dessus de l'ame, cela ne doit pas seulement entrer en contestation. Dieu ne seroit pas notre souverain bien, s'il n'étoit plus noble que nous et si nous n'étions beaucoup mieux en lui qu'en nous-mêmes. Pour l'union, il n'y a non plus de sujet d'en douter à des chrétiens, après que le Sauveur a dit tant de fois « que le Saint-Esprit habiteroit dans nos ames[3], » et l'Apôtre, que « la charité a été répandue en nos cœurs par le Saint-Esprit qui nous a été donné[4]. » Et en vérité, Dieu étant tout notre bonheur, il faut par nécessité qu'il se puisse unir à nos ames, parce qu'il n'est pas concevable que notre

---

[1] Tract. XIX *in Joan.*, n. 12. — [2] *Serm.* CLXI, n. 6. — [3] *Joan.*, XIV, 17. — [4] *Rom.*, V, 5.

bonheur et notre félicité ne soit point en nous. Reste donc à voir si notre ame, par cette union, est élevée à quelque action de vie dont sa nature soit incapable. Ne nous éloignons pas de saint Augustin. « Certes, dit ce grand homme, Dieu est une vie immuable; il est toujours ce qu'il est, toujours en soi, toujours à soi : » *Ipse est semper in se, est ita ut est, non aliter anteà, aliter posteà* [1]. Il ne se peut faire que l'ame ne devienne meilleure, plus noble, plus excellente, s'unissant à cet Etre souverain, très-excellent et très-bon. Etant meilleure, elle agira mieux, et vous le voyez dans les justes. « Car leur ame, dit saint Augustin, s'élevant à un Etre qui est au-dessus d'elle et duquel elle est, reçoit la justice, la piété, la sagesse : » *Cùm se erigit ad aliquid quod supra ipsam est et à quo ipsa est, percipit sapientiam, justitiam, pietatem* [2]. Elle croit en Dieu, elle espère en Dieu, elle aime Dieu. Parlons mieux. Comme saint Paul dit que « l'Esprit de Dieu crie et gémit et demande en nous, » *Spiritus postulat pro nobis* [3] : aussi faut-il dire que le même Esprit croit, espère et aime en nos ames, parce que c'est lui qui forme en nous cette foi, cette espérance et ce saint amour. Par conséquent aimer Dieu, croire en Dieu, espérer en Dieu, ce sont des opérations toutes divines, que l'ame n'auroit jamais sans l'opération, sans l'union, sans la communication de l'Esprit de Dieu. Ce sont aussi des actions de vie et d'une vie éternelle. Il est donc vrai que Dieu est notre vie.

O joie! ô félicité! qui ne s'estimeroit heureux de vivre d'une belle vie? Qui ne la préféreroit à toutes sortes de biens? Qui n'exposeroit plutôt mille et mille fois cette vie mortelle, que de perdre une vie si divine? Cependant notre premier père l'avoit perdue pour lui et pour ses enfans. Sans le Fils de Dieu nous en étions privés à jamais. « Mais je suis venu, dit-il, afin qu'ils vivent, et qu'ils vivent plus abondamment : » *Ego veni, ut vitam habeant, et abundantiùs habeant* [4]. En effet j'ai remarqué avec beaucoup de plaisir que dans tous les discours du Sauveur qui nous sont rapportés dans son Evangile, il ne parle que de vie, il ne promet que vie. D'où vient que saint Pierre, lorsqu'il lui demande s'il le veut

---

[1] Tract. XIX *in Joan.*, n. 11. — [2] *Ibid.*, n. 12. — [3] *Rom.*, VIII, 26. — [4] *Joan.*, X, 10.

quitter : « Maître, où irions-nous, lui dit-il, vous avez des paroles de vie éternelle¹? » Et le Fils de Dieu lui-même : « Les paroles que je vous dis sont esprit et vie ². » C'est qu'il savoit bien que les hommes n'ayant rien de plus cher que vivre, il n'y a point de charme plus puissant pour eux que cette espérance de vie. Ce qui a donné occasion à Clément Alexandrin de dire dans cette belle hymne qu'il adresse à Jésus le roi des enfans, c'est-à-dire des nouveaux baptisés, que « ce divin Pêcheur, ainsi appelle-t-il le Sauveur, retiroit les poissons de la mer orageuse du siècle et les attiroit dans ses filets par l'appât d'une douce vie, » *Dulci vitâ inescans* ³.

Et c'est ici, chrétiens, où il est à propos d'élever un peu nos esprits, pour voir dans la personne du Sauveur Jésus l'origine de notre vie. La vie de Dieu n'est que raison et intelligence. Et le Fils de Dieu procédant de cette vie et de cette intelligence, il est lui-même vie et intelligence. Pour cela, il dit en saint Jean « que comme le Père a la vie en soi, aussi a-t-il donné à son Fils d'avoir la vie en soi ⁴. » C'est pourquoi les anciens l'ont appelé la vie, la raison, la lumière et l'intelligence du Père ⁵, et cela est très-bien fondé dans les Ecritures. Etant donc la vie par essence, c'est à lui à promettre, c'est à lui à donner la vie. L'humanité sainte qu'il a daigné prendre dans la plénitude des temps, touchant de si près à la vie, en prend tellement la vertu, « qu'il en jaillit une source inépuisable d'eau vive : quiconque en boira aura la vie éternelle ⁶. » Il seroit impossible de vous dire les belles choses que les saints Pères ont dites sur cette matière, surtout le grand saint Cyrille d'Alexandrie ⁷. Souvenez-vous seulement de ce que l'on vous donne à ces redoutables autels. Voici le temps auquel tous les fidèles y doivent participer. Est-ce du pain commun que l'on vous présente? N'est-ce pas le pain de vie, ou plutôt n'est-ce pas un pain vivant que vous mangez pour avoir la vie? Car ce pain sacré, c'est la sainte chair de Jésus, cette chair vivante, cette chair conjointe à la vie, cette chair toute remplie et toute pénétrée d'un esprit vivifiant. Que si ce pain commun qui n'a

---

¹ *Joan.*, VI, 69. — ² *Ibid.*, 64. — ³ Tom. I, p. 312 edit. Oxoniens., 1715. — ⁴ *Joan.*, V, 26.— ⁵ Tertull., *Advers. Prax.*, n. 5, 6; S. Athanas., *Orat. contr. Gent.*, n. 46. — ⁶ *Joan.*, IV, 14.— ⁷ S. Cyrill., *In Joan.*, lib. IV, cap. II.

pas de vie conserve celle de nos corps, de quelle vie admirable ne vivrons-nous pas, nous qui mangeons un pain vivant, mais qui mangeons la vie même à la table du Dieu vivant? Qui a jamais ouï parler d'un tel prodige, que l'on pût manger la vie? Il n'appartient qu'à Jésus de nous donner une telle viande. Il est la vie par nature; qui le mange mange la vie. O délicieux banquet des enfans de Dieu! ô table délicate! ô manger savoureux! jugez de l'excellence de la vie par la douceur de la nourriture. Mais plutôt, afin que vous en connoissiez mieux le prix, il faut que je vous la décrive dans toute son étendue.

Elle a ses progrès, elle a ses âges divers. Dieu, qui anime les justes par sa présence, ne les renouvelle pas tout en un instant. Sans doute, si nous considérons tous les changemens admirables que Dieu opère en eux durant tout le cours de cette vie bienheureuse, il ne se pourra faire que nous ne l'aimions; et si nous l'aimons, nous serons poussés du désir de la conserver immortelle. Imitons en nous l'immortalité du Sauveur. C'est à quoi j'aurai, s'il vous en souvient, à vous exhorter lorsque je serai venu à ma troisième partie. Et puisqu'elle a tant de connexion avec celle que nous traitons et qu'elle n'en est, comme vous voyez, qu'une conséquence, je joindrai l'une et l'autre dans une même suite de discours. Disons en peu de mots autant qu'il sera nécessaire pour se faire entendre.

Cet aigle de l'*Apocalypse,* qui crie par trois fois d'une voix foudroyante au milieu des airs : « Malheur sur les habitans de la terre : » *Væ, væ, væ habitantibus in terrâ* [1] *!* semble nous parler de la triple calamité dans laquelle notre nature est tombée. L'homme, dans la sainteté d'origine, étant entièrement animé de l'Esprit de Dieu, en recevoit ces trois dons, l'innocence, la paix, l'immortalité. Le diable par le péché lui a ravi l'innocence; la convoitise s'étant soulevée, a troublé sa paix; l'immortalité a cédé à la nécessité de la mort. Voilà l'ouvrage de Satan opposé à l'ouvrage de Dieu. Or le Fils de Dieu est venu « pour dissoudre l'œuvre du diable [2] » et réformer l'homme selon la première institution de son Créateur : ce sont les propres mots de saint Paul.

[1] *Apoc.,* VIII, 13. — [2] *Hebr.,* II, 14.

Pour cela, il a répandu son Esprit dans l'ame des justes, afin de les faire vivre, et « cet Esprit ne cesse de les renouveler tous les jours. » Cela est encore de l'Apôtre : *Renovatur de die in diem* [1]. Mais Dieu ne veut pas qu'ils soient changés tout à coup. Il y a trois dons à leur rendre; il y aura aussi trois différens âges par lesquels, de degré en degré, ils deviendront « hommes faits, » *in virum perfectum* [2]. Grand Apôtre, ce sont vos paroles, et vous serez aujourd'hui notre conducteur. Et Dieu l'a ordonné de la sorte, afin de faire voir à ses bien-aimés les opérations de sa grace les unes après les autres; de sorte que dans ce monde il répare leur innocence, dans le ciel il leur donne la paix, à la résurrection générale il les orne d'immortalité. Par ces trois âges « les justes arrivent à la plénitude de Jésus-Christ, » ainsi que parle saint Paul, *in mensuram ætatis plenitudinis Christi* [3]. La vie présente est comme l'enfance. Celle dont les saints jouissent au ciel, ressemble à la fleur de l'âge. Après, suivra la maturité dans la résurrection générale. Au reste cette vie n'a point de vieillesse, parce qu'étant toute divine, elle n'est point sujette au déclin. De là vient qu'elle n'a que trois âges, au lieu que celle que nous passons sur la terre souffre la vicissitude de quatre différentes saisons.

Je dis que les saints en ce monde sont comme dans leur enfance, et en voici la raison. Tout ce qui se rencontre dans la suite de la vie se commence dans les enfans. Or nous avons dit que toute l'opération du Saint-Esprit, par laquelle il anime les justes, consiste à surmonter en eux ces trois furieux ennemis que le diable nous a suscités, le péché, la concupiscence et la mort. Comment est-ce que Dieu les traite pendant cette vie? Avant toutes choses il ruine entièrement le péché. La concupiscence y remue encore, mais elle y est combattue, et de plus elle y est surmontée. Pour la mort, elle y exerce son empire sans résistance; mais aussi l'immortalité est promise. Considérez ce progrès : le péché ruiné fait leur sanctification; la concupiscence combattue, c'est leur exercice; l'immortalité promise est le fondement de leur espérance. Et ne remarquez-vous pas en ces trois choses les vrais caractères d'enfans? Comme à des enfans, l'innocence leur est

---

[1] II *Cor.*, IV, 16. — [2] *Ephes.*, IV, 13. — [3] *Ibid.*

rendue. Si le Saint-Esprit combat en eux la concupiscence, c'est pour les fortifier doucement par cet exercice et pour former peu à peu leurs linéamens selon l'image de Notre-Seigneur. Enfin y a-t-il rien de plus convenable que de les entretenir, comme des enfans bien nés, d'une sainte et fidèle espérance? Sainte enfance des chrétiens, que tu es aimable! Tu as, je l'avoue, tes gémissemens et tes pleurs; mais qui considérera à quelle hauteur doivent aller ces commencemens et quelles magnifiques promesses y sont annexées, il s'estimera bienheureux de mener une telle vie.

Car, par exemple, dans l'âge qui suit après, que je compare avec raison à une fleurissante jeunesse, à cause de sa vigoureuse et forte constitution, quelle paix et quelle tranquillité y vois-je régner! Ici-bas, chrétiens, de quelle multitude de vains désirs l'ame des plus saints n'y est-elle point agitée? Dieu y habite, je l'avoue; mais il n'y habite pas seul: il y a pour compagnons mille objets mortels que la convoitise ne cesse de leur présenter, parce que ne pouvant séparer les justes de Dieu auquel ils s'attachent, elle tâche du moins de les en distraire et de les troubler. C'est pourquoi ils gémissent sans cesse et s'écrient avec l'Apôtre: « Misérable homme que je suis, qui me délivrera de ce corps [1]? » Au lieu qu'à la vie paisible dont les saints jouissent au ciel, saint Augustin lui donne cette belle devise: *Cupiditate extinctâ, charitate completâ* [2]: « La convoitise éteinte, la charité consommée. » Ces deux petits mots ont à mon avis un grand sens. Il me semble qu'il nous veut dire que l'ame ayant déposé le fardeau du corps, sent une merveilleuse conspiration de tous ses mouvemens à la même fin; il n'y a plus que Dieu en elle, parce qu'elle est tout en Dieu et possédée uniquement de cet esprit de vie dont elle expérimente la présence; elle s'y laisse si doucement attirer, elle y jouit d'une paix si profonde, qu'à peine est-elle capable de comprendre elle-même son propre bonheur, tant s'en faut que des mortels comme nous s'en puissent former quelque idée.

Ne semble-t-il pas, chrétiens, que ce seroit un crime de souhaiter quelque chose de plus? Et néanmoins vous savez qu'il y a un troisième âge où notre vie sera parfaite, parce que notre

---

[1] *Rom.*, VII, 24. — [2] S. August., *Epist.* CLXXXVII, n. 17.

félicité sera achevée? Dans les deux premiers, Jésus-Christ éteint en ses saints le péché et la convoitise. Enfin dans ce dernier âge et du monde et du genre humain, après avoir abattu nos autres ennemis sous ses pieds, la mort domptée couronnera ses victoires. Comment cela se fera-t-il? Si vous me le demandez en chrétiens, c'est-à-dire non point pour contenter une vaine curiosité, mais pour fortifier la fidélité de vos espérances, je vous l'exposerai par quelques maximes que je prends de saint Augustin. Elles sont merveilleuses; car il les a tirées de saint Paul. Tout le changement qui arrive dans les saints se fait par l'opération de l'Esprit de Dieu. Or saint Augustin nous a enseigné que cet Esprit a sa demeure dans l'ame, à cause qu'il est sa vie. Si donc il n'habite point dans le corps, comment est-ce qu'il le renouvelle? Ce grand homme nous en va éclaircir par un beau principe. « Celui-là, dit-il, possède le tout, qui tient la partie dominante : » *Totum possidet qui principale tenet :* « En toi, poursuit-il, la partie qui est la plus noble, c'est-à-dire l'ame, c'est celle-là qui domine : » *In te illud principatur quod melius est.* Et incontinent il conclut : *Tenens Deus quod melius est, id est animam tuam, profectò per meliorem possidet et inferiorem, quod est corpus tuum* [1] :« Dieu tenant ce qu'il y a de meilleur, c'est-à-dire ton ame, par le moyen du meilleur il entre en possession du moindre, c'est-à-dire du corps. »

Qu'inférerons-nous de cette doctrine de saint Augustin? La conséquence en est évidente : Dieu habitant en nos ames a pris possession de nos corps. Par conséquent, ô mort, tu ne les lui saurois enlever; tu t'imagines qu'ils sont ta proie, ce n'est qu'un dépôt que l'on consigne entre tes mains. Tôt ou tard Dieu rentrera dans son bien : « Il n'y a rien, dit le Fils de Dieu, qui soit si grand que mon Père; ce qu'il tient en ses mains personne ne le lui peut ravir, ni lui faire lâcher sa prise : » *Pater meus major omnibus est, et nemo potest rapere de manu Patris mei* [2]. Partant, ô abîmes, et vous flammes dévorantes, et toi terre, mère commune et sépulcre de tous les humains, vous rendrez ces corps que vous avez engloutis; et plutôt le monde sera bouleversé qu'un seul de nos

---

[1] S. August., *Serm.* CLXI, n. 6. — [2] *Joan.*, X, 29.

cheveux périsse, parce que l'Esprit qui anime le Fils de Dieu, c'est le même qui nous anime. Il exercera donc en nous les mêmes opérations et nous rendra conformes à lui. Car remarquez cette théologie. Comme le Fils de Dieu nous assure « qu'il ne fait rien que ce qu'il voit faire à son Père [1], » ainsi « le Saint-Esprit qui reçoit du Fils, » *De meo accipiet* [2], le regarde comme l'exemplaire de tous ses ouvrages. Toutes les personnes dans lesquelles il habite, il faut nécessairement qu'il les forme à sa ressemblance. C'est ce que dit l'Apôtre en ces mots : « Si vous avez en vous l'Esprit de celui qui a vivifié Jésus-Christ, il vivifiera vos corps mortels [3]. » Et de même que le germe que la nature a mis dans le grain de blé, se conservant parmi tant de changemens et altérations différentes, produit en son temps un épi semblable à celui dont il est tiré, ainsi l'esprit de vie, qui de la plénitude de Jésus-Christ est tombé sur nous, nous renouvellera peu à peu selon les diverses saisons ordonnées par la Providence, et enfin nous rendra au corps et en la vie semblables à Notre-Seigneur, sans que la corruption ni la mort puissent empêcher sa vertu.

Et c'est pourquoi saint Paul, considérant aujourd'hui notre Maître ressuscité, nous presse si fort de ressusciter avec lui. Jusqu'ici, dit-il, la vie de mon Maître étoit cachée sous ce corps mortel. Nous ne connoissions pas encore ni la beauté de cette vie, ni la grandeur de nos espérances ; à présent je le vois tout changé ; il n'y a plus d'infirmité en sa chair, il n'y a rien qui sente le péché ni sa ressemblance, *Peccato mortuus est* [4]. La divinité qui anime son esprit s'est répandue sur son corps. Je n'y vois paroître que Dieu, parce que je n'y vois plus que gloire et que majesté. Il ne vit qu'en Dieu, il ne vit que de Dieu, il ne vit que pour Dieu, *Quòd autem vivit, vivit Deo* [5]. Courage, dit-il, mes frères ; ce que la foi nous fait croire en la personne du Fils de Dieu, elle nous le doit faire espérer pour nous-mêmes. Jésus est ressuscité comme les prémices et les premiers fruits de notre nature. « Dieu nous a fait voir dans le grain principal, qui est Jésus-Christ, comment il traiteroit tous les autres : » *Datum est experimentum in principali*

---

[1] *Joan.*, V, 19. — [2] *Joan.*, XVI, 15. — [3] *Rom.*, VIII, 11. — [4] *Rom.*, VI, 10. — [5] *Ibid.*

grano, dit saint Augustin [1]. Jugez de la moisson par ces premiers fruits : *Primitiæ Christus* [2].

J'entends quelquefois les chrétiens soupirer après les délices de l'heureux état d'innocence. — O si nous étions comme dans le paradis terrestre ! — Justement certes, car la vie en étoit bien douce. Et l'Apôtre vous dit que vous n'êtes pas chrétiens, si vous n'aspirez à quelque chose de plus. Posséder cette félicité, c'est être tout au plus comme Adam; et il vous enseigne que vous devez tous être comme Jésus-Christ [3]. On ne vous promet rien moins que d'être placés avec lui dans le même trône : *Qui vicerit, dabo ei, ut sedeat in throno meo*, dit le Sauveur dans l'*Apocalypse* [4] : « Celui qui sera vainqueur, je le placerai dans mon trône (*a*). »

Attendez-vous après cela, chrétiens, que je vous apporte des raisons pour vous faire voir que cette vie doit être immortelle ? N'est-ce pas assez de vous en avoir montré la beauté et les espérances, pour y porter vos désirs? Certes quand je vois des chrétiens qui viennent dans le temps de Pâques puiser cette vie dans les sources des sacremens et retournent après à leurs premières ordures, je ne saurois assez déplorer leur calamité. Ils mangent la vie, et retournent à la mort. Il se lavent dans les eaux de la pénitence, et puis après au bourbier. Ils reçoivent l'esprit de Dieu,

[1] *Serm.* CCCLXI, n. 10. — [2] I *Cor.*, XV, 23. — [3] *Coloss.*, III, 4. — [4] *Apoc.*, III, 21.

(*a*) *Var.* : J'entends quelquefois les chrétiens soupirer après les délices du paisible état d'innocence. Justement, certes, car la vie en étoit bien heureuse. Sachez néanmoins que vous n'êtes pas chrétiens, si vous n'aspirez à une condition plus haute. Posséder cette félicité, c'est être tout au plus comme Adam, et l'Apôtre nous dit que nous devons tous être comme Jésus-Christ. Il est monté au ciel; et en sa personne ont été consacrées les prémices de notre nature, c'est-à-dire comme les premiers fruits du père de famille, *primitiæ Christus*, quand le laboureur achèvera sa récolte et recueillera tout son grain, c'est-à-dire tous les fidèles. Cependant considérez comme il a traité le grain principal qui est Jésus-Christ, c'est ainsi qu'il l'appelle lui-même; et jugez du reste de la moisson par les premiers fruits : *Datum est experimentum in principali grano*, dit saint Augustin (*Serm.* CCCXLIX, n. 10). C'est pourquoi saint Paul considérant aujourd'hui notre Maître vainqueur de la mort, ne peut plus retenir sa joie : Je le vois, je le vois, dit-il, dans un bien autre appareil qu'il n'étoit sur la terre. Il n'y a plus rien qui sente le péché ni sa ressemblance, *peccato mortuus est*; il a dépouillé cette mortalité qui cachoit sa gloire. La divinité dont son esprit étoit animé paroît de tous côtés sur son corps. Il ne vit plus que de Dieu et pour Dieu : *Quòd autem vivit, vivit Deo*; je ne vois plus que Dieu en lui, parce que je n'y vois plus que gloire et que majesté. Je sais que si je commence à vivre avec lui sur la terre, son esprit qui me fera vivre me renouvellera sur son image.

et vivent comme des brutes. Fous! insensés! Et ne comprenez-vous pas la perte que vous allez faire? Que de belles espérances vous allez tout à coup ruiner! Conservez chèrement cette vie; peut-être que si vous la perdez cette fois, elle ne vous sera jamais rendue. Dans la première intention de Dieu, elle ne se devoit donner ni se perdre qu'une seule fois. Considérez cette doctrine. Adam l'avoit perdue : c'en étoit fait pour jamais; si le Fils de Dieu ne fût intervenu, il n'y avoit plus de ressource. Enfin il nous la rend par le saint baptême. Et si même nous venons à violer l'innocence baptismale, il se laisse aller à la considération de son Fils à nous rendre encore la grace par la pénitence. Mais il ne se relâche pas tout à fait de son premier dessein. Plus nous la perdons de fois, et plus il se rend difficile. Dans le baptême il nous la donne aisément; à peine y pensons-nous. Venons-nous à la perdre, il faut avoir recours aux larmes et aux travaux de la pénitence. Que s'il est vrai qu'il se rende toujours plus difficile, ô Dieu! où en sommes-nous, chrétiens, nous qui l'avons tant de fois reçue et tant de fois méprisée? Combien s'en faut-il que notre santé ne soit entièrement désespérée? Tertullien dit que ceux qui craignent d'offenser Dieu après avoir reçu la rémission de leur faute, « appréhendent d'être à charge à la miséricorde divine : » *Nolunt iterum divinæ misericordiæ oneri esse* [1]. Donc ceux qui ne le craignent pas, sont à charge à la miséricorde divine (a). Tu crois

[1] Tertull., *De Pœnit.*, n. 7.
(a) *Passage barré :* Comment cela se fait-il? Un exemple familier. Un pauvre homme pressé de misère vous demande votre assistance. Vous le soulagez selon votre pouvoir; mais vous ne le tirez pas de nécessité. Il revient à vous avec crainte; à peine ose-t-il vous parler : il ne vous demande rien ; sa nécessité, sa misère, et plus que tout cela sa retenue vous demande. Il ne vous importune pas, il ne vous est pas à charge. Tout votre regret, c'est de ne pouvoir pas le soulager davantage. Voilà le sentiment d'un bon cœur. Mais un autre vient à vous qui vous presse, qui vous importune ; vous vous excusez honnêtement. Il ne vous prie pas comme d'une grace ; mais il semble exiger comme si c'étoit une dette. Sans doute il vous est à charge ; vous cherchez tous les moyens de vous en défaire. Il en est de même à l'égard de Dieu. Un chrétien a succombé à quelque tentation. La fragilité de la chair l'a emporté, incontinent il revient. — Qu'ai-je fait? Où me suis-je engagé? — La larme à l'œil, le regret dans le cœur, la confusion sur la face, il vient crier miséricorde; il en devient plus soigneux. Ah ! je l'ose dire, il n'est point à charge à la miséricorde divine. Mais toi, pécheur endurci, qui ne rougis pas d'apporter toujours les mêmes ordures aux eaux de la pénitence, il y a tant d'années que tu charges des mêmes récits les oreilles d'un confesseur ! Si tu avois bien conçu que la grace ne t'est point due, tu appréhenderois

que Dieu sera toujours bien aise de te recevoir? Sache que tu es à charge à sa miséricorde, qu'il ne te fait pour ainsi dire du bien qu'à regret; et que si tu continues, il se défera de toi et ne te permettra pas de te jouer ainsi de ses dons.

C'est une parole effroyable des Pères du concile d'Elvire : « Ceux, disent-ils, qui après la pénitence retourneront à leur faute, qu'on ne leur rende pas la communion même à l'extrémité de la vie, de peur qu'ils ne semblent se jouer de nos saints mystères, » *ne lusisse de dominicâ communione videantur* [1]. Cette raison est bien effroyable, et encore plus si nous venons à considérer que cette communion dont ils parlent étoit une chose, en ce temps, dont on ne pouvoit abuser que deux fois. On la donnoit par le baptême; la perdoit-on par quelque crime, encore une seconde ressource dans la pénitence; après, plus. En violer la sainteté par deux fois, ils appeloient cela s'en jouer.

O Dieu, si nous avions à rendre raison de nos actions dans ce saint concile, quelles exclamations feroient-ils? Comment éviterions-nous leurs censures? Ces évêques nous prendroient-ils pour des chrétiens, nous dont les pénitences sont aussi fréquentes que les rechutes, qui faisons de la communion, je n'oserois presque le dire, comme un jeu d'enfant : cent fois la quitter, cent fois la reprendre. C'est pourquoi éveillons-nous, chrétiens, et tâchons du moins que nous soyons cette fois immortels à la grace avec le Sauveur. Ne soyons pas comme ceux qui pensent avoir tout fait quand ils se sont confessés : le principal reste à faire, qui est de changer ses mœurs et de déraciner ses mauvaises habitudes. Si vous avez été justifiés, vous n'avez plus à craindre la damnation éternelle; mais pour cela ne vous imaginez pas être en sûreté, *ne accepta securitas indiligentiam pariat*. Craignez le péché, craignez vos mauvaises inclinations, craignez ces fâcheuses rencontres dans lesquelles votre innocence a tant de fois fait naufrage (*a*). Que cette crainte vous oblige à une salutaire précau-

---

[1] *Can.* III, Labb., tom. I, col. 971.

plus de la perdre, tu craindrois qu'à la fin Dieu ne retirât sa main. Mais que tu y reviennes si souvent sans crainte, sans tremblement, il faut bien que tu t'imagines qu'elle te soit due. Tu crois que Dieu sera toujours bien aise .... —
(*a*) *Var.:* Dans lesquelles vous avez tant de fois éprouvé votre infirmité.

tion. Car la pénitence a deux qualités également nécessaires. Elle est le remède pour le passé, elle est une précaution pour l'avenir. La disposition pour la recevoir comme remède du passé, c'est la douleur des péchés que nous avons commis. La disposition pour la recevoir comme précaution de l'avenir, c'est une crainte filiale de ceux que nous pouvons commettre et des occasions qui nous y entraînent. Dieu nous puisse donner cette crainte qui est la garde de l'innocence.

Ah! chrétiens, craignons de perdre Jésus, qui nous a gagnés par son sang. Partout où je le vois, il nous tend les bras. Jésus crucifié nous tend les bras : Viens-t'en, dit-il, ici mourir avec moi. Il y fait bon pour toi, puisque j'y suis. Jésus ressuscité nous tend les bras et nous dit : Viens vivre avec moi, tu seras tel que tu me vois. Je suis glorieux, je suis immortel; sois immortel à la grace, et tu le seras à la gloire.

SECOND SERMON

POUR

LE JOUR DE PAQUES,

SUR LA VIE NOUVELLE DU CHRÉTIEN RESSUSCITÉ AVEC LE SAUVEUR (a).

Consepulti enim sumus cum illo per baptismum in mortem, ut quomodo Christus surrexit à mortuis per gloriam Patris, ita et nos in novitate vitæ ambulemus.

Nous sommes ensevelis avec Jésus-Christ par le baptême dans lequel nous participons à sa mort, afin que comme Jésus-Christ est ressuscité des morts, ainsi nous marchions en nouveauté de vie. *Rom.*, VI, 4.

Cette sainte nouveauté de vie dont nous parle si souvent le divin Apôtre mérite bien, Messieurs, que les fidèles s'en entretiennent,

(a) Prêché dans le Carême de 1660, aux Minimes de la Place-Royale.
Ce sermon se présente comme intermédiaire entre l'époque de Metz et l'époque de Paris : d'une part quelques-unes de ces expressions surannées qu'on remarque

et particulièrement aujourd'hui que Jésus nous en a donné le modèle dans sa glorieuse résurrection. Enfin Jésus-Christ, cet homme nouveau, a dépouillé en ce jour tout ce qu'il avoit de l'ancien (a), et nous montre par son exemple que nous devons commencer une vie nouvelle. Pour entendre cette nouveauté à laquelle nous oblige le christianisme, il faut nécessairement remonter plus haut et reprendre les choses jusqu'au principe.

L'homme dans la sainteté de son origine avoit reçu de Dieu ces trois dons : l'innocence, la paix, l'immortalité. Car étant formé selon Dieu, il étoit juste; régnant sur ses passions, il étoit paisible; mangeant le fruit de vie, il étoit immortel. La raison, dit saint Augustin [1], s'étant révoltée contre Dieu, les passions lui refusèrent leur obéissance; et l'ame ne buvant plus à cette source inépuisable de vie, devenue elle-même impuissante, elle laissa aussi le corps sans vigueur. De là vient que la mortalité s'en est emparée incontinent (b). Ainsi pour la ruine totale de l'homme, le péché a détruit la justice, la convoitise s'étant soulevée a troublé la paix, l'immortalité a cédé à la nécessité de la mort. Voilà l'ouvrage de Satan opposé à l'ouvrage de Dieu.

Or le Fils de Dieu est venu au monde « pour dissoudre l'œuvre du diable [2], » comme il dit lui-même dans son Evangile. Il est venu pour réformer l'homme selon le premier dessein de son Créateur, comme nous enseigne l'Apôtre [3]. Et pour cela il est nécessaire que sa grace lui restitue les premiers priviléges de sa nature.

Mais il faut remarquer, Messieurs, que Dieu, en renouvelant ses élus, ne veut pas qu'ils soient changés tout à coup, mais qu'il ordonne certains progrès par lesquels il les avance de jour en jour à la perfection consommée (c). Il y a trois dons à leur rendre; il y aura aussi trois différens âges par lesquels de degré en degré ils deviendront « hommes faits, » comme dit saint Paul, *in virum*

---

[1] *De Civit. Dei*, lib. XIII, cap. XIII et seq. — [2] I *Joan.*, III, 8. — [3] *Coloss.*, III, 10.

dans les premiers essais de l'auteur, de l'autre plusieurs de ces traits sublimes qui distinguent ses chefs-d'œuvre.

(a) *Var.*: Tout ce qui lui restoit de l'ancien. — (b) Facilement. — (c) Mais ce que nous avons perdu tout à coup ne nous est pas rendu tout à coup. Dieu procède avec ordre.

perfectum [1] *:* de sorte que dans ce monde il répare leur innocence, dans le ciel il leur donne la paix, à la résurrection générale il ornera leurs corps d'immortalité. Par ces trois âges « les justes arrivent à la plénitude de Jésus-Christ, » ainsi que parle l'Apôtre, *in mensuram ætatis plenitudinis Christi* [2]. La vie présente est comme l'enfance, celle dont les saints jouissent au ciel est semblable à la fleur de l'âge, après suivra la maturité dans la dernière résurrection. Au reste cette vie n'a point de vieillesse, parce qu'étant toute divine, elle n'est point sujette au déclin.

Vous voyez les divers degrés par lesquels le Saint-Esprit nous avance à cette parfaite nouveauté d'esprit et de corps; mais il faut encore observer, et cette remarque, Messieurs, fera le fondement de ce discours, qu'encore que ce merveilleux renouvellement ne doive avoir sa perfection qu'au siècle futur, néanmoins ces grands changemens qui nous font des hommes nouveaux en Jésus-Christ doivent se commencer dès cette vie. Car comme je vous ai dit que la vie présente est comme l'enfance, je confesse à la vérité qu'elle ne peut avoir la perfection; mais néanmoins tout ce qui doit suivre y doit avoir son commencement, doit être comme ébauché dans ce bas âge. Jésus-Christ a trois ennemis à détruire en nous successivement, le péché, la convoitise et la mort, par trois dons divins, l'innocence, la paix, l'immortalité; encore que ces trois choses ne s'accomplissent pas en cette vie, elles y doivent être du moins commencées; et voyez en effet, Messieurs, de quelle sorte Dieu avance en nous son ouvrage pendant notre captivité dans ce corps mortel. Il abolit premièrement le péché, en nous justifiant par la grace. La convoitise y remue encore, mais elle y est fortement combattue et même glorieusement surmontée. Pour la mort, à la vérité elle y exerce son empire sans résistance; mais outre que l'immortalité nous est assurée, nos corps y sont préparés (a) en devenant les temples de l'Esprit de Dieu.

Ainsi pour paroître en hommes nouveaux, il faut détruire en nous le péché, et c'est notre sanctification. Non contens d'avoir détruit le péché, il en faut attaquer les restes, il faut combattre les

---

[1] *Ephes.*, IV, 13. — [2] *Ibid.*

(a) *Var. :* Mais l'immortalité nous est assurée, et nos corps y sont préparés...

mauvais désirs, et ce combat fait notre exercice. En mortifiant en nous les mauvais désirs (a), nous préparons peu à peu nos corps à l'immortalité glorieuse (b), et c'est ce qui entretient notre espérance. C'est par ces trois choses, mes frères, que nous nous unissons à Jésus-Christ, afin que comme il est ressuscité, « ainsi nous marchions devant lui dans une sainte nouveauté de vie : » *ita et nos in novitate vitæ ambulemus.*

PREMIER POINT.

Le premier pas que nous devons faire pour nous renouveler en Notre-Seigneur, c'est de détruire en nous le péché, cette rouille invétérée (c) de notre nature, qui ayant commencé dès le principe, s'est attachée si fortement à tous les hommes, que nous n'en pouvons jamais être délivrés que par une seconde naissance. Saint Paul, dont j'entreprends aujourd'hui de vous expliquer la doctrine, exhorte les chrétiens « à détruire en eux le péché, même le corps du péché [1], » par l'exemple de Jésus-Christ ressuscité, et voici de quelle sorte il leur parle. Vous devez savoir, dit ce grand Apôtre, que « Jésus ressuscitant des morts ne meurt plus : car il est mort une fois au péché, et maintenant il vit à Dieu [2]. » Puis faisant l'application aux fidèles : « Ainsi vous devez estimer, mes frères, que vous êtes morts au péché et vivans à Dieu en Notre-Seigneur Jésus-Christ [3]. »

Et la suite de mon discours et le mystère de cette journée m'obligent nécessairement à vous expliquer quelle est la pensée de l'Apôtre, lorsqu'il dit que Jésus-Christ est mort au péché (d). O Jésus, ô divin Jésus, quoi! étiez-vous donc un pécheur? N'étiez-vous pas au contraire l'innocence même? Et si vous êtes l'innocence même, que veut dire votre grand Apôtre, que vous êtes mort au péché? Que n'a-t-il réservé cette mort pour nous qui sommes des criminels, et pourquoi y a-t-il soumis le saint et le juste? Il est bien aisé de l'entendre. Souvenez-vous, mes frères, en quel état nous avons vu ces jours passés le Sauveur Jésus dans

---

[1] *Rom.*, VI, 6. — [2] *Ibid.*, 9, 10. — [3] *Ibid.*, 11.

(a) *Var.:* En mortifiant nos mauvais désirs. — (b) A l'immortalité bienheureuse. — (c) Cette vieille rouille. — (d) ..... à vous expliquer ce que veut dire l'Apôtre, que Jésus-Christ est mort au péché.

l'horreur et l'infamie de son supplice. Victime publique du genre humain, chargé de tous les crimes du monde, à peine osoit-il lever la tête, tant il étoit accablé de ce poids honteux; il n'en étoit pas seulement chargé à sa mort, « il étoit venu, dit l'Apôtre [1], en la ressemblance de la chair du péché; » il a porté ce fardeau dès sa naissance. Comme les hommes naissent criminels, Jésus a commencé en naissant de porter leurs crimes; il a reçu en son corps la marque de pécheur; durant tout le cours de sa vie mortelle, il a toujours paru, dit saint Paul, « avec la forme d'esclave (a) : » et c'est pourquoi la forme d'esclave a caché sous ses marques serviles la forme et la dignité de Fils : *Semetipsum humiliavit formam servi accipiens* [2]. Mais ce Saint et cet Innocent ne devoit pas éternellement paroître en pécheur, et celui qui n'avoit jamais commis de péché n'en devoit pas toujours être revêtu. Il étoit chargé des péchés des autres, il s'en est déchargé en portant la peine qui leur étoit due; et ayant acquitté (b) par sa mort ce qu'il devoit à la justice de Dieu pour nos crimes, il rentre aujourd'hui en ressuscitant dans les droits de son innocence. C'est pourquoi, dit le grand Apôtre, « il est mort enfin au péché [3]. » Dieu ne le regarde plus comme un criminel qu'il abandonne; il l'avoue publiquement pour son Fils, et il l'engendre encore une fois en le ressuscitant à la gloire : *Ego hodie genui te* [4]. Assez de honte, assez d'infamie, assez la forme de Dieu a été cachée : paroissez maintenant, ô divinité ! paroissez, sainteté ! paroissez, justice, et répandez vos lumières sur le corps incorruptible de ce nouvel homme !

C'est ainsi que le Fils de Dieu est mort au péché pour toujours; et « vous devez, dit saint Paul [5], mes frères, mourir aussi avec lui. » Pourquoi devons-nous mourir avec lui ? C'est le mystère du christianisme, que le grand pape saint Léon nous explique admirablement par cette belle doctrine. Il y a, dit-il, cette différence entre la mort de Jésus-Christ et la mort des autres, que celle des autres hommes est singulière, et celle de Jésus-Christ est

---

[1] *Rom.*, VIII, 3. — [2] *Philipp.*, II, 7. — [3] *Rom.*, VI, 10. — [4] *Psal.* II, 7. — [5] *Rom.*, VI, 8, 11.

(a) *Var.*: « Il a toujours paru, dit saint Paul, en esclave; » — « Il a toujours été traité comme criminel. » — (b) Accompli.

universelle; c'est-à-dire que « chacun de nous en particulier est obligé à la mort, et il ne paie en mourant que sa propre dette : » *Singulares quippe in singulis mortes fuerunt, nec alterius quisquam debitum suo fine persolvit*[1]. Il n'y a que Jésus-Christ seul qui soit mort véritablement pour les autres, parce qu'il ne devoit rien pour lui-même. C'est pourquoi sa mort nous regarde tous; « et il est le seul, dit saint Léon[2], en qui tous les hommes sont morts, en qui tous les hommes sont ensevelis (a), en qui tous aussi sont ressuscités : » *Cùm inter filios hominum solus Dominus noster Jesus extiterit, in quo omnes mortui, omnes sepulti, omnes etiam sint suscitati.* C'est notre salut, mes frères, que nous soyons tous morts en celui dont la mort a été le salut des hommes. Et si nous sommes tous morts avec Jésus-Christ, « donc nous sommes morts au péché, et vivans à Dieu par Jésus-Christ Notre-Seigneur : » *Ita vos existimate, vos mortuos quidem peccato, viventes autem Deo per Jesum Christum Dominum nostrum*[3].

Ce n'est pas assez, chrétiens, de vous avoir proposé cette doctrine apostolique; il faut la rendre fructueuse (b) à votre salut, et voici l'application que l'on en doit faire. Si, selon le sentiment de l'Apôtre, notre conversion est une mort, notre baptême une mort, notre pénitence une mort, il est bien aisé de comprendre que pour nous renouveler en Notre-Seigneur, ce n'est pas assez qu'il se fasse en nous un changement médiocre. Le péché tient à nos entrailles; l'inclination au bien sensible est née avec nous; nous l'avons enracinée jusque dans nos moelles, si je puis parler de la sorte, par nos attachemens criminels et nos mauvaises habitudes : nous aimons les créatures du fond du cœur; et ce cœur le fait bien paroître par la violence qu'il souffre, lorsqu'on lui veut arracher ce qui lui est cher. Alors la douleur pousse des plaintes, la colère éclate en injures, l'indignation en menaces; souvent même le désespoir va jusqu'au blasphème, et je ne m'en étonne pas. Cœur humain, on t'arrache ce que tu aimois et que tu tenois embrassé par tant de liens. Tu te sens comme déchiré, le sang sort

[1] Serm. XII *De Pas. Domin.*, cap. III. — [2] *Ibid.* — [3] *Rom.,* VI, 11.

(a) *Var.* : En qui tous les hommes sont crucifiés, en qui tous les hommes sont morts, en qui tous aussi sont ressuscités. — (b) Utile.

abondamment par cette plaie. Que si l'amour de la créature tient si fortement à nos cœurs, un changement superficiel ne suffit donc pas pour nous convertir. Donnez-moi ce couteau, que je le porte jusqu'à la racine, que je coupe jusqu'au vif, que j'aille chercher au fond jusqu'aux moindres fibres de ces inclinations corrompues! Je veux mourir au péché, et c'est pour cela que je veux éteindre jusqu'au principe de sa vie.

C'est à quoi nous oblige, mes frères, cette mort spirituelle au péché que nous prêche l'apôtre saint Paul; et c'est pourquoi il nous adresse ces belles paroles : « Si vous êtes morts au péché, si vous êtes renouvelés en Notre-Seigneur, montrez-vous, montrez-vous, mes frères, comme des hommes ressuscités de mort à vie : » *Exhibete vos tanquam ex mortuis viventes*[1]. Je ne me contente pas d'un changement léger et superficiel. Il n'est pas ici question de replâtrer seulement cet édifice, je veux qu'on retouche jusqu'aux fondemens. Peut-être qu'entendant parler contre le luxe, vous réformez quelque chose dans la somptuosité de vos habits; vous croyez avoir beaucoup fait, et ce n'est qu'un foible commencement. Corrigez, corrigez encore toutes ces douceurs affectées et de vos discours et de vos regards. Eh bien, votre extérieur est modeste, et il faut encore aller plus avant (a), portez la main jusqu'au cœur; ce désir criminel de plaire trop, cette complaisance secrète que vous en ressentez au dedans, ce triomphe caché de votre cœur dans ces damnables victoires, et c'est ce qu'il faut arracher.

— Eh quoi! ne sera-ce donc jamais fait? Cet ouvrage de la conversion ne sera-t-il jamais achevé? Vous ne serez donc jamais content? — Ce n'est pas moi qui vous parle; c'est saint Paul qui vous dit par ma bouche : *Exhibete vos tanquam ex mortuis viventes :* « Paroissez devant Dieu comme des personnes ressuscitées. » Si votre conversion est véritable, il a dû se faire en vous-mêmes un aussi grand changement que si vous étiez ressuscités des morts. Et quel changement voyons-nous? Un changement de grimaces, un changement qui dure deux jours! Est-ce là ce que

[1] *Rom.*, VI, 13.
(a) *Var.:* Plus loin.

l'on appelle mourir au péché? Je ne m'étonne pas, chrétiens, si les prédicateurs et les confesseurs sont souvent contraints de se plaindre qu'il y a peu d'hommes renouvelés et peu de conversions véritables. Mais quand vous auriez détruit en vous le corps du péché, ce bon succès ne suffiroit pas pour vous faire un homme nouveau; il en faudroit encore attaquer les restes en combattant vos convoitises, et c'est ma seconde partie.

SECOND POINT.

La victoire que nous obtenons sur le péché par la grace de Notre-Seigneur Jésus-Christ, n'est pas de ces victoires pleines et entières qui terminent tout d'un coup la guerre et laissent après elles un calme éternel : l'honneur et le fruit de cette victoire doivent être conservés par de longs combats, parce qu'après avoir vaincu le péché, il faut en attaquer jusqu'au principe. Jésus-Christ ressuscité nous y exhorte. Il y a ceci de remarquable dans sa glorieuse résurrection, qu'il ne ressuscite pas comme le Lazare, pour mourir encore une fois. Il ne dompte pas seulement la mort, mais il va jusqu'au principe, et il dompte encore la mortalité. Il ne jouit pas seulement d'une pleine paix, en bannissant le trouble et la crainte qui l'agitoient ces jours passés si violemment; il en arrache jusqu'à la racine; et son ame non-seulement n'est plus agitée, mais encore n'est plus capable d'agitation. Ainsi nous voyons, chrétiens, que le Fils de Dieu ressuscitant a attaqué la mort jusqu'à son principe et détruit l'infirmité jusque dans sa source. C'est l'exemple que nous devons suivre.

Après avoir dompté le péché, allons à cette source des mauvais désirs, c'est-à-dire à la convoitise; et comme nous ne pouvons pas l'abolir entièrement dans cette vie par une victoire parfaite, tâchons du moins de l'affoiblir par un combat continuel. Ce combat est notre exercice durant notre pèlerinage (a) : c'est par ce combat, chrétiens, que notre homme intérieur se renouvelle de jour en jour; et afin que vous entendiez cette vérité, apprenez avant toutes choses de saint Augustin que le règne de la charité peut être considéré en deux manières. Il y a un règne de la cha-

---

(a) *Var.:* Durant tout le cours de notre vie.

rité où toute la convoitise est éteinte, où il n'y a plus de mauvais désirs; il y a un règne de la charité où elle surmonte la convoitise, mais où elle est obligée de la combattre. Ce règne de la charité où la convoitise est éteinte, c'est le partage des bienheureux; ce règne de la charité où la convoitise vaincue ne laisse pas de faire de la résistance, c'est l'exercice des hommes mortels. Là donc on jouit d'une pleine paix, parce qu'il n'y a plus de mauvais désirs; ici on a la victoire et non pas la paix, parce que, dit saint Augustin, « la chair qui convoite contre l'esprit ne peut être vaincue sans péril, ni modérée sans contrainte, ni régie par conséquent sans inquiétude : » *Et ea quæ resistunt periculoso debellantur prælio, et ea quæ victa sunt, nondum securo triumphantur otio, sed adhuc sollicito premuntur imperio*[1]. De sorte qu'il y a cette différence entre les saints qui sont dans le ciel et les saints qui sont sur la terre : les saints qui sont dans le ciel sont des hommes renouvelés, les saints qui sont sur la terre sont des hommes qui se renouvellent; là où les hommes sont renouvelés, ce mot de saint Augustin leur convient : « La convoitise est éteinte et la charité consommée : » *Cupiditate extinctâ, charitate completâ*[2]; voilà comme la devise des bienheureux. Ici où les hommes se renouvellent, « la convoitise diminue et la charité va toujours croissant : » *deficiente cupiditate, crescente charitate*. Là par conséquent les vertus triomphent, et ici les vertus combattent. Là les vertus se reposent, et ici les vertus travaillent. Nous tendons à ce repos, mais il le faut mériter par ce travail; nous aspirons à cette paix, mais on ne peut y parvenir que par cette guerre.

C'est vous, ô enfans de Dieu, qui en êtes le sujet, et vous en êtes aussi le théâtre. C'est pour l'homme que se donnent tous ces combats, c'est en lui qu'ils se donnent, et c'est lui-même qui les donne. La charité l'élève aux biens éternels, la convoitise le repousse aux biens périssables; il n'est jamais sans mauvais désirs. Toujours ou la chair l'attire, ou la vaine gloire le flatte. « Quelque volonté qu'il ait de faire le bien, il trouve en lui-même un mal inhérent dont il ne peut pas se délivrer : » *Invenio igitur legem, volenti mihi facere bonum, quoniam mihi malum adjacet*[3]. Que

---

[1] *De Civit. Dei*, lib. XIX, cap. XXVII. — [2] *Epist.* CLXXVII, n. 17. — [3] *Rom.*, VII, 21.

fait l'homme de bien dans ce combat? La convoitise l'empêche de faire tout le bien qu'il voudroit; réciproquement, dit saint Augustin, il empêche la convoitise de faire tout le mal qu'elle désire. Il ne peut s'empêcher de la ressentir, il s'empêche du moins de la suivre; s'il ne peut pas encore accomplir dans sa dernière perfection ce précepte : *Non concupisces*[1], « Tu n'auras point de convoitise; » il accomplit du moins celui-ci : « Tu n'iras pas après tes convoitises : » *Post concupiscentias tuas non eas*[2]. Il y a quelques restes du péché en lui; mais il ne souffre pas qu'il y règne, selon ce que dit l'apôtre saint Paul : *Non regnet*[3]. Tellement que s'il ne possède pas tout le bien, sa consolation dans cette peine, c'est du moins qu'il ne se plaît dans aucun mal; « de même, dit saint Augustin, que nous pouvons ne nous plaire pas dans les ténèbres, encore que nous ne puissions pas arrêter la vue sur une lumière très-éclatante : » *Potest oculus nullis tenebris delectari, quamvis non possit in fulgentissimâ luce defigi*[4]. Tel est l'état de l'homme durant l'exil de cette vie : il lutte continuellement contre sa propre infirmité; et c'est ainsi qu'il se renouvelle, tâchant d'effacer tous les jours quelques rides de sa vieillesse.

Grand Dieu! sera-t-il permis à des mortels de se plaindre ici de vous à vous-même? Et pourquoi laissez-vous vos serviteurs dans cette malheureuse nécessité d'avoir toujours en eux des vices à vaincre? Que ne leur donnez-vous tout d'un coup cette paix parfaite qui calme tous les troubles de leurs passions? Saint Paul a fait autrefois à Dieu cette plainte; il a prié longtemps, afin qu'il plût à Dieu de le délivrer d'une tentation importune. Et que lui fut-il répondu? « Ma grace te suffit[5]; » car telle est ma conduite avec mes élus, que leur force se perfectionne dans l'infirmité. Mais je passe encore plus loin, et je vous demande, ô mon Dieu, quel est ce dessein? quel est ce mystère? Pourquoi avez-vous ordonné que la force se perfectionne dans l'infirmité? Saint Augustin, Messieurs, va vous le dire. C'est que c'est ici un lieu d'orgueil; c'est que de toutes les tentations qui nous environnent, la plus dangereuse et la plus pressante, c'est celle qui nous porte à

---

[1] *Deuter.*, v, 21. — [2] *Eccli.*, XVIII, 30. — [3] *Rom.*, VI, 12. — [4] *De Spirit. et litter.*, n. 65. — [5] II *Cor.*, XII, 9.

la présomption : c'est pourquoi Dieu en nous donnant de la force, nous a aussi laissé de la foiblesse. Si nous n'avions que de la foiblesse, nous serions toujours abattus; et si nous n'avions que de la force, nous deviendrions superbes et insupportables. Dieu a trouvé ce tempérament : pour ne pas succomber sous l'infirmité, Dieu nous donne de la force; « mais de peur qu'elle ne nous enfle, il veut qu'elle se perfectionne dans l'infirmité : » *Hic ubi superbiri potest, ne superbiatur, virtus in infirmitate perficitur*[1].

Par conséquent, ô enfans de Dieu, admirez en vous la conduite de votre Père céleste. Il sait que vous êtes superbes, c'est le vice inséparable de notre nature; contre cette enflure de l'orgueil, il fait un remède de votre infirmité. Apprenez à profiter de votre foiblesse; vous en profiterez, si elle vous enseigne à être humbles, à vous défier de vous-mêmes, à marcher toujours avec crainte; vous en profiterez, si elle vous apprend à dire avec Job : *Si lætatum est in abscondito cor meum et osculatus sum manum meam ore meo*[2] *:* « Quand j'ai résisté à la tentation, mon cœur ne s'est point enflé par cette victoire et je n'ai pas baisé ma main de ma propre bouche. » Qu'est-ce à dire, baiser sa main de sa bouche? C'est-à-dire, attribuer le bon succès à sa propre force, se remercier soi-même de ses bonnes œuvres. Loin de vous, ô fidèles, cette pensée. Si votre main étoit forte, vous pourriez lui imputer votre victoire, vous pourriez la baiser sans crainte et lui rendre grace du bien que vous faites; mais la sentant foible et impuissante, il faut élever plus haut votre vue et dire avec le divin Apôtre : « Rendons graces à Dieu qui nous a donné la victoire par notre Seigneur Jésus-Christ : » *Gratias Deo qui dedit nobis victoriam per Dominum nostrum Jesum Christum*[3].

Ce n'est pas assez, chrétiens, que votre infirmité vous rende humbles; il faut qu'elle vous rende fervens et appliqués au travail. L'humilité chrétienne n'est pas un abattement de courage; plus elle se sent foible, plus elle est hardie et entreprenante : *Virtus enim in infirmitate perficitur*[4] *:* « La force se perfectionne dans l'infirmité. » Plus elle se sent accablée de mauvais désirs,

---

[1] *Contr. Julian.*, lib. IV, cap. II, n. 11. — [2] *Job*, XXXI, 27. — [3] I *Cor.*, XV, 57. — [4] II *Cor.*, XII, 9.

plus elle s'excite à les combattre ; et les restes qu'elle trouve toujours en elle-même de la vieillesse, la pressent de se renouveler de jour en jour. C'est le véritable sentiment que vous devez prendre dans la sainte fête de Pâques. Vous avez tous songé durant ces saints jours à vous renouveler par la pénitence. Je ne puis avoir de vous d'autres sentimens sans offenser votre piété. Non, le sang de Jésus-Christ n'a pas ruisselé en vain sur le Calvaire ; et ce n'est pas en vain qu'on a rouvert pour vous émouvoir toutes les blessures du Fils de Dieu. Si vous êtes renouvelés par la pénitence, donc « la vieillesse est passée, et vous devez commencer une vie nouvelle : » *Vetera transierunt, ecce facta sunt omnia nova*[1]. Adieu, adieu pour jamais à ces commerces infâmes, adieu à cette vie libertine, adieu à ces inimitiés invétérées! « Mais ne vous persuadez pas que ce soit assez de se renouveler une seule fois : » *Neque enim putes quòd innovatio semel facta sufficiat, ipsa enim novitas innovanda est*[2] : « Il faut renouveler la nouveauté même. » C'est peu de se dépouiller de ses péchés et d'en nettoyer sa conscience ; il faut aller maintenant aux mauvais désirs, il faut porter la main à ces habitudes vicieuses que le péché a laissées en nous en se retirant, comme un germe par lequel il espère revivre bientôt, comme un reste de racine qui fera bientôt repousser cette mauvaise herbe. Jésus ressuscité vous y exhorte : il n'a pas seulement détruit la mort, il en a ôté en lui-même jusqu'au principe. Mais encore n'est-ce pas assez de renouveler vos esprits ; il faut encore jeter les fondemens du renouvellement de vos corps, et c'est ce qui me reste à vous expliquer dans ma troisième partie.

TROISIÈME POINT.

Si je vous dis, chrétiens, que Jésus sortant du sépulcre, couronné d'honneur et de gloire, est un gage de notre résurrection, et que cette splendeur immortelle dont son corps est environné est une marque infaillible de ce que doivent un jour espérer les nôtres, je vous dirai une vérité qui nous ayant été si bien enseignée par la bouche du saint Apôtre[3], n'est ignorée d'aucun des

---

[1] II *Cor.*, v, 17. — [2] Origen., *In Epist. ad Roman.*, lib. V, n. 8. — [3] *Philipp.*, III, 21.

fidèles. Mais si j'ajoute à cette doctrine que ce grand et divin ouvrage se commence dès à présent (a) dans nos corps mortels, vous en serez peut-être surpris, et vous aurez peine à comprendre que durant ce temps de corruption Dieu avance déjà dans nos corps l'ouvrage de leur bienheureuse immortalité. Et néanmoins il est véritable; oui, mes frères, n'en doutez pas. Ecoutez, terre et cendre, et réjouissez-vous en Notre-Seigneur. Pendant que ce corps mortel est accablé de langueurs et d'infirmités, Dieu jette déjà en lui les principes d'une consistance immuable; pendant qu'il vieillit, Dieu le renouvelle; pendant qu'il est tous les jours exposé en proie aux maladies les plus dangereuses et à une mort très-certaine, Dieu travaille par son Esprit-Saint à sa résurrection glorieuse.

Saint Paul, pour nous faire entendre ce renouvellement de nos corps, dit « qu'ils sont devenus les temples de l'Esprit de Dieu [1], » et c'est ce qui donne lieu à saint Augustin de nous expliquer ce mystère par cette belle comparaison. Il dit que nos corps sont renouvelés par la grace du christianisme, à peu près comme on renouvelle un temple profane où l'on auroit servi les idoles, pour le consacrer au Dieu vivant. On renverse premièrement les idoles, et après qu'on a aboli toutes les marques du culte profane, on dédie ce temple au vrai Dieu et on le sanctifie par un meilleur usage. C'est en cette sorte, dit saint Augustin, que nous devons renouveler notre corps mortel qui a été autrefois (b) un temple d'idoles, et qui devient par la grace « un saint temple dédié au Seigneur : » *Templum sanctum Domino*, comme parle le saint Apôtre. Il faut premièrement briser les idoles, c'est-à-dire ces passions impérieuses qui étoient autrefois les divinités qui présidoient dans ce temple : *Hæc in nobis*, dit saint Augustin [2], *tanquam idola frangenda sunt*, « c'est ce qu'il faut détruire comme les idoles; ce qu'il ne faut pas détruire, mais changer seulement, dit ce grand docteur (c), à un usage plus saint, ce sont les membres de ce corps, afin qu'ayant servi à l'impureté de la convoitise, ils

---

[1] I *Cor.*, III, 17; VI, 19. — [2] *Serm.* CLXIII, n. 2.

(a) *Var. :* Se commence dès maintenant, — se commence déjà. — (b) Nos corps mortels qui ont été autrefois... — (c) Dit le même saint.

servent maintenant à la grace de la charité : » *In usus autem meliores vertenda sunt ipsa corporis nostri membra, ut quæ serviebant immunditiæ cupiditatis, serviant gratiæ charitatis.* C'est de cette sorte, mes frères, que nos corps, ces temples profanes, deviendront les temples de l'Esprit de Dieu et qu'il les remplira par sa présence.

Mais de quelle sorte remplit-il nos corps? Comment s'en met-il en possession? Le même saint Augustin vous l'expliquera par un beau principe. « Celui-là, dit-il, possède le tout qui tient la partie dominante : » *Totum possidet qui principale tenet.* Or en vous, poursuit ce grand homme, la partie la plus noble, c'est-à-dire « l'ame, c'est celle qui tient la première place, c'est à elle qu'appartient l'empire : » *In te principatur quod melius est* [1]. Et ces deux principes étant établis, il tire aussitôt cette conséquence : Dieu tenant cette partie principale, c'est-à-dire l'ame et l'esprit, par le moyen du meilleur il se met en possession du moindre; par le moyen du prince il s'acquiert aussi le sujet; et dominant sur l'ame, il étend aussi la main sur le corps et s'en met en possession comme de son temple. Voilà votre corps renouvelé; il change de maître heureusement et passe en de meilleures mains. Par la nature il étoit à l'ame, par la corruption il servoit (a) au vice, par la religion il est à Dieu. L'ame se soumettant à Dieu, lui transporte tout son domaine : comme dans le mariage la femme épousant son mari le rend maître de tous ses biens (b), l'ame s'unissant à Dieu par un bienheureux mariage spirituel, le rend maître de tous ses biens comme étant le chef et le maître de cette communauté bienheureuse : « Sa chair la suit, dit Tertullien, comme une partie de sa dot; et au lieu qu'elle étoit seulement servante de l'ame, elle devient servante de l'esprit de Dieu : » *Sequitur animam nubentem spiritui caro, ut dotale mancipium, et jam non animæ famula, sed spiritûs* [2].

O chair, que tu es heureuse de passer entre les mains d'un si bon maître! C'est ce qui jette en toi les principes de l'immortalité que tu espères. Et la raison en est évidente, en insistant toujours

---

[1] *Serm.* CLXI, n. 6. — [2] *De Animâ*, n. 4.
(a) *Var.* : Il étoit. — (b) Lui transporte aussi tous ses biens.

aux mêmes principes. Dieu, avons-nous dit, remplissant nos ames a pris possession de nos corps. Par conséquent, ô mort, tu ne les lui saurois enlever; tu penses qu'ils sont ta proie, mais ce n'est qu'un dépôt que l'on te confie et que l'on consigne en tes mains : Dieu saura bien rentrer dans son domaine. Le Fils de Dieu a prononcé « qu'on ne peut rien ôter des mains de son Père : » *Nemo potest rapere de manu Patris mei*[1], parce que ces mains étant si puissantes, nulle force ne les peut vaincre ni leur faire lâcher leur prise. Ainsi Dieu ayant déjà mis la main sur nos corps, son Saint-Esprit, que l'Ecriture appelle son doigt, en étant entré en possession, par conséquent, ô chair des fidèles, en quelque endroit (a) de l'univers que la corruption t'ait jetée ou quelque partie de tes cendres, tu demeures toujours sous sa main. Et toi, terre, mère tout ensemble et sépulcre commun de tous les mortels, en quelques sombres retraites que tu aies englouti et caché nos corps, tu les rendras un jour tout entiers, et plutôt le ciel et la terre seront renversés qu'un seul de nos cheveux périsse. Pour quelle raison, chrétiens, si ce n'est pour celle que j'ai déjà dite, que Dieu se rendant maître de nos corps, les doit posséder dans l'éternité, sans qu'aucune force (b) puisse l'empêcher d'achever en eux son ouvrage ?

Vivez dans cette espérance; et cependant, Messieurs, regardant vos corps comme les temples de l'Esprit de Dieu, n'y faites plus régner les idoles que vous y avez abattues. Votre corps, en l'état que Dieu l'a mis, ne peut plus être violé sans sacrilége. « Ne savez-vous pas, dit saint Paul, que vos corps sont les temples de l'Esprit de Dieu, et que si quelqu'un profane son temple, Dieu qui est jaloux de sa gloire lui fera sentir sa vengeance; il le perdra sans miséricorde, » dit ce saint Apôtre, *disperdet illum Deus*[2]? Donc, mes frères, ne violons pas le temple de Dieu; et puisque nous apprenons par la foi que notre corps est un temple, « possédons en honneur ce vaisseau fragile, et non pas dans les passions d'intempérance, comme les gentils qui n'ont pas de Dieu. Car Dieu ne nous appelle pas à l'impureté, mais à la sanctification en Jésus-

---

[1] *Joan.*, x, 29. — [2] *I Cor.*, III, 17.
(a) *Var.* : Part. — (b) Sans que nulle force.

Christ Notre-Seigneur [1]. » O sainte chasteté! c'est à toi de garder ce temple, c'est à toi d'en empêcher la profanation. C'est pourquoi Tertullien a dit ces beaux mots, que je vous prie d'imprimer dans votre mémoire : *Illato in nos et consecrato Spiritu sancto, ejus templi œditua et antistita pudicitia est* [2]*:* « Le Saint-Esprit étant descendu en nous pour y demeurer comme dans son temple, la gardienne de ce temple, c'est la chasteté : elle en est, dit Tertullien, la sacristine; » c'est à elle de le tenir net, c'est à elle de l'orner dedans et dehors : dedans par la tempérance, et dehors par la modestie; c'est à elle de parer l'autel sur lequel doit fumer cet encens céleste, je veux dire des saintes prières, et monter comme un parfum agréable devant la face de Dieu.

Mais, ô temple! ô autel! ô corps de l'homme! ô cœur de l'homme! que je vois en vous de profanation! « Fils de l'homme, approche-toi, dit l'Esprit de Dieu à Ezéchiel [3], et je te montrerai l'abomination. Et je m'approchai, dit le prophète, et je vis le temple et le sanctuaire; et voilà, chose abominable! » voilà, dis-je, que de tous côtés chacun y érigeoit son idole dans le propre temple du Dieu vivant (a), sur l'autel même du Dieu vivant, on y sacrifioit aux faux dieux. Là étoit l'idole de la jalousie. Ambition, c'est toi qui l'élèves; autant que tu vois de concurrens, ce sont autant de victimes que tu voudrois immoler à cette idole : *idolum zeli* (b). « Là des hommes qui tournoient le dos au sanctuaire et adoroient le soleil levant, » la faveur naissante : *Dorsa habentes contra templum Domini et facies ad orientem, et adorabant ad ortum solis* [4]*:* ils oublioient le vrai Dieu, et ils adoroient la fortune; et des femmes au dedans du temple « pleuroient la mort d'Adonis : » *Plangebant Adonidem* [5]; ne m'obligez pas à vous dire que c'est le sacrifice de l'amour profane. Ce spectacle vous fait horreur, et ce qui vous fait horreur pour les autres ne vous fait pas horreur pour vous-même. O corps que Dieu a choisi pour temple! ô cœur que Dieu a consacré comme son autel; que je découvre en vous d'abomi-

[1] I *Thessal.,* IV, 4, 5, 7. — [2] *De Cult. fœmin.,* lib. II, n. 1. — [3] *Ezech.,* VIII, 10, 11. — [4] *Ibid.,* 16. — [5] *Ibid.,* 14.

(a) *Var. :* Et voilà que de tous côtés chacun érigeoit son idole, spectacle abominable, dans le propre temple du Dieu vivant. — (b) Ambition, c'est toi qui l'élèves; tu veux détruire tous tes concurrens, *idolum zeli*.

nations, que de fausses divinités, que d'idoles que l'on y adore!

Mais peut-être qu'on les aura renversées en l'honneur de Jésus-Christ ressuscité, et que cette dévotion publique de toute l'Eglise vous aura fait nettoyer ce temple et abattre toutes ces idoles. Que j'ai sujet de craindre que vous ne soyez sortis du tombeau comme des fantômes, vains simulacres de vivans (a) qui n'ont que la mine et l'apparence, qui n'ont ni la vie ni le cœur, qui font des mouvemens et des actions qui sont tout artificielles et comme appliquées par le dehors, parce qu'elles ne partent pas du principe. Si vous êtes ressuscités, toutes vos premières liaisons sont rompues. C'est en vain que vous m'appelez, vains et criminels attachemens, c'est en vain que vous m'appelez à ces anciennes familiarités : il est arrivé en moi un grand changement qui ne me permet point de vous reconnoître (b). — Est-ce donc un changement si étrange que de s'être confessé à Pâques? — Ce changement est une mort; ce changement m'a fait un autre homme, et vous voulez que j'agisse de la même sorte! Je ne me contente donc pas d'un changement léger. Chrétien, dans ces saintes solennités, tu as bu à la fontaine de vie dans la source des sacremens. Tu as reçu la grace, je le veux croire; tu as repris une vie nouvelle avec Jésus-Christ; cette vie nouvelle n'est que commencée ici-bas; et quand elle sera consommée, elle aura tous ces admirables effets que je te représentois tout à l'heure. Dans un mois, dans dix jours, dans trois jours peut-être, tes anciennes habitudes se réveilleront. L'ivrognerie, l'impudicité, la vengeance te rappelleront à leurs faux plaisirs. Tu avois pardonné une injure à ton ennemi; le venin de la haine reprendra ses forces. Arrête, misérable! considère. Eh! que de belles espérances tu vas détruire! que de beaux commencemens tu vas arrêter! Si c'est une malice insupportable de déraciner la première verdure des champs, parce qu'elle est l'espérance de nos moissons; si nous tenons à très-grande injure que l'on arrache dans nos jardins une jeune plante, parce qu'elle nous promettoit (c) d'apporter de beaux fruits, quelle

---

(a) *Var. :* Comme des spectres, fantômes de vivans..... — (b) Je ne vous connois plus, il est arrivé en moi un grand changement. — (c) Parce qu'elle devoit apporter.

est notre folie, quelle injure nous faisons-nous à nous-mêmes, à l'Eglise, à l'Esprit de Dieu, de chasser cet Esprit qui commençoit en nous un si grand ouvrage, de mépriser la grace qui est une semence d'immortalité, de perdre la vie nouvelle qui, croissant tous les jours, fût venue à cette perfection que je vous ai dite!

Par conséquent, mes frères, comme Jésus-Christ est ressuscité, ainsi marchons en nouveauté de vie. Puisque nous sommes ici-bas en cet exil du monde parmi tant de maux, songeons qu'il n'est rien de meilleur que cette belle, cette illustre espérance que Dieu nous présente par Jésus-Christ. Après avoir confessé nos péchés dans l'humilité de la pénitence, cessons, cessons d'aimer ce que nous avons détesté solennellement devant le ministre de la sainte Eglise, en présence de Dieu et de ses saints anges. N'allons point aux eaux infectées, après nous être lavés au sang de Jésus. Après avoir communiqué à son divin corps, qui est le gage de notre glorieuse résurrection, ne communiquons point à Satan, ni à ses pompes, ni à ses œuvres. Que la joie sainte de l'Esprit de Dieu surmonte la fausse joie de ce monde.

Je me souviens ici, chrétiens, de l'allégresse divine et spirituelle qui étoit autrefois dans l'Eglise au saint jour de Pâques. C'étoit vraiment une joie divine, une joie qui honoroit Jésus-Christ, parce qu'elle n'avoit point d'autre objet que la gloire de son triomphe. C'étoit pour cela que les déserts les plus reculés et les solitudes les plus affreuses prenoient une face riante. Maintenant nous nous réjouissons, il n'est que trop vrai; mais ce n'est pas vous, mon Sauveur, qui êtes la cause de notre joie. Nous nous réjouissons de ce qu'on pourra faire bonne chère en toute licence; plus de jeûnes, plus d'austérités. Si peu de soin que nous avons peut-être apporté pendant le carême à réparer les désordres de notre vie, nous nous en relâcherons tout à fait. Le saint jour de Pâques, destiné pour nous faire commencer une vie nouvelle avec le Sauveur, va ramener sur la terre les pernicieuses délices du siècle, si toutefois nous leur avons donné quelque trêve, et ensevelira dans l'oubli la mortification et la pénitence; tant la discipline est énervée parmi nous. Nous croyons avoir assez fait quand nous nous sommes acquittés pour la forme d'une confession telle quelle, et d'une communion qui peut-être est un sacrilége. Mais quand même elle seroit sainte, comme je le veux présumer, vous n'avez fait que la moitié de l'ouvrage.

Fidèles, je vous en avertis de la part de Dieu : la principale partie reste à faire, qui est d'amender votre mauvaise vie, de corriger le déréglement de vos mœurs, et de déraciner ces habitudes invétérées qui vous sont comme passées en nature. Si vous avez été justifiés, j'avoue que vous n'avez plus à craindre la damnation éternelle ; mais ne vous imaginez pas pour cela être en sûreté. Craignez vos mauvaises inclinations ; craignez ces objets qui vous plaisent trop, plus qu'il n'est convenable à un chrétien qui a participé au corps du Sauveur. Craignez ces dangereuses rencontres dans lesquelles votre innocence a déjà tant de fois fait naufrage ; que votre expérience vous fasse prudens, et vous oblige à une précaution salutaire. Car la pénitence a deux qualités qui sont toutes deux également saintes et inviolables.

Retenez ceci, s'il vous plaît; la pénitence a deux qualités : elle est le remède pour le passé; elle est une précaution pour l'avenir. La disposition pour la recevoir comme remède de nos désordres passés, c'est la douleur des péchés que nous avons commis. La disposition pour la recevoir comme précaution de l'avenir, c'est une crainte filiale des péchés que nous pouvons commettre, et des occasions qui nous y entraînent. Gardons-nous bien, fidèles, de violer la sainteté de la pénitence en l'une ou en l'autre de ses parties, de peur de faire injure à la grace et à la libéralité du Sauveur.

Par conséquent ne perdons jamais cette crainte respectueuse qui est l'unique garde de l'innocence. Craignons de perdre Jésus qui nous a gagnés par son sang. Partout où je le vois, il nous tend les bras. Jésus nous tend les bras à la croix : Venez, dit-il, mourir avec moi. Jésus-Christ sortant du tombeau, victorieux de la mort, il nous tend les bras : Venez, dit-il, ressusciter avec moi. Jésus-Christ à la droite du Père nous tend les bras : Venez, dit-il, régner avec moi; vous serez, vous serez un jour tel que je suis en cette glorieuse demeure; vivez, consolez-vous dans cette espérance. Je suis heureux, je suis immortel : soyez immortels à la grace, vous obtiendrez enfin dans le ciel le dernier accomplissement de la vie nouvelle, c'est-à-dire la justice parfaite, la paix assurée, l'immortalité de l'ame et du corps. **Amen.**

AUTRE EXORDE .

POUR

LE MÊME SERMON.

Consepulti enim sumus cum illo per baptismum in mortem, ut quomodo Christus surrexit à mortuis per gloriam Patris, ita et nos in novitate vitæ ambulemus. Rom., VI, 4.

C'est une doctrine excellente de saint Augustin [1] prise des Ecritures divines, que tout ce que Dieu opère dans l'homme juste depuis sa première entrée dans l'Eglise jusqu'à la résurrection générale, n'est que la suite et l'accomplissement du baptême; de sorte que la sainte nouveauté de vie (a), qui se commence dans les eaux salutaires, n'aura sa dernière perfection que dans cette journée bienheureuse en laquelle (b) la mort étant surmontée, nos corps seront faits semblables au corps glorieux de Notre-Seigneur Jésus-Christ. Pour entendre cette doctrine, il faut nécessairement remonter plus haut et reprendre la chose jusque dans sa source.

L'homme dans la sainteté de son origine avoit reçu de Dieu ces trois dons : la justice, la paix, l'immortalité. Car étant formé selon Dieu, il étoit juste; régnant sur ses passions, il étoit paisible en lui-même; mangeant le fruit de vie, il étoit immortel. La raison s'étant révoltée contre Dieu, les passions lui refusèrent leur obéissance; et l'ame ne buvant plus à cette source inépuisable de vie, devenue elle-même impuissante, elle laissa aussi le corps sans vigueur. C'est pourquoi (c) la mortalité s'en est incontinent emparée. Ainsi pour la ruine totale de l'homme, le péché a détruit la

---

[1] S. August. *De Nupt. et Concupisc.*, lib. I, n. 38 et 39.

(a) *Var. :* La sainte régénération. — (b) A laquelle. — (c) De là vient que.

justice; la convoitise s'étant soulevée a troublé la paix; l'immortalité a cédé à la nécessité de la mort. Voilà l'ouvrage de Satan opposé à l'ouvrage de Dieu. Or le Fils de Dieu est venu « pour dissoudre l'œuvre du diable [1], » nous dit-il lui-même dans son Evangile. Il est venu « pour reformer l'homme selon le premier dessein de son Créateur, » comme nous enseigne l'Apôtre [2]. Et pour cela il est nécessaire que sa grace nous restitue les premiers priviléges de notre nature (a). De là vient qu'il nous appelle dans son Evangile à une bienheureuse nouveauté de vie, répandant en nos ames son Saint-Esprit par lequel, dit l'apôtre saint Paul, « l'homme intérieur et spirituel est renouvelé de jour en jour : » *Innovatur de die in diem* [3]. Remarquez ces paroles, « de jour en jour. » Elles nous font connoître manifestement que Dieu en renouvelant ses élus, ne veut pas qu'ils soient changés tout à coup, mais qu'il ordonne certains progrès par lesquels ils s'avancent de plus en plus à la perfection consommée. Il y a trois dons à leur rendre. Il y aura aussi trois différens âges par lesquels de degré en degré « ils deviendront hommes faits, » comme dit saint Paul, *in virum perfectum* [4]. Et Dieu l'a arrêté de la sorte afin de faire goûter à ses bien-aimés les opérations de sa grace les unes après les autres. De sorte que dans ce monde il répare leur innocence; dans le ciel il leur donne la paix; à la résurrection générale il ornera leur corps d'immortalité. Par ces trois âges « les justes arrivent à la plénitude de Jésus-Christ, » ainsi que parle l'apôtre saint Paul, *in mensuram œtatis plenitudinis Christi* [5]. La vie présente est comme l'enfance; celle dont les saints jouissent au ciel ressemble à la fleur de l'âge; après suivra la maturité dans la dernière résurrection.

Au reste cette vie n'a point de vieillesse, parce qu'étant toute divine, elle n'est point sujette au déclin. De là vient qu'elle n'a que trois âges, au lieu que celle de notre vie corruptible souffre la vicissitude de quatre différentes saisons. Ce sont ces trois âges et ces trois dons pour lesquels le Prophète-Roi chante à Dieu ces

---

[1] 1 *Joan.*, III, 8. — [2] *Coloss.*, III, 10. — [3] II *Cor.*, IV, 16. — [4] *Ephes.*, IV, 13. — [5] *Ibid.*

(a) *Var. :* Que la grace lui restitue les premiers priviléges de sa nature.

pieuses actions de graces : « Mon ame, dit-il [1], bénis le Seigneur, et que tout ce qui est en moi célèbre la grandeur de son nom. C'est lui, dit-il, qui pardonne tous tes péchés, c'est lui qui guérit toutes tes langueurs, c'est lui qui rachète ta vie de la mort. » Il pardonne nos iniquités, quand il nous rend la justice en ce monde ; il guérit nos langueurs, quand il éteint la convoitise dans son paradis ; il rachète notre vie de la mort, quand il nous ressuscite à la fin des siècles. Et encore que ces opérations soient diverses, elles ne regardent toutefois que la même fin et ne s'emploient que dans la même œuvre. Car de même que l'homme en croissant n'acquiert point une nouvelle vie ni un nouvel être, mais s'avance à la perfection de celui qui lui a donné la naissance : ainsi, soit que nos ames soient couronnées de la gloire de Dieu dans le ciel, soit que nos corps ressuscités par son Esprit-Saint soient revêtus de l'immortalité du Sauveur, ce n'est pas une nouvelle vie que nous acquérons ; mais nous allons selon l'ordre établi au dernier accomplissement de cette vie divine et surnaturelle que nous avons commencée dans le saint baptême. C'est là, fidèles, si nous l'entendons, cette nouveauté de vie dont parle l'Apôtre ; c'est là la résurrection spirituelle du chrétien à l'image de la résurrection de Notre-Seigneur. Maintenant ces vérités étant supposées, entrons dans la proposition de notre sujet.

Si la justice des chrétiens en ce monde, aussi bien que leur paix et leur immortalité au siècle futur, ne font qu'une même suite de vie ; si d'ailleurs l'Apôtre nous a enseigné que la résurrection de nos corps est la maturité et la plénitude, il s'ensuit, comme je l'ai remarqué, que la vie présente ressemble à l'enfance. C'est pourquoi l'apôtre saint Pierre nous dit que nous sommes des « enfans nouvellement nés [2] ; » d'où je forme ce raisonnement, qui sera la base de tout mon discours. Tout ce que la nature donne à l'homme pendant le progrès de la vie, doit avoir son commencement dans l'enfance. Donc si j'apprends de l'apôtre saint Pierre qu'à l'égard de la vie divine qui nous est acquise par la résurrection de notre Sauveur, notre pèlerinage mortel est comme l'enfance, il faut que tous ces changemens admirables qui nous rendront conformes au

---

[1] *Psal.* CII, 1, 3, 4. — [2] I *Petr.*, II, 2.

Seigneur Jésus, se commencent en nous dès ce siècle. Or nous avons dit, et il est très-vrai que notre vie nouvelle et la réparation de notre nature consiste à vaincre ces trois furieux ennemis que le diable nous a suscités, le péché, la concupiscence et la mort, par ces trois divins dons où la grace nous rétablit, la justice, la paix, l'immortalité. Et partant, encore que ces trois choses ne s'accomplissent pas ici-bas, il est clair qu'elles y doivent être du moins ébauchées (a).

Et voyez en effet, chrétiens, de quelle sorte et par quel progrès Dieu avance en nous son ouvrage pendant notre captivité dans nos corps mortels. Il ruine premièrement le péché; la concupiscence y remue encore, mais elle y est fortement combattue et même glorieusement surmontée. Pour la mort, à la vérité elle y exerce son empire sans résistance, mais aussi l'immortalité nous est assurée. Le péché aboli fait notre sanctification; la concupiscence combattue fait notre exercice; l'immortalité assurée (b) fait notre espérance. C'est la vie du vrai chrétien ressuscité avec le Sauveur, que je me propose de vous représenter aujourd'hui avec l'assistance divine. Jésus ressuscité, assistez-nous de votre Esprit-Saint. Et vous, ô fidèles, ouvrez vos cœurs à la parole de votre Maître; et apprenant l'incomparable dignité de la vie nouvelle que Dieu vous donne par son Fils Jésus-Christ, apprenez aussi de l'Apôtre que, comme Jésus est ressuscité, ainsi devons-nous marcher en nouveauté de vie. Commençons à montrer la ruine du péché par la grace de la justice qui nous est donnée.

(a) *Var.* : Commencées. — (b) Promise.

TROISIÈME SERMON

POUR

LE JOUR DE PAQUES,

SUR LA NÉCESSITÉ DE RENOUVELER, DE CONSACRER ET D'ENTRETENIR LE TEMPLE DE NOTRE CŒUR (a).

In quo omnis ædificatio constructa crescit in templum sanctum in Domino.

Tout édifice construit en Jésus-Christ s'élève (b) comme un temple sacré en Notre-Seigneur. *Ephes.*, II, 21, 22.

Il y a cette différence entre la mort des autres hommes et celle de Jésus-Christ (c), que celle des autres hommes est singulière, et

---

(a) *Premier point.* — Homme, temple de Dieu, grand monde dans le petit monde, grand temple dans le petit temple.

Cœur, autel dédié à Dieu avec cette inscription : *Au Dieu vivant.*

Deux sortes de conversions fausses. *Lacerata est lex, et non pervenit ad finem judicium* (Habac., I, 14).

Second point. — C'est l'amour qui donne un Dieu à un cœur. Dédicace du temple.

Cantique de l'homme nouveau. *Alleluia.*

Sanctification et renouvellement du corps. Corps consacré à Dieu. *Sequitur animam nubentem spiritui caro ut dotale mancipium* (Tertull., *De Animâ*, n. 14).

Pudicité, prêtresse et gardienne du temple.

Nous sommes un temple. Recueillons-nous en nous-mêmes. Silence Prières. *In templo vis orare, in te ora* (S. August., Tract. XV *in Joan.*, n. 25).

Tempérance. Car nous sommes toujours dans un temple.

Troisième point. — Renouvellement perpétuel. Toujours réparer un temple.

Dans une ruine, quelques marques de la première institution; dans un renouvellement quelques marques de la ruine.

Virtus in infirmitate perficitur (II Cor., XII, 9).

Artifices de l'Epoux céleste pour se faire aimer.

Prêché en 1661, aux Carmélites du faubourg Saint-Jacques.

L'appellation « Mes sœurs », et ce mot : « Qui ne doit pas être oublié dans cette église des vierges sacrées, » indiquent une communauté religieuse. D'une autre part l'auteur dit : « Entrez dans l'esprit d'Elie, c'est le père de cette maison, pour renverser ces idoles; » or le prophète Elie est le patron, on a dit même le fondateur des Carmélites. Citons encore cette phrase : « Mes très-chères sœurs en Jésus-Christ, je finirai ce dernier discours avec ces maximes apostoliques; et je vous laisse, en vous disant adieu, ce présent précieux et inestimable. » Par

(b) *Var.*: Croît. — (c) Entre la mort de Jésus-Christ et celle des autres hommes.

celle de Jésus-Christ est universelle; c'est-à-dire que chacun de nous est obligé à la mort, et qu'il ne paie en mourant que sa propre dette. Il n'y a que le Fils de Dieu qui soit mort véritablement pour les autres, parce qu'il ne devoit rien pour lui-même; et de là vient que sa mort nous regardant tous (a), est d'une étendue infinie. « Mais comme il est le seul, dit saint Léon, en qui tous les hommes sont crucifiés, en qui tous les hommes sont morts, ensevelis, il est aussi le seul en qui tous les hommes sont ressuscités : » *Cùm inter filios hominum unus Dominus Jesus extiterit, in quo omnes mortui, omnes sepulti, omnes etiam sint suscitati* [1]. Si bien que, si nous sommes entrés avec lui dans l'obscurité de son tombeau, nous en devons aussi sortir avec lui avec une splendeur toute céleste; et ce tombeau nous doit servir aussi bien qu'à lui comme d'une seconde mère, pour nous engendrer de nouveau à une vie immortelle.

C'est à cette sainte nouveauté de vie que j'ai à vous exhorter en ce jour que le Seigneur a fait : et il a même semblé à saint Grégoire de Nazianze que ce n'étoit pas sans providence que cette fête solennelle du renouvellement des chrétiens se rencontre dans une saison où tout l'univers se renouvelle, afin que non-seulement tous les mystères de la grace, mais encore tout l'ordre même de la nature concourût à nous exciter à ce mystérieux renouvellement. (b) Dans ce concours universel de tant de causes à prêcher la nouveauté chrétienne, pour consommer un si grand ouvrage il ne nous reste plus, ames saintes, que de demander à Dieu son Esprit nouveau par l'intercession de Marie. *Ave, Maria.*

Le Fils de Dieu toujours véritable accomplit aujourd'hui fidèle-

[1] Serm. xii *De Passion. Domin.*, cap. III.

où l'on voit que « ce dernier discours » a servi comme de clôture à la station quadragésimale.

A la fin du manuscrit se trouve une note détachée, dont l'écriture est plus récente que celle des autres feuilles; et cette note fera voir au lecteur que notre sermon a été prêché après 1661, avec les modifications convenables, devant le roi.

(a) *Var.*: Que sa mort nous regarde tous et a une étendue infinie. — (a) *Note marg.*: Ἔαρ κοσμικόν, ἔαρ πνευματικόν, ἔαρ ψυχαῖς, ἔαρ σώμασιν, ἔαρ ὁρωμένον, ἔαρ ἀόρατον. (S. Greg. Nazianz., *Orat.* XLIII, n. 23).

ment, Messieurs, ce qu'il avoit prédit autrefois aux Juifs infidèles en termes mystérieux, dont ils n'avoient pas entendu le sens, et qu'ils avoient pris pour un blasphème : « Renversez ce temple, leur avoit-il dit, et je le redresserai en trois jours : » *In tribus diebus excitabo illud* [1]. Il vouloit parler, dit l'Evangéliste, du temple sacré de son corps [2]; » temple vraiment saint et auguste, construit par le Saint-Esprit, consacré d'un huile céleste par la plénitude des graces, et « dans lequel la Divinité habitoit corporellement [3]. » Les Juifs, violens et sacriléges, avoient non-seument profané, mais abattu et ruiné ce bel édifice; et il n'étoit pas juste que l'ouvrage du Saint-Esprit fût détruit et aboli par des mains profanes. Aussi aujourd'hui ce temple sacré, qui tout abattu qu'il étoit dans un sépulcre, portoit toujours en lui-même un principe de résurrection, se relève sur ses propres ruines plus auguste et plus magnifique qu'il ne fut jamais (a); si bien que nous lui pouvons appliquer ce qui fut dit autrefois du second temple de Jérusalem : *Magna erit gloria domûs istius novissimœ plus quàm primœ* [4] *:* « La gloire de cette seconde maison sera plus grande que celle de la première. »

Le renouvellement de ce temple, que l'Eglise célèbre aujourd'hui par toute la terre avec tant de joie, m'a fait penser, chrétiens, que nous avions aussi un temple à renouveler. C'est nous-mêmes qui sommes les temples du Saint-Esprit; si bien que vous devant parler aujourd'hui de la nouveauté chrétienne par laquelle nous devons nous rendre semblables à Jésus-Christ ressuscité, j'ai cru vous la devoir proposer comme un saint renouvellement du temple de Dieu en nous-mêmes; et il me semble que saint Augustin nous en donne une belle idée au sermon III *des Paroles de l'Apôtre,* lorsqu'il dit (b) que nous devons nous

[1] *Joan.*, II, 19. — [2] *Ibid.*, 21. — [3] *Coloss.*, II, 9. — [4] *Agg.*, II, 10.

(a) *Var.:* Mais l'ouvrage du Saint-Esprit ne peut pas être aboli par des mains profanes : ce qu'il avoit prédit aux Juifs infidèles et ce qu'ils avoient pris pour un blasphème. Aussi aujourd'hui ce temple sacré, qui tout gisant qu'il étoit dans un sépulcre, portoit toujours en lui-même un principe de vie immortelle, se relève sur ses propres ruines plus auguste et plus majestueux, — et plus glorieux qu'il ne fut jamais — (b) J'ai cru vous la devoir proposer comme un saint renouvellement du temple de Dieu en nous-mêmes; et c'est pourquoi j'ai choisi pour texte les paroles du saint Apôtre, qui nous oblige à bâtir sur Jésus-Christ, pour faire de nous une maison sainte que Dieu consacre par sa présence : *In quo*

renouveler comme un vieux temple ruineux qui auroit autrefois servi aux idoles, et que l'on voudroit consacrer au Dieu véritable (a). Ce que saint Augustin a dit en passant, je prétends, chrétiens, si Dieu le permet, l'approfondir aujourd'hui et en faire tout le sujet de mon discours.

Pour le renouvellement de ce temple, il y auroit, ce me semble, trois choses à faire. Il faudroit avant toutes choses (b), chrétiens, non-seulement renverser toutes les idoles, mais abolir toutes les marques du culte profane; il faudroit ensuite (c) le sanctifier, et en faire la dédicace par quelque mystérieuse cérémonie par laquelle il fût consacré à un meilleur usage; enfin comme nous avons supposé qu'il est ruineux et caduc, il faudroit soutenir (d) avec soin ses bâtimens ébranlés et le visiter souvent pour y faire les réparations (e) nécessaires, afin que le mystère de Dieu s'y célèbre décemment et avec une religieuse révérence.

Cœur humain, vieux temple d'idoles, que nous voulons renouveler aujourd'hui pour le consacrer à notre Dieu, tu as été profané par le culte immonde des fausses divinités; autant de passions, autant d'idoles; il faut effacer tous les vestiges de ce culte irréligieux. Etant purgé saintement de toutes ces marques honteuses, nous consacrerons toutes tes pensées en les appliquant dorénavant à un plus beau culte, qui sera le culte de Dieu. Mais comme tu es un édifice antique et imparfait; que la vieillesse du premier homme est attachée bien avant, pour ainsi parler, au comble, aux murailles (f), nous te visiterons avec soin pour te soutenir et réformer tous les jours ta vieillesse caduque et ruineuse, et même t'accroître jusqu'à ce que la main de ton architecte te donne enfin dans le ciel la dernière perfection. Voilà, Messieurs, trois choses importantes à quoi nous oblige le renouvellement intérieur que je vous prêche : il faut premièrement purger notre temple, ensuite le consacrer, et enfin le garder,

et vos coædificamini in habitaculum Dei in spiritu. Saint Augustin, mes sœurs, nous a donné une belle idée de ce renouvellement intérieur, lorsqu'il dit..... — (a) Var. : Au Dieu vivant. — (b) En premier lieu. — (c) Secondement. — (d) Entretenir. — (e) Réfections. — (f) Que la vieillesse du premier homme, toujours inhérente à tes fondemens, a rendue caduque.

l'entretenir et le réparer tous les jours. C'est ce qui fera le partage de ce discours.

PREMIER POINT.

Si notre cœur, chrétiens, a été un temple d'idoles, il n'avoit pas été bâti pour ce dessein par son premier fondateur. Dieu qui nous a construits de ses propres mains, l'avoit formé pour lui-même (a). Car ayant bâti l'univers pour être le temple de sa majesté, il avoit mis l'homme au milieu comme un petit monde dans le grand monde, comme un petit temple dans le grand temple, et il avoit résolu d'y faire éternellement sa demeure. Mais je ne parle pas assez dignement de la grandeur de ce temple. Il est vrai que les philosophes ont appelé l'homme le petit monde; mais le théologien d'Orient, le grand saint Grégoire de Nazianze, corrige cette pensée comme injurieuse à la dignité de la créature raisonnable. Au lieu que les philosophes ont dit que l'homme est un petit monde dans le grand monde, ce saint évêque, mieux instruit des desseins de Dieu pour celui qu'il a fait à son image, dit « qu'il est un grand monde dans le petit monde : » ἕτερον κόσμον ἐν μικρῷ μεγάν [1]; voulant nous faire comprendre que l'esprit de l'homme étant fait pour Dieu, capable de le connoître et de le posséder, étoit par conséquent plus grand et plus vaste que la terre, que les cieux et que toute la nature visible (b). Selon cette belle idée de saint Grégoire ne puis-je pas dire aussi, chrétiens, que l'homme étoit un grand temple dans le petit temple, parce qu'il est bien plus capable de contenir son Dieu que toute l'étendue de l'univers? Si le monde le contient comme le fondement qui le soutient et comme le moteur interne qui l'anime, s'il y habite par son essence et par sa puissance, il est outre cela dans l'homme comme l'objet de sa connoissance et de son amour; il y habite par la participation de ses dons, par la communication de ses attributs, et pour tout dire en un mot, comme sa véritable félicité (c).

[1] *Orat.* XXXVIII, n. 17 : *Alterum quemdam mundum in parvo magnum.*

(a) *Var.* : Dieu qui l'avoit formé de ses propres mains l'avoit érigé pour lui-même. — (b) Que la terre ni que les cieux ni que toute la nature visible. — (c) *Note marg.* : Il habite dans l'homme par la connoissance et par la grace; et pour tout dire en un mot, il est en lui comme son principe, comme sa véri-

L'homme est donc dans son origine le temple de Dieu, et il mérite beaucoup mieux ce nom que le monde. Il est le lieu d'assemblée où toutes les créatures semblent amassées (a), Προσκυνητὴν μικτὸν [1]; afin que tout l'univers loue Dieu en lui comme dans son temple. C'est pourquoi le même saint Grégoire de Nazianze l'appelle excellemment « adorateur mixte; » si bien qu'il n'est pas seulement le temple, il est l'adorateur de Dieu pour tout le reste des créatures, qui, « n'étant point capables de connoître, se présentent à lui pour l'inviter à rendre à Dieu l'hommage pour elle : » *Pro eo quod nosse non possunt, quasi innotescere velle videntur* [2]; si bien qu'il n'est le contemplateur de la nature visible que pour être le prêtre et l'adorateur de la nature invisible et intellectuelle.

Qui pourroit vous dire combien la capacité de ce temple a été accrue dans le saint baptême, où nous étions devenus le temple de Dieu par une destination plus particulière? Jésus-Christ souverain pontife nous avoit consacrés lui-même, et consacrés par son sang. (b) Dieu, qui nous remplissoit comme créateur, comme sanctificateur, nous remplit maintenant comme sauveur par une union très-intime de chef et de membre.

Telle est la dignité naturelle de notre institution : Mais, ô prêtre et adorateur du Dieu vivant, faut-il que tu aies fléchi le genou devant Baal! ô prêtre du sang de Lévi, faut-il que tu aies sacrifié aux faux dieux des incirconcis et des philistins! ô temple du Dieu du ciel, que tu sois devenu un temple d'idoles; que ce cœur que Dieu a consacré pour être son autel, ait fumé de l'encens qui se présentoit à tant de fausses divinités, et que cette abomination de désolation se soit trouvée dans le lieu saint! et toutefois il n'y a rien de plus véritable.

Ce temple baptisé s'est encore donné aux idoles à qui nous donnions de l'encens. Cet encens, ce sont les désirs (c). Cette idole, je

---

[1] *Orat.* XXXVIII, n. 17. — [2] S. August., *De Civit. Dei*, lib. XI, cap. XXVII. table félicité, non comme une chose matérielle : Dieu est contenu en nous par la communication de ce qu'il est comme créateur, comme sanctificateur. — (a) *Var.* : Il est le temple, au contraire, où toute la nature s'assemble, afin que tout l'univers... — (b) *Note marg.* : Confirmation, huile sacrée. La croix sur le frontispice. L'Eucharistie dans le tabernacle. — (c) *Var.* : Le parfum que Dieu aime, c'est le désir.

ne l'ose dire; mais je dirai seulement : Partout où se tourne le mouvement de nos cœurs, c'est là la divinité que nous adorons. « Je vis, dit le prophète, le temple et le sanctuaire, et je m'aperçus, chose abominable! que chacun y érigeoit son idole : » *Idolum zeli...... plangentes Adonidem*[1] : « Ils tournoient le dos au sanctuaire, et adoroient le soleil levant, » la fortune : *Dorsa habentes contra templum Domini et facies ad orientem; et adorabant ad ortum solis*[2]. Ils courent au premier rayon, pour être les premiers à rendre leurs vœux à la fortune naissante. Parmi tant de profanations, on a effacé ce titre auguste gravé au-dessus de l'autel et du propre sang de Jésus-Christ : Au Dieu vivant. Et quels noms a-t-on mis en la place? Des noms profanes, desquels le Seigneur avoit dit qu'ils ne devoient pas seulement paroître dans son sanctuaire. Entrer dans l'esprit d'Elie, c'est le Père de cette maison, pour renverser toutes ces idoles : *Zelo zelatus sum pro Domino Deo exercituum*[3]. Quoi! sur son propre autel sacrifier aux idoles! Allons avec le feu du ciel consumer Baal; que Dagon tombe et se brise encore une fois devant la majesté du Dieu d'Israël[4].

Vous l'avez fait, chrétiens, en cette sainte journée. Quelqu'un auroit-il eu le cœur assez dur pour n'avoir pas renversé toutes ses idoles dans le tribunal de la pénitence? Je le présume ainsi de ceux qui m'écoutent : ils sont morts au péché avec Jésus-Christ pour ressusciter à la grace. Ce tribunal de la pénitence étoit comme le tombeau. Je ne crois pas que vous n'êtes sortis du tombeau que comme des spectres et des fantômes, vains simulacres de vivans, qui n'ont que la mine et l'apparence; mais qui n'ont ni la vie, ni le cœur...., mouvemens artificiels et appliqués par le dehors (*a*).... Sortis comme Jésus-Christ, avec Jésus-Christ, tout pleins de la vie de la grace. Mais achevez d'imiter la résurrection de Jésus. Il a quitté en ressuscitant toutes les marques de mortalité. Voyez son corps lumineux, etc. (*b*).

---

[1] *Ezech.*, VIII, 5, 14. — [2] *Ibid.*, 16. — [3] III *Reg.*, XIX, 10. — [4] I *Reg.*, V, 4.

(*a*) Ce passage est ainsi terminé dans le sermon précédent :..... Qui n'ont ni la vie ni le cœur, qui font des mouvemens et des actions qui sont tout artificiels et comme appliqués par le dehors. Vous êtes sortis comme Jésus-Christ.....
— (*b*) *Note marg.* : Le péché détruit, la loi du péché vit encore.

Pour achever le renouvellement de ce temple, il faut ôter toutes les marques et tous les vestiges de l'idolâtrie. J'ai souvent observé, Messieurs, en considérant en moi-même le principe et les suites des actions humaines, que dans toutes les inclinations vicieuses, outre l'attachement principal qui fait la consommation du crime, il se fait encore dans nos cœurs certaines affections qui ne sont pas à la vérité si déréglées; mais qu'on voit bien néanmoins être du même ordre, et dans lesquelles on ne laisse pas de reconnoître la marque de l'inclination dominante. L'effet principal de l'ambition, c'est de nous faire penser nuit et jour à notre fortune, et trouver licite et honnête tout ce qui avance notre élévation. Mais ce même désir d'agrandissement, outre cet effet principal qui est l'accomplissement du crime, produit d'autres affections moins déréglées, mais qui portent néanmoins le caractère de ce principe corrompu; un certain air de mondanité qui change et le visage et le ton de voix; un dédain fastueux non-seulement de ce qui est bas, mais de ce qui est médiocre. Et ce que je dis de l'ambition, il seroit aisé, chrétiens, de l'observer dans les autres crimes.

Deux sortes de conversions défectueuses. Quelques-uns s'imaginent s'être convertis, quand ils ont retranché cette petite partie et comme cette écorce de leurs vices, et qu'ils ont fait dans leurs mœurs quelque réformation extérieure et superficielle. Ce n'est pas en vain que saint Paul nous dit que la conversion est une mort: ce n'est pas un changement médiocre (a). Le péché tient à nos entrailles, l'inclination au bien sensible est attachée jusqu'à nos moelles. Pour la modestie, retrancher quelque chose de la somptuosité des habits, un peu modérer ces douceurs affectées de vos discours et de vos regards, ce n'est pas encore la mort du péché. Donnez, donnez ce couteau, et que j'aille arracher jusqu'au fond de l'ame ce désir criminel de plaire trop, cette complaisance secrète que vous en ressentez au dedans, ce triomphe caché de votre cœur dans ces damnables victoires. Il faut sortir du tombeau comme Jésus-Christ, par une résurrection véritable et réelle (b).

(a) *Note marg.*: Ce n'est pas une conversion, parce que ce n'est pas une mort. — (b) *Exhibete vos tanquam ex mortuis viventes* (Rom., VI, 13). Les moindres fibres des inclinations corrompues, de ces intrigues dangereuses, de ces cabales de libertinage. *Ex mortuis viventes.* Une nouvelle naissance qui ne vous attache

Autre conversion défectueuse. Vous vous êtes corrigés de cette avarice cruelle qui vous portoit sans miséricorde à tant d'injustices. Prenez garde qu'elle n'ait laissé dans le cœur une certaine dureté et des entrailles fermées sur les misères des pauvres. C'est un reste d'inclination de rapines; toutes deux viennent du principe de cette avarice impitoyable (*a*). Et vous, qui avez rompu, à ce que vous dites, cet attachement vicieux (*b*), pourquoi ce reste de commerce? pourquoi cette dangereuse complaisance, restes malheureux d'une flamme mal éteinte? Que je crains que le péché soit vivant encore, et que vous n'ayez pris pour la mort un assoupissement de quelques journées! Mais quand vous auriez renoncé sincèrement et de bonne foi, vous n'avez pas achevé l'entier renouvellement de votre cœur, si vous ne détruisez pour toujours jusqu'aux moindres vestiges de l'idolâtrie.

Nous pouvons appliquer à de telles conversions ce mot du prophète : *Lacerata est lex, et non pervenit ad finem judicium*[1] : La loi a été déchirée; il n'y en a qu'une partie en vos mains : la perfection des œuvres chrétiennes, une certaine plénitude, vous la déchirez; à la sainte nouveauté de la loi, à cette nouvelle tunique qui vous est rendue, vous cousez « un vieux lambeau » de mondanité, *assumentum panni rudis*[2] : de là comme une suite que le jugement n'est pas consommé. Mais d'où vient que ce jugement est si imparfait? La conversion est un jugement contre le péché en tous ses desseins; le jugement jusqu'à sa fin, c'est de condamner le péché jusqu'à ses dernières circonstances. Il a gagné quelque partie de sa cause (*c*); c'est assez pour lui donner la victoire, parce que le penchant du cœur qui paroît dans cette réserve, le fera bientôt revivre avec sa première autorité.

Faites donc une conversion sans réserve. Ne laissez pas un

---

[1] *Habac.*, I, 4. — [2] *Marc.*, II, 21.

plus à rien sur la terre. Otez jusqu'aux moindres marques, comme Jésus-Christ a effacé la mortalité et en même temps toutes ses foiblesses. Si vous étiez sorti des abîmes éternels, quelle vie! *Exhibete vos tanquam ex mortuis viventes*, comme un homme venu de l'autre monde. *Vide supra* (c'est-à-dire sermon précédent, à la fin du premier point). — (*a*) *Note marg. :* Cette même dureté qui resserre vos entrailles sur les pauvres, quand elle va jusqu'au bout, fait les injustices et les rapines. — (*b*) Je l'ai fait, dites-vous, je ne peux exprimer avec quelle violence. — (*c*) Il n'y en avoit point de plus déplorée.

germe secret qui fasse revivre cette mauvaise herbe ; ôtez à votre péché toute espérance de retour. Comme Jésus-Christ a détruit sans réserve la mortalité, arrachez l'arbre avec tous ses rejetons ; guérissez la maladie avec tous ses symptômes dangereux. Renversez les idoles avec toute leur dorure et leurs ornemens. Commençons la consécration du temple.

SECOND POINT.

La consécration de notre temple (*a*), c'est une sincère destination de toutes les facultés de notre ame à un usage plus saint ; et c'est un effet de la charité qui est répandue en nos cœurs par le Saint-Esprit qui nous est donné. C'est pourquoi saint Paul ayant dit que « nous sommes les temples de Dieu : » *Nescitis quia templum Dei estis*, ajoute aussitôt après : *Et Spiritus Dei habitat in vobis* [1] ; parce que nous ne sommes les temples de Dieu qu'en tant que cet esprit de charité règne en nous. Comme c'est un amour profane qui érige en nos cœurs toutes les idoles, ce doit être un saint amour qui rende aussi à Dieu ses autels. Entendez, ô chrétiens, quelle est la force de l'amour. C'est l'amour qui fait votre Dieu, parce que c'est lui qui donne l'empire du cœur.

D'ailleurs le nom de Dieu est un nom de roi et de père tout ensemble ; et un roi doit régner par inclination, comme un tyran par force et par violence. La crainte forcée nous donne un tyran ; l'espérance intéressée nous donne un maître et un patron, comme on parle présentement dans le siècle ; l'amour soumis par devoir et par inclination, donne à notre cœur un roi légitime. David plein de son amour : *Exaltabo te, Deus meus rex, et benedicam* [2] : « Je vous exalterai, ô mon Dieu, mon roi ; » mon amour vous élèvera un trône. En effet l'amour est le principe des inclinations.

Dieu est le premier principe et le moteur universel de toutes les créatures. C'est l'amour aussi qui fait remuer toutes les inclinations et les ressorts du cœur les plus secrets. Il est comme le Dieu du cœur. Mais afin d'empêcher cette usurpation, il faut qu'il se

[1] *I Cor.*, III, 16. — [2] *Psal.* CXLIV, 1.
(*a*) Note marg. : *Cùm complesset Salomon fundens preces, ignis descendit de cœlo, et devoravit holocausta et victimas, et majestas Domini implevit domum* (II *Paral.*, VII, 1).

soumette lui-même à Dieu, afin que notre grand Dieu étant lui-même le Dieu de notre amour, il soit en même temps le Dieu de nos cœurs, et que nous lui puissions dire avec David : *Deus cordis mei et pars mea Deus in æternum* (a).

C'est le seul fruit du renouvellement : *Innovatus amet nova* [1]. O temple renouvelé! il faut qu'un nouvel amour te donne aujourd'hui un nouveau Dieu. Il est le Dieu éternel de toutes les créatures; mais pour ton grand malheur, il ne commence que d'aujourd'hui à être le tien. *Diliges Dominum Deum tuum* [2]. C'est la marque qu'il est notre Dieu, c'est le tribut qu'il demande, c'est la marque aussi de son abondance et de sa grandeur infinie. Car ceux qui n'ont besoin de rien, ils ne désirent autre chose sinon qu'on les aime. Aussi quand on ne peut rien donner, on tire de son cœur pour s'acquitter en aimant.

Venez donc, ô charité sainte; venez, ô amour divin, pour consacrer notre temple. Mais par quelle sainte cérémonie fera-t-il cette mystérieuse consécration? En faisant résonner dans ce nouveau temple le cantique des louanges du Dieu vivant, c'est-à-dire en remplissant d'une sainte joie toutes les puissances de notre ame. « Le cantique de la joie du siècle, mes sœurs, c'est un langage étranger que nous avons appris dans notre exil : » *Canticum dilectionis sæculi hujus, lingua barbara est quam in captivitate didicimus* [3]; c'est le cantique du vieil Adam, qui, chassé de son paradis (b), cherche une misérable consolation. Si vous avez en vous-mêmes l'esprit de Jésus, cet esprit de résurrection et de vie nouvelle, ne chantez plus le cantique des plaisirs du monde, en l'honneur de l'homme nouveau qui ressuscite aujourd'hui des morts, et qui nous ouvre le chemin à la nouveauté spirituelle, *Cantate Domino canticum novum* [4]; chantez à Dieu un nouveau cantique; chantez à Dieu le cantique de la nouvelle alliance, chantez le nouveau cantique que l'Eglise entonne aujourd'hui, cantique d'allégresse spirituelle et de liesse divine : *Alleluia*,

---

[1] S. August., *in Psal.* XXXIX, n. 4. — [2] *Matth.*, XXII, 37. — [3] *In Psal.* CXXXVI, n. 17. — [4] *Psal.* XCV, 1.

(a) *Note marg.* : Après lui avoir dit : *Quid mihi est in cœlo? et a te quid volui super terram* (Psal. LXXII, 25, 26)? *A te, præter te, defecit caro mea et cor meum; Deus cordis mei, et pars mea in æternum.* — (b) *Var.* : Qui ayant perdu le ciel.

alleluia : « Louange à Dieu; » louange à Dieu dans les biens, louange à Dieu dans les maux ; louange à Dieu quand il nous frappe, louange à Dieu quand il nous console; louange à Dieu quand il nous couronne, louange à Dieu quand il nous châtie. C'est le cantique de l'homme nouveau, c'est celui qui doit résonner au fond de nos cœurs dans la dédicace de notre temple (*a*).

J'ai appris dans l'Apocalypse, que ce cantique d'*Alleluia* [1] c'est le cantique des bienheureux et par conséquent le nôtre. Car la vie que nous menons doit être le commencement de la vie du ciel. Saint Paul, toujours admirable à expliquer le renouvellement de l'homme intérieur, nous dit que Dieu nous a engendrés par la vérité, afin que nous fussions les prémices de ses créatures : *Ut simus initium aliquod creaturæ ejus* (*b*). L'accomplissement de la création, j'entends de la création nouvelle qui a été faite en Jésus-Christ, c'est la vie des bienheureux : c'est nous qui en sommes le commencement; nous devons donc commencer ce qui s'accomplira dans la vie future. Nous devons chanter du fond de nos cœurs ce mystérieux *Alleluia*, que le ciel entendra résonner aux siècles des siècles.

En effet, dit saint Augustin, « chacun chante ce qu'il aime. Les bienheureux chantent les louanges de Dieu; ils l'aiment, parce qu'ils le voient; et ils le louent, parce qu'ils l'aiment [2]. » Leur chant vient de la plénitude de leur joie, et la plénitude de leur joie de l'entière consommation de leur amour. Mais quoique notre amour soit bien éloigné de la perfection, c'est assez qu'il soit au commencement pour commencer aussi les louanges. *Nunc cantat amor esuriens, tunc cantabit amor fruens* [3]. Il y a l'amour qui jouit, il y a aussi l'amour qui désire; et l'un et l'autre a son chant, parce que l'un et l'autre a sa joie. La joie des bienheureux, c'est leur jouissance ; l'espérance est la joie de ceux qui voyagent. Mais il faut chanter le nouveau cantique parmi nos désirs, pour le chanter dans la plénitude. « Celui-là ne se réjouira jamais comme

---

[1] *Apoc.*, XIX, 6. — [2] S. August., *In Psal.* CXLV, n. 3. — [3] Id. *Serm.* CCLV, n. 5.

(*a*) *Note marg.:* Ce doit être notre cantique : *Amen, Alleluia;* dans cette consommation, dans cette réduction de toutes les lignes à leur centre, de toutes les créatures à leur principe. — (*b*) Le texte n'est pas de saint Paul, mais de saint Jacques, I, 18.

citoyen dans la plénitude de la joie, (a) qui ne gémira comme voyageur dans la ferveur de ses désirs [1]. »

Mais achevons de vous expliquer la consécration de ce temple. Ce n'est pas assez, chrétiens, que les puissances de l'ame soient sanctifiées; (b) il faut que le corps avec tous ses membres soit aussi saintement consacré par un meilleur usage. Saint Paul : *Humanum dico* [2]. Saint Augustin, après avoir détruit les idoles : *Hæc in nobis tanquam idola frangenda sunt* (c), *in usus autem meliores vertenda sunt ipsa corporis nostri membra, ut quæ serviebant immunditiæ cupiditatis, serviant gratiæ charitatis* [3].

Deux sortes de ministres dans le temple : les ministres principaux qui offrent le sacrifice, les ministres inférieurs qui préparent les victimes et qui font les fonctions moins importantes. Nos corps sont appelés de cette sorte à la société de ce saint et divin sacerdoce, qui est donné à tous les fidèles en Notre-Seigneur Jésus-Christ, pour offrir des victimes spirituelles agréables à Dieu par son Fils.

Mais établissons ce nouvel usage par une raison plus solide. C'est que l'amour de Dieu dominant sur l'ame, qui est la partie principale, par le moyen du prince il se met en possession du sujet. Comme on voit dans les mariages la femme épousant son mari, lui transporte aussi ses droits et son domaine : ainsi l'ame s'unissant à l'Esprit de Dieu et se soumettant à lui comme à son époux, elle lui cède aussi son bien comme étant le chef et le maître

---

[1] S. August., *Serm.* XXXIV, n. 6. — [2] *Rom.*, VI, 19. — [3] S. August., *Serm.* CLXII, n. 21.

(a) *Note marg.* : Cantique de joie avec un mélange de gémissemens. Ce sont des airs mélancoliques qui ne laissent pas que de toucher beaucoup. « Nous sommes lui-même sa louange. » *Laus ejus in Ecclesiâ sanctorum. Laus cantandi est ipse cantator..... laus ipsius estis si bene vivatis* (S. August., *in Psal.* CXLVIII, n. 4. — (b) Notre-Seigneur a changé l'usage de son corps, le premier tenoit du péché. — (c) Ce texte est ainsi commenté dans le sermon précédent, au commencement du troisième point, p. 131 : « Il faut premièrement briser les idoles, c'est-à-dire ces passions impérieuses qui étoient autrefois les divinités qui présidoient dans ce temple : *Hæc in nobis*, dit saint Augustin, *tanquam idola frangenda sunt* ; c'est ce qu'il faut détruire comme les idoles. Ce qu'il ne faut pas détruire, mais changer seulement, dit ce grand docteur, à un usage plus saint, ce sont les membres de ce corps, afin qu'n'ayant servi à l'impureté de la convoitise, ils servent maintenant à la grace de la charité : *In usus autem meliores*, etc. C'est de cette sorte, mes frères, que nos corps, ces temples profanes, deviendront les temples de l'Esprit de Dieu et qu'il les remplira par sa présence.»

de cette communauté bienheureuse. « La chair la suit, dit Tertullien, comme une partie de sa dot; et au lieu qu'elle étoit seulement servante de l'ame, elle devient aussi servante de Dieu : » *Sequitur animam nubentem Spiritui caro, ut dotale mancipium et jam non animæ famula, sed Spiritûs* [1], et c'est par là que se fait le renouvellement de notre corps. Ainsi il change de maître heureusement, et passe en de meilleures mains. Par la nature il étoit à l'ame, par la corruption il étoit au péché (a), par la religion il est à Dieu.

Viens donc, ô chair bienheureuse, accomplir maintenant ton ministère; viens servir au règne de la charité. *Humanum dico, propter infirmitatem carnis* [2]. Voici une condition bien équitable : comme vous vous êtes fait violence (b)... Ne dites pas qu'il est impossible : on ne demande que ce que vous faites; encore la condition est-elle sans comparaison moins rigoureuse. Dieu exige, je l'ose dire, encore moins de vous pour les aumônes que vous n'avez prodigué à la profusion de votre luxe. Dieu exige moins de travail pour votre salut que vous n'en avez donné à votre ambition. Il exige moins de temps pour son service, j'ai honte de le dire, que vous n'en avez donné même à votre jeu. Voyez combien est doux son empire, s'il use de moins de rigueur que le jeu même, qui est inventé pour vous relâcher.

Que nous sommes heureux, Messieurs, que notre temple soit consacré à un si bon Maître! Mettons donc un gardien fidèle à ce temple de peur que nos ennemis ne l'usurpent, la crainte que saint Cyprien appelle si à propos « la gardienne de l'innocence : » *Sit tantùm timor innocentiæ custos* [3] : la crainte des occasions, les précautions salutaires de la pénitence. Elle a deux visages : le passé et l'avenir. Ne partagez pas son office; ne séparez pas ses fonctions par une distraction violente. Je ne suis pas établie pour flatter vos crimes : *Vade, jam ampliùs noli peccare* [4]; ou prenez-moi toute, ou laissez-moi toute.

Ayez donc toujours en l'esprit cette crainte religieuse. Respec-

[1] *De Animá*, n. 41. — [2] *Rom.*, VI, 19. — [3] *Ad Donat.*, epist. I. — [4] *Joan.*, VIII, 11.
(a) *Var.* : Au vice. — (b) Bossuet termine ainsi le passage dans d'autres endroits : Comme vous vous êtes fait violence pour servir l'iniquité, faites-vous aussi violence pour servir Dieu et la justice (*Rom.* VI, 13).

tez ce temple sacré si bien renouvelé en Notre-Seigneur. En l'état où il a mis notre corps, nous ne saurions plus le violer sans sacrilége; et vous savez que le Saint-Esprit a dit par saint Paul : « Si quelqu'un viole le temple de Dieu, Dieu le perdra sans miséricorde [1]. » Que si nous apprenons par la foi que nos corps sont les temples du Saint-Esprit, « possédons en honneur ce vaisseau fragile, et non pas dans les passions d'intempérance, comme les gentils qui n'ont pas de Dieu. » Car, comme dit l'apôtre saint Paul, « Dieu ne nous appelle pas à l'impureté, mais à la sanctification par Jésus-Christ Notre-Seigneur [2]. »

O sainte pudicité, venez donc aussi consacrer ce temple, pour en empêcher la profanation. Un beau mot de Tertullien, qui ne doit point être oublié dans cette Eglise des Vierges sacrées : *Illato in nos et consecrato Spiritu sancto, hujus templi œditua et antistita pudicitia est* [3] : « Le Saint-Esprit étant descendu en nous pour y demeurer comme dans son temple, la prêtresse et la gardienne (a), c'est la chasteté. » C'est à elle de le tenir net; c'est à elle de l'orner dedans et dehors : dedans par la tempérance, et dehors par la modestie. C'est à elle de parer l'autel sur lequel doit fumer cet encens céleste; je veux dire des saintes prières qui doivent sans cesse monter devant Dieu comme un parfum agréable.

Car pouvons-nous oublier l'exercice de la prière, nous qui sommes toujours dans un temple, nous qui portons toujours notre temple; ou plutôt, pour dire quelque chose de plus énergique et aussi de plus véritable, nous qui sommes nous-mêmes un temple portatif. N'allez pas chercher bien loin le lieu d'oraison. « Voulez-vous prier dans un temple, recueillez-vous en vous-mêmes, priez en vous-mêmes : » *In templo vis orare, in te ora* [4]. Loin du repos de ce temple, les soins turbulens du siècle et ses pensées tumultueuses. Que le silence, que le respect, que la paix, que la religion y établissent leur domicile. O trop heureuses créatures, si nous savions comprendre notre bonheur d'être la maison de Dieu et la demeure de sa majesté!

[1] *I Cor.*, III, 17. — [2] *I Thess.*, IV, 4, 5, 7. — [3] *De Cult. fœm.*, lib. II, n. 1. — [4] S. August., *in Joan.*, tract. XV, n. 25.

(a) *Var.*: Sacristine.

Immolons donc à Dieu dans ce temple toutes les affections de nos cœurs. Que les idoles ne paroissent plus devant le Dieu vivant et véritable, que la mémoire en soit abolie; ou bien, si nous en conservons le souvenir, que ce soit à la manière que David et ses braves capitaines réservoient les dépouilles de leurs ennemis, pour servir comme d'un trophée éternel de la victoire que Dieu leur avoit donnée : *Quæ sanctificavit rex et duces exercitûs, de bellis et manubiis prœliorum, ad instaurationem et supellectilem templi Domini. Appendere ad arcam*[1]. (*a*) Mais après avoir ainsi consacré ce temple, il nous reste encore un dernier devoir, qui est de nous appliquer à son entretien et même à son accroissement : *Crescit in templum sanctum in Domino*[2].

TROISIÈME POINT.

La nouveauté chrétienne n'est pas l'ouvrage d'un jour, mais le travail de toute la vie. Et il y a cette différence entre la vie que nous commençons dans le saint baptême, et celle qui nous est donnée par notre première naissance, que celle-ci va toujours en dépérissant, et celle-là au contraire va toujours en se renouvelant et pour parler de la sorte, se rajeunissant jusqu'à la mort : tellement que par une espèce de prodige le nombre de ses années ne fait que renouveler sa jeunesse, jusqu'à ce qu'elle l'ait conduite à la dernière perfection, qui est l'état de l'enfance chrétienne par la sainte simplicité et par l'entière innocence. L'Apôtre ne cesse de nous prêcher « à nous renouveler : » *Renovamini*[3]. Il faut se renouveler tous les jours, parce qu'il y a toujours des vices à vaincre.

Mais il y a ici quelque raison plus profonde. Sera-t-il permis à des hommes de rechercher aujourd'hui la cause pour laquelle il a plu à Dieu de laisser ses plus fidèles serviteurs dans cette misérable nécessité de combattre toujours quelque vice (*b*)? Saint Paul s'en est plaint autrefois, et il lui a été répondu que tel étoit le con-

---

[1] I *Paral.*, XXVI, 26, 27. — [2] *Ephes.*, II, 21. — [3] *Ibid.* IV, 23.

(*a*) *Note marg.* : Attacher à notre mémoire une écriture éternelle de la victoire de Jésus-Christ sur nos passions : des arcs brisés, des épées rompues, des passions arrachées, tout l'attirail de la vanité brisé pour toujours. Trophée au Dieu vivant. — (*b*) C'est le mystère du christianisme.

seil de Dieu, qu'en ce lieu de tentation « la force fût perfectionnée dans l'infirmité : » *Virtus in infirmitate perficitur* [1]. Mais approfondissons plus avant encore, et demandons à Dieu humblement quel est ce dessein, quel est ce mystère : pourquoi a-t-il ordonné que la force se perfectionne dans l'infirmité ? Saint Augustin nous en dira la (a) raison admirable et nous expliquera le conseil de Dieu : « c'est que c'est ici un lieu de présomption (b), et que cet exercice nous est nécessaire pour nous entretenir dans l'humilité ; » c'est que parmi (c) les tentations qui nous environnent, la plus dangereuse et la plus pressante, c'est celle qui nous porte à la présomption. C'est pourquoi Dieu, en nous donnant de la force, nous a aussi laissé de la foiblesse. Si nous n'avions que de la foiblesse, nous serions toujours abattus ; si nous n'avions que de la force, nous deviendrions bientôt superbes. Dieu a trouvé ce tempérament : de peur que nous ne succombions sous l'infirmité, il nous a donné de la force ; mais « de peur qu'elle ne nous enfle en ce lieu de tentation et d'orgueil, il veut qu'elle se perfectionne dans l'infirmité : « *Virtus quâ hic, ubi superbiri potest, ne superbiatur, in infirmitate perficitur* [2]. C'est pour cela, chrétiens, qu'il y a toujours dans notre temple quelque muraille qui s'entr'ouvre, quelque chose (d) qui menace ruine si on ne l'appuie, il y a toujours quelque partie foible, et qui demande continuellement la main de l'ouvrier. Il faut visiter souvent, sinon vous serez accablés par une ruine imprévue.

Nous pouvons observer à ce propos une conduite particulière de Dieu sur notre nature. Lorsqu'elle a été précipitée par cette grande et terrible chute, quoiqu'elle ait été presque toute ruinée de fond en comble, il a plu à Dieu néanmoins que l'on vît, même parmi ses ruines, quelques marques de la grandeur de sa première institution. Comme dans ces grands édifices que l'effort d'une main ennemie ou le poids des années ont portés par terre, quoique tout y soit désolé, les ruines et les masures respirent quelque chose de grand ; et au milieu des débris, vous remarquez

---

[1] II *Cor.*, xii, 9. — [2] S. August., lib. IV, *Cont. Julian.*, cap. ii, n. 11.

(a) *Var. :* Nous en a rendu cette. — (b) D'orgueil. — (c) Dans. — (d) Quelque partie.

un je ne sais quoi qui fait comprendre (*a*) la beauté du plan, la hardiesse et l'ordre admirable de l'architecture : ainsi « le vice de notre nature n'avoit pas tellement obscurci en nous l'image de Dieu, qu'il en ait effacé jusqu'aux moindres traits (*b*) : » *Non usque adeò in animâ humanâ imago Dei terrenorum affectuum labe detrita est, ut nulla in eâ velut lineamenta extrema remanserint* [1]. Mais comme dans les ruines de cet édifice il a paru quelques restes de sa première grandeur (*c*) et de sa première beauté, je ne sais quoi de noble et de grand, aussi quand il a été rétabli, il a plu à notre Architecte qu'il y eût quelques vieilles pierres (*d*) qui demandassent toujours la main de l'ouvrier. Le premier a été fait afin que nous connussions de quelle beauté nous étions déchus, et l'autre aussi pour nous faire entendre de quelle ruine nous avons été relevés. Le premier sembloit donner à notre nature quelque lueur d'espérance et laisser en nous les traces sur lesquelles il avoit dessein de nous rebâtir; mais le second assurément est laissé afin de (*e*) réprimer la présomption.

Connoissons donc, ames saintes, combien l'orgueil est à craindre, et combien nous est nécessaire cet antidote souverain de notre foiblesse. Saint Paul nous en est un grand exemple. Car écoutez comme il parle : « De peur que la grandeur de mes révélations ne m'enfle et ne me rende superbe [2]. » Ecoutez et tremblez; « voyez quel est celui qui parle en ces termes : C'est celui, dit saint Augustin [3], qui nous a laissé de si beaux préceptes, des sentences si mémorables pour abaisser l'orgueil le plus téméraire, pour l'arracher jusqu'à la racine. » Mais tout cela, chrétiens, étoit la nourriture dont il se nourrissoit (*f*); c'est pourquoi saint Paul reconnoît qu'il a été nécessaire, pour réprimer en lui la tentation de l'orgueil, « qu'il fût tourmenté cruellement par un ange de Satan et longtemps inquiété par les infirmités de la nature : » *Stimulus carnis meæ* [4] : « tant ce poison est dangereux, dont on ne peut

---

[1] S. August., *Lib. de Spirit. et Litt.*, n. 48. — [2] II *Cor.*, XII, 7. — [3] S. August., *Serm.* CLXIII, n. 8. — [4] II *Cor.*, XII, 7.

(*a*) *Var.*: Qui conserve, — qui marque. — (*b*) Qu'il n'en restât encore dans notre raison quelques traits. — (*c*) De sa première grace. — (*d*) Qu'il y eût des restes de sa caducité ancienne qui demandassent..... — (*e*) Pour. — (*f*) La matière dont il s'entretenoit.

empêcher l'effet que par un autre poison [1] ; » tant cette maladie est à craindre, qui ne peut être guérie que par un remède si violent.

S'il est ainsi, soumettons-nous, mes sœurs, à cette méthode salutaire; ne nous lassons pas de combattre contre nos vices; entretenons notre édifice, soutenons soigneusement notre temple toujours caduc, et ne croyons pas que Dieu nous délaisse dans les tentations violentes. Car sur la foi du Médecin qui nous traite, nous devons croire que ce remède nous est nécessaire. « Mon ame, dit David, est troublée; et vous, Seigneur, jusqu'à quand, jusqu'à quand me laisserez-vous dans ce trouble ? » *Et anima mea turbata est valde, sed tu, Domine, usquequò* [2] ? Et le Seigneur lui répond [3] : « Jusqu'à ce que vous connoissiez par expérience que c'est moi seul qui suis capable de vous secourir. Car si je vous secourois sans remise aucune, vous ne sentiriez pas le combat; si vous ne sentiez pas le combat, vous présumeriez de vos forces et cet orgueil qui vous enfleroit seroit un obstacle invincible à votre victoire. (*a*) » « Mais quoi ! n'avez-vous pas dit, ô Seigneur, continue admirablement saint Augustin, qu'aussitôt que nous parlerions, vous viendriez à notre secours? » *Adhuc te loquente dicam: Ecce adsum* [4]. Il est vrai, il l'a dit ainsi et il est fidèle en ses promesses. « Car il nous assiste en différant (*b*), et le délai même est un secours : » *Et cùm differt adest, et quòd differt adest, et differendo adest* [5]. Il n'abandonne pas son Apôtre, lorsqu'il le laisse gémir si longtemps dans une épreuve si rude (*c*) sous la main de Satan qui le tourmente; et « il vaut mieux pour notre salut qu'il n'accomplisse pas si précipitamment les désirs de son malade, afin qu'il assure mieux sa santé : » *Ne præproperam cùm implet voluntatem, perfectam non impleat sanitatem.*

Voilà une instruction admirable, voilà une leçon d'humilité digne de saint Augustin, mais digne du saint Apôtre dont il l'a tirée. Humilions-nous profondément dans les tentations, mais aussi que notre force s'y perfectionne. L'humilité chrétienne n'est

---

[1] S. August., *Serm.* CLXIII, n. 8. — [2] *Psal.* VI, 4. — [3] S August., *Serm.* CLXIII, n. 7. — [4] *Isa.*, LVIII, 9. — [5] S. August., *loco mox citato.*

(*a*) *Note marg.* : Ecoutez mes sœurs, vous entendrez facilement que cette leçon de saint Augustin vous regarde. — (*b*) *Var.* : Pendant qu'il diffère. — (*c*) Si violente.

pas un abattement de courage : au contraire, les difficultés l'encouragent, les impossibilités l'animent (a) et la déterminent; elle nous rend plus fervens et plus appliqués au travail; elle a cela d'admirable, que plus elle est foible, plus elle est hardie et entreprenante, et les restes de sa vieillesse ne servent qu'à la presser à se renouveler de jour en jour (b).

Mes très-chères sœurs en Jésus-Christ, je finirai ce dernier discours avec ces maximes apostoliques; et je vous laisse, en vous disant adieu, ce présent précieux et inestimable. Continuez, comme vous faites, à vous renouveler tous les jours ; plus ce temple mortel semble menacer ruine, tâchez de plus en plus de l'affermir de tous côtés, selon ce qui est écrit : *Suscitaverunt domum Domini in statum pristinum, et firmiter eam stare fecerunt* [1]. Ne vous contentez pas d'affermir ce temple, en vous enracinant de plus en plus en la charité de Jésus-Christ, qui en est le fondement inébranlable; mais donnez-lui tous les jours de nouveaux accroissemens; dilatez tous les jours en vous le règne de Jésus-Christ; qu'il gagne tous les jours de nouvelles places, qu'il pénètre de plus en plus votre cœur, qu'il devienne de plus en plus le maître de vos désirs. Vous avez un grand modèle : il n'y a point de petits défauts à des ames qui tendent à la perfection. Que le monde s'étonne de votre vie pénitente, je rends graces à Dieu; mais pour vous, étonnez-vous tous les jours d'être encore si éloignées de votre modèle, qui est Jésus-Christ. La véritable justice du christianisme, c'est de confesser humblement, en profitant tous les jours, qu'on est toujours bien peu avancé dans la perfection de la justice.

Surtout dans les épreuves que Dieu vous envoie, que jamais votre confiance ne se relâche (c). Mes sœurs, vous le savez, votre Epoux a des artifices secrets, incroyables, pour se faire aimer; il a des fuites mystérieuses pour nous engager davantage; il a des éloignemens qui nous approchent; souvent lorsqu'il se dérobe, il se donne; c'est un maître incomparable en amour; nul n'a jamais su le pratiquer avec une libéralité plus entière, nul ne le sait

[1] II *Paral.*, XXIV, 13.

(a) *Var.*: L'échauffent. — (b) *Note marg.*: Dans l'accablement de ce corps de mort, elle ne médite que des pensées d'immortalité. — (c) *Var.*: Que jamais votre zèle ne se ralentisse.

attirer (*a*) avec des adresses plus délicates. Croissez donc toujours en son saint amour.

Et nous aussi, mes frères (*b*), profitons de ces instructions et de ces exemples. Elevons toujours en nous le temple de Dieu, et ne nous lassons jamais de croître en Notre-Seigneur. Viendra le temps bienheureux auquel, après qu'il aura habité en nous, nous habiterons en lui ; après que nous aurons été son temple, il sera aussi le nôtre. *Dominus enim Deus omnipotens templum illius est et Agnus* [1]. Saint Jean n'a point vu de temple en la céleste Jérusalem, parce que Dieu lui-même est son temple, que nous habiterons en lui éternellement, lorsque « il sera tout à tous, » comme dit l'Apôtre [2]. « Heureux ceux qui habiteront ce temple : » *Beati qui habitant in domo tuâ, Domine* [3]. Quel épanchement de joie ! quelle dilatation de notre cœur ! Etre en Dieu ! habiter en Dieu (*c*) !

AUTRE EXORDE

POUR

LE MÊME SERMON.

Solvite templum hoc, et in tribus diebus excitabo illud.
Détruisez ce temple, et je le rétablirai en trois jours.

Paroles du Fils de Dieu, en saint Jean, chapitre II, 19, par lesquelles le Sauveur prédit sa glorieuse résurrection.

Ille autem dicebat de templo corporis sui. Ibid., 21.

Ce n'a pas été sans mystère que la solennité de la pâque sainte, qui devoit nous représenter en figure le renouvellement spiri-

---

[1] *Apoc.*, XXI, 22. — [2] 1 *Cor*, XV, 28. — [3] *Psal.* LXXXIII, 5.

(*a*) *Var.* : Nul ne l'a jamais attiré..... (*b*) *Note marg.* : Et nous aussi, mes frères, quoique dans une vie mêlée dans le monde, songeons à nous discerner de sa confusion et des mœurs des mondains. Profitons de ces instructions... — (*c*) Je désire principalement votre entière conversion à celui qui vous fait régner. Car encore que tant d'actions que le monde admire vous attirent devant les hommes d'immortelles louanges, Dieu juge par d'autres règles ; et il y aura beaucoup à diminuer, quand il faudra paroître à son tribunal et subir aussi la rigueur de son examen. Je souhaite donc, ô grand Roi.....

tuel (*a*) de l'homme, a été instituée (*b*) sous la loi et ensuite sous l'Evangile, dans cette belle (*c*) saison où le monde se renouvelle et où le soleil qui s'étoit éloigné de nous semble retourner sur ses pas (*d*), et ranime en se rapprochant toute la nature. C'est de cet agréable renouvellement de la nature visible, que saint Grégoire de Nazianze [1] prend occasion d'exciter tous les chrétiens à faire en eux-mêmes un printemps mystique et spirituel par le renouvellement de leurs ames; et c'est à quoi nous invite le divin Sauveur Jésus Fils de Dieu, ce divin soleil de justice qui revient à nous et nous paroît aujourd'hui plus glorieux que jamais avec toutes ses lumières. Ce divin soleil de justice s'étoit retiré bien loin dans ces derniers jours (*e*); et sa sainte ame descendue aux enfers étoit allée réjouir les limbes par sa lumière bénigne, et donner de plus beaux jours à un autre monde. Aujourd'hui qu'il se rapproche de nous avec de nouveaux rayons de gloire et de majesté, il faut aussi qu'il nous renouvelle par de favorables (*f*) influences en nous éclairant de plus près. Il faut nous renouveler avec lui. Assez et trop longtemps nous sommes demeurés (*g*) dans le tombeau, dans les ombres de la mort, dans les ténèbres du péché. Jésus-Christ ressuscite, ressuscitons. Jésus-Christ reprend une vie nouvelle, ne respirons, chrétiens, qu'une sainte nouveauté de vie.

O Marie, qui ne viviez plus depuis que vous aviez vu mourir votre Fils, et que sa miraculeuse résurrection a tirée comme d'un sépulcre en dissipant aujourd'hui cette profonde tristesse où vous étiez pour ainsi dire toute ensevelie, obtenez-nous cette grace de ressusciter avec lui. Nous nous jetons à vos pieds; et pour honorer la joie infinie que ressentit votre cœur en voyant ce cher Fils sorti du tombeau, non plus grand mais plus glorieux qu'il n'étoit sorti autrefois de vos entrailles très-pures, nous vous disons avec l'Eglise : *Regina cœli*.

[1] *Orat.* XLIII, n. 23.

(*a*) *Var. :* Mystique. — (*b*) Etablie. — (*c*) Agréable. — (*d*) Semble nous ramener les beaux jours. — (*e*) S'étoit retiré bien loin par sa mort. — (*f*) Douces. — (*g*) Nous avons demeuré.

QUATRIÈME SERMON

POUR

LE JOUR DE PAQUES (a).

Christus resurgens ex mortuis jam non moritur.
Jésus-Christ ressuscité ne meurt plus. *Rom.*, vi, 9.

Avoir à prêcher le plus glorieux des mystères de Jésus-Christ et la fête la plus solennelle de son Eglise devant le plus grand de tous les rois et la Cour la plus auguste de l'univers ; reprendre la parole après tant d'années d'un perpétuel silence, et avoir à contenter la délicatesse d'un auditoire qui ne souffre rien que d'exquis ; mais qui, permettez-moi de le dire, sans songer autant qu'il faudroit à se convertir, souvent ne veut être ému qu'autant qu'il le faut pour éviter la langueur d'un discours sans force ; et plus soigneux de son plaisir que de son salut, lorsqu'il s'agit de sa guérison, veut qu'on cherche de nouveaux moyens de flatter son goût raffiné : ce seroit une chose à craindre, si celui qui doit annoncer dans l'assemblée des fidèles la gloire de Jésus-Christ ressuscité et y faire entendre la voix immortelle de ce Dieu sorti du tom-

---

Prêché en 1681, à Versailles, devant le roi.

La *Gazette de France*, mars 1681, dit : « Le jour de Pâques, Leurs Majestés entendirent la prédication de l'ancien évêque de Condom, à Saint-Germain. » L'historien de Bossuet recule faussement notre date à 1680 ; c'est Bourdaloue qui prêcha cette année-là devant le roi.

On sait que Bossuet, de 1670 à 1680, pendant qu'il fut précepteur du Dauphin, ne parut qu'à de rares intervalles dans la chaire évangélique ; voilà pourquoi il dit, dès les premiers mots de notre sermon : « Reprendre la parole après tant d'années d'un perpétuel silence... » Il dit pareillement en 1675, à la vêture de Madame de la Vallière : « Faire entendre une voix que les chaires ne connoissent plus. »

Le lecteur trouvera, vers le milieu du troisième point, un passage en faveur de la communion fréquente ; le prédicateur condamne ces hommes « qui n'ont plus de chrétien qu'un faux respect pour les sacrements, qui fait qu'ils les abandonnent de peur de les profaner. »

Enfin on peut voir au commencement du premier volume, dans les *Remarques historiques*, quelques-unes des nombreuses corrections qu'a subies ce chef-d'œuvre.

beau, avoit à craindre autre chose que de ne pas assez soutenir la force et la majesté de sa parole. Mais ici ce qui fait craindre soutient : cette parole divine révérée du ciel, de la terre et des enfers, est ferme et toute-puissante par elle-même; et l'on ne peut l'affoiblir lorsque toujours autant éloigné d'une excessive rigueur qui se détourne à la droite, que d'une extrême condescendance qui se détourne vers la gauche (a), on propose cette parole dans sa pureté naturelle, telle qu'elle est sortie de la bouche de Jésus-Christ et de ses apôtres, fidèles et incorruptibles témoins de sa résurrection et de toutes les obligations qu'elle nous impose. Alors il ne reste plus qu'une seule crainte vraiment juste, vraiment raisonnable, mais qui est commune à ceux qui écoutent avec celui qui parle : c'est de ne profiter pas de cette parole, qui maintenant nous instruit et un jour nous doit juger; c'est de n'ouvrir pas le cœur assez promptement à la vertu qui l'accompagne et de prendre plus garde à l'homme qui parle au dehors qu'au prédicateur invisible qui sollicite les cœurs de se rendre à lui. Que si vous écoutez au dedans ce céleste prédicateur, qui jamais n'a rien de foible ni de languissant, et dont les vives lumières pénètrent les replis les plus cachés (b) des consciences, que de miracles nouveaux nous verrons paroître! que de morts sortiront du tombeau! que de ressuscités viendront honorer la résurrection de Jésus-Christ, et que leur inébranlable persévérance rendra un beau témoignage à l'immortelle vertu qu'un Dieu ressuscité pour ne mourir plus, répand dans les cœurs de ses fidèles! Pour commencer un si grand ouvrage, prosternés avec Madeleine et les autres femmes pieuses aux pieds de ce Dieu vainqueur de la mort, demandons-lui tous ensemble ses graces vivifiantes par les prières de celle qui les a reçues de plus près et avec le plus d'abondance. *Ave.*

« Jésus-Christ ressuscité ne meurt plus, » comme nous a dit saint Paul; et non-seulement il ne meurt plus, mais encore, à consulter la règle éternelle de la justice divine, il ne devoit jamais

---

(a) *Var.* : Lorsque sans se détourner ni à la droite ni à la gauche. — (b) Les plus profonds.

mourir. « La mort, dit le même Apôtre, est entrée dans le monde par le péché [1]; » et encore : « La mort est le châtiment du péché [2]. » Puisque la mort est le châtiment du péché, l'immortalité devoit être la compagne inséparable de l'innocence; et si l'homme eût vécu éternellement affranchi des lois de la mort en conservant la justice, combien plutôt Jésus-Christ qui étoit la sainteté même, devoit-il être toujours vivant et toujours heureux? Ajoutons à cette raison qu'en Jésus-Christ la nature humaine unie au Verbe divin, qui est la vie par essence, puisoit la vie dans la source; de sorte que la mort n'avoit point de lieu où la vie se trouvoit dans la plénitude; et si Jésus-Christ avoit à mourir, ce ne pouvoit pas être pour lui-même ni pour satisfaire à une loi qui le regardât; mais pour nous et pour expier nos crimes dont il s'étoit volontairement chargé. Il a satisfait à ce devoir; et compté parmi les méchans [3], comme disoit Isaïe, il a expiré sur la croix entre deux voleurs : « Il est mort une fois au péché, » dit le saint Apôtre; c'est-à-dire il en a porté toute la peine : *Peccato mortuus est semel;* et maintenant « il vit à Dieu, » *vivit Deo* [4]. Il commence une vie toute divine, et la glorieuse immortalité lui est assurée. Vivez, Seigneur Jésus, vivez à jamais: la vie qui ne vous a pas été arrachée par force, mais que vous avez donnée de vous-même pour le salut des pécheurs, vous devoit être rendue. Il étoit juste; et comme chantent dans l'Apocalypse tous les bienheureux esprits, « l'Agneau qui s'est immolé volontairement pour les pécheurs, est digne de recevoir, pour la mort qu'il a endurée par obéissance, la vertu, la force, la divinité [5]; » c'est-à-dire il est digne de ressusciter, afin qu'une vie divine se répande sur toute sa personne, et qu'il soit éternellement par sa gloire l'admiration des hommes et des anges, comme il en est l'invisible soutien par sa puissance.

Voilà en peu de mots le fond du mystère : il falloit poser ce fondement. Mais comme les mystères du christianisme, outre le fond qui fait l'objet de notre foi, ont leurs effets salutaires qu'il faut encore considérer pour notre instruction, revenons au premier principe, et disons encore une fois avec l'Apôtre : « Jésus-

---

[1] *Rom.*, v, 12. — [2] *Ibid.*, vi, 23. — [3] *Isa.*, LIII, 12. — [4] *Rom.*, vi, 10. — [5] *Apoc.*, v, 12.

Christ ressuscité ne meurt plus : » de quelque côté qu'on le considère, tout est vie en lui et la mort n'y a plus de part. De là vient que la loi évangélique, qu'il envoie annoncer à tout l'univers par ses apôtres après sa glorieuse résurrection, a une éternelle nouveauté. Ce n'est pas comme la loi de Moïse, qui devoit vieillir et mourir : la loi de Jésus-Christ est toujours nouvelle; la loi nouvelle, c'est son nom, c'est son propre caractère; et fondée, comme vous verrez, sur l'autorité d'un Dieu ressuscité pour ne mourir plus, elle a une éternelle vigueur. Mais à cette loi toujours vivante et toujours nouvelle, il falloit pour l'annoncer et la pratiquer, une Eglise d'une immortelle durée. La Synagogue, qui devoit mourir, a été fondée par Moïse, qui à l'entrée de la terre sainte, où elle devoit s'établir, meurt pour ne revivre qu'à la fin du monde avec le reste des hommes. Mais Jésus-Christ au contraire, après avoir enfanté son Eglise par sa mort, ressuscite pour lui donner sa dernière forme; et cette Eglise, qu'il associe à son immortalité, ne meurt plus non plus que lui. Voilà une double immortalité que personne ne peut ravir à Jésus-Christ : l'immortalité de la loi nouvelle, avec l'immortalité de cette Eglise répandue par toute la terre (a). Mais voici une troisième immortalité que Jésus-Christ ne veut recevoir que de nous. Il veut vivre en nous comme dans ses membres, et n'y perdre jamais la vie qu'il y a reprise par la pénitence. Car nous devons comme lui une fois mourir au péché, comme lui ne mourir plus après notre résurrection : regarder le péché comme la mort, n'y retomber jamais et honorer par une fidèle persévérance le mystère de Jésus-Christ ressuscité. Ah! Jésus-Christ ressuscité ne meurt plus : auteur d'une loi toujours nouvelle, fondateur d'une Eglise toujours immuable, chef de membres toujours vivans : que de merveilleux effets de la résurrection de Jésus-Christ! Mais que de devoirs pressans pour tous les fidèles, puisque nous devons, écoutez, à cette loi toujours nouvelle, un perpétuel renouvellement de nos mœurs; à cette Eglise toujours immuable, un inviolable attachement; à ce Chef, qui nous veut avoir pour ses membres toujours vivans, une horreur du péché si vive, qu'elle nous le fasse éter-

(a) *Var.* : Avec une plus ferme volonté de l'établir par toute la terre.

nellement détester plus que la mort : voilà le fruit du mystère, et les trois points de ce discours. Ecoutez, croyez, profitez : je vous romps le pain de vie, nourrissez-vous.

PREMIER POINT.

Ce fut une doctrine bien nouvelle au monde, lorsque saint Paul écrivit ces mots : « Vivez comme des morts ressuscités [1]; » mais il explique plus clairement ce que c'est que de vivre en ressuscités, et à quelle nouveauté de vie nous oblige une si nouvelle manière de s'exprimer, lorsqu'il dit en un autre endroit : *Si consurrexistis cum Christo, quæ sursum sunt quærite, ubi Christus est in dexterâ Dei sedens; quæ sursum sunt sapite, non quæ super terram* [2] : « Si vous êtes ressuscités avec Jésus-Christ, cherchez les choses d'en haut, où Jésus-Christ est assis à la droite de son Père; goûtez les choses d'en haut, et non pas les choses de la terre. » Cette doctrine qui est une suite de la résurrection de Jésus-Christ, nous apprend le vrai caractère de la loi nouvelle. L'ancienne loi ne nous tiroit pas de la terre, puisqu'elle nous proposoit des récompenses temporelles et plus propres à soutenir les infirmes qu'à satisfaire les forts; comme elle étoit appuyée sur des promesses de biens périssables, elle ne posoit pas encore un fondement qui pût demeurer. Mais Jésus-Christ ressuscité rompt tout d'un coup tous les liens de la chair et du sang, lorsqu'il nous fait dire par son saint Apôtre : *Quæ sursum sunt quærite :* « Cherchez les choses d'en haut : » *Quæ sursum sunt sapite :* « Goûtez les choses d'en haut. » C'est là que Jésus-Christ vous a précédés, et où il doit avoir emporté avec lui tous vos désirs. Ensuite de cette doctrine, le sacrifice très-véritable que nous célébrons tous les jours sur ces saints autels, commence par ces paroles : *Sursum corda :* « Le cœur en haut, le cœur en haut; » et quand nous y répondons : *Habemus ad Dominum :* « Nous élevons nos cœurs à Dieu, » nous reconnoissons tous ensemble que le véritable culte du Nouveau Testament, c'est de nous sentir faits pour le ciel et de n'avoir que le ciel en vue.

Mais j'entends vos malheureuses réponses : — Je ne suis que

[1] *Rom.*, VI, 13. — [2] *Coloss.*, III, 1, 2.

terre, et vous voulez que je ne respire que le ciel ; je ne sens que la mort en moi, et vous voulez que je ne pense qu'immortalité ! Mais les biens que vous poursuivez sont si peu de chose. Peu de chose, je le confesse, et encore moins, si vous le voulez ; mais aussi que peut rechercher un rien comme moi, que des biens proportionnés au peu qu'il est ? — Saintes vérités du christianisme ; fidèle et irréprochable témoignage que les apôtres ont rendu au péril de tout à leur Maître ressuscité ; mystère d'immortalité que nous célébrons, attesté par le sang de ceux qui l'ont vu et confirmé par tant de prodiges, par tant de prophéties, par tant de martyrs, par tant de conversions, par un si soudain changement du monde et par une si longue suite de siècles, n'avez-vous pu encore élever les hommes aux objets éternels ? Et faut-il au milieu du christianisme faire de nouveaux efforts pour montrer aux enfans de Dieu, qu'ils ne sont pas si peu de chose qu'ils se l'imaginent ? Nous demandons un témoin revenu de l'autre monde pour nous en apprendre les merveilles : Jésus-Christ qui est né dans la gloire éternelle et qui y retourne, « Jésus-Christ, témoin fidèle et le premier né d'entre les morts [1], » comme il est écrit dans l'Apocalypse ; Jésus-Christ qui s'y glorifie d'avoir « la clef de l'enfer et de la mort [2], » qui en effet est descendu non-seulement dans le tombeau, mais encore dans les enfers où il a délivré nos pères et fait trembler Satan avec tous ses anges par son approche glorieuse : ce Jésus-Christ sort victorieux de la mort et de l'enfer pour nous annoncer une autre vie, et nous ne voulons pas l'en croire : nous voudrions qu'il renouvelât aux yeux de chacun de nous tous ses miracles, que tous les jours il ressuscitât pour nous convaincre ; et le témoignage qu'il a une fois rendu au genre humain, encore qu'il le continue, comme vous verrez, d'une manière si miraculeuse dans son Eglise catholique, ne nous suffit pas !

A Dieu ne plaise ! dites-vous ; je suis chrétien : ne me traitez pas d'impie : ne me dites rien des libertins : je les connois : tous les jours je les entends discourir ; et je ne remarque dans tous leurs discours qu'une fausse capacité, une curiosité vague et superficielle, ou pour parler franchement une vanité toute pure ;

[1] *Apoc.*, I, 5. — [2] *Ibid.*, 18.

et pour fond des passions indomptables, qui de peur d'être réprimées par une trop grande autorité, attaquent l'autorité de la loi de Dieu, que par une erreur naturelle à l'esprit humain ils croient avoir renversé à force de le désirer. — Je les reconnois à ces paroles; vous ne pouviez pas me peindre (*a*) plus au naturel leur caractère léger et leurs bizarres pensées : j'entends ce que me dit votre bouche; mais que me disent vos œuvres? Vous les détestez, dites-vous; pourquoi donc les imitez-vous? Pourquoi marchez-vous dans les mêmes voies? Pourquoi vous vois-je aussi éblouis (*b*) des grandeurs humaines, aussi enivrés de la faveur, et aussi touchés de son ombre, aussi délicats sur le point d'honneur, aussi entêtés de folles amours, aussi occupés de votre plaisir et, ce qui en est une suite, aussi durs à la misère des autres, aussi jaloux en secret du progrès de ceux que vous trouvez à propos de caresser en public, aussi prêts à sacrifier votre conscience à quelque grand intérêt, après l'avoir défendue peut-être pour la montre et pour l'apparence dans des intérêts médiocres. Avouons la vérité; foibles chrétiens ou libertins déclarés, nous marchons également dans les voies de perdition, et tous ensemble nous renonçons par notre conduite à l'espérance de la vie future.

Venez, venez, chrétiens, que je vous parle : cette vie éternelle, qui entre encore si peu dans votre esprit, la désirez-vous du moins? Est-ce trop demander à des chrétiens que de vouloir que vous désiriez la vie éternelle? Mais si vous la désirez, vous l'acquérez par ce désir en le fortifiant; et sans tourner davantage (*c*), sans fatiguer votre esprit par une longue suite de raisonnemens, vous avez dans cet instinct d'immortalité le témoignage secret de l'éternité pour laquelle vous êtes nés, la preuve qui vous la démontre, le gage du Saint-Esprit qui vous en assure et le moyen infaillible de la recouvrer. Dites seulement avec David, David un homme comme vous, mais un homme assis sur le trône et environné de plaisirs, mais un roi victorieux et comblé de gloire; dites seulement avec lui : « Mon bien, c'est de m'attacher à Dieu : » *Mihi autem adhærere Deo bonum est*[1]. Un trône est caduc, la

---

[1] *Psal.* LXXII, 28.

(*a*) *Var.:* Représenter. — (*b*) Enchantés. — (*c*) Sans aller plus loin.

grandeur s'envole, la gloire n'est qu'une fumée, la vie n'est qu'un songe : « mon bien c'est d'avoir mon Dieu, c'est de m'y tenir attaché; » et encore : « Qu'est-ce que je veux dans le ciel et qu'est-ce que je vous demande sur la terre? Vous êtes le Dieu de mon cœur et mon Dieu, mon partage éternellement[1]. »

Mais il faut pousser ce désir avec toute la pureté de la nouveauté chrétienne. Je m'explique. Les Juifs qui n'entendoient pas les mystères de Jésus-Christ ni, comme parle l'Apôtre, « la vertu de sa résurrection et les richesses inestimables du siècle futur[2], » ne laissoient pas de préférer Dieu aux fausses divinités; mais ils vouloient obtenir de lui des félicités temporelles. Moi, Seigneur, je ne veux que vous; mon Dieu, mon partage éternellement : ni dans le ciel ni dans la terre je ne veux que vous. Tout ce qui n'est pas éternel, fût-ce une couronne, n'est digne ni de votre libéralité ni de mon courage; et puisque vous avez voulu que je connusse foiblement à la vérité, eu égard à votre immense grandeur, mais enfin avec une certitude qui ne me laisse aucun doute, votre éternité tout entière et votre infinie perfection, j'ai droit de ne me contenter pas d'un moindre objet : je ne veux que vous sur la terre, et je ne veux que vous même dans le ciel; et si vous n'étiez vous-même le don précieux que vous nous y faites, tout ce que vous y donnez d'ailleurs avec tant de profusion ne me seroit rien. Que si vous pouvez former ce désir avec un David, avec un saint Paul, avec tant de saints martyrs et tant de saints pénitens, hommes comme vous; si vous pouvez dire à leur exemple : Mon Dieu, je vous veux, il est à vous : car ni la bonté de Dieu ne lui permet jamais de se refuser à un cœur qui le désire (a), ni une force majeure ne le peut ravir à qui le possède, ni il n'est lui-même un ami changeant que le temps dégoûte. Quoi! mes frères, que de cette main bienfaisante lui-même il arrache ses propres enfans de ce sein paternel où ils veulent vivre! Il n'y a rien qui soit moins de lui; et de toutes les vérités la plus certaine, la mieux établie, la plus immuable, c'est que Dieu ne peut manquer à qui le désire; et que nul ne peut perdre Dieu,

---

[1] *Psal.* LXXII, 25, 26. — [2] *Philip.*, III, 10; *Hebr.*, VI, 5.

(a) *Var.:* Qui l'aime.

que celui qui s'en éloigne le premier par sa propre volonté. Qui ne l'entend pas, c'est un aveugle ; qui le nie, qu'il soit anathème.

Que sentez-vous, chrétiens, à ces paroles? Saint Paul n'a-t-il pas eu raison de vous exciter à chercher les choses célestes, puisqu'en les cherchant vous les acquérez? Ses paroles ont-elles piqué votre cœur du vrai désir de la vie? Ai-je trouvé en les expliquant ce bienheureux fonds que Dieu mit dans votre ame pour la rappeler à lui quand il la fit à son image, que le péché vous avoit fait perdre et que Jésus-Christ ressuscité vient renouveler? Car enfin d'où vous vient cette idée d'immortalité? d'où vous en vient le désir, si ce n'est de Dieu? N'est-ce pas le Père de tous les esprits, qui sollicite le vôtre de s'unir au sien pour y trouver la vraie vie? Peut-il ne pas contenter un désir qu'il inspire, et ne veut-il que nous tourmenter par une vue stérile d'immortalité? Ah ! je ne m'étonne pas si nous ne sentons rien d'immortel en nous. Nous ne désirons même pas l'immortalité ; nous cherchons des félicités que le temps emporte et une fortune qu'un souffle renverse. Ainsi étant nés pour l'éternité, nous nous mettons volontairement sous le joug du temps, qui brise et ravage tout par son invincible rapidité ; et la mort que nous cherchons par tous nos désirs, puisque nous ne désirons rien que de mortel, nous domine de toutes parts. *Sursum corda, sursum corda :* « Le cœur en haut, le cœur en haut : » *Quæ sursum sunt quærite :* « Cherchez ce qui est en haut : » c'est là que Jésus-Christ est assis à la droite de son Père, c'est de là qu'il vous envoie ce désir d'immortalité, et c'est là qu'il vous attend pour le satisfaire. Voilà l'abrégé de la loi nouvelle ; voilà cette loi qui ne change plus, parce qu'elle a l'éternité pour objet ; et c'est là uniquement que nous devons tendre.

Mais en marchant dans cette voie, apprenons de saint Augustin qu'elle exclut trois sortes de personnes. « Elle exclut premièrement ceux qui s'égarent ; » et qui, las d'une vie réglée qu'ils trouvent trop unie et trop contraignante, se jettent dans les voies d'iniquité, où une riante diversité égaie les passions et les sens. « Elle exclut en second lieu ceux qui retournent en arrière, et qui sans sortir de la voie, abandonnent les pratiques de piété qu'ils avoient embrassées. Elle exclut enfin ceux qui s'arrêtent et qui croyant avoir assez fait, ne songent pas à s'avancer dans la vertu¹. » Ceux qui sortent de la voie des commandemens, après y être rentrés par la pénitence, et qui retombent dans leurs premiers crimes, hélas! c'est le plus grand nombre, c'est à eux que je dois parler à la fin de ce discours; et plût à Dieu que je leur parle avec cette voix de tonnerre que Dieu donne aux prédicateurs, quand il veut briser les rochers et fendre les cœurs de pierre!

Mais je ne vous oublierai pas, ô petit nombre choisi de Dieu : vous, mes frères, qui fidèles à la pénitence, craignez de rentrer dans les voies de perdition où vous avez autrefois marché avec une si aveugle confiance, vous avez encore deux choses à craindre, apprenez-les de Jésus-Christ même : l'une de retourner en arrière et l'autre de vous arrêter un seul moment. Vous faites un pas en arrière, lorsque sans retourner au péché mortel, vous vous relâchez de l'attention que vous aviez sur vous-mêmes, que vous prodiguez le temps que vous ménagiez, que vous ôtez à la piété ses meilleures heures : et vous, lorsque tentée de relever par quelque parure cette modestie qui commence à vous paroître trop nue, vous vous dégoûtez de cette sainte simplicité que vous regardiez auparavant comme la vraie marque de la pudeur (*a*), sans jamais vouloir songer à cette parole de Jésus-Christ qui foudroie votre négligence : « Celui qui met la main à la charrue, » qui commence à cultiver son ame comme une terre fertile, « et qui retourne en arrière, » qui se relâche des saintes pratiques qu'il avoit choisies, que prononce le Fils de Dieu? quoi? peut-être qu'il n'atteindra pas à la perfection? Non, Messieurs; sa sentence est bien plus terrible : « Il n'est pas propre, dit-il, au royaume de Dieu ², » et il n'a que faire d'y prétendre : c'est Jésus-Christ qui le dit, croyez donc à sa parole et tremblez.

Et comment se sauveront ceux qui reculent en arrière, puisque ceux qui n'avancent pas dans la vertu sont dans un péril manifeste? Vous vous trompez, mon frère, si dans la vie chrétienne vous croyez pouvoir demeurer dans un même point; il faut dans

---

¹ *Serm. de Cantic. novo*, n. 4. — ² *Luc.*, IX, 62.

(*a*) *Var.* : Que vous louiez auparavant comme le vrai ornement de la pudeur.

cette route monter ou descendre. Saint Paul ne cesse de crier du troisième ciel : « Renouvelez-vous, renouvelez-vous [1]. » Vous vous êtes renouvelés par la pénitence, renouvelez-vous encore : et Origène a raison de dire sur cette parole de saint Paul : « Ne croyez pas qu'il suffise de s'être renouvelé une fois, il faut renouveler la nouveauté même [2]. » Car au point où vous croyez avoir assez fait, l'orgueil qui vous surprendra vous fera tout perdre, et vos forces seront dissipées par le repos qui relâchera votre attention. Ne proférez (a) donc jamais cette parole indigne d'une bouche chrétienne : Je laisse la perfection aux religieux et aux solitaires, trop heureux d'éviter la damnation éternelle. Non, non, non, vous vous abusez : qui ne tend point à la perfection, tombe bientôt dans le vice : qui grimpe sur une hauteur, s'il cesse de s'élever par un continuel effort, est entraîné (b) par la pente même, et son propre poids le précipite : c'est pourquoi toute l'Ecriture nous défend de nous arrêter un seul moment. Si selon l'apôtre saint Paul, la vie vertueuse est une course [3], il faut comme cet Apôtre s'avancer toujours, oublier ce qu'on a fait, courir sans relâche et n'imaginer de repos qu'à la fin de la carrière, où le prix de la course nous attend [4]. « Si la vie vertueuse est une milice, » comme dit le saint homme Job [5] ou, comme parle saint Paul, « une lutte continuelle [6] » contre un ennemi également attentif et fort, se ralentir tant soit peu après même l'avoir atterré, c'est lui faire reprendre ses forces, et une victoire mal poursuivie ne devient pas moins funeste par l'événement qu'une bataille perdue.

Dans la guerre qu'avoit David avec la maison de Saül, écoutez ce que remarque le texte sacré : « David croissoit tous les jours, et s'élevoit de plus en plus au-dessus de lui-même : au contraire la maison de Saül alloit toujours décroissant, » et ses forces se diminuoient : *David proficiscens et semper seipso robustior, domus autem Saül decrescens quotidie* [7]. Quel fut donc l'événement de cette guerre? Événement heureux à David, dont le trône fut affermi pour jamais : mais événement funeste au malheureux

---

[1] *Ephes.*, IV, 2. — [2] *In Epist. ad Rom.*, lib. V, n. 8. — [3] I *Cor.*, IX, 24. — [4] *Philip.*, III, 13. — [5] *Job.*, VII, 1. — [6] *Ephes.*, VI, 12. — [7] II *Reg.*, III, 1.

(a) Ne dites. — (b) Emporté.

Isboseth et à la maison de Saül, qui se vit bientôt sans ressource. Isboseth, qui se négligea et jamais ne s'aperçut qu'il diminuoit, parce qu'il diminuoit peu à peu, à la fin demeure sans force. Ses soldats l'abandonnent; Abner, qui soutenoit le parti et par ses conseils et par sa valeur, se donne à son ennemi : le malheureux prince est assassiné dans son lit par des parricides à qui sa mollesse fit tout entreprendre; et pour avoir négligé d'imiter David qui croissoit toujours, à force de déchoir il se trouva sans y penser au fond de l'abîme. Chrétien qui ne veux pas t'élever sans cesse dans le chemin de la vertu, voilà ta figure; tout ce que tu avois de bons désirs te quittera l'un après l'autre, et ta perte est infaillible.

Eveillez-vous donc, chrétiens, comme l'ange disoit au prophète; éveillez-vous et marchez. « Car vous avez encore à faire un grand voyage : » *Grandis enim tibi restat via* [1]. Cette voie, dit saint Augustin, veut « des hommes qui marchent toujours, » *ambulantes quærit* [2]. La crainte de l'enfer et de ses peines éternelles vous a ébranlés, c'est un bon commencement; mais il est temps d'ouvrir votre cœur aux chastes douceurs de l'amour de Dieu, sans lequel il n'y a point de christianisme. Vous avez pu renoncer au crime et aux plaisirs qui vous menaçoient d'irrémédiables douleurs, et peut-être même dès cette vie : la plaie n'est pas bien fermée, et ce cœur ensanglanté soupire encore en secret après ses joies corrompues : épurez vos intentions : fortifiez votre volonté par des réflexions sérieuses et par des prières ferventes. Car la prière assidue et persévérante est le seul soutien de notre impuissance. Vous avez commencé à goûter Dieu; car aussi comment peut-on être chrétien, si on n'aime et si on ne goûte ce bien infini? Apprenez peu à peu à le goûter seul et modérez ce goût du plaisir sensible, qui ne laisse pas d'être dangereux, lors même qu'il semble innocent. Autrement vous éprouverez par une chute imprévue la vérité de cette sentence : « Qui se néglige tombe peu à peu [3]; » et quoique vous nous vantiez l'innocence de vos désirs encore trop sensuels, je ne laisse pas de trembler pour vous, parce qu'enfin,

---

[1] III *Reg.*, XIX, 7. — [2] Serm. *de Cantic. novo*, ubi suprà. — [3] *Eccli.*, XIX, 1.

quoi que vous disiez, du plaisir au plaisir il n'y a pas loin et du sensible au sensible la chute n'est que trop aisée. Il faut donc travailler sans cesse à cet édifice caduc, où toujours quelque chose se dément. Il faut toujours s'élever, si on ne veut pas retomber trop vite. A quelque point que nous soyons, saint Paul nous excite à monter plus haut [1]. Après que nous sommes ressuscités avec Jésus-Christ, il faut encore avec lui monter jusqu'au plus haut des cieux et jusqu'à la droite du Père céleste. Car si cette ambition que le monde veut appeler noble, inspire à un grand courage une ardeur infatigable, qui fait qu'étant arrivé par mille travaux et mille périls aux premiers honneurs, il oublie tout ce qu'il a fait pour augmenter une gloire qui n'est après tout qu'un bruit agréable autour de nous et un mélange de voix confuses, que ne doit-on entreprendre pour la véritable gloire que Dieu réserve à ses enfans? Quelle activité et quelle vigueur ne demande-t-elle pas? Ne faut-il pas être toujours agissant à l'exemple de Jésus-Christ? « Mon Père, dit-il, opère toujours et moi j'opère avec lui [2]. » Mais voyons-le opérer dans sa sainte Eglise : ce nous sera un nouveau motif de nous soumettre à l'opération de la grace qui nous renouvelle.

SECOND POINT.

Nous avons vu que le Fils de Dieu en ressuscitant avoit dessein de nous attirer à cette « cité permanente [3], » comme l'appelle saint Paul, où il va prendre sa place et où nous devons jouir avec lui d'une paix inaltérable. Mais comme au milieu de l'agitation où nous sommes, nous avons peine à comprendre qu'il y ait pour nous quelque chose d'immuable, écoutez ce qu'il médite. — O homme, tu ne veux pas croire, ou tu ne peux pas t'imaginer que je t'aie bâti dans le ciel une cité permanente, où tu seras éternellement heureux : et je m'en vais entreprendre un ouvrage sur la terre, qui te donnera une idée de ce que je puis, et de ce que je te prépare. Cet ouvrage, c'est son Eglise catholique. *Venite et videte opera Domini, quæ posuit prodigia super terram* [4] « O homme, viens voir les merveilles de la main de Dieu ; et dans les prodiges qu'il

---

[1] *Coloss.*, III, 1, 2. — [2] *Joan.*, V, 17. — [3] *Hebr.*, XIII, 14. — [4] *Psal.* XLV, 9.

fait sur la terre, » juge des ouvrages immortels qu'il entreprend pour le ciel.

Approchons-nous donc de plus près, et regardons travailler le grand architecte. Il a travaillé à son Eglise durant sa vie, à sa mort, à sa glorieuse résurrection, mais toujours sur le même plan : et s'il nous faut assigner à chacun de ces états son ouvrage propre, il a commencé à former son Eglise par sa doctrine durant sa vie, il lui a donné la vie par sa mort, et par sa résurrection il lui a donné avec sa dernière forme le caractère d'immortalité. Mais plus nous entrerons dans le détail, plus la grandeur du dessein et la merveille de l'exécution nous paroîtra surprenante. L'Esprit invincible et tout-puissant qu'il a promis à ses apôtres étant mortel, il l'envoie ressuscité et monté aux cieux, afin pour ainsi parler qu'il coule toujours d'une vive source. Mais appliquons-nous à regarder la structure de son Eglise.

Durant les jours de sa vie mortelle, il a choisi ses apôtres; et il a dit à Pierre que « sur cette pierre il bâtiroit son Eglise, contre laquelle l'enfer seroit toujours foible [1]. » Vous voyez les matériaux déjà préparés : les apôtres sont appelés et Pierre est mis à leur tête, Jésus-Christ ne sera pas plutôt ressuscité que nous le verrons commencer à élever l'édifice, mais toujours sur les mêmes fondemens. Car écoutez ce que dit l'ange aux pieuses femmes : « Allez dire à ses disciples et à Pierre [2]. » Dieu commence à réveiller la foi des apôtres, et il réveille principalement Pierre, qui étoit le premier de tous; Pierre qui pour cette même raison devoit être le plus fort et qui d'abord le plus infidèle, puisqu'il avoit su renier son maître, devoit ensuite confirmer ses frères, « afin, comme dit l'Apôtre, que la force fût perfectionnée dans l'infirmité et que la main de Jésus-Christ parût partout [3]. »

Tout s'avance dans le même ordre : Pierre et Jean courent au tombeau [4] : Jean arrive le premier; mais le respect le retient, et il n'ose entrer devant Pierre dans les profondeurs : c'est Pierre qui voit le premier les linges de la sépulture posés à un coin du tombeau sacré, et les premières dépouilles de la mort vaincue. Voyez

---

[1] *Matth.*, XVI, 18. — [2] *Marc.*, XVI, 7. — [3] II *Cor.*, XII, 9. — [4] *Joan.*, XX, 3 et seq.

comme l'Eglise se forme avec toute sa bienheureuse subordination au tombeau (a) de Jésus-Christ ressuscité; et voyez en même temps comme les apôtres sortent peu à peu de leur erreur : Dieu les en tirant pas à pas, afin qu'une profonde réflexion sur tous leurs torts leur fasse entendre que Jésus-Christ seul avoit pu ressusciter leur foi éteinte. Mais il faut avancer l'ouvrage, et il est temps que Jésus-Christ paroisse aux apôtres : tout se fera sur le même plan sur lequel on a commencé. Saint Paul, fidèle témoin, nous apprend que « Jésus-Christ apparut à Pierre et après aux onze [1]. » Saints apôtres, le temps est venu que Jésus-Christ vous veut rendre les dignes témoins de sa résurrection; et afin que tout le corps soit inébranlable, il commence par affermir celui qu'il a mis à la tête : c'est aussi lui qui doit porter la parole au nom de vous tous. Pierre, qui a dit le premier : « Vous êtes Christ, Fils de Dieu vivant [2], » a aussi prêché le premier : Vous êtes le Christ ressuscité et le premier né d'entre les morts, et l'Eglise va être fondée autant sur la foi de la résurrection de Jésus-Christ que sur celle de sa génération éternelle.

Mais que fait Jésus-Christ un peu après pour donner la dernière forme à son Eglise? Environné de ses apôtres qui ne se lassoient point de le regarder, il dit à Simon Pierre : « Simon, fils de Jonas, m'aimez-vous, m'aimez-vous; encore une fois, m'aimez-vous plus que ceux-ci? » Vous qui êtes le premier en dignité, êtes-vous le premier en amour (b)? « Paissez mes agneaux, paissez mes brebis [3]; » paissez les petits, paissez les mères; enfin avec le troupeau paissez aussi les pasteurs, qui à votre égard seront des brebis ; et aimez plus que tous les autres, puisque mon choix vous élève au-dessus d'eux tous. Ainsi s'achève l'Eglise : le corps des apôtres reçoit sa dernière forme, en recevant de la main de Jésus-Christ ressuscité un chef qui le représente sur la terre. L'Eglise est distinguée éternellement de toutes les sociétés schismatiques, qui faute de reconnoître un chef établi de Dieu de cette sorte, ne sont que confusion; et le mystère de l'unité, par lequel l'Eglise est inébranlable, se consomme.

[1] *I Cor.*, xv, 5. — [2] *Matth.*, xvi, 16. — [3] *Joan.*, xxi, 15, 16, 17.
(a) *Var.* : Sépulcre. — (b) Vous qui excellez en dignité, excellez-vous en amour?

Il reste pourtant encore un dernier ouvrage : il faut que cette Eglise ainsi formée avec ses divers ministères, reçoive la promesse d'immortalité de cette bouche immortelle, d'où le genre humain en suspens attendra un jour sa dernière et irrévocable sentence. Jésus-Christ assemble donc ses saints apôtres ; et prêt à monter aux cieux, écoutez comme il leur parle (a) : « Toute puissance, dit-il, m'est donnée dans le ciel et dans la terre ; il est temps de partir : allez, marchez à la conquête du monde ; prêchez l'Evangile à toute créature ; enseignez toutes les nations et les baptisez au nom du Père, et du Fils, et du Saint-Esprit [1]. » Et quel en sera l'effet? Effet admirable, effet éternel et digne de Jésus-Christ ressuscité : « Je suis, dit-il, avec vous jusqu'à la consommation des siècles [2] : » digne parole de l'Epoux céleste, qui engage sa foi pour jamais à sa sainte Eglise. — Ne craignez point, mes apôtres, ni vous qui succéderez à un si saint ministère : moi ressuscité, moi immortel, je serai toujours avec vous : vainqueur de l'enfer et de la mort (b), je vous ferai triompher de l'un et de l'autre ; et l'Eglise que je formerai par votre sacré ministère, comme moi sera immortelle : ma parole, qui soutient le monde qu'elle a tiré du néant, soutiendra aussi mon Eglise : *Ecce ego vobiscum sum.* — Si depuis ce temps, chrétiens, l'Eglise a cessé un seul moment ; si elle a un seul moment ressenti la mort d'où Jésus-Christ l'a tirée, (c) doutez des promesses de la vie future. Mais vous voyez au contraire que cette Eglise née dans les opprobres et parmi les contradictions, chargée de la haine publique, persécutée avec une fureur inouïe premièrement en Jésus-Christ qui étoit son chef et ensuite dans tous ses membres, environnée d'ennemis, pleine de faux frères et un néant, comme dit saint Paul, dans ses commencemens (d), attaquée encore plus vivement par le dehors et plus dangereusement divisée au dedans par les hérésies dans son progrès, dans la suite presque abandonnée par le déplorable relâchement de sa discipline ; avec sa doctrine rebutante, dure à pratiquer, dure à entendre, impéné-

---

[1] *Matth.*, XXVIII, 18, 19. — [2] *Ibid.*, 20.

(a) *Var.:* Et prêt à monter aux cieux : « Toute puissance, dit-il..... — (b) Et du tombeau. — (c) *Note marg.:* Et que cette Eglise de Jésus-Christ unie à Pierre n'ait pas conservé avec l'unité et l'autorité une fermeté invincible. — (d) *Var.:* Dans sa naissance.

trable à l'esprit, contraire aux sens, ennemie du monde dont elle combat toutes les maximes, demeure ferme et inébranlable.

Et pour venir au particulier de l'institution de Jésus-Christ, car il est beau de considérer dans des promesses circonstanciées un accomplissement précis, vous voyez que la doctrine de l'Evangile subsiste toujours dans les successeurs des apôtres; que Pierre, toujours à leur tête, n'a cessé d'enseigner les peuples et de « confirmer ses frères [1], » et comme disent les six cent trente évêques au grand concile de Chalcédoine, « qu'il est toujours vivant dans son propre siége [2]; » que toutes les hérésies qui ont osé s'élever contre la science de Dieu, ont senti leurs têtes superbes frappées (a) par des anathèmes dont elles n'ont pu soutenir la force : qu'elles n'ont fait que languir depuis ce coup, et viennent tout à la fois tomber aux pieds de l'Eglise et de Pierre qui les foudroie par ses successeurs : que cependant cette Eglise ne se diminue jamais d'un côté qu'elle ne s'étende de l'autre, conformément à cette parole que Jésus-Christ adresse lui-même à l'Eglise d'Ephèse : *Movebo candelabrum tuum de loco suo* [3] : « Je remuerai de sa place votre chandelier, » je vous ôterai la lumière de la foi : prenez garde, je ne l'éteindrai pas, je la remuerai et la changerai de place, afin que l'Eglise regagne tout ce qu'elle perd, une vertu invisible réparant ses pertes; et plutôt que de la laisser sans enfans, Dieu faisant, selon la parole de Jésus-Christ, « des pierres mêmes et des peuples les plus infidèles naître les enfans d'Abraham [4] : » en sorte que dans sa vieillesse, si toutefois elle peut vieillir elle qui est immortelle, et lorsqu'on la croit stérile, elle soit aussi féconde que jamais et demeure toujours au-dessus de la ruine qui menace les choses humaines.

Lisez l'histoire des siècles passés, et considérez l'état du nôtre : vous verrez que par la vertu qui anime le corps de l'Eglise, lorsque l'Orient s'en est séparé, le Nord converti a rempli sa place : que le Nord en un autre temps soulevé par les séditieuses prédications de Luther, a vu sa foi non pas tant éteinte que transportée à

---

[1] *Luc.*, XXII, 32. — [2] S. Leo, *Serm.* II, cap. III. — [3] *Apoc.*, II, 5. — [4] *Matth.*, III, 9.

(a) *Var.:* On va frapper leurs têtes par...

d'autres climats, et passée pour ainsi parler à de nouveaux mondes; et qu'enfin dans les pays même où l'hérésie règne, pour marque des ténèbres auxquelles elle est condamnée, elle tombe dans un désordre visible par un mélange confus de toutes sortes d'erreurs dont elle ne peut arrêter le cours; parce qu'à force de vouloir combattre l'autorité de l'Eglise qu'il a fallu, pour la contredire, appeler humaine, les hérésiarques n'ont pu s'en laisser aucune ni réelle ni apparente : ce qui fait que la plus superbe hérésie, la plus fière et la plus menaçante qui fut jamais, est devenue elle-même cette Babylone qu'elle se vantoit de quitter. Et pour lui donner le dernier coup, Dieu suscite un autre Cyrus, un prince aussi magnanime, aussi modéré, aussi bienfaisant que lui, aussi grand dans ses conseils et aussi redoutable par ses armes; mais plus religieux, puisqu'au lieu que Cyrus étoit infidèle, le prince que Dieu nous suscite tient à gloire d'être lui-même le plus zélé et le plus soumis de tous les enfans de l'Eglise, comme il est sans contestation le premier autant en mérite qu'en dignité (a); Dieu, dis-je, suscite ce nouveau Cyrus pour détruire cette Babylone et réparer les ruines de Jérusalem : de sorte que l'Eglise toujours victorieuse, quoiqu'en différentes manières, tantôt malgré les puissances conjurées contre elle et tantôt par leur secours que Dieu lui procure, triomphe de ses ennemis pour leur salut et pour le bien universel du monde, où seule elle fait reluire parmi les ténèbres la vérité toute pure et la droite règle des mœurs également éloignée de toutes les extrémités.

« O Eglise, les forces me manquent à raconter vos louanges : » *Gloriosa dicta sunt de te, civitas Dei* [1] *:* « Oh! vraiment, Eglise de Dieu, sainte cité de l'Eternel et la mère de ses enfans, vraiment on a dit de vous des choses bien glorieuses; » et je ne m'étonne pas de l'état heureux et permanent qui vous est prédestiné dans le ciel : déjà par la vertu de celui qui vous a promis d'être avec vous, vous avez tant de majesté et tant de solidité sur la terre. Mais, mes frères, remarquez-vous que cette promesse d'immortalité, qui soutient l'Eglise, s'adresse aux apôtres et aux succes-

[1] *Psal.* LXXXVI, 3.
(a) *Var.:* Le premier en mérite aussi bien qu'en dignité.

seurs des apôtres? « Allez, enseignez, baptisez; et moi, je suis avec vous jusqu'à la consommation des siècles : » avec vous à qui la chaire a été donnée, avec vous à qui sont commis les saints sacremens, avec vous qui devez éclairer les autres. C'est par les apôtres et leurs successeurs que l'Eglise doit être immortelle. Si donc les successeurs des apôtres ne sont fidèles à leur ministère, combien d'ames périront ! O merveilleuse importance de ces charges redoutables ! ô péril de ceux qui les exercent, péril de ceux qui les demandent, et péril encore plus grand de ceux qui les donnent ! Mais comme ceux qui les exercent, chargés d'instruire les autres, n'ont besoin que de leurs propres lumières; et que ce grand prince qui les donne entre dans les besoins de l'Eglise avec une circonspection si religieuse que nous sommes assurés d'un bon choix, pourvu que chacun s'applique à lui former en lui-même ou dans sa famille de dignes sujets, c'est à vous que j'ai à parler, à vous, Messieurs, à vous qui demandez tous les jours ou pour vous ou pour les autres ces redoutables (a) dignités.

Ah! Messieurs, je vous en conjure par la foi que vous devez à Dieu, par l'attachement inviolable que vous devez à l'Eglise, à qui vous voulez donner des pasteurs selon votre cœur plutôt que selon le cœur de Dieu, et, si tout cela ne vous touche pas, par le soin que vous devez à votre salut : ah! ne jetez pas vos amis, vos proches, vos propres enfans, vous-mêmes, qui présumez tout de votre capacité sans qu'elle ait jamais été éprouvée; ah! pour Dieu, ne vous jetez pas volontairement dans un péril manifeste. Ne proposez plus à une jeunesse imprudente les dignités de l'Eglise comme un moyen de piquer son ambition, ou comme la juste couronne des études de cinq ou six ans, qui ne sont qu'un foible commencement de leurs exercices. Qu'ils apprennent plutôt à fuir, à trembler et du moins à travailler pour l'Eglise, avant que de gouverner l'Eglise. Car voici la règle de saint Paul, règle infaillible, règle invariable, puisque c'est la règle du Saint-Esprit : « Qu'ils soient éprouvés et puis qu'ils servent [1]; » et encore : « C'est en servant bien dans les places inférieures qu'on peut s'élever à

---

[1] I *Tim.*, III, 10.
(a) *Var.*: Ces terribles.

un plus haut rang[1] : » et cette règle est fondée sur la conduite de Jésus-Christ. Trois ans entiers il tient ses apôtres sous sa discipline : instruits par sa doctrine, par ses miracles, par l'exemple de sa vie et de sa mort, il ne les envoie pas encore exercer leur ministère : il revient des enfers et sort du tombeau pour leur donner durant quarante jours de nouvelles instructions : et encore après tant de soins, de peur de les exposer trop tôt, il les envoie se cacher dans Jérusalem : « Renfermez-vous, dit-il; ne sortez pas jusqu'à ce que vous soyez revêtus de la vertu d'en haut[2]. » Il les jette dans une retraite profonde, sans laquelle le Saint-Esprit, leur conducteur nécessaire, ne viendra pas. Voilà comme sont formés ceux qui ont appris sous Jésus-Christ.

Et nous, Messieurs, sans avoir rien fait, nous entreprenons de remplir leurs places. Si l'ordre ecclésiastique est une milice[3], comme disent tous les saints Pères et tous les conciles après saint Paul, espère-t-on commander, mais le peut-on sans hasarder tout, lorsqu'on n'a jamais obéi, jamais servi sous les autres? Et quel ordre, quelle discipline y aura-t-il dans la guerre, si on peut seulement prétendre de s'élever autrement que par les degrés ! Ou bien est-ce que la milice ecclésiastique, où il faut combattre tous les vices, toutes les passions, toutes les foiblesses humaines, toutes les mauvaises coutumes, toutes les maximes du monde, tous les artifices des hérétiques, toutes les entreprises des impies, en un mot tous les démons et tout l'enfer, ne demande pas autant de sagesse, autant d'art, autant d'expérience et enfin autant de courage, quoique d'une autre manière, que la milice du monde? Quel spectacle, lorsque ceux qui devoient combattre à la tête, ne savent par où commencer, qu'un conducteur secret remue avec peine sa foible machine, et que celui qui devoit payer de sa personne paie à peine de mine et de contenance ! O malheur, ô désolation, ô ravage inévitable de tout le troupeau ! Car ignorez-vous cette juste mais redoutable sentence que Jésus-Christ prononce de sa propre bouche : « Si un aveugle mène un autre aveugle, tous deux tomberont dans le précipice[4]? » Tous deux, tous deux tomberont;

[1] I *Tim.*, III, 13. — [2] *Luc.*, XXIV, 49. — [3] I *Timoth.*, I, 18 — [4] *Matth.*, XV, 14.

« et non-seulement, dit saint Augustin [1], l'aveugle qui mène, mais encore l'aveugle qui suit ! » ils tomberont l'un sur l'autre; mais certes l'aveugle qui mène tombe d'autant plus dangereusement, qu'il entraîne les autres dans sa chute, et que Dieu redemandera de sa main le sang de son frère qu'il a perdu. Et pour voir un effet terrible de cette menace, considérez tant de royaumes arrachés du sein de l'Eglise par l'hérésie de ces derniers siècles. Recherchez les causes de tous ces malheurs, il s'élèvera autour de vous du creux des enfers comme un cri lamentable des peuples précipités dans l'abîme : C'est nos indignes pasteurs qui nous ont jetés dans ce lieu de tourment où nous sommes : leur inutilité et leur ignorance nous les a fait mépriser : leur vanité et leur corruption nous les a fait haïr injustement, il est vrai, car il falloit respecter Jésus-Christ en eux et les promesses faites à l'Eglise; mais enfin ils ont donné lieu aux spécieuses déclamations qui nous ont séduits; ces sentinelles endormies ont laissé entrer l'ennemi, et la foi ancienne s'est anéantie par la négligence de ceux qui en étoient les dépositaires.

O sainte Eglise gallicane, pleine de science, pleine de vertus, pleine de force, jamais, jamais, je l'espère, tu n'éprouveras un tel malheur (a) : la postérité te verra telle que t'ont vue les siècles passés, l'ornement de la chrétienté et la lumière du monde, toujours une des plus vives et des plus illustres parties de cette Eglise éternellement vivante, que Jésus-Christ ressuscité a répandue par toute la terre.

Mais nous, mes frères, voulons-nous mourir? Si nous ne commençons à vivre pour ne mourir plus, que nous sert d'être les membres d'un chef immortel et d'un corps, d'une Eglise qui ne doit jamais avoir de fin? C'est par cette considération qu'il faut finir ce discours.

TROISIÈME POINT.

Etrange impression qui s'est mise dans l'esprit des hommes, qui, pourvu qu'ils aient un recours fréquent aux sacremens de

---

[1] S. August., *Serm.* XLVI, n. 21.

(a) *Var.:* Pleine de vie, pleine de force, jamais tu ne verras un tel malheur.

l'Eglise, croient que les péchés qu'ils ne cessent de commettre ne leur font pas tout le mal qu'ils leur pourroient faire; et s'imaginent être chrétiens, parce qu'aussi souvent confessés qu'ils sont pécheurs, ils soutiennent dans une vie toute corrompue une apparence de vie chrétienne. Ce n'est pas là la doctrine que Jésus-Christ et ses apôtres nous ont enseignée. « Jésus-Christ ressuscité ne meurt plus [1]; » et de là que conclut saint Paul? « Ainsi vous devez penser que vous êtes morts au péché pour vivre à Dieu par Jésus-Christ Notre-Seigneur [2]; » et encore avec plus de force: « Si, dit-il, nous sommes morts au péché, comment pourrons-nous y vivre dorénavant [3]? » *Quomodo?* Comment? comment le pourrons-nous? Parole d'étonnement, qui fait voir l'Apôtre saisi de frayeur à la seule vue d'une rechute! Déplorable dépravation des chrétiens! Nous nous étonnons maintenant, quand ceux qui fréquentent les saints sacremens gardent les résolutions qu'ils y ont prises; et saint Paul s'étonnoit alors comment ceux qui les recevoient et qui étoient morts au péché, pouvoient y vivre. Si, dit-il, nous sommes morts au péché de bonne foi; si de bonne foi nous avons renoncé à ces abominables impuretés, à cette aigreur implacable d'un cœur ulcéré qui songe à se satisfaire par une vengeance éclatante, ou qui goûtant en lui-même une vengeance cachée, triomphe (a) secrètement de la simplicité d'un ennemi déçu; à ces meurtres que vous fait faire tous les jours une langue envenimée (b); à cette malignité dangereuse qui vous fait empoisonner si habilement et avec tant d'imperceptibles détours une conduite innocente; à cette fureur d'un jeu ruineux où votre famille change d'état à chaque coup, tantôt relevée pour un moment et tantôt précipitée dans l'abîme (c) : si nous avons renoncé à toutes ces choses et aux autres désordres de notre vie, comment pouvons-nous y vivre et nous replonger volontairement dans cette horreur?

Mais procédons par principes : les hommes ne reviennent que par là. Voici donc le fondement que je pose. Quand Dieu daigne se communiquer à sa créature, son intention n'est pas de se com-

---

[1] *Rom.*, VI, 9. — [2] *Ibid.*, 11. — [3] *Ibid.*, 2.
(a) *Var.* : Se rit. — (b) Bouche envenimée. — (c) Entièrement abîmée.

muniquer en passant : « Mon Père et moi, nous viendrons à eux, dit le Fils de Dieu, et nous ferons en eux notre demeure [1]; » et encore : « Le Saint-Esprit demeurera en vous et il y sera [2]; » et encore : « Qui mange ma chair et boit mon sang, demeure en moi et moi en lui [3]. » Une demeure réciproque ! En un mot l'Esprit de Dieu veut demeurer; car il est stable, constant, immuable de sa nature : il ne veut pas être en passant dans les ames, il y veut avoir une demeure fixe; et s'il ne trouve dans votre conduite quelque chose de ferme et de résolu, il se retire : ou, pour vous dire tout votre mal, s'il ne trouve rien de ferme et de résolu dans votre conduite, craignez qu'il ne se soit déjà profondément retiré de vous, et que vous ne soyez celui dont il est écrit : « Vous avez le nom de vivant, et vous êtes mort [4]. » Ne dites pas que ce n'est que fragilité : car si la fragilité qui est la grande maladie de notre nature, n'a point de remède dans l'Evangile, Jésus-Christ est mort et ressuscité en vain : en vain Dieu emploie à nous convertir, comme dit saint Paul, « la même vertu par laquelle il a ressuscité Jésus-Christ, » une vertu divine et surnaturelle : *In quo et resurrexistis per fidem operationis Dei, qui suscitavit illum à mortuis* [5]. Et croire qu'on prenne toujours dans les sacremens une vertu miraculeuse et toute-puissante en demeurant toujours également foible, de sorte qu'on puisse toujours mourir au péché et toujours y vivre, c'est une erreur manifeste.

Ce n'est pas que je veuille dire qu'on ne puisse perdre la grace recouvrée, et même la recouvrer plusieurs fois dans le sacrement de pénitence. Il faut détester (a) tous les excès : celui-ci est rejeté par toute l'Eglise et condamné manifestement dans toutes les Ecritures, qui n'ont point donné de bornes à la divine miséricorde ni à la vertu des saints sacremens. Mais comme je vous avoue que la vie chrétienne peut commencer quelquefois par l'infirmité, je dis qu'il en faut venir à la consistance. Un fruit n'est pas mûr d'abord et sa crudité offense le goût : mais s'il ne vient à maturité, ce n'est pas du fruit, c'est du poison. Ainsi le pécheur qui

---

[1] *Joan.*, XIV, 23. — [2] *Ibid.*, 17. — [3] *Ibid.*, VI, 57. — [4] *Apoc.*, III, 1. — [5] *Coloss.*, II, 12.

(a) Je déteste.

se convertit, pourvu qu'il déplore sa fragilité et qu'au lieu d'en être confus il ne s'en fasse pas une excuse, peut ne la pas vaincre d'abord ; et les fruits de sa pénitence, quoique amers et désagréables, ne laissent pas d'être supportés par l'espérance qu'ils donnent. Mais que jamais nous ne produisions ces dignes fruits de pénitence tant recommandés dans l'Evangile [1], c'est-à-dire « une conversion solide et durable, » *pœnitentiam stabilem* [2], comme l'appelle saint Paul (a) ; que notre pénitence ne soit qu'un amusement et, pour parler comme un saint concile d'Espagne, notre communion qu'un jeu sacrilége où nous nous jouons de ce que le ciel et la terre ont de plus saint, *ludere de dominicâ communione* [3] ; que notre vie, toute partagée entre la vertu et le crime, ne prenne jamais un parti de bonne foi ; ou plutôt qu'en ne gardant plus que le seul nom de vertu, nous prenions ouvertement le parti du crime, le faisant régner en nous malgré les sacremens tant de fois reçus, c'est un prodige inouï dans l'Evangile, c'est un monstre dans la doctrine des mœurs.

Faites-moi venir un philosophe, un Socrate, un Aristote, qui vous voudrez : il vous dira que la vertu ne consiste pas dans un sentiment passager, mais que c'est une habitude constante et un état permanent. Que nous ayons une moindre idée de la vertu chrétienne, et qu'à cause que Jésus-Christ nous a ouvert dans les sacremens une source inépuisable pour laver nos crimes ; plus aveugles que les philosophes qui ont cherché la stabilité dans la vertu, nous croyons être chrétiens lorsque nous passons toute notre vie dans une inconstance perpétuelle ; aujourd'hui dans les eaux de la pénitence et demain dans nos premières ordures ; aujourd'hui à la sainte table avec Jésus-Christ et demain avec Bélial et dans toute la corruption passée : peut-on déshonorer davantage le christianisme, et n'est-ce pas faire de Jésus-Christ même, chose abominable, un défenseur des mauvaises habitudes ? Ce n'est pas ainsi qu'il a parlé des rechutes (b), lui qui trouvant l'arbre cultivé et toujours infructueux, s'étonne de le voir encore

---

[1] *Luc.*, III, 8. — [2] II *Cor.*, VII, 10. — [3] *Concil. Eliberit.*, can. XLVII. Labb., tom. I, col. 975.

(a) *Var.* : Comme dit saint Paul. — (b) Ce n'est pas ainsi que Jésus-Christ en a parlé.

sur la terre et prononce qu'il n'est plus bon que pour le feu[1]. Quel effet attendez-vous de vos confessions stériles? Ne voyez-vous pas que vous vous trompez vous-mêmes (a); et qu'ennemis non pas du péché, mais du reproche de vos consciences qui vous inquiète, c'est de cette inquiétude, et non du péché, que vous voulez vous défaire; de sorte que (b) le fruit de vos pénitences, c'est d'étouffer le remords et de vous faire trouver la tranquillité (c) dans le crime?

— Ah! il est vrai, vous me convainquez : dans la foiblesse où je suis, jamais je n'approcherai (d) des saints sacremens. — J'avois prévu cette malheureuse conséquence. Nous voici donc dans ces temps dont parle saint Paul, « où les hommes ne peuvent plus soutenir la saine doctrine[2]. » Prêchez-leur la miséricorde toujours prête à les recevoir, au lieu d'être attendris par cette bonté, ils ne cesseront d'en abuser jusqu'à ce qu'ils la rebutent et la changent en fureur; faites-leur voir le péril où les précipite le mépris des saints sacremens, il n'y a plus de sacremens pour eux. Combien en effet en connoissons-nous qui n'ont plus rien de chrétien que ce faux respect pour les sacremens, qui fait qu'ils les abandonnent, de peur, disent-ils, de les profaner! Le beau reste de christianisme (e), comme si on pouvoit faire, pour ainsi parler, un plus grand outrage aux remèdes que d'en être environné sans daigner les prendre, douter de leur vertu et les laisser inutiles!

O Jésus-Christ ressuscité, parlez vous-même. Vous avez dit de votre bouche sacrée, que « les morts qui seroient gisans dans les tombeaux entendroient la voix du Fils de l'homme, et sortiroient des ombres de la mort[3]. » O vous plus morts que les morts, morts de quatre jours, dont les entrailles déjà corrompues par des habitudes invétérées font horreur aux sens; « squelettes décharnés, os desséchés, » où il n'y a plus de suc ni aucun reste de l'ancienne forme; quoiqu'une pierre pesante vous couvre, et que rien ne semble capable de forcer la dureté de votre cœur, « Ecoutez

---

[1] *Luc.*, XIII, 6 et seq. — [2] II *Tim.*, IV, 3. — [3] *Joan.*, V, 25, 28.

(a) *Var.*: Ne voyons-nous pas que nous nous trompons nous-mêmes, etc. — (b) En sorte que. — (c) La sécurité. — (d) Je me garderai bien d'approcher. — (e) De piété.

la voix du Fils de l'homme : » *Ossa arida, audite verbum Domini*[1]. Est-ce en vain que saint Paul a dit que Dieu emploie pour vous convertir, et qu'il a mis dans ses sacremens « la même vertu par laquelle il a ressuscité Jésus-Christ, » *secundùm operationem potentiæ virtutis ejus, quam operatus est in Christo, suscitans illum à mortuis*[2]; par conséquent une vertu infinie, une vertu miraculeuse, une vertu qui ressuscite les morts ? Pourquoi donc voulez-vous périr ?

— Ah ! j'ai trop abusé des graces, et j'ai épuisé tous les remèdes. — Mais pourquoi accusez-vous les remèdes que vous n'avez jamais pris qu'avec négligence ? Avez-vous gémi ? avez-vous prié ? Après avoir découvert vos plaies cachées à un sage médecin, avez-vous vécu dans le régime nécessaire, épargnant à votre foiblesse jusqu'aux occasions les moins dangereuses, et songeant plutôt à éviter les tentations qu'à les combattre ? — Mais cette vie est trop ennuyeuse, et on ne peut la souffrir. — Songez, songez non pas aux ennuis, mais aux douleurs et au désespoir d'une éternité malheureuse. Ce n'est pas ce qu'il nous faut faire pour notre salut qui doit nous sembler difficile, mais ce qui nous arrivera si nous en abandonnons le soin. Faites donc un dernier effort. Vous consultez trop longtemps. Ecoutez le conseil de saint Augustin ; il a été dans la peine où je vous vois (a), et saura bien vous conseiller ce qu'il y faut faire. *Nolite libenter colloqui cum cupiditatibus vestris*[3] *:* « Cessez, dit ce pécheur si parfaitement converti, cessez de discourir avec vos passions et avec vos foiblesses. » Vous écoutez trop leurs vaines excuses, les délais qu'elles vous proposent, les mauvais exemples qui les entretiennent, la mauvaise honte qu'elles vous remettent continuellement devant les yeux, et enfin les mauvaises compagnies qui vous entraînent au mal comme malgré vous. Ne voyez-vous pas l'erreur des hommes, qui ne trouvant dans leurs plaisirs qu'une joie trompeuse et jamais le repos qu'ils cherchent, s'étourdissent les uns les autres et s'encouragent mutuellement à mal faire, toujours plus déterminés en compagnie qu'en particulier ; marque visible

---

[1] *Ezech.*, xxxvii, 4. — [2] *Coloss.*, ii, 12. — [3] *In Psal.* cxxxvi, n. 21.
(a) *Var.* : Il a passé par cette épreuve.

d'égarement, et que leurs plaisirs destitués de la vraie nature du bien et toujours suivis du dégoût, ont besoin pour se soutenir du tumulte qui offusque la réflexion. Cessez de les écouter, si vous ne voulez périr avec eux. Une grande résolution se doit prendre par quelque chose de vif et avec un soudain effort : demain, c'est trop tard; sortez aujourd'hui de l'abîme où vous périssez et où peut-être vous vous déplaisez depuis si longtemps. On n'aura pas demain un autre Evangile, un autre enfer, ni un autre Dieu et un autre Jésus-Christ à vous prêcher : l'Eglise a fait ses derniers efforts dans cette fête, et a épuisé toutes ses menaces. La vieillesse, où vous mettez votre confiance, ne fera que vous affoiblir l'esprit et le cœur, et répandre sur vos passions un ridicule qui vous rendra la fable du monde, mais qui n'opérera pas votre conversion. La mort, qui la suit de près, vous fera jouer peut-être le personnage de pénitent comme à un Antiochus : vous serez alarmés et non convertis : votre ame sera jetée dans un trouble irrémédiable; et incapable dans sa frayeur de se posséder elle-même, elle vous fera rouler sur les lèvres des actes de foi suggérés, comme l'eau court (a) sur la pierre sans la pénétrer : ainsi il n'y aura plus pour vous de miséricorde.

« Ah ! mes frères, j'espère de vous de meilleures choses, encore que je parle ainsi : » *Confidimus autem de vobis, dilectissimi, meliora et viciniora saluti, tametsi ita loquimur* [1]. Car pourquoi voulez-vous mourir, maison d'Israël, peuple béni, peuple bien-aimé, autrefois enfans de colère et maintenant enfans d'adoption et de dilection éternelle; vous pour qui toutes les chaires retentissent d'avertissemens salutaires, pour qui coulent toutes les graces dans les sacremens, pour qui toute l'Eglise est en travail et s'efforce de vous enfanter en Jésus-Christ; mais pour qui Jésus-Christ est mort, pour qui ce Sauveur ressuscité ne cesse d'intercéder auprès de son Père par ses plaies, pourquoi voulez-vous mourir? Vivez, vivez plutôt, mes chers frères, c'est Dieu même qui vous le demande, qui vous y exhorte, qui vous l'ordonne, qui vous en prie : et nous, indignes interprètes de ses volontés et ministres tels quels de sa

---

[1] *Hebr.*, VI, 9.
(a) *Var.:* Coule.

parole, nous secondons le dessein de sa miséricorde, et de cette même bouche dont nous vous consacrons les divins mystères, « nous vous conjurons pour Jésus-Christ avec l'Apôtre, réconciliez-vous à Dieu : » *Obsecramus pro Christo, reconciliamini Deo*[1]; et encore avec le prophète : « Convertissez-vous, et vivez [2]; » mais afin de vivre pour ne mourir plus, vivez dans les précautions nécessaires à la foiblesse. » Souvenez-vous, dit Jésus-Christ, de la femme de Lot [3], » et de la suite funeste d'un regard fugitif, et du monument éternel que Dieu nous y donne des châtimens qui suivent les moindres retours vers les objets qu'il faut quitter (a). Le grand mal des Israélites sous Achab et celui qui les fit périr sans ressource, c'est que parmi les dieux étrangers dont ils encensoient les autels, « ils furent, dit l'Ecriture, si abominables qu'ils adorèrent les dieux des Amorrhéens que Dieu avoit mis en fuite devant eux [4]. » Ces dieux vaincus, ces dieux renversés avec les peuples qui les servoient, furent révérés des Israélites et devinrent l'objet de leur culte; ce fut le comble de leurs maux et le pas le plus prochain vers la perdition. Craignez une semblable aventure : que ces idoles abattues ne voient jamais redresser leurs abominables autels; que la pensée de la mort efface tout l'éclat qui vous éblouit; que la résurrection de Jésus-Christ ouvre vos yeux aux biens éternels, et enfin que jamais le monde vaincu ne redevienne vainqueur.

Sire, quel autre sait mieux (b) que vous assurer une victoire? Et de qui pouvons-nous apprendre avec plus de fruit les véritables effets d'un triomphe entier que de cette main invincible sous laquelle tant d'ennemis abattus ont vu tomber tout ensemble et leurs forces et leur courage; et malgré leur secret dépit, ont perdu avec l'espérance de se relever jusqu'à l'envie de combattre? Jamais le monde ne sera tout à fait vaincu par les chrétiens, jusqu'à ce qu'il soit atterré de cette sorte et qu'à force de le vaincre, nous l'ayons réduit à désespérer pour jamais de rétablir dans nos

[1] II *Cor.*, v, 20. — [2] *Ezech.*, XVIII, 32. — [3] *Luc.*, XVII, 32. — [4] III *Reg.*, XXI, 26.

(a) *Var.*: Souvenez-vous, dit Jésus-Christ, de la femme de Lot, monument éternel de la punition de ceux qui tournent les yeux vers les objets qu'ils ont quittés. — (b) Qui sait mieux.

cœurs son empire renversé. Mais Sire, Votre Majesté, après la victoire si pleine et si assurée, a donné la paix à ses ennemis domptés (a); et cette paix tant vantée, mais qui ne l'est pas encore assez, fait le comble de votre gloire. Dans la guerre que les chrétiens ont à soutenir, il n'y a ni paix ni trêve, puisque si le monde cesse quelquefois de nous attaquer par le dehors, nous-mêmes nous ne cessons par de continuels combats de mettre notre salut en péril : de sorte que (b) l'ennemi est toujours aux portes et que le moindre relâchement, le moindre retour, enfin (c) le moindre regard vers la conduite passée, peut en un moment faire évanouir toutes nos victoires et rendre nos engagemens plus dangereux que jamais. Il faut donc s'armer de nouveau après le triomphe. Prenez, Sire, ces armes salutaires dont parle saint Paul [1], la foi, la prière, le zèle, l'humilité, la ferveur : c'est par là qu'on peut (d) s'assurer la victoire parmi les infirmités et dans les tentations de cette vie. Arbitre de l'univers et supérieur même à la fortune, si la fortune étoit quelque chose, c'est ici la seule occasion où vous pouvez craindre sans honte, et il n'y a plus pour vous qu'un seul ennemi à redouter, vous-même, Sire, vous-même; vos victoires, votre propre gloire, cette puissance sans bornes (e) si nécessaire à conduire un Etat, si dangereuse à se conduire soi-même : voilà le seul ennemi dont vous ayez à vous défier (f). Qui peut tout ne peut pas assez; qui peut tout ordinairement tourne sa puissance contre lui-même; et quand le monde nous accorde tout, il n'est que trop malaisé de se refuser quelque chose. Mais aussi c'est la grande gloire et la parfaite vertu de savoir, comme vous, se donner des bornes et demeurer dans la règle, quand la règle même semble nous céder.

Pour vivre dans cette règle qui soumet à Dieu toute créature, il faut, Sire, quelquefois descendre du trône. L'exemple de Jésus-Christ nous fait assez voir que « celui qui descend, c'est celui qui monte. Celui qui est descendu, dit saint Paul, jusqu'aux profondeurs de la terre, c'est celui qui est monté au plus haut des cieux [2] : »

---

[1] *Ephes.*, VI, 11 et suiv. — [2] *Ephes.*, IV, 9, 10.

(a) *Var. :* Vaincus. — (b) En sorte que. — (c) En un mot. — (d) Qu'on peut assurer sa victoire...... (e) Votre puissance sans bornes. — (f) Dont vous ayez à vous garder; — que vous avez à combattre.

il faut donc descendre avec lui, quelque grand qu'on soit; descendre pour s'humilier, descendre pour se soumettre, descendre pour compatir, pour écouter de plus près la voix de la misère qui perce le cœur et lui apporter un soulagement digne d'une si grande puissance. Voilà comme Jésus-Christ est descendu. Qui descend ainsi remonte bientôt. C'est, Sire, l'élévation que je vous souhaite. Ainsi votre grandeur sera éternelle ; votre Etat ne manquera jamais : nous vous verrons toujours roi, toujours couronné, toujours vainqueur et en ce monde et en l'autre, par la grace et la bénédiction du Père, du Fils, et du Saint-Esprit.

PREMIER ABRÉGÉ D'UN SERMON

POUR

LE JOUR DE PAQUES.

O stulti et tardi corde ad credendum in omnibus quæ locuti sunt prophetæ! Nonne hæc oportuit pati Christum, et ita intrare in gloriam suam?
Luc., XXIV, 25, 26.

Cette vérité, combien inculquée par l'Eglise dans ce saint temps. Cet évangile se lira demain. Mardi, l'Evangile selon saint Luc, où il est dit à la fin : *Quoniam sic scriptum est, et sic oportebat Christum pati* [1]. Et le mercredi, dans l'Epître : *Deus autem, quæ prænuntiavit per os omnium prophetarum pati Christum suum, sic implevit* [2].

— Quoi donc! encore la passion! — Oui, la passion, mais comme chemin à la gloire. Trois vérités : 1° passer par la croix; 2° en quoi consiste cette croix ; 3° les moyens.

La nécessité de passer par la croix. Jésus-Christ : *Si quis vult post me venire......, tollat crucem : ad omnes. Quotidiè* [3]. Et saint Paul, *per omnes civitates : Quia per multas tribulationes oportet nos intrare in regnum Dei* [4]. L'exemple de Jésus-Christ qui vou-

---

[1] *Luc.*, XXIV, 46. — [2] *Act.*, III, 18. — [3] *Luc.*, IX, 23. — [4] *Act.*, XIV, 21.

loit par là, 1° expier le péché; 2° montrer son amour. Nous de même.

Combien important, combien difficile d'entendre cette vérité. Les apôtres, point entendre les souffrances de Jésus-Christ; remarquez *Luc.*, IX, 17; voyoient la suite : *Sequatur me* [1]. Pierre se fait appeler Satan : *Absit, absit à te, Domine, non erit tibi hoc* [2]. Oui, son royaume : *Dic ut sedeant hi duo filii mei, unus ad dexteram tuam, et unus ad sinistram in regno tuo* [3]. Mais lui : *Potestis ne bibere calicem* [4]? Ouvrons donc les yeux à cette grande vérité. *Si hoc in viridi ligno faciunt, in arido quid fiet* [5] ?

Mais que devons-nous souffrir? Je pourrois vous dire : Maladies, disgraces, pauvreté, perte de biens, etc.; mais autre chose. *Abneget semetipsum* [6]. Croix inévitable. Renoncer à soi-même : combattre ses mauvais désirs, son avarice, sa mollesse, sa paresse, sa lenteur, son inquiétude, son ambition, ses attachemens, ses commerces, en un mot ses sens, ses plaisirs, son goût qui mène à d'autres goûts, ses inimitiés, son indocilité, son arrogance, ses vengeances, son immodestie et cet amour des parures, sa vanité. Combat continuel : s'arracher; sanglant, violent : *Violenti rapiunt illud...... vim patitur* [7]. — *Multa pati et reprobari à generatione hâc* [8]. Retenir ses murmures. Dans les maladies, ingratitude envers ceux qui nous soulagent; on se prend à eux de son mal.

Les moyens. L'exemple de Jésus-Christ. Avec lui : *Proposito sibi gaudio sustinuit crucem, confusione contemptâ* [9]. — *Absterget Deus omnem lacrymam ab oculis eorum* [10].— *Mulier cùm parit, tristitiam habet, quia venit hora ejus; cùm autem pepererit puerum, jam non meminit pressurœ propter gaudium, quia natus est homo in mundum* [11].

Deux tableaux : le juste souffrant, le méchant souffrant. Le juste souffrant : Job, Jérémie, Daniel, saint Etienne. Le méchant souffrant : *Apocalypse*, x. Pourquoi contre Dieu? On sent que tout vient de Dieu : on s'emporte contre lui. Espèce de religion

---

[1] *Luc.*, IX, 23. — [2] *Matth.*, XVI, 22, 23. — [3] *Matth.*, XX, 21. — [4] *Ibid.*, 22.
[5] *Luc.*, XXIII, 31. — [6] *Luc.*, IX, 23. — [7] *Matth.*, XI, 12. — [8] *Luc.*, XVII, 25. —
[9] *Hebr.*, XII, 2. — [10] *Apoc.*, VII, 17. — [11] *Joan.*, XVI, 21.

dans le blasphème : on reconnoît que c'est Dieu...., sa justice. En soulagent-ils leurs maux? Au contraire : *Commanducaverunt linguas suas præ dolore* [1]. Leur rage, leur dépit les augmentent, les aigrissent, commencent leur enfer. Et les autres : ils louent, ils bénissent, ils pardonnent. Les méchans s'emportent contre ceux qui les soulagent. Saint Etienne, pour ceux qui le font mourir. Ce malade impatient, pourquoi s'en prend-il à sa femme et à ses enfans? On ne veut pas avoir besoin, on ne veut pas dépendre. Fond d'orgueil. En toutes manières ceux qui souffrent mal, venin dans leur plaie. Mais au contraire l'humilité, la patience, quel baume! quel merveilleux adoucissement! Quoi de plus doux que ce que dit Job : *Verbosi amici mei, ad Deum stillat oculus meus* [2]. Oui, je verse des larmes, mais c'est devant vous, c'est pour vous, de confiance, de tendresse. C'est vous que je veux fléchir, de qui je veux m'attirer la compassion. Que me fait la pitié des hommes? Et cependant on veut être plaint. Trop de foiblesse, amour-propre. « Mais, ô mon Dieu, ma miséricorde [3]. » *Tu autem, Domine, miserere mei et resuscita me* [4].

Si vous vous attachez à lui, voici sa promesse : *Ego scio cogitationes quas cogito super vos.* Vous ne les savez, mais je les sais : *Cogitationes pacis et non afflictionis, ut dem vobis finem* [5] : la fin de ces maux. Et si ce n'est pas sitôt : *Et patientiam;* ce qui vaut mieux que la fin des maux, parce que « l'affliction produit la patience; l'épreuve, l'espérance, laquelle ne nous trompe pas [6], » parce que « celui qui espère en Dieu ne sera jamais confondu [7]; » mais éternellement rendu heureux avec le Père, le Fils et le Saint-Esprit. *Amen.*

[1] *Apoc.*, XVI, 10, 11. — [2] *Job*, XVI, 21. — [3] *Psal.* LVIII, 18. — [4] *Psal.* XL, 11. — [5] *Jerem.*, XXIX, 11. — [6] *Rom.*, V, 3-5. — [7] *Eccli.*, II, 11.

SECOND ABRÉGÉ D'UN SERMON

POUR

LE JOUR DE PAQUES (a).

Gaudete in Domino semper; iterùm dico, gaudete. Philip., IV, 4.

Quel nouveau commandement ! Peut-on commander de se réjouir? La joie veut naître de source; ni commandée ni forcée. Quand on possède le bien qu'on désire, d'elle-même avec abondance. Quand il manque, on a beau dire: Réjouissez-vous; eût-on itéré mille fois ce commandement, la joie ne vient pas. Et toutefois c'est un précepte de l'Apôtre; trois fois dans cette *Epître :* « Au reste, mes Frères, réjouissez-vous en Notre-Seigneur [1]; » ici : « Réjouissez-vous toujours [2]; » et encóre : « Réjouissez-vous ; » aux Thessaloniciens : « Réjouissez-vous toujours [3]. » Et de peur que vous ne croyiez que ce soit un précepte apostolique, Notre-Seigneur : *Gaudete et exultate* [4]; et il le répète souvent, et c'est le commandement de Jésus-Christ ressuscité. Tout est en joie dans l'Eglise. Je vous ai prêché la componction, qui est le sentiment qu'inspire Jésus-Christ crucifié; aujourd'hui, la joie que Jésus-Christ ressuscité........ Il ne faut pas toujours reprendre les vices, enseigner la perfection et les vertus. « Matière haute qui passe les sens, » *quæ exsuperat omnem sensum* [5]. Un peu de ce goût céleste, par la grace du Saint-Esprit et l'intercession de la sainte Vierge.

Celui qui nous commande de nous réjouir, nous commande d'aimer; mais celui qui nous commande de nous réjouir toujours, nous commande d'aimer un objet toujours heureux, et d'aimer un objet toujours présent. Appuier. — Car, hélas! peut-on être en joie? Et cet objet. C'est Jésus-Christ ressuscité. Toujours heureux, il ne meurt plus; toujours présent, il demeure en nous par la foi.

[1] *Philip.*, III, 1. — [2] *Ibid.*, IV, 4. — [3] I *Thess.*, V, 16. — [4] *Matth.*, V, 12. — [5] *Philip.*, IV, 7.

(a) Ecrit de la main de Bossuet au commencement du manuscrit: « Pâque, 1685. » En outre l'auteur décrit une cérémonie qui étoit propre à l'église de Meaux.

Mais celui qui commande deux fois de se réjouir semble avoir vu en Jésus-Christ deux sujets de joie pour ceux qui l'aiment : les graces déjà reçues par Jésus-Christ ressuscité, les graces assurées et promises par sa résurrection; les graces de la vie présente, et celles qu'on espère dans la vie future. Deux points.

PREMIER POINT.

La joie, dans son origine, devoit être avec la sainteté. Dieu est une nature bienheureuse; mais il est bienheureux, parce qu'il est saint. Là donc est la source de la joie, ou plutôt n'appelons pas joie. Joie, transport, ravissement vient de dehors; à Dieu, point. Disons qu'il est bienheureux; mais afin que nous le fussions, il nous a envoyé la joie comme l'acte le plus parfait d'un amour heureux et jouissant. Dans les anges. Ils ne sont pas demeurés dans la vérité : la joie les a quittés. Dans le paradis terrestre, objets agréables; la joie avec l'innocence. Pourquoi donc nous demeure-t-il des joies sensibles? Recourez à l'origine : elles étoient avec l'innocence : Dieu nous les laisse pourtant, — afin que nous entendions que ce ne sont pas les meilleures, — comme peine. Car il est juste, ô Seigneur, que toute ame déréglée soit punie par son propre dérèglement. Qui se réjouit hors de vous, punie, déçue, tourmentée par sa propre joie. Quand elle s'engage dans le péché, déception; quand elle échappe, tourment par le souvenir.

Jésus-Christ ressuscité ramène les vraies joies; mais il les joint avec l'innocence, avec la rémission des péchés : *Resurrexit propter justificationem nostram* [1]. — *Quod si Christus non resurrexit, vana est fides vestra; adhuc enim estis in peccatis vestris* [2]. S'il n'est pas ressuscité, Dieu n'a pas agréé son sacrifice, il l'a laissé dans le tombeau mort comme les autres; mort comme les autres pécheurs, et non pas comme Sauveur, et non pas comme « libre entre les morts [3]. » Goûtons donc la joie de la rémission des péchés. *Benedic, anima mea, Domino* [4]. Le passage d'Isaïe : *Memento horum Jacob* [5]. Et : *Delevi ut nubem iniquitates tuas et quasi nebulam peccata tua; revertere ad me, quoniam redemi*

---

[1] *Rom.*, IV, 25. — [2] *I Cor.*, XV, 17. — [3] *Psal.* LXXXVII, 6. — [4] *Psal.* CII, 1. — [5] *Isa.*, XLIV, 21.

te ¹. Et : *Laudate, cœli, quoniam misericordiam fecit Dominus; jubilate, extrema terræ; resonate, montes, laudationem, saltus et omne lignum ejus, quoniam redemit Dominus Jacob, et Israel gloriabitur* ². — *Ipse castigavit nos propter iniquitates nostras et ipse salvabit nos propter misericordiam suam* ³. Comme un criminel qui attend dans un cachot, toutes les fois qu'il entend remuer la porte terrible et gémir les gonds redoublés, croit sa dernière heure; on lui annonce sa grace : *Jubilate, montes, laudationem.* Et vous qui, pas encore justifiés, venez entendre : *Remittuntur ei peccata multa* ⁴, épanchez vos pleurs, vos parfums, etc.

SECOND POINT.

Mais de là une autre joie : le royaume futur. Jésus-Christ ressuscité nous l'assure; gage de notre résurrection : *Et nos resurgemus.*

La cérémonie de ce matin (*a*). Le sacré pontife baise l'Evangile; aux deux côtés : *Resurrexit Dominus.* Lui, de l'Evangile; eux, des apôtres : *Ego enim accepi à Domino quod et tradidi vobis* ⁵. La parole passe de bouche en bouche : *Resurrexit Dominus;* c'est la prédication par là venue jusqu'à nous, et qui ira jusqu'à la fin des siècles. Mais qu'ajoute-t-on? *Credo*, « Je le crois. » Et celui qui dit : « Je le crois, » dit à l'autre : *Resurrexit Dominus.* Par ces deux mots, par celui de la prédication et celui de la foi. Mais que veut dire ce *Credo?* Si Jésus-Christ est ressuscité; *et nos resurgemus.* Jésus-Christ est ressuscité, mais tout entier, de là la joie. Car que craindre? Quoi? pauvre, un royaume! *Complacuit Patri vestro dare vobis regnum* ⁶. Ne vous réjouissez donc pas de ce que, etc.; mais de ce que Jésus-Christ est ressuscité, et nous tous en lui pour aller régner avec lui.

¹ *Isa.*, XLIV, 22. — ² *Ibid.*, 23. — ³ *Tob.*, XIII, 5. — ⁴ *Luc.*, VII, 47. — ⁵ 1 *Cor.*, XI, 23. — ⁶ *Luc.*, XII, 32.

(*a*) Dans l'église de Meaux, l'évêque, après les Matines du jour de Pâques, ou le célébrant en son absence, s'avance avec les chanoines vers l'autel : après l'avoir baisé, il salue premièrement le chantre, et ensuite le sous-chantre, en leur disant : *Surrexit Dominus :* chacun des deux lui répond : *Credo;* et aussitôt ils saluent de la même manière ceux qui les suivent immédiatement, qui leur répondent aussi : *Credo,* et ainsi successivement l'un à l'autre ils s'adressent les mêmes paroles et se font la même réponse. (*Edit. de Déforis.*)

Mais pour goûter cette joie céleste, fuyez ces joies qui nous sont laissées pour notre supplice. *Gaudio dixi : Quid frustrà deciperis* [1]? Cette joie qui commence à naître; tu n'es plus maîtresse de tes désirs, tu ne possèdes plus ta volonté : crains cette joie. Je te vois verser un torrent de pleurs; tu n'oses lever la tête : ah! si tu avois connu la séduction de la joie! *Quid frustrà deciperis?* Et toi qui as tendu à ton ennemi d'imperceptibles lacets, piéges invisibles, tu as dit : Qui nous verra? Il est tombé à tes pieds; triomphe du cœur : *Frustrà deciperis*. Tu effleures la peau; à toi le poignard dans le sein. Défiez-vous donc de la joie qui vient des sens; car il en est comme de ces villes qu'on prend dans une fête. On feint une paix : joie partout : tout d'un coup le feu, l'épée, le carnage. On commence à dire : Malheureuse joie! Il n'est plus temps; il faut périr. Il falloit avoir connu auparavant que le ris est une erreur, et dire à la joie : Tu t'es vainement trompée. Quand donc une joie soudaine et trop vive; la vapeur monte à la tête, on s'enivre; c'est l'ennemi qui veut te perdre.

La vie humaine, semblable à un chemin; dans l'issue est un précipice affreux. On nous en avertit dès le premier pas; mais la loi est prononcée, il faut avancer toujours. Je voudrois retourner sur mes pas : Marche, marche. Un poids invincible, une force invincible nous entraîne; il faut sans cesse avancer vers le précipice. Mille traverses, mille peines. Encore si je pouvois éviter ce précipice affreux! Non, non; il faut marcher, il faut courir. Rapidité des années. On se console pourtant, parce que de temps en temps, des objets qui nous divertissent, des eaux courantes, des fleurs qui passent, etc. On voudroit arrêter : Marche, marche. Et cependant on voit tomber derrière soi tout ce qu'on avoit passé. Fracas effroyable, inévitable ruine. On se console, parce qu'on emporte quelques fleurs cueillies en passant qu'on voit se faner entre ses mains du matin au soir, quelques fruits qu'on perd en les goûtant. Enchantement. Toujours entraîné, tu approches du gouffre affreux. Déjà tout commence à s'effacer : les jardins moins fleuris, les fleurs moins brillantes, leurs couleurs moins vives, les prairies moins riantes, les eaux moins claires. Tout se ternit, tout

---

[1] *Eccle.*, II, 2.

s'efface. L'ombre de la mort. On commence à sentir l'approche du gouffre fatal. Mais il faut aller sur le bord; encore un pas. Déjà l'horreur trouble les sens, la tête tourne, les yeux..... Il faut marcher. En arrière! Plus de moyen; tout est tombé, tout est évanoui, tout est échappé.

Je n'ai pas besoin de vous dire que ce chemin, c'est la vie; que ce gouffre, c'est la mort. Mais la mort finit tous les maux passés, et se finit elle-même? Non, non : dans ces gouffres, des feux dévorans, grincemens de dents, un pleur éternel, un feu qui ne s'éteint pas, un ver qui ne meurt pas. Tel est le chemin de celui qui s'abandonne aux sens, plus court aux uns qu'aux autres. On ne voit pas la fin. Quelquefois on tombe sans y penser et tout d'un coup. Mais le fidèle...... Jésus-Christ, qui l'accompagne toujours..... il méprise ce qu'il voit périr et échapper. Au bout, près de l'abîme, une main invisible le transportera; ou plutôt il y entrera comme Jésus-Christ, il mourra comme Jésus-Christ, pour triompher de la mort. Quiconque a cette foi, il est heureux (*a*). Joie de Jésus-Christ ressuscité, qui dégoûte des joies qui passent, et qui donnera la joie éternelle, au nom du Père, et du Fils, et du Saint-Esprit.

(*a*) *Note Marg.*: La joie de Tobie. *O Jerusalem, beati omnes qui diligunt te* (*Tob.*, XIII, 18); qui verront tes murailles rétablies, ton sanctuaire, tes sacrifices. *Beatus ero, si fuerint reliquiæ seminis mei ad videndam claritatem Jerusalem* (Ibid., 20). Combien plus la céleste Jérusalem!

SERMON

POUR

LE DIMANCHE DE QUASIMODO,

SUR LA PAIX FAITE ET ANNONCÉE PAR JÉSUS-CHRIST (a).

Venit Jesus, et stetit in medio, et dixit eis : *Pax vobis*. Joan., xx, 19.

La justice et la paix sont deux intimes amies ; elles se baisent, dit le Roi-Prophète, et se tiennent si étroitement embrassées, que nulle force n'est capable de les désunir : *Justitia et pax osculatæ sunt* [1]. Où la justice n'est pas reçue, il ne faut pas espérer que la paix y vienne ; et c'est pourquoi les crimes des hommes ayant chassé la justice par toute la terre, la paix aussi les avoit quittés et s'étoit retirée au ciel, qui est le lieu de son origine. Mais après que la mort de notre Sauveur a eu rétabli (b) la justice par la rémission des péchés, la paix sa fidèle compagne a commencé de paroître aux hommes avec ce visage tranquille qui porte la joie dans le fond des cœurs : *Pax vobis*, dit le Fils de Dieu ; et saint Paul publiant par toute la terre la paix que le Fils de Dieu nous a méritée, écrit aux Romains ces grandes paroles : « Etant donc justifiés par la foi, nous sommes en paix avec Dieu par Notre-Seigneur Jésus-Christ [2], » reconnoissant bien, chrétiens, qu'on ne peut être en paix avec Dieu sans être revêtu de sa justice (c). Cette paix accordée entre Dieu et l'homme par la médiation du

---

[1] *Psal.* LXXXIV, 11. — [2] *Rom.*, V, 1.

(a) Prêché à Metz en 1658, ou à Paris en 1659.
Inutile de signaler les traits qui dénoncent, dans ce sermon, la fin de la première époque ou le commencement de la deuxième : le lecteur les remarquera lui-même au premier coup d'œil.
(b) *Var.* : Mais aussitôt que la mort de notre Sauveur a eu rétabli : — mais la mort de notre Sauveur ayant rétabli. — (c) Nous avons la paix avec Dieu par Notre-Seigneur Jésus-Christ, reconnoissant bien, chrétiens, que pour être en paix avec Dieu, il faut être revêtu de la justice.

sauveur Jésus étant le sujet principal de notre évangile, sera la matière de ce discours.

Le déluge est passé, les cataractes du ciel se sont refermées : le Fils de Dieu (*a*) ayant soutenu tous les flots de la colère divine qui venoient accabler les hommes, les eaux maintenant se sont retirées, la colombe s'approche de nous avec une branche d'olive, Jésus-Christ s'avance au milieu des siens et leur annonce que la paix est faite : *Et dixit eis : Pax vobis.* A ce mot de paix, chrétiens, tous les cœurs sont saisis de joie, tous les troubles s'évanouissent, toutes les premières terreurs se dissipent ; les apôtres épouvantés se rassurent voyant le Seigneur, et ne se lassent d'admirer celui qui ayant été par sa grace l'unique négociateur de cette paix, leur en vient encore lui-même donner la nouvelle : *Gavisi sunt discipuli viso Domino* [1].

Les apôtres (*b*) ne sont pas les seuls qui doivent se réjouir en Notre-Seigneur de ce traité de paix admirable ; et comme nous y avons été compris avec eux, nous devons participer à leur joie commune. Nous étions des sujets rebelles qui ne pouvions éviter la juste vengeance qui étoit due à notre révolte ; et enfin notre souverain (*c*) nous donne la paix. O Dieu, qui nous dira le secret de cette importante négociation ? De quelle sorte s'est fait ce traité ? Quelles conditions nous a-t-on données (*d*) ? Quels fruits recevra la nature humaine de cette sainte et divine paix ? C'est ce qu'il faut tâcher de vous faire entendre, et trois circonstances de notre évangile nous en donneront l'éclaircissement.

Je remarque premièrement que Jésus paroissant au milieu des siens et leur donnant le salut de paix, « il leur montre en même temps ses mains et ses pieds : » *Et cùm hoc dixisset, ostendit eis manus et pedes* [2], c'est-à-dire les cicatrices de ses plaies (*e*) sacrées. Je vois secondement dans mon évangile que les apôtres étoient retirés, que « les portes étoient fermées, » *et fores essent clausæ* [3], nul n'y pouvoit entrer que le Fils de Dieu ; si bien que les voyant

---

[1] *Joan.*, xx, 20. — [2] *Luc.*, xxiv, 40. — [3] *Joan.*, xx, 19.

(*a*) *Var.* : Jésus-Christ. — (*b*) Les disciples. — (*c*) Notre prince. — (*d*) Quelles conditions nous impose-t-on ? — (*e*) De ses blessures.

séquestrés du monde, il vint tout à coup leur donner la paix (a) : *Pax vobis*. Et il redoubla encore une fois cette bienheureuse salutation, lorsqu'il vit qu'ils le regardoient et ne s'attachoient qu'à lui seul : *Dixit ergo eis iterùm : Pax vobis* [1]. Enfin la troisième chose que j'ai observée, c'est qu'il leur fait présent de ses dons célestes, il leur donne son Saint-Esprit : *Accipite Spiritum sanctum* [2]. Il les envoie par toute la terre le porter à tous les fidèles : « Comme mon Père m'a envoyé, ainsi, dit-il, je vous envoie ; » allez-vous-en étendre par tous les peuples la grace qui vous a été accordée : « Ceux dont vous remettrez les péchés, j'entends qu'ils leur soient remis : » *Sicut misit me Pater, et ego mitto vos ;..... quorum remiseritis peccata, remittuntur eis* [3]. Voilà trois circonstances de notre évangile, lesquelles, Messieurs, si nous entendons (b), nous y lirons manifestement toute l'histoire de notre paix. Vous demandez par quels moyens elle a été faite, et le Fils de Dieu vous montre ses plaies ; vous désirez en savoir les conditions, regardez dans son Evangile (c) ses disciples séquestrés du monde, qui n'ont d'attachement qu'à lui seul ; vous en voulez enfin connoître les fruits, voyez le Saint-Esprit répandu et les dons du ciel versés sur les hommes.

Mais peut-être que ce mystère de paix ne vous paroît pas encore assez clairement ; mettons-le, s'il se peut, dans un plus grand jour, et réduisons en peu de paroles tout l'ordre de notre dessein sur le fondement de notre évangile. Ma proposition générale, c'est que le Fils de Dieu a fait notre paix ; et pour vous en expliquer le particulier, je dirai premièrement, chrétiens, que le moyen dont il s'est servi ç'a été sa mort, et c'est ce qu'il nous enseigne en montrant ses plaies. Secondement je vous ferai voir que la condition qu'il nous impose, c'est de renoncer aux intelligences que nous avions avec le monde et les autres ennemis de Dieu ; c'est pourquoi il ne donne sa paix qu'à ceux qu'il trouve retirés du monde. Enfin je conclurai ce discours, en vous propo-

---

[1] *Joan.*, xx, 21. — [2] *Ibid.*, 22. — [3] *Ibid.*, 21, 23.

(a) *Var. :* Nul n'y pouvoit entrer, lorsqu'il vint tout à coup leur donner la paix. — (b) Pour : si nous entendons lesquelles, c'est-à-dire si nous les entendons. — (c) Vous désirez savoir les conditions, il vous montre dans son Evangile ses disciples séparés du monde.

sant (a) les fruits admirables de cette sainte et divine paix par le rétablissement du commerce entre le ciel et la terre ; et c'est ce que le Fils de Dieu nous fait bien entendre en donnant son Esprit à ses saints apôtres, et les envoyant par tout l'univers pour y répandre de toutes parts les trésors célestes. C'est en peu de mots, chrétiens, toute l'histoire de notre paix. La mort du Fils de Dieu en est le moyen ; renoncer aux intelligences, la condition, le commerce rétabli, la suite et le fruit. Soyez attentifs, chrétiens ; et s'il reste quelque obscurité, elle sera bientôt dissipée (b) avec le secours de la grace.

PREMIER POINT.

Pour vous expliquer la manière dont s'est faite la paix de Dieu et des hommes, j'avancerai d'abord une chose qui n'a d'exemple dans aucune histoire, que cette paix se devoit conclure par la mort violente de l'ambassadeur qui étoit député pour la négocier. Voilà une proposition inouïe parmi tous les peuples du monde, mais que la doctrine de l'Evangile nous fait voir très-indubitable. Que Jésus-Christ soit l'ambassadeur du Père éternel, et son ambassadeur pour traiter la paix, toute l'Ecriture nous le témoigne ; il se dit toujours l'envoyé du Père ; et son envoyé vers les hommes ; et qu'il soit envoyé pour traiter la paix, non-seulement ses paroles, mais tout l'ordre de ses desseins le fait bien connoître. C'est pourquoi saint Paul assure que « il est notre paix, » *ipse enim est pax nostra* [1] ; et que le sujet de sa mission, c'est la réconciliation de notre nature : *Deus erat in Christo mundum reconcilians sibi* [2]. Combien devoit être vénérable aux hommes ce grand et céleste envoyé du Père ! Outre la dignité de sa personne, nous le pouvons encore aisément juger par le titre d'ambassadeur, et d'ambassadeur de la paix.

Qu'est-il nécessaire que je vous rapporte ce que nul de mes auditeurs (c) ne peut ignorer, que la personne des ambassadeurs est sacrée et inviolable ? C'est comme un traité solennel où la foi publique du genre humain est intervenue, que l'on puisse députer

---

[1] *Ephes.*, II, 14. — [2] II *Cor.*, v, 19.

a) *Var.* : En vous expliquant. — (b) Eclaircie. — (c) Nul homme vivant.

librement pour traiter de la paix et de l'alliance, ou des intérêts communs des Etats ; et violer cette loi consacrée par le droit des gens et que la barbarie même n'a pas effacée dans les ames les plus farouches, c'est se déclarer ennemi public de la paix, de la bonne foi et de toute la nature humaine. Dieu même, comme protecteur de la société du genre humain, est intéressé dans cette injure ; tellement que celle qu'on fait aux ambassadeurs n'est pas seulement une perfidie, mais une espèce de sacrilége.

Et voici que Jésus Fils du Dieu vivant, le divin Jésus, Jésus envoyé aux hommes (a) pour faire leur paix, ô commission sainte et vénérable, a été maltraité par eux jusqu'à être attaché à un bois infâme ! Toute la majesté de Dieu est violée manifestement par cette action, non-seulement parce qu'il est son ambassadeur, mais encore parce qu'il est son Fils bien-aimé. Et néanmoins, ô prodige étrange ! cette mort qui devoit rendre la guerre éternelle, c'est ce qui conclut l'alliance (b) ; ce qui a tant de fois armé les peuples a désarmé tout à coup le Père éternel ; et la personne sacrée de son envoyé ayant été violée par un si indigne attentat, aussitôt il a fait et signé la paix. Voici un mystère (c) : Dieu est irrité justement contre la malice des hommes ; et lorsque par le meurtre de son envoyé, de son Christ, de son Fils unique, ils ont ajouté le comble à leurs crimes, c'est alors qu'il commence d'oublier les crimes.

Qui sera le sage et l'intelligent qui nous développera ce secret, et qui nous apprendra nettement ce que Dieu a trouvé de si agréable dans la mort de son Fils unique, qu'elle lui ait fait pardonner les péchés du monde ? Ce sera, Messieurs, saint Augustin qui nous en donnera le fondement dans les traités qu'il a faits sur la première *Epître* de saint Jean. Il a remarqué comme trois principes de la mort de Notre-Seigneur. Il a, dit-il, été livré à la mort par trois sortes de personnes. Il a été livré par son Père ; saint Paul : « Il n'a point épargné son propre Fils (d), mais il l'a livré pour nous tous [2]. » Il a été livré par ses ennemis ; Judas l'a

---

[1] Tract. VII, n. 7. — [2] *Rom.*, VIII, 32.

(a) *Var.* : Et néanmoins votre ambassadeur, ô Père céleste, le divin Jésus envoyé aux hommes. — (b) C'est elle-même qui conclut le traité de paix. — (c) Incroyable. — (d) Il n'a point pardonné à son propre Fils.

livré aux Juifs : *Ego vobis eum tradam* [1], les Juifs l'ont livré à Pilate : *Tradiderunt Pontio Pilato judici* [2]; Pilate l'a livré aux soldats pour le mettre en croix : *Tradidit militibus ad crucifigendum* [3]. Non-seulement, Messieurs, il a été livré par son Père et livré par ses ennemis, mais encore livré par lui-même. Saint Paul en est touché jusqu'au fond de l'ame, lorsqu'il écrit ainsi aux Galates : « Ce que je vis maintenant, je vis en la foi du Fils de Dieu qui m'a aimé et s'est livré lui-même pour moi, » *et tradidit semetipsum pro me* [4]. Voilà donc le Fils de Dieu livré à la mort par de différentes personnes et par des motifs bien opposés. Son Père l'a livré pour satisfaire à sa justice irritée : *Non pepercit*, dit saint Paul [5]; Judas l'a livré par avarice, les Juifs par envie, Pilate par lâcheté, et lui-même par obéissance.

Dans ces volontés si diverses il nous faut rechercher, mes Frères, ce qui a pu faire la paix des hommes, et pour cela il est nécessaire d'en examiner les différences. Chose admirable, Messieurs; nous trouvons dans un même fait le Père et le Fils, Judas et les Juifs. Le Père et le Fils y ont concouru par une bonne volonté, ç'a été par l'amour de la justice; Judas au contraire et les Juifs par une volonté très-méchante, ç'a été pour contenter leurs mauvais désirs. Voilà déjà quelque différence, mais nous ne voyons pas encore bien distinctement ce qui a produit notre paix. Il est temps enfin de le dire.

Mettons ce mystère en plein jour, et voyons ce qui nous a réconciliés. Les Juifs ont livré Jésus-Christ, et en le livrant par envie ils ont ajouté le comble à l'iniquité : ce n'est pas pour attirer le pardon des crimes. Le Père éternel l'a livré aussi, il l'a fait par une volonté équitable (*a*); il s'est pris à la caution, la partie principale étant insolvable; il a exigé de la caution le paiement de la dette; sans doute cette pensée étoit juste (*b*); mais je ne vois pas encore notre paix conclue : je vois au contraire un Dieu qui se venge et qui exige ce qui lui est dû de son propre Fils; il faut (*c*) autre chose, mes Frères, pour la réconciliation de

---

[1] *Matth.*, XXVI, 15. — [2] *Ibid.*, XXVII, 2. — [3] *Ibid.*, 26. — [4] *Galat.*, II, 20. — [5] *Rom.*, VIII, 32.

(*a*) *Var.* : Par une volonté pleine de justice, ç'a été par une volonté équitable. — (*b*) Je ne vois rien que de juste dans cette pensée. — (*c*) Qui ne voit qu'il faut.

notre nature. Mais entre ces Juifs méchans et injustes et un Dieu juste mais sévère ; entre ces hommes injustes qui multipliant leurs crimes augmentent leurs dettes, et ce Père rigoureux qui exige si sévèrement (a) ce qui lui est dû, je vois (b) un Fils soumis et obéissant, qui prend sur soi volontairement et tout ce que les hommes doivent et tout ce que le Père peut exiger : ce que Dieu a ordonné par justice, ce que les hommes ont accompli par envie, il l'accepte humblement par obéissance. Chrétiens, ne craignons plus, notre paix est faite. Dieu exige, Jésus-Christ le paie. Les hommes multiplient leurs dettes, mais Jésus-Christ se charge encore de cette nouvelle obligation. Son mérite infini est capable de porter et de payer tout. Si tous les hommes sont dus comme des victimes à la justice divine, une victime de la dignité du Fils de Dieu peut remplir la place de toutes les autres.

Ainsi vous le voyez, chrétiens, ce grand mystère du christianisme. L'ambassadeur est mort, et la paix est conclue : la mort du Fils apaise le Père. Il trouve de quoi s'irriter beaucoup dans l'attentat commis contre un Dieu, mais il trouve encore plus de quoi s'apaiser dans l'obéissance d'un Dieu. La mort acceptée est capable d'effacer le meurtre commis (c) : « Qu'ils viennent seule-

(a) *Var. :* avec une sévérité incroyable. — (b) Je découvre. — (c) Chose étrange, dit saint Augustin, nous trouvons dans le même fait le Père et le Fils, Judas et Pilate et les Juifs. Tous livrent le Fils de Dieu au supplice, tous le livrent par leur volonté; et néanmoins la volonté des uns est très-bonne, et celle des autres est très-criminelle. Ce sont les motifs qui les distinguent. Le Père éternel a livré son Fils comme caution des pécheurs par un sentiment de justice; c'est ce qui fait dire à saint Paul : « Il n'a pas pardonné à son propre Fils (*Rom.*, VIII, 32). » Judas l'a livré par lâcheté, les Juifs l'ont livré par envie, Pilate par lâcheté et lui-même par obéissance. Parmi ces motifs opposés, ne pourrons-nous pas découvrir quelle est la cause de notre paix? Les hommes ont livré Jésus-Christ; et en le livrant avec injustice, ils ont ajouté le comble à l'iniquité : ce n'est pas pour faire la paix ni pour attirer le pardon des crimes. Le Père éternel l'a livré aussi; il l'a fait par une volonté pleine de justice; il s'est pris à la caution des pécheurs, la partie principale étant insolvable. Je ne vois rien que de juste dans cette pensée, mais je ne vois pas encore notre paix conclue. Je vois au contraire un Dieu qui se venge et qui exige ce qui lui est dû de son propre Fils; qui ne voit qu'il faut autre chose, Messieurs, pour la réconciliation de notre nature? Au milieu des hommes qui doivent et qui multipliant leur crimes augmentent leurs dettes, et un Dieu qui exige ce qui lui est dû avec une sévérité invariable, je découvre un Fils soumis et obéissant, qui prend sur soi volontairement et tout ce que les hommes doivent et tout ce que le Père peut exiger; ce que Dieu a ordonné par justice, ce que les hommes ont accompli par envie, il l'accepte humblement par obéissance. Mais le sang versé de son

ment, ces bourreaux qui ont mis la main sur Jésus-Christ; qu'ils viennent, dit saint Augustin[1], boire par la foi ce sang qu'ils ont répandu par la cruauté, et ils trouveront leur rémission même dans le sujet de leurs crimes. » Si la grace, si le pardon, si la paix et l'alliance s'étend jusqu'à eux, eh! que peuvent craindre les autres ?

Non, mes Frères, ne doutons plus que nous ne soyons réconciliés. Allons au cénacle avec les apôtres recevoir de Jésus-Christ le salut de paix, et adorer ses plaies qu'il leur montre. Je ne m'étonne plus si l'Evangéliste remarque que le Fils de Dieu leur donnant la paix, « leur découvre ses pieds et ses mains percés, » *et ostendit eis manus et pedes*[2]; c'est que ces blessures ont fait notre paix; c'est qu'il veut que nous en lisions le traité, la conclusion, la ratification infaillible dans ces cicatrices sacrées. Il les veut porter jusque dans le ciel, afin que si son Père s'irrite contre la malice des hommes, il puisse continuellement lui représenter dans ces divines blessures une image du sacrifice qui l'a apaisé. Il nous a laissé sur la terre une image de ce sacrifice dans l'adorable Eucharistie. Il en a aussi emporté une dans le ciel dans les empreintes de ces plaies sacrées. C'est là toute notre espérance, c'est l'unique appui des pécheurs. Cet agneau mystique de l'*Apocalypse*, qui paroît toujours devant le trône, et y paroît « toujours comme mort, » *tanquam occisum*[3]; c'est-à-dire ce divin Jésus qui se montre au Père céleste avec les marques de sa mort sanglante, avec ces cicatrices salutaires encore toutes fraîches et toutes vermeilles, toutes teintes si je l'ose dire de ce sang précieux et innocent qui a pacifié le ciel et la terre; c'est ce qui me

---

[1] Serm. LXXVII, n. 4. — [2] *Luc.*, XXIV, 40. — [3] *Apoc.*, v, 6.

Fils irrite de nouveau sa colère. Il est vrai, mais ce même sang peut apaiser sa colère. En tant que répandu par les Juifs, ce sang de Jésus-Christ crie vengeance; en tant que présenté par Jésus-Christ, ce même sang crie miséricorde. Mais la voix que Jésus-Christ pousse est sans doute la plus puissante; quelque grande que soit la malice d'un attentat commis contre un Dieu, il y a encore plus de dignité dans l'obéissance d'un Dieu. Ainsi la miséricorde l'emporte et voilà ce grand mystère du christianisme. L'ambassadeur est mort, et la paix enfin est conclue. Ne parlons plus du crime des Juifs, parlons de l'obéissance du Fils de Dieu. Ceux-là ont commis un crime exécrable, celui-ci a accepté une mort honteuse, et cette mort acceptée est capable d'effacer le meurtre commis. Qu'ils viennent seulement, ces bourreaux qui ont mis la main sur Jésus-Christ; qu'ils viennent, dit saint Augustin.....

fait approcher du trône de Dieu avec une pleine confiance, sachant bien que « si j'ai péché, j'ai un avocat près du Père, Jésus-Christ le Juste[1]. » Mais que cette confiance, Messieurs, n'entretienne pas notre dureté, et ne nous endorme pas dans nos crimes. Ces plaies qui paroissent pour nous dans le ciel, paroîtront contre nous dans le jugement : *Videbunt in quem transfixerunt*[2] : « Ils verront celui qu'ils ont percé. » Ils verront les cicatrices de ces plaies sacrées qui font maintenant notre paix, mais qui crieront alors hautement vengeance contre notre endurcissement, et contre l'ingratitude de ceux qui n'auront pas accompli la condition que ce bienheureux traité nous impose.

SECOND POINT.

Durant le temps de notre révolte, nous avons pris des engagemens, nous avons entretenu des correspondances avec les ennemis de notre prince; et comme dit le prophète Isaïe, *Percussimus fœdus cum morte et cum inferno fecimus pactum*[3] : « Nous avons fait un traité avec la mort et lié une société avec l'enfer, » c'est-à-dire que nous sommes entrés avec le monde dans des attachemens criminels. Maintenant pour jouir du bénéfice de cette paix (a) que notre céleste Médiateur a négociée, il faut renoncer à tous ces traités et rompre pour jamais ces intelligences; c'est la condition qu'on nous impose, et elle est couchée en termes formels dans le même prophète Isaïe : *Delebitur fœdus vestrum cum morte et pactum vestrum cum inferno non stabit*[4] : « Votre traité avec la mort sera cassé et votre pacte avec l'enfer ne tiendra pas. »

Pour entendre solidement cette unique condition de notre paix, il faut remarquer avant toutes choses avec saint Augustin en divers endroits, mais il le dit admirablement sur le psaume CXXXVI, « qu'il y a deux cités diverses mêlées de corps, séparées de cœur, qui suivent, dit-il, le courant du siècle jusqu'à ce que le siècle finisse : » *Duas civitates permixtas corpore et corde separatas, currere per ista volumina sæculorum usque in finem*[5].

---

[1] I *Joan.*, II, 1. — [2] *Joan.*, XIX, 37. — [3] *Isa.*, XXVIII, 15. — [4] *Ibid.*, 18. — [5] *In Psal.* CXXXVI, n. 1.

(a) *Var.* : Pour jouir de la paix.

L'une enferme dans son enceinte les enfans de Dieu, et se nomme *Jérusalem;* l'autre contient les hommes du monde, et s'appelle *Babylone.* Il n'est rien de si opposé que ces deux villes. Babylone, dit saint Augustin[1], a pour sa fin la paix temporelle, et la sainte Jérusalem se propose la paix de l'éternité. Les princes en sont ennemis, les coutumes toutes dissemblables, les lois entièrement opposées. Saint Paul distingue deux sortes de lois[2] : il y a la loi de l'esprit, elle gouverne dans Jérusalem; il y a la loi de la chair, elle règne dans Babylone. Les citoyens de Jérusalem ne doivent jamais sortir de ses murailles, tout commerce leur est interdit avec cette cité criminelle, de peur qu'ils ne souillent leur pureté dans ses continuelles profanations.

Mais où donc pourra-t-on bâtir cette cité innocente ? Quelles montagnes assez hautes, quelles mers et quel océan assez vaste sera capable de la séparer (a) de cette autre cité corrompue ? Ne recherchons pas, chrétiens, une place qui la sépare; elle ne doit pas en être éloignée par la distance des lieux; dessein certainement bien étrange. Jérusalem est bâtie au milieu même de Babylone; ces peuples, dont les lois sont si différentes et les desseins si incompatibles, enfin qui ne doivent point avoir de commerce ensemble, sont néanmoins mêlés par toute la terre. D'où vient ceci, grand Dieu ? quelle étrange confusion ! Vous qui avez si sagement et avec tant d'ordre rangé chaque chose (b) en sa place, pourquoi ne voulez-vous point séparer les bons de la troupe des méchans et des impies ? « Ils seront, dit saint Augustin, mêlés de corps, mais ils seront séparés de cœur[3]. » Ce n'est pas ici le lieu, chrétiens, de chercher la raison de ce mélange; disons seulement en passant que ce même Dieu tout-puissant qui a sauvé les enfans dans la fournaise, et Daniel parmi les lions[4]; qui a gardé la famille de Noé sur un bois fragile contre la fureur inévitable des eaux universellement débordées, et celle de Lot de l'embrasement et des monstrueuses voluptés de Sodome; qui a fait luire à ses enfans une merveilleuse lumière parmi ces ténèbres épaisses (c)

---

[1] *In Psal.* CXXXVI, n. 2. — [2] *Rom.*, VII, 23. — [3] Loco mox citato. — [4] Dan. VI, 16-23.

(a) Var. : La pourroit assez séparer. — (b) Toute chose. — (c) Ces épaisses ténèbres.

qui enveloppoient toute l'Egypte : ce même Dieu a entrepris de faire éclater son pouvoir, en conservant l'innocence dans le cœur des siens au milieu de la dépravation générale. Mener une vie innocente loin de la corruption commune, ce n'est pas une épreuve assez difficile pour connoître la fidélité de ses serviteurs; mais les laisser avec les méchans et leur faire observer la justice, leur faire respirer le même air et les préserver de la contagion, les laisser mêlés dans l'extérieur et rompre le commerce au dedans, l'œuvre est digne de sa puissance, l'épreuve est digne de ses élus.

C'est pourquoi Dieu a voulu établir cet ordre; mais, chrétiens, qu'il est mal suivi! Nous qui sommes par notre baptême les citoyens de Jérusalem, que nous avons de commerce avec cette ville ennemie! Nous nous embarquons tous les jours sur les fleuves de Babylone. Qu'est-ce à dire ceci, mes frères? Quels sont ces fleuves de Babylone? Saint Augustin nous l'expliquera. « Les fleuves de Babylone, dit-il, c'est tout ce qu'on aime et qui passe : » *Flumina Babylonis sunt omnia quæ hic amantur et transeunt*[1], c'est-à-dire les biens périssables. Nous voyons ces fleuves passer devant nous, ces fleuves des plaisirs du monde; nous voyons les voluptés couler devant nous, les eaux nous en semblent claires, et dans l'ardeur de l'été on trouve quelque douceur à s'y rafraîchir, le cours en paroît tranquille, et on s'embarque aisément dessus, et on entre bien avant par ce moyen dans le commerce de cette cité criminelle. Mais que signifie ce commerce? Il est bien aisé de l'entendre. Ce n'est pas seulement, Messieurs, être emporté quelquefois par les fleuves de Babylone; c'est y entretenir ses intelligences, c'est y avoir ses parties liées; c'est être de ces intrigues malicieuses, de ces cabales de libertinage; enfin c'est avoir le cœur attaché où Dieu ne le permet pas. Ceux qui sont du monde de cette manière, n'en sont pas seulement par emportement : ils en sont par traités exprès, par une formelle conspiration contre la profession chrétienne (a). La paix de Jésus-Christ n'est pas pour eux, s'ils n'acceptent la condition de quitter aujourd'hui ces intelligences.

[1] *In Psal.* CXXXVI, n. 3.

(a) *Note marg.* : C'est ce traité avec la mort, c'est cette alliance avec l'enfer.

Mais, chrétiens, qu'il est malaisé de tirer d'eux ce consentement ! Que le cœur est violenté lorsqu'il faut abandonner cet ancien commerce ! La solennité pascale est venue, où la voix publique de toute l'Eglise presse les pécheurs les plus endurcis à retourner à Dieu par la pénitence. Combien ce cœur a-t-il combattu ? combien a-t-il eu de peine à se rendre ? Enfin il est venu à ce tribunal où Jésus-Christ accorde la paix à quiconque y vient chercher (a) sa miséricorde. Eh bien, as-tu accepté la condition ? As-tu renoncé de bonne foi à ces intelligences secrètes où t'avoit engagé ta rébellion ? C'est ce que Dieu exige de nous ; et saint Paul nous en montre la nécessité par ces paroles convaincantes : « Si nous sommes des créatures nouvelles, donc nos anciennes pensées sont évanouies, tout doit être nouveau en nous, et tout cela vient de Dieu qui nous a réconciliés par Jésus-Christ [1] ; » c'est-à-dire si nous l'entendons, que vous étant réconciliés, vous ne devez pas vivre de la même sorte (b), ni avoir les mêmes correspondances que lorsque vous étiez séparés de Dieu. Maintenant que vous êtes rentrés en paix avec lui, la nouvelle obligation de ce traité demande que vous preniez d'autres liaisons : *Vetera transierunt, ecce facta sunt omnia nova.*

Entrons donc, mes Frères, avec les apôtres dans cette retraite mystérieuse ; vivons désormais séparés du monde et de toutes ses vanités, et de toutes les intelligences que nous y avons contractées contre le service de Dieu. Ce sera dans cette retraite que Jésus-Christ nous viendra donner le salut de paix. Si nous n'y avons pas les joies de la terre, nous aurons la joie de voir le Seigneur. Si la source des plaisirs mortels est tarie pour nous, nous y aurons les plaies de Jésus, sources inépuisables de douceurs célestes. Enfin le commerce du monde rompu ne sera pas capable de nous affliger, si nous y méditons sérieusement le commerce rétabli avec le ciel par la grace de Notre-Seigneur Jésus-Christ ; et c'est ce qui me reste à vous dire.

---

[1] II *Cor.*, v, 17, 18.

(a) *Var. :* Implorer. — (b) C'est-à-dire que nous étant réconciliés, nous ne devons pas vivre......

TROISIÈME POINT.

C'est notre charitable Ambassadeur qui a rétabli en sa personne le commerce entre le ciel et la terre. Il est venu du ciel, qui est son pays et son naturel héritage, il est entré en société avec les habitans de la terre; et étant dans cette nation étrangère, « il y a exercé, dit saint Augustin, un saint et admirable trafic. » Il a pris de nous les fruits malheureux qu'a produits cette terre ingrate; et que nous a-t-il donné en échange? car c'est ce qu'il faut pour le trafic. Il nous a apporté les biens véritables que produit cette céleste patrie, la grace, la miséricorde, et le Saint-Esprit. (a) Je vois dans l'histoire de mon évangile qu'il le répand abondamment sur ses disciples par le souffle de sa bouche divine : « Recevez, dit-il, le Saint-Esprit [1]. » Il envoie ses disciples par tout l'univers pour y publier la paix, l'amnistie, l'abolition générale de tous les péchés, et faire part à tous les croyans des graces célestes qu'ils ont reçues. Mais je laisse toutes ces choses, afin que je vous découvre une belle doctrine de notre évangile (b), touchant le rétablissement du commerce entre le ciel et la terre en conséquence de la paix conclue.

C'est une chose d'expérience, que lorsque deux Etats sont ennemis, ils n'ont point d'ambassadeurs les uns chez les autres, parce que n'y ayant point de société et le commerce étant rompu entre les deux peuples, il n'y a point par conséquent d'intérêt commun qui doive être traité (c) par ambassadeurs. Mais lorsque l'alliance et le commerce sont entièrement rétablis, une des marques les plus sensibles de réconciliation et de paix, c'est de voir de part et d'autre des ambassadeurs et des résidens, pour traiter les intérêts communs des deux peuples confédérés. La paix que Dieu fait avec les mortels est accompagnée de toutes les marques d'une parfaite réunion; c'est pourquoi toutes les hostilités étant

---

[1] *Joan.*, XX, 22.

(a) Note marg. : *Hæc enim mira commutatio facta est et divina sunt peracta commercia, mutatio rerum celebrata in hoc mundo à Negotiatore cœlesti. Venit accipere contumelias, dare honores; venit haurire dolorem, dare salutem; venit subire mortem, dare vitam.* (S. Aug., *In Ps.* XXX, Enarr. II, n° 3.) — (b) *Var.* : Mais je laisse toutes ces choses : il faut que je vous découvre..... — (c) Qui demande d'être traité.

cessées entre le ciel et la terre et le commerce étant entièrement rétabli (a), Dieu veut avoir ici ses agens, et il nous permet aussi d'en avoir au ciel pour y ménager nos intérêts. Que Dieu ait ses agens sur la terre, vous le voyez dans notre évangile : « Comme mon Père m'a envoyé, ainsi, dit le Fils de Dieu, je vous envoie [1] ; allez au nom de mon Père et du mien annoncer par tout l'univers la rémission des péchés [2]. » Vous êtes nos ambassadeurs avec un pouvoir si peu limité, que tout ce que vous ferez au monde nous le ratifierons dans le ciel : *Quorum remiseritis peccata, remittuntur eis* [3].

Voilà Dieu qui établit ses agens dans la Jérusalem terrestre. Qui sera le nôtre, mes frères, dans la céleste Jérusalem ? Ce Jésus qui a fait la paix, ce Jésus qui paroît dans notre évangile glorieux et ressuscité, prêt à retourner à son Père, c'est lui-même, n'en cherchons point d'autre; c'est lui qui étant venu de la part de Dieu pour traiter ses intérêts avec les hommes, remontera bientôt dans le ciel pour traiter les intérêts des hommes. C'est notre agent et notre avocat auprès de Dieu son Père (b), c'est de saint Paul que je l'ai appris : « Jésus-Christ notre avant-coureur est entré au ciel; mais c'est pour nous, dit saint Paul, qu'il y est entré : » *Præcursor pro nobis introivit Jesus* [4]. Il est à la droite de la Majesté; mais c'est, dit le même Apôtre, « afin de paroître pour nous devant la face de Dieu, » *ut appareat nunc vultui Dei pro nobis* [5]. Enfin il est monté dans le ciel chargé de toutes nos affaires, « toujours vivant, dit saint Paul, afin d'intercéder pour nous sans relâche, » *semper vivens ad interpellandum pro nobis* [6]. C'est pourquoi voyant ses apôtres qui s'affligeoient, lui entendant dire (c) qu'il retourneroit bientôt à son Père : « C'est votre avantage, dit-il, que je m'en retourne à mon Père [7]. » Si je demeure toujours avec vous, quel agent aurez-vous au ciel ? Mais si je retourne à celui qui m'a envoyé, vous aurez auprès de lui un cha-

[1] *Joan.*, XX, 21, 22. — [2] *Luc.*, XXIV, 47. — [3] *Joan.*, XX, 23. — [4] *Hebr.*, VI, 20. — [5] *Ibid.*, IX, 24. — [6] *Ibid.*, VII, 25. — [7] *Joan.*, XVI, 7.

(a) *Var.* : Et le commerce entièrement rétabli. — (b) Remontera bientôt dans le ciel pour traiter les intérêts des hommes auprès de Dieu. C'est de saint Paul..... — (c) C'est pourquoi il disoit à ses apôtres qui s'affligeoient lui entendant dire.

ritable négociateur, chargé de traiter toutes vos affaires (*a*), « toujours vivant afin d'intercéder pour vous, » *semper vivens ad interpellandum pro nobis.*

Après cela, mes Frères, doutons-nous que le commerce ne soit rétabli? Nous avons des affaires au ciel, ou plutôt nous n'avons point d'affaires en ce monde; c'est au ciel que sont toutes nos affaires; nous y avons Jésus-Christ qui ne dédaigne pas d'être notre agent, « toujours vivant, dit saint Paul, afin d'intercéder pour nous : » toujours vivant, sans relâche, il n'y a pas un moment.... La vie du ciel toute en action. Dieu aussi a des affaires parmi les hommes; il a des ames à gagner, des élus à rassembler par toute la terre; il a aussi ses agens parmi les hommes, il y a ses ambassadeurs. Ces ambassadeurs, chrétiens, ce sont les ministres de ses sacremens et les prédicateurs de son Evangile. Ce sont eux que Jésus envoie. C'est d'eux que saint Paul a dit : « Nous sommes des ambassadeurs pour Jésus-Christ, » *pro Christo ergo legatione fungimur :* « Dieu exhorte les peuples par nous, » *tanquam Deo exhortante per nos*[1]. Dieu a fait la paix avec le monde; « mais il nous a, dit-il[2], confié ce traité de paix : » c'est à nous de le publier par toute la terre; c'est à nous d'exhorter les peuples à en observer les conditions. Enfin « il a mis dans nos bouches la parole (*b*) de réconciliation, » *posuit in nobis verbum reconciliationis*[3].

Nous voilà donc, mes Frères, établis ambassadeurs de la part de Dieu; c'est saint Paul qui nous en assure. Et que reste-t-il donc maintenant, sinon que mettant en usage cette merveilleuse qualité que Dieu nous donne, nous vous disions avec cet Apôtre : *Obsecramus pro Christo, reconciliamini Deo*[4] : « Nous vous prions pour Jésus-Christ, réconciliez-vous avec Dieu. » Oui, s'il y a encore quelque ame endurcie, s'il y a quelque pécheur impénitent que la parole de l'Evangile, que la solennité de ces saints jours, que les ordonnances de l'Eglise, que le sang de Jésus-Christ n'ait pas ému; s'il y a dans cette audience, ah! Dieu ne le veuille pas! mais enfin s'il y a quelqu'un si rebelle, si opiniâtre, qu'il

---

[1] II *Cor.*, v, 20. — [2] *Ibid.*, 18. — [3] *Ibid.*, 19. — [4] *Ibid.*, 20.
(*a*) *Var.* : Chargé de toutes vos affaires. — (*b*) Le ministère.

n'ait pas encore accepté cette paix si avantageuse que Jésus crucifié a négociée à des conditions si équitables, *obsecramus pro Christo :* nous pourrions lui commander de la part de Dieu; « nous le prions, nous l'exhortons, nous le conjurons pour Jésus-Christ. » Ce n'est pas en notre nom que nous lui parlons; c'est pour Jésus-Christ, dit saint Paul. Ah! si ce divin Sauveur étoit sur la terre, lui-même parleroit à cet endurci, lui-même par sa douceur infinie tâcheroit de surmonter son ingratitude. Mais il n'y est plus; il est dans le ciel où il fait nos affaires auprès de son Père, où sa qualité d'agent le demande, « afin de paroître pour nous devant la face de Dieu, » *ut appareat nunc vultui Dei pro nobis* [1]. N'étant donc plus sur la terre pour parler lui-même aux pécheurs, il a substitué en sa place les apôtres, les pasteurs, les prédicateurs. « C'est donc pour Jésus-Christ, dit saint Paul, *obsecramus pro Christo,* que nous vous prions; et si les prières ne suffisent pas, nous vous conjurons de tout notre cœur par le soin de votre salut, par la paix que Jésus-Christ nous a donnée, par ses plaies encore sanglantes qu'il présente à baiser à ses disciples, par son esprit qu'il répand sur eux, par cette charité infinie qui l'oblige à les envoyer par toute la terre pour porter à tous les croyans le repos de leur conscience dans la rémission de leurs crimes, par toutes ces graces, mes Frères; et s'il y a quelque chose encore qui soit plus capable de vous émouvoir, nous vous prions pour Jésus-Christ, réconciliez-vous avec Dieu. Eh! que faut-il espérer de vous, si tant de fêtes, tant de mystères et cette dévotion publique n'a pas amolli votre dureté? Et toutefois, toutefois, mes Frères, tous les jours appartiennent au Seigneur.

Venez, venez, convertissez-vous. Car enfin qu'attendez-vous, chrétiens, pour vous repentir de vos crimes? Quoi? que Jésus-Christ vous parle lui-même? quoi? qu'il vienne avec tous ses foudres pour ébranler votre cœur de fer? Vaine et inutile attente! Il est venu une fois, et c'est assez pour notre salut. Maintenant vous ne verrez plus sa divine face, que pour entendre prononcer votre sentence. Plût à Dieu qu'elle vous soit favorable! plût à Dieu que vous soyez placés à sa droite! Mais si vous voulez en-

---

[1] *Hebr.,* IX, 24.

tendre sa voix qui vous appellera un jour à sa gloire, entendez la voix de ses ministres qui vous appellent maintenant à la pénitence : *Posuit in nobis verbum reconciliationis.* Si vous écoutez les ambassadeurs, le Souverain viendra au-devant de vous ; si vous acceptez cette paix qu'il vous présente en ce monde, il vous fera jouir de la paix qu'il vous réserve au siècle futur, avec le Père, le Fils, et le Saint-Esprit. *Amen.*

SERMON

POUR

LE IIIe DIMANCHE APRÈS PAQUES,

SUR LA PROVIDENCE (*a*).

Mundus autem gaudebit, vos autem contristabimini; sed tristitia vestra vertetur in gaudium. Joan., XVI, 20.

De toutes les passions qui nous troublent, je ne crains point, fidèles, de vous assurer que la plus pleine d'illusion, c'est la joie,

(*a*) *Exorde.* — Vanité de la joie. *Risum reputavi errorem.* (*Eccles.*, II, 2.) Tristesse chrétienne. *Tristes eritis. Ave.*

Libertins ne veulent point de Providence. Stoïciens qui disent que le sage est lui-même sa félicité.

Premier point. Quelques gens de bien heureux.

Les vices plus heureux, et pourquoi.

Vertu. Sa médiocrité peu agissante.

Tout est réglé : *Ergo à fortiori* l'homme, qui est son image.

Il faut regarder par un certain point. — Comparaison.

Discernement réservé au jugement général. En attendant, l'arbre mort et l'arbre vivant paroissent égaux durant l'hiver. Attendre la résurrection.

Dieu ne précipite pas ses conseils, parce que la précipitation est le propre de la foiblesse, qui dépend des occasions (Tertullien, *Apolog.*, n° 41).

La sagesse n'est pas à faire promptement les choses, mais à les faire dans le temps.

Biens purs et biens mêlés. Purs, pour le siècle à venir où se fera la séparation ; mêlés, pour celui-ci où tout est dans le mélange. *Vini meri plenus mixto* (*Ps.* LXXIV, 9).

Patience de Dieu prouve la sévérité de son jugement. Prospérité des im-

bien qu'elle soit la plus désirée; et le Sage n'a jamais parlé avec plus de sens que lorsqu'il a dit dans l'*Ecclésiaste* « qu'il réputoit le ris une erreur, et que la joie étoit une tromperie : » *Risum*

pies est une peine. *Imaginem illorum ad nihilum rediges* (*Psal.* LXXII, 20).
Second point. — Trois sortes de douleurs. Toutes médicinales.
Appétits de malades ne doivent point être rassasiés. Utile de troubler les pécheurs dans leurs plaisirs.
Ancre. Espérance. Puisque la vertu combat, donc elle sera un jour paisible, parce qu'on ne fait la guerre que pour la paix.
Bons ne sont pas confondus avec les méchans, quoique souffrant même chose.
Herbe rampante, oses-tu durant l'hiver te comparer à l'arbre fruitier, parce que tu conserves ta verdure?

Prêché à Dijon le dimanche 7 mai 1656, devant le duc d'Epernon.

L'allocution qu'on lira dans l'exorde n'a pas été adressée, comme le disent tous les éditeurs, au prince de Condé, mais au duc d'Epernon. Le duc d'Epernon étoit, par sa mère et par sa femme, allié aux maisons de France, d'Angleterre et de Hongrie. Gouverneur de Metz, il ne montra pas moins de sagesse par son administration que de munificence par ses bienfaits. Appelé au gouvernement de la Guyenne, il repoussa les Espagnols et défit plusieurs bandes d'insurgés, qui portoient partout le pillage et la terreur. Malgré tant de mérites et de si grands services, après un échec subi par ses armes, il fut condamné par des juges plus courtisans qu'intègres, et n'obtint sa réhabilitation qu'après la mort de Richelieu. Nommé gouverneur de la Bourgogne, il réduisit les partisans de la Fronde dans sa province, et remplit d'importantes missions dans d'autres parties du royaume. Après trois années d'absence, il retourna dans le chef-lieu de son gouvernement; c'est alors que Bossuet, présent à Dijon, lui exprima, le troisième dimanche après Pâques, dans la chapelle des anciens ducs, la reconnoissance et l'admiration de la France entière; le *Te Deum* devoit être chanté le lendemain, dans la même enceinte, après l'entrée solennelle et la réception officielle, en présence des ordres de la province.

Jetons maintenant un coup d'œil sur notre allocution. D'abord le titre d'*Altesse* convenoit parfaitement à Bernard d'Epernon; mais il ne pouvoit se donner à Louis de Condé sans l'augmentatif de *Sérénissime*. Ensuite les mots : « Votre sang illustre, mêlé si souvent à celui de nos rois, » exprimoient bien la noble condition du duc allié à plusieurs maisons souveraines; mais ils auroient rabaissé la haute origine du prince qui, fils de saint Louis, Bourbon par naissance, étoit du sang royal. Et « ces colonnes majestueuses » que le héros s'est érigées par sa munificence « dans cette ville illustre et fameuse, » ou comme porte une variante, « dans la célèbre ville de Metz, qui a été si longtemps heureuse sous sa conduite; » et « les trophées de cette nature que s'étoit élevés en Guyenne son ame si grande et si bienfaisante; » et « la paix que sa main armée a donnée et que son autorité conserve » à la province de Bourgogne : tous ces éloges s'appliquent comme d'eux-mêmes au défenseur de l'ordre et du pouvoir légitime : mais le fauteur de la Fronde n'avoit appelé sur la Bourgogne et sur la Guyenne que des troubles et des malheurs, et jamais il ne fut gouverneur du pays de Metz. D'une autre part, c'est le sujet fidèle qui succomba pour un temps, sous le coup de funestes illusions; mais le rebelle insurgé fut condamné justement. Enfin l'on voit, dans le texte de l'allocution, que la gloire du gouverneur devoit être célébrée le lendemain par « de doctes et éloquentes harangues. »

L'explication contraire à celle-là ne souffre pas l'examen. On dit que le prince de Condé venoit de soumettre la Franche-Comté en 1658; qu'il fut reçu triom-

reputavi errorem[1]. Et la raison c'est, si je ne me trompe, que depuis la désobéissance de l'homme, Dieu a voulu retirer à lui tout ce qu'il avoit répandu de solide contentement sur la terre dans l'innocence des commencemens : il l'a, dis-je, voulu retirer à lui, pour la rendre un jour à ses bienheureux ; et que la petite goutte de joie qui nous est restée d'un si grand débris, n'est pas capable de satisfaire une ame dont les désirs ne sont point finis, et qui ne peut jamais reposer qu'en Dieu. C'est pourquoi nous lisons dans notre évangile que Dieu (*a*) laisse la joie au monde, comme un bienfait qu'il estime peu, *Mundus gaudebit ;* et que le partage de ses enfans, c'est une salutaire tristesse qui ne veut point être consolée par les plaisirs que le monde cherche : *Vos autem contristabimini.*

Mais encore que le sujet de mon évangile m'oblige aujourd'hui à vous faire voir la vanité des réjouissances du monde, ne vous persuadez pas, chrétiens, que je veuille par là tempérer la joie de la belle journée que nous attendons. Je sais bien que Tertullien a dit autrefois que « la licence ordinairement épioit le temps des réjouissances publiques, et qu'elle n'en trouvoit point qui lui fût plus propre : » *Est omnis publicæ lætitiæ luxuria captatrix*[2]. Mais celle que nous verrons bientôt éclater est si raisonnable et si bien fondée, que l'Eglise même y veut prendre part, qu'elle y mêlera ses actions de graces, dont cette chapelle royale résonnera toute ; et d'ailleurs il est impossible que cette joie ne soit infiniment juste, venant d'un principe de reconnoissance.

Et certainement, Monseigneur, quelque grands préparatifs que l'on fasse pour recevoir (*b*) demain votre Altesse, son entrée n'aura rien de plus magnifique, rien de plus grand ni de plus

---

[1] *Eccles.*, II, 2. — [2] *De Corona*, n. 13.

phalement à Dijon, et que Bossuet lui adressa la célèbre allocution au milieu de l'enthousiasme général ; mais Louis XIV avoit suivi l'expédition de Franche-Comté ; tous s'empressèrent d'attribuer la victoire à sa valeur, et personne n'eût songé à lui ravir l'honneur du triomphe pour le déférer à son lieutenant.

A la fin de la péroraison, le prédicateur, après avoir parlé du jubilé, dit : « Ainsi vous pourrez obtenir cette paix,... qui en est le véritable sujet. » C'est Alexandre VII qui avoit donné ce jubilé en 1656, à son avénement, pour conjurer le Seigneur de rétablir la paix parmi les princes chrétiens, et de bannir la guerre qui désoloit l'Europe depuis si longtemps.

(*a*) *Var.* : Jésus. — (*b*) Honorer.

glorieux, que les vœux et la reconnoissance publique de tous les ordres de cette province, que votre haute générosité a comblée de biens, et à qui votre main armée (a) a donné la paix que votre autorité lui conserve. Le plus digne emploi d'un grand prince, c'est de sauver les pays entiers et de montrer comme votre Altesse l'éminence de sa dignité par l'étendue de ses influences. C'est l'effet le plus relevé que puisse produire en vous votre sang illustre, mêlé si souvent dans celui des rois (b). Toutes ces obligations si universellement répandues, ce sont, Monseigneur, autant de colonnes que vous érigez à votre gloire dans les cœurs des hommes, colonnes augustes et majestueuses, et plus durables que tous les marbres; oui, plus fermes et plus durables que tous les marbres! Autrefois de pareils bienfaits vous ont dressé de pareilles marques dans cette ville illustre et fameuse que l'Empire nous a rendue, et qui a été si longtemps heureuse sous votre conduite (c). Elles durent et dureront à jamais dans les affections de ces peuples, qu'un si long temps n'a pas altérées. Que de trophées de cette nature s'étoit élevés en Guyenne votre ame si grande et si bienfaisante! L'envie n'a jamais pu les abattre, elle les a peut-être couverts pour un temps; mais enfin tout le monde a ouvert les yeux, et l'éclat solide de votre vertu a dissipé l'illusion de quelques années. Tant il est vrai, Monseigneur, qu'une puissance si peu limitée et qui ne s'occupe comme la vôtre qu'à faire du bien, laisse des impressions immortelles. Mais je ne prétends pas ici prévenir les doctes et éloquentes harangues par lesquelles votre Altesse sera célébrée. Je dois ma voix au Sauveur des ames et aux vérités de son Evangile; il me suffit d'avoir dit ce mot pour me joindre aux acclamations du public, et témoigner la part que je prends aux avantages de ma patrie. Ecoutons maintenant parler Jésus-Christ, après que, etc.

Ce que dit Tertullien est très-véritable, « que les hommes sont accoutumés il y a longtemps à manquer au respect qu'ils doivent

(a) *Var.* : Votre épée. — (b) Dans celui de tant de races souveraines couronnées. — (c) De pareilles marques dans la célèbre ville de Metz, qui a été si longtemps heureuse sous votre conduite.

à Dieu, » et à traiter peu révéremment les choses sacrées : *Semper humana gens malè de Deo meruit* [1]. Car outre que dès l'origine du monde l'idolâtrie a divisé son empire et lui a voulu donner des égaux, l'ignorance téméraire et précipitée a gâté, autant qu'elle a pu, l'auguste pureté de son être par les opinions étranges qu'elle en a formées; l'homme a eu l'audace de lui disputer tous les avantages de sa nature, et il me seroit aisé de vous faire voir qu'il n'y a aucun de ses attributs qui n'ait été l'objet de quelque blasphème. Mais de toutes ses perfections infinies celle qui a été exposée à des contradictions plus opiniâtres, c'est sans doute cette Providence éternelle qui gouverne les choses humaines. Rien n'a paru plus insupportable à l'arrogance des libertins que de se voir continuellement observés par cet œil toujours veillant de la Providence divine; il leur a paru, à ces libertins, que c'étoit une contrainte importune de reconnoître qu'il y eût au ciel une force supérieure qui gouvernât tous nos mouvemens, et châtiât nos actions déréglées avec une autorité souveraine. Ils ont voulu secouer le joug de cette providence qui veille sur nous, afin d'entretenir dans l'indépendance une liberté indocile qui les porte à vivre à leur fantaisie, sans crainte, sans retenue et sans discipline.

Telle étoit la doctrine des Epicuriens, laquelle, toute brutale qu'elle est, tâchoit de s'appuyer sur des argumens; et ce qui paroissoit le plus vraisemblable, c'est la preuve qu'elle a tirée de la distribution des biens et des maux, telle qu'elle est représentée dans notre évangile : « Le monde se réjouira, dit le Fils de Dieu, et vous, mes disciples, vous serez tristes [2]. » Qu'est-ce à dire ceci, chrétiens ? Le monde, les amateurs des biens périssables, les ennemis de Dieu seront dans la joie; encore ce désordre est-il supportable. Mais vous, ô justes, ô enfans de Dieu, vous serez dans l'affliction, dans la tristesse! C'est ici que le libertinage s'écrie que l'innocence ainsi opprimée rend un témoignage certain contre la Providence divine, et fait voir que les affaires humaines vont au hasard et à l'aventure.

Ah! fidèles, qu'opposerons-nous à cet exécrable blasphème, et

[1] *Apolog.*, n. 40. — [2] *Joan.*, XVI, 20.

comment défendrons-nous contre les impies les vérités que nous adorons (a)? Ecouterons-nous les amis de Job, qui lui soutiennent qu'il est coupable parce qu'il étoit affligé, et que sa vertu étoit fausse parce qu'elle étoit exercée? « Quand est-ce que l'on a vu, disoient-ils, que les gens de bien fussent maltraités (b)? Cela ne se peut, cela ne se peut ¹. » Mais au contraire, dit le Fils de Dieu, ceux dont je prédis les afflictions, ce ne sont ni des trompeurs ni des hypocrites ; ce sont mes disciples les plus fidèles, ce sont ceux dont je propose la vertu au monde comme l'exemple le plus achevé d'une bonne vie : « Ceux-là, dit Jésus, seront affligés : » *Vos autem contristabimini.* Voilà qui paroît bien étrange, et les amis de Job ne l'ont pu comprendre.

D'autre part, la philosophie ne s'est pas moins embarrassée sur cette difficulté importante ; écoutez comme parloient certains philosophes, que le monde appeloit les *stoïciens*. Ils disoient avec les amis de Job : C'est une erreur de s'imaginer que l'homme de bien puisse être affligé ; mais ils se prenoient d'une autre manière : c'est que le sage, disoient-ils, est invulnérable et inaccessible à toute sorte de maux ; quelque disgrace qui lui arrive, il ne peut jamais être malheureux, parce qu'il est lui-même sa félicité. C'est le prendre d'un ton bien haut pour des hommes foibles et mortels. Mais, ô maximes vraiment pompeuses ! ô insensibilité affectée ! ô fausse et imaginaire sagesse, qui croit être forte parce qu'elle est dure, et généreuse parce qu'elle est enflée ! Que ces principes sont opposés à la modeste simplicité (c) du Sauveur des ames, qui considérant dans notre évangile ses fidèles dans l'affliction, confesse qu'ils en seront attristés : *Vos autem contristabimini,* et partant leurs douleurs seront effectives.

Plus nous avançons, chrétiens, plus les difficultés nous paroissent grandes. Mais voyons encore le dernier effort (d) de la philosophie impuissante, afin que reconnoissant l'inutilité de tous les remèdes humains, nous recourions avec plus de foi à l'Evangile du Sauveur des ames. Sénèque a fait un traité exprès pour

¹ *Job,* IV, 7.

(a) *Var.* : L'adorable vérité de notre évangile. — (b) La vertu maltraitée et les gens de bien affligés. — (c) A la doctrine. — (d) Mais voulez-vous voir en un mot le dernier effort.....

défendre la cause de la Providence et fortifier le juste souffrant, où après avoir épuisé toutes ses sentences pompeuses et tous ses raisonnemens magnifiques, enfin il introduit Dieu parlant en ces termes au juste et à l'homme de bien affligé : « Que veux-tu que je fasse? dit-il; je n'ai pu te retirer de ces maux, mais j'ai armé ton courage contre toutes choses : » *Quia non potui subducere te istis omnibus, animum adversùs omnia armavi*[1]. *Je n'ai pu:* quelle parole à un Dieu! Est-ce donc une nécessité absolue qu'on ne puisse prendre le parti de la Providence divine, sans combattre ouvertement sa toute-puissance? C'est ainsi que réussit la philosophie, quand elle se mêle de faire parler cette Majesté souveraine et de pénétrer ses secrets !

Allons, fidèles, à Jésus-Christ; allons à la véritable sagesse. Ecoutons parler notre Dieu dans sa langue naturelle, je veux dire dans les oracles de son Ecriture. Cherchons aux innocens affligés des consolations plus solides dans l'évangile de cette journée. Mais afin de procéder avec ordre, réduisons nos raisonnemens à trois chefs tirés des paroles du Sauveur des ames, que j'ai alléguées pour mon texte. « Le monde, dit-il, se réjouira, et vous, ô justes, vous serez tristes; mais votre tristesse sera changée en joie. » Le monde se réjouira ; mais ce sera certainement d'une joie telle que le monde la peut avoir, trompeuse, inconstante et imaginaire, parce qu'il est écrit que « le monde passe [2] : » *Mundus autem gaudebit*. « Vous, ô justes, vous serez tristes; » mais c'est votre médecin qui vous parle ainsi et qui vous prépare cette amertume ; et donc elle vous sera salutaire : *Vos autem contristabimini*. Que si peut-être vous vous plaignez qu'il vous laisse sans consolation sur la terre au milieu de tant de misères, voyez qu'en vous donnant cette médecine, il vous présente de l'autre main la douceur d'une espérance assurée, qui vous ôte tout ce mauvais goût et remplit votre ame de plaisirs célestes : « Votre tristesse, dit-il, sera changée en joie : » *Tristitia vestra vertetur in gaudium*.

Par conséquent, ô homme de bien, si parmi tes afflictions il t'arrive de jeter les yeux sur la prospérité des méchans, que ton cœur n'en murmure point, parce qu'elle ne mérite pas d'être dé-

---

[1] *De Provident.*, cap. vi. — [2] I *Joan.*, ii, 17.

sirée. C'est la première vérité de notre évangile. Si cependant les misères croissent, si le fardeau des malheurs s'augmente, ne te laisse pas accabler, et reconnois dans la douleur qui te presse l'opération du médecin qui te guérit : *Vos autem contristabimini.* C'est le second point. Enfin si tes forces se diminuent, soutiens ton courage abattu par l'attente du bien que l'on te propose, qui est une santé éternelle dans la bienheureuse immortalité : *Tristitia vestra vertetur in gaudium.* C'est par où je finirai ce discours. Et voilà en abrégé, chrétiens, toute l'économie de cet entretien et le sujet du saint évangile que l'Eglise a lu ce matin dans la célébration des divins mystères. Reste que vous vous rendiez attentifs à ces vérités importantes. Laissons tous les discours superflus ; cette matière est essentielle, allons à la substance des choses avec le secours de la grace.

PREMIER POINT.

Pour entrer d'abord en matière, je commence mon raisonnement par cette proposition infaillible, qu'il n'est rien de mieux ordonné que les événemens des choses humaines ; et toutefois qu'il n'est rien aussi où la confusion soit plus apparente. Qu'il n'y ait rien de mieux ordonné, il m'est aisé de le faire voir (*a*) par ce raisonnement invincible.

Plus les choses touchent de près à la Providence et à la sagesse divine, plus la disposition en doit être belle. Or dans toutes les parties de cet univers, Dieu n'a rien de plus cher que l'homme qu'il a fait à sa ressemblance. Rien par conséquent n'est mieux ordonné que ce qui touche cette créature chérie, et si avantagée par son Créateur. Et si nous admirons tous les jours tant d'art, tant de justesse, tant d'économie dans les astres, dans les élémens, dans toutes les natures inanimées, à plus forte raison doit-on dire qu'il y a un ordre admirable dans ce qui regarde les hommes. Il y a donc certainement beaucoup d'ordre, et toutefois il faut reconnoître (*b*) qu'il n'y a rien qui paroisse moins. Au contraire, plus nous pénétrons dans la conduite des choses humaines, dans les événemens des affaires, plus nous sommes contraints d'avouer

---

(*a*) *Var.* : C'est ce qu'il m'est aisé de faire voir. — (*b*) Confesser.

qu'il y a beaucoup de désordre. Ce seroit une insolence inouïe, si nous voulions ici faire le procès à tout ce qu'il y a jamais eu de grand dans le monde. Il y a eu plus d'un David sur le trône, ce n'est pas pour une fois seulement que la grandeur et la piété se sont jointes ; il y a eu des hommes extraordinaires que la vertu a portés au plus grand éclat, et la malice n'est pas si universelle que l'innocence n'ait été souvent couronnée.

Mais, chrétiens, ne nous flattons pas ; avouons à la honte du genre humain que les crimes les plus hardis ont été ordinairement plus heureux que les vertus les plus renommées. Et la raison en est évidente. C'est sans doute que la licence est plus entreprenante que la retenue. La fortune veut être prise par force, les affaires veulent être emportées par la violence. Il faut que les passions se remuent, il faut prendre des desseins extrêmes. Que fera ici la vertu avec sa foible et impuissante médiocrité, je dis foible et impuissante dans l'esprit des hommes ? Elle est trop sévère et trop composée. C'est pourquoi le divin Psalmiste, après avoir décrit au *Psaume* x le bruit que les pécheurs ont fait dans le monde, il vient ensuite à parler du juste : « Et le juste, dit-il, qu'a-t-il fait ? » *Justus autem quid fecit*[1] ? Il semble, dit-il, qu'il n'agisse pas ; et il n'agit pas en effet selon l'opinion des mondains, qui ne connoissent point d'action sans agitation, ni d'affaires sans empressement. Le juste n'ayant donc point d'action du moins au sentiment des hommes du monde, il ne faut pas s'étonner, fidèles, si les grands succès ne sont pas pour lui.

Et certes l'expérience nous apprend assez que ce qui nous meut, ce qui nous excite, ce n'est pas la droite raison. On se contente de l'admirer et de la faire servir de prétexte ; mais l'intérêt, la passion, la vengeance, c'est ce qui agite (a) puissamment les ressorts de l'ame ; et en un mot le vice qui met tout en œuvre est plus actif, plus pressant, plus prompt ; et ensuite pour l'ordinaire il réussit mieux que la vertu qui ne sort point de ses règles, qui ne marche qu'à pas comptés, qui ne s'avance que par mesure. D'ailleurs les histoires saintes et profanes nous montrent partout

---

[1] *Psal.* x, 4.
(a) *Var.* : Remue.

de fameux exemples qui font voir les prospérités des impies, c'est-à-dire l'iniquité triomphante. Quelle confusion plus étrange ? David même s'en scandalise, et il avoue dans le *Psaume* LXXII que sa constance devient chancelante, « quand il considère la paix des pécheurs, » *Pacem peccatorum videns* [1] ; tant ce désordre est épouvantable. Et cependant (a) nous vous avons dit qu'il n'est rien de mieux ordonné que les événemens des choses humaines : comment démêlerons-nous ces obscurités (b)? comment prouverons-nous un tel paradoxe, que l'ordre le plus excellent se doive trouver dans une confusion si visible? Accordons par une doctrine solide ces contrariétés apparentes, et montrons à l'homme de bien qu'il ne doit pas envier les prospérités de ce monde qui se réjouit.

J'apprends du Sage dans l'*Ecclésiaste* [2] que l'unique moyen de sortir de cette épineuse difficulté, c'est de jeter les yeux sur le jugement. Regardez les choses humaines dans leur propre suite, tout y est confus et mêlé ; mais regardez-les par rapport au jugement dernier et universel, vous y voyez reluire un ordre admirable. Le monde comparé à ces tableaux qui sont comme un jeu de l'optique, dont la figure est assez étrange, la première vue ne vous montre qu'une peinture qui n'a que des traits informes et un mélange confus de couleurs ; mais sitôt que celui qui sait le secret vous le fait considérer par le point de vue, ou dans un miroir tourné en cylindre qu'il applique sur cette peinture confuse : aussitôt les lignes se ramassant, cette confusion se démêle et vous produit une image bien proportionnée. Il en est ainsi de ce monde. Quand je le contemple dans sa propre vue, je n'y aperçois que désordre ; si la foi me le fait regarder par rapport au jugement dernier et universel, en même temps j'y vois reluire un ordre admirable. Mais entrons profondément en cette matière, et éclaircissons par les Ecritures la difficulté proposée. Suivez, s'il vous plaît, mon raisonnement.

Remarquons avant toutes choses que le jugement dernier et

---

[1] *Psal.* LXXII, 3. — [2] *Eccle.*, III, 17.

(a) *Var. :* Et toutefois. — (b) Comment accorderons-nous ces contrariétés apparentes.

universel est toujours représenté dans les saintes Lettres par un acte de séparation. « On mettra, dit-on, les mauvais à part; on les tirera du milieu des justes¹, » et enfin tout l'Evangile parle de la sorte. Et la raison en est évidente, en ce que le discernement est la principale fonction du juge et la qualité nécessaire du jugement; de sorte que cette grande journée en laquelle le Fils de Dieu descendra du ciel, c'est la journée du discernement général. Que si c'est la journée du discernement où les bons seront séparés d'avec les impies, donc en attendant ce grand jour, il faut qu'ils demeurent mêlés.

Approche ici, ô toi qui murmures en voyant la prospérité des pécheurs : — Ah! la terre les devroit engloutir, ah! le ciel se devroit éclater en foudre. — Tu ne songes pas au secret de Dieu. S'il punissoit ici tous les réprouvés, la peine les discerneroit d'avec les bons. Or l'heure du discernement n'est pas arrivée. Cela est réservé pour le jugement; ce n'est donc pas encore le temps de punir généralement tous les criminels, parce que ce n'est pas encore celui de les séparer d'avec tous les justes. « Ne vois-tu pas, dit saint Augustin², que pendant l'hiver l'arbre mort et l'arbre vivant paroissent égaux; ils sont tous deux sans fruits et sans feuilles. Quand est-ce qu'on les pourra discerner? Ce sera lorsque le printemps viendra renouveler la nature, et que cette verdure agréable fera paroître dans toutes les branches la vie que la racine tenoit enfermée. » Ainsi ne t'impatiente pas, ô homme de bien; laisse passer l'hiver de ce siècle, où toutes choses sont confondues; contemple ce grand renouvellement de la résurrection générale qui fera le discernement tout entier, lorsque la gloire de Jésus-Christ reluira visiblement sur les justes. Si cependant ils sont mêlés avec les impies, si l'ivraie croît avec le bon grain, si même elle s'élève au-dessus, c'est-à-dire si l'iniquité semble triomphante, n'imite pas l'ardeur inconsidérée de ceux qui poussés d'un zèle indiscret, voudroient arracher (a) ces mauvaises herbes; c'est un zèle indiscret et précipité. Aussi le Père de famille ne le permet pas : « Attendez, dit-il, la moisson³, » c'est-à-

¹ *Matth.*, XIII, 48, 49. — ² *In Psal.* CXLVIII, n. 16. — ³ *Matth.*, XIII, 30.
(a) *Var. :* Tenteroient d'arracher.

dire la fin du siècle ; alors on fera le discernement et « ce sera le temps de chaque chose (a) » selon la parole de l'*Ecclésiaste*[1].

Ces excellens principes étant établis, je ne me contente plus de vous dire que ce que Dieu tarde à punir les crimes, ce qu'il les laisse souvent prospérer, n'a rien de contraire à sa Providence ; je passe outre maintenant, et je dis que c'est un effet visible de sa Providence. Car la sagesse ne consiste pas à faire les choses promptement, mais à les faire dans le temps qu'il faut. Cette sagesse profonde de Dieu ne se gouverne pas par les préjugés ni par les fantaisies des enfans des hommes, mais selon l'ordre immuable (b) des temps et des lieux qu'elle a éternellement (c) disposé. « C'est pourquoi, dit Tertullien (voici des paroles précieuses), Dieu ayant remis le jugement à la fin des siècles, il ne précipite pas le discernement, qui en est une condition nécessaire. ». *Qui semel æternum judicium destinavit post sæculi finem, non præcipitat discretionem, quæ est conditio judicii ante sæculi finem. Æqualis est interim super omne hominum genus, et indulgens, et increpans ; communia voluit esse et commoda profanis et incommoda suis*[2]. Remarquez cette excellente parole : *Il ne précipite pas le discernement*. Précipiter les affaires, c'est le propre de la foiblesse, qui est contrainte de s'empresser dans l'exécution de ses desseins, parce qu'elle dépend des occasions, et que ces occasions sont certains momens dont la fuite précipitée cause aussi de la précipitation à ceux qui les cherchent. Mais Dieu qui est l'arbitre de tous les temps, qui sait que rien ne peut échapper ses mains, il ne précipite pas ses conseils (d) ; jamais il ne prévient le temps résolu ; il ne s'impatiente pas ; il se rit des prospérités de ses ennemis, « parce que, dit le Roi-Prophète[3], il sait bien où il les attend, il voit de loin le jour qu'il leur a marqué pour en prendre une rigoureuse vengeance : » *Quoniam prospicit quòd veniet dies ejus*. Mais en attendant ce grand jour, voyez comme il distribue les biens et les maux avec une équité merveilleuse (e), tirée de la nature même des uns et des autres.

[1] *Eccle.*, III, 17. — [2] *Apolog.*, n. 41. — [3] *Psal.* XXXVI, 13.
(a) La fin du siècle où toutes choses seront démêlées. — (b) Certain. — (c) Immuablement. — (d) Ses ouvrages. — (e) Mais voici comment en attendant cette dernière journée, Dieu distribue les biens et les maux.....

Je distingue deux sortes de biens et de maux. Il y a les biens et les maux mêlés, qui dépendent de l'usage que nous en faisons : par exemple, la maladie est un mal qui peut tourner en bien par la patience, comme la santé est un bien qui peut dégénérer (a) en mal en favorisant la débauche. C'est ce que j'appelle les biens et les maux mêlés, qui participent de la nature du bien et du mal selon l'usage où on les applique. Mais il y a outre cela le bien souverain, qui jamais ne peut être mal, comme la félicité éternelle ; il y a aussi certains maux extrêmes, qui ne peuvent tourner en bien à ceux qui les souffrent, comme les supplices des réprouvés. Cette distinction (b) étant supposée, je dis que ces biens et ces maux suprêmes, si je puis parler de la sorte, appartiennent au discernement général où les bons seront séparés pour jamais de la société des impies, et que ces biens et ces maux mêlés se distribuent avec équité dans le mélange des choses présentes.

Car il falloit que la Providence destinât certains biens aux justes où les méchans n'eussent point de part, et de même qu'elle préparât aux méchans des peines dont les bons ne fussent jamais tourmentés. De là vient ce discernement éternel qui se fera dans le jugement. Et avant ce temps limité, tout ce qu'il y a de biens et de maux devoit être commun aux uns et aux autres, c'est-à-dire à l'impie aussi bien qu'au juste, parce que les élus et les réprouvés étant en quelque façon confondus durant tout le cours de ce siècle, la justice et la miséricorde divine sont aussi par conséquent tempérées. C'est ce qui fait dire au Prophète « que le calice qui est dans les mains de Dieu est plein de vin pur et de vin mêlé : » *Calix in manu Domini vini meri plenus mixto*[1]. Ce passage est très-remarquable, et nous y voyons bien représentée toute l'économie de la Providence. Il y a premièrement « le vin pur, » c'est-à-dire la joie céleste qui n'est altérée par aucun mélange de mal ; c'est une joie toute pure, *vini meri*. Il y a aussi le mélange, et c'est ce que ce siècle doit boire, ainsi que nous l'avons expliqué, parce qu'il n'y a que des biens et des maux mêlés, *plenus mixto*. Et enfin il y a la lie, *fæx ejus non est exinanita*; et c'est

[1] *Psal.* LXXIV, 9.

(a) *Var.* : Qui peut être changée. — (b) Cette division.

ce que boiront les pécheurs, *bibent omnes*[1]. Ces pécheurs surpris dans leurs crimes, ces pécheurs éternellement séparés des justes, ils boiront toute la lie, toute l'amertume de la vengeance divine.

Tremblez, tremblez, pécheurs endurcis, devant la colère qui vous poursuit. Car si dans le mélange du siècle présent, où Dieu en s'irritant se modère, où sa justice est toujours mêlée de miséricorde, où il frappe d'un bras qui se retient, nous ne pouvons quelquefois supporter ses coups, où en serez-vous, misérables ! si vous êtes un jour contraints de porter le poids intolérable de sa colère quand elle agira de toutes ses forces, et qu'il n'y aura plus aucune douceur qui tempère son amertume? Et vous, admirez, ô enfans de Dieu, comme votre Père céleste tourne tout à votre avantage, vous instruisant non-seulement par paroles, mais encore par les choses mêmes. Et certes s'il punissoit tous les crimes, s'il n'épargnoit aucun criminel, qui ne croiroit que toute sa colère seroit épuisée dès ce siècle, et qu'il ne réserveroit rien au siècle futur? Si donc il les attend, s'il les souffre, sa patience même vous avertit de la sévérité de ses jugemens. (*a*) Et quand il leur permet si souvent de réussir pendant cette vie, quand il souffre que le monde se réjouisse, quand il laisse monter les pécheurs jusque sur les trônes, c'est encore une instruction qu'il vous donne, mais une instruction importante. Voyez, dit-il, mortels abusés, voyez l'état que je fais des biens après lesquels vous courez avec tant d'ardeur; voyez à quel prix je les mets, et avec quelle facilité je les abandonne à mes ennemis; je dis à mes ennemis les plus implacables, à ceux auxquels ma juste fureur prépare des torrens de flammes éternelles. Regardez les républiques de Rome et d'Athènes; elles ne connoîtront pas seulement mon nom adorable, elles serviront les idoles; toutefois elles seront florissantes par les lettres, par les conquêtes et par l'abondance, par toute sorte de prospérités temporelles; et le peuple qui

---

[1] *Psal.* LXXIV, 9.

(*a*) *Note marg.* : Si personne ne prospéroit que les justes, les hommes étant ordinairement attachés aux biens, ne serviroient Dieu que pour les prospérités temporelles; et le service que nous lui rendrions, au lieu de nous rendre religieux, nous feroit avares; au lieu de nous faire désirer le ciel, nous captiveroit dans les biens mortels.

me révère sera relégué en Judée, en un petit coin de l'Asie, environné des superbes monarchies des Orientaux infidèles. Voyez ce Néron, ce Domitien, ces deux monstres du genre humain, si durs par leur humeur sanguinaire, si efféminés par leurs infâmes délices, qui persécuteront mon Eglise par toute sorte de cruautés, qui oseront même se bâtir des temples pour braver la Divinité; ils seront les maîtres de l'univers. Dieu leur abandonne l'empire du monde, comme un présent de peu d'importance qu'il met dans les mains de ses ennemis.

Ah! qu'il est bien vrai, ô Seigneur, que vos pensées ne sont pas les pensées des hommes, et que vos voies ne sont pas nos voies (a) [1] ! O vanité et grandeur humaine, triomphe d'un jour, superbe néant, que tu parois peu à ma vue, quand je te regarde par cet endroit! Ouvrons les yeux à cette lumière; laissons, laissons réjouir le monde, et ne lui envions pas sa prospérité. Elle passe et le monde passe; elle fleurit avec quelque honneur dans la confusion de ce siècle, viendra le temps du discernement. « Vous la dissiperez, ô Seigneur, comme un songe de ceux qui s'éveillent; et pour confondre vos ennemis, vous détruirez leur image en votre cité : » *In civitate tuâ imaginem ipsorum ad nihilum rediges* [2]. Qu'est-ce à dire, *vous détruirez leur image?* C'est-à-dire : Vous détruirez leur félicité, qui n'est pas une félicité véritable, mais une ombre fragile de félicité; vous la briserez ainsi que du verre, et vous la briserez en votre cité, *in civitate tuâ;* c'est-à-dire devant vos élus, afin que l'arrogance des enfans des hommes demeure éternellement confondue.

Par conséquent, ô juste, ô fidèle, recherche uniquement les biens véritables que Dieu ne donne qu'à ses serviteurs ; apprends à mépriser les biens apparens, qui bien loin de nous faire heureux, sont souvent un commencement de supplice. Oui, cette félicité des enfans du siècle, lorsqu'ils nagent dans les plaisirs illicites, que tout leur rit, que tout leur succède ; cette paix, ce repos que nous admirons, « qui selon l'expression du Prophète fait sortir l'iniquité de leur graisse, » *Prodiit quasi ex adipe iniquitas*

---

[1] *Isai.*, LV, 8. — [2] *Psal.* LXXII, 20.

(a) *Var. :* O voies de Dieu bien contraires aux voies des hommes!

eorum [1], qui les enfle, qui les enivre jusqu'à leur faire oublier la mort : c'est un supplice, c'est une vengeance que Dieu commence d'exercer sur eux ; cette impunité, c'est une peine qui les précipite au sens réprouvé, qui les livre aux désirs de leur cœur, leur amassant ainsi un trésor de haine dans ce jour d'indignation, de vengeance et de fureur éternelle. N'est-ce pas assez pour nous écrier avec l'incomparable Augustin : *Nihil est infelicius felicitate peccantium, quâ pœnalis nutritur impunitas et mala voluntas quasi hostis interior roboratur* [2] : « Il n'est rien de plus misérable que la félicité des pécheurs qui entretient une impunité qui tient lieu de peine, et fortifie cet ennemi domestique, je veux dire la volonté déréglée, » en contentant ses mauvais désirs. Mais si nous voyons par là, chrétiens, que la prospérité peut être une peine, ne pouvons-nous pas faire voir aussi que l'affliction peut être un remède? Ainsi notre première partie ayant montré à l'homme de bien qu'il doit considérer sans envie les enfans du siècle qui se réjouissent, nous lui ferons voir dans le second point qu'il doit tirer de l'utilité des disgraces que Dieu lui envoie.

SECOND POINT.

Donc, fidèles, pour vous faire voir combien les afflictions sont utiles, connoissons premièrement quelle est leur nature ; et disons que la cause générale de toutes nos peines, c'est le trouble qu'on nous apporte dans les choses que nous aimons. Or nous pouvons y être troublés en trois différentes manières, qui me semblent être comme les trois sources d'où découlent toutes les misères dont nous nous plaignons. Premièrement on nous inquiète quand on nous refuse ce que nous aimons. Car il n'est rien de plus misérable que cette soif qui jamais n'est rassasiée, que ces désirs toujours suspendus qui courent éternellement sans rien prendre. On ne peut assez exprimer combien l'ame est travaillée par ce mouvement. Mais on l'afflige beaucoup davantage, quand on la trouble dans la possession du bien qu'elle tient, « parce que, dit saint Augustin [3], quand elle possède ce qu'elle aimoit, comme les

---

[1] *Psal.* LXXII, 7. — [2] Ep. CXXXVIII, *ad Marcell.*, n. 14. — [3] *De lib. Arbit.*, lib. I, cap. XV, n. 33.

honneurs, les richesses, elle se l'attache à elle-même par la joie qu'elle a de l'avoir, elle se l'incorpore en quelque façon, si je puis parler de la sorte ; cela devient comme une partie de nous-mêmes, et pour dire le mot de saint Augustin, comme un membre de notre cœur ; » de sorte que si on vient à nous l'arracher, aussitôt le cœur en gémit ; il est tout déchiré, tout ensanglanté par la violence qu'il souffre. La troisième espèce d'affliction qui est si ordinaire dans la vie humaine, ne nous ôte pas entièrement le bien qui nous plaît ; mais elle nous traverse de tant de côtés, elle nous presse tellement d'ailleurs, qu'elle ne nous permet pas d'en jouir. Vous avez acquis de grands biens, il semble que vous deviez être heureux ; mais vos continuelles infirmités vous empêchent de goûter le fruit de votre bonne fortune : est-il rien de plus importun ? C'est avoir le verre en main et ne pouvoir boire, bien que vous soyez tourmenté d'une soif ardente ; et cela nous cause un chagrin extrême.

Voilà les trois genres d'afflictions qui produisent toutes nos plaintes : n'avoir pas ce que nous aimons, le perdre après l'avoir possédé, le posséder sans en goûter la douceur à cause des empêchemens que les autres maux y apportent. Si donc je vous fais voir, chrétiens, que ces trois choses nous sont salutaires, n'aurai-je pas prouvé manifestement que c'est un effet merveilleux de la bonté paternelle de Dieu sur les justes, de vouloir qu'ils soient attristés dans la vie présente, comme Jésus leur prédit dans notre évangile ? C'est ce que j'entreprends de montrer avec le secours de la grace.

Et premièrement il nous est utile de n'avoir pas ce que nous aimons ; et c'est en quoi le monde s'abuse, qui voyant un homme qui a ce qu'il veut, s'écrie avec un grand applaudissement : Qu'il est heureux, qu'il est fortuné ! Il a ce qu'il veut ; est-il pas heureux ? — Il est vrai, le monde le dit, mais l'Evangile de Jésus-Christ s'y oppose. Et la raison, c'est que nous sommes malades. Je vous nie, délicats du siècle, que la misère consiste à n'avoir pas ce que vous aimez ; c'est plutôt à n'aimer pas ce qu'il faut, et de même la félicité n'est pas tant à posséder ce que vous aimez qu'à aimer ce qui le doit être.

Pour entendre solidement cette vérité, remarquez que la félicité c'est la santé de l'ame. Nulle créature n'est heureuse si elle n'est saine ; et c'est la même chose à l'égard de l'ame qu'elle soit heureuse et qu'elle soit saine, à cause qu'elle est saine quand elle est dans une bonne constitution, et cela même la rend heureuse. Comparez maintenant ces deux choses, n'avoir pas ce que nous aimons et aimer ce qui ne doit pas être aimé ; et considérez lequel des deux rend l'homme plus véritablement misérable. Direz-vous que c'est n'avoir pas ce que vous aimez ? Mais quand vous n'avez pas ce que vous aimez, c'est un empêchement qui vient du dehors. Au contraire quand vous aimez ce qu'il ne faut pas, c'est un déréglement au dedans. Le premier c'est une mauvaise fortune, il se peut faire que l'intérieur n'en soit point troublé ; le second est une maladie qui l'altère et qui le corrompt. Et puisqu'il n'y a point de bonheur sans la santé et le bon état du dedans, il s'ensuit que celui-là est plus malheureux qui aime sans une juste raison que celui qui aime sans un bon succès, parce qu'il est plus déréglé et par conséquent plus malade. Dans les autres maux, délivrez-moi ; mais où il y a du désordre et ensuite du péché, ah ! guérissez-moi, s'écrie-t-il : c'est qu'il y a du déréglement, et conséquemment de la maladie. D'où il résulte très-évidemment que le bonheur ne consiste pas à obtenir ce que l'on désire.

Cela est bon quand on est en bonne santé. On accorde à un homme sain de manger à son appétit ; mais il y a des appétits de malade qu'il est nécessaire de tenir en bride, et ce seroit une opinion bien brutale d'établir la félicité à contenter les désirs irréguliers qui sont causés par la maladie. Or, fidèles, toute notre nature est remplie de ces appétits de malade, qui naissent de la foiblesse de notre raison et de la mortalité qui nous environne. N'est-ce pas un appétit de malade que cet amour désordonné des richesses, qui nous fait mépriser (a) les biens éternels ? N'est-ce pas un appétit de malade que de courir après les plaisirs, et de négliger en nous la partie céleste pour satisfaire la partie mortelle ? Et parce qu'il naît en nous une infinité de ces appétits de malade, de là vient que nous lisons dans les saintes Lettres que

(a) *Var.* : Négliger.

Dieu se venge souvent de ses ennemis en satisfaisant leurs désirs. Etrange manière de se venger, mais qui de toutes est la plus terrible !

C'est ainsi qu'il traita les Israélites qui murmuroient au désert contre sa bonté. « Qui est-ce, disoit ce peuple brutal, qui nous donnera de la chair? nous ne pouvons plus souffrir cette manne [1]. » Dieu les exauça en sa fureur; et leur donnant les viandes qu'ils demandoient, sa colère en même temps s'éleva contre eux. C'est ainsi que, pour punir les plus grands pécheurs, nous apprenons du divin Apôtre [2] qu'il les livre à leurs propres désirs; comme s'il disoit : Il les livre entre les mains des bourreaux ou de leurs plus cruels ennemis. Que s'il est ainsi, chrétiens, comme l'expérience nous l'apprend assez, que nous nourrissons en nous-mêmes tant de désirs qui nous sont nuisibles et pernicieux, donc c'est un effet de miséricorde de nous contrarier souvent dans nos appétits, d'appauvrir nos convoitises qui sont infinies, en leur refusant ce qu'elles demandent; et le vrai remède de nos maladies, c'est de contenir nos affections déréglées par une discipline forte et vigoureuse, et non pas de les contenter par une molle condescendance. *Vos autem contristabimini*. En n'ayant pas ce que vous aimez, c'est la première peine qui vous est utile.

Mais, fidèle, il ne t'est pas moins salutaire qu'on t'enlève quelquefois ce que tu possèdes. Connoissons-le par expérience. Quand nous possédons les biens temporels, il se fait certains nœuds secrets qui engagent le cœur insensiblement dans l'amour des choses présentes; et cet engagement est plus dangereux en ce qu'il est ordinairement plus imperceptible. Le désir se fait mieux sentir, parce qu'il a de l'agitation et du mouvement; mais la possession assurée, c'est un repos, c'est comme un sommeil; on s'y endort, on ne le sent pas. C'est ce que dit l'apôtre saint Paul, que ceux qui amassent de grandes richesses « tombent dans les lacets, » *incidunt in laqueum* [3]. C'est que la possession des richesses a des filets invisibles où le cœur se prend insensiblement. Peu à peu il se détache du Créateur par l'amour désordonné de la créature, et

---

[1] *Num.*, XI, 4, 6; *Psal.* LXXVII, 21, 27, 31. — [2] *Rom.*, I, 24. — [3] 1 *Timoth.*, VI, 9.

à peine s'aperçoit-il de cet attachement vicieux. Mais qu'on lui dise que cette maison est brûlée, que cette somme est perdue sans ressource par la banqueroute de ce marchand, aussitôt le cœur saignera, la douleur de la plaie lui fera sentir « combien ces richesses étoient fortement attachées aux fibres de l'ame, et combien il s'écartoit de la droite voie par cet attachement excessif (a) : » *Quantùm amando deliquerint, perdendo senserunt*, dit saint Augustin [1]. Il verra combien ces richesses pouvoient être plus utilement employées; et qu'enfin il n'a rien sauvé de tous ses grands biens que ce qu'il a mis en sûreté dans le ciel, l'y faisant passer par les mains des pauvres; il ouvrira les yeux aux biens éternels qu'il commençoit déjà d'oublier; ainsi ce petit mal guérira les grands, et sa blessure sera son salut.

Mais si Dieu laisse à ses serviteurs quelque possession des biens de la terre, ce qu'il peut faire de meilleur pour eux, c'est de leur en donner du dégoût, de répandre mille amertumes secrètes sur tous les plaisirs qui les environnent, de ne leur permettre jamais de s'y reposer, de secouer et d'abattre cette fleur du monde qui leur rit trop agréablement, de leur faire naître des difficultés, de peur que cet exil ne leur plaise et qu'ils ne le prennent pour la patrie; de piquer leur cœur jusqu'au vif, pour leur faire sentir la misère de ce pèlerinage laborieux, et exciter leurs affections endormies à la jouissance des biens véritables. C'est ainsi qu'il vous faut traiter (b), ô enfans de Dieu, jusqu'à ce que votre santé soit parfaite : *Vos autem contristabimini;* cette convoitise, qui vous rend malades, demande nécessairement cette médecine. Il importe que vous ayez des maux à souffrir, tant que vous en aurez à corriger : il importe que vous ayez des maux à souffrir, tant que vous serez au milieu des biens où il est dangereux de se plaire trop. Si ces remèdes vous semblent durs, « ils excusent, dit Tertullien, le mal qu'ils vous font par l'utilité qu'ils vous apportent : » *Emolumento curationis offensam sui excusant* [2].

Mais admirez la bonté de notre Sauveur, qui de peur que vous soyez accablés, vous donne de quoi vous mettre au-dessus de tous

---

[1] *De Civit. Dei,* lib. I, cap. x. — [2] *De Pœnit.,* n. 10.

(a) *Var.* : Vicieux. — (b) Pour : Qu'il faut vous traiter.

les malheurs de la vie. Et quel est ce secours qu'il vous donne ? C'est une espérance assurée que la joie de l'immortalité bienheureuse suivra de près vos afflictions. Or il n'est rien de plus solide (a) que cette espérance appuyée sur la parole qui porte le monde, et si évidemment attestée par toute la suite de notre évangile. Attestée premièrement par la joie du siècle. Car si Dieu donne de la joie à ses ennemis, songez ce qu'il prépare à ses serviteurs ; si tel est le contentement des captifs, quelle sera la félicité des enfans ? Attestée en second lieu par la tristesse des justes. Car si tel est le plaisir de Dieu (b), que durant tout le cours de la vie présente la vertu soit toujours aux mains avec tant de maux qui l'attaquent ; si d'ailleurs, selon la règle immuable de la véritable sagesse, la guerre se fait pour avoir la paix, donc cette vertu qu'on met à l'épreuve enfin un jour se verra paisible, et ce Dieu qui l'a fait combattre lui donnera un jour la paix assurée. Et si nous apprenons de saint Paul [1] « que la souffrance produit l'épreuve ; » si lorsque le capitaine éprouve un soldat, c'est qu'il lui destine quelque bel emploi, console-toi, ô juste souffrant ; puisque Dieu t'éprouve par la patience, c'est une marque qu'il veut t'élever, et tu dois mesurer ta grandeur future par la difficulté de l'épreuve. Et c'est pourquoi l'Apôtre ayant dit que la souffrance produit l'épreuve, il ajoute aussitôt après que « l'épreuve produit l'espérance [2]. »

Mais quelle parole pourroit exprimer quelle est la force de cette espérance ? C'est elle qui nous fait trouver un port assuré parmi toutes les tempêtes de cette vie. C'est pourquoi l'Apôtre l'appelle notre ancre [3] : et de même que l'ancre empêche que le navire ne soit emporté, et quoiqu'il soit au milieu des ondes, elle l'établit sur la terre lui faisant en quelque sorte rencontrer un port parmi les vagues (c) dont elle est battue ; ainsi quoique nous flottions encore ici-bas, l'espérance qui est l'ancre de notre ame nous donnera de la consistance, si nous la savons jeter dans le ciel.

Donc, ô justes (d), consolez-vous dans toutes les disgraces qui

---

[1] *Rom.*, v, 3. — [2] *Ibid.*, 4. — [3] *Hebr.*, vi, 19.

(a) *Var. :* De mieux établi. — (b) Si c'est une loi établie que. — (c) Entre les vagues. — (d) O fidèles.

vous arrivent; et quand la terre trembleroit jusqu'aux fondemens, quand le ciel se mêleroit (a) avec les enfers, quand toute la nature seroit renversée, que votre espérance demeure ferme : le ciel et la terre passeront, mais la parole de celui qui a dit que notre tristesse sera changée en joie sera éternellement immuable; et quelque fléau qui tombe sur vous, ne croyez jamais que Dieu vous oublie. « Le Seigneur sait ceux qui sont à lui [1]; et son œil veille toujours sur les justes [2]. » Quoiqu'ils soient mêlés avec les impies, désolés par les mêmes guerres, emportés par les mêmes pestes, battus enfin des mêmes tempêtes, Dieu sait bien démêler les siens de cette confusion générale. Le même feu fait reluire l'or et fumer la paille : « Le même mouvement, dit saint Augustin [3], fait exhaler la puanteur de la boue et la bonne senteur des parfums; » et le vin n'est pas confondu avec le marc, quoiqu'ils portent tous deux le poids du même pressoir : ainsi les mêmes afflictions qui consument les méchans purifient les justes. Que si quelquefois les pécheurs prospèrent, s'ils tâchent quelquefois de faire rougir l'espérance de l'homme de bien par l'ostentation d'un éclat présent, disons-leur avec le grand saint Augustin [4] : « O herbe rampante, oserois-tu te comparer à l'arbre fruitier pendant la rigueur de l'hiver, sous le prétexte qu'il perd sa verdure durant cette froide saison, et que tu conserves la tienne? Viendra l'ardeur du grand jugement qui te desséchera jusqu'à la racine, et fera germer les fruits immortels des arbres que la patience aura cultivés. »

Méditons, méditons, fidèles, cette grande et terrible vicissitude : Le monde se réjouira, et vous serez tristes; mais votre tristesse tournera en joie, et la joie du monde sera changée en un grincement de dents éternel. Ah! si ce changement est inévitable, loin de nous l'amour des plaisirs du monde! Quand les enfans du siècle nous inviteront à leurs délices, à leurs débauches, à leurs autres joies dissolues, craignons de nous joindre à leur compagnie. L'heure de notre réjouissance n'est pas arrivée. « Pourquoi m'in-

---

[1] II *Timoth.*, II, 19. — [2] *Psal.* XXXIII, 16. — [3] *De Civit. Dei*, lib. I, cap. VIII. — [4] *In Psal.* XLVIII, serm. II, n. 3, 4.

(a) *Var.* : Se confondroit.

vitent-ils, dit Tertullien [1]? Je ne veux point de part à leurs joies, parce qu'ils seront exclus de la mienne. » Il y a une vicissitude de biens et de maux; on y va par tour : il y a une loi établie, que nous expérimenterons tour à tour les biens et les maux. J'appréhende de me réjouir avec eux, de peur de pleurer un jour avec eux. C'est être trop délicat de vouloir trouver du plaisir partout. Il sied mal à un chrétien de se réjouir, pendant qu'il n'est pas avec Jésus-Christ. Si j'ai quelqu'affection pour ce divin Maître, il faut que je le suive en tous lieux; et avant que de me joindre à lui dans l'éternité de sa gloire, il faut que je l'accompagne du moins un moment dans la dureté de sa croix. Ce sont, fidèles, les sentimens avec lesquels vous devez gagner ce jubilé que je vous annonce. C'est ainsi que vous pourrez obtenir cette paix si ardemment désirée, et qui en est le véritable sujet. Car il n'est point d'oraison plus forte que celle qui part d'une chair mortifiée par la pénitence, et d'une ame dégoûtée des plaisirs du siècle.

ABRÉGÉ D'UN SERMON

POUR

LE IIIe DIMANCHE APRÈS PAQUES (a).

Mundus autem gaudebit; vos autem contristabimini. Joan., XVI, 20.

Tous ceux qui vivent chrétiennement souffriront persécution. L'Eglise naissante. Ne vous persuadez pas [qu'elle fût] seulement persécutée par les tyrans; chacun étoit soi-même son persécuteur. On affichoit à tous les poteaux et dans toutes les places pu-

---

[1] *De Spect.*, n. 28.

(a) L'écriture du manuscrit révèle deux dates : celle du texte principal indique à peu près l'année 1663, mais celle des additions, qui sont fort nombreuses, semble postérieure de deux ou trois années.

On a vu précédemment que, dans ses premières compositions, Bossuet disoit neutralement, sans employer le pronom réfléchi, *déguiser, masquer;* on verra qu'il dit ici *se déguiser, se masquer.* Nouvelle preuve que notre sermon abrégé appartient à la grande époque.

bliques des sentences épouvantables contre ses enfans; eux-mêmes se condamnoient, etc. On leur ôtoit la vie, eux les plaisirs; leurs biens, eux tout usage immodéré. Exil de leur patrie; tout le monde leur étoit un exil, ils s'ordonnoient à eux-mêmes de ne s'arrêter nulle part et de n'avoir nulle consistance en aucun pays, etc. Cette persécution aliénoit autant les esprits que l'autre: Encore plus, dit Tertullien : *Plures invenias, quos magis periculum voluptatis quàm vitæ avocet ab hâc sectâ*[1]. On craignoit les rigueurs des empereurs contre l'Eglise, mais on craignoit bien plus la sévérité de sa discipline contre elle-même; et ils se fussent plus facilement exposés à perdre la vie, qu'à se voir arracher les plaisirs sans lesquels la vie semble être à charge.

Cette persécution dure encore. Les chrétiens se doivent déclarer la guerre et à toutes les joies sensuelles, parce qu'elles sont ruineuses à l'innocence; et le chrétien ne doit rien aimer que de saint, parce qu'elles sont vaines et imaginaires; et le chrétien ne doit rien aimer que de véritable, parce que ce n'en est pas le temps, et que le chrétien doit s'accommoder aux ordres de la divine Providence.

PREMIER POINT.

Quand on parle contre les plaisirs, les libertins s'élèvent, et peu s'en faut qu'ils n'appellent Dieu cruel. Car qu'y a-t-il de si criminel dans les plaisirs? C'est pourquoi, pour leur fermer la bouche, le discours grave et sérieux que fait Cicéron. Je l'ai pris dans saint Augustin; il cesse d'être profane après avoir passé par ce sacré canal.

« Les voluptés corporelles peuvent-elles sembler désirables, elles que Platon a nommées l'appât et l'hameçon de tous les maux? En effet quelles maladies et de l'esprit et du corps! quel épuisement et des forces et de la beauté de l'un et de l'autre! quelle honte, quelle infamie, quel opprobre n'est pas causé par les voluptés, desquelles plus le transport est violent, plus il est ennemi de toute sagesse! *Cujus motus ut quisque est maximus, ita est inimicissimus philosophiæ*[2]. Car qui ne sait que les

---

[1] *De Spect.*, n. 2. — [2] Cicer., *in Hortens.*

grandes émotions des sens ne laissent aucun lieu à la réflexion ni à aucune pensée sérieuse? Et qui seroit l'homme assez brutal qui voulût passer toute sa vie parmi ces emportemens de ses sens émus, parmi cet enivrement des plaisirs? Mais qui seroit l'homme de sens rassis qui ne désireroit pas plutôt que la nature ne nous eût donné aucun de ces plaisirs corporels, qui dégradent l'ame de sa dignité et de sa grandeur naturelle? »

« Voilà, dit saint Augustin, ce qu'a dit celui qui n'a rien su de la première institution ni de la dépravation de notre nature, ni de la félicité du paradis, ni des joies éternelles qui nous sont promises, qui n'a point appris que la chair convoite contre l'esprit : » *Erubescamus interim veris disputationibus impiorum, qui didicimus in verâ veræ pietatis sanctâque philosophiâ, et contra spiritum carnem, et contra carnem concupiscere spiritum* [1]. — « Je vous conjure, mes Frères, que la philosophie chrétienne, qui est la seule véritable philosophie, ne soit ni moins grave, ni moins honnête, ni moins chaste, ni moins sérieuse, ni moins tempérée que la philosophie des païens : » *Obsecro te, non sit honestior philosophia gentium, quàm nostra christiana, quæ una est vera philosophia; quandoquidem studium vel amor sapientiæ significatur hoc nomine.*

L'amour des plaisirs affoiblit le cœur et énerve le principe de droiture qui est en nous pour résister à tous les crimes. Les joies des sens amollissent l'ame, la rendent légère, ôtent la réflexion, le poids de l'esprit et du jugement, dissipent au dehors et ne laissent ni force ni courage pour Dieu, pour qui nous les devons uniquement réserver : (a) *Fortitudinem meam ad te custodiam* [2]. Une espèce d'ivresse qui offusque les lumières de l'esprit et fait naître une ardeur violente qui pousse à tout crime. Cette ivresse ne se passe pas, parce qu'elle ne prend pas le cerveau par des fumées grossières, mais le cœur par une attache très-intime et très-délicate. Le cœur ne résiste plus à rien; et il suffit de ne pas user avec une sage modération de ce qui peut être permis, pour réduire l'ame insensiblement dans cet état funeste : *Id*

---

[1] *Lib.* IV, *contra Jul.*, n. 72. — [2] *Psal.* LVIII, 10.

(a) *Note Marg.* : Le sermon sur le mauvais riche, 1ᵉʳ point.

quod non expediebat admisi, dùm non tempero quod licebat [1].

Eviter les douceurs qui nous séduisent, les violences qui nous entraînent. Celles-là à craindre par la durée, celles-ci par la promptitude (a) de leurs mouvemens; celles-là nous flattent, celles-ci nous poussent par force. On n'attend pas que l'enfant se soit blessé pour lui ôter une épée. Otez le regard avant que le cœur soit percé : ôtez la fréquentation si familière avant qu'elle devienne un engagement, *ut inspiratâ gratiæ suavitate per Spiritum sanctum, faciat plus delectare quod præcipit quàm delectat quod impedit* [2]. Difficulté de revenir : *Quoniam volens quò nollem perveneram* [3].

— Qu'on ne m'envie pas mes plaisirs qui ne font tort à personne, ni mes divertissemens qui ne me font faire aucune injustice. — « Vous ne savez, dit saint Augustin, où vous pousseront ces flatteurs. Voyez, poursuit ce grand homme, les buissons hérissés d'épines qui font horreur à la vue. La racine n'en est pas piquante; mais c'est elle qui pousse ces pointes perçantes qui déchirent et ensanglantent les mains [4]. » Ainsi l'attache aux plaisirs semble d'abord être douce; mais elle s'effarouche et devient cruelle quand elle trouve de la résistance; mais elle se porte aisément à se remplir par des pilleries, lorsqu'elle s'est épuisée par ses excessives dépenses.

Quand j'entends parler les voluptueux dans le livre de la *Sapience,* je ne vois rien de plus agréable ni de plus riant. Ils ne parlent que de festins, que de danses, que de fleurs, que de passe-temps. *Coronemus nos rosis antequàm marcescant, nullum pratum sit quod non pertranseat luxuria nostra* [5] : « Couronnons, disent-ils, nos têtes de fleurs avant qu'elles soient flétries. » Ils invitent tout le monde à leur bonne chère, et ils veulent leur faire part de leurs plaisirs : *Nemo nostrûm exors sit luxuriæ nostræ; ubique relinquamus signa lætitiæ* [6]. Que leurs paroles sont douces! que leur humeur est enjouée! que leur compagnie est désirable! Mais si vous laissez pousser cette malheureuse racine, les épines sorti-

---

[1] S. *Paulin. ad Sever.,* epist. xxx, n. 3. — [2] S. August., *de Spirit. et litt.,* n. 51. — [3] S. August., *Confess.,* lib. VIII, cap. v. — [4] *In Psal.* LII, n. 3; *in Psal.* CXXXIX, n. 4. — [5] *Sapient.,* II, 8. — [6] *Ibid.,* 9.

(a) *Var. :* L'impétuosité.

ront bientôt. Car écoutez la suite de leurs discours; et vous les verrez résolus à opprimer le juste qui les contredit, à réparer par des pilleries ce qu'ils ont dissipé par leurs débauches : « Opprimons, ajoutent-ils, le juste et le pauvre; ne pardonnons point à la veuve ni à l'orphelin : » *Venite, opprimamus pauperem justum*[1]. Quel est ce soudain changement, et qui auroit jamais attendu d'une douceur si plaisante une cruauté si impitoyable?

C'est en effet, chrétiens, que l'ame s'étant une fois éloignée de Dieu, fait de terribles progrès dans ce malheureux voyage. Le principe de toute droiture, c'est-à-dire la crainte de Dieu, étant affoibli, elle n'a plus de force ni de résistance; elle s'abandonne peu à peu, et tombe d'excès en excès et de désordre en désordre. « De même qu'un espion, dit saint Grégoire de Nysse[2], s'il est rejeté d'abord, s'en retourne honteux et confus; mais s'il est reçu dans la place, il gagne peu à peu les uns par les autres avec un air innocent, et enfin le parti des traîtres devient le plus fort : ainsi un vicieux amour des plaisirs ayant une fois entrée dans le cœur par une secrète intelligence, il sollicite l'un après l'autre tout ce qu'il y a en nous de mauvais désirs; il se fait, dit ce saint évêque, une grande défection; tout se range de ce côté : la raison inconsidérée qui s'étoit trop facilement (a) confiée aux sens, est trahie par ces infidèles; » tout est perdu, tout.

C'est donc avec raison que l'Eglise nous détache des plaisirs du monde, même des licites. Le carême, pour cet exercice; nous nous en servons pour une occasion de scandale. Mais quand les joies sensuelles ne seroient pas dangereuses, c'est assez qu'elles soient vaines.

SECOND POINT.

Je vous ai fait parler un philosophe comme un auteur non suspect, pour vous faire voir les périls où la volupté mettoit la vertu : je vous produirai maintenant un roi. Si un philosophe, qui a passé sa vie dans un coin de son cabinet,.... on diroit qu'il parleroit en spéculatif; mais un roi, à qui la fortune n'avoit rien

---

[1] *Sapient.*, II, 10. — [2] *In Ecclesiast.*, hom. VIII, tom. I, p. 460, 461.
(a) *Var.* : Trop aveuglément.

refusé et qui ne s'étoit rien refusé lui-même, promené ses sens par toute sorte d'expérience. Salomon : Deux obstacles : ou on ne peut pas par impuissance, il nous décrit son abondance; ou on ne veut pas par retenue, il nous fait entendre qu'il avoit abandonné ses sens : (a) *Quæ desideraverunt oculi mei, non negavi eis, nec prohibui cor meum* [1]. Après cela que dit-il? Il s'éveille, il se reconnoît, et « il a trouvé, dit-il, que tout cela étoit vanité et affliction d'esprit [2]. » Pesez ces deux mots : vanité, parce qu'il n'y a point de corps; tout le prix vient de la foiblesse de la raison; et c'est alors qu'il dit : *Risum reputavi errorem; et gaudio dixi : Quid frustrà deciperis* [3]? Preuve que tous ces grands divertissemens touchent plus les enfans que tous les autres. Etre paré, courir deçà et delà, se déguiser, se masquer, etc. Nous nous rions de leurs badineries; et les nôtres sont d'autant plus ridicules que nous y mêlons plus de sérieux; car il n'y a rien de plus ridicule que le sérieux dans les niaiseries. L'amour de tous ces divertissemens, c'est donc un reste d'enfance.

Bien plus c'est une folie : qui rit avec plus d'emportement que les insensés? *Fatuus in risu exaltat vocem suam, vir autem sapiens vix tacitè ridebit* [4] : avec crainte, parce qu'il craint toujours de se tromper, parce qu'un certain sérieux intime désavoue toutes ces fausses joies et a honte de s'y laisser emporter, parce qu'il ne sait s'il y a plus de sujet ou de tristesse ou de joie. Dégoût, appétit, encore dégoût, puis renouvellement d'ardeur : c'est ce qui arrive dans tous les plaisirs. C'est donc une disposition déraisonnable à cause du changement, et par conséquent vanité, foiblesse de raison. Le carnaval achevé, que vous reste-t-il? Le corps fatigué et l'esprit vide. O l'homme n'est que vanité, et aussi ne poursuit-il que des choses vaines : *Verumtamen in imagine pertransit homo; sed et frustrà conturbatur* [5] : il n'est rien et il ne recherche que des riens pompeux. Tout est vanité; ajoutons, et affliction d'esprit.

Nulle voie si aplanie, où il ne se trouve des embarras. Nulle

[1] *Eccle.*, II, 10. — [2] *Ibid.*, 11. — [3] *Ibid.*, 2. — [4] *Eccli*, XXI, 23. — [5] *Psal.* XXXVIII, 8.

(a *Note Marg.* : Ne se contenter pas de quelques plaisirs, vouloir que tous ses sens et tous ses désirs soient satisfaits par quelque chose d'exquis.

passion si douce, qui ne fasse naître mille passions accablantes. L'espérance balancée par la crainte : l'amour...., il ne convient pas à la gravité de cette chaire de parler de ses douleurs ; mais nous pouvons bien parler de l'enfer de la jalousie. Nul ne fait moins ce qu'il veut que celui qui veut faire tout ce qu'il veut, parce que dans l'exécution de ses volontés, impuissant de soi-même, il dépend d'autrui. Les hommes sont contredisans, les humeurs contraires ; on se choque, on se traverse mutuellement ; il est malaisé de faire concourir avec nos desseins. Donc affliction d'esprit. Quiconque ne résiste pas à ses volontés est injuste au prochain, incommode au monde, outrageux à Dieu, pénible à soi-même. Voulez-vous faire ce que vous voulez, n'entreprenez pas de faire ce que vous voulez. Retranchez les volontés superflues qui vous rendent dépendans des autres : plus aisé de modérer ses volontés que de les satisfaire ; vous y trouverez les vrais plaisirs.

Ne soupirez donc plus après les plaisirs de ce corps mortel : ne buvez plus cette eau trouble, laquelle vous voyez sortir d'une source si corrompue. Ce qui peut nous déplaire un seul moment, jamais digne de notre amour. Et ne nous persuadons pas que nous vivions sans plaisirs, pour les vouloir transporter du corps à l'esprit, de la partie terrestre et mortelle à la partie divine et incorruptible. C'est là au contraire, dit Tertullien, qu'il se forme une volupté toute céleste du mépris des voluptés sensuelles : Car *quæ major voluptas, quàm fastidium ipsius voluptatis* [1] ?

Qui nous donnera, chrétiens, que nous sachions goûter ce plaisir sublime : plaisir toujours égal, toujours uniforme, qui naît non du trouble de l'ame mais de sa paix, non de sa maladie mais de sa santé, non de ses passions mais de son devoir, non de la ferveur inquiète et toujours changeante de ses désirs mais de la rectitude immuable de sa conscience : plaisir par conséquent véritable, qui n'agite pas la volonté mais qui la calme, qui ne surprend pas la raison mais qui l'éclaire, qui ne chatouille pas le cœur dans sa surface mais qui l'attire tout entier à Dieu par son centre ?

Voyez les liesses, les transports, les chants de cette cité triomphante. C'est de là que Jésus-Christ nous a apporté un commen-

[1] *De Spect.*, n. 29.

cement de la gloire dans le bienfait de la grace, un essai de la vision dans la foi, une partie de la félicité dans l'espérance, enfin un plaisir intime, etc. Et si ces plaisirs ne sont pas tout à fait sensibles et satisfaisans, aussi n'en est-ce pas encore le temps.

TROISIÈME POINT.

1° C'est le temps du voyage. 2°. C'est le temps de rendre compte de ses actions. Celui qui est toujours en joie pense-t-il quelquefois aux grandes affaires qu'il a ? Et combien les ris excessifs et les jeux perpétuels siéent mal à ceux qui doivent être présentés devant le tribunal de Jésus-Christ! La joie quand vous serez absous. 3° C'est le temps du combat : *Sanitatis tempus est, non voluptatis* [1]. Appétits irréguliers qui sont causés par la maladie. Maux qui nous flattent; maux qui nous blessent. (a) Malade ne songe pas au plaisir, trop heureux de recouvrer la santé. Régime. (b) *Nostræ cænæ, nostræ nuptiæ nondùm sunt. Non possumus cum illis discumbere, quia nec illi nobiscum* [2]. Viendra le temps de notre banquet : l'Epoux viendra, et il leur sera dit : *Nescio vos* [3] ; et nous entrerons en la joie de Notre-Seigneur. Nous ne la connoissons que par espérance; mais alors nous en aurons la possession véritable. *Amen.*

[1] S. August., serm. LXXXVII, n. 13. — [2] Tertull., *de Spect.*, n. 28. — [3] *Matth.*, XXV, 12.

(a) *Note Marg.* : Voir le sermon : *Mundus gaudebit, vos autem contristabimini.*
— (b) Il y a des maux qui nous blessent, il y a des maux qui nous flattent : ceux-là nous les devons supporter, ceux-ci nous les devons modérer; le premier par la patience et par le courage, le second par la tempérance et par la retenue. Et les maux qui nous affligent nous servent à corriger ceux qui nous flattent, parce que la force de ces derniers est dans le plaisir, et que la pointe du plaisir s'émousse par la souffrance, le contraire : *Alia quæ per patientiam sustinemus, alia quæ per continentiam refrenamus* (S. August., cont. Julian., lib. V, n. 22). C'est ainsi que nous faisons servir d'instrument à la justice la peine du péché : *In usus justitiæ peccati pœna conversa est* (S. August., de Civit. Dei, lib. XIII, cap. IV). Un malade ne songe pas au plaisir, trop heureux de recouvrer la santé.

SERMON

POUR

LE Vᵉ DIMANCHE APRÈS PAQUES (a).

Vado ad Patrem meum.
Je m'en vais à mon Père. *Joan.*, XVI, 16.

Notre-Seigneur, mes chers Frères, dit cette parole en la personne de ses fidèles, aussi bien qu'en la sienne, et pour nous donner la confiance de la répéter avec lui. Il a dit en un autre endroit : « Je monte vers mon Père et vers votre Père, vers mon Dieu et vers votre Dieu [1]. » Son Père est donc le nôtre aussi quoiqu'à titre différent, le sien par nature, le nôtre par grace et par adoption (b); et nous pouvons dire avec lui : « Je m'en vais à mon Père. » Je peux (c) même ajouter, mes chers Frères, que cette belle parole nous convient (d) en un certain sens plus qu'à Jésus-Christ, puisque (e) vivant sur la terre, il étoit déjà avec son Père, selon sa divinité, et que même selon sa nature humaine son ame sainte en voyoit la face. Il étoit toujours avec lui; et dans un temps où (f) il sembloit encore éloigné de retourner au lieu de sa gloire avec son Père, il ne laissoit pas de dire : « Je ne suis pas seul; mais mon Père qui m'a envoyé et moi sommes toujours ensemble [2]. »

C'est donc à nous qui sommes vraiment séparés de Dieu, c'est à nous, mes bien-aimés (g), à faire un continuel effort pour y re-

---

[1] *Joan.*, XX, 17. — [2] *Ibid.*, VIII, 16.

(a) Prêché en 1692, dans la cathédrale de Meaux, à l'ouverture d'une mission donnée pendant le jubilé.
Le manuscrit original de ce sermon est perdu depuis longtemps; Déforis a suivi, dans sa publication, quelques copies et un ouvrage qui parut en 1748 sous ce titre : *Lettres et opuscules de Bossuet*, 2 vol. *in*-12. Nous avons collationné l'édition de Déforis avec celle de 1748; de là les variantes qu'on trouvera plus loin.
(b) *Var.* : Et le nôtre par adoption. — (c) Je puis. — (d) Que ces paroles nous conviennent. — (e) Puisqu'en. — (f) Il étoit toujours avec lui dans un temps où... — (g) Mes bien-aimés, mes chers Frères.

tourner; c'est à nous à dire sans cesse : « Je m'en vais (a) à mon Père; » et comme cette parole marquoit la consommation du mystère de Jésus-Christ dans son retour à sa gloire, elle marque aussi la perfection de la vie du chrétien dans le désir qu'elle nous inspire de retourner à Dieu de tout notre cœur.

Pénétrons donc le sens de cette parole : concevons premièrement ce que c'est que d'aller à notre Père; voyons en second lieu ce qui nous doit arriver, en attendant que nous y soyons (b); et comprenons en dernier lieu quel bien nous y aurons, quand nous y serons parvenus (c). Tout cela nous sera marqué dans notre évangile, et je ne ferai que suivre pas à pas ce que Jésus-Christ nous y propose.

« Je m'en vais à mon Père. » C'est l'état d'un chrétien d'aller toujours; mais d'où est-ce qu'il part, et où est-ce qu'il doit arriver? Saint Jean nous le fait entendre par cette parole : « Jésus sachant que son heure étoit venue de passer de ce monde à son Père [1]. » N'en disons pas davantage : nous devons faire ce passage avec Jésus-Christ. « Je ne suis pas du monde, dit-il, comme ils ne sont pas du monde [2]. » Ainsi selon sa parole vous n'êtes pas du monde; quittez-le donc, marchez sans relâche; mais marchez vers votre Père. Voilà les deux raisons de votre passage : la misère du lieu d'où vous partez, et la beauté de celui où vous êtes appelés (d).

PREMIER POINT.

Saint Paul, pour nous exprimer le premier : « Le temps est court [3], » dit-il. Le temps est court; si vous ne quittez le monde, il vous quittera; il reste donc « que celui qui est marié soit comme ne l'étant pas, et ceux qui pleurent comme ne pleurant pas (e), et ceux qui se réjouissent comme ne se réjouissant pas, et ceux qui achètent comme n'achetant pas, et ceux qui usent de ce monde

---

[1] *Joan.*, XIII, 1. — [2] *Ibid.*, XVII, 16. — [3] I *Cor.*, VII, 29.

(a) *Var.* : Je vas. — (b) Que nous y soyons parvenus. — (c) Quel bien nous aurons alors et quel bonheur infini nous y attend. — (d)... Comme ils ne sont pas du monde : quittons-le donc, marchons sans relâche; mais marchons vers notre Père. Voilà...; et la beauté, la félicité et la gloire de celui où nous sommes appelés. — (e) Point.

comme n'en usant pas, parce que la figure de ce monde passe [1]. » Comme s'il disoit : Pourquoi voulez-vous demeurer dans ce qui passe? Vous croyez que c'est un corps, une vérité; ce n'est qu'une ombre et une figure qui passe et qui s'évanouit (a) : ainsi en quelque état que vous soyez, ne vous arrêtez jamais. Les liaisons les plus fermes et les plus saintes (b), telle qu'est celle du mariage, trouvent leur dissolution dans la mort; vos regrets passeront comme vos joies; ce que vous croyez posséder à plus juste titre vous échappe, à quelque prix que vous l'ayez acheté; tout passe malgré qu'on en ait.

« Mais c'est autre chose, dit saint Augustin [2], de passer avec le monde, autre chose de passer du monde pour aller ailleurs. » Le premier, c'est le partage des pécheurs; malheureux partage qui ne leur demeure même pas, puisque si le monde passe, ils passent aussi avec lui. Le second, c'est le partage des enfans de Dieu, qui de peur de passer toujours ainsi que le monde, sortent du monde en esprit et partent (c) pour aller à Dieu. Domaines, possessions, palais magnifiques, beaux châteaux (d), pourquoi voulez-vous m'arrêter? Vous tomberez un jour; ou (e) si vous subsistez, bientôt je ne serai plus moi-même pour vous posséder. Adieu donc (f), je passe, je vous quitte, je m'en vais, je n'ai pas le loisir d'arrêter. Et vous, plaisirs, honneurs, dignités, pourquoi étalez-vous vos charmes trompeurs? Je m'en vais. En vain vous me demandez encore quelques momens, ce reste de jeunesse, ce reste de vigueur (g) : non, non, je suis pressé; je pars, je m'en vais; vous ne m'êtes plus rien. — Mais où allez-vous? — Je vous l'ai dit; je m'en vais à mon Père : c'est la seconde raison de hâter mon départ.

Le monde (h) est si peu de chose, que les philosophes l'ont quitté sans même savoir où aller; dégoûtés de sa vanité et de ses misères, ils l'ont quitté; ils l'ont quitté, dis-je, sans même savoir en le quittant s'ils trouveroient une autre demeure (i) où ils pussent s'établir solidement. Mais, moi, je sais où je vais : je

---

[1] I Cor., VII, 29-32. — [2] In Joan., tract. LV, n. 1.

(a) Var. : Qui passe, qui s'évanouit. — (b) Les plus saintes et les plus fermes. — (c) Et en partent. — (d) Beaux châteaux, meubles, richesses. — (e) Ou bien. — (f) Adieu. — (g) Ce reste de jeunesse et de vigueur. — (h) Le monde en lui-même est. — (i) Sans même savoir s'ils trouveroient, en le quittant, une autre demeure.

vais à mon Père. Que craint un enfant, quand il va dans la maison paternelle? Ce malheureux prodigue qui s'étoit perdu en s'en éloignant, et qui s'étoit jeté en tant de péchés et en tant de misères (a), trouve une ressource en disant : « Je me lèverai et je retournerai chez mon père [1]. » Prodigues cent fois plus perdus que le prodigue de l'Evangile, dites donc avec lui (b) : Je me lèverai, je retournerai; mais plutôt ne dites pas : Je retournerai; partez à l'instant. Jésus-Christ vous apprend à dire, non pas : J'irai à mon Père; mais : J'y vais, je pars à l'instant; ou si vous dites je retournerai, avec le prodigue, que cette résolution soit suivie d'un prompt effet, comme la sienne. Car il se leva aussitôt, et il vint à son père. Dites donc dans le même esprit : Je retournerai à mon Père; là les mercenaires, les ames imparfaites, ceux qui commencent à servir Dieu et qui le font encore par quelque espèce d'intérêt, ne laissent pas de trouver dans sa maison un commencement d'abondance : combien donc en trouveront ceux qui sont parfaits, et qui le servent par un pur amour! Allez donc, marchez; quand le monde seroit aussi beau qu'il s'en vante et qu'il le paroît aux sens (c), il le faudroit quitter pour une plus grande beauté, pour celle de Dieu et de son royaume. Mais maintenant ce n'est rien, et vous hésitez, et vous dites toujours : J'irai, je me lèverai, je retournerai à mon Père, sans jamais dire efficacement (d) : Je vais.

Mais enfin supposez que vous partiez; vous voilà dans la maison paternelle. Attiré par les sensibles douceurs d'une conversion naissante, vous y demeurez (e) : c'est le veau gras qu'on vous y a donné d'abord, c'est la musique qu'on fait retentir dans toute la maison à votre retour. Voulez-vous donc demeurer dans cet état agréable et y attacher votre cœur? Non, non, marchez encore (f), avancez, recevez ce que Dieu vous donne; mais élevez-vous plus haut, à la croix, à la souffrance, aux délaissemens de Jésus-Christ, à la sécheresse qui lui a fait dire : « J'ai soif [2], » où néanmoins il ne reçoit encore que du vinaigre.

[1] *Luc.*, xv, 18. — [2] *Joan.*, xix, 28.

(a) *Var.*: En tant de péchés, en tant de désordres et de misères. — (b) Dites donc. — (c) A vos sens. — (d) Sans jamais dire. — (e) Vous y demeurez, vous êtes comblé de joie. — (f) Marchez.

— Hé bien, me voilà donc arrivé; j'ai passé par les épreuves et Dieu m'a donné la persévérance, je n'ai donc (*a*) qu'à m'arrêter. — Non, marchez toujours. Etes-vous plus avancé qu'un saint Paul (*b*) qui avoit bu tant de fois le calice de la passion de son Sauveur, écoutez (*c*) comme il parle, ou plutôt considérez comme il agit. Il dit aux Philippiens: « Mes Frères, je ne crois pas être arrivé¹. » Hé quoi! grand Apôtre, n'êtes-vous pas du nombre des parfaits? Et pourquoi avez-vous dit dans cet endroit même : « Tout ce que nous sommes de parfaits, ayons ce sentiment²? » Il est parfait, et néanmoins il dit : Mes Frères (*d*), je ne suis pas encore où je veux aller, et il ne me reste qu'une chose à faire ³. » Entendez-vous : Il ne me reste qu'une chose à faire. Et quoi? — « C'est qu'oubliant ce que j'ai fait et tout l'espace qui est derrière moi (*e*) dans la carrière où je cours, je m'étende à ce qui est devant moi. » — *Je m'étende?* Que veut-il dire? — Je fais continuellement de nouveaux efforts; je me brise pour ainsi dire et je me disloque moi-même par l'effort continuel que je fais pour m'avancer; et cela incessamment, sans prendre haleine, sans poser le pied un moment pour m'arrêter dans l'endroit (*f*) de la carrière où je me trouve : « Je cours de toutes mes forces vers le terme qui m'est proposé ⁴. » — Et encore, quel est ce terme, et verrons-nous une fin à votre course, ô saint Apôtre (*g*)? Ecoutez ce qu'il répond : « Soyez mes imitateurs comme je le suis de Jésus-Christ ⁵. » Imitateur de Jésus-Christ! Je ne m'étonne donc plus si après tant d'efforts (*h*), tant de souffrances, tant de conversions, tant de prodiges de votre vie, vous dites toujours que vous n'êtes pas encore arrivé. Le terme où vous tendez, qui est d'imiter la perfection de Jésus-Christ, est toujours infiniment éloigné de vous; ainsi vous irez toujours, tant que vous serez en cette vie, puisque vous tendez à un but où vous ne serez jamais arrivé parfaitement.

Et vous, mes Frères, que ferez-vous, sinon ce qu'ajoute le même

¹ *Philip.*, III, 13. — ² *Ibid.*, 15. — ³ *Ibid.*, 13. — ⁴ *Ibid.*, 14. — ⁵ I *Cor.*, IV, 16.

(*a*) *Var.* : je n'ai. — (*b*) Que saint Paul. — (*c*) Ecoutez néanmoins. — (*d*) Et néanmoins : Non, dit-il, mes Frères. — (*e*) Que j'ai laissé derrière moi. — (*f*) Sans poser le pied un moment dans l'endroit. — (*g*) A votre course durant cette vie mortelle? — (*h*) Après de si grands efforts.

Apôtre dans son *Epître aux Philippiens*[1] : « Soyez, mes Frères, mes imitateurs, et proposez-vous l'exemple de ceux qui se conduisent selon le modèle que vous avez vu en nous. » Il faut donc toujours avancer, toujours croître ; en quelque degré de perfection qu'on soit, ne s'y reposer jamais, ne s'y arrêter jamais (*a*). Je m'en vais, je m'en vais plus haut, et toujours plus près de mon Père : *Vado ad Patrem*. Le chemin où l'on marche, la montagne où l'on veut pour ainsi dire grimper (*b*), est si roide, que si l'on n'avance toujours, on retombe ; si l'on ne monte sans cesse et qu'on veuille prendre un moment pour se reposer, on est entraîné en bas par son propre poids. Il faut donc toujours passer outre, toujours s'élever, sans s'arrêter nulle part. C'est la pâque de la nouvelle alliance, qu'il faut célébrer en habit de voyageur, le bâton à la main, la robe ceinte, et manger vite l'agneau pascal : « Car c'est la pâque, c'est-à-dire le passage du Seigneur[2] ; » et comme Moïse l'explique après, « c'est la victime du passage du Seigneur[3], » qui nous apprend aussi à passer toujours outre, sans nous arrêter jamais. Car Jésus-Christ, qui est cette victime, s'en va toujours à son Père et nous y mène avec lui. Si nous ne faisons un continuel effort pour nous approcher de lui et nous y unir de plus en plus, nous n'accomplissons pas le précepte : « Vous aimerez le Seigneur votre Dieu de tout votre cœur, de toutes vos pensées (*c*), de toutes vos forces[4]. »

— Mais quand on sera arrivé à ce parfait exercice de l'amour de Dieu, alors du moins il sera permis de s'arrêter et de prendre du repos ? — Quoi ! vous ne savez donc pas qu'en aimant, on acquiert de nouvelles forces pour aimer ? Le cœur s'anime, se dilate ; le Saint-Esprit, qui le possède, lui inspire et lui donne de nouvelles forces (*e*) pour aimer de plus en plus. Ainsi vous n'aimez point de toutes vos forces, si vous n'aimez encore de ces nouvelles forces que vous donne le parfait amour. Il faut donc croître en amour durant (*f*) tout le cours de cette vie. Celui qui donne des bornes à

---

[1] *Philip.*, III, 17. — [2] *Exod.*, XII, 11. — [3] *Ibid.*, 27. — [4] *Deut.*, VI, 5.

(*a*) *Var.* : En quelque degré de perfection qu'on soit élevé, ne s'y reposer, ne s'y arrêter jamais. — (*b*) Où l'on veut grimper pour ainsi dire. — (*c*) Vous aimerez le Seigneur de tout votre cœur, de toute votre pensée et de... — (*d*) Pour aimer davantage. — (*e*) Lui inspire de nouvelles forces. — (*f*) Pendant.

son amour ne sait ce que c'est que d'aimer. Celui qui ne tend pas toujours à un plus haut degré de perfection et d'amour (*a*), ne connoît pas la perfection ni les obligations du christianisme. « Soyez parfaits, dit le Sauveur, comme votre Père céleste est parfait [1]. » Pour avancer vers ce but où l'on n'est jamais tout à fait en cette vie, il faut croître en perfection, toujours (*b*) aimer de plus en plus. Je ne sais si dans le ciel même l'amour n'ira pas (*c*) toujours croissant, puisque l'objet qu'on aimera étant infini et infiniment parfait, il fournira éternellement à l'amour (*d*) de nouvelles flammes. Si néanmoins il faut dire qu'il y a des bornes, c'est Dieu seul qui les donne; et comme durant cette vie on peut toujours avancer, toujours (*e*) croître, il le faut donc toujours faire, toujours dire : « Je vais à mon Père; » c'est-à-dire je marche non-seulement pour y aller lorsque j'en suis éloigné; mais lors même que je m'en approche et que je m'y unis, je tâche de m'en approcher et de m'y unir davantage, jusqu'à ce que je parvienne à cette parfaite unité où je ne serai avec lui qu'un même esprit, « où je lui serai tout à fait semblable en le voyant tel qu'il est [2]; » où enfin et pour tout dire en un mot, « où lui-même sera tout en tous [3], » et rassasiera tous nos désirs. Mais en attendant ce bonheur (*f*), qu'avons-nous à faire? C'est ce que je vous dois expliquer dans la seconde partie de ce discours, ou plutôt ce que Jésus-Christ vous explique (*g*) lui-même dans notre évangile.

SECOND POINT.

Ce que vous avez à faire (*h*), dit-il, en attendant le jour de votre délivrance, c'est que « vous pleurerez et vous gémirez; le monde se réjouira, mais vous serez (*i*) dans la tristesse : » *Vos autem contristabimini* [4]. Pour entendre cette tristesse, il faut écouter le saint Apôtre, qui nous dit qu'il y a de deux sortes de tristesse : « Il y a la tristesse du siècle, la tristesse selon le monde; et il y a la

---

[1] *Matth.*, v, 48. — [2] I *Joan.*, III, 2. — [3] I *Cor.*, xv, 28. — [4] *Joan.*, xvi, 20.

(*a*) *Var.* : Plus haut degré de perfection. — (*b*) Et toujours. — (*c*) Point. — (*d*) Il fournira à l'amour éternellement. — (*e*) Et toujours. — (*f*) Mais en attendant. — (*g*) Vous expliquera. — (*h*) Ce que vous devez faire. — (*i*) Mais vous, vous serez.

tristesse (*a*) selon Dieu ¹. » Ne croyez pas, mes Frères, sous prétexte que Jésus-Christ a prononcé que le monde seroit dans la joie ; ne croyez pas, dis-je, que ses joies (*b*) seront sans amertume, ou qu'elles ne seront pas suivies de douleur. Qui ne voit par expérience que ceux qui aiment le monde ont presque toujours à pleurer quelque chose : la perte ou de leurs biens, ou de leurs plaisirs, ou de leur fortune, ou de leurs espérances, en un mot de ce qu'ils aiment (*c*) ? Si donc Jésus-Christ a dit que le monde se réjouira, c'est qu'il cherchera toujours à se réjouir ; c'est là son génie, c'est là son caractère (*d*). Mais quoiqu'il cherche toujours la joie, il ne lui arrive jamais de la trouver à son gré (*e*), c'est-à-dire pure et durable. Salomon a dit il y a longtemps que ces deux qualités manquent aux joies de la terre : « Le ris sera (*f*) mêlé de douleur ² ; » les joies du monde ne sont donc jamais pures. « Les pleurs suivent de près la joie ; » elle ne sera donc jamais durable ; et quelque heureux qu'on soit dans le monde, il y a plus d'afflictions que de plaisirs : c'est donc là cette tristesse du siècle dont saint Paul vous a parlé (*g*).

Mais qu'en a dit le (*h*) bienheureux Apôtre? « La tristesse du siècle produit la mort ³, » parce qu'elle vient de l'attachement aux biens périssables. A cette tristesse du siècle saint Paul oppose la tristesse qui est selon Dieu et qui est le vrai caractère de ses enfans. La tristesse qui nous peut venir du côté du monde par la perte des biens de la terre, ou (*i*) par l'infirmité de la nature, par les maladies, par les douleurs, nous est commune avec les impies; ainsi (*j*) ce n'est pas là cette tristesse que le Sauveur donne en partage à ses fidèles en leur disant : « Vous pleurerez. » C'est, mes Frères, cette douleur selon Dieu dont il veut parler; et quel en est le sujet, sinon qu'ordinairement le monde persécuteur fait souffrir les gens de bien et les tient dans l'oppression? Ajoutons que Dieu, comme un bon père, châtie les justes comme ses enfans,

---

¹ II *Cor.*, VII, 10. — ² *Prov.*, XIV, 13. — ³ II *Cor.*, VII, 10.

(*a*) *Var.* : Et la tristesse. — (*b*) Ne croyez pas, dis-je, qu'il ait voulu dire que ses joies seront... — (*c*) Ont presque toujours à pleurer la perte de leurs biens, de leurs plaisirs, de leur fortune, de leurs espérances, et en un mot de ce qu'ils aiment. — (*d*) C'est là son génie et son caractère. — (*e*) Assez à son gré. — (*f*) Le ris ici-bas sera. — (*g*) Nous parle. — (*h*) Ce. — (*i*) Ou bien. — (*j*) Et ainsi.

et leur fait trouver leurs maux en ce monde, afin de leur réserver leurs biens dans la vie future. Vous voyez bien (*a*) déjà quelque chose de cette tristesse qui est selon Dieu. Soumettez-vous-y, mes chers Frères, soumettez-vous à l'ordre qu'il a établi dans sa famille; et si lorsqu'il a résolu de punir le monde, il commence le jugement par sa maison par les justes qui sont ses enfans, tendez le dos et baissez la tête humblement sous cette main (*b*) paternelle, et laissez-lui exercer une rigueur si remplie de miséricorde.

Mais voici encore une autre espèce (*c*) de cette tristesse selon Dieu. Assis sur les bords des fleuves de Babylone (*d*) et au milieu des biens qui passent, les fidèles sentent leur bannissement et pleurent (*e*) en se souvenant de Sion leur chère patrie. Ah! mes chers enfans, si quelque goutte de cette tristesse (*f*) entre dans vos cœurs, et que pleins de dédain et de dégoût pour ce qui passe, vous vous sentiez affligés de ne pas jouir encore du bien éternel, de votre patrie céleste après laquelle vous soupirez (*g*); c'est là la tristesse selon Dieu que je vous souhaite.

Mais ce n'est pas encore celle que j'ai dessein de vous prêcher aujourd'hui avec saint Paul. « Cette tristesse qui est selon Dieu produit, dit ce saint Apôtre, une pénitence stable [1]. » C'est donc là principalement cette douleur que je vous souhaite, le regret de vos péchés, la tristesse et l'amertume de la pénitence. Si je puis vous inspirer cette douleur, alors, alors, mes chers enfans (*h*), je vous dirai avec l'Apôtre : « Ah! mes bien-aimés, je me réjouis non pas de ce que vous êtes contristés, mais de ce que vous l'êtes selon Dieu par la pénitence [2]. » Et encore : « Qui est celui qui me peut donner de la consolation et de la joie, sinon celui qui s'afflige à mon sujet [3], » à qui ma prédication (*i*) et mes avertissemens ont inspiré cette tristesse (*j*) qui est selon Dieu et le regret de leurs fautes?

C'est, mes Frères, pour vous inspirer cette tristesse salutaire, que j'ai appelé des prédicateurs qui vous prêcheront la pénitence

[1] II *Cor.*, VII, 10. — [2] *Ibid.*, 9. — [3] *Ibid.*, II, 2.

(*a*) *Var.* : Vous voyez donc. — (*b*) Tendez le dos humblement à cette main. — (*c*) Cause. — (*d*) Assis sur les fleuves de Babylone. — (*e*) Et ils pleurent. — (*f*) De cette salutaire tristesse. — (*g*) Du bien qui est éternel, après lequel vous soupirez. — (*h*) Alors, mes chers Frères. — (*i*) Mes prédications. — (*j*) Salutaire.

dans le sac et sous (*a*) la croix. Vous commencerez dès ce soir (*b*) à les entendre, et je fais l'ouverture de cette mission, dont j'espère tant de fruits. Laissez-vous donc affliger selon Dieu, et plongez-vous dans la tristesse de la pénitence. Je suis touché, il y a longtemps, de la tristesse (*c*) que vous donnent tant de misères, tant de charges que vous avez beaucoup de peine (*d*) à supporter, et que sans doute vous ne pouvez supporter longtemps, malgré votre bonne volonté. Je vous plains, je sens vos maux (*e*) avec vous, et quelle seroit ma joie, si je pouvois vous soulager de ce fardeau! Mais il faut que je vous parle comme un père : quand vous exagéreriez vos maux qui sont grands, vous n'allez pas à la source. Toutes les fois que Dieu frappe et qu'on ressent des misères (*f*) ou publiques ou particulières, qu'on est frappé dans ses biens, dans sa personne, dans sa famille, il ne faut pas s'arrêter à plaindre ses maux et à pousser des gémissemens qui ne les guérissent pas; il faut porter sa pensée à nos péchés qui nous les attirent.

Voyez (*g*) ce prodigue dont nous vous parlions tout à l'heure, réduit à paître un troupeau immonde et gagnant à peine du pain dans un service si bas et si indigne; il ne se contente pas de dire : « Les moindres domestiques de mon père sont abondamment nourris, et moi qui suis son fils je meurs ici de faim [1]; » car cette plainte stérile n'auroit fait qu'aigrir ses maux, au lieu de les soulager. Il va à la source; il sent que la source de ses maux, c'est d'avoir quitté son père et sa maison où tout abonde; c'est de s'être contenté des biens qui se dissipent si vite et qu'il lui avoit arrachés, parce que ce père si sage et si bon avoit peine (*h*) à les lui donner. Il dit donc dans ce sentiment : « J'irai, je me lèverai [2], je retournerai (*i*) vers mon père; » et non content de le dire d'une manière foible et imparfaite, il se lève, il vient à son père, et éprouve (*j*) les douceurs de ses tendres embrassemens. S'il s'étoit contenté de dire : Ah! que je suis malheureux! et que se prenant

---

[1] *Luc.*, XV, 17. — [2] *Ibid.*, 18.

(*a*) Var. : Sur. — (*b*) Dès ce jour. — (*c*) De celle. — (*d*) Tant de peine. — (*e*) Je les ressens. — (*f*) Des calamités. — (*g*) Voyons. — (*h*) Ce père si sage et si bon, qui en connoissoit la malignité, avoit peine. — (*i*) Et je retournerai. — (*j*) Et il éprouve.

POUR LE Vᵉ DIMANCHE APRES PAQUES.

de ses maux, non point à soi-même, mais à Dieu, il eût blasphémé contre le Ciel, qu'auroit-il fait autre chose que d'aggraver son fardeau? Mais parce qu'il a dit dans sa misère : « Mon père, j'ai péché contre le ciel et contre vous, et je ne suis pas digne d'être appelé votre fils, » il a tout ensemble et effacé son péché et fini les maux qui en faisoient le châtiment.

Mes bien-aimés, faites-en de même. Vous voyez tant d'ennemis conjurés contre vous de tous côtés (*a*); ne dites pas comme faisoient autrefois les Juifs : C'est l'Egypte, ce sont les Chaldéens, c'est l'épée du roi de Babylone qui nous poursuit; dites : « Ce sont nos péchés qui ont mis la séparation entre Dieu et nous [1]; » encore un coup, ce sont nos péchés qui soulèvent contre nous tant d'ennemis. Nos péchés accablent l'Etat, comme disoit saint Grégoire : « Le royaume n'en peut plus sous ce faix : » *Peccatorum nostrorum oneribus premimur, quæ reipublicæ vires gravant* [2]. Venez donc gémir (*b*) devant Dieu à la voix de ces saints missionnaires, qui viennent me seconder et me prêter leurs secours pour vous préparer à la grace du jubilé.

Vous me direz : Mais la grace du jubilé (*c*) est donnée pour nous soulager et pour relâcher les peines que nous méritons par nos crimes (*d*), par conséquent pour nous donner de la joie, et non pas pour nous plonger dans la tristesse à laquelle vous nous exhortez. Vous n'entendez pas, mes bien-aimés, le mystère de l'indulgence et du jubilé, et la nature de cette grace. Il y a une peine et une douleur que l'indulgence relâche; il y en a une autre qu'elle augmente. La peine qu'elle relâche, c'est cette affreuse austérité de la pénitence, dont nous devrions porter toutes les rigueurs, après avoir tant de fois péché contre Dieu et outragé son Saint-Esprit. Mais il y a une peine que l'indulgence doit augmenter, et c'est la peine que nous cause le regret d'avoir offensé Dieu. Et pourquoi l'indulgence vient-elle augmenter cette peine d'un cœur affligé de ses péchés, et percé de la douleur (*e*) d'en

---

[1] *Isa.*, LIX, 2. — [2] *Ad Mauric. Aug.*, lib. V, ep. XX.

(*a*) *Var.* : Vous voyez tant d'ennemis conjurés de tous côtés contre vous. —
(*b*) Dites : Ce sont nos péchés qui s'élèvent contre nous, comme disoit saint Grégoire. Venez donc gémir... — (*c*) Mais le jubilé. — (*d*) Que nous méritions. —
(*e*) Et percé de douleurs.

avoir commis un si grand nombre, si ce n'est, comme dit le Sauveur, « que celui à qui on remet davantage aime aussi (a) davantage [1]; » et qu'en aimant davantage son bienfaiteur, il doit aussi s'affliger davantage de l'avoir offensé par tant de crimes? C'est donc ainsi que l'indulgence augmente la peine; cette peine d'avoir commis un péché mortel, cent péchés mortels, un nombre infini de péchés mortels. C'est pour ceux en qui cette peine intérieure de la pénitence s'augmente (b), c'est pour ceux-là, mes bien-aimés, que l'indulgence est accordée. « Ceux qui font la pénitence indifféremment, comme parle le saint concile de Nicée [2], il n'y a point d'indulgence pour eux. » L'esprit de l'Eglise est d'accorder l'indulgence à ceux qui sont pénétrés et comme accablés par la douleur (c) de leurs crimes.

Mais je veux encore remonter plus haut, et vous remettre devant les yeux l'exemple de saint Paul. C'est la pénitence imposée et l'indulgence accordée à ce Corinthien incestueux, qui a donné lieu à l'excellente doctrine que je vous ai rapportée de ce grand Apôtre sur la tristesse de la pénitence. Saint Paul avoit prononcé contre ce pécheur scandaleux une dure et juste sentence, « jusqu'à le livrer à Satan pour l'affliger selon la chair et le sauver selon l'esprit [3]. » L'église de Corinthe, vivement touchée du reproche que saint Paul lui avoit fait de souffrir un si grand scandale au milieu d'elle, avoit mis ce pécheur en pénitence; et depuis, touchée de ses larmes, elle en avoit adouci la rigueur (d), suppliant le saint Apôtre d'agréer ce charitable adoucissement. Et sur cela voici l'indulgence qu'accorda saint Paul; voici le premier exemple de cette indulgence apostolique, qui a été de tous temps si prisée et si estimée dans l'Eglise. Eh bien, dit-il, c'est assez que le (e) pécheur scandaleux ait reçu la correction, ait subi la peine que vous lui avez imposée dans votre assemblée par la multitude, » dit-il, par l'Eglise, par les pasteurs, avec le consentement de tout le peuple. Car c'est sans doute ce que veulent dire ces mots : *Sufficit objurgatio hæc, quæ fit à pluribus* [4]. Ainsi loin de trouver

---

[1] *Luc.*, VII, 47. — [2] Can. 12, *Concil.* Labb., tom. II, col. 42. — [3] I *Cor.*, v, 5. — [4] II *Cor.*, II, 6.

(a) *Var.*: Doit aussi aimer. — (b) Cette peine intérieure s'augmente. — (c) Par le regret. — (d) Les saintes rigueurs. — (e) Ce.

mauvais ce que votre charité a fait pour lui et l'adoucissement de sa peine, je vous exhorte au contraire à (*a*) le traiter avec indulgence, à le consoler par ce moyen dans l'extrême confusion et affliction que lui cause son crime; « de peur, dit ce saint Apôtre (*b*), qu'il ne soit accablé par un excès de tristesse : » *Ne forté abundantiori tristitiâ absorbeatur* [1].

Vous voyez maintenant, mes bien-aimés, ce qui le rendit digne de l'indulgence de l'Eglise et de saint Paul; c'est que s'étant livré sans bornes à cette tristesse salutaire de la pénitence, il s'y plongea jusqu'à faire craindre qu'il n'en fût accablé, que sa douleur ne l'absorbât : *Ne absorbeatur*, ne l'abîmât, en sorte qu'il ne la pût pas supporter. Livrez-vous donc à son exemple à la douleur de la pénitence, afin de vous rendre dignes de l'indulgence, des consolations, de la charité de l'Eglise (*c*).

Mais, mes Frères, n'oubliez pas un caractère de cette tristesse selon Dieu (*d*), marqué par saint Paul dans le passage que nous traitons. La tristesse qui est selon Dieu produit, dit-il, « une pénitence. » Mes Frères, quelle pénitence (*e*) ? « Une pénitence stable ; » *Pœnitentiam stabilem* [2], non pas de ces douleurs passagères que la première attaque des sens et de la tentation emporte aussitôt et sans résistance. Cette tristesse produit la mort, aussi bien que celle du siècle, parce qu'elle n'a servi au pécheur que pour lui faire faire une confession qui n'ayant point eu de bons effets, n'en peut avoir eu que de très-mauvais en donnant lieu à une rechute plus dangereuse que le premier mal. La pénitence que je vous demande est une pénitence durable, affermie sur de solides maximes et sur une épreuve convenable. Et en quoi consiste sa stabilité ? Cette tristesse, dit l'Apôtre, quand elle est parfaite, doit produire (*f*) « une pénitence stable pour le salut : » elle a donc la stabilité qui lui convient, lorsqu'elle vous mène jusqu'au salut, jusqu'à la parfaite union avec Dieu et au dernier accomplissement de cette parole : « Je m'en vais à mon Père (*g*). »

[1] II *Cor.*, II, 7. — [2] *Ibid.*, VII, 10.

(*a*) Var. : De. — (*b*) Cet Apôtre. — (*c*) De l'indulgence et des consolations de l'Eglise. — (*d*) Qui est selon Dieu. — (*e*) Quelle pénitence, mes Frères ? — (*f*) Et en quoi consiste la stabilité de cette tristesse ? L'Apôtre dit, quand elle est parfaite, qu'elle doit produire. — (*g*) Je vais à mon Père.

Alors (*a*) il vous arrivera ce que Jésus-Christ a promis dans notre évangile; ce qui devoit faire le dernier point dans ce discours, et que je tranche en un mot.

« Alors, dit-il, votre tristesse sera changée en joie, et en une joie que personne ne vous ôtera jamais : » *Gaudium vestrum nemo tollet à vobis*[1]. Voilà, mes Frères, la joie que je vous souhaite; non pas ces joies que le monde donne et que le monde ôte : il les donne, non par raison, mais par humeur, par bizarrerie, par caprice; et il les ôte sans savoir pourquoi, avec aussi peu de raison qu'il en a eu à les donner. Loin de nous ces joies trompeuses; loin de nous l'aveuglement qu'elles produisent dans les cœurs, et le criminel attachement avec lequel on s'y abandonne! Je vous souhaite cette joie qui ne change pas, parce que celui qui la donne est immuable.

Mais, mes Frères, mes chers enfans (*b*), n'oubliez jamais qu'il y faut venir par la tristesse, par la tristesse qui est selon Dieu, par la tristesse de la pénitence. C'est ce que Jésus-Christ nous explique à la fin de notre évangile, par une comparaison admirable et bien naturelle : « Une femme, dit-il, a de la douleur pendant (*c*) qu'elle enfante, parce que son heure est venue; mais lorsqu'elle a enfanté un fils, elle ne se souvient plus de ses maux dans la joie qu'elle a d'avoir mis un homme au monde[2]. » Voilà le modèle de cette douleur de la pénitence que je vous ai aujourd'hui prêchée après saint Paul. Vous devez enfanter un homme; et cet homme que vous devez enfanter et lui donner une vie nouvelle (*d*), c'est vous-même. Votre heure est venue, vous touchez le terme (*e*) : la guerre avec tous ses maux, le commencement d'une campagne, qui apparemment doit être décisive; la mission, le jubilé, nos pressantes exhortations, avertissent (*f*) qu'il est temps que vous acheviez cet enfantement, que vous semblez commencer depuis tant d'années d'une manière si languissante et si foible. Quand on entend les cris d'une femme en travail, qui sont médiocres et languissans, on dit : Elle n'accouche

[1] *Joan.*, XVI, 22. — [2] *Ibid.*, 21.

(*a*) *Var.* : Et alors. — (*b*) Mes Frères. — (*c*) Quand et à qui vous devez donner. — (*d*) Surnaturelle et nouvelle. — (*e*) Vous êtes à terme. — (*f*) Tout vous avertit.

pas encore; mais quand un cri qui perce les oreilles les déchire pour ainsi dire et pénètre jusqu'au cœur, alors on se réjouit et on dit : Elle est délivrée et on apprend un peu après l'heureuse nouvelle qu'elle a mis un homme au monde, et on la voit consolée de son travail, qui auparavant lui étoit insupportable. Ainsi, mes bien-aimés, si la douleur que vous cause vos péchés n'est vive, pénétrante; si elle ne déchire pour ainsi dire et ne brise vos cœurs, vous n'enfanterez jamais votre salut; hélas ! vous serez de ceux dont il est écrit : « L'enfant se présente, et la mère (a) n'a pas la force de le mettre au monde : » *Vires non habet parturiens* [1]. Vous n'avez que des désirs informes et imparfaits, des résolutions vagues et chancelantes (b); c'est-à-dire, non pas des résolutions, mais des mouvemens languissans qui n'aboutissent à rien : vous périrez avec le fruit que vous devez mettre au jour, c'est-à-dire votre conversion et votre salut. Mais si vous criez de toutes vos forces, si vos gémissemens percent le ciel, si vos efforts sont pressans et persévérans, et que vous soyez de ces violens qui veulent emporter le ciel de force, que votre sort sera heureux et quelle sera votre joie! Car si cette mère se tient heureuse pour avoir mis au monde un enfant qui est, à la vérité, un autre elle-même, mais enfin un autre, quelle doit être votre consolation, quel doit être votre transport, lorsque vous aurez enfanté non pas un autre, mais vous-même? Afin de commencer une vie nouvelle, abandonnez-vous donc aux justes regrets d'avoir offensé Dieu; et si vous voulez achever cet enfantement salutaire que je vous prêche en son nom, ne vous arrêtez pas à la crainte de ses jugemens.

La crainte de ses jugemens est un tonnerre qui étonne, qui ébranle le désert, qui brise les cèdres, qui abat l'orgueil, qui par de vives secousses commence à déraciner les mauvaises habitudes. Mais pour rendre la (c) terre féconde, il faut que ce tonnerre rompe la nuée et fasse couler la pluie qui rend la terre féconde : *Dominus diluvium inhabitare facit* [2]. Cette pluie dont l'ame est arrosée et pénétrée, qu'est-ce autre chose, mes Frères,

---

[1] *IV Reg.*, XIX, 3. — [2] *Psal.* XXVIII, 10.

(a) *Var.* : Et sa mère. — (b) Que des désirs imparfaits, des résolutions chancelantes. — (c) Cette.

que le saint amour? La terreur ne frappe qu'au dehors; il n'y a que l'amour qui change le cœur. La crainte agit avec violence, et peut bien nous retenir pour un peu de temps; la seule dilection nous fait agir naturellement, par inclination (a), et produit de résolutions aussi permanentes que douces. Et c'est encore ce qu'il nous faut faire, en disant : « Je vais à mon Père. » Ah! ce n'est point à un juge implacable et rigoureux qu'il nous faut aller, comme de vils esclaves, comme des criminels condamnés (b); c'est à un Père miséricordieux et plein de tendresse. Aimez donc, si vous voulez vivre; aimez, si vous voulez changer votre cœur (c) et y faire un changement durable. Ne vous lassez point de regretter d'avoir tant offensé un si bon Père; et après avoir goûté par ces saints regrets l'amertume de la pénitence, peu à peu vous remplirez votre cœur de cette joie qui (d) ne vous sera jamais ôtée; par la bénédiction éternelle du Père, du Fils et du Saint-Esprit. *Amen.*

SERMON

POUR

L'ASCENSION DE NOTRE-SEIGNEUR JÉSUS-CHRIST (e).

Πρόδρομος ὑπὲρ ἡμῶν εἰσῆλθεν εἰς τὸ ἐσώτερον τοῦ καταπετάσματος Ἰησοῦς, κατὰ τὴν τάξιν Μελχισεδὲκ, ἀρχιερεὺς γενόμενος εἰς τὸν αἰῶνα.

Præcursor pro nobis introivit Jesus, secundùm ordinem Melchisedech Pontifex factus in æternum.

Jésus notre avant-coureur est entré pour nous au dedans du voile, c'est-à-dire au ciel, fait Pontife éternellement selon l'ordre de Melchisédech. *Hebr.,* VI, 20.

Si l'on voyoit une telle magnificence, lorsque les consuls et les dictateurs triomphoient des nations étrangères ; si les arcs triom-

---

(a) *Var.* : Avec plaisir. — (b) Qu'on conduit au supplice. — (c) Aimons donc...; aimons, si nous voulons changer notre cœur, etc. — (d) Peu à peu notre cœur sera rempli de cette joie pure qui.

(e) Prêché vers 1656, à Metz, chez les Nouvelles Catholiques.

L'appellation « Mes Sœurs » annonce une Communauté de Dames, et les con-

phaux portoient jusqu'aux nues le nom et la gloire du victorieux ; s'il montoit dans le Capitole au milieu de la foule de ses citoyens, qui faisoient retentir leurs acclamations jusque devant les autels de leurs dieux : aujourd'hui que notre invincible Libérateur fait son entrée au plus haut des cieux, enrichi des dépouilles de nos ennemis, quelle seroit notre ingratitude, si nous n'accompagnions son triomphe de pieux cantiques et de sincères actions de graces ? Certes il est bien juste, ô Seigneur Jésus, que nous assistions avec une sainte allégresse à la célébrité de votre triomphe. Car encore que sortant de ce monde, vous emportiez avec vous toute notre joie; encore que cette solennité regarde plus apparemment les saints anges, qui seront dorénavant réjouis par l'honneur de votre bienheureuse présence, toutefois il est assuré que nous avons la plus grande part en cette journée. Vos intérêts sont de telle sorte liés avec ceux de notre nature, qu'il ne s'accomplit rien en votre personne qui ne tourne à l'avantage du genre humain. Vous ne montez au ciel que pour nous en ouvrir le passage : « Je m'en vais, dites-vous, préparer vos places [1]. » C'est pourquoi votre apôtre saint Paul ne craint pas de vous appeler notre Avant-coureur, et de dire que vous entrez pour nous dans le ciel; tellement que si nous savons comprendre vos intentions, vous ne frustrez aujourd'hui notre vue que pour accroître notre espérance.

Et en effet considérons, mes très-chères Sœurs, quel est le sujet de ce magnifique triomphe qui se fait aujourd'hui dans le ciel. N'est-ce pas qu'on y reçoit Jésus-Christ comme un conquérant ?

---

[1] *Joan.*, XIV, 2.

sidérations relatives à la Réforme devoient affermir les Nouvelles Converties dans la foi.

D'un autre côté plusieurs indices révèlent l'époque de Metz. D'abord l'écriture du manuscrit, la méthode de la théologie didactique, la longueur des developpemens, l'indication des sources dans le texte et même la citation grecque qui commence le sermon. Ensuite plusieurs expressions populaires ou tombées en désuétude, telles que celles-ci : « Tout genou se fléchit, étaler une doctrine toute céleste, le vieux peuple, tant que le premier tabernacle fut en état, bête brute sacrifiée, la vertu et l'imbécillité de ce sang, purger les iniquités, tout pontife doit être trié, graces intérinées, quand nous joignons nos prières à celles des saints, c'est pour faire avec eux une même oraison et un même chœur de musique, veulent-ils point se prendre à Dieu-même; » enfin « aigle mystérieuse, aigle divine. »

Mais c'est nous qui sommes sa conquête, et c'est de nos ennemis qu'il triomphe. Toute la Cour céleste accourt au-devant de Jésus; on publie ses louanges et ses victoires : on chante qu'il a brisé les fers des captifs, et que son sang a délivré la race d'Adam éternellement condamnée. Que si on honore sa qualité de Sauveur, eh! quelle est donc notre gloire, mes Sœurs, puisque le salut et la délivrance des hommes fait non-seulement la fête des anges, mais encore le triomphe du Fils de Dieu même? Réjouissons-nous, mortels misérables, et ne respirons plus que les choses célestes. La divinité de Jésus, toujours immuable dans sa grandeur, n'a jamais été abaissée, et par conséquent ce n'est pas la divinité qui est aujourd'hui établie en gloire. Car elle n'a jamais rien perdu (a) de sa dignité naturelle. Cette humanité qui a été méprisée, qui a été traitée si indignement, c'est elle qui est élevée aujourd'hui; et si Jésus est couronné en ce jour illustre, c'est notre nature qui est couronnée, c'est elle qui est placée dans ce trône auguste devant lequel le ciel et la terre se courbent. « Celui qui est descendu, dit saint Paul [1], c'est lui-même qui est monté. » Celui qui étoit si petit sur la terre est infiniment relevé dans le ciel, et par la puissance de Dieu sa grandeur est crue selon la mesure de sa bassesse.

Nous lisons aux *Nombres*, chapitre x, que lorsque l'on élevoit l'arche d'alliance, Moïse disoit : « Elevez-vous, Seigneur, et que vos ennemis disparoissent, et que ceux qui vous haïssent soient dissipés devant votre face [2]. » Et lorsque les lévites la descendoient : « Venez, disoit-il, ô Seigneur, à la multitude de l'armée d'Israël. » Que signifioit cette arche, sinon le Sauveur? C'étoit par l'arche que Dieu rendoit ses oracles, par l'arche il se faisoit voir à son peuple; l'arche étoit ornée de deux chérubins sur lesquels il se reposoit en sa majesté. Et n'est-ce pas Jésus qui est l'oracle et l'interprète du Père, parce qu'il est sa parole et son Fils? N'est-ce pas en la personne du Médiateur « que la divinité habite corporellement, » comme dit l'apôtre saint Paul [3]; et que ce Dieu invisible en lui-même, en s'appropriant une chair humaine, s'est

---

[1] *Ephes.*, IV, 10. — [2] *Num.*, X, 35, 36. — [3] *Coloss.*, II, 9.

(a) *Var.* : Elle n'est jamais déchue.

vraiment rendu visible aux mortels? Et ainsi l'arche représentoit au vieux peuple le Fils de Dieu fait homme, qui est le prince du peuple nouveau. C'est lui en effet qui est descendu, et c'est lui aussi qui est élevé. Ce Dieu-Homme est descendu pour combattre ; c'est pourquoi Moïse disoit : « Descendez, Seigneur, à l'armée. » Il monte pour triompher; c'est pourquoi le même Moïse dit : « Elevez-vous, Seigneur, et que vos ennemis fuient devant votre face. » Moïse prie le Dieu d'Israël de descendre à l'armée de son peuple, cela sent le travail du combat; mais en ce qu'il assure qu'en s'élevant sa présence dissipera tous ses ennemis, qui ne remarque la tranquillité du triomphe? C'est ce que nous voyons accompli en la personne de notre Sauveur. Jésus-Christ, dans l'infirmité de sa chair, au jour de sa passion douloureuse, a livré bataille à Satan et à ses anges rebelles, qui étoient conjurés contre lui. Sans doute il est descendu pour combattre, puisqu'il a combattu par sa mort; c'est descendre infiniment à un Dieu que de mourir cruellement sur un bois infâme. Mais aujourd'hui ce même Jésus après son combat, montant à la droite du Père, met tous ses ennemis à ses pieds ; et à la vue d'une si grande puissance « tout genou se fléchit devant lui, comme dit l'Apôtre [1], dans le ciel, sur la terre et dans les enfers. » Chantons donc avec le Psalmiste et disons à notre Maître victorieux : « Elevez-vous, Seigneur, au lieu de votre repos, vous et l'arche que vous vous êtes sanctifiée [2], » c'est-à-dire vous et l'humanité que vous vous êtes unie ; disons avec Moïse : « Elevez-vous, Seigneur, et que vos ennemis disparoissent, et que ceux qui vous haïssent soient dissipés devant votre face. » Et certainement (a) il est vrai que la magnificence de son triomphe dompte la fierté de ses adversaires, et rompt leurs entreprises audacieuses. Les démons n'auroient point senti leur déroute, s'ils n'avoient reconnu par expérience que l'autorité souveraine avoit été mise aux mains de celui dont ils avoient méprisé la foiblesse. C'est pourquoi il étoit convenable qu'après être descendu pour combattre, il allât au ciel recueillir la gloire que ses victoires lui avoient acquise. Comme un prince qui a sur

---

[1] *Philip.*, II, 10. — [2] *Psal.* CXXXI, 8.
(a) *Var.* : En effet.

les bras une grande guerre contre une nation éloignée, quitte pour un temps son royaume pour aller combattre ses ennemis en leur propre terre ; puis l'expédition étant achevée, il rentre avec un superbe appareil dans la ville capitale de son royaume et orne toute sa suite et ses chariots des dépouilles des peuples vaincus : ainsi le Fils de Dieu, notre Roi, voulant renverser le règne du diable (a) qui par une insolente usurpation s'étoit hautement déclaré le prince du monde, est lui-même descendu en terre pour vaincre (b) cet irréconciliable ennemi ; et l'ayant dépossédé de son trône par des armes qui n'auroient rien eu que de foible, si elles avoient été employées par d'autres mains que celles d'un Dieu, il ne restoit plus autre chose à faire sinon qu'il retournât triomphant au ciel, qui est le lieu de son origine et le siége principal de sa royauté. Vous voyez donc que Jésus-Christ, comme Roi, devoit nécessairement remonter au ciel.

Mais le Seigneur Jésus n'est pas seulement un Roi puissant et victorieux, il est le grand Sacrificateur du peuple fidèle et le Pontife de la nouvelle alliance. Et de là vient qu'il nous est figuré dans les Ecritures en la personne de Melchisédech, qui étoit tout ensemble et roi et pontife. Or cette qualité de Pontife, qui est le principal ornement de notre Sauveur en qualité d'homme, l'obligeoit encore plus que sa royauté à se rendre auprès de son Père, pour y traiter les affaires des hommes, dont (c) il est établi le Médiateur. Et d'autant que le texte du saint Apôtre, que je me suis proposé de vous expliquer, joint l'ascension de Jésus-Christ dans les cieux avec la dignité de son sacerdoce, suivons diligemment sa pensée, et proposons la doctrine toute céleste qu'il étale avec une si divine éloquence dans l'incomparable *Epître aux Hébreux*. Mais pour y procéder dans un plus grand ordre, réduisons tout notre discours à trois chefs.

Le pontife, ainsi que nous le verrons dans la suite, est le député du peuple vers Dieu. En cette qualité il a trois fonctions principales. Et premièrement il faut qu'il s'approche de Dieu au nom du peuple qui lui est commis. Secondement étant près de Dieu, il faut qu'il s'entremette et qu'il négocie pour son peuple. Et enfin

(a) *Var.*: Déposséder Satan. — (b) Pousser. — (c) Desquels.

en troisième lieu, parce qu'étant si proche de Dieu, il devient une personne sacrée, il faut qu'il consacre les autres en les bénissant. J'espère, avec l'assistance divine, que la suite de mon discours vous fera mieux comprendre ces trois fonctions; pour cette heure je ne vous demande autre chose, sinon que vous reteniez ces trois mots : « Le pontife, dit l'apôtre saint Paul[1], est établi près de Dieu pour les hommes. » Pour cela il faut qu'il s'approche, il faut qu'il intercède, il faut qu'il bénisse. Car s'il ne s'approchoit, il ne seroit pas en état de traiter ; et s'il n'intercédoit, il lui seroit inutile de s'approcher ; et s'il ne bénissoit, il ne serviroit rien au peuple de l'employer. Ainsi en s'approchant, il nous prépare les graces; en intercédant, il nous les obtient; en bénissant, il les épanche sur nous. Or ces fonctions sont si excellentes, qu'aucune créature vivante n'est capable de les exercer dans leur perfection. C'est Jésus, c'est Jésus qui est l'unique et le véritable Pontife. C'est lui seul qui approche de Dieu avec dignité, lui seul qui intercède avec fruit, lui seul qui bénit avec efficace. Ce sont de grandes choses en peu de mots. Attendez-en l'explication de l'Apôtre, dont je ne ferai que suivre les raisonnemens. Montrons par cette doctrine toute chrétienne qu'il étoit nécessaire que notre Sauveur, pour faire sa charge de grand Pontife, allât prendre sa place auprès de son Père, à la droite de la Majesté. Faisons voir incidemment à nos adversaires, qui veulent tirer ces belles maximes à l'avantage de leur nouvelle doctrine, qu'ils les ont très-mal entendues, et que le véritable sens en est dans l'Eglise. Seigneur Jésus, soyez avec nous.

PREMIER POINT.

La doctrine de l'Apôtre m'oblige à vous représenter la structure du tabernacle, qui étoit le temple portatif des Israélites, et tout ensemble celle du temple auguste de Jérusalem, que Salomon avoit fait bâtir sur la forme du tabernacle que Dieu lui-même avoit désigné à Moïse. Le temple donc et le tabernacle avoient deux parties : le devant du temple, où l'autel des sacrifices étoit au milieu et dont l'entrée étoit libre à tous les enfans d'Israël ; là se faisoient les oblations et toutes les autres cérémonies qui regar-

---

[1] *Hebr.*, V, 1.

doient le service divin : le Lieu saint, où étoient les tables, les pains de proposition, les parfums, le chandelier d'or, et où entroient les enfans d'Aaron et les lévites. Mais il y avoit une autre partie plus secrète et plus retirée, où étoit l'arche et le propitiatoire, qui étoit la couverture de l'arche, et les chérubins d'or qui étendoient leurs ailes sur l'arche, comme pour couvrir la majesté du Dieu des armées, qui avoit en ce temps choisi l'arche pour sa demeure. Ce lieu auguste, si religieux et si vénérable, consacré par une dévotion plus particulière (*a*), s'appeloit l'Oracle ou le Sanctuaire, ou autrement le Lieu très-saint et le Saint des saints, selon la façon de parler des Hébreux. De ce lieu, il étoit prononcé : Quiconque y entrera, il mourra de mort. C'étoit le lieu secret et inaccessible, où on n'osoit pas même porter ses regards, tant il étoit vénérable et terrible; et c'est pourquoi entre le Lieu saint et le Sanctuaire, un grand voile parsemé de chérubins étoit étendu, qui couvroit les mystères aux yeux du peuple et leur apprenoit à les respecter dans une profonde humiliation. Telle étoit la forme du temple où l'ancien peuple servoit (*b*) le Seigneur son Dieu.

Que ce lieu avoit de majesté, chrétiens, et que c'est avec beaucoup de raison que les plus grands monarques de l'Orient l'ont honoré par leurs sacrifices, et ont donné tant de priviléges illustres à ce temple et à ses ministres ! Mais il vous paroîtra beaucoup plus auguste, si vous remarquez que cette sainte maison étoit la seule dans tout l'univers que Dieu avoit choisie pour son domicile, et qu'il n'y avoit que ce lieu dans la terre où on fît le service du vrai Dieu vivant, et dans lequel (*c*) on lui consacrât des victimes. C'est ce qui a fait dire aux anciens Hébreux et après à quelques auteurs ecclésiastiques [1], que ce temple unique du peuple de Dieu étoit la figure du monde. Car de même qu'il n'y a qu'un Dieu créateur et un monde qui est l'ouvrage de sa sagesse et comme le temple de sa majesté où il est loué et servi par l'obéissance de ses créatures : ainsi il n'y avoit qu'un seul temple qui

---

[1] Phil., lib. *de Somn.* II, *de Monarch.*; S. Hieronym., *Epist. ad Fabiol.; Homil.* inter oper. S. Chrysost.

(*a*) *Var.:* Religion très-particulière. — (*b*) Adoroit. — (*c*) Et où.

représentoit dans son unité le monde unique, qui a été fait (*a*) par le Dieu unique.

Selon cela j'apprends de l'Apôtre, au ıx° de l'*Epître aux Hébreux*, que cette partie du temple de Salomon, dans laquelle se faisoit l'assemblée du peuple, nous figuroit la terre, qui est la demeure des hommes; et que ce lieu si secret, si impénétrable (*b*), où étoit l'arche du témoignage, « où Dieu, comme dit le Psalmiste [1], étoit assis sur les chérubins, » représentoit cette haute demeure que l'Ecriture appelle « le ciel des cieux [2], » où l'Eternel se fait voir en sa gloire. C'est pourquoi et l'arche et le sanctuaire, qui étoient honorés en ce temps-là, comme je l'ai dit, de la présence particulière de Dieu, étoient couverts d'un voile mystérieux, pour nous faire entendre ce que dit l'Apôtre, que « Dieu habite une lumière inaccessible [3], » et que l'essence divine est cachée par le voile d'un impénétrable secret. Et d'autant que les hommes par leurs péchés s'étoient exclus éternellement de la vue de Dieu, ce qui a fait dire si souvent au vieux peuple : « Si nous voyons Dieu, nous mourrons [4], » de là vient que l'entrée du sanctuaire étoit interdite sous peine de mort à tous les enfans d'Israël par une espèce d'excommunication générale, qui représentoit à ceux qui étoient éclairés que sans la grace de notre Sauveur, nonobstant les services, les victimes et les cérémonies de la loi, tous les hommes étoient excommuniés du vrai sanctuaire du Dieu vivant, c'est-à-dire de son royaume céleste. Et cette interprétation, chrétiens, n'est pas une invention de l'esprit humain : l'Apôtre nous l'enseigne en termes exprès, quand il dit *aux Hébreux*, chapitre ıx, que par cette rigoureuse défense d'entrer et de regarder dans le sanctuaire, « le Saint-Esprit nous vouloit montrer que le chemin des lieux saints n'étoit point ouvert, tant que le premier tabernacle étoit en état [5]. » L'Apôtre veut nous apprendre que tant que ce tabernacle sera en état, c'est-à-dire tandis que l'on n'aura point de meilleures hosties que les animaux égorgés, le chemin des lieux saints, c'est-à-dire la porte du ciel, nous sera fermé.

---

[1] *Psal.* xcviii, 1. — [2] *Psal.* cxiii, 16. — [3] 1 *Timoth.*, vi, 16. — [4] *Judic.*, xiii, 22. — [5] *Hebr.*, ıx, 8.

(*a*) *Var.* : Bâti. — (*b*) Si inaccessible.

Mais, mes Frères, réjouissons-nous; le sang de Notre-Seigneur Jésus a levé cette excommunication de la loi. Ecoutez l'apôtre saint Paul, qui vous dit « qu'il a pénétré au dedans du voile [1]. » Vous entendez maintenant, ce me semble, ce que signifie le dedans du voile : il entend que Jésus est monté dans le ciel, qu'il est entré en ce divin sanctuaire; et que cette secrète et inaccessible demeure de Dieu, dont les hommes étoient exclus pour jamais, a été ouverte à Jésus-Christ homme, qui y a porté les prémices de notre nature. Et voyez cette vérité figurée par une admirable cérémonie de la loi, que l'Apôtre nous explique mot à mot dans le même chapitre ix, *aux Hébreux*. Je vous prie, rendez-vous attentifs et écoutez la plus belle figure, la plus exacte, la plus littérale qui nous ait jamais été proposée.

Ce lieu si caché, si impénétrable, il étoit ouvert une fois l'année; mais il n'étoit ouvert qu'un moment et à une seule personne, qui étoit le grand sacrificateur. Car d'autant que la fonction du pontife, c'est de s'approcher de Dieu pour le peuple, il sembloit bien raisonnable, mes Sœurs, que le souverain prêtre de l'ancienne loi entrât quelquefois dans le sanctuaire, où Dieu daignoit bien habiter pour lors; aussi lui est-il ordonné dans le *Lévitique* [2] d'entrer dans le Saint des saints une fois l'année. Mais d'autant que le pontife des Juifs étoit lui-même un homme pécheur, avant que de s'approcher de ce lieu que Dieu avoit rempli de sa gloire, il falloit qu'il se purifiât par des sacrifices. Représentez-vous toute cette cérémonie, qui est comme une histoire du Sauveur Jésus; figurez-vous que cet unique moment est venu, où le pontife doit entrer dans le Saint des saints, qu'il ne reverra plus de toute l'année, de peur qu'il ne meure. Car telle est la rigueur de la loi. Voyez-le dans le premier tabernacle, qui sacrifie deux victimes pour ses péchés et pour les péchés du peuple qui l'environne : considérez-le faisant sa prière, et se préparant d'entrer en ce lieu terrible [3]. Après ces sacrifices offerts, lui reste-t-il encore quelque chose à faire, et ne peut-il pas désormais s'approcher de l'arche? Non, fidèles; s'il en approche ainsi, il est mort; la majesté de Dieu le fera périr. Comment donc? Remar-

---

[1] *Hebr.*, vi, 19. — [2] *Levit.*, xvi, 34. — [3] *Ibid.*, 1 et seq.

quez ceci, je vous prie. Qu'il prenne le sang de la victime immolée, qu'il le porte avec lui devant Dieu dans le sanctuaire, qu'il y trempe ses doigts, et Dieu le regardera d'un bon œil ; ensuite il priera devant l'arche pour ses péchés et pour ceux des Israélites, et sa prière sera agréable. Qui ne voit ici, chrétiens, que ce n'est point par son propre mérite que l'accès lui est donné dans le sanctuaire ? C'est le sang de la victime immolée qui l'introduit, et qui le fait agréer. Je vous prie, voyez le mystère. L'hostie est offerte hors du sanctuaire, mais son sang est porté dans le Saint des saints ; par ce sang le pontife pénètre au dedans du voile, par ce sang il approche de Dieu, par ce sang ses prières sont exaucées. Dites-moi, fidèles, quel est ce sang ? Le sang des bêtes brutes est-il capable de réconcilier l'homme ? Notre Dieu se plaît-il si fort dans le sang des animaux égorgés, qu'il ne puisse souffrir son pontife devant sa face, s'il n'est pour ainsi dire teint de ce sang ? A travers de ces ombres, ne découvrez-vous pas le Seigneur Jésus, qui par son sang ouvre le sanctuaire éternel ? Mais il faut vous le faire toucher au doigt. Je vous demande, quel est ce pontife dont la dignité est si relevée que lui seul pût entrer dans le sanctuaire, dont l'imperfection est si grande qu'il n'y peut entrer qu'une fois l'année, qu'il n'y peut introduire son peuple et qu'il n'y est lui-même introduit que par le sang d'un bouc ou d'un veau ? Quelle est la majesté de ce sanctuaire où on entre avec tant de cérémonie ? Mais quelle est l'imperfection de ce sanctuaire, dont l'entrée si sévèrement interdite est ouverte enfin par le sang d'une bête sacrifiée ? Enfin quelle est la vertu et tout ensemble l'imbécillité de ce sang, qui donne la liberté d'approcher de l'arche, mais qui ne la donne qu'au pontife seul, qui ne la lui donne que pour un moment, et laisse après cela l'entrée défendue par une loi éternelle et inviolable ?

Dites-nous, ô Juifs aveugles, qui ne voulez pas croire au Sauveur Jésus, d'où vient cet étrange assemblage d'une dignité si auguste et d'une imperfection si visible ? Tout cela ne vous prêche-t-il pas que ce sont figures ? Parce que vos cérémonies sont des ombres, elles ont de l'imperfection ; et elles ont aussi de la dignité, à cause des mystères de Jésus qu'elles représentent. Ce sang, ce pontife, ce Saint des saints, ne vous crient-ils pas : Peuple, ce n'est pas ici ton pontife qui t'introduira au vrai sanctuaire. Ce n'est pas ici le vrai sang qui doit purger tes iniquités, ce n'est pas ici ce grand sanctuaire où repose la majesté du Dieu d'Israël. Dieu t'enverra un jour un pontife plus excellent, qui par un meilleur sang t'ouvrira un sanctuaire bien plus auguste.

Admirez en effet, mes très-chères Sœurs, comme tant de choses en apparence si enveloppées, et qui semblent si contraires en elles-mêmes, cadrent et s'ajustent si proprement au Sauveur Jésus. Le pontife offre son sacrifice hors du sanctuaire, au milieu de l'assemblée de son peuple ; le sacrifice de la mort de Jésus se fait sur la terre, au milieu des hommes. Le pontife entre au dedans du voile, c'est-à-dire dans le Saint des saints : Jésus après son sanglant sacrifice pénètre au vrai Saint des saints, c'est-à-dire au ciel. Le pontife n'offre qu'une fois l'année ce sacrifice qui découvre le sanctuaire : Jésus-Christ n'a offert qu'une fois ce sacrifice d'une vertu infinie, par lequel les cieux sont ouverts. Car, fidèles, qui ne sait que l'année, dans sa perfection accomplie, représente en abrégé l'étendue des siècles, puisqu'il est si évident que les siècles ne sont que des années révolues ? Le pontife ayant immolé sa victime sur l'autel du premier tabernacle, porte son sang devant la face de Dieu dans son sanctuaire, afin de l'apaiser sur son peuple ; Jésus ayant immolé sur la terre, n'accomplit-il pas ce mystère montant aujourd'hui dans les cieux ? Voyez comme il s'approche du trône du Père, lui montrant ces blessures toutes récentes, toutes teintes et toutes vermeilles de ce divin sang, de ce sang de la nouvelle alliance, versé pour la rémission de nos crimes : n'est-ce pas là, mes Frères, porter vraiment devant la face de Dieu le sang de la victime innocente qui a été immolée pour notre salut ? Ouvrez-vous donc, voile mystérieux, ouvrez-vous, sanctuaire éternel de la Trinité adorable ; laissez entrer Jésus-Christ mon Pontife au plus intime secret du Père. Car si le sang des veaux et des boucs rendoit accessible le Saint des saints, bien qu'une loi si rigoureuse en fermât la porte, le sang de l'Homme-Dieu, Jésus-Christ, n'ouvrira-t-il pas le vrai sanctuaire ? Et si le pontife du Vieux Testament avoit de si beaux priviléges, bien qu'il ne s'approchât de ce très-saint lieu que « par un sang étranger, » comme dit l'Apôtre [1], c'est-à-dire par le sang des victimes, quelle doit être la gloire de notre Pontife, « qui se présente à Dieu en son propre sang ? » *In proprio sanguine*, dit le même Apôtre [2]. Et si le pontife selon l'ordre d'Aaron, qui étoit un homme pécheur, pénètre dans la partie la plus sainte, qu'y aura-t-il de si sacré dans les cieux où Jésus ne doive être introduit : Jésus, dis-je, ce Pontife si pur et si innocent, qui étant seul agréable au Père, a été seul établi sacrificateur selon l'ordre de Melchisédech [3] ?

Admirons donc maintenant, mes très-chères Sœurs, l'excellence de la religion chrétienne par l'éminente dignité de son sacerdoce. Le pontife du Vieux Testament, avant que d'entrer dans le Saint des saints, offroit des sacrifices pour ses péchés et pour les péchés de son peuple ; après étant au dedans du voile, il continuoit la même prière pour ses péchés et pour ceux des Israélites. Jésus-Christ Notre-Seigneur, notre vrai Pontife, étant la justice et la sainteté même, n'a que faire de victime pour ses péchés ; mais au contraire étant innocent et sans tache, il est lui-même une très-digne hostie pour l'expiation des péchés du monde. Si donc il entre aujourd'hui dans le Saint des saints, c'est-à-dire à la droite du Père, il n'y entre pas pour lui-même, ce n'est pas pour lui-même qu'il y va prier. C'est pourquoi l'Apôtre dit dans mon texte : « Jésus notre Avant-coureur est entré pour nous ; » il veut dire, le pontife de la loi ancienne avoit besoin d'offrir pour lui-même, et d'entrer pour lui-même dans le sanctuaire ; mais Jésus notre vrai Pontife est entré pour nous. Et quoi donc ! Jésus-Christ Notre-Seigneur n'est-il pas monté dans le ciel pour y recevoir la couronne ? Comment donc n'y est-il pas entré pour lui-même ? Et toutefois l'Apôtre nous dit : « Jésus notre Avant-coureur est entré pour nous. » Entendons son raisonnement, chrétiens. Jésus n'avoit que faire de sang pour entrer au ciel. Il étoit lui-même du ciel, et le ciel lui étoit dû de droit naturel. Et toutefois il y est entré par son sang ; il n'est monté au ciel qu'après qu'il est mort sur la croix. Ce n'est donc pas pour lui-même qu'il y est entré de la sorte. C'étoit nous, c'étoit nous qui avions besoin de sang pour entrer au ciel, parce

---

[1] *Hebr.*, IX, 25. — [2] *Ibid.*, 12. — [3] *Ibid.*, VII, 17, 26.

qu'étant pécheurs, nous étions coupables de mort ; notre sang étoit dû à la rigueur de la vengeance (a) divine, si Jésus n'eût fait cet aimable échange de son sang pour le nôtre, de sa vie pour la vie des hommes. De là tant de sang répandu dans les sacrifices des Israélites, pour nous signifier ce que dit l'Apôtre : « Que sans l'effusion du sang il n'y a point de rémission [1]. » Et ainsi, quand il entre au ciel par son sang, ce n'est pas pour lui, c'est pour nous qu'il y entre ; c'est pour nous qu'il approche du Père éternel. D'où nous voyons une autre différence notable entre le sacrificateur du vieux peuple, et Jésus le Pontife du peuple nouveau. A la vérité le pontife pouvoit entrer dans le sanctuaire ; mais outre qu'il en sortoit aussitôt, il ne pouvoit en ouvrir l'entrée à aucun du peuple : c'est à cause qu'étant pécheur, lui-même il n'étoit souffert que par grace dans le Saint des saints ; et n'y étant souffert que par grace, il ne pouvoit acquérir aucun droit au peuple. Mais Jésus, qui a droit naturel d'entrer dans le ciel, y veut encore entrer par son sang. Le droit naturel et le droit acquis. Le premier droit, il le réserve pour lui ; il entre et il demeure éternellement. Le second droit il nous le transfère, avec lui et par lui nous pouvons entrer ; par son sang l'accès nous est libre au dedans du voile. De là vient que l'Apôtre l'appelle notre Avant-coureur : « Jésus, dit-il, notre Avant-coureur, est entré pour nous. »

Les évangélistes remarquent qu'au moment que Jésus-Christ expira, « ce voile, dont je vous ai parlé tant de fois, qui étoit entre le lieu saint et le lieu très-saint, fut déchiré entièrement et de haut en bas [2]. » O merveilleuse suite de nos mystères ! Jésus-Christ étant mort, il n'y a plus de voile. Le pontife le tiroit pour entrer ; le sang de Jésus-Christ le déchire. Il n'y en a plus désormais. Le Saint des saints sera découvert. De haut en bas le voile est rompu. Et n'est-ce pas ce que dit l'Apôtre dans sa deuxième *Epître aux Corinthiens*, chapitre III : « Il y avoit un voile, dit-il, devant les yeux du peuple charnel : pour nous qui sommes le peuple spirituel, nous contemplons à face découverte la gloire de Dieu [3] ? »

---

[1] *Hebr.*, IX, 22. — [2] *Matth.*, XXVII, 51 ; *Marc.*, XV, 38 ; *Luc.*, XXIII, 45. — [3] II *Cor.*, III, 15, 18.

(a) *Var.* : Justice.

Vous me direz peut-être que nous avons aussi le voile de la foi qui nous couvre; mais il m'est aisé de répondre : il est vrai que nos yeux ne pénètrent pas encore au dedans du voile; mais notre espérance y pénètre. Il n'y a aucune obscurité qui l'arrête; elle va jusqu'au plus intime secret de Dieu. Et pourquoi? C'est parce qu'elle va après Jésus-Christ, parce qu'elle le suit, qu'elle s'y attache. L'Apôtre nous l'explique dans notre texte : « Tenons ferme, dit-il [1], mes chers Frères, dans l'espérance que nous avons, qui pénètre jusqu'au dedans du voile où Jésus notre Précurseur est entré pour nous. » Ah! nous n'avons point un pontife qui ne puisse pas nous introduire dans le sanctuaire. Comme Jésus y est entré, nous y entrerons.

Et toutefois pour accomplir de point en point l'ancienne figure, nous y entrerons tous, et il n'y aura que le Pontife qui y entrera. Dieu éternel! qui entendra ce mystère? Oui, fidèles, je le dis encore une fois, il n'y a que Jésus-Christ seul qui entre en la gloire. Ecoutez le Sauveur lui-même, *saint Jean*, chapitre III : « Nul ne monte au ciel, nous dit-il [2], excepté celui qui est descendu du ciel, le Fils de l'homme qui est au Ciel. » Nul ne monte au ciel que celui qui est descendu du ciel : fidèles, sommes-nous descendus du ciel? Et comment donc y monterons-nous? Eh! sommes-nous encore excommuniés, comme si nous vivions sous la loi? Non certes, le grand Pontife nous a absous; il a voulu lui-même être rejeté, afin que par lui nous fussions reçus. Nous monterons au ciel en Jésus-Christ et par Jésus-Christ; il est notre Chef, nous sommes ses membres; « nous sommes sa plénitude, » comme dit saint Paul [3]. Quand nous entrons au ciel, c'est Jésus-Christ qui entre, parce que ce sont ses membres qui entrent. « Celui qui vaincra, dit Jésus-Christ lui-même au livre de l'*Apocalypse* [4], je le ferai asseoir dans mon trône. » Voyez que nous serons dans son trône; nous n'occuperons avec lui qu'une même place; nous serons au ciel comme confondus avec Jésus-Christ; et par un merveilleux effet de la grace, notre disette est la cause de notre abondance, parce qu'il nous est sans comparaison plus avantageux d'être considérés en Jésus-Christ seul que si nous l'étions en

---

[1] *Hebr.*, VI, 19, 20. — [2] *Joan.*, III, 13. — [3] *Ephes.*, I, 23. — [4] *Apoc.*, III, 21.

nous-mêmes. Par conséquent, mes Sœurs, aujourd'hui que Jésus-Christ approche du Père, croyons que nous approchons en lui et par lui. C'est pour nous qu'il ouvre le sanctuaire, c'est pour nous qu'il pénètre au dedans du voile, c'est pour nous qu'il paroît devant Dieu. Les pontifes de la loi ancienne étoient des hommes mortels : la charge auguste du sacerdoce ne se conservoit dans la famille d'Aaron que par la succession du vivant au mort. « Jésus vivant éternellement, dit l'Apôtre [1], a un sacerdoce éternel : » c'est pourquoi, dit le même saint Paul, « il peut toujours sauver ceux qui s'approchent de Dieu par lui. Son sacerdoce n'est éternel, qu'afin que son intercession soit éternelle. Il est toujours vivant pour intercéder : » *Semper vivens ad interpellandum pro nobis* [2]. C'est notre seconde partie.

SECOND POINT.

J'apprends de l'apôtre saint Paul *aux Hébreux*, chapitre v [3], que « tout pontife doit être trié d'entre les hommes, et qu'il est établi pour les hommes, en ce qui doit être traité avec Dieu. » D'où il résulte que le pontife est l'ambassadeur du peuple vers Dieu. Puis donc que Notre-Seigneur Jésus est notre Pontife, il s'ensuit qu'il est notre ambassadeur. Admirons ici le bonheur des hommes, en ce que notre Prince même daigne bien être notre ambassadeur. Or il est sans doute qu'étant notre ambassadeur auprès de son Père, il falloit qu'il résidât près de sa personne, et ensuite qu'il y négociât nos affaires, qu'il lui portât toutes les paroles de notre part, qu'il nous conciliât la bienveillance de ce grand Dieu, et qu'il maintînt la bienheureuse alliance qu'il lui a plu de faire avec nous. Telle est la fonction d'un ambassadeur. C'est pour cela que notre Pontife ne cesse de solliciter son Père pour nous ; il est toujours vivant pour intercéder. Et de là vient que l'Ecriture lui donne cette excellente qualité de médiateur, de laquelle il est nécessaire que je tâche de vous faire comprendre la force.

Et premièrement il est manifeste que Jésus-Christ prie, et que nous prions ; que Jésus-Christ s'entremet pour nous, et que nous

---
[1] *Hebr.*, vii, 24. — [2] *Ibid.*, 25. — [3] *Hebr.*, v, 1.

nous entremettons les uns pour les autres à cause de la charité fraternelle. Et d'autant que les Saints sont nos frères, cette charité sincère et indivisible qui les lie de communion avec nous, les oblige de prier et d'intercéder pour cette partie des fidèles qui combat en terre. Cette vérité n'est point contestée. Nos adversaires mêmes ne désavouent point que les bienheureux ne prient Dieu pour nous. Cette doctrine donc étant si constante, qu'a de particulier le Seigneur Jésus pour lui donner singulièrement et par excellence cette belle qualité de Médiateur? Le mettrons-nous avec le reste du peuple dans le nombre des supplians? Chrétiens, entendons ce mystère. C'est autre chose de s'entremettre par charité, autre chose d'être le médiateur établi pour faire valoir les prières et donner du poids à l'entremise des autres. Apportons un exemple familier. C'est autre chose de s'entremettre près d'un monarque, et d'y rendre aux personnes que nous chérissons les offices d'un bon ami; autre chose d'être établi par le prince même pour lui rapporter toutes les requêtes, pour distribuer toutes les graces, pour présenter tous ceux qui viennent demander (*a*) audience. Jésus est le Médiateur général; nul n'est agréé s'il n'est présenté de sa main; si la prière n'est faite en son nom, elle ne sera pas seulement ouïe (*b*); nul bienfait n'est accordé que par lui. Et que pourrai-je vous dire de ce saint Pontife, par qui toutes les prières sont exaucées, par qui toutes les graces sont entérinées, par qui toutes les offrandes sont bien reçues, par qui tous ceux qui veulent s'approcher de Dieu sont très-assurés d'être admis? Quelle dignité, chrétiens! De toutes les parties de la terre les vœux viennent à Dieu par Jésus; tous ceux qui invoquent Dieu comme il faut, l'invoquent au nom de ce grand Pontife, que Tertullien appelle fort bien *Catholicum Patris Sacerdotem* [1], « le Pontife universel établi de Dieu pour offrir les vœux de toutes les créatures. » Non, ni les patriarches, ni les prophètes, ni les apôtres, ni les martyrs, ni les séraphins mêmes, tous brillans d'intelligence, tous brûlans d'amour, ni la reine de tous les esprits

---

[1] *Advers. Marcion.*, lib. IV, n. 9.

(*a*) *Var.*: Tous ceux qui demandent. — (*b*) Nulle prière ne peut être reçue, si elle n'est faite en son nom.

bienheureux, l'incomparable Marie, ne peuvent aborder du trône de Dieu, si Jésus ne les introduit. Ils prient, nous n'en doutons pas, et ils prient pour nous; mais ils prient comme nous au nom de Jésus, et ils ne sont exaucés qu'en ce nom.

C'est pourquoi je ne craindrai pas d'assurer, qu'encore que l'Eglise de Dieu sur la terre et les Esprits bienheureux dans le ciel ne cessent jamais de prier, il n'y a que Jésus-Christ seul qui soit exaucé, parce que tous les autres ne le sont qu'à cause de lui. C'est, mes Sœurs, pour cette raison que dans les prières ecclésiastiques nous prions Dieu au nom de Notre-Seigneur Jésus-Christ, d'avoir pour agréables les oraisons que les Saints lui présentent pour nous. Si elles étoient valables par elles-mêmes, quelle seroit notre hardiesse de demander qu'elles fussent reçues? Est-ce peut-être que nous espérons que notre entremise les fera valoir? D'où vient donc cette façon de prier? Nous demandons les intercessions de nos frères qui règnent avec Jésus-Christ, et en même temps nous prions notre Dieu qu'il daigne écouter leurs prières. Prétendons-nous que nos oraisons donnent prix à celles des Saints? Qui le croiroit ainsi, entendroit mal l'intention de l'Eglise. Elle prétend par là nous faire connoître que lorsque nous implorons l'assistance des Saints qui nous attendent dans le paradis, c'est pour joindre nos prières aux leurs, c'est pour faire avec eux une même oraison et un même chœur de musique, un même concert, comme nous ne faisons qu'une même Eglise. Et encore que nous sachions que cette union soit très-agréable à notre grand Dieu, toutefois nous confessons, priant de la sorte, qu'elle ne lui plaît qu'à cause de son cher Fils; que c'est le nom de Jésus qui prie et qui donne accès, qui fléchit et qui persuade le Père.

Cela nous est excellemment figuré aux IVe et V^e chapitres de l'*Apocalypse*[1]. Là nous est représenté le trône de Dieu, où est assis celui qui vit aux siècles des siècles, et autour les vingt-quatre vieillards, qui pour plusieurs raisons qu'il seroit trop long de déduire ici, signifient tous les Esprits bienheureux. « Chacun de ces vieillards porte en sa main une fiole d'or pleine de parfums, qui sont les oraisons des Saints, » dit saint Jean; c'est-à-dire des

---

[1] *Apoc.*, IV, 2 et seq.; V, 8.

fidèles, selon la phrase de l'Ecriture. Vous voyez donc, mes Sœurs, que ce vénérable Sénat, qui environne le trône du Dieu vivant, a soin de lui présenter nos prières. Ce n'est pas moi qui le dis, c'est saint Jean. Mais n'est-ce point entreprendre, me dira-t-on, sur la dignité de notre Sauveur? A Dieu ne plaise qu'il soit ainsi! Les vieillards environnent le trône; mais devant le trône, au milieu des vieillards, l'Apôtre nous y représente « un agneau comme tué (a), devant lequel les vieillards se prosternent [2]. » Qui ne voit que cet agneau c'est notre Sauveur? Il paroît comme tué, à cause des cicatrices de ses blessures, et parce que sa mort est toujours présente devant la face de Dieu. Il est au milieu de tous ceux qui prient, comme celui par lequel ils prient, et qu'ils regardent tous en priant. Il est devant le trône, afin que nul n'approche que par lui seul. Il paroît entre Dieu et ses fidèles adorateurs, comme le Médiateur de Dieu et des hommes, comme celui qui doit recevoir les prières, qui les doit porter à Dieu dans son trône. Ainsi les Saints présentent nos oraisons, ils y joignent les leurs, comme frères, comme membres du même corps; mais le tout est offert au nom de Jésus.

Que reprendront nos adversaires dans cette doctrine? N'est-elle pas également pieuse et indubitable? Je sais qu'ils nous diront que nous appelons les Saints nos médiateurs; et encore que je pusse répondre que le saint concile de Trente ne se sert point de cette façon de parler, non plus que l'Eglise dans ses prières publiques, je leur veux accorder que nous les nommons ainsi quelquefois. Mais que je leur demanderois volontiers, si la miséricorde divine en avoit amené ici quelques-uns, que je leur demanderois volontiers, si c'est le nom ou la chose qui leur déplaît! Pour ce qui est de la doctrine, il est clair qu'étant telle que je l'ai proposée, elle est au-dessus de toute censure. L'honneur demeure entier à notre Sauveur : il est le seul qui ait accès par lui-même; tous les autres, si saints qu'ils soient, ne peuvent rien espérer que par lui. Et par là le titre de médiateur lui convient avec une prérogative si éminente, que qui voudroit l'attribuer

---

[1] *Apoc.*, v, 6.

(a) *Var.* : Comme mort.

en ce sens à d'autres qu'à lui, il ne le pourroit pas sans blasphème. C'est aussi ce qui a fait dire à l'Apôtre : « Un Dieu, un médiateur de Dieu et des hommes [1]. » Que si nos adversaires se fâchent de ce que nous attribuons quelquefois aux serviteurs de Notre-Seigneur Jésus-Christ un titre qui par notre propre confession convient par excellence à notre Sauveur, combien criminel seroit leur chagrin, si ayant approuvé la doctrine qui ne peut être en effet combattue, des mots les séparoient de leurs frères, et faisoient de l'Eglise de notre Sauveur le théâtre de tant de guerres? Qu'ils nous disent si ce nom de médiateur est plus incommunicable que le nom de roi, que le nom de sacrificateur, que le nom de Dieu. Et ne savent-ils pas que l'Ecriture nous prêche « que nous sommes rois et pontifes [2]? » Veulent-ils rompre avec toute l'antiquité chrétienne, parce qu'elle a donné le nom de pontifes et de sacrificateurs aux évêques et aux ministres des choses sacrées? Veulent-ils point se prendre à Dieu même, qui appelle les hommes des dieux [3]? Ne vous emportez donc pas contre nous avec le faste de votre nouvelle réforme, comme si nous avions oublié la médiation de Jésus, qui fait toute notre espérance. Nous disons, et il est très-certain et vous-mêmes ne le pouvez nier, que les Saints s'entremettent pour nous par la charité fraternelle; mais comme ils ne s'entremettent que par le nom de Notre-Seigneur, il est ridicule de dire qu'il en soit jaloux. C'est en ce sens que nous les appelons quelquefois de ce titre de médiateurs, à peu près de la même manière que les juges sont appelés dieux [4]. Criez, déclamez tant qu'il vous plaira, abusez le peuple par de faux prétextes; notre doctrine demeurera ferme, et notre Eglise fondée sur la pierre ne sera jamais dissipée.

Pardonnez cette digression, mes très-chères Sœurs. Certes, étant tombé sur cette matière, je n'ai pu m'empêcher de répondre à une calomnie si intolérable, par laquelle on veut faire croire que nous renonçons à l'unique consolation du fidèle. Oui, notre unique consolation, c'est de savoir que le Fils de Dieu prend nos intérêts auprès de son Père. Nous ne craignons point d'être condamnés, ayant un si puissant défenseur et un si divin avocat.

[1] I Timoth., II, 5. — [2] I Petr., II, 9. — [3] Psal. LXXXI, 6. — [4] Psal. XLVI, 10.

Nous lisons avec une joie incroyable ces pieuses paroles de l'apôtre saint Jean : « Nous avons un avocat auprès du Père, Jésus-Christ le Juste[1]. » Nous entendons par la grace de Dieu la force et l'énergie de ce mot. Nous savons que si l'ambassadeur négocie, si le sacrificateur intercède, l'avocat presse, sollicite et convainc. Par où le disciple bien-aimé veut nous faire entendre que Jésus ne prie pas seulement qu'on nous fasse miséricorde, mais qu'il prouve qu'il nous faut faire miséricorde. Et quelle raison emploie-t-il, ce grand, ce charitable avocat? Ils vous devoient, mon Père, mais j'ai satisfait; j'ai rendu toute la dette mienne, et je vous ai payé beaucoup plus que vous ne pouviez exiger. Ils méritoient la mort; mais je l'ai soufferte en leur place. Il montre ses plaies; et le Père se ressouvenant de l'obéissance de ce cher Fils, s'attendrit sur lui, et pour l'amour de lui regarde le genre humain en pitié. C'est ainsi que plaide notre avocat. Car ne vous imaginez pas, chrétiens, qu'il soit nécessaire qu'il parle pour se faire entendre : c'est assez qu'il se présente devant son Père avec ces glorieux caractères. Sitôt qu'il paroît seulement devant lui, sa colère est aussitôt désarmée. C'est pourquoi l'apôtre saint Paul parle ainsi *aux Hébreux,* chapitre ix : « Jésus-Christ est entré dans le Saint des saints, afin, dit-il, de paroître pour nous devant la face de Dieu[2]. » Il veut dire : Ne craignez point, mortels misérables; Jésus-Christ étant dans le ciel, tout y sera décidé en votre faveur; la seule présence de ce bien-aimé vous rend Dieu propice.

C'est ce que signifie cet agneau de l'*Apocalypse,* dont je vous parlois tout à l'heure, qui est devant le trône comme tué. De ce trône, il est écrit en ce même lieu qu'il en sort des foudres et des éclairs, et un effroyable tonnerre. Dieu éternel! oserons-nous bien approcher? « Approchons, allons au trône de grace avec confiance[3]; » comme dit l'Apôtre. Ce trône dont la majesté nous effraie, voyez que l'Apôtre l'appelle un trône de grace : approchons et ne craignons pas. Puisque l'Agneau est devant le trône, vivons en repos; les foudres ne viendront pas jusqu'à nous. Sa présence arrête le cours de la vengeance divine, et change une fureur implacable en une éternelle miséricorde.

[1] I *Joan.,* II, 1. — [2] *Hebr.,* IX, 24. — [3] *Ibid.,* IV, 16.

Combien donc étoit-il nécessaire que Jésus retournât à son Père! O confiance! ô consolation des fidèles! qui me donnera une foi assez vive pour dire généreusement avec l'Apôtre *aux Romains*, chapitre VIII : « Qui accusera les élus de Dieu[1]? » Jésus-Christ est leur avocat et leur défenseur : « Un Dieu les justifie, qui les osera condamner? Jésus-Christ, qui est mort, voire même qui est ressuscité, et de plus qui intercède pour nous, suffit-il pas pour nous mettre à couvert? Qui donc nous pourra séparer de la charité de notre Sauveur[2]? » Que reste-t-il après cela, chrétiens, sinon que nous nous rendions dignes de si grands mystères, desquels nous sommes participans? Puisque nous avons au ciel un si grand trésor, élevons-y nos cœurs et nos espérances. C'est ma dernière partie, que je tranche en un mot, parce que ce n'est que la suite des deux précédentes.

TROISIÈME POINT.

C'est de ce lieu, mes Sœurs, que les bénédictions descendent sur nous. Que je suis ravi d'aise, quand je considère Jésus-Christ notre grand Sacrificateur, officiant devant cet autel éternel, où notre Dieu se fait adorer! Tantôt il se tourne à son Père, pour lui parler de nos misères et de nos besoins; tantôt il se retourne sur nous, et il nous comble de graces par son seul regard. Notre Pontife n'est pas seulement près de Dieu pour lui porter nos vœux et nos oraisons; il y est pour épancher sur nous les trésors célestes. Il a toujours les mains pleines des offrandes que la terre envoie dans le ciel, et des dons que le ciel verse sur la terre. C'est pourquoi l'évangéliste saint Luc nous apprend qu'il est monté en nous bénissant : « Elevant ses mains, dit-il[3], il les bénissoit; et pendant qu'il les bénissoit, il étoit porté dans les cieux. » Ne croyons donc pas, chrétiens, que l'absence de Notre-Seigneur Jésus nous enlève ses bénédictions et ses graces. Il se retire en nous bénissant; c'est-à-dire que si nous le perdons de corps, il demeure avec nous en esprit, il ne laisse pas de veiller sur nous et de nous enrichir par son abondance. De là vient qu'il disoit à ses saints apôtres : « Si je ne m'en retourne à mon Père, l'Esprit Paraclet ne

---

[1] *Rom.*, VIII, 33. — [2] *Ibid.*, 34, 35. — [3] *Luc.*, XXIV, 50.

descendra pas¹. » Je réserve à vous départir ce grand don, quand je serai au lieu de ma gloire. Et l'évangéliste l'enseigne ainsi, quand il dit : « L'Esprit n'étoit pas encore donné, parce que Jésus n'étoit point encore glorifié². »

Donc, mes Sœurs, entendons quel est le lieu d'où nous viennent les graces. Si la source de tous nos biens se trouve en la terre, à la bonne heure, attachons-nous à la terre : que si au contraire ce monde visible ne nous produit continuellement que des maux ; si l'origine de notre bien, si le fondement de notre espérance, si la cause unique de notre salut est au ciel, soyons éternellement enflammés de désirs célestes; ne respirons désormais que le ciel, « où Jésus notre Avant-coureur est entré pour nous³. » Certes il pouvoit aller à son Père, sans rendre ses apôtres témoins de son ascension triomphante; mais il lui plaît de les appeler, afin de leur apprendre à le suivre. Non, mes Sœurs, les saints disciples de notre Sauveur ne sont pas aujourd'hui assemblés pour être seulement spectateurs. Jésus monte devant leurs yeux pour les inviter à le suivre. « Comme l'aigle, dit Moïse, qui provoque ses petits à voler et vole sur eux : » ainsi Notre-Seigneur Jésus-Christ, cette aigle mystérieuse dont le vol est si ferme et si haut, il assemble ses disciples comme ses aiglons; et fendant les airs devant eux, il les incite par son exemple à percer les nues : *Sicut aquila provocans ad volandum pullos suos, et super eos volitans*⁴.

Courage donc, mes Sœurs; suivons cette aigle divine qui nous précède. Jésus-Christ ne vole pas seulement devant nous ; il nous prend, il nous élève et il nous soutient. « Il étend ses ailes sur nous, chante le Psalmiste, et nous porte sur ses épaules : » *Expandit alas suas, et portavit eos in humeris suis*⁵. Et partant que la terre ne nous tienne plus, rompons les chaînes qui nous attachent et jouissons par un vol généreux de la bienheureuse liberté à laquelle nos âmes soupirent. Pourquoi nous arrêtons-nous sur la terre ? Notre chef est au ciel ; lui voulons-nous arracher ses membres ? Notre autel est au ciel, notre Pontife est à la droite de Dieu ; c'est là donc que nos sacrifices doivent être offerts,

---

¹ *Joan.*, XVI, 7. — ² *Ibid.*, VII, 39. — ³ *Hebr.*, VI, 20. — ⁴ *Deut.*, XXXII, 11. — ⁵ *Ibid.*

c'est là qu'il nous faut chercher le vrai exercice de la religion chrétienne. Les philosophes du monde ont bien reconnu que notre repos ne pouvoit pas être ici-bas. Maintenant que nous avons été élevés parmi des mystères si hauts, quelle est notre brutalité, si nous servons dorénavant aux désirs terrestres, « après que nous sommes incorporés à ce saint Pontife qui a pénétré pour nous au dedans du voile, jusqu'à la partie la plus secrète du Saint des saints [1]? » J'avoue que Jésus excuse nos fautes, parce qu'il est notre Pontife et notre Avocat. Mais combien seroit détestable notre ingratitude, si la bonté inestimable de notre Sauveur lâchoit la bride à nos convoitises? Loin de nous une si honteuse pensée! Mais plutôt renonçant aux désirs charnels, rendons-nous dignes de l'honneur que Jésus nous fait de traiter nos affaires auprès de son Père; et vivons comme il est convenable à ceux pour lesquels le Fils de Dieu intercède (a). Considérons que par le sang de notre Pontife, nous sommes nous-mêmes, comme dit saint Pierre, « les sacrificateurs du Très-Haut, offrant des victimes spirituelles, agréables par Jésus-Christ [2]. » Et puisqu'il a plu à notre Sauveur de nous faire participans de son sacerdoce, soyons saints comme notre Pontife est saint. Car si dans le Vieux Testament celui qui violoit la dignité du pontife par quelque espèce d'irrévérence, étoit si rigoureusement châtié, quel sera le supplice de ceux qui mépriseront l'autorité de ce grand Pontife, auquel Dieu a dit : « Vous êtes mon Fils, je vous ai aujourd'hui engendré [3]? »

Par conséquent, mes Sœurs, obéissons fidèlement à notre Pontife; et après tant de graces reçues, comprenons ce que dit saint Paul, « qu'il sera horrible de tomber aux mains du Dieu vivant [4], » lorsque sa bonté méprisée se sera tournée en fureur. Songeons que Jésus-Christ est notre Médiateur et notre Avocat; mais n'oublions pas qu'il est notre juge. C'est de quoi les anges nous avertissent quand ils parlent ainsi aux apôtres : « Hommes galiléens, que regardez-vous? Ce Jésus que vous avez vu mon-

---

[1] *Hebr.*, VI, 19, 20; IX, 12. — [2] I *Petr.*, II, 5. — [3] *Psal.* II, 7. — [4] *Hebr.*, X, 31.

(a) *Var.:* Prie.

ter dans le ciel, reviendra un jour de la même sorte[1]. » Joignons ensemble ces deux pensées : celui qui est monté pour intercéder, doit descendre à la fin pour juger ; et son jugement sera d'autant plus sévère, que sa miséricorde a été plus grande. Ne dédaignons donc pas la bonté de Dieu, qui nous attend à repentance depuis longtemps : dépouillons les convoitises charnelles, et nourrissons nos ames de pensées célestes. Eh Dieu ! qu'y a-t-il pour nous sur la terre, puisque notre Pontife nous ouvre le ciel ? Notre avocat, notre médiateur, notre chef, notre intercesseur est au ciel ; notre joie, notre amour et notre espérance, notre héritage, notre pays, notre domicile est au ciel ; notre couronne et le lieu de notre repos est au ciel, où Jésus-Christ notre Avant-coureur, entré pour nous dans le Saint des saints avec le Père et son Saint-Esprit, vit et règne aux siècles des siècles. *Amen.*

PREMIER SERMON

POUR

LE JOUR DE LA PENTECOTE (a).

Τὸ γράμμα ἀποκτείνει, τὸ δὲ Πνεῦμα ζωοποιεῖ.
La lettre tue, mais l'Esprit vivifie. II *Cor.*, III, 6.

A la vérité le sang du Sauveur nous avoit réconciliés à notre grand Dieu par une alliance perpétuelle ; mais il ne suffisoit pas pour notre salut que cette alliance eût été conclue, si ensuite elle n'eût été publiée. C'est pourquoi Dieu a choisi ce jour, pour y faire publier hautement le traité de la nouvelle alliance qu'il lui plaît contracter avec nous ; et c'est ce que nous montrent ces langues

---

[1] *Act.*, I, 11.

(a) Double vertu de la loi : elle dirige, elle condamne. Son équité, sa sévérité. Elle suffit pour nous condamner : c'est assez de prononcer au dehors. Elle ne

de feu qui tombent d'en haut sur les saints apôtres. Car d'autant que la nouvelle alliance, selon les oracles des prophéties, devoit être solennellement publiée par le ministère de la prédication, le Saint-Esprit descend en forme de langues, pour nous faire entendre par cette figure qu'il donne de nouvelles langues aux saints apôtres, et qu'autant qu'il remplit de personnes, il établit autant de hérauts qui publieront les articles de l'alliance et les commandemens de la loi nouvelle partout où il lui plaira de les envoyer (a).

C'est donc aujourd'hui, chrétiens, que la loi nouvelle a été publiée; aujourd'hui la prédication du saint Evangile a commencé d'éclairer le monde; aujourd'hui l'Eglise chrétienne a pris sa naissance; aujourd'hui la loi mosaïque donnée autrefois avec tant de pompe, est abolie par une loi plus auguste; et les sacrifices des animaux étant rejetés, le Saint-Esprit envoyé du ciel se fait lui-même des hosties raisonnables et des sacrifices vivans des cœurs des disciples (b).

suffit pas toute seule pour nous justifier : il faut que le Saint-Esprit la porte au dedans.
 Etre sous la loi. Etre avec la loi. Langues de feu. Evangile en toutes langues. Corruption universelle de la nature, prouvée par l'idolâtrie.
 Méchans ne sentent pas la convoitise.
 Amis de la loi; esclaves de la loi.
 Crainte, loi des esclaves, ne change pas le cœur. La loi au dedans, c'est la charité, loi vivante.
 Effet de la loi; comment elle tue : 1° elle ajoute la transgression. Désobéissance. 2° *Nitimur in vetitum.*
 Obligation d'aimer.

Prêché à Metz, vers 1657.
 La longueur du discours, les dissertations sur le mosaïsme, l'indication des sources dans le texte principal, la forme de l'écriture, annoncent l'époque de Metz. A quoi il faut ajouter les locutions comme celles-ci : « Parle-il point? est-ce pas? il faut se roidir et bander les nerfs, la doctrine de l'Evangile ne peut repaître que l'entendement, impétrer l'esprit de la grace, l'esprit de la grace nous est élargi, pendu à la croix, pillerie, » etc.
 (a) *Var.*: En effet entendez l'apôtre saint Pierre aussitôt après la descente du Saint-Esprit; voyez comme il exhorte le peuple et annonce la rémission des péchés au nom de Notre-Seigneur Jésus-Christ, déclarant aux habitans de Jérusalem que ce Jésus qu'ils ont fait mourir, « Dieu l'a établi le Seigneur et le Christ : » *Quia Dominum eum et Christum fecit Deus.* C'est ce que saint Pierre prêche aujourd'hui, comme il est écrit aux *Actes*; et cela, dites-moi, chrétiens, n'est-ce pas faire la publication de la loi nouvelle et de la nouvelle alliance? Je joins ensemble l'alliance et la loi, parce qu'elles ne font toutes deux qu'un même Evangile que les apôtres, comme les hérauts du grand Dieu, publient premièrement dans Jérusalem. — (b) Si vous me demandez, chrétiens, pour

Il est très-certain, bienheureuse Marie, que vous fûtes la principale de ces victimes; impétrez-nous l'abondance du Saint-Esprit qui vous a aujourd'hui embrasée. Sainte Mère de Jésus-Christ, vous étiez déjà toute accoutumée à le sentir présent en votre ame, puisque déjà sa vertu vous avoit couverte, lorsque l'ange vous salua de la part de Dieu, vous disant : *Ave, Maria.*

Entrons d'abord en notre matière; elle est si haute et si importante, qu'elle ne me permet pas de perdre le temps à vous faire des avant-propos superflus. Je vous ai déjà dit, chrétiens, que la fête que nous célébrons en ce jour, c'est la publication de la loi nouvelle; et de là vient que la prédication par laquelle cette loi se doit publier, est commencée aujourd'hui dans Jérusalem, selon cette prédiction d'Isaïe : « La loi sortira de Sion et la parole de Dieu de Jérusalem [1]. » Mais bien qu'elle dût être commencée dans Jérusalem, elle ne devoit pas y être arrêtée; de là elle devoit se répandre dans toutes les nations et dans tous les peuples, jusqu'aux extrémités de la terre. Comme donc la loi nouvelle de notre Sauveur n'étoit pas faite pour un seul peuple, certainement il n'étoit pas convenable qu'elle fût publiée en un seul langage. C'est pourquoi le texte sacré nous enseigne que les apôtres prêchant aujourd'hui, bien que leur auditoire fût ramassé d'une infinité de nations diverses, chacun y entendoit son propre idiome et la langue de son pays. Par où le Saint-Esprit nous en-

---

[1] *Isa.*, II, 3.

quelle cause la Pentecôte, qui étoit une fête du peuple ancien, est devenue une solennité du peuple nouveau ; et d'où vient que depuis le levant jusqu'au couchant tous les fidèles s'en réjouissent, non moins que de la sainte nativité ou de la glorieuse résurrection de notre Sauveur, je vous en dirai la raison avec l'assistance de cet Esprit-Saint qui a rempli en ce jour sacré l'ame des apôtres. C'est aujourd'hui que notre Eglise a pris naissance : aujourd'hui par la prédication du saint Evangile, la gloire et la doctrine de Jésus-Christ ont commencé d'éclairer le monde... Les Juifs offroient autrefois à Dieu à la Pentecôte les prémices de leurs moissons : aujourd'hui Dieu se consacre lui-même par son Saint-Esprit les prémices du christianisme, c'est-à-dire les premiers fruits du sang de son Fils, et rend les commencemens de l'Eglise illustres par des signes si admirables que tous les spectateurs en sont étonnés. Par conséquent, mes Frères, avec quelle joie devons-nous célébrer ce saint jour ! Et si aujourd'hui les premiers chrétiens paroissent si visiblement échauffés de l'Esprit de Dieu, n'est-il pas raisonnable que nous montrions par une sainte et divine ardeur que nous sommes leurs descendans ?

seigne que, si à la tour de Babel l'orgueil avoit autrefois divisé les langues [1], l'humble doctrine de l'Évangile les alloit aujourd'hui rassembler; qu'il n'y en auroit point de si rude, ni de si barbare dans laquelle la vérité de Dieu ne fût enseignée; que l'Eglise de Jésus-Christ les parleroit toutes; et que si dans le Vieux Testament il n'y avoit que la seule langue hébraïque qui fût l'interprète des secrets de Dieu, maintenant par la grace de l'Evangile toutes les langues seroient consacrées, selon cet oracle de Daniel : « Toutes les langues serviront au Seigneur [2]. » Par où vous voyez, chrétiens, la merveilleuse conduite de Dieu, qui ordonne par un très-sage conseil que la loi qui devoit être commune à toutes les nations de la terre, soit publiée dès le premier jour en toutes les langues.

Imitons les saints apôtres, mes Frères, et publions la loi de notre Sauveur avec une ferveur céleste et divine. Je vous dénonce donc au nom de Jésus que par la descente du Saint-Esprit, vous n'êtes plus sous la loi mosaïque, et que Dieu vous a appelés à la loi de grace. Et afin que vous entendiez quelle est la loi dont on vous délivre et quelle est la loi que l'on vous impose, je vous produis l'apôtre saint Paul, qui vous enseignera cette différence. « La lettre tue, dit-il, et l'Esprit vivifie. » La lettre, c'est la loi ancienne; et l'Esprit, comme vous le verrez, c'est la loi de grace. Et ainsi en suivant l'apôtre saint Paul [3], faisons voir avec l'assistance divine que la loi nous tue par la lettre et que la grace nous vivifie par l'Esprit.

PREMIER POINT.

Et pour pénétrer le fond de notre passage, il faut examiner avant toutes choses quelle est cette lettre qui tue, dont parle l'Apôtre. Et premièrement il est assuré qu'il parle très-évidemment de la loi : mais d'autant qu'on pourroit entendre ce texte de la loi cérémonielle, comme de la circoncision et des sacrifices dont l'observation tue les ames, ou même de quelques façons de parler figurées qui sont dans la loi et qui ont un sens très-pernicieux

[1] *Genes.*, XI, 9. — [2] *Dan.*, VII, 14. — [3] II *Cor.*, III, 6.

quand on les veut prendre trop à la lettre, à raison de quoi on peut dire que la loi en quelques-unes de ses parties est une lettre qui tue : pour ne vous point laisser en suspens, je dis que l'Apôtre parle du Décalogue, qui est la partie de la loi la plus sainte. Oui, ces dix commandemens si augustes, qui défendent le mal si ouvertement, c'est ce que l'Apôtre appelle la lettre qui tue, et je le prouve clairement par ce texte. Car après avoir dit que la lettre tue, immédiatement après parlant de la loi, il l'appelle « un ministère de mort taillé en lettres dans la pierre [1]. » Le ministère de mort, c'est sans doute la lettre qui tue ; et la lettre taillée dans la pierre, ne sont-ce pas les deux tables données à Moïse, où la loi étoit écrite du doigt de Dieu ? C'est donc cette loi donnée à Moïse, cette loi si sainte du Décalogue, que l'Apôtre appelle ministère de mort, et par conséquent la lettre qui tue. C'est pourquoi dans l'*Epître aux Romains*, il l'appelle expressément « une loi de mort [2] » et une loi de damnation. Il dit « que la force du péché est dans la loi [3], que le péché est mort sans la loi et que la loi lui donne la vie, que le péché nous trompe par le commandement de la loi [4], » et quantité d'autres choses de même force.

Que dirons-nous ici, chrétiens? Quoi! ces paroles si vénérables : « Israël, je suis le Seigneur ton Dieu, tu n'auras point d'autres dieux devant moi [5], » sont-elles donc une lettre qui tue! et une loi si sainte méritoit-elle un pareil éloge de la bouche d'un apôtre de Jésus-Christ ? Tâchons de démêler ces obscurités, avec l'assistance de cet Esprit-Saint qui a rempli aujourd'hui les cœurs des apôtres. Cette question est haute, elle est difficile ; mais comme elle est importante à la piété, Dieu nous fera la grace d'en venir à bout. Pour moi, de crainte de m'égarer, je suivrai pas à pas le plus éminent de tous les docteurs, le plus profond interprète du grand Apôtre, je veux dire l'incomparable saint Augustin, qui explique excellemment cette vérité dans le premier *Livre à Simplicien* et dans le *Livre de l'Esprit et de la lettre*. Rendez-vous attentifs, chrétiens, à une instruction que j'ose appeler la base de la piété chrétienne.

---

[1] *II Cor.*, III, 7.— [2] *Rom.*, VII, 6.— [3] *I Cor.*, XV, 56. — [4] *Rom.*, VII, 8, 9, 11. — [5] *Deut.*, V, 6, 7.

Quand l'Apôtre parle ainsi de la loi, quand il l'appelle une lettre qui tue et qui donne au péché de nouvelles forces, croyez qu'il ne songe pas à blâmer la loi, mais il déplore la foiblesse de la nature. Si donc vous voulez entendre l'Apôtre, apprenez premièrement à connoître les langueurs mortelles qui nous accablent depuis la chute du premier père, dans lequel, comme dans la tige du genre humain, toute la race des hommes a été gâtée par une corruption générale.

Et pour mieux comprendre nos infirmités, considérons avant toutes choses quelle étoit la fin à laquelle notre nature étoit destinée. Certes puisqu'il avoit plu à notre grand Dieu de laisser tomber sur nos ames une étincelle de ce feu divin qui éclaire les créatures intelligentes, il est sans doute que nos actions devoient être conduites par la raison. Or il n'y avoit rien de plus raisonnable que de consacrer tout ce que nous sommes à celui dont la libéralité nous a enrichis, et partant notre inclination la plus naturelle devoit être d'aimer et de servir Dieu. C'est à quoi tout l'homme devoit conspirer. D'où passant plus outre, je dis que les sens étant inférieurs à l'intelligence, il falloit aussi que les biens sensibles le cédassent aux biens de l'esprit ; et ainsi pour mettre les choses dans un bon ordre, les affections de l'homme devoient être tellement disposées, que l'esprit dominât sur le corps, que la raison l'emportât sur les sens, et que le Créateur fût préféré à la créature. Vous voyez bien qu'il n'y a rien de plus juste ; et si la nature humaine étoit droite, telles devroient être ses inclinations.

Mais, ô Dieu ! que nous en sommes bien éloignés ! et que cette belle disposition est étrangement pervertie ; puisque par le désordre de notre péché, nos inclinations naturelles se sont tournées aux objets contraires ! Car certainement la plupart des hommes suit l'inclination naturelle. Or il n'est pas difficile de voir qu'est-ce qui domine le plus dans le monde. La première vue, n'est-il pas vrai ? c'est qu'il n'y a que les sens qui règnent, que la raison est opprimée et éteinte, elle n'est écoutée qu'autant qu'elle favorise. les passions, nous n'avons d'attachement qu'à la créature ; et si nous suivons (a) le cours de nos mouvemens, nous en viendrons

---

(a) *Var.* : Allons suivant.

bientôt (*a*) à oublier Dieu. Qu'ainsi ne soit, regardez quel étoit le monde avant que l'on y eût prêché l'Evangile. Où étoit en ce temps-là le règne de Dieu, et à qui est-ce qu'on présentoit de l'encens? Qui ne sait que l'idolâtrie avoit tellement infecté la terre, qu'il sembloit que ce grand univers fût changé en un temple d'idoles? Qui n'est saisi d'horreur, en voyant cette multiplicité de dieux inventée pour rendre méprisable le nom de Dieu? Qui ne voit en ce nombre prodigieux de fausses divinités l'étrange débordement de notre nature, qui renonçant à son époux véritable à la manière d'une femme impudique, s'abandonnoit à une infinité d'adultères par (*b*) une insatiable prostitution? Car il est très-certain que l'idolâtrie n'avoit rien laissé d'entier sur la terre. C'étoit le crime du genre humain (*c*); et encore que Dieu se fût réservé un petit peuple dans la Judée, toutefois nous savons que ce peuple, qui étoit le seul dans toute la terre habitable instruit dans la véritable religion (*d*), étoit si fort porté à quitter son Dieu, que ni ses miracles quoique très-visibles, ni ses promesses quoique très-magnifiques, ni ses châtimens quoique très-rigoureux, n'étoient pas capables de retenir cette inclination furieuse qu'ils avoient de courir après les idoles : tant il est vrai que le genre humain par le vice de son origine est devenu enclin naturellement à mépriser Dieu, et voyez-le par une expérience si universelle. Et d'où vient cette inclination naturelle, si contraire à notre première institution, sinon de la contagion du premier péché par lequel la source des hommes étant infectée, la corruption nous est passée en nature?

Ah! fidèles, ne craignons pas de confesser ingénument nos infirmités; que ceux-là en rougissent, qui ne savent pas le remède, qui ne connoissent pas le Libérateur. Pour nous, n'appréhendons pas de montrer nos plaies, et avouons que notre nature est extrêmement languissante. Et comment pourrions-nous le nier? Quand nous voudrions le dissimuler ou le taire, toute notre vie crieroit contre nous; nos occupations ordinaires témoignent assez où tend la pente de notre cœur. D'où vient que tous les sages s'ac-

---

(*a*) *Var.* : Aussitôt. — (*b*) Avec. — (*c*) De tout le monde. — (*d*) Dans tout l'univers que Dieu avoit éclairé, illuminé de sa connoissance.

cordent que le chemin du vice est glissant? D'où vient que nous connoissons par expérience que non-seulement nous y tombons de nous-mêmes, mais encore que nous y sommes comme entraînés, au lieu que pour monter à cette éminence (a) où la vertu établit son trône, il faut se roidir et bander les nerfs avec une incroyable contention? Après cela est-il malaisé de connoître où nous porte le poids de notre inclination dominante? Et qui ne voit que nous allons au mal naturellement, puisqu'il faut faire effort pour nous en tirer, et que nous n'en pouvons sortir qu'avec peine? De là vient que la doctrine de l'Evangile, qui ne peut repaître que l'entendement, ne tient presque point à notre ame; au contraire, les choses sensibles y font de profondes impressions. J'en appelle, chrétiens, à vos consciences. Quelquefois quand vous entendez discourir des mystères du royaume de Dieu, ne vous sentez-vous pas échauffés? Vous ne concevez que de grands desseins; faut-il faire le premier pas de l'exécution, n'est-il pas vrai que le moindre souffle du diable éteint cette flamme errante et volage, qui ne prend pas à sa matière? Il est vrai, nous sentons je ne sais quel instinct en nous-mêmes, qui voudroit, ce nous semble, s'élever à Dieu; mais nous sentons aussi un torrent de cupidités opposées, qui nous entraînent et qui nous captivent. De là les gémissemens de l'Apôtre [1] et de tous les vrais serviteurs de Dieu, qui se plaignent qu'ils sont captifs; et que, malgré tous leurs bons désirs, ils éprouvent continuellement en eux-mêmes une certaine résistance à la loi de Dieu, qui les presse et qui les tourmente. Et partant qui seroit si superbe, qui voyant l'apôtre saint Paul ainsi vivement attaqué, ne confesseroit pas devant Dieu dans l'humiliation de son ame que vraiment notre maladie est extrême, et que les plaies de notre nature sont bien profondes(b)?

Je sais que l'orgueilleuse sagesse du monde ne goûtera pas cette humble doctrine du christianisme. La nature, quoique impuissante, n'a jamais été sans flatteurs qui l'ont enflée par de vains éloges, parce qu'en effet ils ont vu en elle quelque chose de fort excellent; mais ils ne se sont point aperçus qu'il en étoit

---

[1] *Rom.*, VII, 23.

(a) *Var.:* Gagner cette éminence. — (b) Dangereuses.

comme des restes d'un édifice autrefois très-régulier et très-magnifique, renversé maintenant et porté par terre, mais qui conserve encore dans sa ruine quelques vestiges de son ancienne grandeur et de la science de son architecte. Ainsi nous voyons encore en notre nature, quoique malade, quoique disloquée, quelques traces de sa première institution; et la sagesse humaine s'étant bien voulu tromper par cette apparence, encore qu'elle y remarquât des défauts visibles, elle a mieux aimé couvrir ses maux par l'orgueil que de les guérir par l'humilité. J'avoue même que les hommes pour la plupart ne remarquent pas, comme il faut, cette résistance dont nous parlons; mais combien y a-t-il de malades qui ne sentént pas leur infirmité! Cela, cela, fidèles, c'est le plus dangereux effet de nos maladies, que nous sommes réduits aux abois et qu'une folle arrogance nous persuade que nous sommes en bonne santé; c'est en cela que je suis plus malade, que je ne sais pas déplorer ma misère ni implorer le secours du Libérateur, foible et altier tout ensemble, impuissant et présomptueux.

Et d'ailleurs je ne m'étonne pas si vivant comme nous vivons, nous ne sentons pas la guerre éternelle que nous fait la concupiscence. Lorsque vous suivez en nageant le cours de la rivière qui vous conduit, il vous semble qu'il n'y a rien de si doux ni de si paisible; mais si vous remontez contre l'eau, si vous vous opposez à sa chute, c'est alors, c'est alors que vous éprouvez la rapidité de son mouvement. Ainsi, je ne m'étonne pas, chrétien, si menant une vie paresseuse, si ne faisant aucun effort pour le ciel, ni ne songeant point à t'élever au-dessus de l'homme pour commencer à jouir de Dieu, tu ne sens pas la résistance de la convoitise : c'est qu'elle t'emporte toi-même avec elle, vous marchez ensemble d'un même pas, et vous allez tous deux dans la même voie; ainsi son impétuosité t'est imperceptible.

Un saint Paul, un saint Paul la sentira mieux, parce qu'il a ses affections avec Jésus-Christ; les inclinations charnelles le blessent, parce qu'il aime la loi du Sauveur; tout ce qui s'y oppose lui devient sensible. Aspirons à la perfection chrétienne, suivons un peu Jésus-Christ dans la voie étroite, et bientôt notre expérience nous fera reconnoître notre infirmité. C'est alors qu'étant fatigués par les opiniâtres oppositions de la convoitise, nous confesserons que les forces nous manquent, si la grace divine ne nous soutient. Car enfin ce n'est pas un ouvrage humain de dompter cet ennemi domestique qui nous persécute si vivement, et qui ne nous donne aucun relâche. Etant ainsi déchirés en nous-mêmes, nous nous consumons par nos propres efforts; plus nous pensons nous pouvoir relever par notre naturelle vigueur, et plus elle se diminue : comme un pauvre malade moribond qui ne sait plus que faire; il s'imagine qu'en se levant il sera un peu allégé, il achève de perdre son peu de force par un travail qu'il ne peut supporter; et après qu'il s'est beaucoup tourmenté à traîner ses membres appesantis avec une extrême contention, il retombe ainsi qu'une pierre sans pouls et sans mouvement, plus foible et plus impuissant que jamais. Ainsi en est-il de nos volontés, si elles ne sont secourues par la grace. Or la grace n'est point par la loi. Car si la grace étoit par la loi, c'est en vain que Jésus-Christ seroit mort, et ce grand scandale de la croix seroit inutile. C'est pourquoi l'évangéliste nous dit : « La loi a été donnée par Moïse; mais la grace et la vérité a été faite par Jésus-Christ[1]. » D'où je conclus que sous le Vieux Testament tous ceux qui obéissoient à la grace, c'étoit par le mérite de Jésus-Christ; et de là ils appartenoient au christianisme, parce que la grace ni la justice n'est point par la loi. Et de là pour revenir à mon texte, j'infère avec l'Apôtre que « la lettre tue. » Voyez si je prouverai bien ce que je propose, et renouvelez vos attentions.

Insistons toujours aux mêmes principes. Et ainsi, pour revenir à notre passage, figurez-vous cet homme malade que je vous dépeignois tout à l'heure, cet homme tyrannisé par ses convoitises, cet homme impuissant à tout bien, qui selon le concile d'Orange « n'a rien de son crû que le mensonge et le péché[2] : » que produira la loi en cet homme, puisqu'elle ne peut lui donner la grace? Elle parle, elle commande, elle tonne, elle retentit aux oreilles d'un ton puissant et impérieux; mais que sert de frapper les oreilles, puisque la maladie est au cœur! Je ne craindrai point

[1] *Joan.*, I, 17. — [2] *Conc. Araus.* II, can. XXII, Labb., *Conc.* tom. IV, col. 1670.

de le dire, si vous n'ajoutez l'esprit de la grace, tout ce bruit de la loi (a) ne fait qu'étourdir le pauvre malade; elle l'effraie, elle l'épouvante; mais il vaudroit bien mieux le guérir, et c'est ce que la loi ne peut faire. Quel est donc l'avantage qu'apporte la loi? Elle fait connoître le mal, elle allume le flambeau devant le malade, elle lui montre le chemin de la vie : « Fais ceci et tu vivras, » lui dit-elle : *Hoc fac et vives* [1]. Mais à quoi sert de montrer à ce pauvre paralytique qui est au lit depuis trente-huit ans, à quoi sert que vous lui montriez l'eau miraculeuse qui peut le guérir? *Hominem non habeo* [2] : « Je n'ai personne, » dit-il; il est immobile, il faut le porter, et il est impossible que la loi le porte.

Mais la loi, direz-vous, n'a-t-elle donc aucune énergie? Certes son énergie est très-grande, mais très-pernicieuse à notre malade. Que fait-elle? Elle augmente la connoissance, et cela même augmente le crime. Elle me commande de la part de Dieu, elle me fait comprendre ses jugemens. Avant la loi, je ne connoissois pas que Dieu fût mon juge, ni qu'il prît la qualité de vengeur des crimes; mais la loi me montre bien qu'il est juge, puisqu'il daigne bien être législateur. Mais enfin que produit cette connoissance? Elle fait que mon péché est moins excusable, et ma rébellion plus audacieuse. C'est pourquoi l'Apôtre nous dit que « le péché a abondé par la loi [3], » qu'elle lui donne de nouvelles forces, « qu'elle le fait vivre [4], » parce qu'à tous les autres péchés elle ajoute la désobéissance formelle qui est le comble de tous les maux. De cette sorte que fait la loi? Elle lie les transgresseurs par des malédictions éternelles, parce qu'il est écrit dans cette loi même : « Maudit est celui qui n'observe pas ce qui est commandé dans ce livre [5]. »

A présent ne voyez-vous pas clairement toute la force du raisonnement de l'Apôtre? Car la loi ne nous touchant qu'au dehors, elle n'a pas la force de nous soulager; et sortant de la bouche de Dieu, elle a la force de nous condamner. La loi donc, considérée en cette manière (b), qu'est-ce autre chose qu'une lettre qui ne

---

[1] *Luc.*, X, 28. — [2] *Joan.*, V, 7. — [3] *Rom.*, V, 20. — [4] *Ibid.*, VII, 9. — [5] *Deut.*, XXVII, 26.

(a) *Var.* : Si vous n'ajoutez l'esprit de la grace, je ne craindrai point de le dire, tout ce bruit... — (b) De la sorte.

soutient pas l'impuissance, mais qui condamne la rébellion; « qui ne soulage pas le malade, mais qui témoigne contre le pécheur? » *Non adjutrix legentium, sed testis peccantium*, dit saint Augustin ¹. Mais cet excellent docteur passe bien plus outre, appuyé sur la doctrine du saint Apôtre.

Achevons de faire connoître à l'homme l'extrémité de sa maladie, afin qu'il sache mieux reconnoître la miséricorde infinie de son médecin. Nous avons dit que notre plus grand mal, c'est l'orgueil. Que fait le commandement à un orgueilleux? Il fait qu'il se roidit au contraire, comme une eau débordée qui s'irrite par les obstacles. Et d'où vient cela? C'est à cause que l'orgueilleux n'affecte rien tant que la liberté, et ne fuit rien tant que la dépendance. C'est pourquoi il se plaît à secouer le joug; il aime la licence, parce qu'elle semble un débordement de la liberté. Notre ame donc étant inquiète, indocile et impatiente, la vouloir retenir par la discipline, c'est la précipiter davantage. Avouons la vérité, chrétiens, nous trouvons une certaine douceur dans les choses qui nous sont défendues. Tel ne se souciera pas beaucoup de la chair, qui la trouvera plus délicieuse pendant le carême. La défense excite notre appétit, et par ce moyen fait naître un nouveau plaisir. Et quelle est la cause de ce plaisir, si ce n'est celle que je viens de vous rapporter? c'est-à-dire cette vaine ostentation d'une liberté indocile et licencieuse, qui est si douce à un orgueilleux : *Tantò magis libet, quantò minùs licet*, dit saint Augustin ². Et c'est ce que veut dire l'Apôtre aux Romains : « Le péché, prenant l'occasion du commandement, m'a trompé et m'a fait mourir ³. » Le péché prenant occasion du commandement, il m'a trompé par cette fausse douceur que la défense fait naître. Elle est vaine, elle est fausse, il est vrai, mais très-charmante *(a)* à une ame superbe; et c'est par cette raison qu'elle trompe facilement. Reprenons donc maintenant ce raisonnement : la loi par la défense augmente le plaisir de mal faire, et par là excite *(b)* la convoitise : la convoitise me donne la mort; et partant la loi me

---

¹ *De divers. Quæst., ad Simplician.*, lib. I, quæst. v, n. 7. — ² *Ibid.*, n. 17. — ³ *Rom.*, VII, 11.

(a) Var.: Plus charmante. — *(b)* Embrase, incite.

donne la mort, non point certes par elle-même, mais par la malignité du péché qui domine en moi : *Ut fiat supra modum peccans peccatum per mandatum,* continue le même saint Paul [1].

Ne voyez-vous pas maintenant plus clair que le jour que non-seulement les préceptes du Décalogue, mais encore par une conséquence infaillible tous les enseignemens de la loi, et même toute la doctrine de l'Evangile, si nous n'impétrons l'esprit de la grace, ne sont qu'une lettre qui tue, qui pique (a) la convoitise par la défense et comble (b) le péché par la transgression. Et quelle est donc l'utilité de la loi? Ah ! c'est ici, mes Frères, où il nous faut recueillir le fruit des doctes enseignemens de l'Apôtre. Ne croyons pas qu'il nous ait voulu débiter une doctrine si délicate à la manière des rhétoriciens. Saint Augustin a bien compris sa pensée : Il a voulu, dit-il, faire voir à l'homme combien étoit grande son impuissance, et combien déplorable son infirmité, puisqu'une loi si juste et si sainte lui devenoit un poison mortel, « afin que par ce moyen nous reconnussions humblement qu'il ne suffit pas que Dieu nous enseigne, mais qu'il est nécessaire qu'il nous soulage : » *Non tantùm doctorem sibi esse necessarium, verùm etiam adjutorem Deum* [2]. C'est pourquoi le grand Docteur des gentils, après avoir dit de la loi toutes les choses que je vous ai rapportées, il commence à se plaindre de sa servitude. « Je me plais, dit-il [3], à la loi de Dieu selon l'homme intérieur ; mais je sens une loi en moi-même qui répugne à la loi de l'esprit et me captive sous la loi du péché. Car je ne fais pas le bien que je veux ; mais je fais le mal que je hais. Malheureux homme que je suis, qui me délivrera de ce corps de mort ? La grace de Dieu par Notre-Seigneur Jésus-Christ. » C'est là enfin, fidèles, c'est à cette grace que notre impuissance doit nous conduire. La loi ne fait autre chose que nous montrer ce que nous devons demander à Dieu, et de quoi nous avons à lui rendre graces ; et c'est ce qui a fait dire à saint Augustin [4] : « Faites ainsi, Seigneur, faites ainsi, Seigneur miséricordieux ; commandez ce qui ne peut être accompli, ou

---

[1] *Rom.,* VII, 13. — [2] *De Spirit. et litt.,* n. 9. — [3] *Rom.,* VII, 15, 22-25. — [4] *In Psal.* CXVIII, serm. XXVII, n. 3.

(a) *Var.:* Enflamme. — (b) Augmente.

plutôt commandez ce qui ne peut être accompli que par votre grace, afin que tout fléchisse devant vous, et que celui qui se glorifie se glorifie seulement en Notre-Seigneur. »

C'est là la vraie justice du christianisme, qui ne vient pas en nous par nous-mêmes, mais qui nous est donnée par le Saint-Esprit. C'est là cette justice qui est par la foi, que l'apôtre saint Paul élève si fort, non pas comme l'entendent nos adversaires, qui disent que toute la vertu de justifier consiste en la foi. Ils n'ont pas bien pris le sens de l'Apôtre; et je le prouve démonstrativement en un mot, que je vous prie de retenir pour les combattre dans la rencontre. Saint Paul pour cela, première *aux Corinthiens*, chapitre XIII : « Si, dit-il, j'ai toute la foi jusqu'à transporter les montagnes, et que je n'aie pas la charité, je ne suis rien. » S'il n'est rien, donc il n'est pas juste, donc la foi ne justifie pas sans la charité. Et toutefois il est véritable que c'est la foi en Jésus-Christ qui nous justifie, parce qu'elle n'est pas seulement la base, mais la source qui fait découler sur nous la justice qui est par la grace. Car, comme dit le grand Augustin, « ce que la loi commande, la foi l'impètre : » *Fides impetrat quod lex imperat* [1]. La loi dit : « Tu ne convoiteras pas [2]; » la foi dit avec le Sage : « Je sais, ô grand Dieu, et je le confesse, que personne ne peut être continent, si vous ne le faites [3]. » Dieu dit par la loi : « Fais ce que j'ordonne; » la foi répond à Dieu : « Donnez, Seigneur, ce que vous ordonnez [4]. » La foi fait naître l'humilité, et l'humilité attire la grace, « et c'est la grace qui justifie [5]. » Ainsi notre justification se fait par la foi, la foi en est la première cause. Et en cela nous différons du peuple charnel, qui ne considéroit que l'action commandée, sans regarder le principe qui la produit. Quand ils lisoient la loi, ils ne songeoient à autre chose qu'à faire, et ils ne pensoient point qu'il falloit auparavant demander. Pour nous, nous écoutons à la vérité ce que Dieu ordonne; mais la foi en Jésus-Christ nous enseigne que c'est de Dieu même qu'il le faut attendre. Ainsi notre justice ne vient pas des œuvres, en tant qu'elles se font par nos propres forces; elle naît de la foi, « qui

---

[1] *In Psal.* CXVIII, serm. XVI, n. 2. — [2] *Rom.*, VII, 7. — [3] *Sapient.*, VIII, 21. — [4] S. August., *Confess.*, lib. X, cap. XXIX. — [5] *Tit.*, III, 7.

opérant par la charité, fructifie en bonnes œuvres, » comme dit l'Apôtre [1].

En effet, croire en Jésus-Christ, n'est-ce pas croire au Sauveur, au Libérateur? Et quand nous croyons au Libérateur, ne sentons-nous pas notre servitude? Quand nous confessons le Sauveur, ne confessons-nous pas que nous sommes perdus? Ainsi reconnoissant devant Dieu que nous sommes perdus en nous-mêmes, nous courons à Jésus-Christ par la foi, cherchant notre salut en lui seul : c'est là cette foi qui nous justifie, si nous croyons, si nous confessons que nous sommes morts et que c'est Jésus-Christ qui nous rend la vie. Chrétien, le crois-tu de la sorte? Le croyons-nous ainsi, chrétiens? Si tu ne le crois pas, tu renies Jésus-Christ pour Sauveur; Jésus n'est plus Jésus, et toute la vertu de sa croix est anéantie. Que si nous confessons cette vérité, qui n'est pas un article particulier, mais qui est le fondement et la base qui soutient tout le corps du christianisme, avec quelle humilité, avec quelle ardeur, avec quelle persévérance devons-nous approcher de notre grand Dieu, pour rendre graces de ce que nous avons et pour demander ce qui nous manque? Que ma peine seroit heureusement employée, si l'humilité chrétienne, si le renoncement à nous-mêmes, si l'espérance au Libérateur, si la nécessité de persévérer dans une oraison soumise et respectueuse, demeuroient aujourd'hui gravées en vos ames par des caractères ineffaçables! Prions, fidèles, prions ardemment. Apprenons de la loi combien nous avons besoin de la grace. Ecoutons le saint concile de Trente, qui assure « qu'en commandant Dieu nous avertit de faire ce que nous pouvons, et de demander ce que nous ne pouvons pas [2]. » Entendons par cette doctrine qu'il y a des choses que nous pouvons, et d'autres que nous ne pouvons pas (a); et si nous ne les demandons, elles ne nous seront point données. Ainsi nous demeurerons impuissans, et notre impuissance n'excusera point notre crime. Au contraire nous serons doublement coupables, en ce que nous serons tombés dans le crime pour n'avoir pas voulu demander la grace. Combien donc

---

[1] *Galat.*, v, 6; *Coloss.*, I, 10. — [2] Sess. VI, cap. XI.

(a) *Var.* : Il y a donc des choses que nous ne pouvons pas, et si...

est-il nécessaire que nous priions, ainsi que de misérables nécessiteux qui ne peuvent vivre que par aumônes! C'est ce que prétend l'apôtre saint Paul, dans cet humble raisonnement que j'ai tâché de vous expliquer. Il nous montre notre servitude et notre impuissance, afin que les fidèles étant effrayés par les menaces de la lettre qui tue, ils recourent par la prière à l'Esprit qui nous vivifie. C'est la dernière partie de mon texte, par laquelle je m'en vais conclure en peu de paroles.

SECOND POINT.

Je vous ai fait voir, chrétiens, par la doctrine de l'apôtre saint Paul, que la grace et la justice n'est point par la loi ; d'autant qu'elle ne fait qu'éclairer l'esprit, et qu'elle n'est pas capable de changer le cœur. Mais, continue le même saint Paul, « ce qui étoit impossible à la loi, Dieu l'a fait lui-même en envoyant son Fils, qui a répandu en nos ames l'Esprit de la grace, afin que la justice de la loi s'accomplît en nous[1]. » Ce qui a fait encore dire à l'Apôtre, que « maintenant nous ne sommes plus sous la loi[2]. » Or pour entendre plus clairement ce qu'il nous veut dire, considérons une belle distinction de saint Augustin. « C'est autre chose, dit-il, d'être sous la loi, et autre chose d'être avec la loi. Car la loi par son équité a deux grands effets ; ou elle dirige ceux qui obéissent, ou elle rend punissables ceux qui se révoltent. Ceux qui rejettent la loi, sont sous la loi, parce qu'encore qu'ils fassent de vains efforts pour se soustraire de son domaine, elle les maudit, elle les condamne, elle les tient pressés sous la rigueur de ses ordonnances ; et par conséquent ils sont sous la loi, et la loi les tue. Au contraire ceux qui accomplissent la loi, ils sont ses amis, dit saint Augustin, ils vont avec elle, parce qu'ils l'embrassent, qu'ils la suivent, qu'ils l'aiment[3]. » Ces choses étant ainsi supposées, il s'ensuit que les observateurs de la loi ne sont plus sous la loi comme esclaves, mais sont avec la loi comme amis. Et comme dans le Nouveau Testament l'Esprit de la grace nous est élargi par lequel la justice de la loi peut être accomplie, il est très-vrai ce que dit l'Apôtre, « que nous ne sommes plus

[1] *Rom.*, VIII, 3, 4. — [2] *Ibid.*, VI, 14. — [3] S. August., *in Joan.*, tract. III, n. 2.

sous la loi, » parce que si nous suivons cet Esprit de grace, la loi ne nous châtie plus comme notre juge, mais elle nous conduit comme notre règle. De sorte que si nous obéissons à la grace à laquelle nous avons été appelés, la loi ne nous tue plus; mais plutôt elle nous donne la vie dont elle contient les promesses, d'autant qu'il est écrit : « Fais ces choses, et tu vivras[1]. » D'où il s'ensuit très-évidemment que « c'est l'Esprit qui nous vivifie. » Car la cause pour laquelle la lettre tue, c'est qu'elle ne fait que retentir au dehors pour nous condamner (a). Or l'esprit agit au dedans pour nous secourir; il va à la source de la maladie; au lieu de cette brutale ardeur qui nous rend captifs des plaisirs sensibles, il inspire en nos cœurs cette chaste délectation des biens éternels; c'est lui qui nous rend amis de la loi, parce que domptant la convoitise qui lui résiste, il fait que son équité nous attire. Vous voyez donc que c'est par l'Esprit que nous sommes les amis de la loi, que nous sommes avec elle, et non point sous elle. Et ainsi c'est l'Esprit qui nous vivifie, d'autant qu'il écrit au dedans cette loi qui nous tue, quand elle résonne seulement au dehors.

C'est là, mes Frères, cette nouvelle alliance que Dieu nous annonce par Jérémie, au chapitre xxxi. « Le temps viendra, dit le Seigneur, que je ferai une nouvelle alliance avec la maison d'Israël, non point selon le pacte que j'avois juré à leurs pères; mais voici l'alliance que je contracterai avec eux : j'imprimerai ma loi dans leurs ames, et je l'écrirai en leurs cœurs. » Il veut dire : La première loi étoit au dehors, la seconde aura toute sa force au dedans. C'est pourquoi j'ai écrit la première loi sur des pierres, et la seconde je la graverai dans les cœurs. Bref, la première loi frappant au dehors émouvoit les ames par la terreur, la seconde les changera par l'amour. Et pour pénétrer au fond du mystère, dites-moi, qu'opère la crainte en nos cœurs? Elle les étonne, elle les ébranle, elle les secoue; mais je soutiens qu'il est impossible qu'elle les change; et la raison en est évidente. C'est que les sentimens que la crainte donne sont toujours contraints. Le loup prêt à se ruer sur la bergerie, voit les bergers armés et les chiens en

---

[1] *Luc.*, x, 28.
(a) *Var.* : C'est qu'elle ne touche que le dehors.

garde : tout affamé qu'il est, il se retire pour cette fois ; mais pour cela il n'en est pas moins furieux, il n'en aime pas moins le carnage. Que vous rencontriez des voleurs ; si vous êtes les plus forts, ils ne vous abordent qu'avec une civilité apparente : ils sont toujours voleurs, toujours avides de pillerie. La crainte donc étouffe les affections ; elle semble les réprimer pour un temps, mais elle n'en coupe pas la racine. Otez cet obstacle, levez cette digue ; l'inclination qui étoit forcée se rejettera aussitôt en son premier cours. Par où vous voyez manifestement qu'encore qu'elle ne parût point au dehors, elle vivoit toujours au secret du cœur, bridée et non éteinte, et retenue plutôt qu'abolie.

C'est pourquoi le grand Augustin, au livre *de l'Esprit et de la lettre*, chapitre VIII, parlant de ceux qui gardoient la loi par la seule terreur de la peine, non par l'amour de la véritable justice, il prononce cette terrible mais très-véritable sentence : « Ils ne laissoient pas, dit-il, d'être criminels, parce que ce qui paroissoit aux hommes dans l'œuvre, devant Dieu à qui nos profondeurs sont ouvertes, n'étoit nullement dans la volonté ; au contraire cet œil pénétrant de la connoissance divine, voyoit qu'ils aimeroient beaucoup mieux commettre le crime, s'ils osoient en attendre l'impunité : » *Coràm Deo non erat in voluntate quod coràm hominibus apparebat in opere, potiùsque ex illo rei tenebantur quod eos noverat Deus malle, si fieri posset impunè committere*[1]. Donc selon la doctrine de ce grand homme, la crainte n'est pas capable de changer le cœur. Considérez, je vous prie, cette pierre sur laquelle Dieu écrit sa loi : en est-elle changée pour contenir des paroles si vénérables ? En a-t-elle perdu quelque chose de sa dureté ? Qui ne voit que ces saints préceptes ne tiennent qu'à une superficie extérieure (a) ? D'où vient que la loi mosaïque est ainsi écrite, sinon parce que c'est une loi de crainte ? Et Dieu ne veut-il pas nous faire entendre que si la loi ne nous touche que par la crainte, il en est de nos cœurs comme d'une pierre ; qu'ainsi notre dureté n'est point amollie, et que la loi demeure sur la surface ?

[1] *De Spirit. et litt.*, n. 13.

(a) *Var.* : Ainsi en est-il de nos cœurs quand la loi n'y entre que par la crainte ; elle ne touche que la surface, et notre dureté n'est point amollie.

De là vient que le concile de Trente parlant de la crainte des peines, définit très-bien à la vérité, contre la doctrine des luthériens, que « c'est une impression de l'Esprit de Dieu. » Car puisque cette crainte est si bien fondée sur les redoutables jugemens de Dieu, pourquoi ne viendroit-elle pas de son Saint-Esprit? Mais ces saints Pères s'expliquent après, et nous disent, « que c'est une impression de l'Esprit de Dieu qui n'habite pas encore au dedans, mais qui meut seulement et qui pousse : » *Spiritûs sancti impulsum, non adhuc quidem inhabitantis, sed tantùm moventis* [1]. D'où il s'ensuit manifestement que la seule crainte des peines ne peut imprimer la loi dans les cœurs.

Certes (a) il faut l'avouer, il n'y a que la charité qui les amollisse. Notre maladie, chrétiens, c'est de nous attacher à la créature. Donc nous attacher à Dieu, c'est notre santé. C'est un amour pervers qui nous gâte. Il n'y a donc que le saint amour qui nous rétablisse. Un plaisir désordonné nous captive; il n'y a qu'une sainte délectation qui soit capable de nous délivrer : la seule affection du vrai bien peut arracher l'affection du bien apparent; il n'y a proprement que l'amour qui ait, pour ainsi dire, la clef du cœur. Il faut donc qu'un saint amour dilate le nôtre, qu'il l'ouvre jusqu'au fond pour recevoir la rosée des graces divines. Ainsi notre ame sera toute autre; ce ne sera plus une pierre sur laquelle on écrira au dehors, ce sera une cire toute pénétrée et toute fondue par une céleste chaleur.

Par là vous voyez la loi gravée dans les cœurs, selon l'oracle de Jérémie. Y a-t-il rien de plus avant en nos cœurs que ce qui nous plaît? Ce que nous aimons nous tient lieu de loi; et ainsi je ne me tromperai pas quand je dirai que l'amour est la loi des cœurs; et partant un saint amour doit être la loi des héritiers du Nouveau Testament, parce qu'ils doivent porter leur loi dans leurs cœurs. La loi ancienne a été écrite sur de la pierre; il n'est rien de plus immobile; aussi est-ce une loi morte et inanimée. Il nous faut, il nous faut une loi vivante, et quelle peut être cette loi vivante? sinon le vif amour du souverain bien, que le doigt

---

[1] Sess. XIV, cap. IV.
(a) *Var.*: Certainement.

de Dieu, c'est-à-dire son Saint-Esprit écrit et imprime au fond de nos ames, quand il y répand l'onction de la charité, selon ce que dit l'apôtre saint Paul : « La charité est répandue en nos cœurs par le Saint-Esprit qui nous est donné [1]. » La charité est donc cette loi vivante, qui nous gouverne et qui nous meut intérieurement. Et c'est pourquoi l'Esprit vivifie, parce qu'il imprime en nous une loi vivante, qui est la loi de la nouvelle alliance, c'est-à-dire la loi de l'amour de Dieu. Par conséquent qui pourroit douter que la charité ne soit l'esprit de la loi nouvelle, et l'ame pour ainsi dire du christianisme, puisqu'il a été prédit si longtemps avant la naissance de Jésus-Christ que les enfans du Nouveau Testament auroient la loi gravée en leurs cœurs par l'inspiration de l'amour divin?

Et selon la conséquence de ces principes où je n'ai fait que suivre saint Augustin, qui ne s'est attaché qu'à saint Paul, je ne craindrai point de vous assurer que quiconque ne se soumet à la loi que par la seule appréhension de la peine, il s'excommunie lui-même du christianisme, et retourne à la lettre qui tue et à la captivité de la Synagogue. Et pour vous en convaincre, regardez premièrement qui nous sommes. Sommes-nous enfans ou esclaves? Si Dieu vous traite comme des esclaves, contentez-vous de craindre le maître; mais s'il vous envoie son propre Fils pour vous dire qu'il daigne bien vous adopter pour enfans, pouvez-vous ne point aimer votre Père? Or l'apôtre saint Paul nous enseigne « que nous n'avons pas reçu l'esprit de servitude par la crainte; mais que Dieu nous a départi l'esprit de l'adoption des enfans, par lequel nous l'appelons notre Père [2]. » Comment l'appelons-nous tous les jours *Notre Père qui êtes aux cieux,* si nous lui dénions notre amour? Davantage, considérons de quelle sorte il nous a adoptés : est-ce par contrainte, ou bien par amour? Ah! nous savons bien que c'est par amour, et par un amour infini. « Dieu a tant aimé le monde, dit Notre-Seigneur [3], qu'il a donné son Fils unique pour le sauver. » Si donc notre Dieu nous a tant aimés, comment prétendons-nous payer son amour, si ce n'est par un amour réciproque? « D'autant plus, comme dit saint

---

[1] *Rom.,* v, 5. — [2] *Ibid.,* VIII, 15. — [3] *Joan.,* III, 16.

Bernard, au *Sermon* xxxiii, *sur les Cantiques*, que l'amour est la seule chose en laquelle nous sommes capables d'imiter Dieu. Il nous juge, nous ne le jugeons pas. Il nous donne, et il n'a pas besoin de nos dons. S'il commande, nous devons obéir; s'il se fâche, nous devons trembler; et s'il aime, que devons-nous faire? Nous devons aimer; c'est la seule chose que nous pouvons faire avec lui. » Et combien sont criminels les enfans qui ne veulent pas imiter un Père si bon?

Est-ce assez considérer Dieu comme père? considérons-le maintenant comme prince. Comme roi, il nous commande; mais il ne nous commande rien tant que l'amour. « Tu aimeras, dit-il, le Seigneur ton Dieu de tout ton cœur, de tout ton esprit, de toutes tes forces, de toute ton ame [1]. » A-t-il jamais parlé avec une plus grande énergie? Et Jésus-Christ en *saint Jean*, chapitre xiv : « Qui ne m'aime pas, nous dit-il, n'observe pas mes commandemens. » Donc qui n'aime pas Jésus-Christ, puisqu'il n'observe pas ses commandemens, il viole la majesté de son roi.

Voulez-vous que nous parlions maintenant des dons que Dieu fait à ses serviteurs, et que par la qualité des présens, nous jugions de l'amour qu'il exige? Quel est le grand don que Dieu nous fait? C'est le Saint-Esprit : et qu'est-ce que le Saint-Esprit? n'est-ce pas l'amour éternel du Père et du Fils? Quelle est l'opération propre du Saint-Esprit? n'est-ce pas de faire naître, d'inspirer l'amour en nos cœurs et d'y répandre la charité? Et partant qui méprise la charité, il rejette le Saint-Esprit. Et cependant c'est le Saint-Esprit qui nous vivifie. Mais si je voulois poursuivre le reste, quand est-ce que j'aurois achevé cette induction? Il n'y a mystère du christianisme, il n'y a article dans le Symbole, il n'y a demande dans l'Oraison, il n'y a mot ni syllabe dans l'Evangile, qui ne nous crie qu'il faut aimer Dieu.

Ce Dieu fait homme, ce Verbe incarné, qu'est-il venu faire en ce monde? avec quel appareil nous est-il venu enseigner? s'est-il caché dans une nuée? a-t-il tonné et éclairé sur une montagne toute fumante de sa majesté? a-t-il dit d'une voix terrible (a) :

[1] *Deuter.*, vi, 5.
(a) *Var.* : Redoutable.

« Retirez-vous; que mon serviteur Moïse approche tout seul; et les hommes et les animaux, qui aborderont près de la montagne, mourront de mort [1]. » La loi mosaïque a été donnée avec ce redoutable appareil. Sous l'Evangile, Dieu change bien de langage : y a-t-il rien eu de plus accessible que Jésus-Christ, rien de plus affable, rien de plus doux? Il n'éloigne personne d'auprès de lui : bien plus, non-seulement il y souffre, mais encore il y appelle les plus grands pécheurs, et lui-même il va au-devant. Venez à moi, dit-il, et ne craignez pas : « Venez, venez à moi, oppressés; je vous aiderai à porter vos fardeaux [2]. » Venez, malades, je vous guérirai; venez, affamés, je vous nourrirai; pécheurs, publicains, approchez; je suis votre libérateur. Il les souffre, il les invite, il va au-devant. Et que veut dire ce changement, chrétiens? d'où vient cette aimable condescendance d'un Dieu qui se familiarise avec nous? Qui ne voit qu'il veut éloigner la crainte servile, et qu'à quelque prix que ce soit, il est résolu de se faire aimer, même, si j'ose parler de la sorte, aux dépens de sa propre grandeur? Dites-moi, étoit-ce pour se faire craindre qu'il a voulu être pendu à la croix? N'est-ce pas plutôt pour nous tendre les bras, et pour ouvrir autant de sources d'amour comme il a de plaies? Pourquoi se donne-t-il à nous dans l'Eucharistie? N'est-ce pas pour nous témoigner un extrême transport d'amour, quand il s'unit à nous de la sorte? Ne diriez-vous pas, chrétiens, que ne pouvant souffrir nos froideurs, nos indifférences, nos déloyautés, lui-même il veut porter sur nos cœurs des charbons ardens? Comment donc excuserons-nous notre négligence? Mais où se cachera notre ingratitude? Après cela n'est-il pas juste de s'écrier avec le grand apôtre saint Paul : « Si quelqu'un n'aime pas Notre-Seigneur Jésus-Christ, qu'il soit anathème [3]? » Sentence autant juste que formidable. Oui certes, il doit être anathème, celui qui n'aime pas Jésus-Christ : la terre se devroit ouvrir sous ses pas (a) et l'ensevelir tout vivant dans le plus profond cachot de l'enfer; le ciel devroit être de fer pour lui; toutes les créatures lui devroient ouvertement déclarer la guerre, à ce per-

---

[1] *Exod.*, XIX, 12, 13. — [2] *Matth.*, XI, 29. — [3] I *Cor.*, XVI, 22.
(a) *Var.* : Ne devroit pas le porter.

fide, à ce déloyal, qui n'aime point Notre-Seigneur Jésus-Christ.

Mais, ô malheur! ô ingratitude! c'est nous qui sommes ces déloyaux. Oserions-nous bien dire que nous aimons Notre-Seigneur Jésus-Christ? Jésus-Christ n'est pas un homme mortel que nous puissions tromper par nos complimens; il voit clair dans les cœurs, et il ne voit point d'amour dans les nôtres. Quand vous aimez quelqu'un sur la terre, rompez-vous tous les jours avec lui pour des sujets de très-peu d'importance? foulez-vous aux pieds tout ce qu'il vous donne? manquez-vous aux paroles que vous lui donnez? Il n'y a aucun homme vivant que vous voulussiez traiter de la sorte : c'est ainsi pourtant que vous en usez envers Jésus-Christ. Il a lié amitié avec vous, tous les jours vous y renoncez. Il vous donne son corps, vous le profanez. Vous lui avez engagé votre foi, vous la violez. Il vous prie pour vos ennemis, vous le refusez. Il vous recommande ses pauvres, vous les méprisez. Il n'y a aucune partie de son corps que vos blasphèmes ne déshonorent. Et comment donc pouvez-vous éviter cette horrible, mais très-équitable excommunication de l'Apôtre (*a*) : « Si quelqu'un n'aime pas Notre-Seigneur Jésus-Christ, qu'il soit anathème? » Ah! plutôt, ô grand Dieu tout-puissant, qui gouvernez les cœurs ainsi qu'il vous plaît, si quelqu'un n'aime pas Notre-Seigneur Jésus-Christ, faites par votre grace qu'il aime Notre-Seigneur Jésus-Christ.

Aimons, aimons, mes Frères, aimons Dieu de tout notre cœur. Nous ne sommes pas chrétiens, si du moins nous ne nous efforçons de l'aimer, si du moins nous ne désirons cet amour, si nous ne le demandons ardemment à ce divin Esprit qui nous vivifie. Je ne veux pas dire que nous soyons obligés sous peine de damnation éternelle d'avoir la perfection de la charité. Non, fidèles, nous sommes de pauvres pécheurs : le sang de Notre-Seigneur Jésus-Christ excusera devant Dieu nos défauts, pourvu que nous en fassions pénitence. Je ne vous dis donc pas que nous soyons obligés d'avoir la perfection de la charité; mais je vous dis et je vous assure que nous sommes indispensablement obligés d'y

---

(*a*) *Note marg.* : Et comment la puis-je éviter moi-même, ingrat et impudent pécheur que je suis?

tendre (*a*), selon la mesure qui nous est donnée, sans quoi nous ne sommes pas chrétiens. Courage ; travaillons pour la charité. La charité, c'est tout le christianisme : quand vous épurez votre charité, vous préparez un ornement pour le ciel. Il n'y a, dit' saint Paul, que la charité qui demeure au ciel. La foi se perd dans la claire vue, l'espérance s'évanouit par la possession effective ; « il n'y a que la charité qui jamais ne peut être éteinte : » *Charitas nunquàm excidit*[1]. Non-seulement elle est couronnée comme la foi et comme l'espérance ; mais elle-même elle est la couronne et de la foi et de l'espérance. La charité seule est digne du ciel, digne de la gloire du paradis ; elle seule sera réservée pour briller éternellement devant Dieu comme un or pur. (*b*) Commençons d'aimer sur la terre, puisque nous ne cesserons jamais d'aimer dans le ciel. Commençons la charité dès ce monde, afin qu'elle soit un jour consommée.

AUTRE EXORDE ET FRAGMENS DU PREMIER SERMON

POUR

LE JOUR DE LA PENTECOTE.

Littera occidit ; Spiritus autem vivificat.
La lettre tue ; mais l'Esprit vivifie. II *Cor.*, III, 6.

Si vous me demandez, chrétiens, pour quelle cause la Pentecôte, qui étoit une fête (*c*) du peuple ancien, est devenue une solennité du peuple nouveau, et d'où vient que depuis le levant jusqu'au couchant tous les fidèles s'en réjouissent non moins que de la sainte nativité ou de la glorieuse résurrection de notre Sauveur, je vous en dirai la raison, avec l'assistance de cet Esprit-Saint qui a rempli en ce jour sacré l'ame des apôtres. C'est au-

---

[1] I *Cor.*, XIII, 8.

(*a*) *Var.* : Nous ne sommes donc pas obligés d'avoir la perfection de la charité, mais nous sommes indispensablement obligés d'y tendre. — (*b*) *Note marg.* : Elle seule sera réservée pour brûler éternellement devant Dieu, comme un holocauste de bonne odeur. — (*c*) *Var.* : Une cérémonie.

jourd'hui que notre Eglise a pris sa naissance; aujourd'hui par la prédication du saint Evangile la gloire et la doctrine de Jésus-Christ ont commencé d'éclairer le monde (*a*); aujourd'hui la loi mosaïque donnée autrefois avec tant de pompe, est abolie par une loi plus auguste; et les sacrifices des animaux étant rejetés, le Saint-Esprit envoyé (*b*) d'en haut se fait lui-même des hosties raisonnables et des sacrifices vivans des cœurs des disciples. Les Juifs offroient autrefois à Dieu à la Pentecôte les prémices de leurs moissons; aujourd'hui Dieu se consacre lui-même par son Saint-Esprit les prémices du christianisme, c'est-à-dire les premiers fruits du sang de son Fils; et rend les commencemens de l'Eglise illustres par des signes si admirables, que tous les spectateurs en sont étonnés. Par conséquent, mes Frères, avec quelle joie devons-nous célébrer ce saint jour? Et si aujourd'hui les premiers chrétiens paroissent si visiblement échauffés de l'Esprit de Dieu, n'est-il pas raisonnable que nous montrions par une sainte et divine ardeur que nous sommes leurs descendans? Mais afin que vous pénétriez plus à fond quelle est la fête que nous célébrons, suivez, s'il vous plaît, ce raisonnement.

A la vérité le sang du Sauveur nous avoit réconciliés à notre grand Dieu par une alliance perpétuelle; mais il ne suffisoit pas pour notre salut que cette alliance eût été conclue, si ensuite elle n'eût été publiée. C'est pourquoi Dieu a choisi ce jour où les Israélites étoient assemblés par une solennelle convocation, pour y faire publier hautement le traité de la nouvelle alliance qu'il lui plaît contracter avec nous. Et c'est ce que nous montrent ces langues de feu qui tombent d'en haut sur les saints apôtres. Car d'autant que la nouvelle alliance selon les oracles des prophéties devoit être solennellement publiée par le ministère de la prédication, le Saint-Esprit descend en forme de langues, pour nous faire entendre par cette figure, qu'il donne de nouvelles langues aux saints apôtres, et qu'autant qu'il remplit de personnes, il établit autant de hérauts qui publieront les articles de l'alliance et les commandemens de la loi nouvelle, partout où il lui plaira de les envoyer.

(*a*) *Var.:* D'éclater au monde. — (*b*) Descendu du ciel, — descendant du ciel.

En effet, entendez l'apôtre saint Pierre aussitôt après la descente du Saint-Esprit ; voyez comme il exhorte le peuple, et annonce la rémission des péchés (*a*) au nom de Notre-Seigneur Jésus-Christ, déclarant aux habitants de Jérusalem que ce Jésus qu'ils ont fait mourir, « Dieu l'a établi le Seigneur et le Christ : » *Quia Dominum eum et Christum fecit Deus.* C'est ce que saint Pierre prêche aujourd'hui, comme il est écrit aux *Actes*, chapitre II; et cela, dites-moi, chrétiens, n'est-ce pas faire la publication de la loi nouvelle et de la nouvelle alliance? Je joins ensemble l'alliance et la loi, parce qu'elles ne sont toutes deux qu'un même Evangile, que les apôtres, comme les hérauts du grand Dieu, publient premièrement dans Jérusalem, conformément à ce que dit Isaïe : « La loi sortira de Sion, et la parole de Dieu de Jérusalem [1]. »

Mais encore que la publication du saint Evangile dût être commencée dans Jérusalem, elle ne devoit pas y être arrêtée. Tous les prophètes avoient promis que la loi nouvelle seroit portée jusqu'aux extrémités de la terre, et que par elle toutes les nations et toutes les langues seroient assujetties au vrai Dieu. Comme donc la loi de notre Sauveur n'étoit pas faite pour un seul peuple, certainement il n'étoit pas convenable qu'elle fût publiée en un seul langage. Aussi les premiers docteurs du christianisme, qui avant ce jour étoient ignorans, aujourd'hui étant pleins de l'Esprit de Dieu, parlent toutes sortes de langues, ainsi que remarque le texte sacré. Que veut dire ceci, je vous prie? Qui ne voit que le Saint-Esprit nous enseigne que (*b*) si autrefois, sous la loi, il n'y avoit que la seule langue hébraïque qui fût l'interprète des secrets de Dieu, aujourd'hui par l'Evangile de Jésus-Christ toutes les langues sont consacrées, selon cet oracle de Daniel : « Toutes les langues serviront au Seigneur [2]. » Etrange et inconcevable opération de cet Esprit qui souffle où il veut! De toutes les parties de la terre où les Juifs étoient dispersés, il en étoit venu dans Jérusalem pour y célébrer la fête de la Pentecôte. Les apôtres parlent à cet audi-

[1] *Isa.*, II, 3. — [2] *Dan.*, VII, 14.

(*a*) *Var. :* En effet n'entendez-vous pas l'apôtre saint Pierre qui exhorte le peuple à la pénitence, qui annonce la rémission des péchés. — (*b*) Par où l'on voit que le Saint-Esprit nous apprend que.

toire mêlé de tant de peuples divers et de langues si différentes. Et cependant chacun les entend : le Romain et le Parthe, le Juif et le Grec, le Mède, l'Egyptien et l'Arabe, l'Africain, l'Européen et l'Asiatique ; bien plus, dans un même discours des apôtres ils remarquent tous leur propre langue ; il semble à chacun qu'on lui parle la langue que sa nourrice lui a apprise. Et c'est pour cela qu'ils s'écrient : « Ces hommes ne sont-ils pas Galiléens ? Comment est-ce donc que chacun entend la langue dans laquelle il est né (a)[1] ? » Fidèles, que signifie ce nouveau prodige ? C'est que par la grace du christianisme toutes les langues seront réunies, l'Eglise parlera tous les langages ; il n'y en aura point ni de si rude ni de si barbare dans lequel la vérité de Dieu ne soit enseignée ; et les nations diverses entrant dans l'Eglise l'articulation à la vérité sera différente ; mais il n'y aura en quelque sorte qu'un même langage, parce que tous les peuples fidèles parmi la multiplicité des sons et des voix, n'auront tous qu'une même foi à la bouche et une même vérité dans le cœur.

Autrefois à la tour de Babel l'orgueil des hommes a partagé les langages[2] ; mais l'humilité de notre Sauveur les a aujourd'hui rassemblés ; et la créance qui devoit être commune à toutes les nations de la terre, est publiée dès le premier jour en toutes les langues. Par où vous voyez, chrétiens, selon que je l'ai déjà dit, que le mystère que nous honorons aujourd'hui avec tant de solennité (b), c'est la publication de la loi nouvelle. Or notre Dieu ne s'est pas contenté qu'elle ait été (c) publiée une fois ; il a établi pour toujours les prédicateurs, qui succédant à la fonction des apôtres, doivent être les hérauts de son Evangile. Et ainsi que puis-je faire de mieux en cette sainte et bienheureuse journée, que de rappeler en votre mémoire sous quelle loi vous avez à vivre ? Ecoutez donc, peuples chrétiens, je vous dénonce au nom de Jésus par la parole duquel cette chaire vous doit être en vénération ; je vous dénonce, dis-je, au nom de Jésus que vous n'êtes point sous la loi mosaïque ; elle est annulée et ensevelie. Mais

---

[1] *Act.*, II, 7, 8. — [2] *Genes.*, XI, 9.

(a) *Var.* : Comment est-ce donc que nous entendons les langues dans lesquelles nous sommes nés ? — (b) Que la fête que nous célébrons. — (c) Qu'elle fût.

Dieu vous a appelés à la loi de grace, à l'Evangile, au Nouveau Testament, qui a été signé du sang du Sauveur et scellé aujourd'hui par l'Esprit de Dieu.

Et afin que vous entendiez quelle est la loi dont on vous délivre et quelle est la loi que l'on vous impose, je vous produis l'apôtre saint Paul, qui vous enseignera cette différence. « La lettre tue, dit-il, l'esprit vivifie. » La lettre, c'est la loi mosaïque; l'esprit, comme vous verrez, c'est la loi de grace. Et ainsi en suivant l'apôtre saint Paul, faisons voir avec l'assistance divine (a), que la loi mosaïque nous tue, et qu'il n'y a que la loi nouvelle qui nous vivifie.

Pour pénétrer le sens de notre passage, il faut examiner avant toutes choses quelle est cette lettre dont parle l'Apôtre, quand il prononce : « La lettre tue. » Et premièrement il est assuré qu'il veut parler de la loi mosaïque. Mais d'autant que la loi mosaïque a plusieurs parties, on pourroit douter de laquelle il parle. Dans la loi il y a les préceptes cérémoniaux, comme la circoncision et les sacrifices; et il y a les préceptes moraux, qui sont compris dans le Décalogue : « Tu adoreras le Seigneur ton Dieu; tu ne te feras point d'idole taillée; tu ne déroberas point, » et le reste[1]. Quant aux préceptes cérémoniaux, il est très-constant que la lettre tue; d'autant que les cérémonies de la loi ne sont pas seulement abrogées, mais encore expressément condamnées dans la loi de grace, suivant ce que dit saint Paul *aux Galates :* « Si vous vous faites circoncire, Jésus-Christ ne vous sert de rien[2]. » Est-ce donc de cette partie de la loi qui ordonnoit (b) les anciennes observations, que l'Apôtre décide que la lettre tue? Ou bien cette sentence plutôt ne doit-elle point s'appliquer à certaines expressions figurées qui sont en divers endroits de la loi, qui ont un sens très-pernicieux si on les explique trop à la lettre, desquelles pour cette raison on peut dire que la lettre tue? Ou si ce n'est ni l'une ni l'autre de ces deux choses que l'Apôtre veut désigner par ces mots, parle-t-il point peut-être du Décalogue? A quelle opinion nous rangerons-nous? Je réponds qu'il parle du Décalogue qui

[1] *Deuter.,* v, 8, 19. — [2] *Galat.,* v, 2.

(a) *Var. :* Avec la grace de Dieu. — (b) Disposoit.

fut donné à Moïse sur la montagne, et je le prouve par une raison invincible. Car dans ce même III⁰ chapitre de la II⁰ *aux Corinthiens,* où saint Paul nous enseigne que la lettre tue, immédiatement après parlant de la loi, il l'appelle « Le ministère de mort qui a été taillé dans la pierre : » *Ministratio mortis, litteris deformata in lapidibus* [1]. Qu'est-ce qui a été gravé dans la pierre? Aucun de nous pourroit-il ignorer que ce sont les dix préceptes du Décalogue; que ces dix commandemens de la loi, qui défendent le mal si ouvertement, c'est ce que l'Apôtre appelle la lettre qui tue? Et d'ailleurs le ministère de mort n'est-ce pas la lettre qui tue? Concluons donc maintenant et disons : Sans doute le ministère de mort et la lettre qui tue, c'est la même chose : or la loi qui a été gravée sur la pierre, c'est-à-dire les préceptes du Décalogue, selon saint Paul, c'est le ministère de mort; et partant les préceptes du Décalogue; ces préceptes si saints et si justes, selon la doctrine du saint Apôtre, sont indubitablement la lettre qui tue. Et pour confirmer cette vérité, le même, *aux Romains,* chapitre VII, que ne dit-il pas de la loi? « Je ne connoîtrois pas le péché, dit-il [2], si la loi n'avoit dit : Tu ne convoiteras point. » Sur quoi l'incomparable saint Augustin raisonne ainsi très-doctement à son ordinaire [3] : Où est-ce que la loi dit : Tu ne convoiteras point? chacun sait que cela est écrit dans le Décalogue. C'est donc du Décalogue que parle l'Apôtre, et c'est ce qu'il entend par la loi. Et par conséquent lorsqu'il dit : « Les passions des péchés qui sont par la loi [4], » c'est du Décalogue qu'il parle. Et quand il répète si souvent la loi de péché et de mort, c'est encore du Décalogue qu'il parle.

Au lieu que la loi mosaïque avoit été gravée sur des pierres, la loi de la nouvelle alliance, que Jésus est venu annoncer au monde, a été écrite dans le fond des cœurs comme dans des tables vivantes. C'est là le mystère que nous honorons; et c'est ce qu'avoient prédit les anciens oracles, qu'il y auroit un jour une loi nouvelle qui

---

[1] II *Cor.*, III, 7. — [2] *Rom.*, VII, 7. — [3] Lib. *de Spirit. et litt.*, n. 23, 24. — [4] *Rom.*, VII, 5.

seroit écrite dans l'esprit des hommes et gravée profondément dans les cœurs : *Dabo legem meam in cordibus eorum* [1]. C'est pour cela que le Saint-Esprit remplit aujourd'hui l'Eglise naissante; et que, non content de paroître aux yeux sous une apparence visible, il se coule efficacement dans les ames pour leur enseigner au dedans ce que la loi leur montre au dehors.

Mais comme il importe que nous pénétrions ce que c'est que cette loi gravée dans les cœurs, et quelle est la nécessité de cette influence secrète de l'Esprit de Dieu dans nos ames, écoutez l'apôtre saint Paul, qui nous expliquera ce mystère dans les quatre mots que j'ai rapportés : « La lettre tue, l'esprit vivifie. » Pour comprendre solidement sa pensée, remarquons deux grands effets de la loi : elle dirige ceux qui la reçoivent, elle condamne ceux qui la rejettent; elle est la règle des uns, le juge des autres : de sorte que nous pouvons distinguer comme deux qualités dans la loi. Il y a son équité qui dirige, il y a sa vérité qui condamne; et il faut nécessairement ou que nous suivions la première, ou que nous souffrions la seconde; c'est-à-dire que si l'équité ne nous règle, la sévérité nous accable; et que la force de la loi est telle, qu'il faut qu'elle nous gouverne ou qu'elle nous perde : ceux qui s'y attachent se rangent eux-mêmes en se conformant à la règle, ceux qui la choquent se brisent contre elle. La loi tue lorsqu'elle nous dit : Si tu n'obéis, tu mourras de mort [2]; et la loi aussi vivifie, parce qu'il est écrit dans les saintes Lettres : « Fais ces choses et tu vivras; » elle tue ceux qu'elle condamne, elle vivifie ceux qu'elle dirige. Mais il y a cette différence notable par laquelle nous connoîtrons le sens de l'Apôtre dans le passage que nous traitons : c'est que la loi suffit toute seule pour donner la mort au pécheur, et qu'elle ne suffit pas toute seule pour donner le salut au juste; et la raison en est évidente. Pour donner la mort au pécheur, c'est assez que la loi prononce au dehors la sentence qui le condamne, et c'est ce qu'elle fait toute seule avec une autorité souveraine; au contraire pour donner la vie, il faut qu'elle soit écrite au dedans, parce que c'est là qu'elle doit agir et elle n'y peut entrer par ses propres forces; elle retentit aux

[1] *Jerem.*, XXXI, 33. — [2] *Exod.*, XXI, 12 et seq.

oreilles, elle brille devant les yeux; mais elle ne pénètre point dans le cœur, il faut que le Saint-Esprit lui ouvre l'entrée; par où nous pouvons aisément comprendre le raisonnement de l'Apôtre. Tant que la loi demeure hors de nous, qu'elle frappe seulement les oreilles, elle ne sert qu'à nous condamner, c'est pourquoi c'est une lettre qui tue; et lorsqu'elle entre dans l'intérieur pour y opérer le salut des hommes, c'est le Saint-Esprit qui l'y grave, c'est pourquoi c'est l'Esprit qui nous vivifie. Comme nous sommes tout ensemble durs et ignorans, il ne suffit pas de nous enseigner; il faut encore nous amollir. Ainsi vous n'avez rien fait, ô divin Sauveur, de nous avoir prêché au dehors les préceptes de votre Evangile, si vous ne parlez au dedans d'une manière secrète et intérieure par l'effusion de votre Esprit-Saint. De là il est facile d'entendre quelle est l'opération de la loi, et quelle est celle de l'Esprit de Dieu. Parce qu'il voit que la loi nous tue, quand elle agit seulement au dehors, il l'écrit dans le fond du cœur, afin qu'elle nous donne la vie. L'équité de la loi se présente à nous, sa sévérité nous menace; et le Saint-Esprit qui nous meut, afin que nous puissions éviter la sévérité qui condamne, nous fait aimer l'équité qui règle; de peur que nous soyons captifs sous la loi comme criminels, il fait que nous l'embrassons comme ses amis; et c'est ainsi qu'il nous vivifie. De sorte que tout le dessein de l'Apôtre dans le passage que nous expliquons, c'est en premier lieu de nous faire voir la loi ennemie de l'homme pécheur, qui le tue et qui le condamne; et ensuite l'homme pécheur, devenu ami de la loi, qui l'embrasse et qui la chérit par l'opération de la grace. Et qu'est-ce qu'écrire la loi dans nos cœurs, sinon faire que nous l'aimions d'une affection si puissante, que malgré tous les obstacles du monde, elle devienne la règle de notre vie?

SECOND SERMON

POUR

LE JOUR DE LA PENTECOTE (a).

Τὸ πνεῦμα μὴ σβέννυτε.

Spiritum nolite extinguere.

N'éteignez pas l'Esprit. I *Thessal.*, v, 19.

Cette joie publique et universelle, qui se répand par toute la terre dans cette auguste solennité, avertit les chrétiens de se sou-

---

(a) *Exorde.* — Chrétiens, destinés à la guerre et à la paix : preuves par l'Ecriture.

Esprit de l'Eglise. Chaque corps a son esprit. Fermeté et union.

Esprit courageux, esprit pacifique.

Premier point. — Chrétiens soldats.

Maximes de l'esprit de fermeté.

Esprit nous fait mépriser le monde, nous donne des idées plus hautes. Chacun agit suivant ses idées. *Non autem spiritum hujus mundi accepimus, sed spiritum qui ex Deo est, ut sciamus quæ à Deo donata sunt nobis* (I *Cor.*, II, 12). Idées que nous donne l'Esprit de Dieu.

Complaisance, cause du règne des vices. Inclination les commence. Complaisance les fait régner, les met dans le trône, leur donne force de lois auxquelles on ne peut pas résister. Tyrannie de la coutume.

Liberté des chrétiens au prix de leur sang. *Christianus pecuniâ salvus est, sanguine empti, nullam remunerationem pro capite debemus.* (Tertullien.)

Eglise du temps des Apôtres. *Non possumus......... Nulla necessitas delinquendi.*

Second point. Courage et fermeté ordinairement contraires à la tendresse.

L'esprit de Dieu unit l'un et l'autre. Ferme et tendre.

Esprit de christianisme est un esprit de société.

Se considérer comme dans le corps. Envie.

Communauté de biens de l'Eglise. Nécessité d'assister les pauvres. Ananias et Saphira.

———

Prêché en 1661, chez les Carmélites du faubourg Saint-Jacques.

D'une part les interrogations sans la particule *ne*, comme : « Voyez-vous pas? devons-nous pas? » dénoncent l'époque de Metz ; d'un autre côté la noblesse du style et l'élévation des pensées révèlent l'époque de Paris : il faut donc admettre une date qui tienne comme intermédiaire à ces deux époques. L'écriture du manuscrit nous le commande pareillement ; car si elle a toute la beauté qui la distingue dans les chefs-d'œuvre, elle court encore d'un bord à l'autre de la page comme dans les coups d'essai. Enfin l'auteur parle, dans la péroraison, des

venir que c'est en ce jour que l'Eglise est née, et que nous sommes nés avec elle par la grace de la nouvelle alliance. Il n'est point de nations si barbares, ni de peuples si éloignés qui ne soient invités par le Saint-Esprit à la fête que nous célébrons. Si étrange que soit leur langage, ils pourront tous l'entendre aujourd'hui dans la bouche des saints apôtres ; et Dieu nous montre par ce miracle que cette Eglise si resserrée, que nous voyons naître en un coin du monde, remplira un jour tout l'univers et attirera tous les peuples, puisque déjà dès sa tendre enfance elle parle toutes les langues ; afin, Mesdames, que nous entendions que si la confusion de Babel les a autrefois divisées, la charité chrétienne les unira toutes, et qu'il n'y en aura point de si rude ni de si irrégulière en laquelle on ne prêche le Sauveur Jésus et les mystères de son Evangile. Que reste-t-il donc maintenant, sinon que participant de tout notre cœur à la joie commune de tout le monde, nous tâchions (*a*) de nous revêtir de l'esprit de cette église naissante, c'est-à-dire du Saint-Esprit même ; après que nous aurons imploré sa grace par l'intercession de Marie, qui le reçoit aujourd'hui avec tous les autres, mais qui étoit accoutumée dès longtemps à sa bienheureuse présence, puisqu'il étoit survenu en elle lorsque l'Ange la salua par ces mots : *Ave*.

Puisque cette sainte journée fait revoir à tous les fidèles la solennité bienheureuse en laquelle l'Esprit de Dieu se répandit avec abondance sur les disciples de Jésus-Christ et sur son Eglise naissante, je me persuade aisément, ames saintes et religieuses, que rappelant en votre mémoire une grace si signalée, vous aurez aussi préparé vos cœurs pour la recevoir en vous-mêmes, et pour être les temples vivans de ce Dieu qui descend sur nous. Que si je ne me trompe pas dans cette pensée, s'il est vrai, comme je l'espère (*b*), que le Saint-Esprit vous anime et que vous brûliez

---

malheurs qui désoloient la France en 1661 : « Quand je considère, fidèles, dit-il, les calamités qui nous environnent, la pauvreté, la désolation, le désespoir de tant de familles ruinées, il me semble que de toutes parts il s'élève un cri de misère à l'entour de nous, qui devroit nous fendre le cœur, » etc.

(*a*) *Var.* : Sinon que nous participions saintement à la joie..., et que nous tâchions. — (*b*) Comme je le présume.

de ses flammes, que puis-je faire de plus convenable pour édifier votre piété que de vous exhorter, autant que je puis, à conserver cette ardeur divine, en vous disant avec l'Apôtre : *Spiritum nolite extinguere :* « Gardez-vous d'éteindre l'Esprit. » Car, mes Sœurs, ce divin Esprit qui est tombé sur les saints apôtres sous la forme visible du feu, se répand encore invisiblement dans tout le corps de l'Eglise; il ne descend pas sur la terre pour passer légèrement sur les cœurs ; il vient établir sa demeure dans la sainte société des fidèles : *In vobis manebit*[1]. C'est pourquoi nous apprenons par les Ecritures qu'il y a un esprit nouveau[2], un esprit du christianisme et de l'Evangile dont nous devons tous être revêtus, et c'est cet esprit du christianisme que saint Paul nous défend d'éteindre. Il faut donc entendre aujourd'hui quel est cet esprit de la loi nouvelle qui doit animer tous les chrétiens; et pour le comprendre solidement, écoutez, non point mes paroles, mais les saints enseignemens de l'Apôtre, que je choisis pour mon conducteur. Grand Paul, expliquez-nous ce mystère.

Nous voyons par expérience que chaque assemblée, chaque compagnie a son esprit particulier; et quand nos charges ou nos dignités nous donnent place dans quelque corps, aussitôt on nous avertit de prendre l'esprit de la compagnie dans laquelle nous sommes entrés. Quel est donc l'esprit de l'Eglise, dont notre baptême nous a faits les membres? et quel est cet esprit nouveau qui se répand aujourd'hui sur les saints apôtres, et qui doit se communiquer à tous les disciples de l'Evangile? Chrétiens, voici la réponse de l'incomparable Docteur des gentils : *Non dedit nobis Deus spiritum timoris; sed virtutis et dilectionis*[3] *:* « Sache, dit-il, mon cher Timothée, car c'est à lui qu'il écrit ces mots, que Dieu ne nous donne pas un esprit de crainte, mais un esprit de force et d'amour. » Par conséquent saint Paul nous enseigne que cet esprit de force et de charité, c'est le véritable esprit du christianisme.

Mais il faut entrer plus avant dans le sentiment de l'Apôtre; et pour cela remarquez, Messieurs, que la profession du christianisme a deux grandes obligations que Jésus-Christ nous a impo-

---

[1] *Joan.*, XIV, 17. — [2] *Ezech.*, XI, 19; XXXVI, 26. — [3] II *Timoth.*, I, 7.

sées. Il oblige premièrement ses disciples à l'exercice d'une rude guerre ; il les oblige secondement à une sainte et divine paix. Il les prépare à la guerre, quand il les avertit en plusieurs endroits que tout le monde leur résistera; c'est pourquoi il veut qu'ils soient violens ; et il les oblige à la paix, lorsque malgré ces contradictions il leur ordonne d'être pacifiques. Il les prépare à la guerre, quand il les envoie « au milieu des loups, » *in medio luporum;* et il les oblige à la paix, quand il veut qu'ils soient « des brebis, *sicut oves* [1]. Il les prépare à la guerre, quand il dît dans son Evangile qu'il jette (a) un glaive au milieu du monde pour être le signal du combat : *Non veni pacem mittere, sed gladium* [2] ; et il les oblige à la paix, quand il promet d'allumer un feu pour être le principe de la charité : *Ignem veni mittere in terram* [3]. Il y a donc une sainte guerre pour combattre contre le monde; et il y a une paix du christianisme, pour nous unir en Notre-Seigneur. Pour soutenir de si longs combats, nous avons besoin d'un esprit de force; et pour maintenir cette paix, l'esprit de charité nous est nécessaire. C'est pourquoi saint Paul nous enseigne que « Dieu ne nous donne pas un esprit de crainte, mais un esprit de force et de charité [4] ; » et tel est l'esprit du christianisme dont les apôtres ont été remplis.

En effet, considérons attentivement l'histoire de l'Eglise naissante : qu'y voyons-nous d'extraordinaire, et en quoi y remarquons-nous cet esprit du christianisme? En ces deux effets admirables, je veux dire en la fermeté invincible et en la sainte union de tous les fidèles. Et vous le verrez clairement, si vous voulez seulement entendre ce que saint Luc a dit dans les *Actes :* « Ils furent remplis de l'Esprit de Dieu : » *Repleti sunt omnes Spiritu sancto;* et de là qu'est-il arrivé? Deux choses que saint Luc a bien remarquées : *Loquebantur cum fiduciâ* [5] : premièrement « ils parlèrent avec fermeté; » voyez-vous pas cet esprit de force? Et il ajoute aussitôt après : « Et ils n'étoient tous qu'un cœur et qu'une ame; » *Cor unum et anima una* [6]; et c'est l'esprit de la

---

[1] *Matth.*, x, 16. — [2] *Ibid.*, 34. — [3] *Luc.*, xii, 49. — [4] II *Timoth.*, I, 7. — [5] *Act.*, IV, 31. — [6] *Ibid.*, 32.

(a) *Var. :* Quand il jette.

charité. Voilà donc, et n'en doutez pas, quel est l'esprit du christianisme; voilà quel étoit l'esprit de nos pères : esprit courageux, esprit pacifique; esprit de fermeté et de résistance, esprit de charité et de douceur; esprit qui se met au-dessus de tout par sa force et par sa vigueur, « esprit qui se met au-dessous de tous par la condescendance de sa charité : » *Per charitatem servite invicem* [1]. Tel est l'esprit de la loi nouvelle; chrétiens, « ne l'éteignez pas : » *Spiritum nolite extinguere* [2]; imitez l'Eglise naissante et la ferveur de ces premiers temps, dont je vous dois aujourd'hui proposer l'exemple; conservez cet esprit de force par lequel vous pourrez combattre le monde, conservez cet esprit d'amour pour vivre en l'unité de vos frères dans la paix du christianisme : deux points que je traite (*a*) en peu de paroles, avec le secours de la grace.

PREMIER POINT.

Disons donc avant toutes choses que les chrétiens doivent être forts, et que l'esprit du christianisme est un esprit de courage et de fermeté. Car si nous voyons dans l'histoire que des peuples se vantoient d'être belliqueux, parce que dès leur première jeunesse on les préparoit à la guerre, on les durcissoit aux travaux, on les accoutumoit aux périls, combien devons-nous être forts, nous qui sommes dès notre enfance enrôlés par le saint baptême à une milice spirituelle, dont la vie n'est que tentation, dont tout l'exercice est la guerre, et qui sommes exposés au milieu du monde comme dans un champ de bataille, pour combattre mille ennemis découverts et mille ennemis invisibles! Parmi tant de difficultés et tant de périls qui nous environnent, devons-nous pas être munis (*b*) dans un esprit de force et de fermeté, afin d'être toujours immobiles, malgré les plaisirs qui nous tentent, malgré les afflictions qui nous frappent, malgré les tempêtes qui nous menacent? Aussi voyons-nous dans les Ecritures que Dieu prévoyant les combats où il engageoit ses fidèles, « leur ordonne de se renfermer et de demeurer en repos, jusqu'à ce qu'il les ait re-

---

[1] *Galat.*, v, 13. — [2] I *Thess.*, v, 19.
(*a*) *Var.*: C'est ce que je traite. — (*b*) Nourris.

vêtus de force : » *Sedete in civitate, quoadusque induamini virtute ex alto* [1] : leur montrant par cette parole que pour soutenir les efforts qui attaquent les enfans de Dieu en ce monde, il faut une fermeté extraordinaire.

C'est ce qui m'oblige, Messieurs, à vous proposer aujourd'hui trois maximes fondamentales de la générosité chrétienne, lesquelles vous verrez pratiquées dans l'histoire du christianisme naissant, et dans la conduite de ces grands hommes que le Saint-Esprit remplit en ce jour : voici quelles sont ces maximes, que je vous prie d'imprimer dans votre mémoire. Mépriser les présens du monde, ses richesses, ses biens, ses plaisirs, voilà la première maxime ; mais parce qu'en refusant les présens du monde on encourt infailliblement ses disgraces, non-seulement mépriser ses biens, mais encore mépriser sa haine et ne pas craindre de lui déplaire, voilà la seconde maxime. Et comme sa haine étant méprisée, se tourne en une fureur implacable, non-seulement mépriser sa haine, mais sa rage, mais ses menaces, et enfin se mettre au-dessus des maux que la fureur la plus emportée peut faire souffrir à notre innocence, voilà la troisième maxime. C'est ce qu'il nous faut expliquer par ordre.

La première maxime de force que nous donne l'esprit du christianisme, c'est de mépriser les présens du monde ; et la raison en est évidente. Car c'est un principe très-indubitable que notre estime ou notre mépris suivent les idées dont nous sommes pleins et les espérances que l'on nous donne. Voyons donc de quelles idées nous remplit l'esprit du christianisme, et quels désirs il excite en nous. Il faut que vous l'appreniez de saint Paul par ces excellentes paroles qu'il adresse aux Corinthiens : *Non enim spiritum hujus mundi accepimus :* « Nous n'avons pas reçu l'esprit de ce monde ; » et par conséquent concluez que le chrétien véritable n'est pas plein des idées du monde. Quel esprit avons-nous reçu ? *Sed Spiritum qui ex Deo est :* « un Esprit qui est de Dieu, » dit saint Paul, et il en ajoute cette raison : « Afin que nous sachions, poursuit-il, toutes les choses que Dieu nous donne : » *Ut sciamus quæ à Deo donata sunt nobis* [2]. Quelles sont ces choses

[1] *Luc.*, XXIV, 49. — [2] *I Cor.*, II, 12.

que Dieu nous donne, sinon l'adoption des enfans, l'égalité avec les anges, l'héritage de Jésus-Christ, la communication de sa gloire, la société de son trône? Voilà quelles sont les idées que le Saint-Esprit imprime en nos ames; il y grave l'idée d'un bien éternel, d'un trésor qui ne se perd pas, d'une vie qui ne finit pas, d'une paix immuable et perpétuelle (a). Si je suis plein de ces grandes choses, et si j'ai l'esprit occupé d'espérances si relevées, puis-je estimer les présens du monde? Car, ô monde, qu'opposeras-tu à ces biens infinis et inestimables? Des plaisirs? Mais seront-ils purs? Des honneurs? Seront-ils solides? La faveur? Est-elle durable? La fortune? Est-elle assurée? Quelque grand établissement? Es-tu capable de m'en garantir une jouissance paisible, et me rendras-tu immortel pour posséder ces biens sans inquiétude? Qui ne sait qu'il est impossible? La figure de ce monde passe, tout ce que les hommes estiment n'est que folie et illusion (b); et l'Esprit de grâce que j'ai reçu me remplissant des grandes idées des biens éternels qui me sont donnés, m'a élevé au-dessus du monde, et ses présens ne me sont plus rien. Telle est la première maxime de la générosité chrétienne.

Mais, fidèles, ce n'est pas assez; si vous ne l'aimez pas, il vous haïra; ceux qui méprisent les présens du monde encourent in-

(a) *Var.*: (1ᵉʳᵉ *rédaction*.) — Voici quelles sont ces maximes : mépriser les présens du monde, ses richesses, ses biens, ses plaisirs; non-seulement mépriser ses biens, mais encore mépriser sa haine et ne pas craindre de lui déplaire; non-seulement mépriser sa haine, mais sa rage, mais ses menaces, et enfin se mettre au-dessus des maux que la fureur la plus emportée peut faire souffrir à notre innocence, et c'est là le dernier effort de la fermeté chrétienne. C'est ce qu'il nous faut expliquer par ordre. La première maxime de force que nous donne le christianisme, c'est de mépriser les présens du monde; et la raison en est évidente. Esprit du christianisme, quels désirs excitez-vous en nos ames? que leur faites-vous espérer et de quelles idées les remplissez-vous? de l'idée d'un bien éternel, d'un trésor qui ne se perd pas, d'une vie qui ne finit pas, d'une paix immuable et perpétuelle. C'est pourquoi l'apôtre saint Paul a dit une belle parole, écrivant aux Corinthiens : « Nous avons reçu un Esprit qui nous vient de la part de Dieu : » *Spiritum qui ex Deo est*. Et pourquoi l'avons-nous reçu? Voici la raison de l'Apôtre : *Ut sciamus quæ à Deo donata sunt nobis :* « C'est afin, dit-il, que nous connoissions toutes les choses que Dieu nous donne. » Quelles sont ces choses que Dieu nous donne, sinon l'adoption des enfans, l'égalité avec les anges, l'héritage de Jésus-Christ, la communication de sa gloire, la société de son trône? Voilà quelles sont les idées que le Saint-Esprit imprime en nos ames : *Ut sciamus quæ à Deo donata sunt nobis*. Si je suis plein de ces grandes choses, et si j'ai l'esprit occupé d'espérances si relevées, etc.— (b) Vanité.

failliblement sa disgrace; et il faut ou s'engager avec lui en recevant ses faveurs, ou rompre ouvertement ses liens, et ne pas craindre de lui déplaire, et c'est la seconde maxime de l'esprit du christianisme. Car c'est une vérité très-constante, que jamais les hommes ne produiront rien qui soit digne de l'Evangile et de l'esprit de la loi nouvelle, tant qu'on n'aura pas le courage de renoncer à la complaisance, et de se résoudre à déplaire aux hommes. En effet, considérez, chrétiens, les lois tyranniques et pernicieuses que le monde nous a imposées contre les obligations de notre baptême. N'est-ce pas le monde qui dit que de pardonner, c'est foiblesse, et que c'est manquer de courage que de modérer son ambition? N'est-ce pas le monde qui veut que la jeunesse coure aux voluptés, et que l'âge plus avancé n'ait de soin que pour s'établir, et que tout cède à l'intérêt? N'est-ce pas une loi du monde, qu'il faut nécessairement s'avancer, s'il se peut par les bonnes voies, sinon s'avancer par quelque façon, s'il le faut par la flatterie, s'il est besoin même par le crime? N'est-ce pas ce que dit le monde, ne sont-ce pas ses lois et ses ordonnances? Et pourquoi sont-elles suivies? D'où leur vient cette autorité qu'elles se sont acquises par toute la terre? Est-ce de la raison, ou de la justice? Mais Jésus-Christ les a condamnées, et il a donné tout son sang pour nous délivrer de leur servitude. D'où vient donc que ces lois maudites règnent encore par toute la terre, contre la doctrine de l'Evangile? Je ne craindrai pas d'assurer que c'est la crainte de déplaire aux hommes, qui leur donne cette autorité (a).

Mais peut-être que vous jugerez (b) que ce n'est pas à la complaisance qu'il faut imputer tout ce crime, et qu'il en faut aussi accuser nos autres inclinations corrompues. Non, mes Sœurs, je n'accuse qu'elle, et je m'appuie sur cette raison. Car je confesse facilement (c) que nos mauvaises inclinations nous jettent dans de mauvaises pratiques; mais je nie que ce soient nos inclinations qui leur donnent la force de lois auxquelles on n'ose pas contredire (d). Ce qui les érige en force de lois, et ce qui contraint à les

---

(a) *Var.* : Je ne craindrai pas d'assurer que c'est la complaisance qui les autorise. — (b) Vous me direz. — (c) Chrétiens, je ne le nie pas, nos. — (d) Mais je nie que ce soient nos désirs déréglés qui érigent ces pratiques pernicieuses, honteuses, criminelles, en lois souveraines.

suivre (a), par une espèce de nécessité, c'est la tyrannie de la complaisance, parce qu'on a honte de demeurer seul, parce qu'on n'ose pas s'écarter du chemin que l'on voit battu, parce qu'on craint de déplaire aux hommes; et on dit pour toute raison : C'est ainsi qu'on vit dans le monde, il faut faire comme les autres : tellement que ces lois damnables (b) que le monde oppose au christianisme, il faut quelqu'un pour les proposer et quelqu'un pour les établir : nos inclinations les proposent, nos inclinations les conseillent; mais c'est la crainte de déplaire aux hommes qui leur donne l'autorité souveraine. C'est ce que prévoyoit le divin Apôtre, lorsqu'il avertit ainsi les fidèles : « Vous avez été achetés d'un grand prix; ne vous rendez pas esclaves des hommes : » *Nolite fieri servi hominum* [1]. En effet ne le sens-tu pas que tu te jettes dans la servitude, quand tu crains de déplaire aux hommes et quand tu n'oses résister à leurs sentimens, esclave volontaire des erreurs d'autrui ?

Chrétiens, ce n'est pas là notre esprit, ce n'est pas l'esprit du christianisme. Ecoutez l'apôtre saint Paul, qui nous dit avec tant de force : « Nous n'avons pas reçu l'esprit de ce monde : » *Non enim spiritum hujus mundi accepimus*. Je ne croirai pas me tromper, si je dis que l'esprit du monde, dont l'Apôtre parle en ce lieu, c'est la complaisance mondaine, qui corrompt les meilleures ames, qui minant peu à peu les malheureux restes de notre vertu chancelante, nous fait être de tous les crimes, non tant par inclination que par compagnie; qui au lieu de cette force invincible et de cette fermeté d'un front chrétien que la croix doit avoir durci contre toute sorte d'opprobres, les rend si tendres et si délicats que nous avons honte de déplaire aux hommes pour le service de Jésus-Christ. Mon Sauveur, ce n'est pas là cet Esprit que vous avez aujourd'hui répandu sur nous : *Non enim spiritum hujus mundi accepimus, sed Spiritum qui ex Deo est.* « Nous n'avons pas reçu l'esprit de ce monde pour être les esclaves des hommes; mais notre Esprit venant de Dieu même, » nous met

---

[1] *I Cor.*, VI, 20.

(a) *Var.* : Et ce qui fait qu'on ne peut pas s'en défendre et qu'on est contraint à les suivre. — (b) Maudites.

au-dessus de leurs jugemens, et nous fait mépriser leur haine; et c'est la seconde maxime de la générosité du christianisme.

Mais il faut encore s'élever plus haut; et la troisième, qui me reste à vous proposer, va faire trembler tous nos sens et étonner toute la nature. Car c'est elle qui fait dire au divin Apôtre : « Qui est capable de nous séparer de la charité de Notre-Seigneur? Est-ce l'affliction ou l'angoisse? Est-ce la nudité ou la faim, la persécution ou le glaive? Mais nous surmontons en toutes ces choses, à cause de celui qui nous a aimés : » *In his omnibus superamus*[1]. Ainsi, que le monde frémisse, qu'il allume par toute la terre le feu de ses persécutions, la générosité chrétienne (*a*) surmontera sa rage impuissante; et je comprends aisément la cause d'une victoire si glorieuse, par une excellente doctrine que l'apôtre saint Jean nous enseigne, « que celui qui habite en nous est plus grand que celui qui est dans le monde : » *Major est qui in vobis est quàm qui in mundo*[2]. Entendez ici, chrétiens, que celui qui est en nous, c'est le Saint-Esprit que Dieu a répandu en nos cœurs; et qui ne sait que cet Esprit tout-puissant est infiniment plus grand que le monde? Par conséquent, quoi qu'il entreprenne et quelques tourmens qu'il prépare, le plus fort ne cédera pas au plus foible; le chrétien généreux surmontera tout, parce qu'il est rempli d'un Esprit qui est infiniment au-dessus du monde (*b*).

Ce sont, mes Sœurs, ces fortes pensées qui ont si longtemps soutenu l'Eglise; elle voyoit tout l'Empire conjuré contre elle; elle lisoit à tous les poteaux et à toutes les places publiques les sentences épouvantables que l'on prononçoit contre ses enfans; toutefois elle n'étoit pas effrayée; mais sentant l'Esprit dont elle étoit pleine, elle savoit bien maintenir cette liberté glorieuse de professer le christianisme; et quoique les lois la lui refusassent, elle se la donnoit par son sang. Car c'étoit un crime chez elle de se l'acquérir par une autre voie; et l'unique moyen qu'elle proposoit pour secouer ce joug (*c*), c'étoit de mourir constamment. C'est pourquoi Tertullien s'étonne qu'il y eût des chrétiens assez

---

[1] *Rom.*, VIII, 35-37. — [2] I *Joan.*, IV, 4.

(*a*) *Var* : L'esprit généreux du christianisme. — (*b*) Plus fort que le monde. — (*c*) Surmonter ces lois tyranniques.

lâches pour se racheter par argent des persécutions qui les menaçoient; et vous allez entendre des sentimens vraiment dignes de l'ancienne Eglise et de l'esprit du christianisme. *Christianus pecuniâ salvus est, et in hoc nummos habet ne patiatur, dùm adversùs Deum erit dives* : « O honte de l'Eglise, s'écrie ce grand homme, un chrétien sauvé par argent, un chrétien riche pour ne souffrir pas! A-t-il donc oublié, dit-il, que Jésus s'est montré riche pour lui par l'effusion de son sang? » *At enim Christus sanguine fuit dives pro illo* [1]. Ne vous semble-t-il pas qu'il lui dise : Toi, qui t'es voulu sauver par ton or, dis-moi, chrétien, où étoit ton sang? N'en avois-tu plus dans tes veines, quand tu as été fouiller dans tes coffres (a) pour y trouver le prix honteux de ta liberté? Sache qu'étant rachetés par le sang, étant délivrés par le sang, nous ne devons point d'argent pour nos vies, nous n'en devons point pour nos libertés; et notre sang nous doit garder celle que le sang de Jésus-Christ nous a méritée : *Sanguine empti, sanguine munerati, nullum nummum pro capite debemus* [2]. Ceux qui vivent en cet esprit, ce sont, mes Sœurs, les vrais chrétiens, et ce sont les vrais successeurs de ces hommes incomparables que l'esprit de force remplit aujourd'hui (b). Car il est temps de venir à eux, et de vous montrer dans leurs actions ces trois maximes que j'ai expliquées.

Et premièrement regardez comme ils méprisent les présens du monde. Aussitôt qu'ils sont chrétiens, ils ne veulent plus être riches. Voyez ces nouveaux convertis, avec quel zèle ils vendent leurs biens, et comme ils se pressent autour des apôtres, « pour jeter tout leur argent à leurs pieds : » *Ponebant ante pedes apostolorum* [3]. Où vous pouvez aisément connoître le mépris qu'ils font des richesses. Car comme remarque saint Jean Chrysostome [4], judicieusement à son ordinaire, ils ne les mettent pas dans les mains, mais ils les apportent aux pieds des apôtres; et en voici la véritable raison. S'ils croyoient leur faire un présent honnête, ils les leur donneroient dans leurs mains; mais en les jetant à

---

[1] *De fug. in persecut.*, n. 12. — [2] *Ibid.* — [3] *Act.*, IV, 35. — [4] *In Act. Apost.*, hom. XI, n. 1; *in Epist. ad Rom.*, hom. VII, n. 8.

(a) *Var.* : Toi qui as recours à tes coffres. — (b) En ce jour.

leurs pieds, ne semble-t-il pas qu'ils nous veulent dire que ce n'est pas tant un présent qu'ils font qu'un fardeau inutile dont ils se déchargent (a)? et tout ensemble n'admirez-vous pas comme ils honorent les saints apôtres? O apôtres de Jésus-Christ, c'est vous qui êtes les vainqueurs du monde; et voilà qu'on met à vos pieds les dépouilles du monde vaincu, ainsi qu'un trophée magnifique qu'on érige à votre victoire. D'où vient à ces nouveaux chrétiens un si grand mépris des richesses, sinon qu'ils commencent à se revêtir de l'esprit du christianisme, et que l'idée des biens éternels leur ôte l'estime des biens périssables? C'étoit la première maxime, mépriser les présens du monde. Je vois que vous admirez ces grands hommes, vous êtes étonnés de leur fermeté; toutefois tout ce que j'ai dit n'est qu'un foible commencement : nos braves et invincibles lutteurs ne sont pas entrés au combat; ils n'ont fait encore que se dépouiller, quand ils ont quitté leurs richesses (b); ils vont commencer à venir aux prises, en attaquant la haine du monde. C'est ici qu'il faut avoir les yeux attentifs.

Certainement, chrétiens, c'étoit une étrange résolution que de prêcher le nom de Jésus dans la ville de Jérusalem. Il n'y avoit que cinquante jours que tout le monde crioit contre lui : « Qu'on l'ôte, qu'on l'ôte, qu'on le crucifie [1]! » Cette haine cruelle et envenimée vivoit encore dans le cœur des peuples : prononcer seulement son nom, c'étoit choquer toutes les oreilles; le louer, c'étoit un blasphème; mais publier qu'il est le Messie, prêcher sa glorieuse résurrection, n'étoit-ce pas porter les esprits jusqu'à la dernière fureur? Tout cela n'arrête pas les apôtres : Oui, nous vous prêchons, disoient-ils, et « que toute la maison d'Israël le sache, que le Dieu de nos pères a ressuscité, et a fait asseoir à sa droite ce Jésus que vous avez mis en croix (c) [2]. » Et parce qu'ils avoient cru s'excuser de la mort de cet innocent, en le livrant aux mains de Pilate, ils ne leur dissimulent pas que cette excuse augmente leur faute : « Car Pilate, disent-ils, a voulu le sauver,

[1] *Joan.*, xix, 15. — [2] *Act.*, ii, 36.
(a) *Var.*: Que ce n'est pas un présent qu'ils font, mais un fardeau inutile.....
— (b) Ils se sont dépouillés, ils ont déjà quitté leurs richesses, ils commencent à..... — (c) A la croix.

et c'est vous qui l'avez perdu [1]. » Et voyez comme ils exagèrent leur crime : « Vous avez renié le Saint et le Juste, et vous avez demandé la grace d'un voleur et d'un meurtrier, et vous avez fait mourir l'auteur de la vie [2]. » Est-il rien de plus véhément pour confondre leur ingratitude que de leur mettre devant les yeux toute l'horreur de cette injustice, d'avoir conservé la vie à celui qui l'ôtoit aux autres par ses homicides, et tout ensemble de l'avoir ôtée à celui qui la donnoit par sa grace ? Et pendant qu'ils disoient ces choses, combien voyoient-ils d'hommes irrités dont la rage frémissoit contre eux ? Mais ces grandes ames ne s'étonnoient pas, et c'étoit une des maximes de l'esprit qui les possédoit, de ne pas craindre de déplaire aux hommes.

Passons maintenant plus avant, et voyons-leur vaincre les menaces de ceux dont ils ont méprisé la haine. C'est la dernière maxime. On les prend, on les emprisonne, on les fouette inhumainement, « on leur ordonne sous de grandes peines de ne plus prêcher en ce nom, » *in nomine isto* [3], (car, Messieurs, c'est ainsi qu'ils parlent), en ce nom odieux au monde, et qu'ils craignent de prononcer (*a*), tant ils l'ont en exécration. A cela, que répondront les apôtres ? Une parole toute généreuse : *Non possumus* [4] : « Nous ne pouvons pas, nous ne pouvons pas nous taire des choses dont nous sommes témoins oculaires. » Et remarquez ici, chrétiens, qu'ils ne disent point : Nous ne voulons pas ; car ils sembleroient donner espérance qu'on pourroit changer leur résolution ; mais de peur qu'on attende d'eux quelque chose indigne de leur ministère, ils disent tous d'une même voix (*b*) : Ne tentez pas l'impossible; *Non possumus ;* « Nous ne pouvons pas. » C'est ce qui confond leurs juges iniques.

C'est ici que ces innocens font le procès à leurs propres juges, qu'ils effraient ceux qui les menacent, et qu'ils abattent ceux qui les frappent (*c*). Car écoutez ces juges iniques, et voyez comme

[1] *Act.,* III, 13. — [2] *Ibid.,* 14, 15. — [3] *Act.,* IV, 17. — [4] *Ibid.,* 20.

(*a*) Var. : *In nomine isto,* car, Messieurs, c'est ainsi qu'ils parlent, ils craignent de prononcer ce nom odieux. — (*b*) D'un commun accord. — (*c*) C'est ici que ces innocens font le procès à leurs propres juges, ceux qui commandent sont abattus, ceux qui menacent sont effrayés, ceux qui frappent sont frappés eux-mêmes.

ils parlent entre eux dans leur criminelle assemblée. *Quid faciemus hominibus istis* [1]? « Que pouvons-nous faire à ces hommes? » Voici un spectacle digne de vos yeux. Dès la première prédication, trois mille hommes viennent aux apôtres, et touchés de pénitence, leur disent : « Nos chers frères, que ferons-nous? » *Quid faciemus, viri fratres* [2]*?* D'autre part les princes des prêtres, les scribes et les pharisiens les appellent à leur tribunal; là, étonnés de leur fermeté et ne sachant que résoudre, ils disent : « Que ferons-nous à ces hommes? » *Quid faciemus hominibus istis?* Ceux qui croient et ceux qui contredisent, tous deux disent : « Que ferons-nous? » mais avec des sentimens opposés; les uns par obéissance, et les autres par désespoir; les uns le disent pour subir la loi, et les autres le disent de rage de ne pouvoir pas la donner. Avez-vous jamais entendu une victoire plus glorieuse? Il n'y a que deux sortes d'hommes dans la ville de Jérusalem, dont les uns croient, les autres résistent; ceux-là suivent les apôtres et s'abandonnent à leur conduite : Nos frères, que ferons-nous? ordonnez; et ceux mêmes qui les contredisent, et qui veulent les exterminer, ne savent néanmoins que leur faire : Que ferons-nous à ces hommes? Ne voyez-vous pas qu'ils jettent leurs biens, et qu'ils sont prêts de donner leurs ames? les promesses ne les gagnent pas, les injures ne les troublent pas, les menaces les encouragent, les supplices les réjouissent: *Quid faciemus?* « Que leur ferons-nous? » O Eglise de Jésus-Christ, je n'ai plus de peine à comprendre que les tiens, en prêchant, en souffrant (a), en mourant, couvriront les tyrans de honte, et qu'un jour ta patience forcera le monde à changer les lois qui te condamnoient, puisque je vois que dès ta naissance tu confonds déjà tous les magistrats et toutes les puissances de Jérusalem par la seule fermeté de cette parole : *Non possumus :* « Nous ne pouvons pas. »

Mais, saints disciples de Jésus-Christ, quelle est cette nouvelle impuissance? Vous trembliez en ces derniers jours, et le plus hardi de la troupe a renié lâchement son Maître; et vous dites maintenant : Nous ne pouvons pas. Et pourquoi ne pouvez-vous

---

[1] *Act.,* IV, 16. — [2] *Ibid.,* II, 37.
(a) *Var. :* En endurant.

pas? — C'est que les choses ont été changées; un feu céleste est tombé sur nous, une loi a été écrite en nos cœurs, un Esprit tout-puissant nous presse; charmés de ses attraits infinis, nous nous sommes imposé nous-mêmes une bienheureuse nécessité d'aimer Jésus-Christ plus que notre vie; c'est pourquoi nous ne pouvons plus obéir au monde; nous pouvons souffrir, nous pouvons mourir; mais nous ne pouvons pas trahir l'Evangile et dissimuler ce que nous savons : *Non possumus ea quæ vidimus et audivimus non loqui* [1].

Voilà, Messieurs, quels étoient nos pères; tel est l'esprit du christianisme, esprit de fermeté et de résistance, qui se met au-dessus des présens du monde, au-dessus de sa haine la plus animée (a), au-dessus de ses menaces les plus terribles. C'est par cet esprit généreux que l'Eglise a été fondée; c'est dans cet esprit qu'elle s'est nourrie; chrétiens, ne l'éteignez pas : *Spiritum nolite extinguere*. Quand on tâche de nous détourner (b) de la droite voie du salut, quand le monde nous veut corrompre par ses dangereuses faveurs, et par le poison de sa complaisance, pourquoi n'osons-nous résister? Si nous nous vantons d'être chrétiens, pourquoi craignons-nous de déplaire aux hommes, et que ne disons-nous avec les apôtres ce généreux « Nous ne pouvons pas? » Mais l'usage de cette parole ne se trouve plus parmi nous; il n'est rien que nous ne puissions pour satisfaire notre ambition et nos passions déréglées. Ne faut-il que trahir notre conscience, ne faut-il qu'abandonner nos amis, ne faut-il que violer les plus saints devoirs que la religion nous impose, *possumus*, nous le pouvons; nous pouvons tout pour notre fortune, nous pouvons tout pour nous agrandir; mais s'il faut servir Jésus-Christ, s'il faut nous résoudre de nous séparer de ces objets qui nous plaisent trop, s'il faut rompre ces attachemens et briser (c) ces liens trop doux, c'est alors que nous commençons de ne rien pouvoir : *Non possumus* : « Nous ne pouvons pas. » Que sert donc de dire aujourd'hui à la plupart de mes auditeurs : « N'éteignez pas l'Esprit

[1] *Act.*, IV, 20.

(a) *Var.:* La plus échauffée. — (b) Quand on attaque notre constance. — (c) Rompre.

de la grace ? » Il est éteint, il n'y en a plus; cet esprit de fermeté chrétienne ne se trouve plus dans le monde (a); c'est pourquoi les vices ne sont pas repris, ils triomphent, tout leur applaudit; et de ce grand feu du christianisme, qui autrefois a embrasé tout le monde, à peine en reste-t-il quelques étincelles. Tâchons donc de les rallumer en nous-mêmes, ces étincelles à demi éteintes et ensevelies sous la cendre.

Chrétiens, quoi qu'on nous propose, soyons fermes en Jésus-Christ, et dans les maximes de son Evangile. Pourquoi veut-on vous intimider par la perte des biens du monde? Tertullien a dit un beau mot que je vous prie d'imprimer dans votre mémoire. *Non admittit status fidei necessitates*[1] *:* « La foi ne connoît point de nécessités. » Vous perdrez ce que vous aimez; est-il nécessaire que je le possède? votre procédé déplaira aux hommes; est-il nécessaire que je leur plaise? Votre fortune sera ruinée; est-il nécessaire que je la conserve? Et quand notre vie même seroit en péril; mais l'infinie bonté de mon Dieu n'expose pas notre lâcheté à des épreuves si difficiles; quand notre vie même seroit en péril, je vous le dis encore une fois, la foi ne connoît point de nécessités; il n'est pas même nécessaire que vous viviez (b), mais il est nécessaire que vous serviez Dieu (c); et quoi qu'on fasse, quoi qu'on entreprenne, que l'on tonne, que l'on foudroie, que l'on mêle le ciel avec la terre, toujours sera-t-il véritable qu'il ne peut jamais y avoir aucune nécessité de pécher, « puisqu'il n'y a parmi les fidèles qu'une seule nécessité, qui est celle de ne pécher pas : » *Non admittit status fidei necessitates; nulla est necessitas delinquendi, quibus una est necessitas non delinquendi*[2]. Méditons ces fortes maximes de l'Evangile de Jésus-Christ; mais ne songeons pas tellement à la fermeté chrétienne, que nous oubliions les tendresses de la charité fraternelle, qui est la seconde partie de l'esprit du christianisme.

[1] *De Cor.*, n. 11. — [2] *Ibid.*
(a) *Var.* : Parmi nous. — (b) Que je vive. — (c) Que je serve Dieu.

SECOND POINT.

Il pourroit sembler, chrétiens, que l'esprit du christianisme, en rendant nos pères plus forts, les auroit en même temps rendus moins sensibles, et que la fermeté de leur ame auroit diminué quelque chose de la tendresse de leur charité. Car soit que ces deux qualités, je veux dire la douceur et le grand courage, dépendent de complexions différentes, soit que ces hommes nourris aux alarmes, étant accoutumés de longtemps à n'être pas alarmés (a) de leurs périls, ni abattus de leurs propres maux, ne puissent pas être aisément émus (b) de tous les autres objets qui les frappent, nous voyons assez ordinairement que ces forts et ces intrépides prennent dans les hasards de la guerre je ne sais quoi de moins doux et de moins sensible, pour ne pas dire de plus dur et de plus rigoureux.

Mais il n'en est pas de la sorte de nos généreux chrétiens, ils sont fermes contre les périls; mais ils sont tendres à aimer leurs frères, et l'Esprit tout-puissant qui les pousse sait bien le secret d'accorder de plus opposées (c) contrariétés. C'est pourquoi nous lisons dans les Ecritures que le Saint-Esprit forme les fidèles de deux matières bien différentes. Premièrement il les fait d'une matière molle (d), quand il dit par la bouche d'Ezéchiel : *Dabo vobis cor carneum*[1] : « Je vous donnerai un cœur de chair; » et il les fait aussi (e) de fer et d'airain, quand il dit à Jérémie : « Je t'ai mis comme une colonne de fer et comme une muraille d'airain : » *Dedi te in columnam ferream et in murum œreum*[2]. Qui ne voit qu'il les fait d'airain, pour résister à tous les périls? et qu'en même temps il les fait de chair pour être attendris par la charité? Et de même que ce feu terrestre partage tellement sa vertu qu'il y a des choses qu'il fait plus fermes, et qu'il y en a d'autres qu'il rend plus molles, il en est à peu près de même de ce feu spirituel qui tombe aujourd'hui. Il affermit et il amollit, mais d'une façon extraordinaire, puisque ce sont les mêmes cœurs des disciples,

---

[1] *Ezech.*, XXXVI, 26. — [2] *Jerem.*, I, 18.

(a) *Var.* : Touchés. — (b) Ne s'émeuvent pas aisément. — (c) De plus grandes. — (d) De chair. — (e) Secondement.

qui semblent être des cœurs de diamant par leur fermeté invincible, qui deviennent des cœurs humains et des cœurs de chair par la charité fraternelle. C'est l'effet de ce feu céleste qui se repose aujourd'hui sur eux ; il amollit les cœurs des fidèles (a) ; il les a pour ainsi dire fondus, il les a saintement mêlés ; et les faisant couler les uns dans les autres par la communication de la charité, il a composé de ce beau mélange cette merveilleuse unité de cœur, qui nous est représentée dans les *Actes* en ces mots : *Multitudinis autem credentium erat cor unum et anima una*[1] *:* « Dans toute la société des fidèles, il n'y avoit qu'un cœur et une ame (b). » C'est ce qu'il nous faut expliquer.

Je pourrois développer en ce lieu les principes très-relevés de cette belle théologie, qui nous enseigne que le Saint-Esprit étant le lien éternel du Père et du Fils, c'est à lui qu'il appartenoit d'être le lien de tous les fidèles (c) ; et qu'ayant une force d'unir infinie, il les a unis en effet (d) d'une manière encore plus étroite que n'est celle qui assemble les parties du corps. Mais supposant ces vérités saintes, et ne voulant pas entrer aujourd'hui dans cette haute théologie, je me réduis à vous proposer une maxime très-fructueuse de la charité chrétienne, qui résulte de cette doctrine ; c'est qu'étant persuadés par les Ecritures que nous ne sommes qu'un même corps par la charité, nous devons nous regarder, non pas en nous-mêmes, mais dans l'unité de ce corps, et diriger par cette pensée toute notre conduite à l'égard des autres. Expliquons ceci plus distinctement par l'exemple de cette Eglise naissante qui fait le sujet de tout mon discours.

Je remarque donc dans les *Actes,* où son histoire nous est rapportée, deux espèces de multitude : Quand le Saint-Esprit descendit, il se fit premièrement une multitude assemblée par le bruit et par le tumulte ; on entend du bruit, on s'assemble ; mais quelle est cette multitude ? Voici comme l'appelle le texte sacré : « Une multitude confuse : » *Convenit multitudo, et mente confusa est*[2]. Toutes les pensées y sont différentes ; les uns disent : « Qu'est-ce

---

[1] *Act.*, IV, 32. — [2] *Act.*, II, 6, 12, 13.

(a) *Var.:* Disciples. — (b) Qu'un même cœur et une même ame. — (c) D'unir entre eux tous les chrétiens. — (d) En effet il les a unis.

que ceci? les autres en font une raillerie : Ils sont ivres, » ils ne le sont pas; voilà une multitude confuse. Mais je vois quelque temps après une multitude bien autre, une multitude tranquille, une multitude ordonnée, où tout conspire au même dessein, « où il n'y a qu'un cœur et qu'une ame : » *Multitudinis credentium erat cor unum et anima una.* D'où vient, mes Sœurs, cette différence? C'est que dans cette première assemblée chacun se regarde en lui-même, et prend ses pensées ainsi qu'il lui plaît suivant les mouvemens dont il est poussé; de là vient qu'elles sont diverses, et il se fait une multitude confuse, multitude tumultueuse. Mais dans cette multitude des nouveaux croyans, nul ne se regarde comme détaché, on se considère comme dans le corps où l'on se trouve avec les autres; on prend un esprit de société, esprit de concorde et de paix; et c'est l'esprit du christianisme qui fait une multitude ordonnée, où il n'y a qu'un cœur et une ame.

Qui pourroit vous dire, mes Sœurs, le nombre infini d'effets admirables que produit cette belle considération, par laquelle nous nous regardons, non pas en nous-mêmes, mais en l'unité de l'Eglise? Mais parmi tant de grands effets, je vous prie, retenez-en deux, qui feront le fruit de cet entretien. C'est qu'elle extermine deux vices qui sont les deux pestes du christianisme, l'envie et la dureté : l'envie qui se fâche du bien des autres, la dureté qui est insensible à leurs maux (*a*); l'envie qui nous pousse à ruiner nos frères, et l'esprit d'intérêt qui nous rend coupables de la misère qu'ils souffrent par un refus cruel (*b*).

Et premièrement, chrétiens, la malignité de l'envie n'est pas capable de troubler (*c*) les ames qui savent bien se considérer dans cette unité de l'Eglise; et la raison en est évidente. Car l'envie ne naît en nos cœurs que du sentiment de notre indigence, lorsque nous voyons dans les autres ce que nous croyons qui nous manque. Or si nous voulons nous considérer dans cette unité de l'Eglise, il ne reste plus d'indigence; nous nous y trouvons infiniment riches, par conséquent l'envie est éteinte. Celle-là, dites-vous, a de grandes graces, elle a des talens extraordinaires pour

---

(*a*) *Var.* : Qui ne veut pas ressentir leurs maux. — (*b*) La dureté qui nous rend complices de leur misère par le refus de la soulager. — (*c*) Toucher, gâter.

la conduite spirituelle; la nature qui s'en inquiète, croit que son éclat diminue le nôtre. Quels remèdes contre ces pensées, qui attaquent quelquefois les meilleures ames? Ne vous regardez pas en vous-mêmes, c'est là que vous vous trouverez indigentes; ne vous comparez pas avec les autres, c'est là que vous verrez l'inégalité; mais regardez et vous et les autres dans l'unité du corps de l'Eglise; tout est à vous dans cette unité, et par la fraternité chrétienne tous les biens sont communs entre les fidèles. C'est ce que j'apprends de saint Augustin par ces excellentes paroles : Mes Frères, dit-il, ne vous plaignez pas s'il y a des dons qui vous manquent. « Aimez seulement l'unité, et les autres ne les auront que pour vous : « *Si amas unitatem, etiam tibi habet quisquis in illâ habet*[1]. Si la main avoit son sentiment propre, elle se réjouiroit de ce que l'œil éclaire, parce qu'il éclaire pour tout le corps; et l'œil n'envieroit pas à la main ni sa force, ni son adresse qui le sauve lui-même en tant de rencontres. Voyez les apôtres du Fils de Dieu : autrefois ils étoient toujours en querelle au sujet de la primauté; mais depuis que le Saint-Esprit les a faits un cœur et une ame, ils ne sont plus jaloux ni contentieux; ils croient tous parler avec (*a*) saint Pierre, ils croient présider avec lui; et si son ombre guérit les malades, toute l'Eglise prend part à ce don et s'en glorifie en Notre-Seigneur. Ainsi, mes Frères, dit saint Augustin, ne nous regardons pas en nous-mêmes; aimons l'unité du corps de l'Eglise, aimons-nous nous-mêmes en cette unité, les richesses de la charité fraternelle suppléeront le défaut de notre indigence, et ce que nous n'avons pas en nous-mêmes nous le trouverons très-abondamment dans cette unité merveilleuse : *Si amas unitatem, etiam tibi habet quisquis in illâ habet*. Voilà le moyen d'exclure l'envie (*b*). *Tolle invidiam, et tuum est quod habeo : tollam invidiam, et meum est quod habes*[2]. « Tout est à vous par la charité. » Dieu vous donne des graces extraordinaires; ah! mon Frère, je m'en réjouis, j'y veux prendre part avec vous, j'en veux même jouir avec vous dans l'unité du corps de l'Eglise. L'envie

---

[1] *In Joan.*, tract. XXXII, n. 8. — [2] Loco mox cit.

(*a*) *Var.* : Par. — (*b*) Seulement, dit saint Augustin, ayons soin d'éloigner l'envie.

seule nous peut rendre pauvres, parce qu'elle seule nous peut priver (a) de cette sainte communication des biens de l'Eglise.

Mais si nous avons la consolation de participer aux biens de nos frères, quelle seroit notre dureté si nous ne voulions pas ressentir leurs maux ? Et c'est ici qu'il faut déplorer le misérable état du christianisme. Avons-nous jamais ressenti que nous sommes les membres d'un corps ? Qui de nous a langui avec les malades ? Qui de nous a pati avec les foibles ? Qui de nous a souffert avec les pauvres ? Quand je considère, fidèles, les calamités qui nous environnent, la pauvreté, la désolation, le désespoir de tant de familles ruinées, il me semble que de toutes parts il s'élève un cri de misère à l'entour de nous, qui devroit nous fendre le cœur, et qui peut-être ne frappe pas nos oreilles. Car, ô riche superbe et impitoyable, si tu entendois cette voix, pourroit-elle pas obtenir de toi quelque retranchement médiocre des superfluités de ta table ? pourroit-elle pas obtenir qu'il y eût quelque peu moins d'or dans ces riches ameublemens dans lesquels tu te glorifies ? Et tu ne sens pas, misérable ! que la cruauté de ton luxe arrache l'ame à cent orphelins, auxquels la Providence divine a assigné la vie sur ce fonds.

Mais peut-être que vous me direz qu'il se fait des charités dans l'Eglise. Chrétiens, quelles charités ? quelques misérables aumônes, foibles et inutiles secours d'une extrême nécessité, que nous répandons d'une main avare, comme une goutte d'eau sur un grand brasier, ou une miette de pain dans la faim extrême. La charité ne donne pas de la sorte ; elle donne libéralement, parce qu'elle sent la misère, parce qu'elle s'afflige avec l'affligé, et que soulageant le nécessiteux, elle-même se sent allégée (b). C'est ainsi qu'on vivoit dans ces premiers temps où j'ai tâché aujourd'hui de vous rappeler. Quand on voyoit un pauvre en l'Eglise, tous les fidèles étoient touchés ; aussitôt chacun s'accusoit soi-même ; chacun regardoit la misère de ce pauvre membre affligé comme la honte de tout le corps, et comme un reproche sensible de la dureté des particuliers. C'est pourquoi ils mettoient leurs biens en commun, de peur que personne ne fût coupable de l'indigence

(a) *Var.* : Oter cette sainte... — (b) Elle sent qu'elle se soulage elle-même.

de l'un (a) de ses frères ¹. Et Ananias ayant méprisé cette loi que la charité avoit imposée, il fut puni exemplairement comme un infâme et comme un voleur, quoiqu'il n'eût retenu que son propre bien (b); de là vient qu'il est nommé par saint Chrysostome « le voleur de son propre bien : » *Rerum suarum fur* ². Tremblons donc, tremblons, chrétiens; et étant imitateurs de son crime, appréhendons aussi son supplice.

Et que l'on ne m'objecte pas que nous ne sommes plus tenus à ces lois, puisque cette communauté ne subsiste plus. Car quelle est la honte de cette parole? Sommes-nous encore chrétiens, s'il n'y a plus de communauté entre nous (c)? Les biens ne sont plus en commun; mais il sera toujours véritable que la charité est compatissante, que la charité regarde les autres. Les biens ne sont donc plus en commun par une commune possession; mais ils sont encore en commun par la communication de la charité; et la Providence divine, en divisant les richesses (d) aux particuliers, a trouvé ce nouveau secret de les remettre en commun par une autre voie, lorsqu'elle en commet la dispensation à la charité fraternelle, qui regarde toujours l'intérêt des autres.

Tel est l'esprit du christianisme : chrétiens, n'éteignez pas cet esprit; et si tout le monde l'éteint, ames saintes et religieuses, faites qu'il vive du moins parmi vous. C'est dans vos saintes sociétés que l'on voit encore une image de cette communauté chrétienne que le Saint-Esprit avoit opérée. C'est pourquoi vos maisons ressemblent au ciel; et comme la pureté que vous professez vous égale en quelque sorte aux saints anges, de même ce qui unit vos esprits, c'est ce qui unit aussi les esprits célestes, c'est-à-dire un désir ardent de servir votre commun Maître : vous n'avez toutes qu'un même intérêt; tout est commun entre vous; et ce mot si froid de mien et de tien, qui a fait naître toutes les que-

---

¹ *Act.*, v, 1 et seq. — ² *In Act. Apost.*, hom. xii, n. 1.

(a) *Var. :* De quelqu'un. — (b) Ananias et Saphira pour avoir retenu leur bien, sont punis comme s'ils l'avoient volé. Pureté du christianisme, qui nous enseigne que ce qui est à nous par droit n'est pas à nous par la charité. On peut être adultère de sa propre femme quand on la possède en intempérance, on peut être voleur de son propre bien quand on ne l'emploie pas par charité. — (c) Car il n'en est pas de la sorte : nous ne serons pas chrétiens, quand il n'y aura plus de communauté entre nous. — (d) En laissant les biens.

relles et tous les procès, est exclu de votre unité. Que reste-t-il donc maintenant, sinon qu'ayant chassé du milieu de vous la semence des divisions, vous y fassiez régner cet esprit de paix, qui sera le nœud de votre concorde, l'appui immuable de votre foi, et le gage de votre immortalité? Amen.

TROISIÈME SERMON

POUR

LE JOUR DE LA PENTECOTE (a).

Cùm venerit Paracletus, arguet mundum de peccato.

Quand l'Esprit de vérité viendra, il convaincra le monde de péché. *Joan.*, XVI, 8.

Comme les hommes ingrats ont péché dès le commencement (b) du monde contre Dieu qui les a créés, Dieu aussi les a convaincus de péché dès le commencement du monde. Il a convaincu les pécheurs (c), lorsqu'il a chassé nos premiers parens du paradis de délices; lorsqu'écoutant la voix du sang d'Abel, il a fait errer par tout l'univers le parricide Caïn, toujours fugitif et toujours tremblant; lorsque par un déluge universel il a puni une corruption universelle. Dieu a repris les pécheurs d'une manière plus convaincante (d), lorsqu'il a donné sa loi à son peuple par l'entremise de Moïse, et lorsque dans l'Ancien Testament il a exercé tant

(a) Prêché en 1672, à Saint-Germain, devant la reine Marie-Thérèse.
Dans la péroraison, l'orateur dit : « Ce grand royaume que le roi a mis entre vos mains avec une confiance si absolue. » Et un peu plus loin : « Puissions-nous bientôt changer en actions de graces les vœux continuels que nous faisons pour votre heureux accouchement! » Or la reine donna un nouveau prince à la France en 1672 et fut nommée régente du royaume la même année, comme le roi devoit partir pour la guerre de Hollande. La *Gazette de France* dit aussi que l'évêque de Condom prêcha le jour de la Pentecôte, en 1672, à Saint-Germain, devant la reine, « avec beaucoup d'éloquence et d'applaudissemens. » Enfin les passages abrégés qu'on trouve dans notre discours, indiquent une époque où le prédicateur étoit sûr de lui-même et de sa parole.

(b) *Var.:* Dès l'origine. — (c) Il a convaincu le monde de péché. — (d) Il a convaincu les pécheurs par une lumière plus claire.

de fois une justice si rigoureuse contre ceux qui ont transgressé (a) une loi si sainte et si juste. Comme les hommes avoient rejeté ce que Dieu avoit commandé par la bouche de Moïse et des prophètes, il a enfin envoyé son propre Fils, qui est venu en personne pour condamner les péchés du monde, et par sa doctrine céleste, et par l'exemple de sa vie irréprochable, et par une autorité qui est autant au-dessus de celle de Moïse et des prophètes que la dignité du fils surpasse la condition des serviteurs. Après que le Père et le Fils avoient condamné les pécheurs, il falloit que le Saint-Esprit vînt encore les convaincre ; et Jésus-Christ nous enseigne qu'il est descendu en ce jour pour accomplir cet ouvrage : « Quand cet Esprit, dit-il, sera venu, il convaincra le monde de péché. » J'ai dessein de vous expliquer ce qu'a fait aujourd'hui le Saint-Esprit pour convaincre les pécheurs, quelle est cette façon particulière de reprendre les péchés, qui lui est attribuée dans notre évangile, et de quel châtiment sera suivie une conviction si manifeste. Mais pour traiter avec fruit (b) une matière si importante, j'ai besoin des lumières de ce même Esprit, que je vous prie de demander avec moi par l'intercession de la sainte Vierge. *Ave.*

L'ouvrage du Saint-Esprit, celui que les saintes Écritures lui attribuent en particulier, c'est d'agir secrètement dans nos cœurs (c), de nous changer au dedans, de nous renouveler dans l'intérieur et de réformer par ce moyen nos actions extérieures. J'ai dessein de vous faire voir que l'opération du Saint-Esprit dans les apôtres et dans les premiers chrétiens, convainc le monde de péché. Mais comme nous ne connoissons ce qui se passe dans les cœurs que par les œuvres (d), et qu'il seroit malaisé de vous faire ici le dénombrement de tous les effets de la grâce, je m'attacherai, Messieurs, à deux effets principaux que la grace du Saint-Esprit produit dans les hommes qu'elle renouvelle, et qui ont éclaté principalement après la descente du Saint-Esprit dans les premiers chrétiens et dans l'Eglise naissante.

(a) *Var.* : Méprisé. — (b) Fructueusement : heureusement. — (c) Dans les cœurs. — (d) Les effets.

Les hommes naturellement se laissent amollir par les plaisirs, ou affoiblir par la crainte et par la douleur. Mais ces hommes spirituels que le Saint-Esprit a formés, je veux dire les apôtres, les premiers fidèles timides auparavant, ils ont abandonné lâchement leur Maître par une fuite honteuse, et le plus hardi de tous a eu la foiblesse de le renier. Aujourd'hui que le Saint-Esprit les a revêtus de force, ce sont des hommes nouveaux, que ni la crainte, ni la douleur, ni les plus dures épreuves, ni la violence des coups, ni l'indignité des affronts ne sont plus capables d'émouvoir, et d'empêcher de rendre (a) à la face de tout l'univers un glorieux témoignage à Jésus-Christ ressuscité. Tel est le premier caractère des hommes spirituels que je dois aujourd'hui vous représenter : ils sont pleins d'un esprit de force, qui triomphe du monde et de sa puissance.

Mais voici un second effet qui n'est pas moins merveilleux. Au lieu qu'on voit ordinairement les hommes si attachés à leurs intérêts, que pourvu qu'ils soient à leur aise (b), ils regardent les maux des autres avec une souveraine tranquillité, les apôtres et les premiers chrétiens, ces créatures nouvelles que le Saint-Esprit a formées, attendris par la charité qu'il a répandue dans les cœurs, ne sont plus « qu'un cœur et qu'une ame : » *Cor unum et anima una* [1], comme il est écrit dans les *Actes;* et touchés des maux qu'endurent les pauvres, ils ne craignent pas de vendre leurs biens, pour établir parmi eux une communauté bienheureuse. Tels sont les deux caractères dont le Saint-Esprist a marqué les hommes qu'il forme en ce jour. Invincibles, inébranlables, insensibles en quelque sorte à leurs propres maux par l'esprit de force qui les a remplis, sensibles aux maux de leurs frères par les entrailles de la charité fraternelle, ils condamnent notre foiblesse qui ne veut rien souffrir pour l'amour de Dieu, ils convainquent notre dureté qui nous rend insensibles aux maux de nos frères. Ainsi par l'opération du Saint-Esprit le monde est convaincu de péché. Considérons attentivement cette double conviction; et

---

(a) *Var.*: Que ni la crainte, ni la douleur, ni les plus rudes extrémités ne peuvent plus empêcher de rendre... — (b) En repos.

[1] *Act.*, IV, 32.

voyons avant toutes choses notre foiblesse condamnée par cet esprit de force et de fermeté qui paroît dans les apôtres et dans l'Eglise naissante.

PREMIER POINT.

Que l'esprit du christianisme soit un esprit de courage et de force, un esprit de fermeté et de vigueur, nous le comprendrons aisément, si nous considérons que la vie chrétienne est un combat continuel. Double combat, double guerre, comme dans un champ de bataille, pour combattre mille ennemis découverts et mille ennemis invisibles. Si la vie chrétienne est un combat continuel, donc l'esprit du christianisme est un esprit de force. Persécution au dehors, persécution intérieure. La nature contre la grace. La chair contre l'esprit. Les plaisirs contre le devoir. L'habitude (*a*) contre la raison. Les sens contre la foi. Les attraits présens contre l'espérance. L'usage corrompu du monde contre la pureté de la loi de Dieu. « Qui ne sent point ce combat, dit saint Augustin, c'est qu'il est déjà vaincu, c'est qu'il a donné les mains à l'ennemi qui règne sans résistance : » *Si nihil in te alteri resistit, vide totum ubi sit. Si spiritus tuus à carne contrà concupiscente non dissentit, vide ne forte carni mens tota consentiat : vide ne forte ideò non sit bellum, quia pax perversa est*[1]. Qui suit le courant d'un fleuve, n'en sent la rapidité que par la force qui l'emporte avec le courant. Pouvons-nous vaincre dans ce combat, sans être revêtus d'un esprit de force ? C'est pour cela que le Fils de Dieu, sachant que la force et la fermeté étoient comme le fondement de toute la vie chrétienne, a voulu faire paroître cet esprit avec un si grand éclat dès l'origine du christianisme. (*b*) Vous allez voir, chrétiens, de quelle sorte cet Esprit de

---

[1] Serm. xxx, n. 4.
(*a*) *Var.* : La coutume.
(*b*) *Note marg.* : Dieu ayant choisi les apôtres pour convaincre le monde par leur ministère de ce qu'il ne croyoit pas en son Fils, deux choses étoient nécessaires pour rendre leur déposition convaincante : la première, que le fait dont ils déposoient fût constamment de leur connoissance ; la seconde, qu'on fût assuré de la sincérité de leur cœur. Vous verrez bientôt, chrétiens, combien l'opération du Saint-Esprit étoit nécessaire pour ce grand ouvrage.

Pour établir le premier, Jésus-Christ leur avoit paru. Vu, touché, etc. C'étoit à la vérité un grand avantage qu'ils pussent dire au monde : *Non possumus quæ*

force qui a rempli les apôtres, convainc d'infidélité, et les Juifs qui n'ont pas cru à leur parole, et les chrétiens qui ont dégénéré de leur fermeté : *Arguet mundum de peccato..., quia non crediderunt in me*[1].

Simon, fils de Jonas, c'est-à-dire fils de la colombe, régénéré au dedans par le Saint-Esprit, Simon que ce même Esprit rend digne aujourd'hui du titre de Pierre par la fermeté qu'il vous donne, c'est à vous à parler pour vos frères, puisque vous êtes le chef du collége apostolique. Parlez donc, ô disciple, autrefois le plus hardi à promettre et le plus foible à exécuter (*a*), qui vouliez mourir, disiez-vous, et qui reniiez trois fois votre Maître; c'est à vous à réparer votre faute. Il ne connoissoit pas Jésus; écoutez maintenant comme il prêche ce Jésus, l'objet de la haine publique. Mes Frères, qu'il est changé! Il n'étoit fort alors que par une téméraire confiance en lui-même; aujourd'hui qu'il est fort par le Saint-Esprit, écoutez quelles paroles ce divin Esprit met dans sa bouche : « Nous vous prêchons Jésus de Nazareth, etc. Sache donc toute la maison d'Israël, que le Dieu de nos pères a ressuscité et qu'il a fait asseoir à sa droite ce Jésus que vous avez crucifié[2]. Car Pilate, ajoute-t-il, l'a voulu sauver, l'ayant jugé innocent; mais c'est vous qui l'avez mis en croix[3]. » Et voyez comme il exagère leur crime : « Vous avez renié le Saint et le Juste, et vous avez demandé la grace d'un voleur et d'un meurtrier, et vous avez fait mourir l'auteur de la vie[4]. » Quelle force! quelle véhémence! Car que peut-on imaginer de plus fort pour confondre leur ingratitude que de leur remettre devant les yeux toute l'horreur de cette injustice, d'avoir conservé la vie à Barabbas qui l'ôtoit aux autres par ses homicides, et tout ensemble de l'avoir ravie (*b*) à

---

[1] *Joan.*, XVI, 8, 9. — [2] *Act.*, II, 22, 36. — [3] *Act.*, III, 13. — [4] *Ibid.*, 14, 15.

vidimus et audivimus non loqui (Act., IV, 20). Mais cela ne suffisoit pas; car combien avoient-ils vu de miracles? Et cependant, fui, tremblé, renié. Aussi leur défend-il de sortir, *quoadusque induamini virtute ex alto* (Luc., XXIV, 49). Il faut pousser jusqu'à a mort ce beau témoignage, cette importante déposition sur laquelle la foi de tout l'univers devoit un jour se reposer, sans varier, sans être affoiblis, lorsque tous les intérêts cessent, que toutes les espérances humaines s'évanouissent. Nos témoins mis à la torture contre l'ordinaire... La preuve est complète; le Saint-Esprit a achevé la conviction. Cherchez, désirez ce qu'il faut pour rendre un témoignage convaincant...

(*a*) *Var.* : Dans l'action. — (*b*) Ôtée.

Jésus qui l'offroit à tous par sa grâce ? Non, mes Frères, ce n'est pas un homme qui parle ; c'est le Saint-Esprit habitant en lui qui convainc le monde de péché, parce qu'il n'a pas cru en Jésus-Christ.

Mais voyons passer les apôtres des discours aux actions, du témoignage de la parole au témoignage des œuvres et du sang : sans fierté, sans emportement, sans ces violens efforts que fait une ame étonnée, mais qui s'excite par force, comme des hommes qui sentent la force de la vérité qui se soutient de son propre poids, *ibant gaudentes* [1]. Quel est ce nouveau sujet de joie dans une si cruelle persécution? De ce qu'on les avoit jugés dignes, de quelle récompense, ou de quelle gloire? dignes d'être maltraités et battus de verges pour le saint nom de Jésus. On les cite encore une fois, on les cite devant le conseil des pontifes, on les met en prison, on les bat de verges (*a*) par main de bourreau avec cruauté et ignominie, on leur défend sur de grandes peines de ne plus prêcher en ce nom; car, Messieurs, c'est ainsi qu'ils parlent : Ne prêchez pas en ce nom, en ce nom odieux au monde, et qu'ils craignent même de prononcer, tant ils l'ont en exécration. A cela que répondront les apôtres? Une parole de force et de fermeté : « Nous ne pouvons pas nous taire, ne pas dire ce que nous avons vu et ce que nous avons ouï [2]. » « Remarquez, dit ici saint Jean Chrysostome, de quelle manière ils s'expriment. S'ils disoient simplement : Nous ne voulons pas; comme la volonté de l'homme n'est que trop changeante (*b*), on auroit pu espérer de vaincre leur résolution. Mais de peur qu'on n'attende d'eux quelque foiblesse indigne de leur ministère : Nous ne pouvons pas, disent-ils, et ne tentez pas l'impossible : » *Non possumus*. Et pourquoi ne pouvez-vous pas? n'êtes-vous pas les mêmes? — C'est que les choses ont été changées : un feu divin (*c*) est tombé sur nous, une loi a été écrite en nos cœurs, un Esprit tout-puissant nous fortifie et nous presse : touchés par ses divines inspirations (*d*), nous nous sommes imposé nous-mêmes une bienheureuse nécessité

[1] *Act.*, v, 41. — [2] *Act.*, IV, 20.

(*a*) *Var.*: On les fouette. — (*b*) Trop variable : trop muable. — (*c*) Céleste. — (*d*) Pressés de ses divines inspirations.

d'aimer Jésus-Christ plus que notre vie : c'est pourquoi nous ne pouvons plus obéir au monde; nous pouvons souffrir, nous pouvons mourir; mais nous ne pouvons plus trahir l'Evangile, ni dissimuler ce que nous savons par des voies si indubitables : *Non possumus.*

Mais admirez, chrétiens, l'efficace du Saint-Esprit dans cette parole : les pontifes et les magistrats du temple, étourdis et frappés de cette réponse (a) comme d'un coup de tonnerre, consultent ce qu'ils feront, et malgré toute leur fureur, elle arrache cet aveu de leur impuissance; car écoutez comme ils parlent : *Quid faciemus hominibus istis*[1]? « Que ferons-nous à ces hommes? » Quel nouveau genre d'hommes nous paroît ici! aussitôt qu'ils professent la foi de Jésus, ils commencent à jeter leurs biens, et ils sont prêts à donner leurs ames; les promesses ne les gagnent pas, les injures ne les troublent pas, les menaces les encouragent, les supplices les réjouissent : *Quid faciemus?* « Que leur ferons-nous? » Eglise de Jésus-Christ, je n'ai pas de peine à comprendre qu'en prêchant, en souffrant, en mourant, tes fidèles couvriront un jour leurs tyrans de honte, et que leur patience forcera le monde à changer les lois qui les condamnoient, puisque je vois que dès ta naissance tu confonds tous les magistrats et toutes les puissances de Jérusalem par la seule fermeté de cette parole : *Non possumus* : « Nous ne pouvons pas. » *Arguet mundum de peccato :* Il a donc convaincu le monde de n'avoir pas cru en Jésus-Christ; mais ce même esprit nous va convaincre d'infidélité.

Car, mes Frères, je vous en prie, pensez un peu à vous-mêmes; mais pensons-y tous ensemble, et rougissons devant les autels de notre délicatesse. S'il est nécessaire d'avoir de la force pour avoir l'esprit du christianisme, quand mériterons-nous d'être appelés chrétiens, nous qui bien loin de rien endurer pour le Fils de Dieu qui a tant enduré pour nous, nous nous piquons au contraire de n'être pas endurans? Nous nous faisons un honneur d'être délicats, et nous mettons une partie de cet esprit de grandeur mondaine dans cette délicatesse; sensibles au moindre mot et offensés

[1] *Act.,* IV, 16.
(a) *Var. :* Les pontifes et les pharisiens frappés de cette réponse.

à l'extrémité si on ne nous ménage avec précaution non-seulement dans nos intérêts, mais encore dans nos fantaisies et dans nos humeurs ; et comme si la nature même étoit obligée de nous épargner, nous nous regardons, ce semble, comme des personnes privilégiées que les maux n'osent approcher ; tant nous paroissons étonnés d'en souffrir les moindres atteintes, n'osant presque nous avouer à nous-mêmes que nous sommes des créatures mortelles ; et ce qui est plus indigne encore, oubliant que nous sommes chrétiens, c'est-à-dire des hommes qui ont professé dans le saint baptême d'embrasser la croix de Jésus-Christ, d'éteindre en eux-mêmes l'amour des plaisirs par la mortification de leurs sens et l'étude de la pénitence.

Venez, venez, chrétiens, qui avez oublié le christianisme. Remontez à votre origine ; contemplez dans l'établissement de l'Eglise quel est l'esprit du christianisme et de l'Evangile. Approchez-vous des apôtres, et souffrez que le Saint-Esprit vous convainque d'infidélité par leur exemple. Je dis d'infidélité ; car qu'eussions-nous fait, je vous prie, foibles et délicates créatures, si nous eussions vécu dans ces premiers temps, « où il falloit, dit Tertullien [1], acheter au prix de son sang la liberté de professer le christianisme ? » Que de chutes ! que de foiblesses ! que d'apostasies !

Mais quoique ces sanglantes persécutions soient cessées, une autre persécution s'est élevée dans l'Eglise même. Persécution du monde, ses maximes, ses lois tyranniques, l'autorité qu'il se donne ; ses armes dans ses traits piquans, dans ses railleries... Qu'il faut s'avancer nécessairement, s'il se peut, par les bonnes voies, sinon s'avancer par quelque façon ; s'il le faut, par des complaisances honteuses ; s'il est besoin, même par le crime, et que c'est manquer de courage que de modérer son ambition. Au reste à qui veut fortement les choses, nul obstacle n'est invincible. Un génie appliqué perce tout, se fait faire place, arrive enfin à son but. Ainsi, mon Sauveur, on s'applique tant aux espérances du monde, qu'on oublie et son devoir et votre Evangile.

C'est encore une maxime du monde, que qui pardonne une

[1] *De fug. in persec.*, n. 12 ; *ad Scapul.*, n. 1.

injure en attire une autre, qu'il se faut venger pour se faire craindre ; dissimuler quelquefois par nécessité, mais éclater quand on peut par quelque coup d'importance; bon ami, bon ennemi; servir les autres dans leurs passions pour les engager dans les nôtres. Et quand acheverois-je ce discours? etc.

Il est vrai, ces dangereuses maximes ont leur principe caché dans nos inclinations corrompues ; mais c'est l'usage du monde qui les érige en lois souveraines, qu'on n'ose pas contredire. Car pour abattre ceux qui lui résistent, le monde est armé de traits piquans, je veux dire de railleries, tantôt fines, tantôt grossières; les unes plus accablantes par leur insolence outrageuse (*a*), les autres plus insinuantes par leur apparente douceur. Voyez jusqu'à quel point le monde veut triompher de Jésus-Christ; il pousse sa victoire jusqu'à l'insulte, tant il la croit pleine et entière ; et il se moque hautement de ceux qui résistent, comme s'il avoit tellement raison qu'on ne pût lui résister sans extravagance. Que la foi lui paroît simple et malhabile ! que la sincérité lui paroît grossière ! que la piété chrétienne lui semble être de l'autre monde ! que la vertu est foible à ses yeux avec ses mesures réglées, avec ses lois contraignantes (*b*) ! Qui l'eût cru, qui l'eût pensé, qu'au milieu du christianisme on eût honte de la piété? Le monde ne menace point de nous bannir ; mais l'abandon est quelque espèce d'exil. Il ne fait pas mourir; mais il ôte les plaisirs et les honneurs, sans lesquels la vie nous seroit à charge. (*c*) Ainsi une ame bien née, qui peut-être entroit dans le monde avec de bonnes inclinations, est entraînée par nécessité, ou dans la fausse galanterie sans laquelle on n'a point d'esprit, ou dans des pensées ambitieuses sans lesquelles on n'est pas du monde.

Dans cette dépravation générale, on ne sait qui corrompt les autres; nous nous corrompons mutuellement, et chacun est étourdi en particulier par le bruit que nous faisons tous ensemble : ainsi nous sommes de tous les crimes, de toutes les médisances, de toutes les railleries contre Dieu, contre le prochain, moins par inclination que par complaisance. Foibles créatures que nous

---

(*a*) *Var.* : Par leurs moqueries. — (*b*) Avec son impuissante médiocrité. — (*c*) *Note marg.:* Ses traits piquans. La vertu étouffée, accablée par les moqueries.

sommes, quand dirons-nous (a) avec les apôtres ce généreux
« Nous ne pouvons pas? » Mais cette vigueur chrétienne ne se
trouve plus parmi nous. Il n'est rien que nous ne puissions pour
satisfaire notre ambition et nos passions déréglées. Ne faut-il que
trahir notre conscience, ne faut-il que violer les plus saints devoirs que la religion nous impose, ne faut-il qu'abandonner nos
amis; *Possumus, possumus;* nous le pouvons : l'honneur du
monde y résiste un peu; mais enfin on nous trouvera des expédiens : on tendra de loin des piéges subtils à sa simplicité innocente; il périra, et il aura tort. C'en est fait : *Possumus*, nous le
pouvons; nous pouvons tout pour notre fortune, nous pouvons
tout pour notre plaisir. Mais s'il faut expier nos crimes par les
saintes pratiques de la pénitence, s'il faut briser ces liens trop
doux, et abandonner ces occasions dans lesquelles notre intégrité
a tant de fois fait naufrage, tout nous devient impossible, nous
ne pouvons. S'il faut surmonter ce désir de plaire, qui nous rend
esclaves volontaires des erreurs d'autrui, malgré les nobles sentimens de la liberté chrétienne, et contre le précepte de l'Apôtre,
qui nous crie si hautement : « Vous avez été achetés d'un grand
prix, ne vous rendez pas esclaves des hommes [1], » tout nous devient impossible. Le Saint-Esprit nous convainc de péché; les
apôtres et les premiers chrétiens, dont nous nous glorifions en
vain d'être les enfans, si nous n'en sommes les imitateurs, confondent notre lâcheté et notre mollesse. Il n'y a point d'excuse
contre Jésus-Christ, il n'y a point de raison contre l'Evangile. Ne
dites plus désormais : Le monde le veut ainsi. La foi ne reconnoît
point de pareilles nécessités. Y allât-il de la fortune, y allât-il de
la vie, y allât-il de l'honneur, que vous vous vantez faussement
peut-être de préférer à la vie; dût le ciel se mêler avec la terre,
et toute la nature se confondre; « il ne peut jamais y avoir aucune nécessité de pécher, puisqu'il n'y a parmi les fidèles qu'une
seule nécessité, qui est celle de ne pécher pas : » *Nulla est necessitas delinquendi, quibus est necessitas non delinquendi* [2].

[1] I *Cor.*, VI, 20; VII, 23. — [2] Tertull. *De Coron.*, n. 11.
(a) *Var.:* Quand disons-nous.

SECOND POINT.

Vous craignez peut-être, Messieurs, que ces hommes intrépides aient (a) quelque chose de rude pour les autres ; et il est assez ordinaire que ces ames fortes que ni leurs périls n'alarment, ni les maux qu'on leur fait sentir n'abattent, aient quelque chose d'insensible et soient peu disposées à plaindre les autres. Au contraire le chrétien, cet homme spirituel que je vous représente, que le Saint-Esprit a rempli, *compage charitatis summis simul et infimis junctus*. La nature de la charité. Unie à Dieu. Par son union, insensible pour elle-même ; par sa dilatation, mêlée avec tous les autres. Exemple. Saint Paul [1] : « Que faites-vous, pleurant et me brisant le cœur ? Car, pour moi, je suis préparé non-seulement à être lié, mais encore à souffrir la mort en Jérusalem. » Quelle fermeté et quelle tendresse ! la mort ne l'étonne pas, et il ne peut voir pleurer ses frères. Couler son sang, et non couler leurs larmes. Ce même saint Paul : « Je sais avoir faim, je sais avoir soif [2], » etc. *Quis infirmatur* [3], etc. *Flere cum flentibus* [4].

Raison profonde : ce qui nous rend insensibles aux maux des autres, c'est d'être pleins de nous-mêmes : enchanté de ses plaisirs, enivré du bon succès de ses espérances ; tout va bien, c'est assez, je suis à mon aise. (b) Or on s'aime toujours soi-même, et on n'aime que soi-même, jusqu'à ce qu'on ait aimé quelque chose de plus que soi-même ; et ce ne peut être que Dieu. Voulez-vous donc être capables d'aimer sincèrement ?.... Mais, Messieurs, qu'on ne me mêle point dans ce discours des pensées profanes, ni des idées de cet amour qui ne doit pas même être nommé dans cette chaire. Car appellerai-je aimer ce transport d'une ame emportée qui cherche à se satisfaire, et qui de quelque nom qu'il s'appelle et de quelque couleur qu'il se déguise, a toujours la sensualité pour son fond ? Je veux vous apprendre un amour chaste, un amour sincère, un amour tendre par la charité. Mais il faut un objet au-dessus de nous, qui nous attire hors de nous ; ce n'est

---

[1] *Act.*, XXI, 13. — [2] *Philipp.*, IV, 12. — [3] II *Cor.*, XI, 29. — [4] *Rom.*, XII, 15.

(a) *Var.* : Vous croyez peut-être, Messieurs, que ces hommes intrépides ont. — (b) *Note marg.* : Voyez IIe Carême du Louvre, sermon sur l'amitié et la charité fraternelle.

pas assez, il faut une force intérieure qui nous pousse hors de nous-mêmes, qui ébranlant jusqu'aux fondemens cet amour-propre, nous arrache à nous-mêmes : alors aimant Dieu plus que nous-mêmes, nous pourrons devenir capables d'aimer le prochain comme nous-mêmes. C'est pourquoi ce divin Esprit ayant rempli les apôtres, les ayant transportés hors d'eux-mêmes en les attachant à Dieu par Jésus-Christ, ou plutôt à Dieu en Jésus-Christ (car qu'est-ce que Jésus-Christ, sinon Dieu en nous, Dieu se donnant à nous?) la ligne de séparation étant ôtée, le parois mitoyen étant renversé, il a fait cette bienheureuse unité de cœur : *Multitudinis cor unum et anima una.* Et parce que Dieu est peu aimé, de là vient aussi que la charité fraternelle ne paroît point sur la terre : *Arguet mundum de peccato.* Le monde n'aime rien : (*a*) *Habitatio tua in medio fraudis ; vir fratrem suum deridebit* [1]. Esprit de moquerie secrète répandu dans le monde, etc. Je ne parle ici ni des vengeances implacables, ni des inimitiés déclarées, ni des aigreurs invincibles; je représente seulement les choses dont on ne fait pas même scrupule, et qui font voir toutefois que ni l'amour de Dieu n'est en nous, ni la charité fraternelle, ni enfin la moindre étincelle du Saint-Esprit, ni la première teinture du christianisme.

Mais il y a deux péchés principaux que le Saint-Esprit reprend, l'envie et l'esprit d'intérêt et d'avarice. C'est convaincre l'infidélité des Juifs, que de l'attaquer ainsi par la racine. Car la cause secrète et profonde qui a empêché les pharisiens, c'est l'envie et l'intérêt; mais il reprend aussi les chrétiens.

« L'envie, le poison de tous les cœurs : (saint Grégoire de Nazianze [2]); la plus juste et la plus injuste de toutes les passions : » la plus injuste sans doute, car elle attaque les innocens ; mais la plus juste tout ensemble, car elle punit le coupable, et fait le juste et insupportable supplice de celui qui la nourrit dans son cœur. Peut-elle subsister dans cette unité, si nous nous regardons comme un en Jésus-Christ? Si la main avoit son sentiment propre, envieroit-elle à l'œil de ce qu'il éclaire, puisqu'il éclaire

---

[1] *Jerem.*, IX, 5, 6. — [2] *Orat.* XXVII, n. 8.
(*a*) *Note marg.:* Voyez le même sermon et le discours de l'amitié chrétienne.

pour tout le corps? et l'œil envieroit-il à la main et sa force et son adresse, qui l'a lui-même tant de fois sauvé? (*a*) Quel est le sujet de votre envie? Elle plaît, elle est plus chérie. O Dieu, si vous songiez ce que c'est que de plaire de cette sorte, et quel est le fond de ces agrémens! Mais venons à quelque chose que le monde estime plus important. Vous enviez à cet homme son élévation : s'il ne s'acquitte dignement d'un si grand emploi, n'est-il pas plus digne de pitié que d'envie? et pouvez-vous lui envier une élévation qui découvre à tout l'univers ses foiblesses déplorables, ou ses emportemens furieux, ou ses ignorances grossières? Que s'il fait bien dans un grand emploi, pourquoi portez-vous envie au soleil de ce qu'il vous éclaire avec tous les autres? Venez plutôt profiter du bien qu'il fait à tout l'univers; profitez de cette belle fontaine qui arrose vos terres, aussi bien que celles de vos voisins, au lieu de songer à en faire tarir la source. Les apôtres auparavant disputoient de la primauté; aujourd'hui ils parlent tous par la bouche de saint Pierre, ils croient présider avec lui; si son ombre guérit, toute l'Eglise s'en glorifie en Notre-Seigneur.

Esprit d'intérêt et d'avarice. Cette unité : *Nec quisquam eorum quæ possidebat aliquid suum esse dicebat; sed erant illis omnia communia*[1]. — *Qui animo animâque miscemur, nihil de rei communicatione dubitamus*[2]. Misérables aumônes, que les prédicateurs nous arrachent à force de crier contre la dureté de cœur! foible et misérable secours d'une extrême nécessité, que nous laissons tomber d'une main avare comme une goutte d'eau dans un grand brasier! Quiconque est plein de la charité, ressent les maux du prochain, souffre avec lui, et le soulage comme se soulageant soi-même. On n'entend point cette unité; et cependant c'est là le fond du christianisme. Membres du même corps par le Saint-Esprit. Et quand est-ce que nous serons capables de le pratiquer, si nous ne sommes pas même capables de l'entendre? Le monde répond qu'on ne peut pas; on a tant de charges. La réponse de saint Pierre à Ananias : « Vous mentez au Saint-Esprit[3]. » Il

---

[1] *Act.*, IV, 32. — [2] Tert., *Apol.*, n. 39. — [3] *Act.*, V, 3.

(*a*) *Note marg.* : Voyez le sermon : *Spiritum nolite extinguere*, pour la Pentecôte.

vouloit avoir l'honneur d'une bonne action qu'il ne faisoit pas ; vous en savez le châtiment. Vous voulez avoir l'honneur de la charité sans l'exercer, en vous excusant sur votre impuissance ; et moi, je vous découvrirai un fonds inépuisable pour la charité ; le fonds du Dieu créateur : argent, terre, pierreries, *tua sunt omnia;* et ensuite : *Quæ de manu tuâ accepimus, dedimus tibi* [1]. *Sed adhuc excellentiorem viam vobis demonstro* [2] : « Mais je vous montre encore une voie plus excellente : » le fonds du Dieu Sauveur, du Dieu crucifié, du Dieu dépouillé, qui vous apprend à vous dépouiller devant lui. Fonds pour la charité, sur le retranchement de la vanité. Pauvres intérieurs, passions insatiables : jamais. C'est assez. Rien pour les pauvres. Circoncision. Quelle règle? Je ne puis la proposer en cette chaire ; car elle n'est peut-être pas la même pour tous : mais que chacun s'applique à considérer le néant du monde, et sa figure qui passe. *Peregrini sumus coràm te et advenæ; dies nostri quasi umbra super terram, et nulla est mora* [3]. Voyez quelle est cette pauvreté qui fait qu'on n'est riche que par le dehors. Quand vous vous appliquez quelque ornement, songez qu'il ne durera guère et que peut-être il restera après vous. Telle est la nature des choses que vous dites vôtres ; les véritables richesses, vous n'avez aucun soin de les amasser... De là naîtra un dégoût de ces richesses empruntées, qui tiennent si peu à votre personne : de là cette circoncison du cœur plus grande de jour en jour. L'esprit du monde, toujours augmenter et accroître ses folles dépenses. L'esprit du christianisme, toujours diminuer ses besoins. Double utilité : vous vous enrichirez au dedans, et vous serez en état d'exercer la charité fraternelle. Tel est l'esprit du christianisme ; Messieurs, « n'éteignez pas cet esprit : » *Spiritum nolite extinguere* [4].

Madame, Votre Majesté est née avec un éclat qui lui fait voir tout l'univers au-dessous d'elle. Vous êtes la digne épouse d'un roi, qui par la sagesse de ses conseils, par la hauteur de ses entreprises, par la grandeur de sa puissance, pourroit être l'effroi de l'Europe si par sa générosité il n'aimoit mieux en être l'appui.

[1] *Paral.,* XXIX, 14. — [2] I *Cor.,* XII, 30. — [3] I *Paral.,* XXIX, 15. — [4] I *Thess.,* V, 19.

Mais, Madame, la moindre pensée du christianisme, le moindre sentiment de piété, la moindre étincelle du Saint-Esprit, vaut mieux sans comparaison que ce grand royaume que le roi a mis entre vos mains avec une confiance si absolue. Laissez-vous donc posséder à cet esprit du christianisme. Remplissez-vous de l'esprit de force, pour combattre en vous-même sans relâche tous ces restes de foiblesse humaine dont les fortunes les plus relevées ne sont pas exemptes. Remplissez-vous de l'esprit de charité fraternelle, et n'usez de votre pouvoir que pour soulager les pauvres et les misérables. Ainsi puissions-nous bientôt changer en actions de graces les vœux continuels que nous faisons pour votre heureux accouchement! Puisse ce jeune prince, le digne objet de votre tendresse, croître visiblement sous votre conduite; puisse-t-il apprendre de vous cet abrégé des sciences, la soumission envers Dieu et la bonté envers les peuples! Mais puissions-nous tous ensemble pratiquer les saintes maximes de l'Evangile et vivre selon l'esprit du christianisme, afin que nous puissions aussi tous ensemble, maîtres et serviteurs, princes et sujets, jouir de la félicité éternelle : au nom du Père, et du Fils, et du Saint-Esprit. *Amen.*

ABRÉGÉ D'UN SERMON

POUR

LE JOUR DE LA PENTECOTE (a).

Cor mundum crea in me, Deus. Psal. L, 12.

Ce sermon sera une prière au peuple de la part de Dieu, à Dieu de la part du peuple.

Le Saint-Esprit en ce jour appelé *Creator Spiritus*, par rapport

---

(a) Prêché à Meaux, dans la mission de 1692, pendant un jubilé.
Le prédicateur demande à Dieu la pureté et la droiture « pour tout ce peuple partagé entre ceux qui ont déjà fait leur jubilé, leur mission, et ceux qui demeurent encore endurcis. » On sait que le sermon pour le cinquième dimanche après Pâques fut prononcé à l'ouverture de la mission, et probablement celui dont on va lire le projet la termina.

à cette nouvelle création : non qu'il ne soit créateur, etc.; mais la création nouvelle par une attribution particulière. Pour en fonder la demande et nous faire dire : O Dieu, créez en moi ce cœur nouveau, il faut considérer avant toutes choses quel cœur nous avons. Pesez toutes les paroles de Notre-Seigneur, au chapitre vii de saint Marc : *De corde hominum malæ cogitationes procedunt, adulteria, fornicationes, homicidia, furta, avaritiæ, nequitiæ, dolus, impudicitiæ, oculus malus, blasphemia, superbia, stultitia* [1]. Appuyez beaucoup sur celui-là : *Bonus homo de bono thesauro cordis sui profert bonum, et malus homo de malo thesauro profert malum; ex abundantiâ enim cordis os loquitur* [2]. — *Non potest arbor bona malos fructus facere, neque arbor mala bonos fructus facere* [3]. Jugez du fond de votre cœur par vos pensées.

Pesez beaucoup sur chaque crime : *Adulteria :* on ne le conçoit pas. David. — *Filius mortis est vir qui fecit hoc.* — *Ovem reddet in quadruplum* [4]. Vous ne sauriez la rendre : son innocence, sa foi, etc. Appuyer sur les autres : *Homicidia :* « Qui hait son frère, c'est un meurtrier [5]. » *Superbia. Stultitia.* Expliquer bien cette folie, cet égarement d'esprit. *Nequitiæ,* « Méchanceté. » Le cœur humain sensuel et voluptueux, injuste, violent et vindicatif, malin et trompeur, superbe jusqu'à en devenir insensé. *Si quis existimat se aliquid esse, cùm nihil sit, ipse se seducit* [6]. Folie naturelle à l'orgueil. Distance infinie entre être quelque chose et n'être rien; et néanmoins l'orgueil si grossier, si aveugle, qu'il confond :... distance infinie tant la folie le domine.

Ne dites pas : Je n'ai pas tant de vices. — Le principe de tous. Le plaisir nous mène à tout, à la mollesse, à la paresse, à tout. Nulle résistance; il ne manquera que l'occasion. Ah! quel cœur je porte donc dans mon sein! Tout ce qui y entre, s'y corrompt, corrompt le bien qui est en moi, qui est dans les autres; Dieu même, sa parole, sa miséricorde; il abuse de tout. Ah! je ne veux plus de ce cœur; empoisonne tout, les paroles les plus innocentes du prochain. Quoi! dans mon sein un tel venin, un tel poison, un tel serpent! Ah! je le veux arracher.

---

[1] *Marc.*, vii, 21, 22. — [2] *Luc.*, vi, 45. — [3] *Matth.*, vii, 18. — [4] II *Reg.*, xii, 5, 6. — [5] I *Joan.*, iii, 15. — [6] *Galat.*, vi, 3.

Mais je ne puis, il tient trop avant. Venez, Esprit créateur : *Cor mundum, spiritum rectum.* Pesez ces deux choses : pureté, droiture. O mon Dieu, je vous le demande pour tout ce peuple partagé entre ceux qui ont déjà fait leur jubilé, leur mission, et ceux qui demeurent encore endurcis. Silence d'une heure dans le ciel [1] : ce silence délibère si punir, si attendre encore ; et plus après se taire durant quelque temps, comme en attente de ce qui se sera décidé. Un ange paroît, le soleil, l'iris [2] : Je reconnois la prédication de l'Evangile à cette lumière plus grande que celle qui parut sur la face de Moïse. Point de voile. L'iris, signe de paix, de miséricorde, d'alliance. Un pied sur la mer, un sur la terre, sur ceux qui sont affermis, ceux qui encore agités. Lève la main au ciel : plus de temps. Quoi donc! cette mission, pourquoi le dernier temps? Vous me laissez une foible espérance, si avec ce secours extraordinaire, le jubilé, la Pentecôte ; tout ensemble tant d'exemples, tant de prières, tant de changemens, nous ne gagnons rien ; quelle espérance de mieux réussir? Ah! venez, Esprit créateur, etc.

Les larcins, en saint Marc. A cette occasion, parler des restitutions : on ne peut pas prendre sur ses plaisirs, sur son nécessaire. Quelle différence! cette pauvre veuve étoit pauvre, plus digne de recevoir l'aumône qu'obligée à la donner ; et néanmoins elle trouve *Omnem victum suum* [3], elle, pour l'aumône ; et vous ne voulez pas trouver pour la restitution.

Toute la force de ce discours doit être à pénétrer jusqu'au vif de chaque crime, et à en arracher les moindres fibres, crainte de la renaissance.

Et aussi, bien expliquer ce pur et ce droit, qui sera suivi de l'Esprit-Saint et de l'esprit principal ; force, courage, etc.

[1] *Apoc.*, VIII, 1. — [2] *Ibid.*, X, 1 et suiv. — [3] *Luc.*, XXI, 4.

SERMON

POUR

LE JOUR DE LA TRES-SAINTE TRINITÉ (a).

Πάτερ ἅγιε, τήρησον αὐτοὺς ἐν τῷ ὀνόματι σου, οὓς δέδωκάς μοι, ἵνα ὦσιν ἓν καθὼς ἡμεῖς.

Pater sancte, serva eos in nomine tuo quos dedisti mihi, ut sint unum sicut et nos.

Père saint, gardez en votre nom ceux que vous m'avez donnés, afin qu'ils soient un comme nous. *Joan.*, XVII, 11.

Quand je considère en moi-même l'éternelle félicité que notre Dieu nous a préparée; quand je songe que nous verrons sans obscurité tout ce que nous croyons sur la terre, que cette lumière inaccessible nous sera ouverte, et que la Trinité adorable nous découvrira ses secrets; que là nous verrons le vrai Fils de Dieu sortant éternellement du sein de son Père et demeurant éternellement dans le sein du Père; que nous verrons le Saint-Esprit, ce torrent de flamme, procéder des embrassemens mutuels que se donnent le Père et le Fils, ou plutôt qui est lui-même l'embrassement, l'amour et le baiser du Père et du Fils; que nous verrons cette unité si inviolable que le nombre n'y peut apporter de division, et ce nombre si bien ordonné que l'unité n'y met pas de confusion (b), mon ame est ravie, chrétiens, de l'espérance d'un si beau spectacle, et je ne puis que je ne m'écrie avec le Prophète : « Que vos tabernacles sont beaux, ô Dieu des armées! mon cœur languit et soupire après la maison du Seigneur [1]. » Et puisque

---

[1] *Psal.* LXXXIII, 1.

(a) Prêché vers 1659.
Le lecteur admirera la solide doctrine, les larges aperçus, les profondes pensées qui distinguent ce sermon; mais il y remarquera aussi plusieurs expressions semblables à celles-ci : « Accoutumance, chicanerie, le divin capitaine, etc. » Il faut donc placer la date de ce discours pour ainsi dire aux confins de la première et de la deuxième époque. On sait d'ailleurs que Bossuet, dans cette période intermédiaire, citoit quelquefois l'Ecriture sainte dans le texte grec.

(b) *Var.* : N'y apporte pas.

notre unique consolation dans ce misérable pèlerinage, c'est de penser aux biens éternels que nous attendons en la vie future, entretenons-nous ici-bas, mes Frères, des merveilles que nous verrons dans le ciel, et parlons, quoiqu'en bégayant, des secrets et ineffables mystères qui nous seront un jour découverts dans la sainte cité de Sion, dans la cité de notre Dieu, « que Dieu a fondée éternellement [1]. » Mais d'autant que ceux-là pénètrent le mieux les secrets divins, qui s'abaissent plus profondément devant Dieu, prosternons-nous de cœur et d'esprit devant cette Majesté infinie; et afin qu'elle nous soit favorable, prions la Mère de miséricorde qu'elle nous impètre par ses prières cet Esprit qui la remplit si abondamment, lorsque l'ange l'eut saluée par ces paroles que nous lui disons : *Ave, Maria.*

Cette Trinité incréée, souveraine, toute-puissante, incompréhensible, afin de nous donner quelque idée de sa perfection infinie, a fait une Trinité créée sur la terre, et a voulu imprimer en ses créatures une image de ce mystère ineffable, qui associe le nombre avec l'unité d'une manière si haute et si admirable. Si vous désirez savoir, chrétiens, quelle est cette Trinité créée dont je parle, ne regardez point le ciel, ni la terre, ni les astres, ni les élémens, ni toute cette diversité qui nous environne; rentrez en vous-mêmes, et vous la verrez; c'est votre ame, c'est votre intelligence, c'est votre raison qui est cette Trinité dépendante en laquelle est représentée cette Trinité souveraine. C'est pourquoi nous voyons dans les Ecritures et dans la création de cet univers, que la Trinité n'y paroît que lorsque Dieu se résout de produire l'homme. Remarquez que tous ses autres ouvrages sont faits par une parole de commandement, et l'homme par une parole de consultation : « Que la lumière soit faite, que le firmament soit fait, » *Fiat lux* [2]; c'est une parole de commandement. L'homme est créé d'une autre manière, qui a quelque chose de plus magnifique. Dieu ne dit pas : Que l'homme soit fait; mais toute la Trinité assemblée prononce par un conseil commun : « Faisons l'homme à notre image et ressemblance [3]. » Quelle est cette nouvelle façon de parler, et

---

[1] *Psal.* XLVII, 9. — [2] *Genes.*, I, 3. — [3] *Ibid.*, 26.

pourquoi est-ce que les Personnes divines commencent seulement à se déclarer, quand il est question de former Adam? est-ce qu'entre les créatures l'homme est la seule qui se peut vanter d'être l'ouvrage de la Trinité? Nullement, il n'en est pas de la sorte ; car toutes les opérations de la très-sainte Trinité sont inséparables. D'où vient donc que la Trinité très-auguste se découvre si hautement pour créer notre premier père, si ce n'est pour nous faire entendre qu'elle choisit l'homme entre toutes les créatures, pour y peindre son image et sa ressemblance? De là vient que les trois Personnes divines s'assemblent pour ainsi dire et tiennent conseil pour former l'ame raisonnable, parce que chacune de ces trois Personnes doit en quelque sorte contribuer quelque chose de ce qu'elle a de propre pour l'accomplissement d'un si grand ouvrage.

En effet comme la Trinité très-auguste a une source et une fontaine de divinité, ainsi que parlent les Pères grecs [1], un trésor de vie et d'intelligence, que nous appelons le Père, où le Fils et le Saint-Esprit ne cessent jamais de puiser : de même l'ame raisonnable a son trésor qui la rend féconde. Tout ce que les sens lui apportent du dehors, elle le ramasse au dedans, elle en fait comme un réservoir, que nous appelons la mémoire. Et de même que ce trésor infini, c'est-à-dire le Père éternel, contemplant ses propres richesses, produit son Verbe qui est son image, ainsi l'ame raisonnable, pleine et enrichie de belles idées, produit cette parole intérieure que nous appelons la pensée, ou la conception, ou le discours, qui est la vive image des choses. Car ne sentons-nous pas, chrétiens, que lorsque nous concevons quelque objet, nous nous en faisons en nous-mêmes (a) une peinture animée, que l'incomparable saint Augustin appelle « le fils de notre cœur, » *Filius cordis tui* [2]? Enfin comme en produisant en nous cette image qui nous donne l'intelligence, nous nous plaisons à entendre, nous aimons par conséquent cette intelligence ; et ainsi de ce trésor qui est la mémoire, et de l'intelligence qu'elle pro-

---

[1] S. Athan., *Epist. de Synod.*, n. 41, 42 ; S. Greg. Nazianz., *Orat.* XLV, n. 5. — [2] *De Trinit.*, lib. XI, cap. VII.

(a) *Var. :* A nous-mêmes.

duit, naît une troisième chose qu'on appelle amour, en laquelle sont terminées toutes les opérations de notre ame. Ainsi du Père qui est le trésor, et du Fils qui est la raison et l'intelligence, procède cet Esprit infini qui est le terme de l'opération de l'un et de l'autre (a) : et comme le Père, ce trésor éternel, se communique sans s'épuiser ; ainsi ce trésor invisible et intérieur que notre ame renferme en son propre sein, ne perd rien en se répandant ; car notre mémoire ne s'épuise pas par les conceptions qu'elle enfante ; mais elle demeure toujours féconde, comme Dieu le Père est toujours fécond.

Or, encore que cette image soit infiniment éloignée de la perfection de l'original, elle ne laisse pas d'être très-noble et très-excellente, parce que c'est la Trinité même qui a bien voulu la former en nous ; et de là vient qu'en produisant l'homme, qui par les opérations de son ame devoit en quelque façon imiter celles de la Trinité toujours adorable, cette même Trinité d'un commun accord prononce cette parole sacrée, si glorieuse à notre nature : « Faisons l'homme à notre image et ressemblance. » C'est encore pour cette raison que le Fils de Dieu a voulu que les trois divines Personnes parussent dans notre nouvelle naissance, et que nous y fussions consacrés au nom du Père, et du Fils, et du Saint-Esprit [1]. Admirez ici, chrétiens, les profonds conseils de la Providence dans le rapport merveilleux des divins mystères. Où est-ce que l'homme a été formé ? Dans la création. Où est-ce que l'homme est réformé ? Dans le saint baptême, qui est une seconde création, où la grace de Jésus-Christ nous donne une nouvelle naissance, et nous fait des créatures nouvelles. Quand nous sommes formés premièrement par la création, la Trinité s'y découvre par ces paroles : « Faisons l'homme à notre image et ressemblance. » Quand nous sommes régénérés, quand le Saint-Esprit nous réforme dans les eaux sacrées du baptême, toute la Trinité y est appelée. La Trinité dans la création, la Trinité dans la régénération ; n'est-ce pas afin (b) que nous comprenions que le Fils de Dieu rétablit en nous la première dignité de notre origine, et qu'il répare miséri-

[1] *Matth.*, XXVIII, 19.

(a) *Var.*: Qui est l'amour de l'un et de l'autre. — (b) C'est afin.

cordieusement en nos ames l'image de la Trinité adorable que notre création nous avoit donnée, et que notre péché avoit obscurcie ?

Mais passons encore plus loin. Afin que la Trinité très-indivisible éclatât plus visiblement dans les hommes, il a plu à Notre-Seigneur Jésus-Christ que son Eglise en fût une image, comme la suite de ce discours le fera paroître. Qui est-ce qui nous a enseigné cette belle théologie ? Chrétiens, c'est Jésus-Christ même qui nous l'a montrée dans les paroles que j'ai citées pour mon texte. « Père saint, dit-il à son Père, gardez ceux que vous m'avez donnés. » Qui sont ceux que le Père a donnés au Fils ? Ce sont les fidèles, qui étant unis par l'Esprit de Dieu, composent cette sainte société que nous exprimons par le nom d'Eglise. « Gardez-les, dit-il, afin qu'ils soient un. » Ils sont un, dit le Fils de Dieu ; c'est-à-dire que leur multitude n'empêche pas une parfaite unité. Et afin qu'il ne fût pas permis de douter que cette mystérieuse unité, qui doit assembler le corps de l'Eglise, ne fût l'image de cette unité ineffable qui associe les trois Personnes divines, Jésus-Christ l'explique en ces mots : « Qu'ils soient un, dit-il [1], comme nous ; » et un peu après : « Comme vous, Père, êtes en moi et moi en vous, ainsi je vous prie qu'ils soient un en nous [2] ; » et encore : « Je leur ai donné, dit-il, la gloire que vous m'avez donnée, afin qu'ils soient un comme nous [3]. » O grandeur ! ô dignité de l'Eglise ! ô sainte société des fidèles, qui doit être si parfaite et si achevée, que Jésus-Christ ne lui donne point un autre modèle que l'unité même du Père et du Fils, et de l'Esprit qui procède du Père et du Fils ! Qu'ils soient un, dit le Fils de Dieu, non point comme les anges, ni comme les archanges, ni comme les chérubins, ni comme les séraphins ; « mais qu'ils soient, dit-il, un comme nous. » Entendons le sens de cette parole : comme nous sommes un dans le même être, dans la même intelligence, dans le même amour, ainsi qu'ils soient un comme nous ; c'est-à-dire un dans le même être par leur nouvelle nativité, un dans la même intelligence par la doctrine de vérité, un dans le même amour par le lien de la charité. C'est de cette triple unité que j'espère vous entretenir aujourd'hui avec l'assistance divine.

[1] *Joan.*, XVII, 11. — [2] *Ibid.*, 21. — [3] *Ibid.*, 22.

PREMIER POINT.

Encore que la génération éternelle, par laquelle le Fils procède du Père, surpasse infiniment les intelligences de toutes les créatures mortelles, et même de tous les esprits bienheureux, toutefois ne laissons pas de porter nos vues dans le sein du Père éternel, pour y contempler le mystère de cette génération ineffable. Mais de peur que cette lumière ne nous aveugle, regardons-la comme réfléchie dans ce beau miroir des Ecritures divines, que le Saint-Esprit nous a préparé, pour s'accommoder à notre portée.

La première chose que je remarque dans la génération du Verbe éternel, c'est que le Père l'engendre en lui-même, contre l'ordinaire des autres pères, qui engendrent nécessairement au dehors. Nous apprenons des Ecritures, que le Fils procède du Père : « Je suis, dit-il, sorti de Dieu [1]. » Tout ce qui est produit, il faut qu'il soit tiré du néant, comme par exemple le ciel et la terre; ou qu'il soit produit de quelque chose, comme les plantes et les animaux. Que le Fils unique de Dieu ait été tiré du néant, c'est ce que les ariens mêmes, qui nioient la divinité du Sauveur du monde, n'ont jamais osé avancer [2]. En effet puisque le Verbe éternel est le Fils de Dieu par nature, il ne peut être tiré du néant; autrement il ne seroit pas engendré, il ne procéderoit pas comme Fils; et lui qui est le vrai Fils de Dieu, le Fils singulièrement et par excellence, et qui est appelé dans les Ecritures le propre Fils du Père éternel, ne seroit en rien différent de ceux qui le sont par adoption. Par conséquent il est clair que le Fils de Dieu ne peut pas être tiré du néant, et ce blasphème seroit exécrable. Que s'il n'a pas été tiré du néant, voyons d'où il a été engendré.

C'est une loi nécessaire et inviolable, que tout fils doit recevoir en lui-même quelque partie de la substance du père; et c'est pourquoi quand nous parlons d'un fils à un père, nous disons que c'est un autre lui-même. Si donc mon Sauveur est le Fils de Dieu, qui ne voit qu'il doit être formé de la propre substance de Dieu? Mais ne concevons rien ici de mortel; éloignons de notre esprit et de nos pensées tout ce qui ressent la matière; ne croyons pas

---

[1] *Joan.*, XVI, 27. — [2] S. Aug., *cont. Maximin.*, lib. II, cap. XIV.

que le Fils de Dieu ait reçu seulement en lui-même quelque partie de la substance du Père. Car puisqu'il est essentiel à Dieu d'être simple et indivisible, sa substance ne souffre point de partage ; et par conséquent si le Verbe, en cette belle qualité de Fils, doit participer nécessairement à la substance de Dieu son Père, il la reçoit sans division, elle lui est communiquée toute entière ; et le Père qui le produit du fond même de son essence, la répand sur lui sans réserve. Et d'autant que la nature divine ne peut être ni séparée ni distraite; si le Fils sortoit hors du Père, s'il étoit produit hors de lui, jamais il ne recevroit son essence, et il perdroit le titre de Fils; de sorte que, afin qu'il soit Fils, il faut que son Père l'engendre en lui-même.

C'est ce que nous apprenons par les Ecritures. Dites-le-nous, bien-aimé Disciple, qui avez bu ces secrets célestes dans le sein et dans le cœur du Verbe éternel. « Au commencement étoit le Verbe, et le Verbe étoit en Dieu [1]; » c'est-à-dire dès que le Verbe a été, il étoit en Dieu : il a donc été produit en Dieu même. C'est pourquoi il procède de Dieu comme son Verbe, comme sa conception, comme sa pensée, comme la parole intérieure par laquelle il s'entretient en lui-même de ses perfections infinies. Il ne peut donc pas être séparé de lui. Méditez cette admirable doctrine. Tout ce qui engendre est vivant; engendrer, c'est une fonction de vie; et la vie de Dieu, c'est l'intelligence : donc il engendre par intelligence. Or l'entendement n'agit qu'en lui-même; il ne se répand point au dehors : au contraire, tout ce qu'il rencontre au dehors, il s'efforce de le ramasser au dedans. De là vient que nous disons ordinairement, que nous comprenons une chose, que nous l'avons mise dans notre esprit, lorsque nous l'avons entendue. Ainsi cette essence infinie, souverainement immatérielle, qui ne vit que de raison et d'intelligence, ne souffre pas que rien soit engendré en elle; si ce n'est par la voie de l'intelligence; et par conséquent le Verbe éternel, la sagesse et la pensée de son Père, étant produit par intelligence, naît et demeure dans son principe : *Hoc erat in principio apud Deum* [2].

C'est ce que le grave Tertullien nous explique admirablement

[1] Joan., I, 1. — [2] Ibid., 2.

dans cet excellent *Apologétique.* « Cette parole, dit ce grand homme [1], nous disons que Dieu la profère et l'engendre en la proférant. » Car c'est une parole substantielle, qui porte en elle-même toute la vertu, toute l'énergie, toute la substance du principe qui la produit : « Et c'est pourquoi, dit Tertullien, nous l'appelons Fils de Dieu, à cause de l'unité de substance. » Après il compare le Fils de Dieu au rayon que la lumière produit, sans rien diminuer de son être, sans rien perdre de son éclat; et il conclut « qu'il est sorti de la tige, mais qu'il ne s'en est pas retiré : » *Non recessit, sed excessit.* O Dieu! mon esprit se confond; je me perds, je m'abîme dans cet océan; mes yeux foibles et languissans ne peuvent plus supporter un si grand éclat. Reprenons, fidèles, de nouvelles forces, en reposant un peu notre vue sur des objets qui soient plus de notre portée.

Sainte société des fidèles, Eglise remplie de l'Esprit de Dieu, chaste épouse de mon Sauveur, vous représentez sur la terre la génération du Verbe éternel dans votre bienheureuse fécondité. Dieu engendre, et vous engendrez. Dieu, comme nous avons dit, engendre en lui-même; sainte Eglise, où engendrez-vous vos enfans? Dans votre paix, dans votre concorde, dans votre unité, dans votre sein et dans vos entrailles. Heureuse maternité de l'Eglise! Les mères que nous voyons sur la terre conçoivent, à la vérité, leur fruit en leur sein; mais elles l'enfantent (a) hors de leurs entrailles. Au contraire la sainte Eglise, elle conçoit hors de ses entrailles, elle enfante dans ses entrailles. Un infidèle vient à l'Eglise, il demande d'être associé avec les fidèles; l'Eglise l'instruit et le catéchise; il n'est pas encore en son sein, il n'est point encore en son unité; elle n'enfante pas encore, mais elle conçoit. Ainsi elle ne conçoit pas en son sein; aussitôt qu'elle nous enfante, nous commençons à être en son unité. C'est ainsi que vous engendrez, sainte Eglise, à l'imitation du Père éternel. Engendrer c'est incorporer; engendrer vos enfans, ce n'est pas les produire au dehors de vous; c'est en faire un même corps avec vous. Et comme le Père engendrant son Fils, le fait un même Dieu avec lui, ainsi les

[1] *Apolog.*, n. 21.
(a) *Var.* : Elles l'engendrent.

enfans que vous engendrez vous les faites ce que vous êtes, en formant Jésus-Christ en eux. Et comme le Père engendre le Fils en lui communiquant son même être, ainsi vous engendrez vos enfans en leur communiquant cet être nouveau que la grace vous a donné en Notre-Seigneur Jésus-Christ : *Ut sint unum sicut et nos.* Ce que je dis du Père et du Fils, je le dis encore du Saint-Esprit, qui sont trois choses et la même chose. C'est pourquoi saint Augustin dit : « En Dieu il y a nombre, en Dieu il n'y a point de nombre. Quand vous comptez les trois Personnes, vous voyez un nombre; quand vous demandez ce que c'est, il n'y a plus de nombre; on répond que c'est un seul Dieu. Parce qu'elles sont trois, voilà comme un nombre; quand vous recherchez ce qu'elles sont, le nombre s'échappe, vous ne trouvez plus que l'unité simple : » *Quia tres sunt, tanquam est numerus : si quæris quid tres, non est numerus* [1]. Ainsi en est-il de l'Eglise. Comptez les fidèles, vous voyez un nombre. Que sont les fidèles? il n'y plus de nombre; ils sont tous un même corps en Notre-Seigneur ; « il n'y a plus ni Grec, ni Barbare, ni Romain, ni Scythe; mais un seul Jésus-Christ qui est tout en tous [2] : » *Ut sint unum sicut et nos.*

SECOND POINT.

Contemplons dans les Ecritures comment le Fils et le Saint-Esprit reçoivent continuellement en eux-mêmes la vie et l'intelligence du Père. Et premièrement pour le Fils, voici comment il parle dans son Evangile en saint Jean : « En vérité, en vérité je vous le dis, le Fils ne peut rien faire de lui-même, et il ne fait que ce qu'il voit faire à son Père. Et tout ce que le Père fait, le Fils le fait semblablement. Car le Père aime le Fils, et il lui montre tout ce qu'il fait [3]. » Quand nous entendons ces paroles, aussitôt notre foible imagination se représente le Père opérant, et le Fils regardant ses œuvres, à peu près comme un apprenti qui s'instruit en voyant travailler son maître; mais si nous voulons entendre les secrets divins, détruisons ces idoles vaines et charnelles que l'accoutumance des choses humaines élève en nos cœurs; détruisons,

[1] *In Joan.*, tract. XXXIX, n. 4. — [2] *Coloss.*, III, 11. — [3] *Joan.*, V, 19, 20.

dis-je, ces idoles par le foudre des Ecritures. Si le Père agissoit premièrement, et que le Fils le regardât faire, et après qu'il agît lui-même à l'imitation de son Père, il s'ensuivroit nécessairement que leurs opérations seraient séparées. Or nous apprenons par les Ecritures que « tout ce que le Père fait est fait par son Fils : » *Omnia per ipsum facta sunt, et sine ipso factum est nihil* [1] : « Par lui toutes choses ont été faites, sans lui rien n'a été fait : » *Omnia per ipsum facta sunt ;* et c'est pourquoi il nous dit lui-même : « Tout ce que le Père fait, le Fils le fait semblablement. » Si le Fils fait tous les ouvrages que fait son Père, leurs actions ne peuvent point être séparées. Et il ne se contente point de nous dire qu'il fait tout ce que fait le Père ; mais tout ce que le Père fait, dit-il, le Fils le fait semblablement. Les caractères que la main forme, c'est la plume qui les forme aussi ; mais elle ne les forme pas semblablement ; la main les forme comme la cause mouvante, et la plume comme l'instrument qui est mu. A Dieu ne plaise que nous croyions qu'il en soit ainsi du Père et du Fils : « Tout ce que le Père fait, dit Notre-Seigneur, cela même le Fils le fait semblablement, » c'est-à-dire avec la même puissance, avec la même sagesse et par la même opération : *Hoc et Filius similiter facit.*

D'où vient que vous dites, ô mon Sauveur : Le Fils ne peut rien faire de lui-même, sinon ce qu'il voit faire à son Père, et le Père montre à son Fils tout ce qu'il fait ? Quelle est cette merveilleuse manière par laquelle vous contemplez votre Père, par laquelle vous voyez en lui tout ce que vous faites et tout ce qu'il fait ? Comment est-ce qu'il vous parle et qu'il vous enseigne ? Et puisque vous êtes Dieu comme lui, d'où vient que vous ne faites rien de vous-même ? Qui nous développera ces mystères ? Ecoutons parler le grand Augustin : Le Fils, dit-il [2], ne fait rien de lui-même, parce qu'il n'est pas de lui-même. Celui qui lui communique son essence, lui communique aussi son opération. Et encore qu'il reçoive tout de son Père, il ne laisse pas d'être égal au Père, parce que le Père qui lui donne tout, lui donne aussi son égalité. Le Père lui donne tout ce qu'il est, et l'engendre aussi grand que

---

[1] *Joan.,* I, 3. — [2] *In Joan.,* tract. XX, n. 4 ; *De Trinit.,* lib. II, n. 3.

lui, parce qu'il lui donne sa propre grandeur. C'est ainsi, ô Père céleste, que vous enseignez votre Fils, parce que vous lui donnez sans réserve la même science qui est en vous.

Mais entendons ce secret, mes Frères, selon la mesure qui nous est donnée, et autant qu'il a plu à Dieu de nous le révéler par les Écritures. Il est clair que celui qui enseigne veut communiquer sa science : par exemple, les prédicateurs, que l'Esprit de Dieu établit pour enseigner au peuple la saine doctrine, pourquoi montent-ils dans les chaires? N'est-ce pas afin de faire passer les lumières que Dieu leur donne, dans l'esprit de leurs auditeurs? C'est ce que prétend celui qui enseigne. Il ouvre son cœur à ceux qui l'écoutent, il tâche de les rendre semblables à lui, il veut qu'ils prennent ses sentimens et qu'ils entrent dans ses pensées; et ainsi celui qui enseigne et celui qui est enseigné doivent se rencontrer ensemble, et s'unir dans la participation des mêmes lumières. Par conséquent la méthode d'enseigner tend à l'unité des esprits dans la science et dans la doctrine; et ce que j'ai dit est très-véritable, que celui qui veut enseigner veut communiquer sa science. Mais ni la nature ni l'art ne font qu'ébaucher cet ouvrage; cette communication est très-imparfaite, et cette unité n'est que commencée. Cette entière communication de science ne se peut trouver qu'en Dieu même. C'est là que le Père enseigne le Fils d'une manière infiniment admirable, parce qu'il lui communique sa propre science. Là se fait cette parfaite unité d'esprit entre le Père et le Fils, parce que la vie et l'intelligence, la raison et la lumière du Père se trouvent tellement dans le Fils, qu'il ne se fait de l'un et de l'autre qu'une même vie, une même intelligence et un même esprit. C'est pourquoi le Père enseignant et le Fils qui est enseigné sont également adorables, parce que le Fils reçoit cette même science du Père, qui ne souffre aucune imperfection.

Et ne nous imaginons pas, chrétiens, que lorsque le Père enseigne le Fils, il lui communique (a) la science comme la perfection de son être. Comme il l'engendre parfait, il lui donne tout en l'engendrant. Bien plus, si nous le savons bien entendre, « l'en-

---

(a) *Var.* : Que le Père après avoir engendré son Fils, lui communique.

gendrer et l'enseigner, c'est la même chose : » *Hoc est eum docuisse, quod est scientem genuisse,* dit saint Augustin [1]. Vous me direz qu'engendrer et enseigner sont des termes bien opposés. Il est vrai dans les créatures, où il est certain qu'engendrer n'est pas un acte d'intelligence; mais en Dieu dont la vie est intelligence, qui engendre conséquemment par intelligence, il ne se faut pas étonner si en enseignant il engendre. Car s'il enseigne son Fils éternel en lui communiquant sa propre science, il l'engendre en lui communiquant sa propre science, parce qu'à l'égard de Dieu, être c'est savoir, être c'est entendre, comme enseigne la théologie. D'où il s'ensuit manifestement que cela même que le Père enseigne le Fils, prouve l'unité du Père et du Fils dans la vie de l'intelligence. Il en est de même du Saint-Esprit, puisqu'il procède du Père et du Fils avec la même perfection que le Fils reçoit de son Père. Ainsi le Père, le Fils et le Saint-Esprit, même lumière, même majesté, même intelligence, vivent tous ensemble d'entendre, et tous ensemble ne sont qu'une même vie.

« Père saint, dit le Fils de Dieu, gardez en votre nom ceux que vous m'avez donnés, afin qu'ils soient un comme nous; » c'est-à-dire qu'ils soient comme nous unis dans la même vie de l'intelligence. Mais pouvons-nous bien espérer que tous les fidèles doivent être unis dans la vie de l'intelligence? Oui, certes nous le devons espérer. Regardez les esprits bienheureux qui règnent au ciel avec Jésus-Christ; quelle est leur vie, quelle est leur lumière? « Leur lumière, dit l'*Apocalypse* [2], c'est l'Agneau, » c'est-à-dire le Verbe incréé qui s'est fait la victime du monde. Donc la lumière des bienheureux, c'est ce Verbe, cette parole que le Père profère dans l'éternité. Mais ce Verbe n'est pas une lumière qui soit allumée hors de leurs esprits, c'est une lumière infinie qui luit intérieurement dans leurs âmes. En cette lumière ils y voient le Fils, parce que cette lumière c'est le Fils même. En cette lumière ils y voient le Père, parce que c'est la splendeur du Père : « Qui me voit, dit le Fils de Dieu [3], voit mon Père. » Ils y voient le Saint-Esprit en cette lumière, parce que le Saint-Esprit en procède. En cette lumière ils s'y contemplent eux-mêmes, parce qu'ils se trou-

[1] *In Joan.,* tract. XL, n. 5. — [2] *Apoc.,* XXI, 23. — [3] *Joan.,* XIV, 9.

vent en elle plus heureusement qu'en eux-mêmes ; ils y voient les idées vivantes, ils y voient les raisons des choses créées, raisons éternellement permanentes ; et de même qu'en cette vie nous connoissons les causes par les effets, l'unité par la multitude, l'invisible par le visible ; là, dans ce Verbe qui est dans les bienheureux, qui est leur vie, qui est leur lumière, ils voient la multitude dans l'unité même, le visible dans l'invisible, la diversité des effets dans la cause infiniment abondante qui les a tirés du néant ; c'est-à-dire dans le Verbe qui en est l'idée, qui est la raison souveraine par laquelle toutes choses ont été faites. Dans ce Verbe, les bienheureux voient, ils voient et ils vivent ; et ils vivent tous dans la même vie, parce qu'ils vivent tous dans ce même Verbe. O vue ! ô vie ! ô félicité ! c'est ainsi que vivent les bienheureux : *Ut sint unum sicut et nos.*

Mais nous qui languissons ici-bas dans ce misérable pèlerinage, vivons-nous d'une même vie par l'intelligence ? Oui, fidèles, n'en doutez pas. Ce Fils de Dieu, ce Verbe éternel, cette vie, cette lumière, cette intelligence, qui éclaire les esprits bienheureux ; qui en les éclairant, les fait vivre d'une vie divine, ne luit-elle pas aussi en nos cœurs ? N'est-elle pas au fond de nos âmes, pour y ouvrir une source de vie éternelle ? Voulez-vous entendre cette vérité par l'action que nous faisons en ce lieu ? Chrétiens, si nous l'entendons, nous commençons ici notre paradis ; puisque nous commençons tous ensemble à vivre de cette parole vivante qui nourrit et qui fait vivre tous les bienheureux. Je vous prêche cette parole, selon que je puis, selon que le Saint-Esprit me l'a enseignée. Je la fais retentir à vos oreilles ; puis-je la porter au fond de vos cœurs ? Nullement, ce n'est pas un ouvrage humain. Si vous l'entendez et si vous l'aimez, c'est le Fils de Dieu qui vous parle, c'est lui qui vous prêche sans bruit dans cette profonde retraite, dans cet inaccessible secret de vos cœurs, où il n'y a que sa parole et sa voix qui soit capable de pénétrer. Si vous l'entendez, vous vivez, et vous vivez en ce même Verbe dans lequel les bienheureux vivent ; vous vivez en lui, vous vivez de lui, et vous vivez tous d'une même vie, parce que vous buvez tous ensemble à la même source de vie. O sainte unité des fidèles! Mon Père, qu'ils soient un comme nous dans la vie de l'intelligence. Chrétiens, si nous vivons tous de ce Verbe (a).....

O sainte et admirable doctrine! Vivons de telle sorte, fidèles, qu'elle ne soit point stérile en nos cœurs, et ne rendons point inutiles tant de grands mystères. Si le Saint-Esprit est en nous, s'il y opère la charité, s'il la fait semblable à lui-même, élevons nos entendemens, et apprenons dans le Saint-Esprit quelles doivent être les lois de notre charité mutuelle. Le Saint-Esprit est un amour pur, qui ne souffre aucun mélange terrestre. Ainsi, mes Frères, aimons-nous en Dieu, pour accomplir la parole de notre Maître : « Père saint, qu'ils soient un en nous. » Le Saint-Esprit est un amour constant, parce que c'est un amour éternel ; ainsi, que notre affection soit constante, que jamais elle ne puisse être refroidie, selon cette parole de l'Ecriture : « Demeurez en la charité[1]. » Le Saint-Esprit est un amour sincère ; parce qu'il procède du fond du cœur, du fond même de l'essence ; ainsi, que notre charité soit sincère, qu'elle ne souffre ni feinte, ni dissimulation, parce que l'apôtre saint Paul a dit: « Ne vous trompez point les uns les autres, car vous êtes membres les uns des autres[2]. » Enfin le Saint-Esprit est un amour désintéressé, parce que ce qui fait l'intérêt c'est ce malheureux mot de *mien* et de *tien ;* et d'autant que tout est commun entre le Père et le Fils, leur amour est infiniment désintéressé: ainsi considérons, chrétiens, que tout est commun entre les fidèles, et épurons tellement nos affections qu'elles soient entièrement désintéressées : *Ut sint unum sicut et nos.*

Certes, mes Frères, si le Fils de Dieu s'étoit contenté de nous dire qu'il veut que nous soyons un comme frères, nous devrions respecter les uns dans les autres ce nom sacré de sœurs et de frères, et le nœud de la société fraternelle. S'il nous avoit ordonné simplement de vivre dans une mutuelle correspondance, comme des personnes qui sont enrôlées dans un même corps de milice, sous l'étendard de sa sainte croix, nous devrions rougir de honte de n'être pas tous unis ensemble sous les ordres d'un si divin capitaine. S'il nous avoit dit seulement que nous sommes membres

---

[1] *Joan.* XV, 9; *Hebr.*, XIII, 1. — [2] *Ephes.*, IV, 25.

(a) *Mots effacés :* Qui nous parle à tous, ne restons jamais...

d'un même corps, nous devrions méditer jour et nuit cette parole du saint Apôtre : « Quand une partie de notre corps souffre, toutes les autres y compatissent¹. » Mais puisqu'il passe au-dessus des cieux et de toutes les intelligences, et qu'il nous donne pour modèle de notre unité l'unité même du Père et du Fils, qui pourroit nous exprimer, chrétiens, quelle doit être notre union, et combien nous nous rendrons criminels, si nous rompons le sacré lien de la charité fraternelle qui doit être réglée sur ce grand exemple ?

Mais comme si c'étoit peu de chose de proposer à tous les fidèles le plus grand de tous les mystères pour être le modèle de leur unité, il scelle encore cette unité sainte par un autre mystère incompréhensible, qui est le mystère de l'Eucharistie. Nous venons tous à la même table, nous y prenons ce même pain de vie qui est le pain de communion, le pain de charité et de paix ; nous jurons sur les saints autels, nous scellons par le sang de notre Sauveur notre confédération mutuelle ; cependant, ô sacrilége exécrable ! nous manquons tous les jours à la foi promise, et nous ne laissons pas d'avoir toujours, et la médisance à la bouche et l'envie ou l'aversion dans le cœur. Le Sauveur nous dit dans son Evangile : « En cela on reconnoîtra que vous êtes vraiment mes disciples, si vous avez une charité sincère les uns pour les autres² ; » et il prie ainsi Dieu son Père : « Je vous demande qu'ils soient consommés en un, afin que le monde sache que c'est vous qui m'avez envoyé³. »

O damnable infidélité de ceux qui se glorifient du nom chrétien ! les chrétiens se détruisent eux-mêmes ; toute l'Eglise est ensanglantée du meurtre de ses enfans, que ses enfans propres massacrent ; et comme si tant de guerres et tant de carnages n'étoient pas capables de rassasier notre impitoyable inhumanité, nous nous déchirons dans les mêmes villes, dans les mêmes maisons, sous les mêmes toits, par des inimitiés irréconciliables. Nous demandons tous les jours la paix, et nous-mêmes nous faisons la guerre. Car d'où viennent tant d'envies, tant de médisances, tant de querelles et tant de procès ? Les parens s'animent contre les

¹ I *Cor.*, XII, 26. — ² *Joan.*, XIII, 35. — ³ *Ibid.*, XVII, 21, 23.

parens, et les frères contre les frères, avec une fureur implacable ; on emploie et les médisances et les calomnies, et la tromperie et la fraude ; la candeur et la bonne foi ne se trouvent plus parmi nous ; toutes les rues, toutes les places, tous les cabinets retentissent du bruit des procès ; infidèles si féconds en chicanerie que nous sommes, tant nous avons oublié le christianisme, tant nous méprisons l'Evangile qui est une discipline de paix. Cependant nous souhaitons la paix, nous avons sans cesse la paix à la bouche ; et nous faisons régner par nos dissensions le diable, qui est l'auteur des discordes ; et nous chassons l'Esprit pacifique, c'est-à-dire l'Esprit de Dieu. Que si vous avez voulu, mon Sauveur, que la sainte union des fidèles fût la marque de votre venue, que font maintenant tous les chrétiens, sinon publier hautement que votre Père ne vous a pas envoyé, et que l'Evangile est une chimère, et que tous vos mystères sont autant de fables ?

SERMON

POUR

LE IIIe DIMANCHE APRÈS LA PENTECOTE (a).

Dico vobis : Gaudium erit in cœlo super uno peccatore pœnitentiam agente, plus quàm super nonaginta novem justis, qui non indigent pœnitentiâ.

Je vous dis qu'il y aura plus de joie au ciel devant les anges de Dieu sur un pécheur faisant pénitence, que sur quatre-vingt-dix-neuf justes qui n'ont pas besoin de pénitence. *Luc.*, xv, 7.

Si quelqu'un n'a pas encore assez entendu combien est grande la charité des saints anges pour les misérables mortels, qu'il consi-

(a) Prêché vers 1660.

Ce sermon renferme des expressions comme celles-ci : « Veux-tu pas restituer ? accoutumance, mondes et immondes, passer plus outre, les forces se diminuent tous les jours, le bon berger va après sa brebis, » etc. D'un autre côté l'écriture du manuscrit a plus de fermeté et de régularité, la marche plus de mouvement et plus d'entrain, le style plus de souplesse et d'ampleur, les pensées plus de force et plus d'élévation que dans les premières compositions de

dère (a) en notre évangile les aimables paroles du Sauveur des ames, par lesquelles il nous apprend que la conversion des pécheurs réjouit tous les esprits bienheureux ; et qu'encore que Dieu les enivre du torrent de ses éternelles délices, néanmoins ils sentent augmenter leur joie, quand nous sommes renouvelés par la pénitence. Nous lisons dans les Ecritures [1] qu'autrefois les esprits célestes se déclarèrent visiblement contre nous, lorsqu'un chérubin envoyé de Dieu avec une forme terrible, tenant en sa main un glaive de feu, gardoit la porte du paradis pour épouvanter nos parens rebelles, et leur interdire l'entrée de ce jardin délicieux qu'ils avoient déshonoré par leur crime. Mais après la naissance de ce Sauveur qui nous a réconciliés par son sang, vous n'ignorez pas, chrétiens, que ces bienheureuses intelligences qui nous avoient déclaré la guerre, nous vinrent aussi annoncer la paix : « Que la paix, disent-ils, (b) [2], soit donnée aux hommes! » Et depuis cette salutaire journée nous leur sommes devenus si chers, que Jésus-Christ nous enseigne dans notre évangile qu'ils préfèrent nos intérêts aux leurs propres. C'est ce que vous remarquerez aisément, si vous pénétrez le sens des paroles que j'ai alléguées pour mon texte. « Les anges, dit le Fils de Dieu, se réjouissent plus de la conversion d'un pécheur que de la persévérance de quatre-vingt-dix-neuf justes qui n'ont pas besoin de pénitence. » Je demande quels sont ces justes auxquels le Sauveur ne craint pas de dire que la pénitence n'est pas nécessaire. Certes nous ne les trouverons pas sur la terre, puisque tous les hommes étant pécheurs, ce seroit une témérité inouïe que d'assurer qu'ils n'ont pas besoin du remède de la pénitence. « Si quelqu'un dit qu'il ne pèche pas, il se trompe et la vérité n'est pas en lui , » dit le Disciple bien-aimé de notre Sauveur [3].

Où chercherons-nous donc, chrétiens, cette innocence si pure et si achevée, qu'elle n'a pas besoin de la pénitence? Sans doute puisqu'elle est bannie du milieu des hommes, elle ne se peut rencontrer que parmi les anges, qui détestant la rébellion et l'au-

---

[1] *Genes.*, III, 24. — [2] *Luc.*, II, 14. — [3] I *Joan.*, I, 8.
l'auteur. Deux considérations qui justifient notre date, en l'appelant pour ainsi dire entre l'époque de Metz et l'époque de Paris.
(a) *Var. :* Ecoute. — [2] Disoient-ils.

dace de Satan et de ses complices, demeurèrent immuablement dans le bien où Dieu les avoit établis dès leur origine. Vous êtes les seuls, ô esprits célestes, parmi toutes les créatures, qui jamais n'avez été souillés par aucun péché; vous êtes ces justes de notre évangile, auxquels la pénitence n'est pas nécessaire; et ainsi lorsque notre Sauveur nous apprend que vous recevez une joie plus grande de la conversion des pécheurs que de la justice des innocens qui n'ont pas besoin de se repentir, c'est de même que s'il nous disoit que notre pénitence vous réjouit plus que votre propre persévérance. Merveilleuse vertu de la pénitence, qui oblige tous les saints anges à nous préférer à eux-mêmes, qui répare si glorieusement les ruines des plus grands pécheurs, qu'elle les met en quelque sorte au-dessus des justes, et qui fait que la justice rendue a quelque avantage au-dessus de la justice toujours conservée! Car puisque ces intelligences célestes, qui goûtent le vrai bien dans sa source, ne peuvent avoir de ces joies déréglées que l'opinion fait naître en nos ames, ne voyez-vous pas, chrétiens, qu'elles ne se peuvent réjouir que du bien? Et donc, si leur joie est plus abondante, ne faut-il pas conclure nécessairement qu'il leur paroît quelque bien plus considérable, d'autant plus que c'est le Sauveur lui-même qui les excite par son exemple à cette sainte et divine joie?

En effet ne voyez-vous pas qu'il se présente à nous dans notre évangile sous la figure de ce berger « qui laisse tous ses troupeaux au désert pour chercher une brebis égarée, qui l'ayant trouvée au milieu des bois seule et tremblante d'effroi, la rapporte sur ses épaules et appelant ses amis et ses proches : Réjouissez-vous avec moi, dit-il, de ce que j'ai rencontré ma brebis perdue [1]. » De sorte que les anges et le Sauveur même se réjouissant plus d'un pécheur sauvé que d'un juste qui persévère, il paroît que l'innocence recouvrée a quelque chose de plus agréable que l'innocence continuée. Réjouissons-nous, pécheurs misérables; admirons la force de la pénitence, qui nous rend avec avantage ce que notre péché nous avoit fait perdre; et pour exciter en nos cœurs les saints gémissemens de la pénitence, recherchons les véritables

[1] *Luc.*, xv, 4 et suiv.

raisons de cette vérité si satisfaisante que Jésus-Christ nous enseigne dans son Evangile.

Si je n'avois qu'à vous parler d'une joie humaine, je me contenterois de vous dire que nous expérimentons tous les jours une certaine douceur plus sensible à rentrer dans la possession de nos biens qu'à nous maintenir dans la jouissance ; nous goûtons la santé par la maladie, et la perte de nos amis nous apprend combien ils nous étoient nécessaires. Car l'accoutumance nous ôte ce qu'il y a de plus vif dans le sentiment ; et notre jugement est si foible que ne pouvant pénétrer les choses en elles-mêmes, il ne les reconnoît jamais mieux que par leurs contraires : tellement que cet excès de joie que nous ressentons, lorsque nous pouvons réparer nos pertes, vient presque toujours de notre foiblesse. Mais à Dieu ne plaise que nous croyions qu'il en soit ainsi de la joie des anges et de celle du Fils de Dieu même, dont nous devons aujourd'hui expliquer les causes ! Il faut prendre des principes plus relevés, si nous voulons pénétrer de si grands mystères. Entrons en matière, et disons : Tout le motif de la joie du Fils, c'est la gloire de Dieu son Père ; tout le motif de la joie des anges, c'est la gloire de leur Créateur. Si donc ils se réjouissent si fort dans la conversion des pécheurs, c'est que la gloire de Dieu y paroît avec plus de magnificence. Prouvons solidement cette vérité.

La gloire de Dieu éclate singulièrement dans les natures intelligentes par sa miséricorde et par sa justice : sa providence, son immensité, sa toute-puissance paroissent dans les créatures inanimées ; mais il n'y a que les raisonnables qui puissent ressentir les effets de sa miséricorde et de sa justice ; et ce sont ces deux attributs qui établissent sa gloire et son règne sur les natures intelligentes. C'est par la miséricorde et par la justice que les anges et les hommes sont sujets à Dieu ; la miséricorde règne sur les bons, la justice sur les criminels : l'une par la communication de ses dons, l'autre par la sévérité de ses lois ; l'une par douceur, et l'autre par force ; l'une se fait aimer, l'autre se fait craindre ; l'une attire, et l'autre réprime ; l'une récompense la fidélité, l'autre venge la rébellion : si bien que la miséricorde et la justice sont en quelque sorte les deux mains de Dieu, dont l'une donne, et l'autre châtie : ce sont les deux colonnes qui soutiennent la majesté de son règne; l'une élève les innocens, l'autre accable les criminels, afin que Dieu domine sur les uns et sur les autres avec une égale puissance. C'est pourquoi le Prophète chante : « Toutes les voies du Seigneur sont miséricorde et vérité [1]; » c'est-à-dire miséricorde et justice selon l'interprétation des docteurs, d'autant que la justice de Dieu c'est sa vérité, parce que, comme dit le grand saint Thomas [2], c'est à cause de sa vérité qu'il est la loi éternelle et qu'il est la loi immuable qui règle toutes les créatures intelligentes. Que si toutes les voies du Seigneur sont miséricorde et justice, si ce sont ces deux divins attributs qui établissent sa gloire et son règne, je ne m'étonne plus, ô saints anges, de ce que la pénitence vous comble de joie. C'est que vous y voyez éclater magnifiquement la gloire de Dieu votre créateur par sa miséricorde et par sa justice : la miséricorde dans la conversion, la justice dans la satisfaction; la première dans la rémission des péchés, la seconde dans les gémissemens des pécheurs.

PREMIER POINT.

Pour entrer d'abord en matière, je remarquerai dans notre évangile trois effets de la miséricorde divine dans la conversion des pécheurs : Dieu les cherche, Dieu les trouve, Dieu les rapporte. C'est ce que nous lisons clairement dans la parabole de notre évangile. « Le bon berger, dit le Fils de Dieu, va après sa brebis perdue : » *Vadit ad illam quæ perierat;* « et il va jusqu'à ce qu'il la trouve : » *donec inveniat eam* [3]; « et après qu'il l'a retrouvée, il la charge sur ses épaules. » C'est la véritable figure du Sauveur des ames; il cherche charitablement les pécheurs, suivant ce qu'il dit dans son Evangile : « Le Fils de l'homme est venu chercher ce qui étoit perdu [4]; » il les trouve par la vertu de sa grace : car il est ce Samaritain miséricordieux, « qui trouvant en son chemin le pauvre blessé, est touché de miséricorde, et s'approche, et ne dédaigne pas de lier ses plaies : » *Et alligavit vulnera ejus* [5]. Enfin il les porte sur ses épaules, parce que c'est

---

[1] *Psal.* XXIV, 10. — [2] I-II, Quæst. XCIII, art. 2. — [3] *Luc.*, XV, 4. — [4] *Ibid.*, XIX, 10. — [5] *Ibid.*, X, 34.

lui dont il est écrit : « Vraiment il a porté nos langueurs : » *Veré languores nostros ipse tulit*[1]. Or cette triple miséricorde répond à la triple misère en laquelle est précipitée l'ame pécheresse. Elle s'écarte, elle fuit, elle perd ses forces et devient entièrement impuissante. Elle s'éloigne du bon Pasteur, et s'en éloignant elle oublie, elle ne connoît plus son visage; tellement que lorsqu'il approche, elle fuit, et fuyant elle se fatigue et tombe dans une extrême impuissance. Mais le Pasteur infiniment bon, qui ne se plaît qu'à sauver les ames, oppose charitablement à ces trois misères trois effets merveilleux de miséricorde. Car il cherche sa brebis éloignée; il trouve et il atteint sa brebis fuyante; il rapporte sur ses épaules cette pauvre brebis épuisée de forces. Apprenons ici à connoître la miséricorde du Pasteur fidèle, qui nous a sauvés au péril de sa propre vie.

Et premièrement remarquons ce qui est écrit dans notre évangile, que la brebis que le Sauveur cherche n'est plus en la compagnie de tout le troupeau, par conséquent elle est séparée; mais entendons le sens de cette parole. Le troupeau du Fils de Dieu, c'est l'Eglise, et celui qui est séparé du troupeau semble être hors de la vraie Eglise. Dirons-nous que le Fils de Dieu ne parle en ce lieu que des hérétiques qui ont rompu le lien d'unité? Mais la suite de notre évangile réfutera manifestement cette explication, puisque Jésus-Christ nous fait bien entendre qu'il parle généralement de tous les pécheurs, parce qu'il veut encourager tous les pénitens. Mais pourrons-nous dire, fidèles, que tous les pécheurs sont séparés du sacré troupeau et de la communion de l'Eglise? Nullement; il n'en est pas de la sorte : c'est l'erreur de Calvin et des calvinistes, contre laquelle le Fils de Dieu nous a dit qu'il y a de l'ivraie même dans son champ, qu'il y a du scandale même en sa maison, qu'il y a de mauvais poissons même en ses filets[2]. Mais d'où vient, direz-vous, que notre Sauveur, nous figurant tous les pécheurs en notre évangile, les représente comme séparés du troupeau? Entrons en sa pensée, et disons avec l'incomparable saint Augustin : « Il y en a qui sont dans la maison de Dieu, et qui ne sont pas la maison de Dieu; il y en a qui sont dans la maison

---

[1] *Isa.*, LIII, 4. — [2] *Matth.*, XIII, 28, 41, 48.

de Dieu, et qui sont eux-mêmes la maison de Dieu : » *Alios ita esse in domo Dei, ut ipsi etiam sint eadem domus Dei*[1]. Expliquons la doctrine de ce grand évêque.

Les justes sont en la maison de Dieu, et ils sont eux-mêmes la maison de Dieu, selon ce que dit le Prophète : « J'habiterai au milieu de vous [2]; » et l'Apôtre : « Ne savez-vous pas que vous êtes les temples de l'Esprit de Dieu [3]? » Mais les méchans qui sont en l'Eglise qui est la maison que Dieu a choisie, ne sont pas la maison choisie; Dieu n'habite pas en leurs cœurs; ils ne sont pas les pierres vivantes de ce miraculeux édifice, dont les fondemens sont posés en terre, et dont le sommet égale les cieux. « Ils sont dans l'Eglise, dit saint Augustin, comme la paille est dans le froment, » *Sicut palea esse dicitur in frumentis*, « parce qu'encore qu'ils soient liés par les sacremens, néanmoins ils sont séparés de cette invisible unité qui est assemblée par la charité : » *Cùm intùs videantur, ab illà invisibili charitatis compage separati sunt. — Alios ita dici esse in domo, ut non pertineant ad compagem domûs, nec ad societatem fructiferæ pacificæque justitiæ; sed sicut esse palea dicitur in frumentis : nam et istos esse in domo negare non possumus, Apostolo dicente : In magnâ autem domo non solùm aurea vasa sunt vel argentea, sed et lignea et fictilia, et alia quidem sunt in honorem, alia verò in contumeliam* [4].

Par où nous voyons clairement qu'il y a double unité dans l'Eglise : l'une est liée par les sacremens qui nous sont communs; en celle-là les mauvais y entrent, quoiqu'ils n'y entrent qu'à leur condamnation. Mais il y a une autre unité invisible et spirituelle, qui joint les saints par la charité, qui en fait les membres vivans : à cette paix, à cette unité, à cette concorde, il n'y a que les justes qui y participent; les impies n'y ont point de place, ils en sont excommuniés. Il y a une arche, à la vérité, qui renferme tous les animaux mondes et immondes, il y a un champ qui porte le bon et le mauvais grain; « mais il y a une colombe et une parfaite, » qui ne reçoit en son sein que les vrais fidèles, qui vivent en l'unité par la charité : *Una est columba mea, perfecta mea* [5]. C'est pour-

---

[1] *De Bapt. cont. Donat.*, lib. VII, n. 99. — [2] *Levit.* XXVI, 12; II *Cor.*, VI, 16. — [3] I *Cor.*, III, 16. — [4] Loco mox citato. II *Timoth.*, II, 20. — [5] *Cant.*, VI, 8.

quoi le Sauveur des ames représente tous les pécheurs comme séparés du troupeau, parce qu'ils sont exclus par leurs crimes de cette invisible société qui unit les brebis fidèles en la charité de Notre-Seigneur. Et pour vous faire voir, chrétiens, qu'ils ne sont plus avec le troupeau, c'est que le céleste et divin Pasteur ne leur donne plus la même pâture. Dites-moi, quel est le pain des fidèles, quelle est la nourriture des enfans de Dieu ? n'est-ce pas le pain de l'Eucharistie, ce pain céleste et vivifiant que nous recevons de ces saints autels ? Cette sainte et divine table est-elle préparée aux impies, dont les consciences sont infectées de péchés mortels ? Nullement, ils en sont exclus ; s'ils sont si téméraires que d'en approcher, ils y prendront un poison mortel, au lieu d'une viande d'immortalité.

Reconnois donc, pécheur misérable, que tu es séparé du troupeau fidèle, puisque tu es privé de la nourriture que le vrai Pasteur lui a destinée (a). Et ne me réponds pas : Je suis de l'Eglise, je demeure en ce corps mystique. Car que sert au bras gangrené de tenir encore au reste du corps par quelques nerfs qui n'ont plus de force ? que lui sert, dis-je, de tenir au corps, puisqu'il est si fort éloigné du cœur, qu'il ne peut plus en recevoir aucune influence ? Quelque union qui paroisse au dehors, il y a une prodigieuse distance entre la partie vivante et la partie morte. Il en est de même de toi, ô pécheur. Il ne te sert de rien d'être dans le corps, puisque tu es entièrement séparé du cœur. Le cœur de l'Eglise, c'est la charité. C'est là qu'est le principe de vie, c'est de là que se répand la chaleur vitale : si bien que n'étant pas en la charité, bien qu'il te soit permis d'entrer au dehors, tu es excommunié du dedans. Ne me vante point ta foi, qui est morte ; ne me dis pas que tu t'assembles avec les fidèles. Les hommes t'y reçoivent, mais Dieu t'en sépare ; le corps s'en approche, il est vrai, mais l'ame en est infiniment éloignée ; la vie et la mort ne s'accordent pas. Considère donc, misérable ! combien tu es loin des membres vivans, puisqu'il est certain que tu perds la vie. C'est pour cette raison que le Fils de Dieu les représente dans la parabole de notre évangile comme exclus, comme excommuniés du troupeau, parce qu'étant

(a) *Var.* : Lui a préparée.

des membres pourris, ils ne participent point à la vie. C'est pourquoi le pain de vie leur est refusé; c'est pourquoi ils sont séparés du banquet céleste, qui est la vie du peuple fidèle. D'où passant plus outre, je dis qu'étant séparés de cette unité, ils commencent leur enfer même sur la terre, et que leurs crimes les y font descendre. Car ne nous imaginons pas que l'enfer consiste dans ces épouvantables tourmens, dans ces étangs de feu et de soufre, dans ces flammes éternellement dévorantes, dans cette rage, dans ce désespoir, dans cet horrible grincement de dents. L'enfer, si nous l'entendons, c'est le péché même; l'enfer, c'est d'être éloigné de Dieu : et la preuve en est évidente par les Ecritures.

Job nous représente l'enfer en ces mots : « C'est un lieu, dit-il, où il n'y a nul ordre, mais une horreur perpétuelle [1]. » De sorte que l'enfer c'est le désordre et la confusion. Or le désordre n'est pas dans la peine : au contraire, j'apprends de saint Augustin [2] que la peine, c'est l'ordre du crime. Quand je dis *péché*, — je dis le désordre, parce que j'exprime la rébellion. Quand je dis péché puni, je dis une chose très-bien ordonnée. Car c'est un ordre très-équitable que l'iniquité soit punie. D'où il s'ensuit invinciblement que ce qui fait la confusion dans l'enfer, ce n'est pas la peine, mais le péché. Que si le dernier degré de misère, ce qui fait la damnation et l'enfer, c'est d'être séparé de Dieu, qui est la véritable béatitude; si d'ailleurs il est plus clair que le jour que c'est le péché qui nous en sépare, comprends, ô pécheur misérable, que tu portes ton enfer en toi-même, parce que tu y portes ton crime, qui te fait descendre vivant en ces effroyables cachots où sont tourmentées les ames rebelles. Car comme l'apôtre saint Paul, parlant des fidèles qui vivent en Dieu par la charité, assure « que leur demeure est au ciel, et leur conversation avec les anges [3], » ainsi nous pouvons dire très-certainement que les méchans sont abîmés dans l'enfer, et que leur conversation est avec les diables. Etrange séparation du pécheur, qui trouve son enfer même en cette vie! et n'est-il pas juste qu'il trouve l'enfer, puisqu'il est séparé du sacré troupeau, que la charité fait vivre en Notre-Seigneur?

Mais peut-être vous répondrez que le pécheur se peut relever,

[1] *Job*, x, 22. — [2] *Ad Honorat.*, ep. cxl, n. 4. — [3] *Philipp.*, iii, 20.

et que l'enfer n'a point de ressource. Ah! ne nous flattons point de cette pensée : la blessure que fait le péché est éternelle et irrémédiable. Mais Dieu, direz-vous, y peut remédier. Il le peut, à cause qu'il est tout-puissant; ce qui n'empêche pas que la maladie ne soit incurable de sa nature. Concevons ceci, chrétiens. L'orgueilleux Nabuchodonosor a fait jeter les trois saints enfans dans la fournaise de flammes ardentes [1] : autant qu'il est en lui, il les a brûlés, encore que Dieu les ait rafraîchis. Ainsi lorsque nous commettons un péché mortel, nous donnons tellement la mort à notre ame, qu'encore que Dieu nous puisse guérir, néanmoins de notre côté nous rendons et notre péché, et notre damnation éternels, parce que nous éteignons la vie jusqu'à la racine. Il faut regarder ce que fait le péché, non ce que fait la Toute-Puissance. Qui renonce une fois à Dieu, y renonce éternellement (a), parce que c'est la nature du péché de faire autant qu'il le peut une séparation éternelle. C'est pourquoi le Prophète-Roi se considérant dans le crime, se considère comme dans l'enfer, à cause de cette effroyable séparation : *Æstimatus sum cum descendentibus in lacum* [2] : « Je suis, dit-il, compté parmi ceux qui descendent dans le cachot; » et après : « Ils m'ont mis dans le lac inférieur, dans les ténèbres, et dans l'ombre de la mort : » *Posuerunt me in lacu inferiori* [3]. Et de là vient qu'il s'écrie dans sa pénitence : *De profundis clamavi ad te, Domine* [4] : « Seigneur, je crie à vous des lieux profonds; » et rendant graces de sa délivrance : « Vous avez, dit-il, retiré mon ame de l'enfer inférieur [5]. » C'est que ce saint homme avoit bien conçu que le péché est un abîme et une prison, un gouffre, un cachot, un enfer.

Dans ce cachot et dans cet abîme où nos crimes nous précipitent, quelle espérance aurions-nous, fidèles, si Dieu ne nous avoit donné un Libérateur, qui étant venu au monde pour notre salut, a bien voulu même aller aux enfers pour achever un si grand ouvrage ? C'est ce même Libérateur qui est descendu aux enfers, qui daigne descendre encore tous les jours dans l'enfer des consciences

---

[1] *Dan.*, III, 21. — [2] *Psal.* LXXXVII, 5. — [3] *Ibid.*, 7. — [4] *Psal.* CXXIX, 1. — [5] *Psal.* LXXXV, 13.

(a) *Var.* : Pour jamais.

criminelles. Car certes vous y descendez, ô Sauveur, lorsque vous faites luire en nos ames, au milieu des ténèbres où elles languissent, les belles et éclatantes lumières de vos divines inspirations. C'est ainsi, ô Pasteur miséricordieux, que vous cherchez votre brebis égarée; votre amour vous transporte à un tel excès, que vous la cherchez jusque dans l'enfer, parce que vous la cherchez jusque dans le crime. Figurez-vous ici, chrétiens, quel fut le ravissement des saints Pères, lorsqu'ils virent leurs limbes honorés de la glorieuse présence du Sauveur du monde! Combien louèrent-ils la miséricorde de ce Dieu qui les visitoit jusque dans ces lieux souterrains, et qui alloit pour l'amour d'eux jusqu'aux enfers! Or sa miséricorde est beaucoup plus grande, quand il va chercher les pécheurs. Ils sont dans un enfer plus obscur et dans une captivité bien plus déplorable. Nos pères, qui étoient réservés aux limbes jusqu'à la venue du Sauveur, soupiroient continuellement après lui, et pressoient son arrivée par leurs vœux. Au contraire les misérables pécheurs, dans cet enfer de l'impiété où ils sont, non-seulement ne cherchent pas le Sauveur, mais ils fuient sitôt qu'il s'approche; et c'est la seconde misère de l'ame.

Nous sommes infiniment éloignés de Dieu, et nous le fuyons quand il vient à nous. Comprenons par un exemple sensible, combien est dangereuse cette maladie. Voyez un pauvre malade, foible et languissant; ses forces se diminuent tous les jours, il faudroit qu'il prît quelque nourriture pour soutenir son infirmité; il ne peut. Je ne sais quelle humeur froide (a) lui a causé un dégoût étrange; si on lui présente quelque nourriture, si exquise, si bien apprêtée qu'elle soit, aussitôt son cœur se soulève; de sorte que nous pouvons dire que sa maladie, c'est une aversion du remède. Telle et encore beaucoup plus horrible est la maladie d'un pécheur. Il a voulu goûter, aussi bien qu'Adam, cette pomme qui lui paroissoit agréable : il a voulu se rassasier des plaisirs mortels; et par un juste jugement de Dieu il a perdu tout le goût des biens éternels. Vous les lui présentez, il en a horreur; vous lui montrez la terre promise, il retourne son cœur en Egypte;

(a) *Var.* : Malfaisante.

vous lui donnez la manne, elle lui semble fade et sans goût. Ainsi nous fuyons malheureusement le charitable Pasteur qui nous cherche.

Pécheur, ne le fuis-tu pas tous les jours? Maintenant que tu entends sa sainte parole, peut-être que ce Pasteur miséricordieux te presse intérieurement en ta conscience. Veux-tu pas restituer ce bien mal acquis? Veux-tu pas enfin mettre quelques bornes à cette vie débauchée et licencieuse? Veux-tu pas bannir de ton cœur l'envie qui le ronge, cette haine envenimée qui l'enflamme, ou cette amitié dangereuse qui ne le flatte que pour le perdre? Ecoute, pécheur; c'est Jésus qui te cherche; et ton cœur répond à ce doux Sauveur : Je ne puis encore. Tu le remets de jour en jour, demain, dans huit jours, dans un mois. N'est-ce pas fuir celui qui te cherche et mépriser sa miséricorde? Insensé! que t'a fait Jésus que tu fuis si opiniâtrément sa douce présence? D'où vient que la brebis égarée ne reconnoît plus la voix du pasteur qui l'appelle et lui tend les bras, et qu'elle court follement au loup ravissant qui se prépare à la dévorer? Peut-être tu répondras : Je ne puis, je ne puis marcher dans la voie étroite. Mais ne vois-tu pas, misérable! que Jésus te présente ses propres épaules pour soulager ton infirmité et ton impuissance? Il descend à toi pour te relever; en prenant ton infirmité, il te communique sa force. C'est le dernier excès de miséricorde.

Comme notre ame est faite pour Dieu, il faut qu'elle prenne sa force en celui qui est l'auteur de son être. Que si se détournant du souverain bien, elle tâche de se rassasier dans les créatures, elle devient languissante et exténuée, à peu près comme un homme qui ne prendroit que des viandes qui ne seroient pas nourrissantes. De là vient que l'enfant prodigue sortant de la maison paternelle, ne trouve plus rien qui le rassasie, parce que notre ame ne peut trouver qu'en Dieu seul cette nourriture solide qui est capable de l'entretenir. De là ces rechutes fréquentes, qui sont les marques les plus certaines que nos forces sont épuisées. Que fera une ame impuissante, si Jésus ne supporte son infirmité? Aussi présente-t-il ses épaules à cette pauvre brebis égarée, « parce qu'errant deçà et delà, elle s'étoit extrêmement fatiguée : » *Multùm enim errando laboraverat*[1]. Il la cherche quand il l'invite par ses saintes inspirations, il la trouve quand il la change par la vertu de sa grace, il la porte sur ses épaules quand il lui donne la persévérance.

O miséricorde ineffable et digne certainement d'être célébrée par la joie de tous les esprits bienheureux ! La grandeur de Dieu, c'est son abondance par laquelle étant infiniment plein, il trouve tout son bien en lui-même. Ce qui montre la plénitude, c'est la munificence. C'est pourquoi Dieu se réjouit en voyant ses œuvres, parce qu'il voit ses propres richesses et son abondance dans la communication de sa bonté. Or il y a deux sortes de bonté en Dieu : l'une ne rencontre (a) rien de contraire à son action, et elle s'appelle libéralité; l'autre trouve de l'opposition, et elle prend le nom de miséricorde. Quand Dieu a fait le ciel et la terre, rien ne s'est opposé à sa volonté. Quand Dieu convertit les pécheurs, il faut qu'il surmonte leur résistance, et qu'il combatte pour ainsi dire sa propre justice en lui arrachant ses victimes. Or cette bonté qui se roidit contre tant d'obstacles, est sans doute plus abondante que celle qui ne trouve point d'empêchemens à ses bienheureuses communications. C'est pourquoi les Ecritures divines disent que « Dieu est riche en miséricorde [2], » les richesses de sa miséricorde, etc.

SECOND POINT.

Après vous avoir parlé, chrétiens, de la partie la plus douce de la pénitence, la suite de mon évangile demande que je vous représente en peu de paroles la partie difficile et laborieuse. Il paroît d'abord incroyable que la justice divine doive avoir sa place dans la conversion des pécheurs, puisqu'il semble qu'elle se relâche de tous ses droits pour donner à la seule miséricorde toute la gloire de cette action. Toutefois écoutons le Sauveur du monde, qui nous avertit dans notre évangile : « Les anges se réjouissent, dit-il, sur un pécheur faisant pénitence. » Qu'est-ce à dire *faire pénitence ?* Si nous entendons faire pénitence selon les maximes

---

[1] Tertull., *de Pœnit.*, n. 8. — [2] *Ephes.*, II, 4.
(a) *Var.* : Ne trouve.

de l'Evangile, certainement faire pénitence, c'est « faire ce que dit saint Jean, des fruits dignes de pénitence [1]. » Or ces fruits dignes de pénitence selon le consentement de tous les docteurs, ce sont des œuvres laborieuses par lesquelles nous vengeons nous-mêmes sur nos propres corps la bonté de Dieu méprisée. C'est à quoi il nous exhorte par son prophète : « Retournez à moi, dit-il, retournez à moi de tout votre cœur, en pleurs, en jeûnes, en gémissemens, dans le sac, dans la cendre et dans le cilice [2]. »

Et pour entendre cette doctrine, figurez-vous un pauvre pécheur, qui reconnoissant l'horreur de son crime, considère la main de Dieu armée contre lui, et regarde qu'il va supporter le poids de sa juste et impitoyable vengeance. De là les craintes, de là les frayeurs, de là les douleurs amères et inconsolables. Au milieu de ces effroyables langueurs, la sainte pénitence se présente à lui pour soulager ses infirmités par ses salutaires conseils; elle lui fait voir dans les Ecritures que Dieu dit lui-même : « Je ne me vengerai pas deux fois d'une même faute; » et ailleurs : « Si nous nous jugions, nous ne serions pas jugés [3]. » Lui ayant remontré ces choses : Aie bon courage, dit-elle, préviens la justice par la justice. Dieu se veut venger, venge-le toi-même; sa colère est armée contre toi, arme tes propres mains contre tes propres iniquités; Dieu recevra en pitié le sacrifice d'un cœur contrit que tu lui offriras pour l'expiation de ton crime; et sans considérer que les peines que tu t'imposes ne sont pas une vengeance proportionnée, il regardera seulement qu'elle est volontaire. Là-dessus le pécheur s'éveille; et regardant la justice divine si fort enflammée contre nous, et que d'ailleurs il est impossible de lui résister, il voit qu'il est impossible de faire autre chose que de se joindre à elle pour en éviter la fureur, de prendre son parti contre soi-même, et de venger par ses propres mains les mystères de Jésus violés, son Saint-Esprit affligé et sa Majesté offensée. C'est pourquoi il se transporte en esprit en cet épouvantable jugement, où voyant que Dieu accuse les pécheurs, qu'il les condamne et qu'il les punit, il se met en quelque sorte en sa place;

[1] *Luc.*, III, 8. — [2] *Joel*, II, 18. — [3] I *Cor.*, XI, 31.

de criminel il devient le juge; il s'accuse, confession; il se condamne, contrition; et il se punit, satisfaction.

Et premièrement il s'accuse; et voyant dans les Ecritures que Dieu menaçant les pécheurs, leur dit : « Je te mettrai contre toi-même[1], » il prévient cette sentence très-équitable et il témoigne lui-même son iniquité. Il dit hautement avec David : « J'ai péché au Seigneur[2]; » il dit encore avec Daniel : « Nous avons péché, nous avons mal fait, nous avons transgressé vos commandemens, nous avons laissé vos préceptes et vos jugemens; à vous la gloire, à vous la justice, à nous la confusion et l'ignominie[3]. » Il dit avec le Publicain : « O Dieu, ayez pitié de moi misérable pécheur[4]. » Il va au tribunal de la pénitence, il a recours aux clefs de l'Eglise. Une fausse honte l'arrête : O honte, dit-il, qui m'étois donnée pour me retenir dans l'ardeur du crime, et qui m'as abandonné si mal à propos, il est temps aussi que je t'abandonne; et t'ayant perdue malheureusement pour le péché, je te veux perdre utilement pour la pénitence! Là il découvre avec une sainte confusion ses profondes et ignominieuses blessures, il se reproche lui-même sa lâcheté devant Dieu et devant les hommes. Que demandez-vous, justice divine? Qu'est-il nécessaire que vous l'accusiez? Il s'accuse lui-même volontairement.

Mais il ne suffit pas qu'il s'accuse; il faut encore qu'il se condamne. Expliquez-le-nous, ô grand Augustin[5].... C'est ainsi que firent les Ninivites : *Subvertitur planè Ninive, cùm calcatis deterioribus studiis ad meliora convertitur ; subvertitur, inquam, dùm purpura in cilicium, affluentia in jejunium, lætitia mutatur in fletum*[6]. O ville heureusement renversée! Renversons Ninive en nous.

Mais écoutons encore : il ne suffit pas de nous condamner, il ne suffit pas de changer nos mœurs. La bonté entreprenant sur la justice, la justice fait quelques réserves. Parce que Jésus-Christ est bon, il ne faut pas que nous soyons lâches. Au contraire nous devons être d'autant plus rigoureux à nous-mêmes, que Jésus-Christ

---

[1] *Psal.* XLIX, 21. — [2] II *Reg.*, XII, 13. — [3] *Dan.*, III, 29, 30. — [4] *Luc.*, XVIII, 13. — [5] *In Psal.* XLIX, n. 28; *in Psal.* XXXVII, n. 24; *in Psal.* LIX, n. 5. — [6] S. Eucher. Lugd., *Hom. de Pœnit. Niniv.; Biblioth. PP.*, Lugd., tom. VI, p. 646.

est plus miséricordieux. *Panem meum cum cinere manducabam, et potum meum cum fletu miscebam, à facie iræ et indignationis tuæ*[1]... *Ninivites, tam manifestum judicantes afflictionis remedium, ut sibi etiam animalium crederent profuturum esse jejunium*[2].

O spectacle digne de la joie des anges! parce que l'homme accuse, Dieu n'accuse plus; l'homme se joignant avec la justice, lui fait tomber les armes des mains; il l'affoiblit pour ainsi dire en la fortifiant; Dieu lui pardonne, parce qu'il ne se pardonne pas; Dieu prend son parti, parce qu'il prend le parti de Dieu; parce qu'il se joint à la justice contre soi-même, la miséricorde se joint à lui contre la justice. N'épargnons pas, mes Frères, des larmes si fructueuses; frustrons l'attente du diable par la persévérance de notre douleur; plus nous déplorons la misère où nous sommes tombés, plus nous nous rapprocherons du bien que nous avons perdu.

SERMON

POUR

LE V° DIMANCHE APRÈS LA PENTECOTE (a).

Si offers munus tuum ad altare et ibi recordatus fueris quia frater tuus habet aliquid adversùm te, relinque ibi munus tuum ante altare et vade priùs reconciliari fratri tuo, et tunc veniens offeres munus tuum. Matth., v, 23, 24.

Certes la doctrine du Sauveur Jésus est accompagnée d'une merveilleuse douceur, et toutes ses paroles sont pleines d'un sentiment d'humanité extraordinaire. Mais le tendre amour qu'il a

---

[1] *Psal.* CI, 10, 11. — [2] S. Eucher. Lugd., hom. *de Pœnit. Niniv.*

(a) Prêché en 1661, aux grandes Carmélites du faubourg Saint-Jacques.
Le lecteur reconnoîtra sans peine, dans ce sermon, les doubles caractères qui distinguent la première et la deuxième époque de l'orateur, et révèlent par cela même une date qui doit réunir comme transition ces deux périodes. On verra que le deuxième point n'est qu'ébauché.

pour notre nature, ne paroît en aucun lieu plus évidemment que dans les différens préceptes qu'il nous donne dans son Evangile, pour entretenir inviolablement parmi nous le lien de la charité fraternelle. Il voyoit avec combien de fureur les hommes s'arment contre leurs semblables ; que des haines furieuses et des aversions implacables divisent les peuples et les nations; que parce que nous sommes séparés par quelques fleuves ou par quelques montagnes, nous semblons avoir oublié que nous avons une même nature : ce qui excite parmi nous des guerres et des dissensions immortelles, avec une horrible désolation et une effusion cruelle du sang humain.

Pour calmer ces mouvemens farouches et inhumains, Jésus nous ramène à notre origine; il tâche de réveiller en nos ames ce sentiment de tendre compassion que la nature nous donne pour tous nos semblables quand nous les voyons affligés. Par où il nous fait voir qu'un homme ne peut être étranger à un homme ; et que si nous n'avions perverti les inclinations naturelles, il nous seroit aisé de sentir que nous nous touchons de bien près. Il nous enseigne « que devant Dieu il n'y a ni Barbare, ni Grec, ni Romain, ni Scythe [1]; » et fortifiant les sentimens de la nature par des considérations plus puissantes, il nous apprend que nous avons tous une même cité dans le ciel et une même société dans la terre ; et que nous sommes tous ensemble une même nation et un même peuple, qui devons vivre dans les mêmes mœurs selon l'Evangile, et sous un même monarque qui est Dieu, et sous un même législateur qui est Jésus-Christ.

Mais d'autant que la discorde et la haine n'anime pas seulement les peuples contre les peuples, mais qu'elle divise encore les concitoyens, qu'elle désole même les familles, en sorte qu'il passe pour miracle parmi les hommes quand on voit deux personnes vraiment amies, et que nous nous sommes non-seulement ennemis, mais loups et tigres les uns aux autres, combien emploie-t-il de raisons pour nous apaiser et pour nous unir? Avec quelle force ne nous presse-t-il pas à vivre en amis et en frères ? Et sachant combien est puissant parmi nous le motif de la religion, il la fait

[1] *Coloss.*, III, 11.

intervenir à la réconciliation du genre humain ; il nous lie entre nous par le même nœud par lequel nous tenons à Dieu ; et il pose pour maxime fondamentale, que la religion ne consiste pas seulement à honorer Dieu, mais encore à aimer les hommes. Est-il rien de plus pressant pour nous enflammer à une affection mutuelle, et ne devons-nous pas louer Dieu de nous avoir élevés dans une école si douce et sous une institution si humaine ?

Mais il passe bien plus avant. Les injures que l'on nous fait, chères Sœurs, nous fâchent excessivement; la douleur allume la colère. La colère pousse à la vengeance ; le désir de vengeance nourrit des inimitiés irréconciliables. De là les querelles et les procès, de là les médisances et les calomnies, de là les guerres et les combats, de là presque tous les malheurs qui agitent la vie humaine. Pour couper la racine de tant de maux : Je veux, dit notre aimable Sauveur, je veux que vous chérissiez cordialement vos semblables ; j'entends que votre amitié soit si ferme, qu'elle ne puisse être ébranlée par aucune injure. Si quelque téméraire veut rompre la sainte alliance que je viens établir parmi vous, que le nœud en soit toujours ferme de votre part. Il faut que l'amour de la concorde soit gravé si profondément dans vos cœurs que vous tâchiez de retenir même ceux qui se voudront séparer. Fléchissez vos ennemis par douceur plutôt que de les repousser avec violence ; modérez leurs transports injustes plutôt que de vous en rendre les imitateurs et les compagnons.

Et en effet, mes Sœurs, si l'orgueil et l'indocilité de notre nature pouvoit permettre que de si saintes maximes eussent quelque vogue parmi les hommes, qui ne voit que cette modération dompteroit les humeurs les plus altières ? Les courages les plus fiers seroient contraints de rendre les armes, et les ames les plus outrées perdroient toute leur amertume. Le nom d'inimitié ne seroit presque pas connu sur la terre. Si quelqu'un persécutoit ses semblables, tout le monde le regarderoit comme une bête farouche (a), et il n'y auroit plus que les furieux et les insensés qui pussent se faire des ennemis. O sainte doctrine de l'Evangile, qui feroit ré-

(a) *Var.* : Tout le monde s'élèveroit contre lui comme contre une bête farouche.

gner parmi nous une paix si tranquille et si assurée, si peu que nous la voulussions écouter! Qui ne désireroit qu'elle fût reçue par toute la terre avec les applaudissemens qu'elle mérite?

La philosophie avoit bien tâché de jeter quelques fondemens de cette doctrine. Elle avoit bien montré qu'il étoit quelquefois honorable de pardonner à ses ennemis; elle a mis la clémence parmi les vertus; mais ce n'étoit pas une vertu populaire, elle n'appartenoit qu'aux victorieux. On leur avoit bien persuadé qu'ils devoient faire gloire d'oublier les injures de leurs ennemis désarmés; mais le monde ne savoit pas encore qu'il étoit beau de leur pardonner avant même que de les avoir abattus. Notre Maître miséricordieux s'étoit réservé de nous enseigner une doctrine si humaine et si salutaire. C'étoit à lui de nous faire paroître ce grand triomphe de la charité, et de faire que ni les injures ni les opprobres ne pussent jamais altérer la candeur ni la cordialité de la société fraternelle. C'est ce qu'il nous fait remarquer dans notre évangile avec des paroles si douces, qu'elles peuvent charmer les ames les plus féroces : « Quitte l'autel, dit-il, pour te réconcilier à ton frère. »

Et quel est ce précepte, ô Sauveur Jésus? Et comment nous ordonnez-vous de laisser le service de Dieu, pour nous acquitter de devoirs humains? Est-il donc bienséant de quitter le Créateur pour la créature? Cela semble bien étrange, mes Sœurs. Cependant c'est ce qu'ordonne le Fils de Dieu. Il ordonne que nous quittions même le service divin, pour nous réconcilier à nos frères; il veut que nos ennemis nous soient en quelque sorte plus chers que ses propres autels, et que nous allions à eux avant que de nous présenter à son Père, comme si c'étoit une affaire plus importante. N'est-ce pas pour nous enseigner, chères Sœurs, que devant lui il n'est rien de plus précieux que la charité et la paix, qu'il aime si fort les hommes qu'il ne peut souffrir qu'ils soient en querelle, que Dieu considère la charité fraternelle comme une partie de son culte, et que nous ne saurions lui apporter de présent qui soit plus agréable à ses yeux qu'un cœur paisible et sans fiel et une ame saintement réconciliée? (a) C'est ce que je traiterai

(a) Note marg. : *O ineffabilem erga homines amorem Dei! honorem suum des-*

aujourd'hui avec l'assistance divine, et j'en tirerai deux raisons du texte de mon évangile. Notre-Seigneur nous ordonne de nous réconcilier avant que d'offrir notre présent à l'autel. C'est de ce présent et de cet autel que je formerai mon raisonnement ; et je tâcherai de vous faire voir que ni le présent qu'offrent les chrétiens, ni l'autel duquel ils s'approchent, ne souffrent que des esprits vraiment réconciliés. Ce seront les deux points de cette exhortation.

PREMIER POINT.

Quand je parle des présens que les fidèles doivent offrir à Dieu, ne croyez pas, mes Sœurs, que je parle des animaux égorgés qu'on lui présentoit autrefois devant ses autels. Pendant que les enfans d'Aaron exerçoient le sacerdoce qu'ils avoient reçu par succession de leur père, les Juifs apportoient à Dieu des offrandes terrestres et corporelles. On chargeoit ses autels d'agneaux et de bœufs, d'encens et de parfums, et de plusieurs autres choses semblables. Mais comme nous offrons dans un temple plus excellent sur un autel plus divin, et que nous avons un Pontife duquel le sacerdoce légal n'étoit qu'une figure imparfaite, aussi faisons-nous à Dieu de plus saintes oblations. Nous venons avec des vœux pieux, et des prières respectueuses, et de sincères actions de graces, louant et célébrant la munificence divine par Notre-Seigneur Jésus-Christ notre sacrificateur et notre victime. Ce sont les oblations que nous apportons tous dans la nouvelle alliance. Nous honorons Dieu par ce sacrifice, et c'est de cet encens que nous parfumons ses autels. Et afin que nous pussions faire de telles offrandes, Jésus notre grand sacrificateur nous a rendus participans de son sacerdoce : « il nous a faits rois et sacrificateurs à notre Dieu, » dit l'apôtre saint Jean dans l'*Apocalypse* [1]. Mais puisque ce sacerdoce est spirituel, il ne faut pas s'étonner si notre

---

[1] *Apoc.*, v, 10.

picit dùm in proximo charitatem requirit. Interrumpatur, inquit, cultus meus, ut charitas tua integretur : sacrificium mihi est, fratrum reconciliatio. (S .Chrysost., in Matth., homil. XVI.) Dimitte nobis debita nostra. Nec Pater libenter exaudit orationem quam Filius non dictavit. Cognoscit enim Pater Filii sui sensus et verba; nec suscipit quæ usurpatio humana excogitavit, sed quæ sapientia Christi exposuit. (Oper. imperfect. in Matth., hom. XIV, int. Oper. S. Chrysost., tom. VI.)

oblation est spirituelle. C'est pourquoi l'apôtre saint Pierre dit « que nous offrons des victimes spirituelles, acceptables par Notre-Seigneur Jésus-Christ [1]. » C'est là ce sacrifice de cœur contrit, sacrifice de louange et de joie, sacrifice d'oraison et d'actions de graces, dont il est parlé tant de fois dans les Ecritures. C'est le présent que nous devons à notre grand Dieu; et je dis qu'il ne lui peut plaire, s'il ne lui est offert par la charité fraternelle. Sans elle, il ne reçoit rien, et par elle il reçoit toutes choses. La charité est comme la main qui lui présente nos oraisons ; et comme il n'y a que cette main qui lui plaise, tout ce qui vient d'autre part ne lui agrée pas.

Et pour le prouver par des raisons invincibles, je considère trois choses dans nos oraisons, qui toutes trois ne peuvent être sans la charité pour nos frères : le principe de nos prières, ceux pour qui nous prions, celui à qui nos prières s'adressent. Quant au principe de nos oraisons, vous savez bien, mes Sœurs, qu'elles ne viennent pas de nous-mêmes. Les prières des chrétiens ont une source bien plus divine. « Que pouvons-nous de nous-mêmes, sinon le mensonge et le péché? » dit le saint concile d'Orange [2]. Le plus dangereux effet de nos maladies, c'est que nous ne savons pas même demander comme il faut l'assistance du Médecin : « Nous ne savons, dit l'apôtre saint Paul [3], comment il nous faut demander. »

Eh ! misérables que nous sommes, qui nous tirera de cet abîme de maux, puisque nous ne savons pas implorer le secours du Libérateur? Ah! dit l'Apôtre [4], « l'Esprit aide nos infirmités. » Et comment? « C'est qu'il prie pour nous, dit saint Paul, avec des gémissemens incroyables. » Eh quoi ! mes Sœurs, cet Esprit qui est appelé notre Paraclet, c'est-à-dire Consolateur, a-t-il lui-même besoin de consolateur? Que s'il n'a pas besoin de consolateur, comment est-ce que l'Apôtre nous le représente priant et gémissant avec des gémissemens incroyables ? C'est que c'est lui qui fait en nous nos prières, c'est lui qui enflamme nos espérances, c'est lui qui nous inspire les chastes désirs, c'est lui qui forme en nos

---

[1] I *Petr.*, II, 5. — [2] *Conc. Arausic.*, II, can. XXII, Labb., tom. IV, col. 1670. — [3] *Rom.*, VIII, 26. — [4] *Ibid.*

cœurs ces pieux et salutaires gémissemens qui attirent sur nous la miséricorde divine. Nous retirons ce bonheur de notre propre misère, que ne pouvant prier par nous-mêmes, le Saint-Esprit daigne prier en nous, et forme lui-même nos oraisons en nos ames. De là vient que le grave Tertullien parlant des prières des chrétiens : « Nous offrons à Dieu, dit-il, une oraison qui vient d'une conscience innocente, et d'une chair pudique, et du Saint-Esprit, » *de corde puro, de carne pudicâ, de animâ innocenti, de Spiritu sancto profectam* [1]. Ce seroit peu que la conscience pure et que la chair pudique, s'il n'y ajoutoit pour comble de perfection, qu'elle vient de l'Esprit de Dieu.

En effet nos oraisons, ce sont des parfums; et les parfums ne peuvent monter au ciel, si une chaleur pénétrante ne les tourne en vapeur subtile et ne les porte elle-même par sa vigueur. Ainsi nos oraisons seroient trop pesantes et trop terrestres, venant de personnes si sensuelles, si ce feu divin, je veux dire le Saint-Esprit, ne les purifioit et ne les élevoit. Le Saint-Esprit est le sceau de Dieu, qui étant appliqué à nos oraisons, les rend agréables à sa majesté. Car c'est une chose assurée que nous ne pouvons prier, sinon par Notre-Seigneur Jésus-Christ; il n'y a point d'autre nom. D'ailleurs il n'est pas moins vrai que « nous ne pouvons pas même nommer le Seigneur Jésus, sinon dans le Saint-Esprit [2]; » et si nous ne pouvons nommer Jésus, à plus forte raison prier au nom de Jésus. Donc nos prières sont nulles, si elles ne naissent du Saint-Esprit.

Examinons maintenant quel est cet Esprit. C'est lui qui est appelé « le Dieu charité [3]; » c'est lui qui lie le Père et le Fils. C'est lui qui, se répandant sur les hommes, les lie et les attache à Dieu par un nœud sacré. C'est lui qui nous lie les uns avec les autres. C'est lui qui par une opération vivifiante nous fait frères et membres du même corps : *Osculum Patris et Filii* [4]. Que si c'est cet Esprit qui opère en nos ames la charité, celui-là ne prie pas par le Saint-Esprit, qui a rompu l'union fraternelle, et qui ne prie pas en paix et en charité. Et toi, qui empoisonnes ton cœur par des

---

[1] *Apolol.*, n. 30.— [2] I *Cor.*, XII, 3.— [3] I *Joan.*, IV, 8, 16. — [4] S. Bernard., *de divers.*, serm. LXXXIX, n. 1; *in Cantic.*, serm. VIII.

inimitiés irréconciliables, n'as-tu rien à demander à Dieu? Et si tu le veux demander, ne faut-il pas que tu le demandes par l'Esprit du christianisme? Et ne sais-tu pas que l'Esprit du christianisme est le Saint-Esprit? D'ailleurs ignores-tu que le Saint-Esprit n'agit et n'opère que par charité? Que si tu méprises la charité, tu ne veux donc pas prier par le Saint-Esprit? Et si tu ne veux pas prier par le Saint-Esprit, au nom de qui prieras-tu? Par quelle autorité te présenteras-tu à la Majesté divine? Sera-ce par tes propres mérites? Mais tes propres mérites, c'est la damnation et l'enfer. Choisiras-tu quelqu'autre patron qui par son propre crédit, te rende l'accès favorable au Père? Ne sais-tu pas que « tu ne peux aborder au trône de la miséricorde, sinon par Notre-Seigneur Jésus-Christ [1], et que tu ne peux pas même nommer le Seigneur Jésus, sinon dans le Saint-Esprit [2]? » Quiconque pense invoquer Dieu en un autre nom qu'en celui de Notre-Seigneur Jésus-Christ, sa prière lui tourne à damnation.

Prions donc en charité, chères Sœurs, puisque nous prions par le Saint-Esprit. Prions avec nos frères, prions pour nos frères; et quoiqu'ils veuillent rompre avec nous, gardons-leur toujours un cœur fraternel par la grace du Saint-Esprit. Songeons que Notre Seigneur Jésus ne nous a pas, si je l'ose dire, enseigné à prier en particulier; il nous a appris à prier en corps. « Notre Père, qui êtes aux cieux [3], » disons-nous. Cette prière se fait au nom de plusieurs. Nous devons croire, quand nous prions de la sorte, que toute la société de nos frères prie avec nous. C'est de quoi se glorifioient les premiers fidèles. « Nous venons, disoit Tertullien, à Dieu comme en troupe : » *Quasi manu factà ambimus :* « cette force, cette violence que nous lui faisons, lui est agréable : » *Hæc vis Deo grata est* [4]. Voyez, mes Sœurs, que les prières des frères, c'est-à-dire les prières de la charité et de l'unité, forcent Dieu à nous accorder nos demandes. Ecoutez ce qui est dit dans les *Actes :* « Tous ensemble, unanimement, ils levèrent la voix à Dieu [5]. » Et quel fut l'événement de cette prière? « Le lieu où ils étoient assemblés trembla, et ils furent remplis du Saint-Esprit [6]. »

---

[1] *Hebr.*, IV, 16. — [2] I *Cor.*, XII, 3. — [3] *Matth.*, VI, 9. — [4] *Apolog.*, n. 39. — [5] *Act.*, IV, 24. — [6] *Ibid.*, 31.

Voilà Dieu forcé par la prière des frères. Parce qu'ils prient ensemble, il est comme contraint de donner un signe visible que cette prière lui plaît : *Hæc vis Deo grata est.* Nous nous plaignons quelquefois que nos prières ne sont pas exaucées, voulons-nous forcer Dieu, chrétiens? unissons-nous, et prions ensemble.

Mais quand je parle de prier ensemble, songeons que ce qui nous assemble, ce n'est pas ce que nous sommes enclos dans les murailles du même temple, ni ce que nous avons tous les yeux arrêtés sur le même autel. Non, non, nous avons des liens plus étroits : ce qui nous associe, c'est la charité. Chrétiens, si vous avez quelque haine, considérez celui que vous haïssez. Voulez-vous prier avec lui? Si vous ne le voulez pas, vous ne voulez pas prier en fidèles. Car prier en fidèle, c'est prier par le Saint-Esprit. Et comme c'est le même Esprit qui est en nous tous, comme c'est lui qui nous associe, il faut que nous priions en société. Que si vous voulez bien prier avec lui, comment est-ce que vous le haïssez? N'avons-nous pas prouvé clairement que c'est la charité qui nous met ensemble? Sans elle il n'y a point de concorde, sans elle il n'y a point d'unité. Vous ne pouvez donc prier avec vos frères que par charité. Et si vous les haïssez, comment priez-vous en charité avec eux?

Vous me direz peut-être que votre haine est restreinte à un seul, et que vous aimez cordialement tous les autres. Mais considérez que la charité n'a point de réserve : comme elle vient du Saint-Esprit qui se plaît à se répandre sur tous les fidèles, aussi la charité, comme étant une onction divine, s'étend abondamment et se communique avec une grande profusion. Quand il n'y auroit qu'un chaînon brisé, la charité est entièrement désunie, et la communication est interrompue. Vivons donc en charité avec tous, afin de prier en charité avec tous; croyons que c'est cette charité qui force Dieu d'accorder les graces ; et que si elle ne nous introduit près de lui, il est inaccessible et inexorable.

Mais ce n'est pas assez de prier avec tous nos frères, il faut encore prier Dieu pour tous nos frères. La forme nous en est donnée par l'Oraison Dominicale, en laquelle nous ne demandons rien pour nous seuls ; mais nous prions généralement pour les nécessités de tous les fidèles. En vain prierions-nous avec eux, si nous ne priions ainsi pour eux. Car de même que nous ne pouvons exclure personne de notre charité, aussi ne nous est-il pas permis de les exclure de nos prières. C'est pourquoi l'apôtre saint Paul, dans la 1re *à Timothée* : *Pro regibus, pro principibus*, pour toutes les conditions et tous les états ; *hoc enim est gratum*[1]. Que si Dieu a une si grande bonté que d'admettre généralement tous les hommes à la participation de ses graces, s'il embrasse si volontiers tous ceux qui se présentent à lui, quelle témérité nous seroit-ce de rejeter de la communion de nos prières ceux que Dieu reçoit à la possession de ses biens ?

Il n'est point de pareille insolence, que lorsqu'un serviteur se mêle de restreindre à sa fantaisie les libéralités de son maître. Et comment est-ce que vous observez ce que vous demandez à Dieu tous les jours, « que sa sainte volonté soit faite [2] ? » Car puisque sa volonté est de bien faire généralement à tous les hommes, si vous priez qu'elle soit accomplie, vous demandez par conséquent que tous les hommes soient participans de ses dons. Il est donc nécessaire que nous priions Dieu pour toute la société des hommes, et particulièrement pour tous ceux qui sont déjà assemblés dans l'Eglise, parmi lesquels le Fils de Dieu veut que vous compreniez tous vos ennemis, et tous ceux qui vous persécutent : *Orate pro persequentibus vos*[3]. Que si vous priez pour eux, ils ne peuvent plus être vos ennemis ; et s'ils sont vos ennemis, vous ne pouvez prier pour eux comme il faut. Ceux-là ne peuvent pas être vos ennemis, auxquels vous désirez du bien de tout votre cœur ; et ceux pour qui vous priez, vous leur désirez du bien de tout votre cœur.

Certainement puisque vous priez Dieu qui est si bon et si bienfaisant, ce n'est que pour en obtenir quelque bien ; et comme la prière n'est pas prière si elle ne se fait de toutes les forces de l'ame, vous demandez à Dieu avec ardeur qu'il fasse du bien à ceux pour lesquels vous lui présentez vos prières. Encore si cette demande se devoit faire devant les hommes, vous pourriez dissi-

[1] *I Timoth.*, II, 2, 3. — [2] *Matth.*, VI, 10. — [3] *Ibid.*, V, 44.

muler vos pensées, et sous de belles demandes cacher de mauvaises intentions; mais parlant à celui qui lit dans vos plus secrètes pensées, qui découvre le fond de votre ame plus clairement que vous-même, vous ne pouvez démentir vos inclinations; de sorte qu'il est autant impossible que vous priiez pour ceux que vous haïssez, qu'il est impossible que vous aimiez et que vous désiriez sincèrement du bien à ceux que vous haïssez. Car que peut-on désirer plus sincèrement que ce qu'on désire en la présence de Dieu? Et comment peut-on leur souhaiter plus de bien que de le demander instamment à celui qui seul est capable de leur donner? Partant si vous haïssez quelqu'un, absolument il ne se peut faire que vous priiez pour lui la Majesté souveraine. Et offrant à Dieu une oraison si évidemment contraire à ses ordonnances et à l'Esprit qui prie en nous et par nous, vous espérez éviter la condamnation de votre témérité?

O Dieu éternel, quelle indignité ! On prie pour les Juifs, et pour les idolâtres, et pour les pécheurs les plus endurcis, et pour les ennemis les plus déclarés de Dieu; et vous ne voulez pas prier pour vos ennemis ! Certes, c'est une extrême folie, pendant que l'on croit obtenir de Dieu le pardon de crimes énormes, qu'un misérable homme fasse le difficile et l'inexorable. Quelque estime que vous ayez de vous-même, et en quelque rang que vous vous mettiez, l'offense qui se fait contre un homme, s'il n'y avoit que son intérêt, ne peut être que très-légère. Cet homme, que vous excluez de vos prières, l'Eglise prie pour lui; et refusant ainsi de communiquer aux prières de toute l'Eglise, n'est-ce pas vous excommunier vous-même? Regardez à quel excès vous emporte votre haine inconsidérée. Vous me direz que vous n'y preniez pas garde; maintenant donc que vous le voyez très-évidemment, c'est à vous de vous corriger.

Ne me dites pas que vous priez pour tout le monde. Car puisqu'il est certain qu'il n'y a que la seule charité qui prie, il ne se peut faire que vous priiez pour ceux que vous haïssez. Votre intention dément vos paroles; et quand la bouche les nomme, le cœur les exclut : ou bien si vous priez pour eux, dites-moi, quel bien leur souhaitez-vous? Leur souhaitez-vous le souverain bien, qui est Dieu? Certainement si vous ne le faites, votre haine est bien furieuse, puisque non content de leur refuser le pardon, vous ne voulez pas même que Dieu leur pardonne. Que si vous demandez pour eux cette grande et éternelle félicité, ne voyez-vous pas que c'est être trop aveugle que de leur envier des biens passagers, en leur désirant les biens solides et permanens? Car en les troublant dans les biens temporels, vous vous privez vous-même des biens éternels; et ainsi vous êtes contraint malgré la fureur de votre colère de leur souhaiter plus de bien que vous ne vous en souhaitez à vous-même. Et après cela vous n'avouerez pas que votre haine est aveugle? Que si vous ne lui enviez les biens temporels que parce qu'il vous les ôte en les possédant, ô Dieu éternel! que ne songez-vous plutôt que ces biens sont bien méprisables, puisqu'ils sont bornés si étroitement, que la jouissance de l'un sert d'obstacle à l'autre? Et que n'aspirez-vous aux vrais biens dont la richesse et l'abondance est si grande, qu'il y en a pour contenter tout le monde? Vous en pouvez jouir sans en exclure vos compétiteurs. Encore qu'ils soient possédés par les autres, vous ne laisserez pas de les posséder tout entiers.

Certes si nous désirions ces biens comme il faut, il n'y auroit point d'inimitiés dans le monde. Ce qui fait les inimitiés, c'est le partage des biens que nous poursuivons; il semble que nos rivaux nous ôtent ce qu'ils prennent pour eux. Or les biens éternels se communiquent sans se partager; ils ne font ni querelles, ni jalousies; ils ne souffrent ni ennemis, ni envieux, à cause qu'ils sont capables de satisfaire tous ceux qui ont le courage de les espérer. C'est là, c'est là, mes Sœurs, c'est le vrai remède contre les inimitiés et la haine. Quel mal me peut-on faire, si je n'aime que les biens divins? Je n'appréhende pas qu'on me les ravisse. Vous m'ôterez mes biens temporels; mais je les dédaigne et je les méprise; j'ai porté mes espérances plus haut. Je sais qu'ils n'ont que le nom de bien, que les mortels abusés leur donnent mal à propos; et moi, je veux aspirer à des biens solides. Puisque vous ne sauriez m'ôter que des choses dont je ne fais point d'état, vous ne sauriez me faire d'injure, parce que vous ne sauriez me procurer aucun mal. Il est vrai que vous me montrez une mauvaise volonté, mais une mauvaise volonté inutile. Et pensez-vous que cela m'offense? Non, non ; appuyé sur mon Dieu, je suis infiniment au-dessus de votre colère et de votre envie. Et si peu que j'aie de connoissance, il m'est aisé de juger qu'une mauvaise volonté sans effet est plus digne de compassion que de haine.

Vous voyez, mes Sœurs, que les aversions que nous concevons, ne viennent que de l'estime trop grande que nous faisons des biens corruptibles ; et que toutes nos dissensions seroient à jamais terminées, si nous les méprisions comme ils le méritent. Mais je m'éloigne de mon sujet un peu trop longtemps : retournons à notre présent, et montrons que celui à qui nous l'offrons, ne le peut recevoir que des ames réconciliées. Je tranche en peu de mots ce raisonnement. Vous prendrez le loisir d'y faire une réflexion sérieuse. Permettez-moi encore, mes Sœurs, que je parle en votre présence à cet ennemi irréconciliable qui vient présenter à Dieu des prières qui viennent d'une ame envenimée par un cruel désir de vengeance.

As-tu vécu si innocemment, que tu n'aies jamais eu besoin de demander à Dieu la rémission de tes crimes? Es-tu si assuré de toi-même, que tu puisses dire que tu n'auras plus besoin désormais d'une pareille miséricorde? Si tu reconnois que tu as reçu de Dieu des graces si signalées, de ta part ton ingratitude est extrême d'en refuser une si petite, qu'il a bien la bonté de te demander pour ton frère qui t'a offensé. Si tu espères encore de grandes faveurs de lui, c'est une étrange folie de lui dénier ce qu'il te propose en faveur de tes semblables. Furieux, qui ne veux pas pardonner, ne vois-tu pas que toi-même tu vas prononcer ta sentence? Si tu penses qu'il est juste de pardonner, tu te condamnes toi-même, en disant ce que tu ne fais pas. S'il n'est pas raisonnable qu'on t'oblige de pardonner à ton frère, combien moins est-il raisonnable que Dieu pardonne à son ennemi? Ainsi quoi que tu puisses dire, tes paroles retomberont sur toi et tu seras accablé par tes propres raisons. Exagère tant que tu voudras la malice et l'ingratitude de tes ennemis; ô Dieu ! où te sauveras-tu, si Dieu juge de tes actions avec la même rigueur? Ah !

plutôt, mon cher Frère, plutôt que d'entrer dans un examen si sévère, relâche-toi, afin que Dieu se relâche. « Jugement sans miséricorde, si tu refuses de faire miséricorde [1] : » Grace et miséricorde sans aucune aigreur, si tu pardonnes sans aucune aigreur. Pardonnez, et je pardonnerai [2]. Qui de nous ne voudroit acheter la rémission de crimes si énormes, tels que sont les nôtres, par l'oubli de quelques injures légères, qui ne nous paroissent grandes qu'à cause de notre ignorance et de l'aveugle témérité de nos passions inconsidérées?

Cependant admirons, mes Sœurs, la bonté ineffable de Dieu, qui aime si fort la miséricorde, que non content de pardonner avec tant de libéralité tant de crimes qui se font contre lui, il veut encore obliger tous les hommes à pardonner, et se sert pour cela de l'artifice le plus aimable dont jamais on se puisse aviser. Quelquefois quand nous voulons obtenir une grace considérable de nos amis, nous attendons qu'eux-mêmes ils viennent à nous pour nous demander quelque chose. C'est ainsi que fait ce bon Père, qui désire sur toutes choses de voir la paix parmi ses enfans. Ah! dit-il, on l'a offensé; je veux qu'il pardonne. Je sais que cela lui sera bien rude; mais il a besoin de moi tous les jours. Bientôt, bientôt il faudra qu'il vienne lui-même pour me demander pardon de ses fautes. C'est là, dit-il, que je l'attendrai. Pardonne, lui dirai-je, si tu veux que je te pardonne. Je veux bien me relâcher, si tu te relâches. O miséricorde de notre Dieu, qui devient le négociateur de notre mutuelle réconciliation! Combien sont à plaindre ceux qui refusent des conditions si justes!

O Dieu, je frémis, chères Sœurs, quand je considère ces faux chrétiens qui ne veulent pas pardonner. Tous les jours ils se condamnent eux-mêmes, quand ils disent l'Oraison Dominicale : Pardonnez, disent-ils, comme nous pardonnons [3]. Misérable! tu ne pardonnes pas; n'est-ce pas comme si tu disois : Seigneur, ne me pardonnez pas, comme je ne veux pas pardonner? Ainsi cette sainte oraison, en laquelle consiste toute la bénédiction des fidèles, se tourne en malédiction et en anathème. Et quels chrétiens sont-ce que ceux-ci qui ne peuvent pas dire l'Oraison Dominicale?

---

[1] *Jacob.*, II, 13. — [2] *Matth.*, VI, 14. — [3] *Ibid.*, 12.

Concluons que la prière n'est pas agréable, si elle ne vient d'une ame réconciliée.

SECOND POINT.

Notre autel est un autel de paix. Le sacrifice que nous célébrons, c'est la passion de Jésus. Il est mort pour la réconciliation des ennemis : *Non se vindicari, sed illis postulabat ignosci* [1]. Ce sang a été répandu pour pacifier le ciel et la terre; non-seulement les hommes à Dieu, mais les hommes entre eux, et avec toutes les créatures. Le péché des hommes avoit mis en guerre les créatures contre eux, et eux-mêmes contre eux-mêmes : c'est pour leur donner la paix que Jésus a versé son sang. Catilina donne du sang à ses convives [2] : que si ce sang a lié entre eux une société de meurtres, de perfidies, le sang innocent du pacifique Jésus ne pourra-t-il pas lier parmi nous une sainte et véritable concorde? *Unus panis, unum corpus* [3]. Quel regret a un père, quand il voit ses enfans à sa table, mangeant un commun pain, et se regardant les uns les autres avec des yeux de colère? Les hommes te reçoivent à la sainte table; Jésus le grand Pontife t'excommunie : Retire-toi, dit-il ; n'approche pas de mon autel que tu ne sois réconcilié à ton frère.

---

[1] S. Leo, *De Passion. Dom.*, serm. XI, cap. III. — [2] Sallust., *Bell. Catilin.*, n. 22. — [3] 1 *Cor.*, X, 17.

SERMON

POUR

LE IX° DIMANCHE APRÈS LA PENTECOTE (a).

Ut appropinquavit, videns civitatem, flevit super eam dicens : Quia si cognovisses et tu, et quidem in hâc die tuâ, quæ ad pacem tibi! Nunc autem abscondita sunt ab oculis tuis.

Comme Jésus s'approchoit de Jérusalem, considérant cette ville, il se mit à pleurer sur elle : Si tu avois connu, dit-il, du moins en ce jour qui t'est donné, ce qu'il faudroit que tu fisses pour avoir la paix! mais certes ces choses sont cachées à tes yeux. *Luc.*, XIX, 41.

Comme on voit que de braves soldats, en quelques lieux écartés où les puissent avoir jetés les divers hasards de la guerre, ne laissent pas de marcher dans le temps préfix au rendez-vous de leurs troupes assigné par le général : de même le Sauveur Jésus, quand il vit son heure venue, se résolut de quitter toutes les autres contrées de la Palestine, par lesquelles il alloit prêchant la parole de vie ; et sachant très-bien que telle étoit la volonté de son Père, qu'il se vînt rendre dans Jérusalem pour y subir peu de jours après la rigueur du dernier supplice, il tourna ses pas du

---

(a) *Exorde.* Justice de Dieu, suite de sa bonté. Quelle elle est.
Premier point. Deus ab initio tantùm bonus (Tertull., *advers. Marcion.*, lib. XI). Justice de Dieu, quelle. *Non habemus pontificem qui non possit compati infirmitatibus nostris* (Hebr. IV, 15).
Second point. Deux règnes, par miséricorde et par justice. Jérusalem ruinée (*Deuter.*, XXVIII). Vengeance sur les Juifs. Exemplaire pour les chrétiens.

Prêché à Metz, vers 1653.
Exorde et discours très-long, discussion sur les Juifs et calamités publiques, guerre étrangère et séditions intestines qui rappellent les attaques de l'Espagne et les révoltes de la Fronde, sentimentalisme et peut-être emphase qui révèlent un premier essai ; puis nombre d'expressions surannées, telles que celles-ci : « Temps préfix, ès siècles des siècles, le débonnaire Jésus, faim et soif enragée, cent ordures, quasi tout, si est-ce néanmoins, jusqu'à tant que, je ne puis que je n'interrompe mon discours, ce que (pour quant à ce que) Dieu est bon, c'est du sien et de son propre fond, pour vous faire court, ruminer à part soi des desseins de nuire, cette menace est couchée au *Deutéronome*, appréhender (pour *prendre*) la nature humaine, cet endurcissement fit opiniâtrer les Juifs, » etc.

côté de cette ville perfide, afin d'y célébrer cette pâque éternellement mémorable et par l'institution de ses saints mystères et par l'effusion de son sang. Comme donc il descendoit le long de la montagne des Olives, sitôt qu'il put découvrir cette cité, il se mit à considérer ses hautes et superbes murailles, ses beaux et invincibles remparts, ses édifices si magnifiques, son temple la merveille du monde, unique et incomparable comme le Dieu auquel il étoit dédié, puis repassant en son esprit jusqu'à quel point cette ville devoit être bientôt désolée pour n'avoir point voulu suivre ses salutaires conseils, il ne put retenir ses larmes; et touché au vif en son cœur d'une tendre compassion, il commença sa plainte en ces termes : Jérusalem, cité de Dieu, dont les prophètes ont dit des choses si admirables[1], que mon Père a choisie entre toutes les villes du monde pour y faire adorer son saint nom ; Jérusalem, que j'ai toujours si tendrement aimée, et dont j'ai chéri les habitans comme s'ils eussent été mes propres frères; mais Jérusalem, qui n'as payé mes bienfaits que d'ingratitude, qui as déjà mille fois dressé des embûches à ma vie, et enfin dans peu de jours tremperas tes mains dans mon sang ; ah! si tu reconnoissois, du moins en ces jours qui te sont donnés pour faire pénitence, si tu reconnoissois les graces que je t'ai présentées, et de quelle paix tu jouirois sous la douceur de mon empire, et combien est extrême (a) le malheur de ne point suivre mes commandemens! Mais hélas! ta passion t'a voilé les yeux, et t'a rendue aveugle pour ta propre félicité. Viendra, viendra le temps, et il te touche de près, que tes ennemis t'environneront de remparts, et te presseront, et te mettront à l'étroit, et te renverseront de fond en comble, parce que tu n'as pas connu le temps dans lequel je t'ai visitée.

Il n'y eut jamais de doctrine si extravagante que celle qu'enseignoient autrefois les marcionites, les plus insensés hérétiques qui aient jamais troublé le repos de la sainte Eglise. Ils s'étoient figuré la Divinité d'une étrange sorte. Car ne pouvant com-

[1] *Psal.* LXXXVI, 3.
(a) *Var.* : Grand.

prendre comment sa bonté si douce et si bienfaisante pouvoit s'accorder avec sa justice si sévère et si rigoureuse, ils divisèrent l'indivisible essence de Dieu; ils séparèrent le Dieu bon d'avec le Dieu juste. Et voyez, s'il vous plaît, chrétiens, si vous auriez jamais entendu parler d'une pareille folie. Ils établirent deux dieux, deux premiers principes, dont l'un, qui n'avoit pour toute qualité qu'une bonté insensible et déraisonnable, semblable en ce point à ce dieu oisif et inutile des épicuriens, craignoit tellement d'être incommode à qui que ce fût, qu'il ne vouloit pas même faire de la peine aux méchans, et par ce moyen laissoit régner (a) le vice à son aise; d'où vient que Tertullien le nomme « un dieu sous l'empire duquel les péchés se réjouissoient : » *Sub quo delicta gauderent*[1]. L'autre à l'opposite, étant d'un naturel cruel et malin, toujours ruminant à part soi quelque dessein de nous nuire, n'avoit point d'autre plaisir que de tremper, disoient-ils, ses mains dans le sang, et tâchoit de satisfaire sa mauvaise humeur par les délices de la vengeance. A quoi ils ajoutoient, pour achever cette fable, qu'un chacun de ces dieux faisoit un Christ à sa mode et formé selon son génie; de sorte que Notre-Seigneur, qui étoit le Fils de ce Dieu ennemi de toute justice, ne devoit être à leur avis ni juge ni vengeur des crimes, mais seulement maître, médecin et libérateur. Certes je m'étonnerois, chrétiens, qu'une doctrine si monstrueuse ait jamais pu trouver quelque créance parmi les fidèles, si je ne savois qu'il n'y a point d'abîme d'erreurs dans lequel l'esprit humain ne se précipite, lorsque enflé des sciences humaines et secouant le joug de la foi, il se laisse emporter à sa raison égarée. Mais autant que leur opinion est ridicule et impie, autant sont admirables les raisonnemens que leur opposent les Pères; et voici entre autres une leçon excellente du grave Tertullien au second livre *contre Marcion*.

Tu ne t'éloignes pas tant de la vérité, Marcion, quand tu dis que la nature divine est seulement bienfaisante. « Il est vrai que dans l'origine des choses Dieu n'avoit que de la bonté; et jamais il n'auroit fait aucun mal à ses créatures, s'il n'y avoit été forcé

---

[1] *Advers. Marcion.*, lib. II, n. 13.
(a) *Var. :* Et ainsi laissoit triompher.

par leur ingratitude : » *Deus ab initio tantùm bonus* [1]. Ce n'est pas que sa justice ne l'ait accompagné dès la naissance du monde ; mais en ce temps il ne l'occupoit qu'à donner une belle disposition aux belles choses qu'il avoit produites. Il lui faisoit décider la querelle des élémens; elle leur assignoit leur place; elle prononçoit entre le ciel et la terre, entre le jour et la nuit; enfin elle faisoit le partage entre toutes les créatures qui étoient enveloppées dans la confusion du premier chaos. Telle étoit l'occupation de la justice dans l'innocence des commencemens. « Mais depuis que la malice s'est élevée, dit Tertullien [2], depuis que cette bonté infinie qui ne devoit avoir que des adorateurs, a trouvé des adversaires; » *at enim ex quo malum posteà erupit, atque inde jam cœpit bonitas Dei cum adversario agere*, « la justice divine a été obligée de prendre un bien autre emploi : il a fallu qu'elle vengeât cette bonté méprisée, que du moins elle la fît craindre à ceux qui seroient assez aveugles pour ne l'aimer pas. Par conséquent tu t'abuses, Marcion, de commettre ainsi la justice avec la bonté, comme si elle lui étoit opposée; au contraire elle agit pour elle, elle fait ses affaires, elle défend ses intérêts : » *Omne justitiæ opus procuratio bonitatis est*, dit Tertullien ; et voilà sans doute les véritables sentimens de Dieu notre Père touchant la miséricorde et la justice. Ce qui étant ainsi, il n'y a plus aucune raison de douter que le Sauveur Jésus, l'envoyé du Père, qui ne fait rien que ce qu'il lui voit faire, n'ait pris les mêmes pensées.

Et sans en aller chercher d'autres preuves dans la suite de sa sainte vie, l'évangile que je vous ai proposé nous en donne une bien évidente. Mon Sauveur s'approche de Jérusalem; et considérant l'ingratitude extrême de ses citoyens envers lui, il se sent saisi de douleur, il laisse couler des larmes : « Ah! si tu savois, s'écrie-t-il, ce qui t'est présenté pour la paix! » Mais, hélas! tu es aveuglée : *Si cognovisses* [3] ! Qui ne voit ici les marques d'une véritable compassion? C'est le propre de la douleur de s'interrompre elle-même. « Ah! si tu savois! » dit mon Maître; puis arrêtant là son discours, plus il semble se retenir, plus il fait pa-

[1] *Advers. Marcion.*, lib. II, n. 11. — [2] *Ibid.*, n. 13. — [3] *Luc.*, XIX, 42.

roître une véritable tendresse. Ou plutôt, si nous l'entendons, ce *Si tu savois!* prononcé avec tant de transport, signifie un désir violent, comme s'il eût dit : Ah! plût à Dieu que tu susses! C'est un désir qui le presse si fort dans le cœur, qu'il n'a pas assez de force pour l'énoncer par la bouche comme il le voudroit, et ne le peut exprimer que par un élan de pitié. Ainsi donc la voix de ton pasteur t'invite à la pénitence, ô ingrate Jérusalem ; trop heureuse, hélas! que tes malheurs soient plaints d'une bouche si innocente et pleurés de ces yeux divins, si ton aveuglement te pouvoit permettre de profiter de ses larmes! Mais comme il prévoit que tu seras insensible aux témoignages de son amour, il change ses douceurs en menaces : Et viendra le temps, poursuit-il, que tu seras entièrement ruinée par tes ennemis : pour quelle raison? parce que tu n'as pas reconnu l'heure dans laquelle je t'ai visitée. C'est là la cause de leurs misères ; par où nous voyons que ce discours de mon Maître n'est pas une simple prophétie de leur disgrace future. Il leur reproche le mépris qu'ils ont fait de lui; il leur fait entendre que son affection méprisée se tournera en fureur, que lui-même, qui daigne les plaindre, les verra périr sans être touché de pitié, et qu'il les poursuivra par les mains des soldats romains, ministres de sa vengeance.

Voilà dans le même discours le Sauveur miséricordieux et le Sauveur inexorable ; et c'est ce que je prétends vous faire considérer aujourd'hui avec l'assistance divine. Sachez, ô fidèles, qu'étant, comme nous sommes, l'Israël de Dieu et les vrais enfans de la race d'Abraham, nous héritons des promesses et des menaces de ce premier peuple. Ce que mon Maître a fait une fois au sujet de Jérusalem, tous les jours il le fait à notre sujet, ingrats et aveugles que nous sommes : il invite et menace, il embrasse et rejette ; premièrement doux, après implacable. Je vous représenterai donc aujourd'hui par l'explication de mon texte les larmes et les plaintes du Sauveur qui nous appellent à lui, puis la colère du même Sauveur qui nous repousse bien loin de son trône ; Jésus déplorant nos maux à cause de sa propre bonté, Jésus devenu impitoyable à cause de l'excès de nos crimes. Ecoutez premièrement la voix douce et bénigne de cet Agneau sans tache ; et après vous écouterez les terribles rugissemens de ce lion victorieux né de la tribu de Juda. C'est le sujet de cet entretien.

PREMIER POINT.

Pour vous faire entendre par une doctrine solide combien est immense la miséricorde de notre Sauveur, je vous prie de considérer une vérité que je viens d'avancer tout à l'heure, et que j'ai prise de Tertullien. Ce grand homme nous a enseigné que Dieu a commencé ses ouvrages par un épanchement de sa bonté sur toutes ses créatures, et que sa première inclination, c'est de nous bien faire. Et en vérité il me semble que sa raison est bien évidente. Car pour bien connoître quelle est la première des inclinations, il faut choisir celle qui se trouvera la plus naturelle, d'autant que la nature est la racine de tout le reste. Or notre Dieu, chrétiens, a-t-il rien de plus naturel que cette inclination de nous enrichir par la profusion de ses graces? Comme une source envoie ses eaux naturellement, comme le soleil naturellement répand ses rayons, ainsi Dieu naturellement fait du bien. Etant bon, abondant, plein de richesses infinies par sa condition naturelle, il doit être aussi par nature bienfaisant, libéral, magnifique. Quand il te punit, ô impie, la raison n'en est pas en lui-même. Il ne veut pas que personne périsse. C'est ta malice, c'est ton ingratitude qui attire son indignation sur ta tête. Au contraire si nous voulons l'exciter à nous faire du bien, il n'est pas nécessaire de chercher bien loin des motifs; sa propre bonté, sa nature d'elle-même si bienfaisante lui est un motif très-pressant et une raison intime qui ne le quitte jamais. C'est pourquoi Tertullien dit fort à propos que « la bonté est la première, parce qu'elle est selon la nature, » *prior bonitas secundùm naturam;* « et que la sévérité suit après, parce qu'il lui faut une cause, » *posterior severitas secundùm causam* [1]. Comme s'il disoit : A la munificence divine, il ne lui faut point de raison, si on peut parler de la sorte; c'est la propre nature de Dieu. Il n'y a que la justice qui va chercher des causes et des raisons. Encore ne les cherche-t-elle pas, nous les lui donnons; c'est nous qui fournissons par nos crimes la matière à sa juste

[1] *Advers. Marcion.,* lib. II, n. 11.

vengeance. Par conséquent, comme dit très-bien le même Tertullien, « Ce que Dieu est bon, c'est du sien et de son propre fonds ; ce qu'il est juste, c'est du nôtre : » *De suo optimus, de nostro justus* [1]. L'exercice de la bonté lui est souverainement volontaire, celui de la justice forcé. Celui-là procède entièrement du dedans, celui-ci d'une cause étrangère. Or il est évident que ce qui est naturel, intérieur, volontaire, précède toujours ce qui est étranger et contraint. Il est donc vrai, ce que j'ai touché dès l'entrée de ce discours, ce que je viens de prouver par les raisons de Tertullien, « que dans l'origine des choses Dieu n'a pu faire paroître que de la bonté : » *Deus ab initio tantùm bonus.*

Passons outre maintenant et disons : Le Sauveur Jésus, chrétiens, notre amour et notre espérance, notre pontife, notre avocat, notre intercesseur, qu'est-il venu faire au monde? qu'est-ce que nous en apprend le grand apôtre saint Paul [2]? N'enseigne-t-il pas qu'il est venu pour renouveler toutes choses en sa personne, pour ramener tout à la première origine, pour reprendre les premières traces de Dieu son Père, et réformer toutes les créatures selon le premier plan, la première idée de ce grand Ouvrier? C'est la doctrine de saint Paul en une infinité d'endroits de ses divines *Epîtres*. — Et partant, n'en doutons pas, le Fils de Dieu est venu sur la terre revêtu de ces premiers sentimens de son Père; c'est-à-dire, ainsi que je l'ai exposé tout à l'heure, de clémence, de bonté, de charité infinie. C'est pourquoi nous expliquant le sujet de sa mission en *saint Jean*, chapitre III : « Dieu n'a pas envoyé son Fils au monde, dit-il [3], afin de juger le monde, mais afin de sauver le monde. »

Mais n'a-t-il pas assuré, direz-vous, que « son Père avoit remis tout son jugement en ses mains [4]? » et ses apôtres n'ont-ils pas prêché par toute la terre, après son ascension triomphante, que « Dieu l'avoit établi juge des vivans et des morts [5]? » « Néanmoins, dit-il [6], je ne suis pas envoyé pour juger le monde. » Tout le pouvoir de mon ambassade ne consiste qu'en une négociation de paix. Et plût à Dieu que les hommes ingrats eussent voulu

---

[1] *De Resur. carn.*, n. 14. — [2] *Philipp.*, III, 21. — [3] *Joan.*, III, 17. — [4] *Ibid.*, V, 22. — [5] *Act.*, X, 42. — [6] *Joan.*, XII, 47.

recevoir l'éternelle miséricorde que je leur étois venu présenter ; je ne paroissois sur la terre que pour leur bien faire. Mais leur malice a contraint mon Père d'attacher la qualité de juge à ma première commission. Ainsi sa première qualité est celle de Sauveur ; celle de juge est pour ainsi dire accessoire. Et d'autant qu'il ne l'a acceptée que comme à regret, y étant obligé par les ordres exprès de son Père, de là vient qu'il en a réservé l'exercice à la fin des siècles ; en attendant il reçoit miséricordieusement tous ceux qui viennent à lui ; il s'offre de bon cœur à eux, pour être leur intercesseur auprès de son Père. Enfin telle est sa charge et telle sa fonction, il n'est envoyé que pour faire miséricorde.

Et à ce propos il me souvient d'un petit mot de saint Pierre, par lequel il dépeint fort bien le Sauveur à Cornélius, *Actes,* x : « Jésus de Nazareth, dit-il, homme approuvé de Dieu, qui passoit bien faisant et guérissant tous les oppressés : » *Pertransiit benefaciendo et sanando omnes oppressos à diabolo* [1]. O Dieu, les belles paroles et bien dignes de mon Sauveur ! La folle éloquence du siècle, quand elle veut élever quelque valeureux capitaine, dit qu'il a parcouru les provinces moins par ses pas que par ses victoires [2]. Les panégyriques sont pleins de semblables discours. Et qu'est-ce à dire, à votre avis, que parcourir les provinces par des victoires ? N'est-ce pas porter partout le carnage et la pillerie ? Ah ! que mon Sauveur a parcouru la Judée d'une manière bien plus aimable ! il l'a parcourue moins par ses pas que par ses bienfaits. Il alloit de tous côtés guérissant les malades, consolant les misérables, instruisant les ignorans, annonçant à tous avec une fermeté invincible la parole de vie éternelle, que le Saint-Esprit lui avoit mise à la bouche : *Pertransiit benefaciendo.* Ce n'étoit pas seulement les lieux où il arrêtoit, qui se trouvoient mieux de sa présence. Autant de pas, autant de vestiges de sa bonté. Il rendoit remarquables les endroits par où il passoit, par la profusion de ses graces. En cette bourgade il n'y a plus d'aveugles ni d'estropiés : sans doute, disoit-on, le débonnaire Jésus a passé par là.

[1] *Act.,* x, 38. — [2] Plin., Secund. *Paneg. Traj.*

Et en effet, chrétiens, quelle contrée de la Palestine n'a pas expérimenté mille et mille fois sa douceur? Et je ne doute pas qu'il n'eût été chercher les malheureux jusqu'au bout du monde, si les ordres de son Père ne l'eussent arrêté en Judée. Vit-il jamais un misérable, qu'il n'en eût pitié? Ah! que je suis ravi, quand je vois dans son Evangile qu'il n'entreprend presque jamais aucune guérison importante, qu'il ne donne auparavant quelque marque de compassion! Il y en a mille beaux endroits dans les Evangiles. La première grace qu'il leur faisoit, c'étoit de les plaindre en son ame avec une affection véritablement paternelle. Son cœur écoutoit la voix de la misère qui l'attendrissoit, et en même temps il sollicitoit son bras à les soulager.

Que ne ressentons-nous du moins, ô fidèles, quelque peu de cette tendresse! Nous n'avons pas en nos mains ce grand et prodigieux pouvoir pour subvenir aux nécessités de nos pauvres frères; mais Dieu et la nature ont inséré dans nos ames je ne sais quel sentiment qui ne nous permet pas de voir souffrir nos semblables, sans y prendre part, à moins que de n'être plus hommes. Mes Frères, faisons donc voir aux pauvres que nous sommes touchés de leurs misères, si nous n'avons pas dépouillé toute sorte d'humanité (a). Ceux qui ne leur donnent qu'à regret, que pour se délivrer de leurs importunités, ont-ils jamais pris la peine de considérer (b) que c'est le Fils de Dieu qui les leur adresse; que ce seroit bien souvent leur faire une double aumône, que de leur épargner la honte de nous demander; que toujours la première aumône doit venir du cœur : je veux dire, fidèles, une aumône de tendre compassion, c'est un présent qui ne s'épuise jamais; il y en a dans nos ames un trésor immense et une source infinie. Et cependant c'est le seul dont le Fils de Dieu fait état. Quand vous distribuez de l'argent ou du pain, c'est faire l'aumône au pauvre; mais quand vous accueillez le pauvre avec ce sentiment de tendresse, savez-vous ce que vous faites? Vous faites l'aumône à Dieu : « J'aime mieux, dit-il, la miséricorde que le sacrifice [1]. »

[1] *Matth.*, IX, 13.

(a) *Var.* : Au nom de Dieu, faisons voir aux pauvres que leurs misères nous touchent. — (b) Songent-ils bien que.

C'est alors que votre charité donne des ailes à cette matière pesante et terrestre, et par les mains des pauvres dans lesquelles vous la consignez, elle la fait monter devant Dieu comme une offrande agréable. C'est alors que vous devenez véritablement semblables au Sauveur Jésus, qui n'a pris une chair humaine qu'afin de compatir à nos infirmités avec une affection plus sensible.

Oui certes, il est vrai, chrétiens : ce qui a fait résoudre le Fils de Dieu à se revêtir d'une chair semblable à la nôtre, c'est le dessein qu'il a eu de ressentir pour nous une compassion véritable; et en voici la raison, prise de *l'Epître aux Hébreux,* dont je m'en vais tâcher de vous exposer la doctrine, et rendez-vous s'il vous plaît attentifs. Si le Fils de Dieu n'avoit prétendu autre chose que de s'unir seulement à quelques-unes de ses créatures, les intelligences célestes se présentoient, ce semble, à propos dans son voisinage, qui à raison de leur immortalité et de leurs autres qualités éminentes ont sans doute plus de rapport avec la nature divine. Mais, certes, il n'avoit que faire de chercher dans ses créatures ni la grandeur ni l'immortalité. Qu'est-ce qu'il y cherchoit, chrétiens ? la misère et la compassion. C'est pourquoi, dit excellemment la savante *Epître aux Hébreux* : *Non angelos apprehendit, sed semen Abrahæ apprehendit*[1] *:* « Il n'a pas pris la nature angélique, mais il a voulu prendre (servons-nous des mots de l'auteur), il a voulu appréhender la nature humaine. » La belle réflexion que fait, à mon avis, sur ces mots le docte saint Jean Chrysostome [2]! Il a, dit l'Apôtre, appréhendé la nature humaine : elle s'enfuyoit, elle ne vouloit point du Sauveur : qu'a-t-il fait ? Il a couru après d'une course précipitée, « sautant les montagnes [3], » c'est-à-dire les ordres des anges, comme il est écrit aux *Cantiques;* « Il a couru comme un géant, à grands pas et démesurés, » passant en un moment du ciel en la terre : *Exultavit ut gigas ad currendam viam* [4]. Là il a atteint cette fugitive nature, il l'a saisie, il l'a appréhendée au corps et en l'ame : *Semen Abrahæ apprehendit.* Il a eu pour ses frères, c'est-à-dire pour nous autres hommes, une si grande tendresse, « qu'il a voulu en tout

---

[1] *Hebr.,* II, 16. — [2] *In Epist. ad Hebr.,* homil. v, n. 1. — [3] *Cant.,* II, 8. — [4] *Psal.* XVIII, 6.

point se rendre semblable à eux : » *Debuit per omnia fratribus similari* [1]. Il a vu que nous étions composés de chair et de sang : pour cela, il a pris non un corps céleste, comme disoient les marcionites; non une chair fantastique et un spectre d'homme, comme assuroient les manichéens; quoi donc? une chair tout ainsi que nous, un sang qui avoit les mêmes qualités que le nôtre : *Quia pueri communicaverunt carni et sanguini, et ipse similiter participavit iisdem* [2], dit le grand Apôtre aux Hébreux; et cela pour quelle raison? *Ut misericors fieret* [3] : « afin d'être miséricordieux, » poursuit le même saint Paul.

Et quoi donc ! le Fils de Dieu dans l'éternité de sa gloire étoit-il sans miséricorde? Non, certes : mais sa miséricorde n'étoit pas accompagnée d'une compassion effective, parce que, comme vous savez, toute véritable compassion suppose quelque douleur; et partant le Fils de Dieu, dans le sein du Père éternel, étoit également incapable de pâtir et de compatir. Et lorsque l'Ecriture attribue ces sortes d'affections à la nature divine, vous n'ignorez pas que cette façon de parler ne peut être que figurée. C'est ce qui a obligé le Sauveur à prendre une nature humaine; « parce qu'il vouloit ressentir une réelle et véritable pitié : » *Ut misericors fieret*. Si donc il vouloit être touché pour nous d'une pitié réelle et véritable, il falloit qu'il prît une nature capable de ces émotions; ou bien disons autrement, et toutefois toujours dans les mêmes principes : notre Dieu dans la grandeur de sa majesté avoit pitié de nous comme de ses enfans et de ses ouvrages; mais depuis l'incarnation il a commencé à nous plaindre comme ses frères, comme ses semblables, comme des hommes tels que lui. Depuis ce temps-là il ne nous a pas plaints seulement comme l'on voit ceux qui sont dans le port plaindre souvent les autres qu'ils voient agités sur la mer d'une furieuse tourmente; mais il nous a plaints comme ceux qui courent le même péril se plaignent les uns les autres, par une expérience sensible de leurs communes misères. Enfin, l'oserai-je dire ? il nous a plaints, ce bon frère, comme ses compagnons de fortune, comme ayant eu à passer par les mêmes misères que nous, ayant eu ainsi que nous une chair sensible aux

[1] *Hebr.*, II, 17. — [2] *Ibid.*, 14. — [3] *Ibid.*, 17.

douleurs et un sang capable de s'émouvoir, et une température de corps sujette comme la nôtre à toutes les incommodités de la vie et à la nécessité de la mort. C'est pourquoi l'Apôtre se glorifie de la grande bénignité de notre pontife: « Ah ! nous n'avons pas un pontife, dit-il [1], qui soit insensible à nos maux : » *Non habemus pontificem, qui non possit compati infirmitatibus nostris :* pour quelle raison ? « Parce qu'il a passé par toute sorte d'épreuves : » *Tentatum per omnia.*

Vous le savez, chrétiens; parmi toutes les personnes dont nous plaignons les disgraces, il n'y en a point pour lesquelles nous soyons émus d'une compassion plus tendre, que celles que nous voyons dans les mêmes afflictions (a), dont quelque fâcheuse rencontre nous a fait éprouver la rigueur. Vous perdez un bon ami; j'en ai perdu un autrefois; dans cette rencontre d'afflictions ma douleur et ma compassion s'en échauffera davantage ; je sais par expérience combien il est sensible de perdre un ami. Ici je vous annonce une douce consolation, ô pauvres nécessiteux, malades oppressés, enfin généralement misérables, quels que vous soyez. Jésus mon pontife n'a épargné à son corps ni les sueurs, ni les fatigues, ni la faim, ni la soif, ni les infirmités, ni la mort. Il n'a épargné à son esprit ni les tristesses, ni les injures, ni les ennuis, ni les appréhensions. O Dieu! qu'il aura d'inclination de nous assister, nous qu'il voit du plus haut des cieux battus de ces mêmes orages dont il a été autrefois attaqué ! *Tentatum per omnia.* Il a tout pris jusqu'aux moindres choses, « tout jusqu'aux plus grandes infirmités, si vous en exceptez le péché : » *Absque peccato* [2]. Encore connoît-il bien par sa propre expérience combien est grand le poids du péché: « Il a daigné porter les nôtres à la croix sur ses épaules innocentes : » *Peccata nostra ipse pertulit in corpore suo super lignum* [3]. On diroit « qu'il s'est voulu rendre en quelque sorte semblable (b) aux pécheurs : » *In similitudinem carnis peccati,* dit saint Paul [4], afin de déplorer leur misère avec une plus grande tendresse. De là ces larmes amères, de là ces

---

[1] *Hebr.,* IV, 15. — [2] *Ibid.* — [3] I *Petr.,* II, 24. — [4] *Rom.,* VIII, 3.

(a) *Var. :* Affligées des mêmes infortunes. — (b) Il s'est rendu autant qu'il s'est pu faire semblable.

plaintes charitables que nous avons vues aujourd'hui dans notre évangile.

Et je remarque, ô fidèles, que cette compassion ne l'a pas seulement accompagné durant le cours de sa vie. Car si l'Apôtre l'a, comme vous voyez, attachée à sa qualité de pontife, selon sa doctrine tout pontife doit compatir. Or le Sauveur n'a pas seulement été mon pontife, lorsqu'il s'est immolé pour mes péchés sur la croix ; « mais à présent il est entré au sanctuaire par la vertu de son sang ; afin de paroître pour nous devant la face de Dieu [1], » et y exercer un sacerdoce éternel selon l'ordre de Melchisédech. Il est donc pontife et sacrificateur à jamais ; c'est la doctrine du même Apôtre. Ce qui a donné la hardiesse à l'admirable Origène de dire ces affectueuses paroles : « Mon Seigneur Jésus pleure encore mes péchés, il gémit et soupire pour nous : » *Dominus Jesus luget etiam nunc peccata mea, gemit suspiratque pro nobis* [2]. Il veut dire que, pour être heureux, il n'en a pas dépouillé les sentimens d'humanité. Il a encore pitié de nous ; il n'a pas oublié ses longs travaux, ni toutes les autres épreuves de son laborieux pèlerinage. Il a compassion de nous voir passer une vie dont il a éprouvé les misères, qu'il sait être assiégée de tant de diverses calamités. Ce sentiment le touche dans la félicité de sa gloire, encore qu'il ne le trouble pas. Il agit en son cœur, bien qu'il n'agite pas son cœur. Si nous avions besoin de larmes, il en donneroit.

Pour moi, je vous l'avoue, chrétiens, c'est là mon unique espérance ; c'est là toute ma joie et le seul appui de mon repos. Autrement dans quel désespoir ne m'abîmeroit pas le nombre infini de mes crimes ? Quand je considère le sentier étroit sur lequel Dieu m'a commandé de marcher, la prodigieuse difficulté qu'il y a de retenir dans un chemin si glissant, une volonté si volage et si précipitée que la mienne ; quand je jette les yeux sur la profondeur impénétrable du cœur de l'homme, capable de cacher dans ses replis tortueux tant d'inclinations corrompues dont je n'aurai nulle connoissance ; enfin quand je vois l'amour-propre faire pour l'ordinaire la meilleure partie de mes actions, je frémis

---

[1] *Hebr.*, IX, 12, 24. — [2] *In Levit.*, hom. VII, n. 2.

d'horreur, ô fidèles, qu'il ne se trouve beaucoup de péchés dans les choses qui me paroissent les plus innocentes. Et quand même je serois très-juste devant les hommes, ô Dieu éternel, quelle justice humaine ne disparoîtroit point devant votre face? Et qui seroit celui qui pourroit justifier sa vie, si vous entriez avec lui dans un examen rigoureux? Si le saint apôtre saint Paul, après avoir dit avec une si grande assurance « qu'il ne se sent point coupable en soi-même, ne laisse pas de craindre de n'être pas justifié devant vous : » *Nihil mihi conscius sum, sed non in hoc justificatus sum* [1], que dirai-je, moi misérable? Et quels devront donc être les troubles de ma conscience? Mais, ô mon aimable Pontife, c'est vous qui répandez une certaine sérénité dans mon cœur, qui me fait vivre en paix sous l'ombre de votre protection. Pontife fidèle et compatissant à mes maux, tant que je vous verrai à la droite de votre Père avec une nature semblable à la mienne, je ne croirai jamais que le genre humain lui déplaise, et la terreur de sa majesté ne m'empêchera point d'approcher de l'asile de sa miséricorde. Vous avez voulu être appelé par le prophète Isaïe, « Un homme de douleurs, et qui sait ce que c'est que l'infirmité : » *Virum dolorum et scientem infirmitatem* [2]. Vous savez en effet par expérience, vous savez ce que c'est que l'infirmité de ma chair, et combien elle pèse à l'esprit, et que vous-même en votre passion avez eu besoin de toute votre constance pour en soutenir la foiblesse. « L'esprit est fort, disiez-vous ; mais la chair est infirme [3]. » Cela me rend très-certain que vous aurez pitié de mes maux. Fortifiez mon ame, ô Seigneur, d'une sainte et salutaire confiance par laquelle me défiant des plaisirs, me défiant des honneurs de la terre, me défiant de moi-même, je n'appuie mon cœur que sur votre miséricorde, et établi sur ce roc immobile, je voie briser à mes pieds les troubles et les tempêtes qui agitent la vie humaine.

Mais, ô Dieu, éloignez de moi une autre sorte de confiance qui règne parmi les libertins ; confiance aveugle et téméraire, qui ajoutant l'audace au crime et l'insolence à l'ingratitude, les enhardit à se révolter contre vous par l'espérance de l'impunité. Loin de nous, loin de nous, ô fidèles, une si détestable manie ! Car de même que

[1] I *Cor.*, IV, 4. — [2] *Isa.*, LIII, 3. — [3] *Matth.*, XXVI, 41.

la pénitence, en même temps qu'elle amollit la dureté de nos cœurs, attendrit aussi et amollit par ses larmes le cœur irrité de Jésus, ainsi notre endurcissement nous rendroit à la fin le cœur du même Jésus endurci et inexorable. Arrêtons-nous ici, chrétiens ; et sur cette considération, entrons avec l'aide de Dieu dans notre seconde partie.

SECOND POINT.

Ceux qui sont tant soit peu versés dans les Ecritures, savent bien qu'une des plus belles promesses que Dieu ait faites à son Fils, est celle de lui donner l'empire de tout l'univers, et de faire par ce moyen que tous les hommes soient ses sujets. Or encore que nous fassions semblant d'être chrétiens, et qu'à nous entendre parler on pût croire que nous tenons ce titre à honneur, si est-ce néanmoins que nous n'épargnons rien pour empêcher que cet oracle divin ne soit véritable. Et certainement il s'en faut beaucoup que le Sauveur ne règne sur nous, puisque d'observer sa loi c'est la moindre de nos pensées. Et toutefois comme il seroit très-injuste qu'à cause de notre malice le Fils de Dieu fût privé d'un honneur qui lui est si bien dû, lorsque par nos rébellions il semble que nous nous retirions de son empire, il trouve bien le moyen d'y rentrer par une autre voie. Le Fils de Dieu donc peut régner en deux façons sur les hommes.

Il y en a sur lesquels il règne par ses charmes, par les attraits de sa grace, par l'équité de sa loi, par la douceur de ses promesses, par la force de ses vérités ; ce sont les justes ses bienaimés et c'est ce règne que David prophétise en esprit au psaume XLIV : « Allez, ô le plus beau des hommes, avec cette grace et cette beauté qui vous est si naturelle ; allez-vous-en, dit-il, combattre et régner : » *Specie tuâ et pulchritudine tuâ* [1]. Que cet empire est doux, chrétiens ! et de quel supplice, de quelle servitude ne seront pas dignes ceux qui refuseront une domination si juste et si agréable ! Aussi le Fils de Dieu régnera sur eux d'une autre manière bien étrange, et qui ne leur sera pas supportable. Il y régnera par la rigueur de ses ordonnances, par l'exécution

[1] *Psal.* XLIV, 5.

de sa justice, par l'exercice de sa vengeance. C'est de ce règne qu'il faut entendre le psaume II, dans lequel Dieu est introduit parlant à son Fils en ces termes : « Vous les régirez, ô mon Fils, avec un sceptre de fer, et vous les romprez tout ainsi qu'un vaisseau d'argile : » *Reges eos in virgâ ferreâ, et sicut vas figuli confringes eos* [1]. *Donec ponam inimicos tuos scabellum pedum tuorum* [2]. *Dominus regnavit, exultet terra* [3]; *Dominus regnavit, irascantur populi* [4]. Et de ces vérités, nous en avons un exemple évident dans le peuple juif.

Le Fils de Dieu vient à eux dans un appareil de douceur, plutôt comme leur compagnon que comme leur maître. C'étoit un homme sans faste et sans bruit, le plus paisible qui fût au monde. Il vouloit régner sur eux par sa miséricorde et par ses bienfaits, ainsi que je vous le disois tout à l'heure. Mais comme il n'y a point de fontaine dont la course soit si tranquille, à laquelle on ne fasse prendre par la résistance la rapidité d'un torrent; de même le Sauveur irrité par tous ces obstacles que les Juifs aveugles opposent à sa bonté, semble déposer en un moment toute cette humeur pacifique. C'est ce qu'il leur fit entendre une fois, étant près de Jérusalem, par une parabole excellente rapportée en *saint Luc*, dans laquelle il se dépeint soi-même sous la figure d'un roi (a), qui s'en étant allé bien loin dans une terre étrangère, apprend que ses sujets se sont révoltés contre lui; et pour vous le faire court, voici la sentence qu'il leur prononce : « Pour mes ennemis, dit-il [5], qui n'ont pas voulu que je régnasse sur eux, qu'on me les amène et qu'on les égorge en ma présence : » où, certes, vous le voyez bien autre que je ne vous le représentois dans ma première partie. Là il ne pouvoit voir un misérable, qu'il n'en eût pitié; ici il fait venir ses ennemis et les fait égorger à ses yeux.

En effet, il a exercé sur les Juifs une punition exemplaire, que vous voyez clairement déduite dans notre évangile. Et d'autant qu'il m'a semblé inutile de chercher bien loin des raisons où mon

---

[1] *Psal.* II, 9. — [2] *Psal.* CIX, 2. — [3] *Psal.* XCVI, 1. — [4] *Psal.* XCVIII, 1. — [5] *Luc.*, XIX, 12 et seq.

(a) *Var.*: Comme un roi.

propre texte me fournit un exemple si visible et si authentique dans la désolation de Jérusalem, je me suis résolu de me servir des moyens que le Fils de Dieu lui-même semble m'avoir mis à la main. Je m'en vais donc employer le reste de cet entretien à vous représenter, si je puis, les ruines de Jérusalem encore toutes fumantes du feu de la colère divine. Et comme vous avez reconnu dans notre première partie, qu'il n'y a rien de plus aimable que les embrassemens du Sauveur, j'espère qu'étant étonnés dans le fond de vos consciences d'un événement si tragique, vous serez contraints d'avouer qu'il n'y a rien de plus terrible que de tomber en ses mains, quand sa bonté surmontée par la multitude des crimes, est devenue implacable. Pour cela, je toucherai seulement les principales circonstances.

Jérusalem, demeure de tant de rois, qui dans le temps qu'elle fut ruinée étoit sans difficulté la plus ancienne ville du monde, et le pouvoit disputer en beauté avec celles qui étoient les plus renommées dans tout l'Orient, pendant deux mille et environ deux cents ans qui ont mesuré sa durée, a certainement éprouvé beaucoup de différentes fortunes ; mais nous pouvons toutefois assurer que tandis qu'elle est demeurée dans l'observance de la loi de Dieu, elle étoit la plus paisible et la plus heureuse ville du monde. Mais déjà il y avoit longtemps qu'elle se rendoit de plus en plus rebelle à ses volontés, qu'elle souilloit ses mains par le meurtre de ses saints prophètes, et attiroit sur sa tête un déluge de sang innocent qui grossissoit tous les jours ; jusqu'à tant que ses iniquités étant montées jusqu'au dernier comble, elles contraignirent enfin la justice divine à en faire un châtiment exemplaire. Comme donc Dieu avoit résolu que cette vengeance éclatât par tout l'univers, pour servir à tous les peuples et à tous les âges d'un mémorial éternel, il y voulut employer les premières personnes du monde, je veux dire les Romains, maîtres de la terre et des mers, Vespasien et Tite que déjà il avoit destinés à l'empire du genre humain ; tant il est vrai que les plus grands potentats de la terre ne sont après tout autre chose que les ministres de ses conseils.

Et afin que vous ne croyiez pas que ce débordement de l'armée romaine dans la Judée soit plutôt arrivé par un événement fortuit que par un ordre exprès de la Providence divine, écoutez la menace qu'il en fait à son peuple par la bouche de son serviteur Moïse ; c'est-à-dire six à sept cents ans (a) avant que ni Jérusalem ni Rome fussent bâties ; elle est couchée au *Deuteronome*, chapitre xxviii : « Israël, dit Moïse, si tu résistes jamais aux volontés de ton Dieu, il amènera sur toi des extrémités de la terre une nation inconnue, dont tu ne pourras entendre la langue [1], » c'est-à-dire avec laquelle tu n'auras aucune sorte de commerce : ce sont les propres mots de Moïse. Un mot de réflexion, chrétiens. Les Mèdes, les Perses, les Syriens, dont nous apprenons par l'histoire que Jérusalem a subi le joug avant sa dernière ruine, étoient tous peuples de l'Orient, avec lesquels par conséquent elle pouvoit entretenir un commerce assez ordinaire. Mais pour les Romains, que de vastes mers, que de longs espaces de terre les en séparoient ! Rome à l'Occident, Jérusalem à son égard jusque dans les confins de l'Orient ; c'est ce qu'on appelle proprement les extrémités de la terre. Aussi les Romains s'étoient déjà rendus redoutables par tout le monde, que les Juifs ne les connoissoient encore que par quelques bruits confus de leur grandeur et de leurs victoires. Mais poursuivons notre prophétie.

« Ce peuple viendra fondre sur toi tout ainsi qu'une aigle volante : » *In similitudinem aquilæ volantis*. Ne vous semble-t-il pas à ces marques reconnoître le symbole de l'empire romain, qui portoit dans ses étendards une aigle aux ailes déployées. Passons outre. « Une nation audacieuse, continue Moïse [2], » (et y eut-il jamais peuple plus orgueilleux que les Romains, ni qui eût un plus grand mépris pour tous les autres peuples du monde, qu'ils considéroient à leur égard comme des esclaves ?) « qui ne respectera point tes vieillards, et n'aura point de pitié de tes enfans. » Ceci me fait souvenir de cette fatale journée dans laquelle les soldats romains étant entrés de force dans la ville de Jérusalem, sans faire aucune distinction de sexe ni d'âge, les enveloppèrent tous dans un massacre commun. Quoi plus ? « Ce peuple, dit Moïse, t'assiégera dans toutes tes places ; » et il paroît par l'histoire qu'il

---

[1] *Deuter.*, xxviii, 49. — [2] *Ibid.*, 50.

(a) *Var.* : Plusieurs centaines d'années avant.

n'y en a eu aucune dans la Judée qui n'ait été contrainte de recevoir garnison romaine et quasi toutes après un long siége. Et enfin « ils porteront par terre tes hautes et superbes murailles qui te rendoient insolente : » *Destruentur muri tui firmi atque sublimes, in quibus habebas fiduciam* [1]. Ne diroit-on pas que le prophète a voulu dépeindre ces belles murailles de Jérusalem, ces fortifications si régulières, ces remparts si superbement élevés, «ces tours de si admirable structure, qu'il n'y avoit rien de semblable dans tout l'univers, » selon que le rapporte Josèphe [2]? Et tout cela toutefois fut tellement renversé, qu'au dire du même Josèphe, historien juif, témoin oculaire de toutes ces choses et de celles que j'ai à vous dire, « il n'y resta pas aucun vestige que cette ville eût jamais été [3]. »

O redoutable fureur de Dieu, qui anéantis tout ce que tu frappes ! Mais il falloit accomplir la prophétie de mon Maître, qui assure dans mon évangile, « qu'il ne demeureroit pas pierre sur pierre dans l'enceinte d'une si grande ville : » *Non relinquent in te lapidem super lapidem* [4]. C'est ce que firent les soldats romains en exécution des ordres de Dieu. Et Tite leur capitaine et le fils de leur empereur, après avoir mis fin à cette fameuse expédition, resta toute sa vie tellement étonné des marques de la vengeance divine, qu'il avoit si évidemment découvertes dans la suite de cette guerre, que quand on le congratuloit d'une conquête si glorieuse : « Non, non, disoit-il, ce n'est pas moi qui ai dompté les Juifs ; je n'ai fait que prêter mon bras à Dieu, qui étoit irrité contre eux [5]. » Parole que j'ai d'autant plus soigneusement remarquée, qu'elle a été prononcée par un empereur infidèle, et qu'elle nous est rapportée par Philostrate, historien profane, dans la Vie d'Apollonius Tyaneus !

Après cela, chrétiens, nous qui sommes les enfans de Dieu, comment ne serons-nous point effrayés de ses jugemens, qui étonnent jusqu'à ses ennemis ? Mais ce n'est ici que la moindre partie de ce qu'il prépare à ce peuple ; vous allez voir tout à l'heure

---

[1] *Deuter.*, XXVIII, 52. — [2] *De bell. Judaic.*, lib. V, cap. IV, n. 3. — [3] *De Bell Judaic.*, lib. VII, cap. I, n. 1. — [4] *Luc.*, XIX, 44. — [5] Philost., *Apol. Tyan. Vit.*, lib. VI, cap. XIV.

quelles machines il fait jouer, quand il veut faire sentir la pesanteur de son bras aux grandes villes et aux nations tout entières ; et Dieu veuille que nous n'en voyions pas quelque funeste exemple en nos jours ! Non, non, nation déloyale, ce n'est pas assez, pour te punir, de l'armée des Romains, non que les Romains, je l'avoue, ne soient de beaucoup trop forts pour toi, et c'est en vain que tu prétends défendre ta liberté contre ces maîtres du monde. Mais s'ils sont assez puissans pour te surmonter, il faut quelque chose de plus pour t'affliger ainsi que tu le mérites : que deux ou trois troupes de Juifs séditieux entrent donc dans Jérusalem, et qu'elle en devienne la proie, afin que tous ensemble ils deviennent la proie des Romains.

O Dieu, quelle fureur ! l'ennemi est à leur porte, et je vois dans la ville trois ou quatre factions contraires qui se déchirent entre elles, qui toutes déchirent le peuple, se faisant entre elles une guerre ouverte pour l'honneur du commandement ; mais unies toutefois par la société de crimes et de voleries. Figurez-vous dans Jérusalem plus de vingt-deux mille hommes de guerre, gens de carnage et de sang, qui s'étoient aguerris par leurs brigandages ; au reste si déterminés qu'on eût dit, rapporte Josèphe [1], qu'ils se nourrissoient d'incommodités, et que la famine et la peste leur donnoient de nouvelles forces. Toutefois, Messieurs, ne les considérez pas comme des soldats destinés contre les Romains : ce sont des bourreaux que Dieu a armés les uns contre les autres. Chose incroyable, et néanmoins très-certaine ! à peine retournoient-ils d'un assaut soutenu contre les Romains, qu'ils se livroient dans leur ville de plus cruelles batailles. Leurs mains n'étoient pas encore essuyées du sang de leurs ennemis, et ils les venoient tremper dans celui de leurs citoyens. Tite les pressoit si vivement qu'à peine pouvoient-ils respirer ; et ils se disputoient encore les armes à la main à qui commanderoit dans cette ville réduite aux abois, qu'eux-mêmes avoient désolée par leurs pilleries, et qui n'étoit presque plus qu'un champ couvert de corps morts.

Vous vous étonnez à bon droit de cet aveuglement dont ils sont encore menacés dans le xxviiie chapitre du *Deutéronome* : *Percu-*

[1] *De Bell. Judaic.*, lib. V, cap. VIII, n. 2 ; cap. XII. n. 4 ; cap. XIII, n. 7.

tiam vos amentiâ et furore mentis [1] : « Je vous frapperai de folie et d'aliénation d'esprit. » Mais peut-être vous ne remarquez pas que Dieu a laissé tomber les mêmes fléaux sur nos têtes. La France, hélas! notre commune patrie, agitée depuis si longtemps par une guerre étrangère, achève de se désoler par ses divisions intestines. Encore parmi les Juifs, tous les deux partis conspiroient à repousser l'ennemi commun, bien loin de vouloir se fortifier par son secours ou y entretenir quelqu'intelligence, le moindre soupçon en étoit puni de mort sans rémission. Et nous au contraire.... Ah! fidèles, n'achevons pas; épargnons un peu notre honte; songeons plutôt aux moyens d'apaiser la juste colère de Dieu qui commence à éclater sur nos têtes, aussi bien la suite de mon récit me rappelle.

Je vous ai fait voir l'ennemi qui les presse au dehors des murailles, vous voyez la division qui les déchire au dedans de leur ville; voici un ennemi plus cruel qui va porter une guerre furieuse au fond des maisons. Cet ennemi dont je veux parler c'est la faim, qui suivie de ses deux satellites, la rage et le désespoir, va mettre aux mains non plus les citoyens contre les citoyens, mais le mari contre la femme, et le père contre les enfans; et cela pour quelques vieux restes de pain à demi rongés. Que dis-je, pour du pain? ils eussent été trop heureux, pour cent ordures qui sont remarquées dans l'histoire, et que je m'abstiens de nommer par le respect de cette audience; jusque-là qu'une femme dénaturée, qui avoit un enfant dans le berceau (ô mères, détournez vos oreilles!) eut bien la rage de le massacrer, de le faire bouillir et de le manger. Action abominable et qui fait dresser les cheveux, prédite toutefois dans le chapitre du *Deutéronome* que j'ai déjà cité tant de fois. « Je te réduirai à une telle extrémité de famine, que tu mangeras le fruit de ton ventre : » *Comedes fructum uteri tui* [2].

Et à la vérité, chrétiens, quand je fais réflexion sur les diverses calamités qui affligent la vie humaine; entre toutes les autres la famine me semble être celle qui représente mieux l'état d'une ame criminelle et la peine qu'elle mérite. L'ame, aussi bien que le

---

[1] *Deut.*, XXVIII, 28. — [2] *Ibid.*, 53.

corps, a sa faim et sa nourriture. Cette nourriture, c'est la vérité, c'est un bien permanent et solide, c'est une pure et sincère beauté; et tout cela c'est Dieu même. Comme donc elle se sent piquée d'un certain appétit qui la rend affamée de quelque bien hors de soi, elle se jette avec avidité sur l'objet des choses créées qui se présentent à elle, espérant s'en rassasier; mais ce sont viandes creuses, qui ne sont pas assez fortes et n'ont pas assez de corps pour la sustenter. Au contraire la retirant de Dieu, qui est sa véritable et solide nourriture, ils la jettent insensiblement dans une extrême nécessité, et dans une famine désespérée. D'où vient que l'enfant prodigue, si vous y prenez garde, sortant de la maison paternelle, arrive en un pays où il y a une horrible famine [1]; et le mauvais riche enseveli dans les flammes, demande et demandera éternellement une goutte d'eau qui ne lui sera jamais accordée [2]. C'est la véritable punition des damnés, toujours tourmentés d'une faim et d'une soif si enragée, qu'ils se rongent et se consument eux-mêmes dans leur désespoir. Que si vous voulez voir une image de l'état où ils sont, jetez les yeux sur cette nation réprouvée, enclose dans les murailles de Jérusalem.

Il n'est pas croyable combien il y avoit de monde renfermé dans cette ville. Car outre que Jérusalem étoit déjà fort peuplée, tous les Juifs y étoient accourus de tous côtés, afin de célébrer la Pâque selon leur coutume. Or chacun sait la religion de ce peuple pour toutes ses cérémonies. Comme donc ils y étoient assemblés des millions entiers, l'armée romaine survint tout à coup et forma le siége, sans que l'on eût le loisir de pourvoir à la subsistance d'un si grand peuple. Ici je ne puis que je n'interrompe mon discours, pour admirer vos conseils, ô éternel Roi des siècles, qui choisissez si bien le temps de surprendre vos ennemis. Ce n'étoit pas seulement les habitans de Jérusalem, c'étoit tous les Juifs que vous vouliez châtier. Voilà donc pour ainsi dire toute la nation enfermée dans une même prison, comme étant déjà par vous condamnée au dernier supplice; et cela dans le temps de Pâque, la principale de leurs solennités; pour accomplir cette fameuse prophétie, par laquelle vous leur dénonciez « que vous change-

[1] *Luc.*, xv, 14. — [2] *Ibid.*, xvi, 24.

riez leurs fêtes en deuil : » *Convertam festivitates vestras in luctum*[1]. Certes, vous vous êtes souvenu, ô grand Dieu! que c'étoit dans le temps de Pâque que leurs pères avoient osé emprisonner le Sauveur. Vous leur rendez le change, ô Seigneur; et dans le même temps de Pâque, vous emprisonnez dans la capitale de leur pays leurs enfans, imitateurs de leur opiniâtreté.

En effet qui considérera l'état de Jérusalem et les travaux dont l'empereur Tite fit environner ses murailles, il la prendra plutôt pour une prison, que pour une ville. Car encore que son armée fût de près de soixante mille hommes des meilleurs soldats de la terre, il ne croyoit pas pouvoir tellement tenir les passages fermés, que les Juifs qui savoient tous les détours des chemins, n'échappassent à travers de son camp, ainsi que des loups affamés pour chercher de la nourriture. Jugez de l'enceinte de la ville, que soixante mille hommes ne peuvent assez environner. Que fait-il? il prend une étrange résolution, et jusqu'alors inconnue : ce fut de tirer tout autour de Jérusalem une muraille, munie de quantité de forts; et cet ouvrage, qui d'abord paroissoit impossible, fut achevé en trois jours, non sans quelque vertu plus qu'humaine. Aussi Josèphe remarque « que je ne sais quelle ardeur céleste saisit tout à coup l'esprit des soldats [2]; » de sorte qu'entreprenant ce grand œuvre sous les auspices de Dieu, ils en imitèrent la promptitude.

Voilà, voilà, chrétiens, la prophétie de mon évangile accomplie de point en point. Te voilà assiégée de tes ennemis, comme mon Maître te l'a prédit quarante ans auparavant : « O Jérusalem, te voilà pressée de tous côtés; ils t'ont mise à l'étroit, ils t'ont environnée de remparts et de forts [3] : » ce sont les mots de mon texte. Et y a-t-il une seule parole qui ne semble y avoir été mise pour dépeindre cette circonvallation, non de lignes, mais de murailles? Depuis ce temps quels discours pourroient vous dépeindre leur faim enragée, leur fureur et leur désespoir; et la prodigieuse quantité de morts qui gisoient dans leurs rues sans espérance de sépulture, exhalant de leurs corps pourris le venin, la peste et la mort?

---

[1] *Amos*, VIII, 10. — [2] *De Bell. Judaic.*, lib. V, cap. XII, n. 2. — [3] *Luc.*, XIX, 43.

Cependant, ô aveuglement! ces peuples insensés, qui voyoient accomplir à leurs yeux tant d'illustres prophéties tirées de leurs propres livres, écoutoient encore un tas de devins qui leur promettoient l'empire du monde. Comme l'endurci Pharaon, qui voyant les grands prodiges que la main de Dieu opéroit par la main de Moïse et d'Aaron ses ministres, avoit encore recours aux illusions de ses enchanteurs [1]. Ainsi Dieu a accoutumé de se venger de ses ennemis. Ils refusent de solides espérances; il les laisse séduire par mille folles prétentions : ils s'obstinent à ne vouloir point recevoir ses inspirations; il leur pervertit le sens, il les abandonne à leurs conseils furieux ; ils s'endurcissent contre lui ; « le ciel après cela devient de fer sur leur tête : » *Dabo vobis cœlum desuper sicut ferrum* [2]; il ne leur envoie plus aucune influence de grace.

Ce fut cet endurcissement qui fit opiniâtrer les Juifs contre les Romains, contre la peste, contre la famine, contre Dieu qui leur faisoit la guerre si ouvertement; cet endurcissement, dis-je, les fit tellement opiniâtres, qu'après tant de désastres il fallut encore prendre leur ville de force. Ce qui fut le dernier trait de colère que Dieu lança sur elle. Si on eût composé, à la faveur de la capitulation beaucoup de Juifs se seroient sauvés. Tite lui-même ne les voyoit périr qu'à regret. Or il falloit à la justice divine un nombre infini de victimes; elle vouloit voir onze cent mille hommes couchés sur la place dans le siége d'une seule ville. Et après cela encore poursuivant les restes de cette nation déloyale, elle les a dispersés par toute la terre : pour quelle raison? Comme les magistrats après avoir fait rouer quelques malfaiteurs, ordonnent que l'on exposera en plusieurs endroits sur les grands chemins leurs membres écartelés pour faire frayeur aux autres scélérats : cette comparaison vous fait horreur; tant y a que Dieu s'est comporté à peu près de même. Après avoir exécuté sur les Juifs l'arrêt de mort que leurs prophètes leur avoient, il y avoit si longtemps, prononcé, il les a épandus çà et là parmi le monde, portant de toutes parts imprimée sur eux la marque de sa vengeance.

Peuple monstrueux, qui n'a ni feu ni lieu; sans pays et de tout

---

[1] *Exod.*, VII et VIII. — [2] *Levit.*, XXVI, 19.

pays ; autrefois le plus heureux du monde, maintenant la fable et la haine de tout le monde; misérable, sans être plaint de qui que ce soit ; devenu dans sa misère par une certaine malédiction la risée des plus modérés. Ne croyez pas toutefois que ce soit mon intention d'insulter à leur infortune. Non, à Dieu ne plaise que j'oublie jusqu'à ce point la gravité de cette chaire! Mais j'ai cru que mon évangile nous ayant présenté cet exemple, le Fils de Dieu nous invitoit à y faire quelque réflexion : donnez-moi un moment de loisir pour nous appliquer à nous-mêmes celles que nous avons déjà faites, qui sont peut-être trop générales.

Chrétiens, quels que vous soyez, en vérité quels sentimens produit dans vos ames une si étrange révolution? Je pense que vous voyez bien par des circonstances si remarquables et par le rapport de tant de prophéties ; et il y en a une infinité d'autres qui ne peuvent pas être expliquées dans un seul discours; vous voyez bien, dis-je, que la main de Dieu éclate dans cet ouvrage. Au reste, ce n'est point ici une histoire qui se soit passée dans quelque coin inconnu de la terre, ou qui soit venue à nous par quelques bruits incertains. Cela s'est fait à la face du monde. Josèphe, historien juif, témoin oculaire, également estimé et des nôtres et de ceux de sa nation, nous l'a raconté tout au long ; et il me semble que cet accident est assez considérable pour mériter que vous y pensiez.

Vous croirez peut-être que la chose est trop éloignée de notre âge pour nous émouvoir; mais certes ce nous seroit une trop folle pensée de ne craindre pas, parce que nous ne voyons pas toujours à nos yeux quelqu'un frappé de la foudre. Vous devriez considérer que Dieu ne se venge pas moins, encore que souvent il ne veuille pas que sa main paroisse. Quand il fait éclater sa vengeance, ce n'est pas pour la faire plus grande; c'est pour la rendre exemplaire : et un exemple de cette sorte, si public, si indubitable, doit servir de mémorial ès siècles des siècles. Car enfin si Dieu en ce temps-là haïssoit le péché, il n'a pas commencé à lui plaire depuis, outre que nous serions bien insensés d'oublier la tempête qui a submergé les Juifs, puisque nous voyons à nos yeux des restes de leur naufrage que Dieu a jetés pour ainsi dire à nos portes; et ce n'est pas pour autre raison que Dieu conserve les Juifs, c'est afin de faire durer l'exemple de sa vengeance. Enfin il est bien étrange que nous aimions mieux nous-mêmes peut-être servir d'exemple, que de faire profit de celui des autres. Quand nous ne verrions dans le peuple juif qu'une grande nation qui est tout à coup renversée, ce seroit assez pour nous faire craindre la même punition, particulièrement en ces temps de guerre où sa justice nous poursuit et nous presse si fort. Mais si nous considérons que c'est le peuple juif, autrefois le peuple de Dieu, auquel nous avons succédé, qui est la figure de tout ce qui doit nous arriver, selon que l'enseigne l'Apôtre [1], nous trouverons que cet exemple nous touche bien plus près que nous ne pensons, puisqu'étant l'Israël de Dieu et les vrais enfans de la race d'Abraham, nous devons hériter aussi bien des menaces que des promesses qui leur sont faites.

Mais il faut, ô pécheur, il faut que j'entre avec toi dans une discussion plus exacte; il faut que j'examine si tu es beaucoup moins coupable que ne le sont les Juifs. Tu me dis qu'ils n'ont pas connu le Sauveur : et toi, penses-tu le connoître? Je te dis en un mot avec l'apôtre saint Jean, « que qui pèche ne le connoît pas, et ne sait qui il est : » *Qui peccat, non vidit eum, nec cognovit eum* [2]. Tu l'appelles ton Maître et ton Seigneur; oui de bouche : tu te moques de lui; il faudroit le dire du cœur. Et comment est-ce que le cœur parle? Par les œuvres : voilà le langage du cœur, voilà ce qui fait connoître les intentions. Au reste ce cœur, tu n'as garde de le lui donner; tu ne le peux pas : tu dis toi-même qu'il est engagé ailleurs dans des liens que tu appelles bien doux. Insensé! qui trouves doux ce qui te sépare de Dieu! et après cela, tu penses connoître son Fils. Non, non, tu ne le connois pas : seulement tu en sais assez pour être damné davantage, comme les Juifs dont les rébellions ont été punies plus rigoureusement que celles des autres peuples, parce qu'ils avoient reçu des connoissances plus particulières.

Mais, direz-vous, les Juifs ont crucifié le Sauveur. Et ignorez-vous, ô pécheurs, que vous foulez aux pieds le sang de son testa-

[1] I *Cor.*, X, 6, 11. — [2] I *Joan.*, III, 6.

ment, que vous faites pis que de le crucifier ; que s'il étoit capable de souffrir, un seul péché mortel lui causeroit plus de douleur que tous ses supplices? Ce n'est point ici une vaine exagération ; il faut brûler toutes les Ecritures, si cela n'est vrai. Elles nous apprennent qu'il a voulu être crucifié, pour anéantir le péché : par conséquent il n'y a point de doute qu'il ne lui soit plus insupportable que sa propre croix. Mais je vois bien qu'il faut vous dire quelque chose de plus ; je m'en vais avancer une parole bien hardie, et qui n'en est pas moins véritable. Le plus grand crime des Juifs n'est pas d'avoir fait mourir le Sauveur. Cela vous étonne? Je le prévoyois bien, mais je ne m'en dédis pourtant pas; au contraire, je prétends bien vous le faire avouer à vous-mêmes : et comment cela? Parce que Dieu depuis la mort de son Fils les a laissés encore quarante ans sans les punir. Tertullien remarque très-bien « que ce temps leur étoit donné pour en faire pénitence [1] : » il avoit donc dessein de la leur pardonner. Par conséquent quand il a usé d'une punition si soudaine, il y a eu quelque autre crime qu'il ne pouvoit plus supporter, qui lui étoit plus insupportable que le meurtre de son propre Fils. Quel est ce crime si noir, si abominable? C'est l'endurcissement, c'est l'impénitence. S'ils eussent fait pénitence, ils auroient trouvé dans le sang qu'ils avoient violemment répandu, la rémission du crime de l'avoir épanché.

Tremblez donc, pécheurs endurcis, qui avalez l'iniquité comme l'eau, dont l'endurcissement a presque étouffé les remords de la conscience, qui depuis des années n'avez point de honte de croupir dans les mêmes ordures, et de charger des mêmes péchés les oreilles des confesseurs. Car enfin ne vous persuadez pas que Dieu vous laisse rebeller contre lui des siècles entiers. Sa miséricorde est infinie; mais ses effets ont leurs limites prescrites par sa sagesse. Elle qui a compté les étoiles, qui a borné cet univers dans une rondeur finie, qui a prescrit des bornes aux flots de la mer, a marqué la hauteur jusqu'où elle a résolu de laisser monter tes iniquités. Peut-être t'attendra-t-il encore quelque temps : peut-être; mais, ô Dieu, qui le peut savoir? C'est un secret qui est caché dans

---

[1] Lib. III *cont. Marc.*, n. 23.

l'abîme de votre providence. Mais enfin tôt ou tard ou tu mettras fin à tes crimes par la pénitence, ou Dieu l'y mettra par la justice de sa vengeance. Tu ne perds rien pour différer. Les hommes se hâtent d'exécuter leurs desseins, parce qu'ils ont peur de laisser échapper les occasions, qui ne consistent qu'en certains momens dont la fuite est si précipitée; Dieu tout au contraire, il sait que rien ne lui échappe, qu'il te fera bien payer l'intérêt de ce qu'il t'a si longtemps attendu.

Que s'il commence une fois à appuyer sa main sur nous, ô Dieu! que deviendrons-nous? Quel antre assez ténébreux, quel abîme assez profond nous pourra soustraire à sa fureur? Son bras tout-puissant ne cessera de nous poursuivre, de nous abattre, de nous désoler; il ne restera plus en nous pierre sur pierre; tout ira en désordre, en confusion, en une décadence éternelle. Je vous laisse dans cette pensée. J'ai tâché de vous faire voir, selon que Dieu me l'a inspiré, d'un côté la miséricorde qui vous invite, d'autre part la justice qui vous effraie; c'est à vous à choisir, chrétiens : et encore que je sois assuré de vous avoir fait voir de quel côté il faut se porter, il y a grand danger que vous ne preniez le pire. Tel est l'aveuglement de notre nature; mais Dieu par sa grace vous veuille donner et à moi de meilleurs conseils.

ABRÉGÉ D'UN SERMON

POUR

LE XXIe DIMANCHE APRÈS LA PENTECOTE (a).

La parabole du serviteur à qui le maître avoit quitté dix mille talens, qui fait exécuter son conserviteur pour cent deniers avec une rigueur effroyable [1].

---

[1] *Matth.*, XVIII, 23.

(a) Parabole du serviteur.
Le péché une dette. Contrat par la loi. Pécheur mérite d'être maltraité en sa

Trois vérités dans cette parabole : 1° que tout pécheur contracte une dette envers la justice divine; 2° qu'il ne peut jamais lui en faire le paiement ni en être quitte, si Dieu ne la lui remet par pure grace; 3° que la condition qu'il y appose, c'est que nous remettions aux autres.

PREMIER POINT.

Le péché est une dette : *Dimitte nobis debita nostra* [1]. On doit en deux façons : 1° lorsqu'on ôte à quelqu'un par injustice; 2° lorsqu'il nous prête volontairement. Il nous a assistés dans notre nécessité, il est juste que nous lui rendions dans notre abondance. Nous devons à Dieu en toutes les deux manières. Contrat avec lui. Si vous l'observez, bénédiction; sinon, malédiction. Le peuple l'accepte; *Amen* [2]. Donc en observant, Dieu vous doit; *secùs*, vous lui devez. Quoi? toutes les malédictions. Au *Deutéronome*. Si bien que tout ce qui nous reste après le péché, ne nous reste plus que par grace. Notre évangile : *Jussit ipsum et uxorem ejus et filios venumdari, et omnia quæ habebat reddi* [3]. Mérite d'être affligé en sa personne, en ce qui lui est cher, en sa postérité : *Insuper et universos languores, et plagas quæ non sunt scriptæ in volumine legis hujus* [4], parce que, temporelles. Mais il y a un autre livre, le Nouveau Testament, qui n'a que des promesses, et aussi des menaces spirituelles, plus terribles.

SECOND POINT.

Voilà ce que nous devons. Insolvables. Preuve, la croix de Jésus-Christ innocent; il ne devoit rien : *Princeps hujus mundi in me non habet quidquam* [5]. Pourquoi paie-t-il? Il est caution. On ne discute la caution que lorsque la partie principale est insol-

---

[1] *Matth.*, VI, 12. — [2] *Deuter.*, XXVII, 15 et seq. — [3] *Matth.*, XVIII, 25. — [4] *Deuter.*, XXVIII, 61. — [5] *Joan.*, XIV, 30.

personne et dans les siens : *Jussit ipsum et uxorem ejus et filios venumdari*, etc (*Matth.* XVIII, 25).

Nous étions insolvables. Preuve. On s'est pris à la caution Jésus-Christ, autrement, il ne restoit que de croupir en prison.

Jésus-Christ contraint par corps au paiement de nos peines. Tirez la caution de la peine. Il est toujours en croix jusqu'à ce que nous nous convertissions *Rursùm crucifigentes* (*Hebr.* VI, 6).

vable. Jésus est donc contraint par corps. Mais puisqu'il a payé, nous sommes donc quittes? L'application; autrement, c'est comme s'il n'étoit pas mort. C'est pourquoi le supplice éternel s'ensuit; éternel, parce qu'il doit durer jusqu'à l'extinction de la dette. Or jamais elle ne peut être acquittée. Donc toujours pourrir dans la prison. Dette gratuitement remise par les sacremens.

Voulez-vous toujours laisser votre caution dans la peine? ne le voulez-vous pas tirer de la croix où vos péchés l'ont mis? Tant que le péché est en vous, il est toujours en croix : *Rursùm crucifigentes* [1].

TROISIÈME POINT.

Application de la condition pour les prisonniers. Sentiment de vengeance contre ceux qui les font recéler, etc. Imprécations, souhaits. C'est vouloir rendre Dieu complice de nos vengeances. Le Père de miséricorde, etc.

PREMIER SERMON

POUR

LA FÊTE DE L'EXALTATION DE LA SAINTE CROIX (a).

Mihi autem absit gloriari, nisi in cruce Domini nostri Jesu Christi!

Pour moi à Dieu ne plaise que jamais je me glorifie, si ce n'est en la croix de Notre-Seigneur Jésus-Christ! *Galat.*, VI, 14.

Ce n'a pas été une petite entreprise de rendre la croix vénérable : jamais chose aucune ne fut attaquée avec des moqueries

---

[1] *Hebr.*, VI, 0.

(a) Prêché à Metz, vers 1656.
Tout confirme cette date. Avant tout les expressions comme celles-ci : « Le Prince Jésus; les Juifs en faisoient (de la croix) une pièce de raillerie; le fils de Dieu a été pendu à la croix; le pendu au bois; quelle est notre audace, d'adorer un Maître pendu, et quel est le front de l'Apôtre..., qui s'en glorifie? » etc. Ensuite, sans parler de la longueur de l'exorde, la méthode didactique, les textes bibliques allégués peut-être avec plus de profusion que d'à-propos, le témoignage

plus plausibles. Les Juifs et les gentils en faisoient une pièce de raillerie; et il faut bien que les premiers chrétiens aient eu une hardiesse et une fermeté plus qu'humaine, pour prêcher à la face du monde avec une telle assurance une chose si extravagante. C'est pourquoi le grave Tertullien se vante que la croix de Jésus, en lui faisant mépriser la honte, l'a rendu impudent de la bonne sorte et heureusement insensé. « Laissez-moi, disoit ce grand homme quand on lui reprochoit les opprobres de l'Evangile, laissez-moi jouir de l'ignominie de mon Maître et du déshonneur nécessaire de notre foi. Le Fils de Dieu a été pendu à la croix; je n'en ai point de honte, à cause que la chose est honteuse. Le Fils de Dieu est mort; il est croyable, parce qu'il est ridicule. Le Fils de Dieu est ressuscité; je le crois d'autant plus certain, que selon la raison humaine il paroît entièrement impossible [1]. » Ainsi la simplicité de nos pères se plaisoit d'étourdir les sages du siècle par des propositions étranges et inouïes, dans lesquelles ils ne pouvoient rien comprendre, afin que la gloire du monde s'évanouissant en fumée, il ne restât plus d'autre gloire que celle de la croix de Jésus.

Bienheureuse Mère de mon Sauveur, que la Providence divine voulant éprouver votre patience, amena aux pieds de la croix où l'on déchiroit vos entrailles, puisque vous êtes de toutes les créatures celle qui en a le mieux vu l'infamie et celle qui en a le mieux connu la grandeur, aidez-nous par vos pieuses intercessions à célébrer la gloire de votre Fils crucifié pour l'amour de nous. Je vous le demande par cette douleur maternelle qui perça votre ame sur le Calvaire, et par la joie infinie que vous ressentîtes, quand le Saint-Esprit descendit sur vous pour former le

---

[1] *De Carne Christi*, n. 5.

de Cicéron cité sous le nom de « Maître de l'éloquence; » choses qui montrent les souvenirs de l'école encore tout vivans dans l'esprit de l'auteur. Enfin des phrases semblables à celles que voici : « Sitôt que Jésus a pu étendre les bras (sur la croix), tout le monde a recherché ses embrassemens ;... il a changé l'instrument du plus infâme supplice en une machine céleste pour enlever tous les cœurs, c'est-à-dire que le Sauveur est tombé de la croix au sépulcre... et tous les peuples sont tombés à ses pieds. » Ces manières de dire rappellent l'afféterie des prédicateurs dans la première moitié du XVIIe siècle; mais ne font-elles pas aussi penser au romantisme de certains prédicateurs dans le XIXe?

corps de Jésus, après que l'ange vous eut saluée par ces divines paroles : *Ave,* etc.

Le grand Dieu tout-puissant, qui de rien a fait le ciel et la terre, qui a tiré les astres et la lumière du sein d'un abîme infini de ténèbres ; ce Dieu, pour faire éclater sa puissance d'une façon extraordinaire en la personne de son cher Fils, a voulu que la plus grande infamie fût une source de gloire incompréhensible. C'est pourquoi le Sauveur Jésus, après avoir vécu (*a*) comme un innocent, a fini sa vie comme un criminel ; et comme si le gibet et la mort n'eussent point eu pour lui assez de bassesse, il a choisi volontairement de tous les supplices le plus honteux, et de toutes les morts la plus inhumaine. En effet le tourment de la croix, qu'est-ce autre chose qu'une longue mort par laquelle la vie est arrachée peu à peu avec une violence incroyable, pendant qu'une nudité ignominieuse expose le pauvre supplicié à la risée des spectateurs inhumains ? si bien que le misérable patient semble en quelque sorte n'être élevé au-dessus de ce bois infâme, qu'afin de découvrir de plus loin une multitude de peuple qui repaît ses yeux du spectacle de sa misère.

Non, l'imagination humaine ne se peut rien représenter de plus effroyable ; et jamais on n'a rien inventé ni de plus rigoureux pour les scélérats, ni de plus infâme pour les esclaves. Aussi le Maître de l'éloquence accusant un gouverneur de province d'avoir fait crucifier un Romain, représente cette action comme la plus noire et la plus furieuse qui puisse tomber dans l'esprit d'un homme, et proteste que par un tel attentat la liberté publique et la majesté de l'Empire étoient violées [1] (*b*). C'étoit assez d'être né libre, fidèles, pour être exempt de cet horrible supplice. Il ne falloit pas seulement que ceux que l'on attachoit à la croix fussent les plus détestables de tous les mortels, mais encore les derniers et les plus abjects. Ainsi ce que les Romains trouvoient insupportable pour leurs citoyens, les Juifs parricides l'ont fait souffrir à leur Roi.

[1] Cicer., *in Verrem,* orat. VII.
(*a*) *Var. :* Encore qu'il eût vécu. — (*b*) Est anéantie.

Mais ce qui surpasse tous les malheurs, c'est que, selon la remarque du saint Apôtre, « le crucifié est maudit de Dieu [1], » comme il est écrit au *Deutéronome* : « Maudit de Dieu le pendu au bois [2]. » Et qu'y a-t-il donc de plus honteux que la croix, puisque nous y voyons jointes ensemble l'exécration des hommes et la malédiction du Dieu tout-puissant? Après cela dites-moi, je vous prie, quelle est notre audace de ne rougir pas d'adorer un Maître pendu? Et où est le front de l'Apôtre, qui ayant dit aux Corinthiens « qu'il ne souffrira pas que sa gloire lui soit ravie [3], » ne craint pas de dire aux Galates : « A Dieu ne plaise que je me glorifie en autre chose qu'en la croix de Jésus! » Quel honneur, quelle gloire à un homme qui témoigne en être jaloux! Ah! pénétrons sa pensée, chrétiens, et apprenons à nous glorifier avec lui dans les opprobres de notre Sauveur. Pour cela suivez, s'il vous plaît, ce raisonnement.

La gloire du chrétien ne peut être que la gloire de Dieu, d'autant que le chrétien ne trouve rien qui soit digne de son ambition et de son courage que les choses divines et immortelles. Or la gloire de Dieu consiste en deux choses : premièrement en sa puissance absolue, et après en sa miséricorde infinie. Car pour avoir de la gloire, il faut être grand, et il faut faire éclater sa grandeur. Si l'éclat n'est appuyé sur une grandeur solide, il est foible et n'a qu'un faux jour; et si la grandeur est cachée, elle ne brille pas de cette belle et pure lumière sans laquelle la gloire ne peut subsister. Je dis donc que la gloire de Dieu est en sa puissance et en sa bonté. Par la première, il est majestueux en lui-même; par l'autre, il est magnifique envers nous. Par la puissance, il enferme en son sein des trésors et des richesses immenses; mais c'est la miséricorde qui ouvre ce sein, pour les faire inonder sur les créatures. La puissance est comme la source, et la miséricorde est comme un canal. La puissance fournit ce que distribue la miséricorde, et c'est du mélange de ces deux choses que naît ce divin éclat que nous appelons la gloire de Dieu.

Ce qui a fait dire ces beaux mots au Psalmiste : « Dieu, dit-il, a parlé une fois [4]. » J'entends ici par cette parole le bruit de la gloire

---

[1] *Galat.*, III, 13. — [2] *Deuter.*, XXI, 23. — [3] I *Cor.*, IX, 15. — [4] *Psal.* LXI, 12.

de Dieu, qui retentit par tout l'univers, selon ce que dit le même Psalmiste : « Les cieux racontent la gloire de Dieu, et le firmament publie la grandeur de ses œuvres¹. » Dieu donc a parlé une fois, dit David; et qu'est-ce qu'il a dit, grand Prophète? « Il a parlé une fois; et j'ai, dit-il, entendu ces deux choses, qu'à Dieu appartient la puissance et qu'à lui appartient la miséricorde². » Par où vous voyez manifestement que Dieu ne se glorifie que de sa puissance et de sa bonté. C'est la véritable gloire de Dieu, parce que la miséricorde divine touchée de compassion de la bassesse des créatures et sollicitant en leur faveur la puissance, en même temps qu'elle orne ce qui n'a aucun ornement par soi-même, elle fait retourner tout l'honneur à Dieu, qui seul est capable de relever ce qui n'est rien par sa condition naturelle.

Ces choses étant ainsi supposées, passons outre maintenant et disons : La gloire de notre Dieu est en sa puissance et en sa bonté, ainsi que nous l'avons vu fort évidemment. Or c'est en la croix que paroissent le mieux la puissance et la miséricorde divine, ce que je me propose de vous faire voir avec la grace du Saint-Esprit. C'est pourquoi l'apôtre saint Paul, qui dit « que tout l'Evangile consiste en la croix, » appelle l'Evangile « la force et la puissance de Dieu³. » Et d'ailleurs il ne nous prêche autre chose, sinon que « la croix nous rend Dieu propice et nous assure sa miséricorde par Notre-Seigneur Jésus-Christ⁴. » Par conséquent il est vrai que la croix est la gloire des chrétiens; et quand je vous aurai montré dans le supplice de notre Maître ces deux qualités excellentes, je pourrai dire avec l'apôtre saint Paul : « A Dieu ne plaise que je me glorifie en autre chose qu'en la croix de Jésus! » C'est le sujet de cet entretien. Je considère aujourd'hui comme les deux bras de la croix du Sauveur Jésus; dans l'un je me représente un trésor infini de puissance; et dans l'autre, une source immense de miséricorde.

Inspirez-nous, ô Seigneur Jésus, afin que nous célébrions dignement la gloire de votre croix. Et vous, ô peuple d'acquisition⁵, vous que le sang du prince Jésus a délivré d'une servitude

---

¹ *Psal.* XVIII, 1. — ² *Psal.* LXI, 12, 13. — ³ *I Cor.*, I, 17, 18. — ⁴ *Ephes.*, II, 16, 18; *Coloss.*, I, 20. — ⁵ *I Petr.*, II, 9.

éternelle, contemplez attentivement les merveilles de la mort triomphante de votre invincible Libérateur. Commençons avec l'assistance de Dieu, et glorifions sa toute-puissance dans l'exaltation de sa croix.

PREMIER POINT.

Si vous voyez Notre-Seigneur Jésus-Christ abandonné à la fureur des bourreaux, s'il rend l'ame parmi des douleurs incroyables, ne vous imaginez pas, chrétiens, qu'il soit réduit à cette extrémité par foiblesse ou par impuissance : ce n'est pas la rigueur des tourmens qui le fait mourir; il meurt, parce qu'il le veut; « et il sort du monde sans contrainte, parce qu'il y est venu volontairement : » *Abscessit potestate, quia non venerat necessitate* [1]. La mort dans les animaux est une défaillance de la nature : la mort en Jésus-Christ est un effet de puissance. C'est pourquoi lui-même parlant de sa mort, il dit : « J'ai la puissance de quitter la vie, et j'ai la puissance de la reprendre [2]. » Où vous voyez manifestement qu'il met en même rang sa résurrection et sa mort, et qu'il ne se glorifie pas moins du pouvoir qu'il a de mourir que de celui qu'il a de ressusciter.

Et en effet ne falloit-il pas qu'il eût en lui-même un préservatif infaillible contre la mort, puisque par sa seule parole il faisoit revivre des corps pourris et ranimoit la corruption? Ce jeune mort de Naïm, et la fille du prince de la Synagogue, et le Lazare déjà puant [3], ont-ils pas ressenti la vertu de cette parole vivifiante? Celui donc qui avoit le pouvoir de rendre la vie aux autres, avec quelle facilité pouvoit-il se la conserver à lui-même? En vain s'efforceroit-on de faire sécher les grandes rivières, ou de faire tarir les fontaines d'eau vive : à mesure que vous en ôtez, la source (a) toujours féconde répare sa perte par elle-même, et s'enrichit continuellement de nouvelles eaux : ainsi étoit-il du Sauveur Jésus. Il avoit en lui-même une source éternelle de vie, je veux dire le Verbe divin; et cette source est trop abondante,

---

[1] S. August., *in Joan.*, tract. XXXI, n. 6. — [2] *Joan.*, X, 18. — [3] *Luc.*, VII, 15; *Marc.*, V, 42; *Joan.*, XI, 44.

(a) *Var.* : Parce que la source...

pour pouvoir être jamais épuisée. Frappez tant que vous voudrez, ô bourreaux ; faites des ouvertures de toutes parts sur le corps de mon aimable Sauveur, afin de faire pour ainsi dire écouler cette belle vie : il en porte la source en lui-même ; et comme cette source ne peut tarir, elle ne cessera jamais de couler, si lui-même ne retient son cours. Mais ce que votre haine ne peut pas faire, son amour le fera pour notre salut. Lui qui commande, ainsi qu'il lui plaît, à la santé et aux maladies, il commandera à la vie de se retirer pour un temps de son divin corps. Il ne veut pas que la nécessité naturelle ait aucune part dans sa mort, parce qu'il en réserve toute la gloire à la charité infinie qu'il a pour les hommes. Par où vous voyez, chrétiens, « que notre Maître est mort par puissance, et non par infirmité : » *Potestate mortuus est,* dit saint Augustin [1].

Aussi l'évangéliste saint Jean observe une chose qui mérite d'être considérée : c'est que le Sauveur étant à la croix fait une revue générale sur tout ce qui étoit écrit de lui dans les prophéties ; et voyant qu'il ne lui restoit plus rien à faire que de prendre ce breuvage amer que lui promettoit le Psalmiste, il demanda à boire : « J'ai soif, dit-il aussitôt, afin que toutes choses fussent accomplies [2]. » Puis après avoir légèrement goûté de la langue le fiel et le vinaigre qu'on lui présentoit, il remarqua lui-même que tout étoit consommé, qu'il avoit exécuté de point en point toutes les volontés de son Père : et enfin ne voyant plus rien qui le pût retenir au monde, élevant fortement sa voix, il rendit l'ame avec une action si paisible, si libre, si préméditée, qu'il étoit aisé de juger que personne ne la lui ôtoit, mais qu'il la donnoit lui-même de son plein gré, ainsi qu'il l'avoit assuré : « Personne, dit-il, ne m'ôte mon ame, mais je la donne moi-même de ma pure et franche volonté [3]. »

O gloire ! ô puissance du crucifié ! Quel autre voyons-nous qui s'endorme si précisément quand il veut, comme Jésus est mort quand il lui a plu ? Quel homme méditant un voyage marque si certainement l'heure de son départ, que Jésus a marqué l'heure de son trépas ? De là vient que le centenier qui avoit ordre de

---

[1] *De Nat. et Grat.*, n. 26. — [2] *Joan.*, XIX, 28. — [3] *Ibid.*, X, 18.

garder la croix, considérant cette mort non-seulement si tranquille, mais encore si délibérée et entendant ce grand cri dont Jésus accompagna son dernier soupir, étonné de voir tant de force dans cette extrémité de foiblesse, s'écria lui-même tout effrayé : « Vraiment cet homme est le Fils de Dieu[1]. » Et lui, qui ne faisoit point d'état du Sauveur vivant, reconnut tant de puissance en sa mort, qu'elle lui fit confesser sa divinité.

Vous dirai-je ici, chrétiens, à la gloire de la croix de Jésus, que ce mort que vous y voyez attaché remue le ciel et les élémens, qu'il renverse tout l'ordre du monde, qu'il obscurcit le soleil et la lune, et, si j'ose parler de la sorte, qu'il fait appréhender à toute la nature le désordre et la confusion du premier chaos ? Certes, je vous entretiendrois volontiers de tant d'étranges événemens, n'étoit que je me suis proposé de vous dire de plus grandes choses. La croix a dompté les démons; la croix a abattu l'orgueil et l'arrogance des hommes; la croix a renversé leur fausse sagesse, et a triomphé de leurs cœurs. J'estime plus glorieux d'avoir remporté une si belle victoire (a) que d'avoir troublé l'ordre de l'univers, parce que je ne vois rien dans tout l'univers de plus indocile, ni de plus fier, ni de plus indomptable que le cœur de l'homme. C'est en cela que la croix me paroît puissante, et vous le verrez très-évidemment par la suite de ce discours. Renouvelez, s'il vous plaît, vos attentions, et suivez mon raisonnement.

Où la puissance paroît le mieux, c'est dans la victoire, surtout quand on la gagne sur des ennemis superbes et audacieux. Or, fidèles, ce Dieu infiniment bon, sous le règne duquel toutes les créatures seroient heureuses si elles étoient soumises, il a eu des rebelles et des ennemis, parce qu'il y a eu des ingrats et des insolens. Il a fallu dompter ces rebelles : mais pourquoi les dompter par la croix ? C'est le miracle de la toute-puissance; c'est le grand mystère du christianisme. Pénétrons dans ces vérités adorables sous la conduite des Ecritures.

Sachez donc que le plus grand ennemi de Dieu, celui qui lui est

[1] *Marc.*, xv, 39.
(a) *Var.* : Cette victoire me semble plus glorieuse.

le plus insupportable, celui qui choque le plus sa grandeur et sa souveraineté, c'est l'orgueil : car encore que les autres vices abusent des créatures de Dieu contre son service, ils ne nient pas qu'elles ne soient à lui ; au lieu que l'orgueil, autant qu'il le peut, les tire de son domaine. Et comment? C'est parce que l'orgueilleux veut se rendre maître de toutes choses; il croit que tout lui est dû : son ordinaire est de s'attribuer tout à lui-même; et par là il se fait lui-même son dieu, secouant le joug de l'autorité souveraine. C'est pourquoi le diable s'étant élevé par une arrogance extraordinaire, les Ecritures ont dit qu'il avoit affecté la divinité [1] : et Dieu lui-même nous déclare souvent qu'il est un Dieu jaloux [2], qui ne peut souffrir les superbes; qu'il rejette les orgueilleux de devant sa face [3], parce que les superbes sont ses rivaux et veulent traiter d'égal avec lui : par conséquent il est véritable que l'orgueil est le capital ennemi de Dieu.

En effet n'est-ce pas l'orgueil, chrétiens, qui a soulevé contre lui tout le monde? L'orgueil est premièrement monté dans le ciel où est le trône de Dieu et lui a débauché ses anges, il a porté jusque dans son sanctuaire le flambeau de la rébellion; après il est descendu dans la terre, et ayant déjà gagné les intelligences célestes, il s'est servi d'elles pour dompter les hommes. Lucifer, cet esprit superbe, conservant sa première audace même dans les cachots éternels, ne conçoit que de furieux desseins. Il médite de subjuguer l'homme, à cause que Dieu l'honore et le favorise : mais sachant qu'il n'y peut réussir tant que les hommes demeureront dans la soumission pour leur Créateur, il en fait premièrement des rebelles, afin d'en faire après cela des esclaves. Pour les rendre rebelles, il falloit auparavant les rendre orgueilleux. Il leur inspire donc l'arrogance qui le possède : de là l'histoire de nos malheurs, de là cette longue suite de maux qui affligent notre nature opprimée par la violence de ce tyran.

Enflé de ce bon succès, il se déclare publiquement le rival de Dieu; il abolit son culte par toute la terre; il se fait adorer en sa place par les hommes qu'il a assujettis à sa tyrannie. C'est pourquoi le Fils de Dieu l'appelle « le prince du monde [4]; » et l'Apôtre

---

[1] *Isa.*, XIV, 14. — [2] *Exod.*, XXXIV, 14. — [3] *Isa.*, XLII, 8. — [4] *Joan.*, XII, 31.

encore plus énergiquement, « le dieu de ce siècle [1]. » Voilà de quelle sorte l'orgueil a armé le ciel et la terre, tâchant d'abattre le trône de Dieu. C'est lui qui est le père de l'idolâtrie : car c'est par l'orgueil que les hommes, méprisant l'autorité légitime et devenus amoureux d'eux-mêmes, se sont fait des divinités à leur mode. Ils n'ont point voulu de dieux que ceux qu'ils faisoient; ils n'ont plus adoré que leurs erreurs et leurs fantaisies : dignes, certes, d'avoir des dieux de pierre et de bronze et de servir aux créatures inanimées, eux qui se lassoient du culte du Dieu vivant, qui les avoit formés à sa ressemblance. Ainsi toutes les créatures agitées de l'esprit d'orgueil, qui dominoit par tout l'univers, faisoient la guerre à leur Créateur avec une rage impuissante.

« Elevez-vous, Seigneur; que vos ennemis disparoissent, et que ceux qui vous haïssent soient renversés devant votre face [2]. » Mais, ô Dieu, de quelles armes vous servez-vous pour défaire ces escadrons furieux? Je ne vois ni vos foudres, ni vos éclairs, ni cette majesté redoutable devant laquelle les plus hautes montagnes s'écoulent comme de la cire : je vois seulement une chair meurtrie et du sang épanché avec violence, et une mort infâme et cruelle, une croix et une couronne d'épines : c'est tout votre appareil de guerre; c'est tout ce que vous opposez à vos ennemis. Justement, certes, justement; et en voici la raison solide, que je vous prie, chrétiens, de considérer.

C'est honorer l'orgueil que d'aller contre lui par la force; il faut que l'infirmité même le dompte. Ce n'est pas assez qu'il succombe, s'il n'est contraint de reconnoître son impuissance; il faut le renverser par ce qu'il dédaigne le plus. Tu t'es élevé, ô Satan, tu t'es élevé contre Dieu de toute ta force : Dieu descendra contre toi armé seulement de foiblesse, afin de montrer combien il se rit de tes téméraires projets. Tu as voulu être le dieu de l'homme; un homme sera ton Dieu : tu as amené la mort sur la terre; la mort ruinera tes desseins : tu as établi ton empire en attachant les hommes à de faux honneurs, à des richesses mal assurées, à des plaisirs pleins d'illusion; les opprobres, la pauvreté, l'ex-

[1] II *Cor.*, IV, 4. — [2] *Psal.* LXVII, 1.

trême misère, la croix en un mot détruira ton empire de fond en comble. O puissance de la croix de Jésus !

Les vérités de Dieu étoient bannies de la terre ; tout étoit obscurci par les ténèbres de l'idolâtrie. Chose étrange mais très-véritable ! les peuples les plus polis avoient les religions les plus ridicules ; ils se vantoient de n'ignorer rien, et ils étoient si misérables que d'ignorer Dieu. Ils réussissoient en toutes choses jusqu'au miracle : sur le fait de la religion, qui est le capital de la vie humaine, ils étoient entièrement insensés. Qui le pourroit croire, fidèles, que les Egyptiens, les pères de la philosophie ; les Grecs, les maîtres des beaux-arts ; les Romains si graves et si avisés, que leur vertu faisoit dominer par toute la terre ; qui le croiroit, qu'ils eussent adoré les bêtes, les élémens, les créatures inanimées, des dieux parricides et incestueux ; que non-seulement les fièvres et les maladies, mais les vices les plus infâmes et les plus brutales des passions eussent leurs temples dans Rome ? Qui ne seroit contraint de dire en ce lieu que Dieu avoit abandonné à l'erreur ces grands mais superbes esprits, qui ne vouloient pas le reconnoître, et qu'ayant quitté la véritable lumière, le dieu de ce siècle les a aveuglés pour ne voir pas des choses si manifestes ?

Et le monde et les maîtres du monde, le diable les tenoit captifs et tremblans sous de serviles religions, desquelles néanmoins ils étoient jaloux, non moins que de la grandeur de leur république. Qu'y avoit-il de plus méchant que leurs dieux ? Quoi de plus superstitieux que leurs sacrifices ? Quoi de plus impur que leurs profanes mystères ? Quoi de plus cruel que leurs jeux, qui faisoient parmi eux une partie du culte divin ; jeux sanglans et dignes de bêtes farouches, où ils soûloient leurs faux dieux de spectacles barbares et de sang humain ? — Cependant tant de philosophes, tant de grands esprits que le bel ordre du monde forçoit à reconnoître l'unique Divinité qui gouverne toute la nature, encore qu'ils fussent choqués de tant de désordres, ils n'ont pu persuader aux hommes de les quitter. Avec leurs raisonnemens si sublimes, avec leur éloquence toute-puissante, ils n'ont pu désabuser les peuples de leurs ridicules cérémonies et de leur religion monstrueuse.

Mais sitôt que la croix de Jésus a commencé de paroître au monde, sitôt que l'on a prêché la mort et le supplice du Fils de Dieu, les oracles menteurs se sont tus, le règne des idoles a été peu à peu ébranlé, enfin elles ont été renversées : et Jupiter, et Mars, et Neptune, et l'Egyptien Sérapis, et tout ce que l'on adoroit dans la terre a été enseveli dans l'oubli. Le monde a ouvert les yeux pour reconnoître le Dieu Créateur, et s'est étonné de son ignorance. L'extravagance du christianisme a été plus forte que la plus sublime philosophie. La simplicité de douze pêcheurs sans secours, sans éloquence, sans art, a changé la face de l'univers. Ces pêcheurs ont été plus heureux que ce fameux Athénien (a) à qui la fortune, ce lui sembloit, apportoit les villes prises dans des rets. Ils ont pris tous les peuples dans leurs filets, pour en faire la conquête de Jésus-Christ, qui ramène tout à Dieu par sa croix.

Car vous remarquerez, chrétiens, que tandis qu'il a conversé parmi nous, encore qu'il fît des miracles extraordinaires, encore qu'il eût à la bouche des paroles de vie éternelle, il a eu peu de sectateurs : ses amis mêmes rougissoient souvent de se voir rangés sous la discipline d'un Maître si méprisé. Mais est-il monté sur la croix, est-il mort à ce bois infâme, quelle affluence de peuples accourent à lui (b) ! O Dieu, quel est ce nouveau prodige? Maltraité et mésestimé dans la vie, il commence à régner après qu'il est mort. Sa doctrine toute céleste, qui devoit le faire respecter partout, le fait attacher à la croix; et cette croix infâme, qui devoit le faire mépriser partout, le rend vénérable à tout l'univers. Sitôt qu'il a pu étendre les bras, tout le monde a recherché ses embrassemens. Ce mystérieux grain de froment n'est pas plutôt tombé dans la terre, qu'il s'est multiplié par sa propre corruption. Il ne s'est pas plutôt élevé de terre, que selon qu'il l'avoit prédit en son Evangile, « il a attiré à lui toutes choses [1], » et a changé l'instrument du plus infâme supplice en une machine céleste pour enlever tous les cœurs, c'est-à-dire que le Sauveur

[1] *Joan.*, XII, 32.

(a) Timothée, fils de Conon. (Plut., *Vit. parall.*).— (b) *Var.* : Viennent à lui.

est tombé de la croix au sépulcre, et par un merveilleux contre-coup tous les peuples sont tombés à ses pieds.

Voyez cette affluence de gens, qui de toutes les parties de la terre accourent à la croix de Jésus; qui non-seulement se glorifient de porter son nom, mais s'empressent à imiter ses souffrances, à être déshonorés pour sa gloire, à mourir pour l'amour de lui. Si quelqu'un parmi les anciens méprisoit la mort, on admiroit cette fermeté de courage comme une chose presque inouïe. Grace à la croix de Jésus, ces exemples sont si communs parmi nous, que leur abondance nous empêche de les raconter. Depuis qu'on a prêché un Dieu mort, la mort a eu pour nous des délices : on a vu la vieillesse la plus décrépite et l'enfance la plus imbécille, les vierges tendres et délicates y courir comme à l'honneur du triomphe. C'est pourquoi on disoit que les chrétiens étoient un certain genre d'hommes destinés et comme dévoués à la mort. La croix toute-puissante avoit familiarisé avec eux ce fantôme hideux, qui est l'horreur de toute la nature. Le monde s'est plutôt lassé de tuer, que les chrétiens n'ont fait de souffrir. Toutes les inventions de la cruauté se sont épuisées pour ébranler la foi de nos pères, toutes les puissances du monde s'y sont employées; mais, ô aveugle fureur, qui établit ce qu'elle pense détruire! c'est par la croix que le Roi Jésus a résolu de conquérir tout le monde : c'est pourquoi il imprime cette croix victorieuse sur le corps de ses braves soldats, en les associant à ses souffrances; c'est par là qu'ils surmonteront tous les peuples; ils désarmeront leurs persécuteurs par leur patience; les loups à la fin deviendront agneaux, en immolant les agneaux à leur cruauté.

Il faut que la croix de Jésus soit adorée par toute la terre : son empire n'aura point de bornes, parce que sa puissance n'a point de limites : elle étendra sa domination jusqu'aux provinces les plus éloignées, jusqu'aux îles les plus inaccessibles, jusqu'aux nations les plus inconnues. Quelle joie en vérité, fidèles, de voir et Barbares et Grecs, et les Scythes et les Arabes, et les Indiens et tous les peuples du monde, faire tous ensemble un nouveau royaume qui aura pour sa loi l'Evangile, et Jésus pour son chef, et la croix pour son étendard ! Rome même, cette ville superbe, après s'être si longtemps enivrée du sang des martyrs de Jésus; Rome la maîtresse baissera la tête : elle portera plus loin ses conquêtes par la religion de Jésus qu'elle n'a fait autrefois par ses armes; et nous lui verrons rendre plus d'honneur au tombeau d'un pauvre pêcheur qu'au temple de son Romulus.

Vous y viendrez aussi, ô Césars : Jésus crucifié veut voir abattue à ses pieds la majesté de l'Empire. Constantin, ce triomphant empereur, dans le temps marqué par la Providence élèvera l'étendard de la croix au-dessus des aigles romaines. Par la croix il surmontera les tyrans, par la croix il donnera la paix à l'Empire, par la croix il affermira sa maison : la croix sera son unique trophée, parce qu'il publiera hautement qu'elle lui a donné toutes ses victoires.

Certes je ne m'étonne plus, ô Seigneur Jésus, si peu de temps avant votre mort, vous vous écriiez avec tant de joie que votre heure glorieuse approchoit, et que « le prince du monde alloit être bientôt chassé [1]. » Je ne m'étonne plus si je vous vois dans le palais d'Hérode et devant le tribunal de Pilate, avec une contenance si ferme, bravant pour ainsi dire la pompe de la Cour royale et la majesté des faisceaux romains, par la générosité de votre silence. C'est que vous sentiez bien que le jour de votre crucifiement étoit pour vous un jour de triomphe. En effet vous avez triomphé, ô Jésus, et vous menez en triomphe les puissances des ténèbres captives et tremblantes après votre croix. « Vous avez surmonté le monde, non par le fer, mais par le bois : » *Domuit orbem, non ferro, sed ligno* [2]. Car il étoit bien digne de votre grandeur « de vaincre la force par l'impuissance, et les choses les plus hautes par les plus abjectes, et ce qui est par ce qui n'est pas, comme parle l'Apôtre [3], et une fausse et superbe sagesse par une sage et modeste folie. » Par ce moyen, vous avez fait voir qu'il n'y avoit rien de foible en vos mains, et que vous faites des foudres de tout ce qu'il vous plaît employer.

Mais ne vous dirai-je pas, chrétiens, une belle marque que nous a donnée Jésus-Christ, pour nous convaincre très-évidemment que c'est la croix qui a opéré ces merveilles? C'est que sous

[1] *Joan.*, XII, 31. — [2] S. August., *in Psal.* LIV, n. 12. — [3] I *Cor.*, I, 27, 28.

le règne de Constantin, dans le temps que la paix fut donnée à l'Eglise, que le vrai Dieu fut reconnu publiquement par toute la terre, que tous les peuples du monde confessèrent la divinité de Jésus : la croix de notre bon Maître, qui n'avoit point paru jusqu'alors, fut reconnue par des miracles extraordinaires, dont toute l'antiquité s'est glorifiée. Elle fut exaltée dans un temple auguste à la gloire du Crucifié et à la consolation des fidèles. Est-ce par un événement fortuit que cela s'est rencontré dans ce temps? Une chose si illustre est-elle arrivée sans quelque ordre secret de la Providence? Ah! ne le croyez pas, chrétiens. Eh quoi donc ? C'est que tout a fléchi sous le joug du Sauveur Jésus. Les puissances infernales sont confondues; tout le monde vient adorer le vrai Dieu dans l'Eglise qui est son temple, et par Jésus-Christ qui est son pontife.

Paroissez, paroissez, il est temps, ô croix, qui avez fait ces miracles : c'est vous qui avez brisé les idoles; c'est vous qui avez subjugué les peuples; c'est vous qui avez donné la victoire aux valeureux soldats de Jésus, qui ont tout surmonté par la patience. Vous serez gravée sur le front des rois; vous serez le principal ornement de la couronne des empereurs; vous serez l'espérance et la gloire des chrétiens, qui diront avec l'apôtre saint Paul « qu'ils ne veulent jamais se glorifier si ce n'est en la croix de Notre-Seigneur Jésus-Christ, » à cause que la croix par la bienheureuse victoire qu'elle a remportée en faisant éclater la toute-puissance divine, a aussi répandu sur nous les trésors de sa miséricorde : c'est ce qui me reste à vous dire en peu de paroles.

SECOND POINT.

Ce nous est à la vérité une grande gloire de servir un Dieu si puissant qu'est celui que nous adorons; mais c'est particulièrement sa miséricorde qui nous oblige à nous glorifier en lui seul. Qui ne se tiendroit infiniment honoré de voir un Dieu si grand qui met sa gloire à nous enrichir, et n'est-ce pas nous presser vivement de mettre toute la nôtre à le louer? C'est ce que fait la miséricorde. Ce Dieu qui par sa toute-puissance est si fort au-dessus de nous, lui-même par sa bonté daigne se rabaisser jusqu'à nous, et nous communique tout ce qu'il est par une miséricordieuse condescendance. Avouons que cela touche les cœurs; et que s'il est glorieux à la toute-puissance de faire craindre la miséricorde, il ne l'est pas moins à la miséricorde de ce qu'elle fait aimer la puissance.

Car, certes, il y a de la gloire à se faire aimer. C'est pourquoi le grave Tertullien nous enseigne que « dans l'origine des choses, Dieu n'avoit que de la bonté, et que sa première inclination c'est de nous bien faire : » *Deus à primordio tantùm bonus* [1]. Et la raison qu'il en rend est bien évidente et bien digne d'un si grand homme : car pour bien connoître quelle est la première des inclinations, il faut choisir celle qui se trouvera la plus naturelle, d'autant que la nature est le principe de tout le reste. Or notre Dieu, chrétiens, a-t-il rien de plus naturel que cette inclination de nous enrichir par la profusion de ses graces? Comme une source envoie ses eaux naturellement, comme le soleil naturellement répand ses rayons, ainsi Dieu naturellement fait du bien. Etant bon, abondant, plein de trésors infinis par sa dignité naturelle, il doit être aussi par nature bienfaisant, libéral, magnifique.

Quand il te punit, ô impie, la raison n'en est pas en lui-même : il ne veut pas que personne périsse; c'est ta malice, c'est ton ingratitude qui attire son indignation sur ta tête. Au contraire si nous voulons l'exciter à nous faire du bien, il n'est pas nécessaire de chercher bien loin des motifs : sa nature, d'elle-même si bienfaisante, lui est un motif très-pressant et une raison qui ne le quitte jamais. Quand il nous fait du mal, il le fait à cause de nous; quand il nous fait du bien, il le fait à cause de lui-même. « Ce qu'il est bon, c'est du sien, c'est de son propre fond, dit Tertullien; ce qu'il est juste, c'est du nôtre : » c'est nous qui fournissons par nos crimes la matière à sa juste vengeance : *De suo optimus, de nostro justus* [2]. Il est donc vrai ce que nous disions, que Dieu n'a pu commencer ses ouvrages que par un épanchement général de sa bonté sur les créatures, et que c'est là par conséquent sa plus grande gloire.

[1] *Advers. Marcion.*, lib. II, n. 11. — [2] *De Resurr. carn.*, n. 14.

Maintenant je vous demande : Le Sauveur Jésus, notre amour et notre espérance, notre Pontife, notre Avocat, notre Intercesseur, pourquoi est-il monté sur la croix? pourquoi est-il mort sur ce bois infâme? qu'est-ce que nous en apprend le grand apôtre saint Paul? N'est-ce pas « pour renouveler toutes choses en sa personne [1], » pour ramener tout à la première origine, pour reprendre les premières traces de Dieu son Père, et réformer les hommes selon le premier dessein de ce grand ouvrier? C'est la doctrine du christianisme : donc ce qui a porté le Sauveur à vouloir mourir en la croix, c'est qu'il étoit touché de ces premiers sentimens de son Père, c'est-à-dire, ainsi que je l'ai exposé tout à l'heure, de clémence, de bonté, de charité infinie.

En effet n'est-ce pas à la croix qu'il a présenté devant le trône de Dieu, non point des génisses et des taureaux, mais sa sainte chair formée par le Saint-Esprit, oblation sainte et vivante pour l'expiation de nos crimes? N'est-ce pas à la croix qu'il a réconcilié toutes choses, faisant par la vertu de son sang la vraie purification de nos ames [2]? Les hommes étoient révoltés contre Dieu, ainsi que nous le disions dans la première partie; et d'autre part, la justice divine étoit prête à les précipiter dans l'abîme en la compagnie des démons dont ils avoient suivi les conseils et imité la présomption, lorsque tout à coup notre charitable Pontife paroît entre Dieu et les hommes. Il se présente pour porter les coups qui alloient tomber sur nos têtes. Posé sur l'autel de la croix, il répand son sang sur les hommes, il élève à Dieu ses mains innocentes; « et ainsi pacifiant le ciel et la terre [3], » il arrête le cours de la justice divine, et change une fureur implacable en une éternelle miséricorde.

En suivant l'audace des anges rebelles, nous leur avions vendu nos corps et nos ames par un détestable marché; et Dieu sur ce contrat avoit ordonné que nous serions livrés en leurs mains. Dieu l'avoit prononcé de la sorte par une sentence dernière et irrévocable. Mais qu'a fait le Sauveur Jésus? « Il a pris, dit l'apôtre saint Paul, l'original de ce décret donné contre nous, et il l'a attaché à la croix [4]. » Pour quelle raison? C'est afin, ô Père

---

[1] *Ephes.*, I, 10; *Coloss.*, III, 10. — [2] *Coloss.*, I, 20. — [3] *Ibid.* — [4] *Ibid.*, II, 14.

éternel, que vous ne puissiez voir la sentence qui nous condamne, que vous ne voyiez le sacrifice qui nous absout; afin que si vous rappeliez en votre mémoire le crime qui vous irrite, en même temps vous vous souveniez du sang qui vous apaise et vous adoucit. Ainsi a été accompli cet oracle du prophète Isaïe : « Votre traité avec la mort sera annulé, et votre pacte avec l'enfer ne tiendra pas : » *Delebitur fœdus vestrum cum morte, et pactum vestrum cum inferno non stabit* [1]. Jésus a rompu ce damnable contrat par une meilleure alliance : dès là nos espérances se sont relevées. Le ciel, qui étoit de fer pour nous, a commencé de répandre ses graces sur les misérables mortels : Jésus nous l'a ouvert par sa croix.

C'est pourquoi je la compare à cette mystérieuse échelle qui parut au patriarche Jacob, « où il voyoit les anges monter et descendre [2]. » Que veut dire ceci, chrétiens? Est-ce pas pour nous faire entendre que la croix de notre Sauveur renoue le commerce entre le ciel et la terre; que par cette croix les saints anges viennent à nous comme à leurs frères et leurs alliés, et en même temps nous apprennent que par la même croix nous pouvons remonter au ciel avec eux, pour y remplir les places que leurs ingrats compagnons ont laissées vacantes?

Où mettrons-nous donc notre gloire, mes Frères, si ce n'est en la croix de Jésus? Car, comme dit l'apôtre saint Paul, « si lorsque nous étions ennemis, Dieu nous a réconciliés par la mort de son Fils unique; maintenant que nous avons la paix avec lui par le sang du Médiateur, comment ne nous comblera-t-il pas de ses dons? Et si étant pécheurs, Jésus-Christ nous a tant aimés qu'il est mort pour l'amour de nous, maintenant que nous sommes justifiés par son sang [3], » qui pourroit dire la tendresse de son amour? Or si Dieu a usé envers nous d'une telle miséricorde pendant que nous étions des rebelles, que ne fera-t-il pas maintenant que par la croix du Sauveur nous sommes devenus ses enfans? « Et celui qui nous a donné son Fils unique, que nous pourra-t-il refuser [4]? »

---

[1] *Isa.*, XXVIII, 18. — [2] *Genes.*, XXVIII, 12. — [3] *Rom.*, v, 8-10. — [4] *Ibid.*, VIII, 32.

POUR LE JOUR DE L'EXALTATION DE LA SAINTE CROIX. 447

Pour moi, je vous l'avoue, chrétiens, c'est là toute ma gloire, c'est là mon unique consolation; autrement, dans quel désespoir ne me jetteroit pas le nombre infini de mes crimes? Quand je considère le sentier étroit sur lequel Dieu m'a commandé de marcher et l'incroyable difficulté qu'il y a de retenir, dans un chemin si glissant, une volonté si volage et si précipitée que la mienne; quand je jette les yeux sur la profondeur immense du cœur humain, capable de cacher dans ses replis tortueux tant d'inclinations corrompues, dont nous n'aurons nous-mêmes nulles connoissances : je frémis d'horreur, fidèles, et j'ai juste sujet de craindre qu'il ne se trouve beaucoup de péchés dans les choses qui me paroissent les plus innocentes. Et quand même je serois très-juste devant les hommes, ô Dieu éternel, quelle justice humaine ne disparoîtra pas devant votre face? « Et qui seroit celui qui pourroit justifier sa vie, si vous entriez avec lui dans un examen rigoureux [1]? » Si le grand apôtre saint Paul après avoir dit avec une si grande assurance « qu'il ne se sent point coupable en lui-même, ne laisse pas de craindre de n'être pas justifié devant vous [2], » que dirai-je, moi misérable, et quels devront donc être les troubles de ma conscience? Mais, ô mon Pontife miséricordieux, mon Pontife fidèle et compatissant à mes maux, c'est vous qui répandez une certaine sérénité dans mon âme. Non, tant que je pourrai embrasser votre croix, jamais je ne perdrai l'espérance : tant que je vous verrai à la droite de votre Père avec une nature semblable à la mienne, portant encore sur votre chair les cicatrices de ces aimables blessures que vous avez reçues pour l'amour de moi, je ne croirai jamais que le genre humain vous déplaise, et la terreur de la majesté ne m'empêchera point d'approcher de l'asile de la miséricorde (a). Cela me rend certain que vous aurez pitié de mes maux : c'est pourquoi votre croix est toute ma gloire, parce qu'elle est toute mon espérance.

Mais est-il bien vrai, chrétiens, que nous nous glorifions en la croix du Sauveur Jésus? Nos actions ne démentent-elles pas nos paroles? Ne faudroit-il pas dire plutôt que la croix nous est un

[1] *Psal.* CXLII, 2. — [2] I *Cor.*, IV, 4.
(a) *Var.* : De l'autel.

scandale, aussi bien qu'elle l'a été aux gentils [1]? La croix ne t'est-elle pas un scandale à toi qui dédaignes la pauvreté, qui ne peux souffrir les injures, qui cours après les plaisirs mortels, qui fuis tout ce que tu vois à la croix, oubliant que Notre-Seigneur Jésus-Christ a trouvé sa vie dans la mort, et ses richesses dans la pauvreté, et ses délices dans les tourmens, et sa gloire dans l'ignominie? L'apôtre saint Paul disoit à ceux qui vouloient établir la justice par les œuvres et les cérémonies de la loi, que « si la justice étoit par la loi, Jésus-Christ étoit mort en vain, et que ce grand scandale de la croix étoit inutile [2]. » Et ne pourrois-je pas dire aujourd'hui avec beaucoup plus de raison qu'en vain Jésus-Christ est mort à la croix, puisque n'étant mort qu'afin de nous rendre un peuple agréable à Dieu, nous vivons avec une telle licence, que nous contraignons presque les infidèles à blasphémer le saint nom qui a été invoqué sur nous? En vain Jésus-Christ est mort à la croix pour renverser la sagesse mondaine, si après sa mort on mène toujours une même vie, si l'on applaudit aux mêmes maximes, si l'on met le souverain bonheur dans les mêmes choses. En vain la croix a-t-elle abattu les idoles par toute la terre, si nous nous faisons tous les jours de nouvelles idoles par nos passions déréglées, sacrifiant non point à Bacchus, mais à l'ivrognerie; non point à Vénus, mais à l'impudicité; non point à Plutus, mais à l'avarice; non point à Mars, mais à la vengeance; et leur immolant non des animaux égorgés, mais nos esprits remplis de l'Esprit de Dieu, et « nos corps qui sont les temples du Dieu vivant, et nos membres qui sont devenus les membres de Jésus-Christ [3]. »

C'est donc une chose trop assurée que la croix de Jésus n'est pas notre gloire : car si elle étoit notre gloire, nous glorifierions-nous, comme nous faisons, dans les vanités? Pourquoi pensez-vous que l'apôtre saint Paul ne dise pas en ce lieu qu'il se glorifie en la sagesse de Jésus-Christ, en la puissance de Jésus-Christ, dans les miracles de Jésus-Christ, en la résurrection de Jésus-Christ, mais seulement en la mort et en la croix de Jésus-Christ? A-t-il parlé ainsi sans raison? Ou plutôt ne vous souvenez-vous

---

[1] *Cor.*, I, 23. — [2] *Galat.*, II, 21; V, 11. — [3] *Cor.*, VI, 19, 15; *Ephes.*, V, 30.

pas que je vous ai dit, à l'entrée de ce discours, que la croix étoit un assemblage de tous les tourmens, de tous les opprobres et de tout ce qui paroît non-seulement méprisable, mais horrible, mais effroyable à notre raison? C'est pour cela que saint Paul nous dit « qu'il se glorifie seulement en la croix du Sauveur Jésus, » afin de nous apprendre l'humilité, afin de nous faire entendre que nous autres chrétiens nous n'avons de gloire que dans les choses que le monde méprise.

Eh, dites-moi, mes Frères, « le signe du chrétien n'est-ce pas la croix? N'est-ce pas par la croix, dit saint Augustin, que l'on bénit et l'eau qui nous régénère, et le sacrifice qui nous nourrit, et l'onction sainte qui nous fortifie[1]? » Avez-vous oublié que l'on a imprimé la croix sur vos fronts, quand on vous a confirmés par le Saint-Esprit? Pourquoi l'imprimer sur le front? N'est-ce pas que le front est le siége de la pudeur? Jésus-Christ par la croix a voulu nous durcir le front contre cette fausse honte, qui nous fait rougir des choses que les hommes estiment basses et qui sont grandes devant la face de Dieu. Combien de fois avons-nous rougi de bien faire? Combien de fois les emplois les plus saints nous ont-ils semblés bas et ravalés? La croix imprimée sur nos fronts nous arme d'une généreuse impudence contre cette lâche pudeur? elle nous apprend que les honneurs de la terre ne sont pas pour nous.

Quand les magistrats veulent rendre les personnes infâmes et indignes des honneurs humains, souvent ils leur font imprimer sur le corps une marque honteuse, qui découvre à tout le monde leur infamie. Vous dirai-je ici ma pensée? Dieu a imprimé sur nos fronts, dans la partie du corps la plus éminente, une marque devant lui glorieuse, devant les hommes pleine d'ignominie, afin de nous rendre incapables de recevoir aucun honneur sur la terre. Ce n'est pas que, pour être bons chrétiens, nous soyons indignes des honneurs du monde ; mais c'est que les honneurs du monde ne sont pas dignes de nous. Nous sommes infâmes selon le monde, parce que selon le monde la croix, qui est notre gloire, est un abrégé de toutes sortes d'infamies.

[1] *In Joan.*, tract. CXVIII, n. 5.

Cependant, comme si le christianisme et la croix de Jésus étoient une fable, nous n'avons d'ambition que pour la gloire du siècle : l'humilité chrétienne nous paroît une niaiserie. Nos premiers pères croyoient qu'à peine les empereurs méritoient-ils d'être chrétiens : les choses à présent sont changées. A peine croyons-nous que la piété chrétienne soit digne de paroître dans les personnes considérables : la bassesse de la croix nous est en horreur; nous voulons qu'on nous applaudisse et qu'on nous respecte.

Mais ma charge, me direz-vous, veut que je me fasse honneur : si on ne respecte les magistrats, toutes choses iront en désordre. Apprenez, apprenez quel usage le chrétien doit faire des honneurs du monde : qu'il les reçoive premièrement avec modestie, connoissant combien ils sont vains : qu'il les reçoive pour la police, mais qu'il ne les recherche pas pour la pompe : qu'il imite l'empereur Héraclius, qui déposa la pourpre et se revêtit d'un habit de pauvre, pour porter la croix de Jésus. Ainsi, que le fidèle se dépouille de tous les honneurs devant la croix de notre bon Maître; qu'il y paroisse comme pauvre, comme nu et comme mendiant : qu'il songe que par la naissance tous les hommes sont ses égaux, et que les pauvres dans le christianisme sont en quelque façon ses supérieurs. Qu'il considère que l'honneur qu'on lui rend n'est pas pour sa propre grandeur, mais pour l'ordre du monde, qui ne peut subsister sans cela; que cet ordre passera bientôt et qu'il s'élèvera un nouvel ordre de choses, où ceux-là seront les plus grands, qui auront été les plus gens de bien et qui auront mis leur gloire en la croix du Sauveur Jésus.

Adorons la croix dans cette pensée; assistons dans cette pensée au saint sacrifice qui se fait en mémoire de la passion du Fils de Dieu. Fasse Notre-Seigneur Jésus-Christ que nous comprenions combien sa croix est auguste, combien glorieuse, puisqu'elle seule est capable de faire éclater sur les hommes la toute-puissance de Dieu, et de répandre sur eux les trésors immenses de sa miséricorde infinie, en leur ouvrant l'entrée à la félicité éternelle. *Amen.*

SECOND SERMON

POUR

LE JOUR DE L'EXALTATION DE LA SAINTE CROIX (*a*).

Exaltari oportet Filium hominis.
Il faut que le Fils de l'homme soit exalté. *Joan.*, III, 14.

Christo confixus sum cruci.
Je suis attaché à la croix avec Jésus-Christ. *Galat.*, II, 19.

Toute l'Ecriture nous prêche que la gloire du Fils de Dieu est dans les souffrances, et que c'est à la croix qu'il est exalté : il n'est rien de plus véritable. Jésus est exalté à la croix par les peines qu'il a endurées ; Jésus est exalté à la croix par les peines que nous endurons. C'est, mes Frères, sur ce dernier point que je m'arrêterai aujourd'hui, comme sur celui qui me semble le plus fructueux ; et je me propose de vous faire voir combien le Fils de Dieu est glorifié dans les souffrances qu'il nous envoie. Mais, chrétiens, ne nous trompons pas ; dans la gloire qu'il tire de nos afflictions, il y est glorifié en deux manières, dont l'une certainement n'est pas moins terrible que l'autre est salutaire et glorieuse.

Voici une doctrine importante, voici un grand mystère que je vous propose ; et afin de le bien entendre, venez le méditer au Calvaire, au pied de la croix de notre Sauveur : vous y verrez deux actions opposées que le Père y exerce dans le même temps. Il y exerce sa miséricorde et sa justice ; il punit et remet les crimes ;

(*a*) Prêché à Paris, aux nouveaux Catholiques, en 1661.
Le lecteur trouvera, dans le style et le ton du discours, les caractères qui révèlent cette date ; et le lieu est clairement désigné par ces paroles du second point : « Vous particulièrement, mes chers Frères, sainte et bienheureuse conquête, nouveaux enfans de l'Eglise, qu'elle se glorifie d'avoir retirés au centre de son unité et au sein de sa charité, » etc.
Les protestans ont dit, et des enfans de l'Eglise ont répété, que jamais Bossuet n'a prononcé une parole en faveur des pauvres et des malheureux. On comprendra tout à l'heure jusqu'où les hérétiques peuvent pousser la calomnie, et certains catholiques la crédulité.

il se venge et se réconcilie tout ensemble : il frappe son Fils innocent pour l'amour des hommes criminels, et en même temps il pardonne aux hommes criminels pour l'amour de son Fils innocent. O justice! ô miséricorde! qui vous a ainsi assemblées? C'est le mystère de Jésus-Christ, c'est le fondement de sa gloire et de son exaltation à la croix, d'avoir concilié en sa personne ces deux divins attributs, je veux dire, la miséricorde et la justice.

Mais cette union admirable nous doit faire considérer que comme en la croix de notre Sauveur la vengeance et le pardon se trouvent ensemble, aussi pouvons-nous participer à la croix en ces deux manières différentes, ou selon la rigueur qui s'y exerce, ou selon la grace qui s'y accorde. Et c'est ce qu'il a plu à Notre-Seigneur de nous faire voir (*a*) au Calvaire. Nous y voyons, dit saint Augustin, « trois hommes en croix, un qui donne le salut, un qui le reçoit (*b*), un qui le méprise : » *Tres erant in cruce, unus Salvator, alius salvandus, alius damnandus* [1]. Au milieu, l'auteur de la grace; d'un côté un qui en profite, de l'autre côté un qui la rejette. Discernement terrible et diversité surprenante! Tous deux sont à la croix avec Jésus-Christ, tous deux compagnons de son supplice; mais hélas! il n'y en a qu'un qui soit compagnon de sa gloire. Ce que le Sauveur avoit réuni, je veux dire la miséricorde et la vengeance, ces deux hommes l'ont divisé. Jésus-Christ est au milieu d'eux, et chacun a pris son partage de la croix de Notre-Seigneur. L'un y a trouvé la miséricorde, l'autre les rigueurs de la justice : l'un y a opéré son salut, l'autre y a commencé sa damnation : la croix a élevé jusqu'au paradis la patience de l'un; la croix a précipité au fond de l'enfer l'impénitence de l'autre. Ils ont donc participé à la croix en deux manières (*c*) bien différentes; mais cette diversité n'empêchera pas que Jésus ne soit exalté en l'un et en l'autre, ou par sa miséricorde, ou par sa justice : *Exaltari oportet Filium hominis*.

Apprenez de là, chrétiens, de quelle sorte et en quel esprit vous devez recevoir la croix. Ce n'est pas assez de souffrir; car qui ne souffre pas dans la vie? Ce n'est pas assez d'être sur la croix; car

---

[1] *Enar.* II *in Psal.* XXXIV, n. 1.

(*a*) *Var.* : Faire paroître. — (*b*) Un qui doit le recevoir. — (*c*) D'une manière.

plusieurs y sont, comme ce voleur impénitent, qui sont bien éloignés du Crucifié. La croix dans les uns est une grace; la croix dans les autres est une vengeance; et toute cette diversité dépend de l'usage que nous en faisons. Avisez donc sérieusement, ô vous, ames que Jésus afflige, ô vous que ce divin Sauveur a mis sur la croix; avisez sérieusement dans lequel de ces deux états vous y voulez être attachés (a); et afin que vous fassiez un bon choix (b), voyez ici en peu de paroles la peinture de l'un et de l'autre, qui fera le partage de ce discours.

PREMIER POINT.

Pour parler solidement des afflictions, connoissons (c) premièrement quelle est leur nature; et disons (d), s'il vous plaît, Messieurs, avant toutes choses, que la cause générale de toutes nos peines, c'est le trouble qu'on nous apporte dans les choses que nous aimons. Or il me semble que nous voyons par expérience que notre ame y peut être troublée (e) en trois différentes façons : ou lorsqu'on lui refuse ce qu'elle désire, ou lorsqu'on lui ôte ce qu'elle possède, ou lorsque lui en laissant la possession, on l'empêche de le goûter.

Premièrement on nous inquiète quand on nous refuse ce que nous aimons. Car il n'est rien de plus misérable que cette soif qui jamais n'est rassasiée; que ces désirs toujours suspendus, qui s'avancent (f) éternellement sans rien prendre; que cette fâcheuse agitation d'une ame toujours frustrée de ce qu'elle espère : on ne peut assez exprimer combien elle est travaillée par ce mouvement. Toutefois on l'afflige beaucoup davantage quand on la trouble dans la possession du bien qu'elle tient déjà entre ses mains, parce que, dit saint Augustin, « quand elle possède ce qu'elle a aimé, comme les honneurs, les richesses ou quelque autre chose semblable, elle se l'attache à elle-même par le contentement (g) qu'elle a de l'avoir [1], » l'aise qu'elle sent d'en jouir; elle se l'incorpore en quelque façon, si je puis parler de la sorte; cela devient comme

[1] S. August., *De lib. Arbit.*, lib. I, n. 33.

(a) *Var.* : Lui appartenir. — (b) Pour faire ce choix avec connoissance. — (c) Il faut connoître. — (d) Remarquez. — (e) Nous pouvons y être troublés. — (f) Courent. — (g) La joie.

une partie de nous-mêmes ou, pour dire le mot de saint Augustin, comme un membre de notre cœur, » *velut membra animi :* de sorte que si l'on vient à nous l'arracher, aussitôt le cœur en gémit; il est comme déchiré et ensanglanté par la violence qu'il souffre.

La troisième espèce d'affliction qui est si ordinaire dans la vie humaine, ne nous ôte pas entièrement le bien qui nous plaît; mais elle nous traverse de tant de côtés, elle nous presse tellement d'ailleurs, qu'elle ne nous permet pas d'en jouir. Par exemple, vous avez acquis de grands biens, il semble que vous devez être heureux; mais vos continuelles infirmités vous empêchent de goûter le fruit de votre bonne fortune : est-il rien de plus importun? C'est être au milieu d'un jardin sans avoir la liberté d'en goûter les fruits, non pas même d'en cueillir les fleurs : c'est avoir pour ainsi dire la coupe à la main et n'en pouvoir pas rafraîchir sa bouche, bien que vous soyez pressé d'une soif ardente; et cela vous cause un chagrin extrême. Voilà, Messieurs, comme les trois sources qui produisent toutes nos plaintes; voilà ce qui fait murmurer les enfans des hommes.

Mais le fidèle serviteur de Dieu ne perd pas sa tranquillité parmi ces disgraces, de laquelle de ces trois sources que puissent naître ses afflictions; et quand même elles se joindraient toutes trois ensemble pour remplir son ame d'amertume, il bénit toujours la bonté divine, et il connoît que Dieu ne le frappe que pour exalter en lui sa miséricorde : *Oportet exaltari Filium hominis.* En effet il est véritable; et afin de nous en convaincre, parcourons, je vous prie, en peu de paroles ces trois sources d'afflictions; sans doute nous y trouverons trois sources de graces.

Et premièrement, chrétiens, il n'est rien ordinairement de plus salutaire que de nous refuser ce que nous désirons avec ardeur, et je dis même dans les désirs les plus innocens : car pour les désirs criminels, qui pourroit révoquer en doute que ce ne soit un effet de miséricorde que d'en empêcher le succès? Tu es enflammé de sales désirs, et tu crois qu'on te favorise quand on te laisse le moyen de les satisfaire. Malheureux, c'est une vengeance par laquelle Dieu punit tes premiers désordres, en te livrant justement au sens réprouvé. Car si tu étois si heureux qu'il s'élevât de toutes parts des difficultés contre tes prétentions honteuses, peut-être qu'au milieu de tant de traverses tes ardeurs insensées se ralentiroient; au lieu que ces ouvertures commodes, et cette malheureuse facilité que tu trouves, précipitent ton intempérance aux derniers excès : tellement qu'à force de t'abandonner à ces funestes appétits que la fièvre excite, de fou tu deviens furieux, et une maladie dangereuse se tourne en une maladie désespérée.

Reconnoissez donc, ô enfans de Dieu, avec quelle miséricorde Dieu nous laisse dans la foiblesse et dans l'impuissance : c'est que ce souverain Médecin sait guérir nos maladies de plus d'une sorte. Quelquefois il nous laisse dans un grand pouvoir, qu'il réduit à ses justes bornes par une droite volonté; en sorte que celui qui a été maître de transgresser le commandement ne l'a point transgressé : *Qui potuit transgredi, et non est transgressus* [1]. Quelquefois il se sert d'une autre méthode, et il réduit la volonté en restreignant le pouvoir : *Frænatur potestas, ut sanetur voluntas*, dit saint Augustin [2]. Sa miséricorde, qui nous veut guérir, oppose à nos désirs emportés des difficultés insurmontables : ainsi il nous dompte par la résistance; et fatiguant notre esprit, il nous accoutume à ne vouloir plus ce que nous trouvons impossible.

Mais, Messieurs, si vous trouvez juste qu'il s'oppose aux volontés criminelles, peut-être aussi vous semble-t-il rude qu'il étende cette rigueur jusqu'aux désirs innocens (a) : toutefois ne vous plaignez pas de cette conduite. Un sage jardinier n'arrache pas seulement d'un arbre les branches gâtées (b); mais il en retranche aussi quelquefois les accroissemens superflus. Ainsi Dieu n'arrache pas seulement en nous les désirs qui sont corrompus, mais il coupe quelquefois jusqu'aux inutiles; et la raison de cette conduite est bien digne de sa bonté et de sa sagesse : c'est que celui qui nous a formés, qui connoît les secrets ressorts qui font mouvoir nos inclinations, sait qu'en nous abandonnant sans réserve à toutes les choses qui nous sont permises, nous nous laissons aisé-

[1] *Eccli.*, XXXI, 10. — [2] *Ad Maced.*, ep. CLIII, n. 16.
(a) *Var.* : Qu'il refuse souvent les innocentes. — (b) Pourries.

ment tomber à celles qui sont défendues. Et n'est-ce pas ce que sentoit saint Paulin, lorsqu'il se plaint familièrement au plus intime de ses amis? « Je fais, dit-il, plus que je ne dois, pendant que je ne prends aucun soin de me modérer en ce que je puis (a) : » *Quod non expediebat admisi, dùm non tempero quod licebat* [1]. La vertu en elle-même est infiniment éloignée du vice ; mais telle est la foiblesse de notre nature, que les limites s'en touchent de près dans nos esprits, et la chute en est bien aisée. Il importe que notre ame ne jouisse pas de toute la liberté qui lui est permise, de peur qu'elle ne s'emporte jusqu'à la licence ; et que s'étant épanchée à l'extrémité, elle ne passe aisément au delà des bornes. C'est donc un effet de miséricorde de ne contenter pas toujours nos désirs, non pas même les innocens : cette croix nous est salutaire.

Mais notre Sauveur va beaucoup plus loin ; et cette même miséricorde qui dénie (b) à notre ame ce qu'elle poursuit, lui arrache quelquefois ce qu'elle possède. Chrétien, n'en murmure pas : il le fait par une bonté paternelle ; et nous le comprendrions aisément, si nous nous savions connoître nous-mêmes. Ne me dis pas, ame chrétienne : Pourquoi m'ôte-t-on cet ami intime? pourquoi un fils, pourquoi un époux, qui faisoit toute la douceur de ma vie? Quel mal faisois-je en les aimant, puisque cette amitié est si légitime? Non, je ne veux pas entendre ces plaintes dans la bouche d'un chrétien, parce qu'un chrétien ne peut ignorer combien la chair et le sang se mêlent dans les affections les plus légitimes, combien les intérêts temporels, combien de sortes d'inclinations qui naissent en nous de l'amour du monde. Et toutes ces inclinations ne sont-ce pas, si nous l'entendons, comme autant de petites parties de nous-mêmes qui se détachent du Créateur pour s'attacher à la créature, et que la perte que nous faisons des personnes chères nous apprend à réunir en Dieu seul, comme des lignes écartées du centre? Mais les hommes n'entendent pas combien cette perte (c) leur est salutaire, parce qu'ils n'entendent pas

---

[1] *Ad Sever.*, ep. XXX, n. 3.

(a) *Var.* : Et n'est-ce pas ce que sentoit saint Paulin, lorsqu'il se plaint familièrement au plus intime de ses amis, que son cœur s'est laissé aller à ce qu'il ne falloit pas faire, pendant qu'il ne prenoit aucun soin de modérer ce qui étoit permis? — (b) Refuse. — (c) Cette médecine.

combien ces attachemens sont dangereux : ils ne se connoissent pas eux-mêmes, ni la pente qu'ils ont aux biens périssables.

O cœur humain, si tu connoissois combien le monde te prend aisément, avec quelle facilité tu t'y attaches, combien tu louerois la main charitable qui vient rompre violemment ces liens, en te troublant dans la possession des biens de la terre! Il se fait en nous, en les possédant, certains nœuds secrets qui nous engagent insensiblement dans l'amour des choses présentes; et cet engagement est plus dangereux, en ce qu'il est ordinairement plus imperceptible. Oui, le désir se fait mieux sentir, parce qu'il a de l'agitation et du mouvement; mais la possession assurée, c'est un repos, c'est comme un sommeil; on s'y endort, on ne le sent pas. C'est pourquoi le divin Apôtre dit que ceux qui amassent de grandes richesses, « tombent dans de certains lacets invisibles, *incidunt in laqueum* [1], où le cœur se prend aisément. Il se détache du Créateur par l'amour désordonné de la créature, et à peine s'aperçoit-il de cet attachement excessif. Il faut, chrétiens, le mettre à l'épreuve; il faut que le feu des tribulations lui montre à se connoître lui-même (*a*); « il faut, dit saint Augustin, qu'il apprenne en perdant ces biens combien il péchoit en les aimant : » *Quantùm hæc amando peccaverint, perdendo senserunt* [2].

Et cela de quelle manière? Qu'on lui dise que cette maison est brûlée, que cette somme est perdue sans ressource par la banqueroute de ce marchand, aussitôt le cœur saignera, la douleur de la plaie lui fera sentir par combien de fibres secrètes ces richesses tenoient au fond de son cœur, et combien il s'écartoit de la droite voie par cet engagement vicieux : *Quantùm hæc amando peccaverint, perdendo senserunt*. Il connoîtra mieux par expérience la fragilité des biens de la terre, dont il ne se vouloit laisser convaincre par aucuns discours : dans le débris des choses humaines il tournera les yeux vers les biens éternels, qu'il commençoit peut-être à oublier; ainsi ce petit mal guérira les grands, et sa blessure sera son salut.

Mais si Dieu laisse à ses serviteurs la jouissance des biens du

---

[1] I *Timoth.*, VI, 9. — [2] *De Civit. Dei*, lib. I, cap. X.
(*a*) *Var.* : Il faut que le coup des afflictions lui vienne faire sentir son mal.

siècle (a), ce qu'il peut faire de meilleur pour eux, c'est de leur en donner du dégoût, de répandre mille amertumes sur tous leurs plaisirs, de ne leur permettre pas de s'y reposer, de secouer et d'abattre cette fleur du monde qui leur rit trop agréablement ; de leur faire naître des difficultés, de peur que cet exil ne leur plaise et qu'ils ne le prennent pour la patrie. Vous voyez donc, ô enfans de Dieu, qu'en quelque partie de sa croix qu'il plaise au Sauveur de vous attacher, soit qu'il vous refuse ce que vous aimiez, soit qu'il vous ôte ce que vous possédiez, soit qu'il ne vous permette pas de goûter les biens dont il vous laisse la jouissance, c'est toujours pour exercer en vous sa miséricorde et exalter sa bonté dans vos afflictions.

O Dieu, si je pouvois vous faire comprendre combien elle est glorifiée par vos souffrances, que ce discours seroit fructueux, et ma peine utilement employée ! Mais si mes paroles ne le peuvent pas, venez l'apprendre de ce voleur pénitent, dont je vous ai d'abord proposé l'exemple. Pendant que tout le monde trahit Jésus-Christ, pendant que tous les siens l'abandonnent, il s'est réservé cet heureux larron pour le glorifier à la croix : « Sa foi a commencé de fleurir, où la foi des disciples a été flétrie : » *Tunc fides ejus de ligno floruit, quandò discipulorum marcuit* [1]. Jésus déshonoré par tout le monde, n'est plus exalté que par lui seul : venez profiter d'un si bel exemple; voici un modèle accompli.

Il n'oublie rien, mes Frères, de ce qu'il faut faire dans l'affliction; il glorifie Jésus-Christ en autant de sortes qu'il veut être glorifié sur la croix. Car voyez premièrement comme il s'humilie par la confession de ses crimes. « Pour nous, dit-il, c'est avec justice, puisque nous souffrons la peine que nos crimes ont méritée : » *Et nos quidem justè, nam digna factis recipimus* [2] : comme il baise la main qui le frappe, comme il honore la justice qui le punit : c'est là, mes Frères, l'unique moyen de la tourner en miséricorde. Mais ce saint larron (b) ne finit pas là : après s'être considéré comme criminel, il se tourne au Juste qui souffre avec lui : « Mais celui-ci, ajoute-t-il, n'a fait aucun mal : » *Hic verò nihil*

---

[1] S. August., lib. I *De Animâ et ejus orig.*, n. 11. — [2] *Luc.*, XXIII, 41.

(a) *Var.*: Des biens temporels de ce monde. — (b) Cet heureux criminel.

mali gessit [1]. Cette pensée adoucit ses maux : il s'estime heureux dans ses peines de se voir uni avec l'innocent ; et cette société de souffrances lui donnant avec Jésus-Christ une sainte familiarité, il lui demande avec foi part en son royaume, comme il lui en a donné en sa croix : *Domine, memento mei, cùm veneris in regnum tuum* [2].

Je triomphe de joie, mes Frères, mon cœur est rempli de ravissement en voyant la foi de ce saint voleur. Un mourant voit Jésus mourant, et il lui demande la vie ; un crucifié voit Jésus crucifié, et il lui parle de son royaume ; ses yeux n'aperçoivent que des croix, et sa foi ne se représente qu'un trône. Quelle foi et quelle espérance ! Si nous mourons, mes Frères, nous savons que Jésus-Christ est vivant, et notre foi chancelante a peine toutefois à s'y confier : celui-ci voit mourir Jésus avec lui, et il espère, et il se console, et il se réjouit même dans un si cruel supplice. Imitons un si saint exemple ; et si nous ne sommes animés par celui de tant de martyrs et de tant de saints, rougissons du moins, chrétiens, de nous laisser surpasser par un voleur. Confessons nos péchés avec lui, reconnoissons avec lui l'innocence de Jésus-Christ : si nous imitons sa patience, la consolation ne manquera pas. Aujourd'hui, aujourd'hui, dira le Sauveur, tu seras avec moi dans mon paradis. Ne crains pas, ce sera bientôt ; cette vie se passe bien vite, elle s'écoulera comme un jour d'hiver, le matin et le soir s'y touchent de près : ce n'est qu'un jour, ce n'est qu'un moment, que la seule infirmité fait paroître long : quand il sera écoulé, tu t'apercevras combien il est court [3]. Aie donc patience avec ce larron, exalte cette rigueur salutaire qui te frappe par miséricorde. Mais si cet exemple ne te touche pas, voici quelque chose de plus terrible qui me reste maintenant à te proposer ; c'est la justice, c'est la vengeance qui brise sur la croix les impénitens : c'est par où je m'en vais conclure.

SECOND POINT.

Nous apprenons par les saintes Lettres que la prospérité des impies est un effet de la vengeance de Dieu, et de sa colère qui les

---
[1] *Luc.*, XXIII, 41. — [2] *Ibid.*, 42. — [3] S. August., tract. CI, *in Joan.*, n. 6.

poursuit. Oui, lorsqu'ils nagent dans les plaisirs, que tout leur rit, que tout leur succède, cette paix que nous admirons, qui selon l'expression du Prophète « fait sortir l'iniquité de leur graisse, » *Prodiit quasi ex adipe iniquitas eorum* [1], qui les enfle, qui les enivre jusqu'à leur faire oublier la mort, c'est un commencement de vengeance que Dieu exerce sur eux : cette impunité, c'est une peine qui les livrant aux désirs de leur cœur, leur amasse un trésor de haine en ce jour d'indignation et de fureur implacable.

Si nous voyons dans l'Ecriture que Dieu sait quelquefois punir les impies par une félicité apparente, cette même Ecriture, qui ne ment jamais, nous enseigne qu'il ne les punit pas toujours en cette manière, et qu'il leur fait quelquefois sentir son bras par des misères temporelles. Cet endurci Pharaon, cette prostituée Jézabel, ce maudit meurtrier Achab; et sans sortir de notre sujet, ce larron impénitent et blasphémateur, rendent témoignage à ce que je dis et nous font bien voir, chrétiens, que ce n'est pas assez d'être sur la croix pour être uni au Crucifié. Ainsi cette croix, que vous avez vue comme une marque de miséricorde, vous va maintenant être présentée comme un instrument de vengeance : et afin que vous entendiez comme elle a pu sitôt changer de nature, remarquez, s'il vous plaît, Messieurs, qu'encore que toutes les peines soient nées du péché, il y en a néanmoins qui lui peuvent servir de remède.

Je dis que toutes les peines sont nées du péché et en punissent les déréglemens. Car sous un Dieu si bon que le nôtre, l'innocence n'a rien à craindre et elle ne peut jamais espérer qu'un traitement favorable : il est si naturel à Dieu d'être bienfaisant à ses créatures, qu'il ne feroit jamais de mal à personne, s'il n'y étoit forcé par les crimes. Toutefois il faut remarquer deux sortes de peines : il y a la peine suprême, qui est la damnation éternelle; il y a les peines de moindre importance, comme les afflictions de cette vie : « Toutes deux, dit saint Augustin, sont venues du crime, toutes deux en doivent venger les excès. » Mais il y a cette différence, que la damnation éternelle est un effet de pure vengeance, et ne peut jamais nous tourner à bien ; au lieu que les afflictions tem-

[1] *Psal.* LXXII, 7.

porelles sont mêlées de miséricorde, et peuvent être employées à notre salut, suivant l'usage que nous en faisons : « C'est pourquoi, dit le même Saint, toutes les croix que Dieu nous envoie peuvent aisément changer de nature, selon la manière dont on les reçoit : il faut considérer, non ce que l'on souffre, mais dans quel esprit on le souffre : » *Non qualia, sed qualis quisque patiatur* [1]. Ce qui étoit la peine du péché, étant sanctifié par la patience, est tourné à l'usage de la vertu ; « et le supplice du criminel devient le mérite de l'homme de bien : » *Fit justi meritum etiam supplicium peccatoris* [2].

S'il est ainsi, chrétiens, permettez que je m'adresse à l'impie qui souffre sans se convertir, et que je lui fasse sentir, s'il se peut, qu'il commence son enfer dès ce monde, afin qu'ayant horreur de lui-même, il retourne à Dieu par la pénitence. Et afin de le presser par de vives raisons (car il faut, si nous le pouvons, convaincre aujourd'hui sa dureté), disons en peu de mots : Qu'est-ce que l'enfer ? L'enfer, chrétiens, si nous l'entendons, c'est la peine sans la pénitence. Ne vous imaginez pas, chrétiens, que l'enfer soit seulement ces ardeurs brûlantes. Il y a deux feux dans l'Ecriture : un feu qui purge, *opus probabit ignis* [3] ; « un feu qui consume et qui dévore, » *cum igne devorante, ignis non extinguetur* [4]. La peine avec la pénitence, c'est un feu qui purge ; la peine sans la pénitence, c'est un feu qui consume ; et tel est proprement le feu de l'enfer. C'est pourquoi les afflictions de la vie sont un feu où se purgent les ames pénitentes : *Salvus erit, sic tamen quasi per ignem* [5] : il en est ainsi des ames du purgatoire. Elles se nettoient dans ce feu, parce que la peine est jointe aux sentiments de la pénitence qu'elles ont emportée en sortant du monde, *quasi per ignem*. Par conséquent concluons que la peine sanctifiée par la pénitence nous est un gage de miséricorde ; et concluons aussi au contraire que le caractère propre de l'enfer, c'est la peine sans la pénitence.

Si vous voulez voir, chrétiens, des peintures de ces gouffres éternels, n'allez pas rechercher bien loin ni ces fourneaux ardens,

---

[1] *De Civit. Dei*, lib. I, cap. VIII. — [2] *Ibid.*, lib. XIII, cap. IV. — [3] I. *Cor.*, III, 12. — [4] *Isa.*, XXXIII, 14 ; LXVI, 24. — [5] I *Cor.*, III, 15.

ni ces montagnes ensoufrées qui vomissent des tourbillons de flammes, et qu'un ancien appelle « des cheminées de l'enfer, » *Ignis inferni fumariola* [1]. Voulez-vous voir une vive image de l'enfer et d'une ame damnée, regardez un pécheur qui souffre et qui ne se convertit pas. Tels étoient ceux dont David parle comme d'un prodige, « que Dieu avoit dissipés, nous dit ce Prophète, et qui n'étoient pas touchés de componction : » *Dissipati sunt, nec compuncti* [2] : serviteurs rebelles et opiniâtres, qui se révoltent même sous la verge; abattus (a) et non corrigés, atterrés et non humiliés, châtiés et non convertis. Tel étoit le déloyal Pharaon, dont le cœur s'endurcissoit tous les jours sous les coups incessamment redoublés de la vengeance divine. Tels sont ceux dont il est écrit dans *l'Apocalypse* [3], que Dieu les ayant frappés d'une plaie horrible, de rage ils mordoient leurs langues, blasphémoient le Dieu du ciel, et ne faisoient point pénitence. Tels hommes ne sont-ils pas des damnés qui commencent leur enfer dès ce monde ?

Et il ne faut pas dire : Nous souffrons. Il y en a que la croix précipite à la damnation avec ce larron endurci : au lieu de se corriger par la pénitence et de s'irriter contre eux-mêmes, et de faire la guerre à leurs crimes (b), ils s'irritent contre le Dieu du ciel; ils se privent des biens de l'autre vie, on leur arrache ceux de celle-ci : si bien qu'étant frustrés de toutes parts, pleins de rage et de désespoir et ne sachant à qui s'en prendre, ils élèvent contre Dieu leur langue insolente par leurs murmures et par leurs blasphèmes ; « et il semble, dit Salvien, que leurs fautes se multipliant avec leurs supplices, la peine même de leurs péchés soit la mère de nouveaux crimes : » *Ut putares pœnam ipsorum criminum quasi matrem esse vitiorum* [4].

Ah! mes Frères, ils vous font horreur ces damnés vivans sur la terre; vous ne les pouvez supporter, vous détournez vos yeux de dessus leurs crimes; mais détournez-en plutôt votre cœur, et recourez à Dieu par la pénitence. Eveillez-vous enfin, ô pécheurs, du moins quand Dieu vous frappe par des maladies, par la perte

[1] Tertull., *De Pœnit.*, n. 12. — [2] *Psal.* XXXIV, 16. — [3] *Apoc.*, XVI, 10, 11. — [4] *De Gubernat. Dei*, lib. VI, n. 13.

(a) *Var.* : Frappés. — (b) Et de s'irriter contre eux-mêmes et contre leurs crimes.

de vos biens ou de vos amis : joignez aux peines que vous endurez la conversion de vos ames ; et cette croix que Dieu vous envoie, qui maintenant vous est un supplice, vous deviendra un salutaire avertissement et un gage infaillible de miséricorde. Jusqu'à quand fermerez-vous vos oreilles, jusqu'à quand endurcirez-vous vos cœurs contre la voix de Dieu qui vous parle, et contre sa main qui vous frappe ? Abaissez-vous sous son bras puissant ; et portez la croix qu'il vous met dessus les épaules (a), avec l'humilité et dans les sentimens de la pénitence.

Vous particulièrement, mes chers Frères, sainte et bienheureuse conquête, nouveaux enfans de l'Eglise, qu'elle se glorifie d'avoir retirés au centre de son unité et au sein de sa charité : je n'ignore pas les tourmens que la haine irréconciliable de vos adversaires, que le cruel abandonnement et l'injuste persécution de vos proches vous font endurer. Mais soutenez tout par la patience : c'est une espèce de martyre que vous souffrez pour la foi que vous avez embrassée. Dieu veut épurer votre charité par l'épreuve des afflictions : ce ne lui est pas assez, mes chers Frères, de vous avoir arrachés au diable par la foi, s'il ne vous en faisoit triompher (b) par la constance : il ne veut pas seulement que vous échappiez, mais encore que vous surmontiez vos ennemis. Non content de vous appeler au salut par la profession de la foi, il vous invite encore à la gloire par le combat ; et il veut apporter le comble au bonheur d'être délivrés, par l'honneur d'être couronnés. C'est votre gloire devant Dieu, mes Frères, de sceller votre foi par vos souffrances ; et la pauvreté où vous êtes, rend un témoignage honorable à l'amour que vous avez pour l'Eglise.

Mais, chrétiens, ce qui fait leur gloire, c'est cela même qui fait notre honte. Il leur est glorieux de souffrir ; mais il nous est honteux de le permettre. Leur pauvreté rend témoignage pour eux et contre nous : l'honneur de leur foi, c'est la conviction de notre dureté. Sera-t-il dit, mes Frères, qu'ils seront venus à notre unité, y chercher leurs véritables frères dans les véritables enfans de l'Eglise, pour être abandonnés de leur secours ; et que nos adversaires nous reprocheront qu'on a soin assez d'at-

(a) *Var.* : Qu'il vous impose. — (b) Les victorieux.

tirer les leurs, mais qu'on les laisse en proie à la misère? D'où jugeant de la vérité de notre foi par notre charité, ô jugement injuste, mais trop ordinaire parmi eux ! ils blasphémeront contre l'Eglise, et notre insensibilité en sera la cause. Mes Frères, qu'il n'en soit pas de la sorte : pendant qu'ils souffrent pour notre foi, soutenons-les par nos charités.

Ceux qui ont souffert pour la foi, ce sont ceux que la sainte Eglise a toujours recommandés avec plus de soin. Les martyrs étant dans les prisons, les chrétiens y accouroient en foule : quelques gardes que l'on posât devant les prisons, la charité des fidèles pénétroit partout. Toute l'Eglise travailloit pour eux ; et croyoit que leurs souffrances honorant l'Eglise en sa foi, il n'y avoit rien de plus nécessaire que les autres qui étoient libres les honorassent par la charité. Ailleurs on leur prêchoit une discipline sévère ; il sembloit qu'il n'y eût que dans les prisons où il fût permis de les traiter délicatement, ou du moins de relâcher quelque chose de l'austérité ordinaire. Il s'y couloit même des païens, et nous en avons des exemples dans l'antiquité : ainsi la charité des fidèles rendoit les prisons délicieuses. Pourquoi tant de zèle ? Ils croyoient par ce moyen professer la foi et participer au martyre, « se ressouvenant de ceux qui étoient dans les chaînes, comme s'ils eussent été eux-mêmes enchaînés : » *Vinctorum tanquam simul vincti*[1] ; ils croyoient s'enchaîner avec les martyrs.

C'est par la croix et par les souffrances que la confession de foi doit être scellée. C'est ce qui fait dire à Tertullien que « la foi est obligée au martyre, » *debitricem martyrii fidem*[2] ; par où il veut dire, si je ne me trompe, que cette grande soumission à croire les choses incroyables ne peut être mieux confirmée qu'en se soumettant aussi à en souffrir de pénibles et de difficiles, et qu'en captivant son corps pour rendre un témoignage ferme et vigoureux à ces bienheureuses chaînes par lesquelles la foi captive l'esprit. C'est pourquoi après avoir fait faire aux nouveaux catholiques leur profession de foi, on les met dans une maison dédiée à la croix.

Mes Frères, accourez donc en ce lieu ; ceux qui y sont retirés

[1] *Hebr.*, XIII, 3. — [2] *Scorp.*, n. 8.

ne se comparent pas aux martyrs, mais néanmoins c'est pour la foi qu'ils endurent. Ils ne sont pas liés dans des prisons ; mais néanmoins ils portent leurs chaînes : *Vinctos in mendicitate et ferro*[1] ; non chargés de fer, mais bien par la pauvreté. Venez leur aider à porter leur croix : car qu'attendez-vous, chrétiens ? Quoi ? que la misère et le désespoir les contraignent à jeter les yeux du côté du lieu d'où ils sont sortis, et à se souvenir de l'Egypte ? O Dieu, détournez de nous un si grand malheur. Ils ne le feront pas, chrétiens, ils sont trop fermes, ils sont trop fidèles : mais combien toutefois sommes-nous coupables de les exposer à ce péril !

Ouvrez donc vos cœurs, je vous en conjure par la croix que vous adorez ; ouvrez vos cœurs, et ouvrez vos mains sur les nécessités de cette maison et sur la pauvreté extrême de ceux qui l'habitent : abandonnés des leurs qu'ils ont quittés pour le Fils de Dieu, ils n'ont plus de secours qu'en vous. Recevez-les, mes Frères, avec des entrailles de miséricorde ; honorez en eux la croix de Jésus : ils la portent avec patience, je leur rends aujourd'hui ce témoignage ; mais ils ne la portent pas néanmoins sans peine : rendez-la-leur du moins supportable par l'assistance de vos charités ; et que j'apprenne en sortant d'ici que les paroles que je vous adresse, ou plutôt que toute l'Eglise et Jésus-Christ même vous adressent en leur faveur par mon ministère, n'auront pas été un son inutile.

O joie, ô consolation de mon cœur ! Si vous me donnez cette joie et cette sensible consolation, je prierai ce divin Sauveur, qui souffre avec eux et qui souffre en eux, qu'il répande sur vous les siennes, qu'il vous aide à porter vos croix, comme vous aurez prêté vos mains charitables pour aider ces nouveaux enfans de l'Eglise à porter la leur plus facilement ; et enfin que pour les aumônes que vous aurez semées en ce monde, il vous rende en la vie future la moisson abondante qu'il nous a promise. *Amen.*

[1] *Psal.* CVI, 10.

PRÉCIS D'UN SERMON

POUR

LE JOUR DE L'EXALTATION DE LA SAINTE CROIX.

Cùm exaltaveritis Filium hominis, tunc cognoscetis quia ego sum.

Quand vous aurez élevé en haut le Fils de l'homme, vous connaîtrez qui je suis. *Joan.*, VIII, 28.

Elevons donc nos esprits et nos cœurs, afin de connoître Jésus : on voit par ce qui précède ces paroles que les hommes ne vouloient point connoître Jésus, et qu'il ne les jugeoit pas dignes qu'il se fît connoître. Ils lui demandent : *Tu quis es*[1] ? Il l'avoit dit cent fois, et il l'avoit confirmé par tant de miracles. Ils lui demandent encore : « Qui êtes-vous ? » comme si jamais ils n'en avoient ouï parler, parce qu'ils ne croyoient pas en sa parole, ni au témoignage que son Père lui rendoit. Il ne veut donc pas s'expliquer, et il leur répond d'une manière si obscure, qu'elle fatigue tous les interprètes : *Principium, qui et loquor vobis*[2] ; discours ambigu et sans suite, mais il ne les laissoit pas sans instruction. Vous ne me connoissez pas, parce que vous ne voulez pas me connoître ; quand vous m'aurez exalté, vous connoîtrez qui je suis.

Allons donc à la croix ; nous y trouverons qui est Jésus : le Fils de Dieu et le Rédempteur du monde ; le Roi, le Vainqueur et le Conquérant du monde ; le Docteur et le Modèle du monde. Tous ses mystères, tous les attraits de sa grace, tous ses préceptes.

I. Il ne falloit rien moins qu'un Dieu pour nous racheter. Descendre de l'infinie grandeur à l'infinie bassesse : *Humiliavit semetipsum*[3]. On ne peut pas abaisser ni humilier un ver de terre, un néant ; mais « le Fils de Dieu, qui n'a point cru que ce fût pour lui une usurpation d'être égal à Dieu, s'est anéanti lui-même en prenant la forme et la nature de serviteur : » *Non rapinam arbitratus est esse se æqualem Deo, sed semetipsum exinanivit for-*

---

[1] *Joan.*, VIII, 25. — [2] *Ibid.* — [3] *Philipp.*, II, 8.

*mam servi accipiens*¹. Car : *Deus erat in Christo mundum sibi reconcilians*².

Il falloit donc un Fils de l'homme qui fût Fils de Dieu : aussi ce Centurion, qui vit les prodiges qui s'opérèrent à la mort du Sauveur, s'écria-t-il : *Filius Dei erat iste*³. Les impies disent : *Si Filius Dei es, descende de cruce*⁴ : au contraire, qu'il y demeure pour être le Rédempteur ; vraiment c'étoit le Fils de Dieu.

II. J'ai dit que nous trouverons à la croix l'attrait. Car *sic Deus dilexit mundum, ut Filium unigenitum daret* ⁵. Le Conquérant du monde : *Et ego si exaltatus fuero à terrâ, omnia traham ad meipsum*⁶. *Nemo potest venire ad me, nisi Pater, qui misit me, traxerit eum*⁷. Ce parfum et ce baume : *Trahe me, post te curremus in odorem unguentorum tuorum*⁸. Suavité, chaste délectation, attrait immortel, plaisir céleste et sublime.

La croix en est la source, et elle nous les fait éprouver à mesure que nous nous unissons à elle plus intimement. Rien de plus doux, de plus aimable que le règne du Sauveur ; c'est par les charmes de sa beauté et l'éclat de sa majesté, dont il se sert comme d'un arc pour soumettre ceux qui lui sont opposés, qu'il triomphe de nos résistances : *Specie tuâ et pulchritudine tuâ intende*. Quand il commence à vous appeler dites-lui : *Prosperè procede*⁹. Quand il livre le combat et attaque vos passions, demandez-lui qu'il établisse son règne sur votre cœur : *Et regna*.

III. Le Docteur. *Nunc judicium est mundi* ¹⁰. Tout est ramassé dans la croix, symbole abrégé du christianisme.

Ah! cette pécheresse, ah! Marie, sœur du Lazare, baisent ses pieds : avec quelle tendresse ! Les parfums, les larmes, les cheveux, tout. Mais ses pieds n'étoient point encore percés, ni devenus une source intarissable d'amour. *Venite, adoremus et procidamus ; ploremus coràm Domino qui fecit nos* ¹¹.

---

¹ *Philipp.*, II, 6, 7. — ² *II Cor.*, V, 19. — ³ *Matth.*, XXVII, 54. — ⁴ *Ibid.*, 40. — ⁵ *Joan.*, III, 16. — ⁶ *Ibid.*, XII, 32. — ⁷ *Ibid.*, VI, 44. — ⁸ *Cant.*, I, 3. — ⁹ *Psal.* XLIV, 5. — ¹⁰ *Joan.*, XII, 31. — ¹¹ *Psal.* XCIV, 6.

EXHORTATION

AUX NOUVELLES CATHOLIQUES (a).

Deus tentavit eos et invenit illos dignos se.
Dieu les a mis à l'épreuve et les a trouvés dignes de lui. *Sapient.*, III, 5.

Le serviteur est bienheureux, lorsque son maître daigne éprouver sa fidélité ; et le soldat doit avoir beaucoup d'espérance, lorsqu'il voit aussi que son capitaine met son courage à l'épreuve. Car comme on n'éprouve pas en vain la vertu, l'essai qu'on fait de la leur, leur est un gage assuré et des emplois qu'on leur veut donner, et des graces qu'on leur prépare ; d'où il est aisé de comprendre combien l'Apôtre a raison de dire que « l'épreuve produit l'espérance : » *Probatio verò spem*[1]. C'est ce qui m'oblige, Messieurs, pour fortifier l'espérance dans laquelle doivent vivre les enfans de Dieu, de vous parler des épreuves qui en sont le fondement immuable ; et je vous exposerai plus au long les raisons particulières qui m'engagent à en traiter dans cette assemblée, après avoir imploré le secours d'en haut par l'intercession de la sainte Vierge. *Ave, Maria*.

Comme c'étoit de l'or le plus affiné (b) que les enfans d'Israël consacroient à Dieu pour faire l'ornement de son sanctuaire, la vertu doit être la plus épurée qui servira d'ornement au sanctuaire céleste

---

[1] *Rom.*, v, 4.

(a) Prêché à Paris, chez les nouvelles Catholiques, en 1662.
Le lieu est clairement indiqué dans tout le sermon. Quant à la date, elle ressort de ce passage : O Dieu clément et juste !... vous avez départi aux riches du monde quelque écoulement de votre abondance. Vous les avez faits grands pour servir de pères à vos pauvres... Et leur grandeur les rend dédaigneux, leur abondance sèce, leur félicité insensibles, encore qu'ils voient tous les jours, non tant des pauvres et des misérables que la misère elle-même et la pauvreté en personne pleurante et gémissante à leur porte. » Ces paroles peignent au naturel la disette de 1661 et de 1662.
Quand on aura lu notre sermon, on voudra bien nous dire s'il est vrai que Bossuet étoit le flatteur des riches et l'ennemi des pauvres ! Jamais grand homme ne fut plus méconnu.
(b) *Var.* : Le plus fin.

et au temple qui n'est point bâti de main d'homme. Dieu a dessein d'épurer les ames, afin de les rendre dignes de la gloire, de la sainteté, de la magnificence du siècle futur ; mais afin de les épurer et d'en tirer tout le fin, si je puis parler de la sorte, il leur prépare aussi de grandes épreuves. Et remarquez, Messieurs, qu'il y en a de deux genres : l'épreuve de la pauvreté et celle de l'abondance. Car non-seulement les afflictions, mais encore les prospérités sont une pierre de touche à laquelle la vertu se peut reconnoître. Je l'ai appris du grand saint Basile dans cette excellente *Homélie* qu'il a faite sur l'avarice [1], et saint Basile l'a appris lui-même des Ecritures divines.

Nous lisons dans le livre du *Deutéronome* (a) : — « Le Seigneur vous a conduit par le désert, afin de vous affliger et de vous éprouver tout ensemble : » *Adduxit te Dominus tuus per desertum, ut affligeret te atque tentaret* [2] : voilà l'épreuve par l'affliction. Mais nous lisons aussi en l'*Exode*, lorsque Dieu fit pleuvoir la manne, qu'il parle ainsi à Moïse : « Je pleuvrai, dit-il, des pains du ciel : » *Ecce, ego pluam vobis panes de cœlo* [3] ; et il ajoute aussitôt après : « C'est afin d'éprouver mon peuple et de voir s'il marchera dans toutes mes voies (b) : » et voilà en termes formels l'épreuve des prospérités et de l'abondance : *Ut tentem eum utrùm ambulet in lege meâ, annon* [4].

« Toutes choses, dit le saint Apôtre [5], arrivoient en figure au peuple ancien, » et nous devons rechercher la vérité de ces deux épreuves dans la nouvelle Alliance. Je vous en dirai ma pensée pour servir de fondement à tout ce discours.

Je ne vois dans le Nouveau Testament que deux voies pour arriver au royaume : ou celle de la patience qui souffre les maux, ou celle de la charité qui les soulage. La grande voie et la voie royale, par laquelle Jésus-Christ a marché lui-même, c'est celle des afflictions. Le Sauveur n'appelle à son banquet que les foibles, que les malades, que les languissans [6] ; il ne veut voir en sa compagnie que ceux qui portent sa marque, c'est-à-dire la pauvreté

---

[1] S. Basil., hom. *de Avarit.*, n. 1. — [2] *Deuter.*, VIII, 2. — [3] *Exod.*, XVI, 4. — [4] *Ibid.* — [5] I *Cor.*, X, 11. — [6] *Luc.*, XIV, 21.

(a) *Var.* : Au *Deutéronome.* — (b) Dans ma voie : dans ma loi.

et la croix. Tel étoit son premier dessein, lorsqu'il a formé (*a*) son Eglise. Mais si tout le monde étoit pauvre, qui pourroit soulager les pauvres, et leur aider à soutenir le fardeau qui les accable ? C'est pour cela, chrétiens, qu'outre la voie des afflictions qui est la plus assurée, il a plu à notre Sauveur d'ouvrir un autre chemin aux riches et aux fortunés, qui est celui de la charité et de la communication fraternelle. Si vous n'avez pas cette gloire de vivre avec Jésus-Christ dans l'humiliation et dans l'indigence (*b*), voici une autre voie qui vous est montrée, une seconde espérance qui vous est offerte ; c'est de secourir les misérables et d'adoucir leurs douleurs et leurs amertumes. Ainsi Dieu nous éprouve en ces deux manières. Si vous vivez dans l'affliction, croyez que le Seigneur vous éprouve pour reconnoître votre patience ; si vous êtes dans l'abondance, croyez que le Seigneur vous éprouve pour reconnoître votre charité : *Tentat vos Dominus Deus vester*[1]. Et par là vous voyez, mes Frères, les deux épreuves diverses dont je vous ai fait l'ouverture.

La vue de mon auditoire me jette profondément dans cette pensée (*c*). Car que vois-je dans cette assemblée, sinon l'exercice de ces deux épreuves ? Deux objets attirent mes yeux, et doivent aujourd'hui partager mes soins. Je vois d'un côté des ames souffrantes que la profession de la foi expose à de grands périls, et de l'autre des personnes de condition qui semblent ici accourir pour soulager leurs misères (*d*). Je suis redevable aux uns et aux autres ; et pour m'acquitter envers tous, j'exhorterai en particulier chacun de mes auditeurs à être fidèle à son épreuve. Je vous dirai, mes très-chères Sœurs : Souffrez avec soumission, et votre foi sera épurée par l'épreuve de la patience. Je vous dirai, Messieurs et Mesdames : Donnez libéralement, et votre charité sera épurée par l'épreuve de la compassion. Ainsi cette exhortation sera partagée entre les deux sortes de personnes qui composent cette assemblée, et le partage que je vois dans mon auditoire fera celui de ce discours (*e*).

[1] *Deuter.*, XIII, 3.

(*a*) *Var.* : Construit. — (*b*) Et dans les angoisses. — (*c*) Me fait penser à ces choses. — (*d*) Leurs calamités. — (*e*) Par l'épreuve de la compassion. C'est le sujet de ce discours.

PREMIER POINT.

Je commence par vous, mes très-chères Sœurs, nouveaux enfans de l'Eglise et ses plus chères délices, nouveaux arbres qu'elle a plantés et nouveaux fruits qu'elle goûte. Je ne puis m'empêcher d'abord de vous témoigner devant Dieu que je suis touché de vos maux : la séparation de vos proches, les outrages dont ils vous accablent, les dures persécutions qu'ils font à votre innocence, les misères et les périls où votre foi vous expose m'affligent sensiblement ; et comme de si grands besoins et des extrémités si pressantes demandent un secours réel, j'ai peine, je vous l'avoue, à ne vous donner que des paroles. Mais comme votre foi en Jésus-Christ ne vous permet pas de compter pour rien les paroles de ses ministres, ou plutôt ses propres paroles dont ses ministres sont établis les dispensateurs, je vous donnerai avec joie un trésor de consolation dans des paroles saintes et évangéliques, et je vous dirai avant toutes choses avec le grand saint Basile[1] : Vous souffrez, mes très-chères Sœurs, devez-vous vous en étonner (a) étant chrétiennes? Le soldat se reconnoît par les hasards (b), le marchand par la vigilance, le laboureur par son travail opiniâtre, le courtisan par ses assiduités et le chrétien par les douleurs et par les afflictions. Ce n'est pas assez de le dire ; il faut établir cette vérité par quelque principe solide, et faire voir en peu de paroles que l'épreuve de la foi c'est la patience. Mais afin de le bien entendre, examinons, je vous prie, quelle est la nature de la foi et la manière divine dont elle veut être prouvée.

La foi est une adhérence de cœur à la vérité éternelle, malgré les témoignages des sens et de la raison. De là vous pouvez comprendre qu'elle dédaigne tous les argumens que peut inventer la sagesse humaine. Mais si les raisons lui manquent, le ciel même lui fournit des preuves, et elle est suffisamment établie par les miracles et par les martyres.

C'est, mes Frères, par ces deux moyens qu'a été soutenue la foi

[1] Hom. *in fam. et siccit.*, n. 5.
(a) *Var.* : Vous en affliger. — (b) Ecoutez le grand saint Basile : Le soldat se reconnoît par les périls, le marchand par la vigilance, le laboureur par son travail assidu.

chrétienne. Elle est venue sur la terre troubler tout le monde par sa nouveauté, étonner tous les esprits par sa hauteur et effrayer tous les sens par la sévérité inouïe de sa discipline. Tout l'univers s'est uni contre elle et a conjuré sa perte. Mais malgré toute la nature elle a été établie par les choses prodigieuses que Dieu a faites pour l'autoriser (a), et par les cruelles extrémités que les hommes ont endurées pour la défendre. Dieu et les hommes ont fait leurs efforts pour appuyer le christianisme. Quel a dû être l'effort de Dieu, sinon d'étendre sa main à des signes et à des prodiges? Quel a dû être l'effort des hommes, sinon de souffrir avec soumission des peines et des tourmens? Chacun a fait ce qui lui est propre. Car il n'y avoit rien de plus convenable, ni à la puissance divine que de faire de grands miracles pour autoriser la foi chrétienne, ni à la foiblesse humaine que de souffrir de grands maux pour en soutenir la vérité. Voilà donc la preuve de Dieu, faire des miracles; (b) voici la preuve des hommes, souffrir des tourmens : l'homme étant si foible, ne pouvoit rien faire de grand, ni de remarquable, que de s'abandonner à souffrir. Ainsi ce que Dieu a opéré, et ce que les hommes ont souffert, a également concouru à prouver la vérité de la foi. Les miracles que Dieu a faits ont montré que la doctrine du christianisme surpassoit toute la nature; et les cruautés inouïes auxquelles se sont soumis les fidèles pour défendre cette doctrine, ont fait voir (c) jusqu'où doit aller le glorieux ascendant qui appartient à la vérité sur tous les esprits et sur tous les cœurs.

Et en effet, chrétiens, jamais nous ne rendrons à la vérité l'hommage qui lui est dû, jusqu'à ce que nous soyons résolus à souffrir pour elle; et c'est ce qui a fait dire à Tertullien que « la foi est obligée au martyre, » *debitricem martyrii fidem* [1]. Oui, sainte vérité de Dieu, souveraine de tous les esprits et arbitre de la vie humaine, le témoignage de la parole est une preuve trop foible de ma servitude; je dois vous prouver ma foi par l'épreuve des souffrances. O vérité éternelle, si j'endure pour l'amour de vous, si

[1] *Scorp.*, n. 8.

(a) *Var.* : Pour la soutenir. — (b) *Note marg.* : *In eo quòd manum tuam extendas ad sanitates, et signa et prodigia fieri per nomen sancti Filii tui Jesu* (Act. IV, 30). — (c) *Var.* : Et l'ardeur qu'ont eue les fidèles à défendre cette doctrine a fait voir.

mes sens sont noyés pour l'amour de vous dans la douleur et dans l'amertume, ce vous sera une preuve que j'y ai renoncé de bon cœur pour m'attacher à vos ordres (a). Pour faire voir à toute la terre que je m'abaisse volontairement sous le joug que vous m'imposez, je veux bien m'abaisser encore jusqu'aux dernières humiliations. Qu'on me jette dans les prisons, et qu'on charge mes mains de fers, je regarderai ma captivité comme une image glorieuse (b) de ces chaînes intérieures par lesquelles j'ai lié ma volonté toute entière et assujetti mon entendement à l'obéissance de Jésus-Christ et de sa sainte doctrine : *In captivitatem redigentes intellectum in obsequium Christi* [1].

Consolez-vous donc, mes très-chères Sœurs, dans la preuve que vous donnez par vos peines de la pureté de votre foi. Vous êtes un grand spectacle à Dieu, aux anges et aux hommes. Vos souffrances font l'honneur de la sainte Eglise, qui se glorifie de voir en vous, même au milieu de sa paix et de son triomphe, une image de ses combats et une peinture animée des martyres qu'elle a soufferts. Ne vous occupez pas tellement des maux que vous endurez, que vous ne laissiez épancher vos cœurs dans le souvenir agréable des récompenses qui vous attendent. Encore un peu, encore un peu, dit le Seigneur, et je viendrai moi-même essuyer vos larmes; et je m'approcherai de vous pour vous consoler, et vous verrez le feu de ma vengeance dévorer vos persécuteurs; et cependant je vous recevrai en ma paix et en mon repos, au sein de mes éternelles miséricordes.

Vous endurez pour la foi, ne vous découragez pas; songez que la sainte Eglise s'est fortifiée par les tourmens, accrue par la patience, établie par l'effort (c) des persécutions. Et à ce propos, chrétiens, je me souviens que saint Augustin se représente que les fidèles étonnés de voir durer si longtemps ces cruelles persécutions par lesquelles l'Eglise étoit agitée, s'adressent à elle-même et lui en demandent la cause [2]. Il y a longtemps, ô Eglise, que l'on frappe sur vos pasteurs et que l'on dissipe vos troupeaux : Dieu vous

---

[1] II *Cor.*, x, 5. — [2] *In Psal.* cxxviii, n. 2, 3.

(a) *Var.* : Que je les ai quittés pour vous suivre. — (b) Sacrée. — (c) Par la violence.

a-t-il oubliée? Les vents grondent, les flots se soulèvent, vous flottez deçà et delà battue des ondes et de la tempête : ne craignez-vous pas à la fin d'être entièrement abîmée et ensevelie sous les eaux ? Le même saint Augustin ayant ainsi fait parler les fidèles, fait aussi répondre l'Eglise par ces paroles du divin Psalmiste : *Sæpè expugnaverunt me à juventute meâ, dicat nunc Israel* [1]. Mes enfans, dit la sainte Eglise, je ne m'étonne pas de tant de traverses; j'y suis accoutumée dès ma tendre enfance. Les ennemis qui m'attaquent n'ont jamais cessé de me tourmenter dès ma première jeunesse; et ils n'ont rien gagné contre moi, et leurs efforts ont été toujours inutiles : *Etenim non potuerunt mihi* [2].

Et certainement, chrétiens, l'Eglise a toujours été sur la terre, et jamais elle n'a été sans afflictions (a). Elle étoit représentée en Abel; et il a été tué par Caïn son frère. Elle a été représentée en Enoch; et il a fallu le séparer (b) du milieu des iniques et des impies, qui ne pouvoient compatir avec son innocence : *Et translatus est ab iniquis* [3]. Elle nous a paru dans la famille de Noé; et il a fallu un miracle pour la délivrer, non-seulement des eaux du déluge, mais encore des contradictions des enfans du siècle. Le jour me manqueroit, comme dit l'Apôtre [4], si j'entreprenois de vous raconter ce qu'ont souffert des impies Abraham et les patriarches, Moïse et tous les prophètes, Jésus-Christ et ses saints apôtres. Par conséquent, dit la sainte Eglise par la bouche du saint Psalmiste, je ne m'étonne pas de ces violences : *Sæpè expugnaverunt me à juventute meâ; numquid ideò non perveni ad senectutem* [5] ? Regardez, mes enfans, mon antiquité, considérez ces cheveux gris; « ces cruelles persécutions dont a été tourmentée mon enfance, m'ont-elles pu empêcher de parvenir heureusement à cette vieillesse vénérable ? » Ainsi je ne m'étonne plus des persécutions ; si c'étoit la première fois, j'en serois peut-être troublée; maintenant la longue habitude fait que je ne m'en émeus pas; je laisse agir les pécheurs : *Supra dorsum meum fa-*

[1] *Psal.* CXXVIII, 1. — [2] *Ibid.*, 2. — [3] *Hebr.*, XI, 5. — [4] *Ibid.*, 32. — [5] S. Aug., *in Psal.* CXXVIII, n. 3.

(a) *Var. :* Sans persécuteurs. — (b) Le tirer.

bricaverunt peccatores [1]. Je ne tourne pas ma face contre eux pour m'opposer à leurs violences, je ne fais que tendre le dos pour porter les coups qu'ils me donnent; ils frappent cruellement, et je souffre sans murmurer. C'est pourquoi ils prolongent leurs iniquités, et ne mettent point de bornes à leur furie : *Prolongaverunt iniquitatem suam* [2]. Ma patience sert de jouet à leur injustice, mais je ne me lasse pas de souffrir; je suis bien aise de prouver ma foi à celui qui m'a appelée, et de me montrer (a) digne de son choix par une si noble épreuve d'un amour constant et fidèle : *Tentavit eos Deus, et invenit illos dignos se.*

Entrez, mes Sœurs, dans ces sentimens; souffrez pour l'amour de la sainte Eglise; la grace que Dieu vous a faite de vous ramener à son unité ne vous sembleroit pas (b) assez précieuse, si elle ne vous coûtoit quelque chose. Songez à ce qu'ont souffert les saints personnages dont je vous ai récité les noms et rappelé le souvenir. Joignez-vous à cette troupe bienheureuse (c) de ceux qui ont souffert pour la vérité, et « qui ont blanchi leurs étoles dans le sang de l'Agneau sans tache [3]. » Autant de peines qu'on souffre, autant de larmes qu'on verse pour avoir embrassé la foi (d), autant de fois on se lave dans le sang du Sauveur Jésus, et on y nettoie ses péchés, et on sort de ce bain sacré avec une splendeur immortelle. Et c'est alors que Jésus nous dit : Voici mes fidèles et mes bien-aimés; « et ils marcheront avec moi ornés d'une céleste blancheur, parce qu'ils sont dignes d'une telle gloire : » *Et ambulabunt mecum in albis, quia digni sunt* [4]. Voyez donc, mes très-chères Sœurs; voyez Jésus-Christ qui vous tend les bras, qui soutient votre foiblesse, qui admire aussi votre force et prépare votre couronne : il vous a éprouvées par la patience et vous a trouvées dignes de lui : *Tentavit eos et invenit illos dignos se.*

Mais nous, que ferons-nous, chrétiens? Demeurerons-nous insensibles, et serons-nous spectateurs oisifs d'un combat si célèbre et si glorieux? Ne donnerons-nous que des paroles et

[1] *Psal.* cxxviii, 3. — [2] *Ibid.* — [3] *Apoc.*, vii, 14. — [4] *Ibid.*, iii, 4.

(a) *Var.* : De me rendre. — (b) De vous rappeler à son unité : la grace que Dieu vous a faite ne vous sembleroit pas. — (c) Invincible : — généreuse : — sacrée. — (d) Pour la cause de la vérité et pour la foi.

quelques frivoles consolations à des peines si effectives? Et pendant que ces filles innocentes, qui souffrent persécution pour la justice, sont dans le feu de l'affliction où Dieu épure leur foi, ne ferons-nous point distiller sur elles quelque rosée de nos charités pour les rafraîchir dans cette fournaise, et les aider à souffrir une épreuve si violente? C'est de quoi il faut vous entretenir dans le reste de ce discours, que je tranche en peu de paroles.

SECOND POINT.

Je parle donc maintenant à vous qui vivez dans les richesses et dans l'abondance. Ne vous persuadez pas que Dieu vous ait ouvert ses trésors avec une telle libéralité, pour contenter votre luxe; c'est qu'il a dessein d'éprouver si vous avez un cœur chrétien, c'est-à-dire un cœur fraternel et un cœur compatissant.

David, considérant autrefois les immenses profusions de Dieu envers lui, se sentit obligé par reconnoissance de faire de magnifiques préparatifs pour orner son temple; et lui offrant de grands dons (a), il y ajouta ces paroles : « Je sais, dit-il, ô mon Dieu, que vous éprouvez les cœurs et que vous aimez la simplicité; et c'est pourquoi, Seigneur tout-puissant, je vous ai consacré ces choses avec grande joie en la simplicité de mon cœur : » *Scio, Deus meus, quòd probes corda et simplicitatem diligas; undè et ego in simplicitate cordis mei lætus obtuli universa hæc* [1]. Vous voyez comme il reconnoît que les bontés de Dieu étoient une épreuve (b); et qu'il vouloit éprouver, en lui donnant, s'il avoit un cœur libéral qui offrît à Dieu volontairement ce qu'il recevoit de sa main.

Croyez, ô riches du siècle, qu'il vous ouvre ses mains dans la même vue. S'il est libéral envers vous, c'est qu'il a dessein d'éprouver si votre ame sera attendrie par ses bontés, et sera touchée du désir de les imiter. De là cette abondance dans votre maison; de là cette affluence de biens; de là ce bonheur, ce succès, ce cours fortuné de vos affaires. Il veut voir, chrétien, si ton cœur avide

---

[1] I *Paral.*, XXIX, 17.

(a) *Var.* : Fit de magnifiques préparatifs pour orner son temple, et lui offrant tous ses dons. — (b) Comme il reconnoît que les libéralités que Dieu lui a faites lui tenoient lieu d'une épreuve.

engloutira tous ces biens pour ta propre satisfaction ; ou bien si se dilatant par la charité, il fera couler ses ruisseaux sur les pauvres et les misérables, comme parle l'Ecriture sainte [1]. Car ce sont les temples qu'il aime, et c'est là qu'il veut recevoir les effets de ta gratitude.

Voici, Messieurs, une grande épreuve ; c'est ici qu'il nous faut entendre la malédiction des grandes fortunes. L'abondance, la prospérité a coutume d'endurcir le cœur de l'homme ; l'aise, la joie, l'affluence (a), remplissent l'ame de sorte qu'elles en éloignent tout le sentiment de la misère des autres, et mettent à sec, si l'on n'y prend garde, la source de la compassion. C'est pourquoi le divin Apôtre parlant des fortunés de la terre, de ceux qui s'aiment eux-mêmes et qui vivent dans les plaisirs, dans la bonne chère, dans le luxe, dans les vanités, les appelle « cruels et impitoyables, sans affection, sans miséricorde, amateurs de leurs voluptés : » *Homines seipsos amantes, immites, sine affectione, sine benignitate, voluptatum amatores*[2]. Voilà une merveilleuse contexture de qualités différentes. (b) Mais c'est que le saint Apôtre pénétrant par l'Esprit de Dieu dans les plus intimes replis de nos cœurs, voyoit que ces hommes voluptueux, attachés excessivement à leurs propres satisfactions, deviennent insensibles aux maux de leurs frères. C'est pourquoi il dit qu'ils sont sans affection, sans tendresse et sans miséricorde ; ils ne regardent qu'eux-mêmes. Et le prophète Isaïe représente au naturel leurs véritables sentimens, lorsqu'il leur attribue ces paroles (c) : *Ego sum, et præter me non est altera*[3] : « Je suis, il n'y a que moi sur la terre. » Qu'est-ce que toute cette multitude ? Têtes de nul prix et gens de néant. Penser aux intérêts des autres, leur délicatesse ne le permet pas. Chacun ne compte que soi ; et tenant tous les autres dans l'indifférence, on tâche de vivre à son aise dans une souveraine tranquillité des fléaux qui affligent le reste des hommes.

O Dieu clément et juste ! ce n'est pas pour cette raison que vous

---

[1] *Isa.*, LVIII, 10, 11. — [2] II *Timoth.*, III, 3. — [3] *Isa.*, XLVII, 10.

(a) *Var.* : Félicité. — (b) *Note marg.* : Vous croyiez peut-être, Messieurs, que cet amour des plaisirs ne fût que tendre et délicat, ou bien plaisant et flatteur, mais vous n'aviez pas encore songé qu'il fût cruel et impitoyable. — (c) *Var.* : Les fait parler admirablement dans la véritable disposition de leur cœur.

avez départi aux riches du monde quelque écoulement (*a*) de votre abondance. Vous les avez faits grands pour servir de pères à vos pauvres ; votre providence a pris soin de détourner les maux de dessus leurs têtes, afin qu'ils pensassent à ceux du prochain ; vous les avez mis à leur aise et en liberté, afin qu'ils fissent leur affaire du soulagement de vos enfans. Telle est l'épreuve où vous les mettez ; et leur grandeur au contraire les rend dédaigneux, leur abondance secs, leur félicité insensibles, encore qu'ils voient tous les jours non tant des pauvres et des misérables que la misère elle-même et la pauvreté en personne, pleurante et gémissante à leur porte.

O riches, voilà votre épreuve ; et afin d'y être fidèles, écoutez attentivement cette parole du Sauveur des ames : « Donnez-vous garde de toute avarice : » *Cavete ab omni avaritiâ* [1]. Cette parole du Fils de Dieu demande un auditeur attentif. Donnez-vous garde de toute avarice ; c'est qu'il y en a de plus d'une sorte. Il y a une avarice sordide, une avarice noire et ténébreuse, qui enfouit ses trésors, qui n'en repaît que sa vue et qui en interdit l'usage à ses mains. *Quid prodest possessori, nisi quòd cernit divitias oculis suis* [2] *?* Mais il y a encore une autre avarice, qui dépense, qui fait bonne chère, qui n'épargne rien à ses appetits. Je me trompe peut-être, mes Frères, d'appeler cela avarice, puisque c'est une extrême prodigalité. Elle mérite néanmoins le nom d'avarice, parce que c'est une avidité qui veut dévorer tous ses biens, qui donne tout à ses appetits et qui ne veut rien donner aux nécessités des pauvres et des misérables ; et je parle en cela selon l'Evangile (*b*). Jésus-Christ ayant dit ces mots : Donnez-vous garde de toute avarice, apporte l'exemple d'un homme qui ravi de son abondance, veut agrandir ses greniers et augmenter sa dépense. Car il paroît bien, chrétiens, qu'il vouloit user de ses richesses, puisqu'il se dit à lui-même : « Mon ame, voilà de grands biens ; repose-toi, fais grande chère, mange et bois longtemps à ton aise : » *Requiesce, comede, bibe, epulare* [3]. Encore qu'il donne tout à son plaisir et

---

[1] *Luc.*, XII, 15. — [2] *Eccles.*, V, 10. — [3] *Luc.*, XII, 19.

(*a*) *Var.* : Un rayon. — (*b*) Je parle néanmoins avec l'Evangile : elle mérite le nom d'avarice, parce que c'est une avidité qui veut... et qui ne veut rien donner aux nécessités des pauvres et des misérables. Jésus-Christ ayant dit...

qu'il tienne une table si abondante et si délicate, Jésus-Christ néanmoins le traite d'avare, condamnant l'avidité de son cœur, qui consume tous ses biens pour soi, qui donne tout à ses excès et à ses débauches, et n'ouvre point ses mains aux nécessités ni aux besoins de ses frères. Prenez garde à cette avarice de cœur, à cette avidité; modérez vos passions, (a) et faites un fonds aux pauvres sur la modération de vos vanités : *Manum inferre rei suæ in causâ eleemosynæ* [1].

Pourquoi agrandir tes greniers? Je te montre un lieu convenable où tu mettras tes richesses plus en sûreté : laisse un peu déborder ce fleuve, laisse-le se répandre sur les misérables. Mais pourquoi tout donner à tes appétits? Mon ame, dis-tu, repose-toi, mange et bois longtemps à ton aise. Regarde de quels biens tu repais ton ame, de même, dit saint Basile, que si tu avois une ame de bête [2]. Ne me dis point : Que ferai-je? Il faut te.... Si vous ne le faites, mes Frères, il n'y a point d'espérance de salut pour vous. Car pour arriver à la gloire que Jésus-Christ nous a méritée, il faut porter son image, il faut être marqué à son caractère, il faut en un mot lui être conforme. Quelle ressemblance avez-vous avec sa pauvreté dans votre abondance; avec ses délaissemens dans vos joies; avec sa croix, avec ses épines, avec son fiel et ses amertumes parmi vos délices dissolues? Est-ce là une ressemblance, ou plutôt une manifeste contrariété? Voici néanmoins quelque ressemblance et quelques ressources pour vous : c'est que la croix de notre Sauveur n'est pas seulement une souffrance (b), mais encore une inondation d'une libéralité infinie. Il donne pour nous son ame et son corps, il prodigue tout son sang pour notre salut. Imitez du moins quelque trait, sinon de ses souffrances affreuses, du moins d'une libéralité si aimable et si attirante; donnez au prochain, sinon vos peines, du moins vos commodités; sinon votre vie et votre substance, du moins le superflu de vos biens ou le reste de vos excès (c). Entrez dans les saints désirs du Sauveur et dans les empressemens de sa charité pour les hommes.

[1] Tertull., *de Patient.*, n. 7. [2] — Homil. *de Avar.*, n. 6.
(a) *Note marg.* : Voyez saint Thomas de Villeneuve : Pauvres intérieurs; Carême du Louvre, Ier et IIme serm.— (b) *Var.* : Un exercice.— (c) Sinon votre sang et votre vie, du moins quelque partie de vos biens.

Il a guéri les malades, il a repu les faméliques, il a soutenu les désespérés. C'est là sans doute la moindre partie que vous puissiez imiter de la vie de notre Sauveur. Soyez les imitateurs, sinon des souffrances qu'il a endurées à la croix, du moins des libéralités qu'il y exerce. (a) Venez travailler au salut des ames. Considérez ces filles non moins innocentes qu'affligées. Faut-il vous représenter et les périls de ce sexe, et les dangereuses suites de sa pauvreté, l'écueil le plus ordinaire où sa pudeur fait naufrage? Faut-il vous dire les tentations où leur foi se trouve exposée dans les extrémités qui les pressent?...

Considérez le ravage qu'a fait l'hérésie. Quelle plaie, quelle ruine, quelle funeste désolation! La terre est désolée, le ciel est en deuil et tout couvert de ténèbres, après qu'un si grand nombre d'étoiles qui devoient briller dans son firmament, a été traîné au fond de l'abîme avec la queue du dragon [1]. L'Eglise gémit et soupire de se voir arracher si cruellement une si grande partie de ses entrailles. Asile pour recueillir quelque reste de son naufrage, cette maison depuis si longtemps n'a pas encore de pain. Qu'attendez-vous, mes chers Frères? Quoi? que leurs parens, qu'elles ont quittés, viennent offrir le pain que votre dureté leur dénie? Horrible tentation! Dans le schisme, le plus grand malheur c'est la charité éteinte. Le diable pour leur imposer, image de charité dans le secours mutuel qu'ils se donnent les uns aux autres. Voulez-vous donc qu'elles pensent qu'il n'y a point de charité dans l'Eglise, et qu'elles tirent cette conséquence : Donc l'Esprit de Dieu s'en est retiré? Vous leur vantez votre foi; et l'apôtre saint Jacques vous dit : Montre ta foi par tes œuvres [2]. C'est ainsi que le malin s'efforce de les séduire, et de les replonger dans l'abîme d'où elles ne sont encore qu'à demi sorties. Veux-tu être aujourd'hui par ta dureté coopérateur de sa malice, autoriser ses tromperies et donner efficace à ses tentations? Sois plutôt coopérateur de la charité de Jésus pour sauver les ames! Maintenant que je vous parle, ce divin Sauveur vous éprouve. Si vous aimez les ames, si vous désirez

---

[1] *Apoc.*, XII, 4. — [2] *Jacob.*, II, 18.

(c) *Note marg.* : Jésus-Christ demande une partie des biens qu'il vous a donnés, pour sauver son bien et son trésor : son trésor ce sont les ames.

leur salut, si vous êtes effrayés de leurs périls, vous êtes ses véritables disciples. Si vous sortez de cet oratoire sans être touchés de si grands malheurs, vous reposant du soin de cette maison sur ces dames si charitables, comme si cette œuvre importante ne vous regardoit pas autant qu'elles. Funeste épreuve pour vous, qui prouvera votre dureté, convaincra votre obstination, condamnera votre ingratitude !

FRAGMENT D'UN DISCOURS

SUR

LA VIE CHRÉTIENNE (a).

Je tirerai mon raisonnement de deux excellens discours de saint Augustin : le premier c'est le *Traité* XIX *sur saint Jean ;* le second

(a) Prononcé dans un monastère après l'élévation de Bossuet sur le siége épiscopal de Meaux. Voilà tout ce que nous pouvons dire sur ce discours; car non-seulement les renseignemens positifs nous manquent, mais nous n'avons ni le manuscrit ni le texte même de l'auteur. Une remarque générale devient ici nécessaire.

Le charitable pasteur entouroit d'une vive et tendre sollicitude les compagnes de l'Agneau, les Vierges du Seigneur; en même temps qu'il protégeoit contre les attaques de l'ennemi cette sainte portion de son bercail, il le conduisoit sur les gras pâturages, lui faisant goûter les charmes de la vie mystique et l'abreuvant aux sources de l'amour divin. Si l'on avoit toutes les paroles de salut qu'il a fait entendre dans les monastères de son diocèse, on en rempliroit plusieurs volumes *in-folio*. Ces exhortations, ces conférences, ces discours, il ne les écrivoit pas, du moins en entier, comme le dit l'abbé Ledieu; dans la troisième époque de son ministère apostolique, sûr de lui-même et de sa parole, il se contentoit de méditer les mystères évangéliques dans le silence du sanctuaire, et de tracer quelquefois les idées fondamentales sur le papier.

Les religieuses conservoient précieusement, pour leur nourriture de chaque jour, le pain substantiel qu'il leur distribuoit avec tant de charité : « Celles, dit dom Déforis, qui avoient plus de mémoire et de présence d'esprit avoient soin, après la conférence, d'écrire le discours que le prélat leur avoit fait de l'abondance de son cœur paternel, et il approuvoit cette méthode si propre à conserver le fruit de ses entretiens. C'est aux soins de ces bonnes religieuses que nous sommes redevables d'avoir hérité de quelque portion des monumens du zèle et de la sagesse de cet illustre prélat. » Déforis recueillit les débris de ces monumens; c'est à Meaux, dans le couvent de Sainte-Ursule qu'il fit la plus abondante récolte; ses recherches furent peu fructueuses au couvent de la Visitation.

Sans doute les résumés des religieuses ne reproduisent pas Bossuet tout entier : on chercheroit vainement dans leurs rapports la soudaineté, la concision, la

c'est le *Sermon* xviii *des paroles de l'Apôtre.* Ce grand homme, aux lieux allégués, distingue en l'ame deux sortes de vie : l'une est celle qu'elle communique au corps; l'autre est celle dont elle vit elle-même. Comme l'ame est la vie du corps, ce saint évêque enseigne que Dieu est sa vie [1]. Pénétrons, s'il vous plaît, sa pensée. L'ame ne pourroit donner la vie à nos corps, si elle n'avoit ces trois qualités. Il faut premièrement qu'elle soit plus noble, car il est plus noble de donner que de recevoir ; il faut en second lieu qu'elle lui soit unie, car notre vie ne peut point être hors de nous; il faut enfin qu'elle lui communique des opérations que le corps ne puisse exercer sans elle, car la vie consiste principalement dans l'action. Ces trois choses paroissent clairement en nous : ce corps mortel dans lequel nous vivons, si vous le séparez de son ame, qu'est-ce autre chose qu'un tronc inutile et qu'une masse de boue ? Mais sitôt que l'ame lui est conjointe, il se remue, il voit, il entend, il est capable de toutes les fonctions de la vie. Si je vous fais voir maintenant que Dieu fait à l'égard de l'ame la même chose que ce que l'ame fait à l'égard du corps, vous avouerez sans doute que, tout ainsi que l'ame est la vie du corps, ainsi Dieu est la vie de l'ame (a); et la proposition de saint Augustin sera véritable. Voyons ce qui en est, et prouvons tout solidement par les Ecritures.

[1] Serm. CLXI, n. 6.

force et la majesté de sa parole; mais on y retrouve encore l'étendue de sa science, la ferveur de son zèle, l'ardeur de sa piété et l'étonnante énergie de sa foi.

Probablement les manuscrits des religieuses n'existent plus. Cette perte nous paroît peu regrettable : car, ici, l'impression du premier éditeur vaut l'écriture du manuscrit original.

Encore une observation. Après le *Fragment sur la vie chrétienne,* on trouve dans toutes les éditions un discours qui a pour titre : *Sermon sur les obligations de l'état religieux.* Les éditeurs disent dans une note « qu'il est aisé de reconnoître Bossuet » dans ce discours. Cependant, si l'on veut se donner la peine de le lire aux endroits qui seront indiqués tout à l'heure, je m'assure qu'on n'y trouvera pas une phrase qui porte l'empreinte de ce mâle et vigoureux génie. Aussi le *sermon sur les obligations de l'état religieux* n'est-il pas de Bossuet, mais de Fénelon. Et ce qu'il y a de plus inconcevable, c'est que la plupart des éditeurs modernes l'ont donné deux fois sous le nom de deux auteurs différens : ainsi nous le trouvons dans l'édition de Versailles, *Œuvres complètes de Bossuet,* vol. XIV, p. 419; puis dans l'édition de Versailles, *Œuvres de Fénelon,* vol. XVII, p. 387.

(a) Dieu est la vie de l'ame à aussi bon titre que l'ame elle-même est la vie du corps.

Et premièrement, que Dieu soit plus noble et plus éminent que nos ames, ce seroit perdre le temps de vous le prouver. Pour ce qui regarde l'union de Dieu avec nos esprits, il n'y a non plus de lieu d'en douter, après que l'Ecriture a dit tant de fois que « Dieu viendroit en nous, qu'il feroit sa demeure chez nous[1], que nous serions son peuple et qu'il demeureroit en nous[2]; » et ailleurs, que « qui adhère à Dieu est un même esprit avec lui[3]; » et enfin, que « la charité a été répandue en nos cœurs par le Saint-Esprit qu'on nous a donné[4]. » Tous ces témoignages sont clairs, et n'ont pas besoin d'explication.

L'union de Dieu avec nos ames étant établie, il reste donc maintenant à considérer si l'ame par cette union avec Dieu est élevée à quelque action de vie, dont sa nature ne soit pas capable par elle-même. Mais nous n'y trouverons point de difficultés, si nous avons bien retenu les choses qui ont déjà été accordées. Suivez, s'il vous plaît, mon raisonnement; vous verrez qu'il relève merveilleusement la dignité de la vie chrétienne. Il n'y a rien qui ne devienne plus parfait en s'unissant à un être plus noble : par exemple, les corps les plus bruts reçoivent tout à coup un certain éclat, quand la lumière du soleil s'y attache. Par conséquent il ne se peut faire que l'ame s'unissant à ce premier Etre très-parfait, très-excellent et très-bon, elle n'en devienne meilleure. Et d'autant que les causes agissent selon la perfection de leur être, qui ne voit que l'ame étant meilleure elle agira mieux? Car dans cet état d'union avec Dieu, que nous avons montré par les Ecritures, sa vertu est fortifiée par la toute-puissante vertu de Dieu qui s'unit à elle, de sorte qu'elle participe en quelque façon aux actions divines. Cela est peut-être un peu relevé; mais tâchons de le rendre sensible par un exemple.

Considérez les cordes d'un instrument : d'elles-mêmes elles sont muettes et immobiles. Sont-elles touchées d'une main savante, elles reçoivent en elles la mesure et la cadence, et même elles la portent aux autres. Cette mesure et cette cadence, elles sont originairement dans l'esprit du maître; mais il les fait en quelque sorte passer dans les cordes, lorsque les touchant avec art, il les

[1] *Joan.*, XIV, 23. — [2] *Levit.*, XXVI, 12. — [3] I *Cor.*, VI, 17. — [4] *Rom.*, V, 3.

fait participer à son action. Ainsi l'ame, si j'ose parler de la sorte, s'élevant à cette justice, à cette sagesse, à cette infinie sainteté qui n'est autre chose que Dieu, touchée pour ainsi dire par l'Esprit de Dieu, elle devient juste, elle devient sage, elle devient sainte; et participant selon sa portée aux actions divines, elle agit saintement comme Dieu lui-même agit saintement. Elle croit en Dieu, elle aime Dieu, elle espère en Dieu, et lorsqu'elle croit en Dieu, qu'elle aime Dieu, qu'elle espère en Dieu, c'est Dieu qui fait en elle cette foi, cette espérance et ce saint amour. C'est pourquoi l'Apôtre nous dit que « Dieu fait en nous le vouloir et le faire [1]; » c'est-à-dire si nous le savons bien comprendre, que nous ne faisons le bien que par l'action qu'il nous donne; nous ne voulons le bien que par la volonté qu'il opère en nous. Donc toutes les actions chrétiennes sont des actions divines et surnaturelles auxquelles l'ame ne pourroit parvenir; n'étoit que Dieu s'unissant à elle, les lui communique par le Saint-Esprit qui est répandu dans nos cœurs. De plus, ces actions que Dieu fait en nous, ce sont aussi actions de vie, et même de vie éternelle. Par conséquent (a) on ne peut nier que Dieu s'unissant à nos ames, mouvant ainsi nos ames, ne soit véritablement la vie de nos ames. Et c'est là, si nous l'entendons, la nouveauté de vie dont parle l'Apôtre [2].

Passons outre maintenant, et disons : Si Dieu est notre vie, parce qu'il agit en nous, parce qu'il nous fait vivre divinement en nous rendant participans des actions divines : il est absolument nécessaire qu'il détruise en nous le péché, qui non-seulement nous éloigne de Dieu, mais encore nous fait vivre comme des bêtes, hors (b) de la conduite de la raison. Et ainsi, chrétiens, élevons nos cœurs; et puisque dans cette bienheureuse nouveauté de vie nous devons vivre et agir selon Dieu, rejetons loin de nous le péché qui nous fait vivre comme des bêtes brutes, et aimons la justice de la vertu, par laquelle nous sommes participans, comme dit l'apôtre saint Pierre [3], de la nature divine. C'est à quoi nous exhorte saint Paul, quand il dit : « Si nous vivons de l'esprit, marchons en esprit : » *Si spiritu vivimus, spiritu et ambulemus* [4];

---

[1] *Philipp.*, II, 13. — [2] *Rom.*, VI, 4. — [3] II *Petr.*, I, 4. — [4] *Galat.*, V, 25.
(a) *Var.*: Ce qui étant ainsi posé. — (b) Loin.

c'est-à-dire si nous vivons d'une vie divine, faisons des actions dignes d'une vie divine. Si l'Esprit de Dieu nous anime, laissons la chair et ses convoitises, et vivons comme animés de l'Esprit de Dieu, faisons des œuvres convenables à l'Esprit de Dieu; et comme Jésus-Christ est ressuscité par la gloire du Père, ainsi marchons en nouveauté de vie.

Regardons avec l'apôtre saint Paul [1] Jésus ressuscité, qui est la source de notre vie. Quel étoit le Sauveur Jésus pendant le cours de sa vie mortelle? Il étoit chargé des péchés du monde, il s'étoit mis volontairement en la place de tous les pécheurs, pour lesquels il s'étoit constitué caution, et dont il étoit convenu de subir les peines. C'est pour cela que sa chair a été infirme; pour cela il a langui sur la croix parmi des douleurs incroyables; pour cela il est cruellement mort avec la perte de tout son sang. Dieu éternel, qu'il est changé maintenant! « Il est mort au péché, » dit l'Apôtre [2], c'est-à-dire qu'il a dépouillé toutes les foiblesses qui avoient environné sa personne en qualité de caution des pécheurs. « Il est mort au péché et il vit à Dieu, » parce qu'il a commencé une vie nouvelle qui n'a plus rien de l'infirmité de la chair, mais en laquelle reluit la gloire de Dieu : *Quòd autem vivit, vivit Deo.* « Ainsi estimez, continue l'Apôtre, vous qui êtes ressuscités avec Jésus-Christ, estimez que vous êtes morts au péché, et vivans à Dieu par Notre-Seigneur Jésus-Christ [3] : et comme Jésus-Christ est ressuscité par la gloire du Père, marchons aussi dans une vie nouvelle [4]. » C'est à quoi nous oblige la résurrection de notre Sauveur, et la doctrine du saint Evangile : et ce que la doctrine évangélique nous prêche, cela même est confirmé en nous par le saint baptême.

De là étoit née cette belle cérémonie que l'on observoit dans l'ancienne Eglise au baptême des chrétiens. On les plongeoit entièrement dans les eaux, en invoquant sur eux le saint nom de Dieu. Les spectateurs (a) qui voyoient les nouveaux baptisés se noyer pour ainsi dire et se perdre dans les ondes de ce bain salutaire, puis revenir aussitôt lavés de cette fontaine très-pure, se les représentoient en un moment tout changés par la vertu occulte

---

[1] *Hebr.*, XII, 2. — [2] *Rom.*, VI, 10. — [3] *Ibid.*, 11. — [4] *Ibid.*, 4.
(a) *Var.* : Les fidèles.

du Saint-Esprit, dont ces eaux étoient animées ; comme si sortant de ce monde en même temps qu'ils disparoissoient à leur vue, ils fussent allés mourir avec le Sauveur pour ressusciter avec lui selon la vie nouvelle du christianisme. Telle étoit la cérémonie du baptême à laquelle l'Apôtre regarde, lorsqu'il dit dans le texte que nous traitons que nous sommes ensevelis avec Jésus-Christ pour mourir avec lui dans le saint baptême, afin que comme Jésus-Christ est ressuscité par la gloire du Père, ainsi nous marchions en nouveauté de vie. Il regardoit à cette cérémonie du baptême, qui se pratiquoit sans doute du temps des apôtres : or encore que le temps ait changé, que la cérémonie ne soit plus la même, la vertu du baptême n'est point altérée, à cause qu'elle ne consiste pas tant dans cet élément corruptible que dans la parole de Jésus-Christ, et dans l'invocation de la Trinité, et dans la communication de l'Esprit de Dieu, qui sont choses sur lesquelles le temps ne peut rien.

En effet, tout autant que nous sommes de baptisés, nous sommes tous consacrés dans le saint baptême à la Trinité très-auguste par la mort du péché et par la résurrection à la vie nouvelle. C'est pourquoi nos péchés y sont abolis et la nouveauté de vie y est commencée : et de là vient que nous appelons le baptême le sacrement de régénération et de renouvellement de l'homme par le Saint-Esprit. D'où je conclus que le dessein de Dieu est de détruire en nous le péché, puisqu'il veut que la vie chrétienne commence par l'abolition (a) de nos crimes, et ainsi il nous rend la justice que la prévarication du premier père nous avoit ôtée. Graces à votre bonté, ô grand Dieu, qui faites un si grand présent à vos serviteurs par Jésus-Christ le Juste, qui se chargeant de nos péchés à la croix, par un divin échange nous a communiqué sa justice.

Mais ici peut-être vous m'objecterez que le péché n'est point détruit, même dans les justes, puisque la foi catholique professe qu'il n'y a aucun homme vivant qui ne soit pécheur. Pour résoudre cette difficulté, et connoître clairement quelle est la justice que le Saint-Esprit nous rend en ce monde, l'ordre de mon rai-

(a) *Var.* : Rémission.

sonnement m'oblige d'entrer en ma seconde partie, et de vous faire voir le combat du fidèle contre la chair et ses convoitises. Je joindrai donc cette seconde partie avec ce qui me reste à dire de la première, dans une même suite de discours. Je tâcherai pourtant de ne rien confondre; mais j'ai besoin que vous renouveliez vos attentions.

La seconde partie de la vie chrétienne, c'est de combattre la concupiscence, pour détruire en nous le péché. Or quand je parle ici de concupiscence, n'entendez par ce mot aucune passion particulière, mais plutôt toutes les passions assemblées, que l'Ecriture a accoutumé d'appeler d'un nom général la concupiscence et la chair. Mais définissons en un mot la concupiscence, et disons avec le grand Augustin : La concupiscence, c'est un attrait qui nous fait incliner à la créature (a) au préjudice du Créateur, qui nous pousse aux choses sensibles au préjudice des biens éternels.

Qu'est-il nécessaire de vous dire combien cet attrait est puissant en nous? Chacun sait qu'il est né avec nous, et qu'il nous est passé en nature. Voyez avant le christianisme comme le vrai Dieu étoit méprisé par toute la terre : voyez depuis le christianisme combien peu de personnes goûtent comme il faut les vérités célestes de l'Evangile; et vous verrez que les choses divines nous touchent bien peu. Qui fait cela, fidèles, si ce n'est que nous aimons les créatures désordonnément? C'est pourquoi l'apôtre saint Paul dit : « La chair convoite contre l'esprit, et l'esprit contre la chair [1]. » Et ailleurs : « Je me plais en la loi selon l'homme intérieur; mais je sens en moi-même une loi qui résiste à la loi de l'esprit [2] : » voilà le combat. Que si l'Apôtre même ressent cette guerre, qui ne voit que cette opiniâtre contrariété de la convoitise répugnante au bien, se rencontre même dans les plus justes?

Dieu éternel, d'où vient ce désordre? Pourquoi cet attrait du mal, même dans les saints? Car enfin ils se plaignent tous géné-

---

[1] *Galat.*, V, 17. — [2] *Rom.*, VII, 22, 23.

(a) *Var. :* Qui nous fait pencher à la créature : — qui nous attire à la créature.

ralement que dans le dessein qu'ils ont de s'unir à Dieu, ils sentent une résistance continuelle. Grand Dieu, je connois vos desseins : vous voulez que nous expérimentions en nous-mêmes une répugnance éternelle à ce que votre loi si juste et si sainte désire de nous, afin que nous sachions distinguer ce que nous faisons par nous-mêmes d'avec ce que vous faites en nous par votre Esprit-Saint; et que par l'épreuve de notre impuissance nous apprenions à attribuer la victoire, non point à nos propres forces, mais à votre bras et à l'honneur de votre assistance. Et ainsi vous nous laissez nos foiblesses, afin de faire triompher votre grace dans l'infirmité de notre nature. Par où vous voyez, chrétiens, que la concupiscence combat dans les justes, mais que la grace divine surmonte. C'est la grace qui oppose à l'attrait du mal la chaste délectation des biens éternels; c'est-à-dire la charité qui nous fait observer la loi, non point par la crainte de la peine, mais par l'amour de la véritable justice : et cette charité est répandue en nos cœurs, non par le libre arbitre qui est né avec nous, mais par le Saint-Esprit qui nous est donné [1].

La charité donc et la convoitise se font la guerre sans aucune trêve : à mesure que l'une croît, l'autre diminue. Il en est comme d'une balance : autant que vous ôtez à la charité, autant vous ajoutez de poids à la convoitise. Quand la charité surmonte, nous sommes libres de cette liberté dont parle l'Apôtre [2], par laquelle Jésus-Christ nous a affranchis. Nous sommes libres, dis-je, parce que nous agissons par la charité, c'est-à-dire par une affection libérale. Mais notre liberté n'est point achevée, parce que le règne de la charité n'est pas accompli. La liberté sera entière, quand la paix sera assurée, c'est-à-dire au ciel. Cependant nous gémissons ici-bas, parce que la paix de la charité que nous y avons étant toujours mêlée avec la guerre de la convoitise, elle n'est pas tant le calme de nos troubles que la consolation de notre misère : et en voici une belle raison de saint Augustin.

La liberté n'est point parfaite, dit-il, et la paix n'est pas assurée, parce que la convoitise qui nous résiste ne peut être combattue sans péril : elle ne peut être aussi bridée sans contrainte, ni

[1] *Rom.*, v, 5. — [2] *Galat.*, iv, 31.

par conséquent modérée (a) sans inquiétude : *Illa quæ resistunt, periculoso debellantur prælio; et illa quæ victa sunt, nondùm securo triumphantur otio, sed adhuc sollicito premuntur imperio*[1]. Et de là vient que notre justice ici-bas, je parle encore avec le grand Augustin, de là vient que « notre justice consiste plus en la rémission des péchés qu'en la perfection des vertus : » *Magis remissione peccatorum constat, quàm perfectione virtutum*[2]. Certes, je sais que ceux qui sont humbles goûteront cette doctrine toute évangélique, qui est la base de l'humilité chrétienne.

Mais si la vie des justes est accompagnée de péchés, comment est-ce que ma proposition sera véritable, que Dieu détruit le péché dans les justes, même en cette vie? C'est, s'il vous en souvient, ce que j'avois laissé à résoudre : maintenant je vous dirai en un mot: J'avoue que les plus grands saints sont pécheurs; et s'ils ne le reconnoissent humblement, ils ne sont pas saints. Il sont pécheurs, mais ils ne servent plus au péché : ils ne sont pas entièrement exempts de péché, mais ils sont délivrés de sa servitude. Il y a quelques restes de péché en eux; mais le péché n'y règne plus, comme dit l'Apôtre[3] : « Que le péché ne règne plus en vos corps mortels : » et ainsi le péché n'y est pas éteint tout à fait; mais le règne du péché y est abattu par le règne de la justice, selon cette parole de l'Apôtre[4] : « Etant libres du péché, vous êtes faits soumis à la justice. »

Comment est-ce que le règne du péché est abattu dans les justes? Ecoutez l'apôtre saint Paul : « Que le péché ne règne plus en vos corps mortels, pour obéir à ses convoitises. » Vous voyez par là que le péché règne où les convoitises sont obéies. Les uns leur lâchent la bride; et se laissant emporter à leur brutale impétuosité, ils tombent dans ces péchés qu'on nomme *mortels*, desquels l'Apôtre a dit que « qui fait ces choses il ne possédera point le royaume de Dieu[5]. » Les justes au contraire, bien loin d'obéir à leurs convoitises, ils leur résistent, ils leur font la guerre; ainsi que je disois tout à l'heure. Et bien que la victoire leur de-

---

[1] *De Civit. Dei*, lib. XIX, cap. XXVII. — [2] *Ibid.* — [3] *Rom.*, VI, 12. — [4] *Ibid.*, 18. — [5] 1 *Cor.*, VI, 9, 10.

(a) *Var.* : Régie.

meure par la grace de Notre-Seigneur Jésus-Christ, toutefois dans un conflit si long, si opiniâtre, où les combattans sont aux mains de si près : en frappant ils sont frappés quelquefois : *Percutimus et percutimur*, dit saint Augustin [1] : et le victorieux ne sort point d'une mêlée si âpre et si rude sans quelques blessures, c'est ce que nous appelons *péchés véniels*. Parce que la justice est victorieuse, elle mérite le nom de véritable justice : parce qu'elle reçoit quelque atteinte qui diminue de beaucoup son éclat, elle n'est point justice parfaite. C'est autre chose d'avoir le bien accompli, autre chose de ne se plaire point dans le mal. « Notre vue peut se déplaire dans les ténèbres, encore qu'elle ne puisse pas s'arrêter dans cette vive source de la lumière : » *Potest oculus nullis tenebris delectari, quamvis non possit in fulgentissimâ luce defigi* [2].

Si l'homme juste, résistant à la convoitise, tombe quelquefois dans le mal, du moins il a cet avantage qu'il ne s'y plaît pas ; au contraire il déplore sa servitude, il soupire ardemment après cette bienheureuse liberté du ciel ; il dit avec l'apôtre saint Paul [3] : « Misérable homme que je suis, qui me délivrera de ce corps de mort ? » S'il tombe, il se relève aussitôt : s'il a quelques péchés, il a aussi la charité qui les couvre : « La charité, dit l'apôtre saint Pierre, couvre la multitude des péchés [4]. »

Bien plus, ce grand Dieu tout-puissant fait éclater (a) la lumière même du sein des plus épaisses ténèbres, il fait servir à la justice le péché même. Admirable économie de la grace ! oui les péchés mêmes, je l'oserai dire, dans lesquels la fragilité humaine fait tomber le juste, si d'un côté ils diminuent la justice, ils l'augmentent et l'accroissent de l'autre. Et comment cela ? C'est qu'ils enflamment les saints désirs de l'homme fidèle ; c'est qu'en lui faisant connaître sa servitude, ils font qu'il désire bien plus ardemment les bienheureux embrassemens de son Dieu, dans lesquels il trouvera la vraie liberté ; c'est qu'ils lui font confesser sa propre foiblesse et le besoin qu'il a de la grace, dans un état d'un

---

[1] Serm. CCCLI, n. 6. — [2] S. August., *de Spirit. et litt.*, n. 65. — [3] *Rom.*, VI, 24. — [4] I *Petr.*, IV, 8.

(a) *Var.* : Sait tirer.

profond anéantissement. Et d'autant que le plus juste c'est le plus humble, le péché même en quelque sorte accroît la justice, parce qu'il nous fonde de plus en plus dans l'humilité.

Vivons ainsi, fidèles, vivons ainsi ; faisons que notre foiblesse augmente l'honneur de notre victoire par la grace de Notre-Seigneur Jésus-Christ. Aimons cette justice divine qui fait que le péché même nous tourne à bien : quand nous voyons croître nos iniquités, songeons à nous enrichir par les bonnes œuvres (a), afin de réparer notre perte. Le fidèle qui vit de la sorte, expiant ses péchés par les aumônes, se purifiant toute sa vie par la pénitence, par le sacrifice d'un cœur contrit, par les œuvres de miséricorde, il ne détruit pas seulement le règne du péché, comme je disois tout à l'heure ; je passe maintenant plus outre, et je dis qu'il détruit entièrement le péché, parce que, dit saint Augustin, « comme notre vie n'est pas sans péché, aussi les remèdes pour les purger ne nous manquent pas : » *Sicut peccata non defuerunt, ita etiam remedia, quibus purgarentur, affuerunt* [1].

Enfin celui qui vit de la sorte, détestant les péchés mortels, faisant toute sa vie pénitence pour les véniels à la manière que je viens de dire avec l'incomparable saint Augustin, il méritera, dit le même Père. Que nos nouveaux réformateurs entendent ce mot : c'est dans cette belle *Epître à Hilaire*, où ce grand personnage combat l'orgueilleuse hérésie de Pélage, ennemi de la grace de Jésus-Christ. Cet humble défenseur de la grace chrétienne se sert en ce lieu du mot de *mérite :* étoit-ce pour enfler le libre arbitre ? N'étoit-ce pas plutôt pour relever la dignité de la grace et des saints mouvemens que Dieu fait en nous ? Quelle est donc votre vanité et votre injustice, ô très-charitables réformateurs, de prêcher que nous ruinons la grace de Dieu, parce que nous nous servons du mot de *mérite*, si ce n'est peut-être que vous vouliez dire que saint Augustin a détruit la grace et que Calvin seul l'a bien établie ? Pardonnez-moi cette digression ; je reviens à mon passage de saint Augustin. Un homme passant sa vie dans l'esprit de mortification et de pénitence, « encore qu'il

[1] *Ad Hilar.*, ep. CLVII, n. 3.
(a) *Var. :* Songeons à en obtenir le pardon par les bonnes œuvres.

ne vive pas sans péché, il méritera, dit saint Augustin, de sortir de ce monde sans aucun péché : » *Merebitur hinc exire sine peccato, quamvis, cùm hic viveret, habuerit nonnulla peccata* [1]; et ainsi le péché est détruit en nous, à cause du mérite de la vraie foi qui opère par la charité.

Il est donc vrai, fidèles, ce que j'ai dit, que même dans cet exil Dieu détruit le péché par sa grace; il est vrai qu'il y surmonte la concupiscence : et ainsi, par la miséricorde de Dieu, je me suis déjà acquitté envers vous des deux premières parties de ma dette. Faites votre profit de cette doctrine; elle est haute, mais nécessaire. Je sais que les humbles l'entendent; peut-être ne plaira-t-elle pas aux superbes. Les lâches sans doute seront fâchés qu'on leur parle toujours de combattre. Mais pour vous, ô vrais chrétiens, travaillez sans aucun relâche, puisque vous avez un ennemi en vous-mêmes avec lequel si vous faites la paix en ce monde, vous ne sauriez avoir la paix avec Dieu (a). Voyez combien il est nécessaire de veiller toujours, de prier toujours, de peur de tomber en tentation. Que si cette guerre continuelle vous semble fâcheuse, consolez-vous par l'espérance fidèle de la glorieuse résurrection, qui se commence déjà en nos corps. C'est la troisième opération que le Saint-Esprit exerce dans l'homme fidèle durant le pèlerinage de cette vie; et c'est aussi par où je m'en vais conclure.

[1] Ubi suprà.

(a) *Var.:* Travaillez, travaillez, chrétiens, puisque vous avez toujours à combattre un ennemi qui vous touche de si près.

PREMIÈRE EXHORTATION

AUX URSULINES DE MEAUX (a).

Si quis sitit, veniat ad me, et bibat.

« Si quelqu'un a soif, qu'il vienne à moi ; je lui donnerai à boire d'une eau vive qui rejaillira jusqu'à la vie éternelle, et il n'aura plus soif. » Ce sont les paroles sacrées que Jésus-Christ a prononcées dans l'évangile de ce jour, parlant au peuple dans le temple de Jérusalem.

Ce n'est pas sans mystère que Jésus-Christ a proféré ces admirables paroles au jour que les Juifs célébroient une fête parmi eux, où on apportoit de l'eau dans un bassin, pour certains usages, dans une cérémonie : ce qu'il n'est pas nécessaire de vous expliquer ici, puisque Jésus-Christ ne dit ces mêmes paroles que dans un sens mystique et sublime, qui ne signifioit rien autre chose que l'eau de la grace qu'il vouloit donner abondamment. Il parloit de cette eau mystérieuse qu'il désiroit répandre dans les ames, et dont il vouloit établir la source dans son Eglise. Ces mêmes paroles signifioient encore le zèle qu'avoit le Sauveur de voir venir à lui les hommes pour prendre ces eaux de salut et de grace, et la disposition qui est nécessaire pour les recevoir, représentée par la soif qui marque aussi très-bien le désir et la préparation qu'il faut que vous apportiez à la grace qu'il vous veut conférer dans cette occasion par mon ministère.

Remarquez, mes Filles, que Jésus-Christ jeta un grand cri, disant : « Si quelqu'un a soif, qu'il vienne à moi ; et je lui donnerai à boire [1]. » Ce cri est en faveur des pécheurs, pour qui il

---

[1] *Joan.*, VII, 37.

(a) Prononcée à l'ouverture d'une visite pastorale faite au couvent de Sainte-Ursule de Meaux, le 9 avril 1685.
Bossuet n'a pas écrit cette exhortation ; l'analyse imparfaite qu'on va lire a été rédigée par une religieuse de la communauté. Nous n'avons ni vu ni recherché le manuscrit, qui certainement n'existe plus ; ici la reproduction de Déforis vaut l'original.
Les indications données tout à l'heure se trouvoient dans l'analyse de l'exhortation.

demande miséricorde ; il est en faveur des justes et des ames fidèles, dont il désire la perfection et la sainteté. Il crie pour les appeler à lui, afin de répandre en elles avec plus d'abondance l'eau de ses divines graces. Mais ce cri nous représente encore ceux qu'il jette dans l'Eglise et dans nos mystères. Il crie dans ce temps par la bouche des prédicateurs, qui excitent les peuples à faire des fruits dignes de pénitence. Il crie à l'autel, quand il dit par la bouche des prêtres : « Faites ceci en mémoire de moi [1]. » Ces paroles sont un cri de l'amour de Jésus-Christ qui demande le nôtre. Il crie dans les mystères de ce temps : il criera bientôt de la croix par toutes ses plaies et par son sang, demandant à son Père le salut de tous les hommes, pour qui il va donner sa vie adorable. Il crie spirituellement dans les ames, par les mouvemens intérieurs que son divin Esprit y forme. Il a crié dans vos cœurs, mes Filles ; c'est cet Esprit-Saint qui a formé ces cris qu'il y a si longtemps que vous faites entendre, et qui sont parvenus jusqu'à mes oreilles et qui m'ont fait connoître vos désirs. Combien y a-t-il, mes chères Sœurs, que vous me demandez cette visite, et que vous reconnoissez vous-mêmes le besoin que vous en avez ? Vous la souhaitez toutes unanimement : vous vous êtes, sans doute, préparées à recevoir les graces de cette même visite, et les effets qu'elle doit produire chez vous et pour lesquels je la viens faire. Je viens confirmer et je désire accroître le bien que j'y trouverai, et détruire l'imperfection jusqu'à la racine. Mais il faut que vous ayez un véritable esprit de renouvellement, et un désir sincère de coopérer à nos soins de tout votre pouvoir.

Va, dit Dieu autrefois au prophète Jonas [2], comme nous venons de lire en la messe : lève-toi pour aller à Ninive vers mon peuple ; prêche-leur la pénitence, et les avertis de ma part qu'ils aient à changer de vie ; qu'ils se convertissent de tout leur cœur à moi, qui suis leur Dieu et leur Seigneur : autrement que dans quarante jours Ninive sera renversée et entièrement détruite. Si ces paroles donnèrent de la frayeur à ce peuple et eurent tant de pouvoir et tant d'effet, celles que je viens de vous dire de la part de Dieu ne vous doivent pas moins émouvoir de respect et de crainte.

[1] *Luc.*, XXII, 19. — [2] *Jon.*, III, 2 et seq.

Il y a ici plus que Jonas ; et celui qui m'envoie à vous est le même Dieu, grand et redoutable.

Je viens donc aujourd'hui de sa part vous prêcher la pénitence, le changement et le renouvellement de vie, le mépris du monde, le parfait renoncement à vous-mêmes, la soumission d'esprit, la mortification des sens : en un mot, je viens faire cette visite pour réparer tout ce qu'il y auroit de déchet en la perfection religieuse dans votre maison, pour éteindre, pour détruire et anéantir les plus petits restes de l'amour du monde et des choses de la terre. Il faut faire périr les moindres inclinations de ce monde corrompu; il faut qu'il meure, qu'il y meure, qu'il expire, qu'il y rende le dernier soupir. Venez donc, mes Filles, travailler toutes avec moi, pour exterminer tout ce qui ressent encore ce monde criminel. Venez m'aider à renverser Ninive : détruisons tout ce qu'il y a encore de trop immortifié, de trop mondain, enfin tout ce qui est trop naturel et imparfait en vous, sans pardonner à la moindre chose et sans rien épargner.

Dites-moi, mes Sœurs, quelles sont maintenant vos inclinations et vos pensées? Vous êtes par vos vœux mortes au monde et à tout ce qui est créé; que souhaitez-vous à présent? Avez-vous d'autres désirs que ceux qui vous doivent élever sans cesse vers les biens de l'éternité bienheureuse, et vous y faire aspirer à tout moment? Si votre cœur a encore quelque mouvement qui le possède, il faut désormais que ce soit pour la justice, pour la perfection et la sainteté de chacune de vous en particulier et de tout votre monastère, par le moyen de cette visite. Souhaitez véritablement d'en recevoir les graces; demandez qu'elles soient répandues en vos ames. C'est là, mes Filles, désirer la justice, comme dit Jésus-Christ dans son Evangile, lorsqu'il a prononcé cet oracle sur la montagne : « Bienheureux ceux qui ont faim et soif de la justice, ils seront rassasiés [1]. » Vous serez parfaitement rassasiées, si vous n'avez que cet unique désir. Il vous donnera à boire de cette eau vive, qui éteindra votre soif. Demandez-lui comme la Samaritaine [2]; et il vous donnera cette eau dont je vous parle, qui n'est autre que la grace, de laquelle il veut remplir vos ames

[1] *Matth.*, v, 6. — [2] *Joan.*, iv, 15.

dans cette fonction sainte que je viens exercer chez vous : car si nous ne méritons pas que ces eaux soient en nous pour nous-mêmes, nous les avons toutefois pour les répandre dans les autres. La source en est dans l'Eglise : elle est dans mon ministère pour les épancher dans vos cœurs, puisque par mon caractère et en qualité de son ministre, quoiqu'indigne, je vous représente sa personne. Vous en serez toutes pénétrées dans cette action sainte, si vous n'y apportez qu'un esprit soumis et détaché de toutes choses.

La grace est, selon la théologie, une qualité spirituelle que Jésus-Christ répand dans nos ames, laquelle pénètre le plus intime de notre substance, qui s'imprime dans le plus secret de nous-mêmes, et qui se répand dans toutes les puissances et les facultés de l'ame qui la possède intérieurement, la rend pure et agréable aux yeux de ce divin Sauveur, la fait être son sanctuaire, son tabernacle, son temple, enfin son lieu de délices. Quand une ame est ainsi toute remplie, l'abondance de ces eaux rejaillit jusqu'à la vie éternelle, c'est-à-dire qu'elle élève cette ame jusqu'à l'heureux état de la perfection. N'est-ce pas ce que dit Jésus-Christ : « Des fleuves sortiront de son ventre [1] : » la fontaine de ces eaux vives rejaillissant jusqu'à la vie éternelle, qui est précédée ici-bas de la grace et de la sainteté. On voit l'épanchement de ces eaux jusque sur les sens extérieurs : sur les yeux par la modestie, dans les paroles par le silence religieux et par une sainte circonspection et retenue à parler; en un mot, une personne paroît mortifiée en toutes ses actions; elle se montre partout possédée de la grace au dedans d'elle-même, contraire à l'esprit du monde, ennemie de la nature et des sens, mais toute pleine des vertus et de l'esprit de Jésus-Christ.

Je ne sais, mes Filles, si vous avez assez bien pesé l'importante vérité contenue en ces paroles de saint Paul [2], lorsqu'il dit qu'il est crucifié au monde et que le monde est crucifié pour lui? Ces paroles renferment, si vous y prenez garde, toute la perfection religieuse, à laquelle vous devez sans cesse aspirer. Etre crucifié au monde, c'est y renoncer, n'y plus penser, n'avoir que du dé-

[1] *Joan.*, VII, 38. — [2] *Galat.*, VI, 14.

goût et de l'aversion de toutes ses maximes, avoir du mépris pour l'honneur et pour tout ce qui est vain, mépriser le plaisir et tout ce que le monde estime, n'avoir plus la moindre attache à tout ce qui s'appelle complaisance en vous-mêmes ; au contraire, faire état partout et en toutes choses de la simplicité chrétienne, et de l'esprit de la croix de Jésus-Christ : voilà ce que c'est d'être crucifié au monde. Mais ce n'est pas encore assez ; il faut que le monde soit crucifié pour vous. C'est, mes Filles, que vous ne devez pas seulement oublier ce malheureux monde, mais aussi le monde vous doit oublier ; et pour vivre saintement dans votre état, vous devez souhaiter d'en être oubliées, vous devez désirer d'être effacées de sa mémoire, comme des personnes mortes et ensevelies avec Jésus-Christ.

Considérez-vous comme mortes au monde, et qu'il est pareillement mort pour vous. Dès que vous vous êtes ensevelies dans le sépulcre de la religion, vous séparant du monde, vous avez dû mourir à tout le sensible par la mortification et un renoncement total à tout ce qui est mortel et terrestre. Faites donc maintenant vivre Jésus-Christ en vous par sa grace : ne respirez que pour lui ; n'agissez que par son esprit, et soyez-en parfaitement possédées : mourez tous les jours à votre esprit propre et à votre jugement, le soumettant à l'obéissance : mourez à vos désirs et à vos sens ; mourez à vous-mêmes ; étouffez le plus petit mouvement de la concupiscence, dès qu'il s'élève en vous. Enfin, mes Sœurs, rendez le dernier soupir de la vie imparfaite et encore tant soit peu engagée dans les illusions du monde ; dites-lui un adieu général et éternel : autrement, si vous ne mourez de cette mort mystique, prenez garde que quelque reste dangereux de la corruption de ce monde malheureux ne dessèche et ne détruise en vos ames ces eaux de grace que je viens y verser par cette visite, ou même ne vous rende incapables de les recevoir et ne les empêche d'entrer.

Il en est des objets du monde qui offusquent notre imagination, qui occupent et amusent notre esprit, comme d'une fontaine pleine d'eau vive qui ne pourroit rejaillir, ni même retenir ses eaux, si le conduit en étoit bouché, parce que la liberté de couler et de se répandre lui étant ôtée, cette fontaine sans doute viendroit à sécher et la source en tariroit. La même chose arrive à l'égard de ces eaux de grace dont je désire remplir votre cœur. Si ce même cœur est encore prévenu d'inclinations inquiètes, ou occupé des objets de la terre; si le monde, ou quoi que ce soit de créé, vous remplit l'esprit et possède votre affection; s'il a quelque pouvoir d'y faire des impressions, et s'il se propose encore à vos sens comme un objet attrayant, vous deviendrez comme cette fontaine, vous ne pourrez recevoir ces saintes et mystiques eaux, parce qu'il est impossible de remplir ce qui est déjà plein : ou bien vous ne pourrez conserver longtemps ces graces dont nous vous parlons; car l'esprit du monde et l'esprit de Jésus-Christ ne sauroient compatir ensemble, et ne peuvent demeurer dans une ame. Ces eaux divines ne rejailliront point jusqu'à la vie éternelle, à moins que pour les conserver vous ne vous dégagiez entièrement de tout ce qui vous empêche de vivre à Jésus-Christ et de sa divine vie; à moins que vous ne deveniez insensibles comme des personnes mortes et crucifiées au monde, qui l'ont mis si fort en oubli, qu'elles ne pensent jamais à lui qu'avec horreur ou avec compassion de tant d'ames qui sont emportées par sa corruption, et afin de vous employer sans cesse à demander miséricorde pour ce monde malheureux, qui retient tant de personnes continuellement exposées au danger de se perdre et de se damner pour jamais.

Vous le devez, mes Filles; ce sont les obligations de votre état. Je vous exhorte de tout mon pouvoir à vous en acquitter avec grand soin. Offrez sans cesse des prières à la divine Majesté pour toutes les nécessités de l'Eglise : priez pour obtenir la conversion des infidèles, des pécheurs et des mauvais chrétiens; et demandez à Dieu qu'il touche leurs cœurs. Gémissez devant lui pour tant de prêtres qui déshonorent leur caractère, qui profanent les choses saintes, et qui ne vivent pas conformément à leur dignité et à la sainteté de leur état. Affligez-vous pour ces femmes et ces filles mondaines, qui n'ont point cette pudeur qu'elles devroient avoir, qui est l'ornement de votre sexe; pour tant de chrétiens et de chrétiennes, qui s'abandonnent à toutes leurs inclinations déréglées, et qui suivent malheureusement les pernicieuses maximes du monde et ses damnables impressions. Ayez, mes Filles, du zèle et de la charité pour toutes ces personnes qui sont dans le chemin de perdition, prêtes à tomber dans des abîmes éternels. Faites monter vos prières au ciel comme un encens devant le trône de Dieu, pour apaiser sa colère irritée contre tous ces pécheurs qui l'offensent si outrageusement. Revêtez-vous des entrailles de miséricorde : pleurez sur ces grands maux, pour ces nécessités, et pour tant de misères qui vraiment sont dignes de compassion et de larmes. Voilà, mes Sœurs, de quelle manière vous devez conserver le souvenir du monde; c'est ainsi qu'il faut y penser, et non autrement : hors de là il vous doit être à dégoût; tout vous y doit être fort indifférent, et ne doit point entrer dans vos pensées.

Que toute votre occupation d'esprit soit de vous appliquer sérieusement à opérer votre salut, en travaillant pour vous avancer à la perfection où vous êtes obligées de tendre sans cesse; vous ne vous sauverez pas, si vous n'y aspirez avec amour et ferveur le reste de vos jours. Renouvelez donc en vous ce désir dans cette visite que je commence aujourd'hui, à ce dessein de vous porter toutes à la perfection et pour vous sanctifier. Pour correspondre de votre part à nos intentions, souvenez-vous de ces paroles portées dans l'Evangile, que Jésus-Christ prononça avec tant de zèle et tant de douceur : « Venez à moi, dit-il, vous qui êtes travaillés et chargés de quelque peine, et je vous soulagerai [1]. » Je vous dis la même chose, mes Filles; je vous adresse les mêmes paroles, en vous conviant toutes de venir m'ouvrir vos cœurs sans crainte : dites-moi avec confiance tout ce qui vous pèse, tout ce qui vous fait peine, je vous soulagerai. Venez donc à moi sans rien craindre; apportez-moi un cœur sincère, un cœur parfaitement soumis et un cœur simple : ce sont les dispositions que je veux voir, et que je demande de vous toutes, et avec lesquelles vous devez venir en ma présence. Déclarez-moi tout ce qu'en conscience vous voyez être nécessaire ou utile que je connoisse pour le bien de votre communauté : je vous y oblige; je vous ordonne de ne me rien

[1] *Matth.*, xi, 28.

soustraire, par tout ce saint pouvoir que j'exerce en vertu de mon caractère.

Je vous dénonce de la part de Dieu tout-puissant au nom duquel je vous parle, par l'autorité que je tiens de lui et par tout l'empire qu'il me donne sur vous toutes et sur chacune de vos ames, que si vous êtes sincères et sans déguisement, je demeurerai chargé de tout ce que vous me direz : au contraire, ce que vous voudrez me cacher et me taire, je vous déclare que je vous en charge vous-mêmes, et que ce sera un poids qui vous écrasera. Prenez garde à ceci, mes Sœurs; ne taisez pas ce qu'il est utile de me dire, non tant pour vous décharger que pour nous donner les connoissances nécessaires : ne m'apportez que des choses véritables et utiles pour la communauté ou pour votre particulier ; qu'il n'y ait rien d'inutile : mais parlez-moi avec franchise et ne craignez point de me fatiguer, puisque je veux bien vous écouter, et vous donner tout le temps que vous pouvez souhaiter pour votre instruction et pour votre consolation. Vous ne me serez point à charge, tant que je verrai en ce que vous me direz de l'utilité pour vous ou pour le public : au contraire je vous écouterai, je vous répondrai selon les mouvemens de Dieu et avec les paroles qu'il me mettra en la bouche. Ainsi vous serez instruites, et vous recevrez les secours dont vous pouvez avoir besoin; et moi je vous dirai ce que son divin Esprit me donnera pour vous, chacune selon ce que je verrai qui lui sera propre, pour procurer votre perfection et votre paix : car je désire profiter à tout le monde, et qu'il n'y ait pas une de vous qui ne prenne en cette visite l'esprit d'un saint renouvellement en la perfection de son état. Je vous y porterai toutes en général, et chacune en particulier. Dieu m'envoie à vous pour détruire Ninive; c'est-à-dire pour déraciner jusqu'aux plus petites inclinations de la nature corrompue et toutes les imperfections contraires à votre sainteté. Si ce peuple fit pénitence à la voix d'un prophète et s'il se rendit docile à sa parole, comme nous l'avons lu en la sainte *Epître* de ce jour, avec quelle docilité devez-vous coopérer à notre dessein et n'y apporter nul obstacle?

Venez donc à moi, mes Filles, avec un grand zèle de votre avancement et un saint désir de la perfection : ne craignez point de me découvrir vos besoins ; ouvrez-moi vos consciences, et n'hésitez pas de me dire tout ce qui sera pour votre bien et même pour votre consolation. Je sais que l'office des pasteurs des ames est de confirmer les fortes, et de compatir aux infirmes, de les consoler en leurs foiblesses, de les soulever et de les charger sur leurs épaules : c'est ce que je me propose de faire en cette visite. Les fortes, nous travaillerons à les animer de plus en plus à la perfection et à les transporter jusqu'au ciel; les foibles, nous les encouragerons, nous nous abaisserons jusqu'à leurs foiblesses pour les relever et les fortifier, nous les porterons sur nos épaules ; et les unes et les autres, nous les animerons et nous tâcherons de les faire marcher et de les élever toutes à la perfection où elles sont appelées. En un mot, nous désirons réparer tout ce qui seroit déchu en l'observance régulière, rallumer ce qui seroit éteint en la charité et établir une ferme et solide paix. A cet effet je prétends réunir tout ce qui seroit tant soit peu divisé; je viens établir la concorde, en dissipant les plus foibles dispositions et les plus légers sentimens contraires. Je veux ruiner et anéantir jusqu'au plus petit défaut contraire à la charité, et détruire tous les empêchemens de la parfaite union jusqu'aux moindres fibres. Il faut réparer toutes les ruines de cette vertu et remédier à tout ce qui s'y oppose, pour faire fleurir l'ordre et la perfection dans votre communauté. Pour cela ne négligez aucune des déclarations sincères et véritables qui seront requises, puisque les connoissances que vous me donnerez me serviront à faire régner Jésus-Christ par une charité parfaite et une paix inaltérable en ce monde, qui vous conduira au repos éternel de l'autre. C'est ce que je vous souhaite à toutes; cependant je prie Dieu qu'il vous bénisse et qu'il vous remplisse de ses graces.

SECONDE EXHORTATION

AUX URSULINES DE MEAUX (a).

Sit autem omnis homo velox ad audiendum, tardus autem ad loquendum.

« Que tout homme soit prompt à écouter, et tardif à parler. » Paroles de l'*Epître* de saint Jacques, I, 19.

Dans ces paroles, mes Filles, je renferme tout le fruit de la visite, et j'y fais consister toute la perfection de cette communauté. Je me restreins seulement à vous recommander ces deux choses. Qu'on soit prompt à écouter, et tardif à parler. Que veut dire, mes Sœurs, être prompt à écouter? Qu'est-ce que vous devez écouter? et qui devez-vous écouter?

Vous devez écouter premièrement cette chaste vérité qui vient se répandre dans notre cœur, quand elle le trouve préparé, tranquille et pacifique. C'est l'Esprit de Jésus-Christ qu'il faut écouter au dedans de vous-mêmes, et qui vous parle par ses inspirations, par ses vocations intérieures, par ses attraits et par ses touches secrètes, par ses impressions amoureuses et par ses graces prévenantes. Il faut, mes Filles, l'écouter avec attention et observer ses momens favorables, où il veut répandre dans votre cœur les pures lumières de la sagesse et de la grace. Il faut se rendre bien attentive quand ce divin Esprit frappe à la porte de ce même cœur, pour s'y faire entendre en qualité de Docteur et de Maître. C'est en ces temps heureux où il faut être tranquille, et parfaitement dégagée du bruit et du tumulte des créatures. Il faut être libre de toute inquiétude, de toute passion forte; en un mot, il faut un silence et une récollection parfaite, pour entendre intérieurement la voix de Dieu. Quand le Créateur parle, il faut que la créature cesse de parler, et qu'elle se taise par un grand recueillement. L'Esprit de Dieu, qui ne se plaît à demeurer que dans un cœur paisible et tranquille, ne vient jamais dans une ame toujours

---

(a) Prononcée à la conclusion de la visite pastorale déjà mentionnée, le 27 avril 1685 : telles sont les indications que portoit l'analyse faite par une religieuse.

agitée, ou souvent troublée par le désordre et le bruit que causent ses passions et l'émotion de ses sentimens : il n'habite point aussi dans une ame dissipée, distraite, qui aime l'épanchement, et qui cherche à se répandre au dehors par ces discours inutiles et ces conversations si ennemies de la vie intérieure.

Prenez donc garde, mes Filles, de ne pas vous étourdir vous-mêmes, et n'empêchez pas l'Esprit-Saint, qui est en vous, de parler à vos cœurs. Souvenez-vous que c'est un esprit pacifique, qui vient se communiquer avec paix et avec douceur, non avec force et violence, et qui n'entre jamais dans un cœur au milieu des tempêtes, des orages et de ces vents furieux, qui ne sont propres qu'à déraciner les cèdres du Liban : il y veut venir avec une paix amoureuse et dans un agréable et doux zéphyr, dont parle l'Ecriture sainte [1], qui anime une ame et qui la remplisse d'une véritable joie par la douceur des graces qui lui sont données, et que cet Esprit de sainteté lui communique en se venant insinuer en elle suavement, bénignement, parce qu'il la trouve dans la paix et dans le silence. Ecoutez donc Dieu parler au fond de vous-mêmes, et n'ayez que le soin de votre perfection, sans vous mettre en peine que de ce qui vous peut empêcher d'y parvenir.

Il n'y a qu'une seule chose nécessaire ; c'est Dieu seul, qui doit occuper vos pensées et posséder votre cœur. Hé ! de quoi profitent les applications que l'on donne aux choses de la terre, et tant d'empressemens superflus et distrayans que l'amour-propre fait naître dans le cœur humain ? Si vous retranchez tout cela par le dégagement des créatures, vous aurez cette félicité qui se goûte dans la cessation et le repos de tous les désirs. Jésus-Christ est le centre de votre paix ; et tous les troubles, toutes les peines et les difficultés qui vous peuvent faire obstacle en la voie de la perfection et de votre salut, ne viennent que des dissipations et des amusemens hors de lui, et ensuite des passions du cœur mal mortifiées et déréglées, qui suivent ces états trop ordinaires de distraction et d'égarement parmi les choses terrestres, où l'on fait de si grandes pertes.

Mes Filles, il n'y a plus rien pour vous sur la terre de néces-

[1] III Reg., XIX, 12.

saire ; Jésus-Christ est votre unique besoin, le seul bien qui vous suffit et qu'il faut que vous cherchiez sans cesse. Ayez donc une ame pure et simple, et qui tende toujours à réunir en Dieu toutes ses puissances intérieures et ses opérations extérieures par la récollection et la retraite, où vous entendrez la voix de votre Epoux. Ce n'est que dans le silence et dans le retranchement des discours inutiles et distrayans, qu'il vous visitera par ses inspirations et par ses graces, et qu'il fera sentir sa présence à votre intérieur.

Mais il faut encore écouter Dieu parler par le ministère des supérieurs, qui vous représentent Jésus-Christ, et spécialement dans les visites pastorales, où le Saint-Esprit préside infailliblement.

Ici, mes Filles, je suis bien aise de vous dire en passant que si vous ne tirez pas de cette visite le fruit que j'attends et que vous devez en recueillir, assurément Jésus-Christ vous en demandera un compte rigoureux et sévère à son tribunal, qui sera très-redoutable à celles qui n'auront pas fait un bon et digne usage des graces attachées à cette même visite. Prenez-y garde, mes Sœurs ; je vous citerai et je m'élèverai contre vous au jour du Seigneur : ce ne sera pas moi qui vous jugerai, non, ce ne sera pas moi ; mais, je vous le dis, ce seront mes paroles qui vous condamneront, si vous ne les écoutez pas avec l'attention requise, et si vous les recevez avec moins de soumission d'esprit que vous ne devez pour en faire un véritable profit. Il est dit en la sainte Ecriture que les pasteurs de l'Eglise s'élèveront, au jugement de Dieu, contre ceux qui n'auront pas fait état de leurs paroles, qui ne les auront pas écoutés avec respect, et qui auront méprisé ou négligé leurs avertissemens. Cela, mes Filles, vous doit porter à l'observance fidèle et exacte de ce que nous vous disons ; et il faut aussi que vous ayez pour vos confesseurs et directeurs beaucoup d'estime, de soumission et de déférence.

Ils vous parlent de la part de Dieu ; vous devez donc écouter l'Esprit de Jésus-Christ dans leur ministère. N'a-t-il pas dit dans l'Evangile, parlant d'eux : « Qui vous écoute, m'écoute[1] ? » Puisque

[1] *Luc.*, x, 16.

c'est Jésus-Christ qui nous assure de cette vérité, prenez garde à ces paroles si dignes de respect : ayez une singulière vénération pour vos confesseurs et directeurs; ce sont eux qui sont chargés de vos ames; c'est par eux que Dieu vous parle, n'en doutez point; et puisqu'ils vous déclarent ses volontés, vous devez les écouter avec humilité et docilité, et vous soumettre humblement à leurs ordres et à leur conduite, bien loin d'en murmurer, d'en dire vos sentimens, de vous plaindre mal à propos en des assemblées secrètes. L'Esprit de Jésus-Christ ne se trouve nullement dans ces plaintes indiscrètes et dans ces murmures que l'on fait de ses ministres. Dans la sainte Ecriture, il est expressément défendu de mal parler d'eux [1] : elle ordonne de les respecter, de les honorer, et de ne point toucher aux oints du Seigneur [2]. Si vous considériez bien leur grand pouvoir et leur sublime dignité, sans doute que vous auriez pour leur personne plus de respect. Bannissez d'entre vous ces plaintes et ces murmures.

Je vous en conjure, mes Filles, que je n'entende plus parler de mécontentement, ni de ces discours qui causent parmi vous des émotions. Ne regardez que l'autorité que Dieu a donnée sur vous à ses ministres. Je défends ces plaintes et ces entretiens des sentimens contraires à l'humilité et à la paix. Si quelque chose vous fait peine, je n'entends pas que vous ne puissiez en parler à vos supérieurs pour vous instruire : on le peut dans quelques rencontres, mais jamais pour s'abandonner au murmure, ni pour condamner les ministres de Dieu, ce qui ne lui peut être agréable; hors de là vous pouvez communiquer vos difficultés aux supérieurs. Non, je n'ôte point la liberté de s'adresser à ceux à qui on les peut dire, j'entends aux pasteurs et aux susdits supérieurs; moi-même je veux bien encore vous écouter dans votre besoin, et quand il sera nécessaire pour votre consolation. Sachez que je vous porte toutes dans mon sein et dans mes entrailles : vous m'êtes toutes présentes à l'esprit jour et nuit, et tout ce que vous m'avez dit toutes en particulier. Croyez, mes chères Filles, que pas une syllabe ne m'est échappée de la mémoire; je pense à toutes vos nécessités, tant en général qu'en particulier.

[1] *Exod.*, XXII, 28; *Act.*, XXIII, 5. — [2] *Psal.* CIV, 15.

Mettez-vous donc en repos, si vous m'avez déclaré les choses comme vous les diriez si vous alliez dans un quart d'heure paroître devant la majesté de Dieu : n'ayez plus aucun souci à présent, puisque je veux bien me charger de tout ce que vous m'avez dit. Ne vous l'ai-je pas dit au commencement de cette visite, que je me charge de tout ce que vous m'avez déclaré? Cela étant, attendez en paix et avec patience que Dieu vous manifeste sa volonté par mon ministère ; et puisque vous vous déchargez sur nous de tout ce qui vous concerne tant en général qu'en particulier, c'est à vous à demeurer en repos et dans l'indifférence par une soumission à tout ce que l'Esprit de Dieu nous inspirera, dans le temps, de vous dire pour votre perfection. Je ne négligerai rien pour votre avancement; j'y apporterai tous mes soins et toute mon application, et je veillerai sur tous vos besoins spirituels. Assurez-vous, mes Filles, que vous êtes toutes présentes à mon esprit, et qu'à l'avenir j'étendrai de plus en plus mon soin pastoral sur vous toutes, vous permettant même la liberté d'avoir recours à notre autorité épiscopale dans vos plus pressantes nécessités. Venez donc à moi, mes Filles, quand vous vous trouverez chargées et oppressées; je vous soulagerai et donnerai le repos à vos ames. Venez, puisque je vous recevrai avec douceur et avec joie, voulant bien vous écouter quand il sera nécessaire ; mais toutefois faites que cela n'arrive que dans de grands besoins, et dans les occurrences de choses de conséquence. A cela nous discernerons les esprits, et nous en connoîtrons la sagesse et la prudence par l'importance des choses que l'on viendra nous dire.

Cependant, mes Filles, observez ce que nous vous prescrivons pour votre salut et pour votre perfection. Ecoutez Dieu parler en vous : écoutez-le parlant par vos supérieurs et par le saint ministère de vos confesseurs et directeurs, puisque c'est le Saint-Esprit qui vous conduit par eux : enfin écoutez encore ce même Dieu parler par votre supérieure, parce que la supérieure en sa manière vous tient aussi la place de Jésus-Christ. Vous devez avoir pour elle respect, amour et confiance. C'est une mère spirituelle, qui vous doit porter toutes dans ses entrailles : c'est pourquoi il faut qu'une supérieure reçoive avec un cœur vraiment maternel et qu'elle porte dans son sein les fortes et les foibles, et que sa charité s'étende sur toutes en général et en particulier, sans favoriser plus les unes que les autres. Il faut qu'elle parle à toutes dans leurs besoins avec douceur et bonté : mais aussi il ne faut pas qu'il y en ait qui se fâchent et qui observent si elle parle plus souvent à quelques-unes. Croyez que celles-là en ont plus de besoin, et que leurs nécessités sont plus grandes et plus pressantes que les vôtres; et que cela étant, celles-là doivent recourir plus fréquemment à la charité de la supérieure, pour être conduites sûrement dans le chemin de la perfection. Sachez, mes Filles, que Dieu a attaché votre perfection à l'obéissance que vous devez rendre à votre supérieure. Assurez-vous que la voix de votre supérieure est la voix de Dieu même, et que c'est lui qui vous parle quand elle vous ordonne quelque chose. Respectez donc l'autorité de Jésus-Christ, qui est en elle et qui y réside. Ecoutez ses paroles avec autant de respect que vous feriez celles de Jésus-Christ même, puisqu'il dit en la personne des supérieurs : « Qui vous écoute, m'écoute. » Je sais bien que les choses qu'elle ordonne peuvent paroître quelquefois n'être pas si justes. Eh bien, il y a de l'infirmité, mais je sais aussi qu'elle peut avoir des raisons que les particulières ne peuvent pas pénétrer.

Voilà, mes Sœurs, comme vous devez écouter Dieu parler; c'est ainsi qu'il faut entendre et pratiquer ces paroles de saint Jacques : « Que tout homme soit prompt à écouter. » Soyez donc promptes à écouter Dieu parler dans votre cœur et par la bouche de ceux qu'il vous donne pour votre conduite, mais aussi soyez tardives à parler. Aimez le silence, la retraite et la solitude : ne dites jamais aucune parole dont vous puissiez ensuite vous repentir; soyez fort circonspectes à parler et ne dites jamais rien, comme dit saint Augustin, sans l'avoir conçu dans le cœur et ensuite pesé et ordonné par la raison, avant que de le laisser échapper ou sortir de votre bouche. Le désir de parler est commun à tout homme, mais surtout à votre sexe; cette inclination vous est naturelle, toutefois il la faut combattre. Vous n'aurez jamais regret d'avoir gardé le silence, quelque peine et contrainte qu'il faille souffrir. Il y a de la mortification, je vous l'avoue, à garder le silence. Eh bien, on dira une parole piquante de mépris ou de raillerie : on se satisfait, on se fait justice à soi-même par ses plaintes et ses murmures ; mais aussi combien blessez-vous la charité, et combien de fautes fait-on pour ne savoir pas garder le silence en ces occasions ?

Dieu m'a fait connoître, dans la lumière de son Esprit, que la cause principale du trouble et de la division de la communauté ne vient point d'ailleurs que de ce qu'on est trop prompt à parler et du défaut de silence. Si donc le silence y étoit bien observé, je crois que la charité y seroit parfaite et les fruits de la paix se trouveroient en cette maison. C'est ce que vous avez vous-mêmes fort bien remarqué, et chacune de vous a justement mis le doigt sur la source du mal. Presque toutes m'ont dit leur pensée sur ce sujet, m'avouant que le silence n'étoit point gardé religieusement, et que cette grande liberté de parler en tout temps, de communiquer ses sentimens sur toutes choses et de se dire des paroles contre la charité et la douceur, étoit l'unique cause de tous les désordres qui troubloient la paix et le repos de chacune. Puis donc que vous reconnoissez que ce défaut est une source de discorde, apportez toutes vos diligences pour le retrancher tout à fait.

Je vous puis dire pour votre consolation, mes Filles, que j'ai trouvé beaucoup de bien dans cette maison : il y a de la vertu, de bons principes de piété. Presque toutes m'ont fait paroître de grands désirs de renouvellement : toutes désirent la paix : et dans toutes les plaintes qui nous ont été faites assez exactement pour et contre, je n'ai trouvé aucun sujet considérable et capable de désunir les esprits, et de les aliéner les uns des autres. Hé ! faut-il donc, pour un entêtement et pour je ne sais quelle préoccupation d'esprit, que l'union et la charité ne soient pas parmi vous au point où elles y devroient être ? Que chacune donc s'efforce de retenir ses pensées et ses sentimens en elle-même, sans se les communiquer l'une à l'autre pour s'indisposer. Vous ne devez jamais, quelque peine que vous sentiez et nonobstant les sujets de vous plaindre que vous pourriez avoir, vous ne devez jamais, dis-je, vous porter à parler avec une liberté contraire à la charité et à la paix. Il ne vous est point permis de vous faire justice à vous-mêmes. Vous pouvez parler aux personnes à qui il convient : je n'entends pas à celles qui seroient intéressées ou qui se pourroient indisposer ; je dis à la supérieure, et encore d'une manière qui ne lui puisse pas donner d'éloignement des autres, mais avec les circonstances que la prudence et la discrétion enseignent. Les supérieurs sont des fontaines publiques : il ne faut pas les empoisonner. C'est comme cela, mes Sœurs, qu'il faut manier les intérêts de la charité, et que vous devez ménager et procurer toujours les biens de la paix, sans vous faire tort les unes aux autres ni vous désobliger.

Eh bien, mes Filles, je vous défends de la part de Dieu et par l'autorité que j'ai sur vous de vous maltraiter. Quand je dis maltraiter, j'entends de vous offenser par aucun emportement de paroles rudes et piquantes, qui blessent et qui aigrissent, qui témoignent du mépris, de l'aliénation et trop de fierté ; et même de dire aucune chose contre le respect que vous vous devez les unes aux autres, de faire des divisions entre vous et de parler contre les personnes consacrées à Dieu, cela étant tout à fait indigne de vous et opposé aux devoirs de votre état vraiment saint. Supportez-vous donc toutes, et traitez-vous avec une charité sincère. « Prévenez-vous les unes les autres en honneur et en honnêteté[1], » comme vous conseille saint Paul. Et moi je vous conjure au nom de Dieu, et je vous l'ordonne même, de ne jamais vous parler qu'avec douceur, modestie et charité ; d'éloigner de votre conversation toutes ces paroles désagréables, contrariantes ou de raillerie ; en un mot, tout ce qui est contraire à l'union et à cette civilité qui doit paroître et qu'il faut faire régner dans vos entretiens. Parmi les grands et les princes du monde, nous voyons qu'ils se traitent tous les uns les autres avec honneur et respect, quoiqu'ils soient égaux en qualité, chacun d'eux se rendant honneur réciproquement sans craindre de se rabaisser : et n'est-ce pas se faire honneur à soi-même que de traiter avec honneur les personnes de même dignité ? C'est ainsi, mes Filles, que vous devez en user parmi vous : non que je désire une civilité affectée et mondaine, ce n'est pas celle-là que je demande ; celle que je vous

---

[1] *Rom.*, XII, 10.

recommande d'avoir entre vous doit être fondée sur ce que vous êtes à Jésus-Christ.

Hé quoi! mes Filles, pour qui vous prenez-vous ? Qui pensez-vous être, pour vous traiter avec tant de mépris et de grossièreté? Ne savez-vous pas que vous appartenez à Jésus-Christ, que « vous êtes rachetées d'un grand prix[1], » que vous faites la plus illustre portion de l'Eglise étant les véritables épouses du Seigneur, et que son Esprit-Saint habite en vous par sa grace ? Pourriez-vous manquer de charité et de douceur envers vos Sœurs ? Si vous considériez en elles un Jésus-Christ pauvre, un Jésus obéissant, un Jésus anéanti et humilié, un Jésus mortifié et crucifié, pour un jour le voir ressuscité et glorieux en elles; si vous aviez ces saintes pensées pour toutes vos Sœurs, n'est-il pas vrai que vous n'auriez pour elles que des sentimens de respect et d'estime, et que jamais il ne sortiroit une seule parole de votre bouche contraire à la charité ? Si on les consideroit comme les anges de la terre, on se garderoit bien de les mépriser. Mes Filles, occupez-vous de ces mêmes pensées à l'avenir : retenez la plus petite parole qui puisse désagréer à Jésus-Christ et contrister son divin Esprit, qui est au dedans de vous toutes : craignez de lui déplaire, et de l'offenser en la personne de vos Sœurs.

Il y a encore une chose dont vous devez vous abstenir pour maintenir et conserver la charité; c'est, mes Sœurs, de bannir de vos récréations et de vos entretiens ces partialités et contentions, qui naissent souvent entre vous pour de certaines différences. On dit : Les filles de celui-ci, les filles de celui-là : Pour moi, dit-on, je suis à ce directeur; l'autre dit : Je serai à cet autre; celle-là est la fille d'un tel ou d'un tel. Saint Paul, en pareilles partialités, parle ainsi aux Corinthiens : « Puisqu'il y a parmi vous de l'envie et du débat, n'êtes-vous pas charnels et ne parlez-vous pas selon l'homme, lorsque l'un dit : Pour moi, je suis de Paul ; un autre, d'Apollo : n'êtes-vous pas des hommes, de parler en ces termes[2] ? »

Ne pourrois-je pas vous dire ici la même chose que disoit l'Apôtre parlant à des hommes ? Il leur reprochoit qu'ils étoient de chair, parce qu'ils parloient ainsi en hommes. Moi, je vous dirai

---

[1] 1 *Cor.*, VI, 20. — [2] *Ibid.*, III, 3, 4.

aussi que vous êtes des filles, que vous parlez en filles. Et en effet dans cette rencontre n'êtes-vous pas des filles, et ne parlez-vous pas en vraies filles, lorsque vous tenez ces discours? Ne savez-vous pas, mes Sœurs, que vous n'avez qu'un seul Maître, qui est Jésus-Christ, qui vous est représenté par ses ministres? C'est à lui seul et à nous, qui vous tenons sa place, à qui vous appartenez et de qui vous devez dépendre absolument : les autres vous sont donnés seulement comme des secours, que l'on vous accorde simplement pour les temps où vous pouvez en avoir besoin. Si vous ne considériez que Jésus-Christ en ces personnes, vous ne feriez point de distinctions qui ne sont pas dignes des épouses du Seigneur. Ne parlez donc plus dans ces termes qui ressentent encore trop la chair et le sang : agissez d'une manière plus dégagée et éloignée de toutes bassesses. Vous êtes l'ornement de l'Eglise, que vous embellissez ; vous en êtes les victimes saintes, qui êtes consacrées à Dieu, et profitables au public par la profession de votre institut. Je vous regarde comme des anges sur la terre, comme les épouses de Jésus-Christ et comme les enfans de Dieu. Espérez donc miséricorde, puisque vous êtes enfans de miséricorde, formées à la louange de la grace de Jésus-Christ.

Voilà, mes Filles, ce que j'avois à vous dire pour votre perfection touchant le silence, l'union et la charité. Que chacune s'étudie à présent à l'observer, et tâche de se conformer à tout ce que je viens de prescrire. N'empêchez point le Saint-Esprit d'entrer en vous; n'apportez point de résistance ni d'obstacles aux graces qu'il a dessein de vous faire par mon ministère en cette visite. Vous me direz : Tout cela ne se fait pas tout d'un coup. Il est vrai, mais je vous répondrai qu'avec un grand désir et une volonté efficace on vient à bout de tout. Travaillez-y, mes Filles, et souvenez-vous toujours de ces paroles que je vous ai dites au commencement de ce discours : « Que tout homme soit prompt à écouter et tardif à parler. » Ecoutez Dieu parler au fond de vos cœurs ; écoutez-le quand il vous parle par l'organe de vos supérieurs et directeurs; enfin écoutez-le encore parlant en la personne de votre supérieure; et surtout je vous recommande d'être tardives à parler. Aimez le silence et le repos dans l'obéissance ; et n'ayez plus qu'un seul et unique désir, qu'une seule occupation, qui est le soin de votre perfection et avancement spirituel, et de faire du progrès dans la vertu.

ORDONNANCES

NOTIFIÉES

A NOS CHÈRES FILLES LES RELIGIEUSES
DE SAINTE-URSULE DE MEAUX,

AU CHAPITRE TENU DANS LEUR CHŒUR,

Le 4 avril 1685,

Pour conclusion de la visite régulière par nous faite les jours précédens (a).

L'office divin sera chanté sans précipitation et avec le plus de décence que faire se pourra, sans qu'un chœur anticipe sur un autre et gardant la médiation ; toutes s'affectionneront au chant, et aucune ne s'en dispensera sans nécessité.

(a) Après avoir fait le chapitre dans la visite pastorale dont on a déjà parlé, le saint évêque donna aux filles de Sainte-Ursule les ordonnances et les instructions qu'on lira dans le texte.
Les ordonnances, de même que le titre, ont été écrites de la main de Bossuet ; au contraire les instructions nous ont été conservées par une religieuse. On ne peut donc pas s'autoriser, comme l'a fait dernièrement un lexicographe trompé par les éditeurs, du nom de Bossuet pour justifier les mots qu'elles renferment, par exemple celui de *Auscultatrice*. Nous donnons ci-dessous ces instructions.
Voici, mes chères Filles, les ordonnances et les articles que j'ai dressés pour le bon règlement de cette maison. Je n'ai pas trouvé nécessaire d'en faire un si grand nombre ; je me suis contenté de vous en donner seulement quelques-uns à observer, que voici, vous renvoyant cependant aux ordonnances de visite cidevant faites fort amplement, en l'année 1669, dans lesquelles j'ai trouvé toutes choses expliquées fort au long : vous observerez tout ce qui vous y est ordonné : c'est mon intention, spécialement pour les parloirs : n'y demeurer que le temps marqué par la règle. L'on n'y demeurera pas durant l'office divin et les observances, tant que faire se pourra, ni pendant les temps et les heures du silence, l'on n'y parlera point de choses qui puissent scandalizer les personnes séculières ni les auscultatrices. Bref, vous vous y tiendrez dans la retenue et la modestie religieuse, convenables à votre état.

Mes Filles, ayez du zèle et de la ferveur pour bien chanter les louanges de Dieu. Quand l'office est bien chanté, sachez que tout le reste va bien ; au contraire, quand on ne s'acquitte pas bien de ses devoirs dans le divin office, on peut dire que rien n'est bien dans une maison. C'est une occupation sainte qui mérite toutes vos attentions : c'est la plus grande et la plus digne que vous puissiez avoir sur la terre, puisque vous avez l'honneur de parler à Dieu. Quand vous chantez ses louanges, vous faites ici-bas ce que les anges font dans le ciel. Acquittez-vous donc de cette excellente et sublime action le plus parfaitement que vous pourrez : apportez-y toute l'application nécessaire, et faites en sorte qu'un chœur n'anticipe pas sur l'autre. La sainte Eglise commande que l'office divin soit fait sans interruption : ces anticipations d'un chœur à l'autre font des interruptions en ce saint exercice ; c'est pourquoi faites les pauses, et observez exactement la médiation.

Ici, mes Filles, faites une belle réflexion. Il est remarqué dans la sainte Ecriture qu'il se fit un grand silence dans le ciel [1] ; et que les anges, durant ce silence, rendoient leurs hommages et leurs adorations à la suprême majesté de Dieu. Que signifie ce silence mystérieux que firent les anges dans le ciel? Il doit vous imprimer un profond respect pour la majesté de Dieu, lorsque vous chantez ses louanges ; c'est pour vous apprendre par ces célestes intelligences que toute créature, soit au ciel ou en la terre, doit demeurer dans le silence et se taire pour adorer et admirer la grandeur de Dieu. Admirez donc et adorez celui à qui vous avez l'honneur de parler : faites de temps en temps ce silence à l'imitation des anges, observant bien la médiation ; et puis derechef chantez comme eux alternativement, chœur à chœur, les louanges de votre Créateur et Seigneur. Si chacune avoit application à faire cet acte d'adoration et d'admiration dans le temps de la médiation, il seroit plutôt à craindre qu'elle fût trop longue que trop courte.

Les Sœurs éviteront toute partialité, spécialement dans les choses où il est besoin d'avoir recours à notre autorité pour être pourvu au bien commun, et s'abstiendront d'en faire des entre-

---

[1] *Apoc.*, VIII, 1.

tiens inutiles : elles se contenteront de nous représenter les vues qu'elles en auront, demeurant cependant en paix et se conformant avec soumission aux ordres qui leur seront donnés dans le temps.

Dans les visites l'une ne suggérera pas à l'autre ce qu'elle dira : chacune déclarera ses pensées avec simplicité. L'on a fait quelques fautes dans cette visite sur cet article ; ce qui m'a obligé de vous en faire avertir, en ayant eu connoissance. Cet avis vous servira dans les visites à venir ; on n'a pas observé cela en cette visite-ci ; il faudra y prendre gardé dans les autres. Soyez plus fidèles, mes Filles, que vous ne l'avez été en celle-ci.

On évitera les amitiés privées et communications secrètes, sous telle peine qu'il conviendra décerner : les vocales qui récidiveront dans cette faute avec scandale, seront privées du chapitre ; de même, si elles déclarent aux personnes intéressées ce qui aura été dit contre elles.

Pour les amitiés particulières et communications dangereuses, je veux que vous les évitiez comme les pertes de la religion, et que vous les fuyiez comme des sources de division et de vices. Ayez-les en horreur, et qu'il ne s'en trouve jamais dans cette communauté de semblables. Je n'entends pas toutefois par là défendre absolument tous entretiens et communications ; j'en trouve parmi vous de saints et de bons, qui sont même utiles : ils le seront toujours, s'ils ont les conditions qu'il faut pour être parfaits ; savoir qu'ils soient rares, brefs, modestes et avec permission de l'obéissance ; s'ils sont réglés de la sorte, je ne les désapprouverai pas.

A l'égard du secret du chapitre, que les vocales soient là-dessus fort réservées. Vous savez par expérience les inconvéniens qui en sont arrivés par le passé : il pourroit encore en arriver de plus grands à l'avenir, si vous n'y veilliez autrement ; prenez-y garde : voici un article de conséquence ; pensez-y, mes Filles.

Les Sœurs n'entreront pas dans les cellules les unes des autres sans permission de la mère supérieure ; on se gardera bien d'en emporter secrètement d'autorité privée, ni livres, ni écrits, sous peine de désobéissance.

Elles se rendront ponctuelles au confessionnal, de manière que le confesseur ne perde point le temps à les attendre.

Je vous exhorte, mes Filles, d'être fort exactes et fidèles à cette ordonnance pour la confession. Ce n'est pas avoir du respect pour le ministre de Jésus-Christ, que de le faire attendre au confessionnal après vous. Que chacune de vous soit à l'avenir plus diligente à se trouver, aux jours prescrits, aux heures marquées pour la confession. Le temps que vous faites perdre ainsi au confesseur seroit plus utilement employé à prier pour vous, et à présenter à Notre-Seigneur tous vos besoins, pour lui demander les lumières nécessaires pour travailler au salut et à la perfection de vos ames, dont il est chargé par son ministère. Quand vous allez au sacrement de pénitence, soyez pénétrées d'une forte componction de cœur : allez-y avec respect, avec humilité, avec soumission et surtout avec confiance, comme à Jésus-Christ même, de qui le confesseur tient la place. Ne faites point de certaines distinctions par rapport à l'homme : entrez dans l'esprit de la foi, fermant les yeux à toutes les vues humaines : n'envisagez uniquement que Jésus-Christ en la personne du confesseur, qui vous le représente pour lors en qualité de votre juge. Allez donc à ce tribunal avec un esprit sérieux, et soyez pénétrées d'une sainte frayeur, en vous considérant comme une criminelle en la présence de son juge.

Imitez la Madeleine, mes Filles; et souvenez-vous de sa diligence et de sa ferveur, lorsqu'elle alloit trouver Jésus-Christ pour entendre sa parole et pour obtenir la rémission de ses offenses. Quand elle savoit le lieu où Notre-Seigneur étoit et quand elle apprenoit qu'il la demandoit, jamais Madeleine ne s'en excusoit : elle ne se faisoit pas appeler plusieurs fois; mais promptement et sans différer, elle s'alloit jeter aux pieds de Jésus-Christ pour entendre ces favorables paroles : Tes péchés te sont pardonnés. Voilà, mes Filles, votre modèle; imitez cette illustre pénitente ; animez-vous par l'exemple de cette grande Sainte. Si vous aviez plus de foi, vous auriez de même un saint empressement de vous aller jeter aux pieds de votre confesseur, afin d'entendre les mêmes paroles d'absolution pour la rémission de vos péchés, puisqu'il vous représente Jésus-Christ dans ce sacrement. Si l'on s'occupoit de ces pensées, on se tiendroit devant le confesseur avec tout le respect et la modestie requise : on l'écouteroit avec humilité, avec soumission, en esprit de foi : on se prépareroit sérieusement ; on se garderoit bien de se répandre en des discours frivoles, et l'on ne dissiperoit pas son esprit vainement, au lieu de se disposer à une si sainte et si grande action.

Les religieuses du Juvenat seront sous la conduite de la mère assistante : cependant la mère supérieure continuera d'en prendre soin jusqu'à la fin de janvier prochain.

Pour de bonnes raisons, jugées telles par les supérieurs, on a trouvé à propos d'en décharger ladite mère assistante durant ce triennal ; cependant dans le temps elle en aura la direction, comme il est convenable à sa charge.

Les Sœurs prendront garde qu'elles ne s'ouvrent de rien, par aucune voie, aux pensionnaires et autres du dehors, des affaires ou difficultés qui pourroient arriver au dedans.

On ne donnera point deux charges de discrètes à la même personne sans nécessité, et qu'avec une mûre délibération des supérieurs.

Nous renouvelons les ordonnances des visites ci-devant faites.

Nous ordonnons que les présentes, et les autres ci-devant faites depuis l'année 1669, seront lues de trois mois en trois mois, et nous chargeons la mère supérieure de les faire lire et observer, et de tenir la main à l'exécution exacte.

Donné le 27 avril 1685.

† J. BÉNIGNE, *Evêque de Meaux.*

A LA MÈRE SUPÉRIEURE.

Ma Mère, je vous charge d'avoir l'œil et de tenir fortement la main à ce que toutes nos intentions et nos ordonnances soient soigneusement observées dans cette maison. Ne souffrez point de plaintes ni de murmures ; prenez garde que l'on aie pour les ministres du Seigneur le respect qui est dû à leur caractère. Ne souffrez pas non plus que vos Sœurs s'emportent, et empêchez qu'il ne se dise rien qui puisse altérer la charité et troubler la paix de cette communauté. Avertissez-nous dans ces occasions, et faites-nous connoître celles qui transgresseroient nos ordres. Faites surtout garder ce silence si nécessaire, que j'ai tant recommandé : et de toutes ces choses, je souhaite et je prétends que vous m'en rendiez compte, et je vous enjoins de le faire de temps en temps; moi-même je vous en interrogerai, et je m'informerai si elles sont religieusement observées.

Et vous, mes Filles, je vous exhorte derechef de travailler incessamment à votre perfection dans la paix et dans le silence. Que chacune de vous ne pense plus qu'à cette unique affaire, et à se bien acquitter de ce que l'obéissance vous donne à faire, chacune dans vos obédiences. Travaillez et agissez dans l'esprit de Jésus-Christ; prenez-le pour votre modèle dans toutes vos actions : voyez avec quelle perfection et obéissance il servoit Joseph et Marie; c'étoit son obédience que de leur être sujet et soumis en toutes ses actions, durant sa vie cachée : considérez bien ce bel exemple et vous y conformez parfaitement en cette vie, afin que vous puissiez être un jour unies éternellement à lui dans la bienheureuse vie de la gloire céleste.

TROISIÈME EXHORTATION

AUX URSULINES DE MEAUX (a).

Mes Filles, j'ai désiré de vous parler à vous autres en particulier, pour vous exhorter encore aujourd'hui à estimer extrêmement votre vocation et votre état; et j'ai voulu vous faire venir

(a) Prononcée aux Ursulines de Meaux, le 18 avril 1685.
Pendant la visite pastorale dans ce monastère, le pieux évêque fit réunir les professes du noviciat, et leur donna les instructions qu'on va lire.
C'est toujours à une religieuse qu'on doit le texte, plus ou moins exact, du discours.

ici toutes en ma présence, pour vous animer derechef à vous perfectionner par les meilleurs et plus solides moyens que vous avez dans votre état, et que vous devez fidèlement suivre. Ces jours passés je vous ai fait dire une chose que j'estimois que vous devez faire touchant le plus important de ces moyens, qui est la retraite. Vous m'avez fait paroître là-dessus vos bons sentimens, m'ayant toutes marqué le désir que vous aviez d'observer avec exactitude ce que je vous ai ordonné sur ce point, qui vous est de si grande conséquence.

Vous êtes déjà à Jésus-Christ et vous lui appartenez par votre consécration, puisque vous êtes professes ; et vous êtes heureuses de ce que Dieu prend un soin particulier de vous. Mais j'estime encore extrêmement votre bonheur de ce qu'étant obligées de tendre à la perfection du christianisme, vous êtes dans le plus favorable temps pour vous y avancer et pour vous y bien établir. Je considère beaucoup l'avantage que vous possédez dans ces années de noviciat où vous voilà encore. La religion vous y retient pour vous mieux former, et pour vous mieux revêtir de son esprit. Jésus-Christ a sur vous un regard tout particulier de bienveillance et de grace, et il vous le témoigne par ce plus grand soin que l'on prend de vous. On vous cultive davantage ; on vous destine tout exprès une mère pour veiller plus particulièrement sur vous, et pour vous inspirer les dispositions que vous devez avoir et qu'il faut que vous établissiez pour le fondement de votre vie religieuse. On vous tient sous une discipline plus exacte ; et vous avez pendant ce temps plus de facilité pour vous avancer dans la perfection chrétienne et pour acquérir les vertus religieuses, vivant plus séparées et hors des emplois plus capables de vous distraire. Vous n'avez en cet état que l'unique soin de votre avancement : travaillez-y par la retraite. Ce qui vous y avancera, ce sera la retraite, la séparation des créatures, l'amour de la solitude, l'attention à ne se point répandre çà et là, à ne point parler aux créatures, à ne point faire parler en vous les créatures, mais à se former une habitude d'un saint recueillement pour parler à Dieu et pour l'écouter parler en vous.

C'est là, mes Filles, le désir que vous devez avoir de vous rendre dignes que Dieu vous parle, de vous disposer à traiter avec lui, et de ne point perdre les moyens que vous avez pour vous procurer ce grand avantage. Je vous regarde comme le fondement sur lequel Dieu veut établir l'édifice de la religion, puisque c'est dans le noviciat que se doivent former celles qui après composent la communauté. Pour y être utiles, il faut premièrement que vous soyez bien fondées en la vertu par un bon noviciat, où vous ayez bien employé le temps et travaillé à votre perfection, et cela par la séparation des créatures, sans laquelle vous ne pourrez acquérir aucune vertu : et ce seroit, à la vérité, une chose bien ruineuse et bien préjudiciable, de voir une fille sortir du noviciat sans y avoir acquis les bonnes habitudes et la pratique des vertus nécessaires pour tendre efficacement à sa perfection, et pour y faire tous les jours de nouveaux progrès le reste de sa vie. Cela seroit bien dommageable et pour elle et pour toute la maison, dont l'ordre est troublé et détruit par le défaut de vertu solide. Or cette solide vertu consiste principalement dans le soin que vous devez prendre de cultiver très-soigneusement, chacune en votre particulier, la grace de votre vocation sainte, par la récollection intérieure et par la séparation des créatures.

Croyez-moi, mes Filles, et je vous l'ai déjà dit, vous n'avancerez qu'à mesure que vous vous affectionnerez à désirer et à rechercher la retraite et le silence. Ce sera ce silence qui vous établira solidement dans les vertus qui soutiendront votre conduite, et qui en feront toute l'économie pendant tout le reste de votre vie ; et quand vous serez à la communauté, à moins de cela jamais vous n'y pourrez être de bonne édification, et vous n'y vivrez point en vraies religieuses. C'est donc dans cette retraite qu'on ne peut assez vous recommander, que vous cultiverez, que vous goûterez et que vous conserverez le fruit d'une vocation si sainte : sans elle vous ne le pouvez faire ; sans elle vous ne trouverez jamais que du déchet en votre ame, du désordre dans votre conscience et du trouble dans votre cœur. Si vous vous épanchez facilement au dehors, vous ne pouvez retenir longtemps l'impression d'aucune grace, ni en faire nul profit : car les discours vains et inutiles ne servent qu'à dissiper, et à remplir l'esprit d'une multitude de choses qui l'empêchent de se porter vers Dieu son souverain bien. Les épanchemens au dehors offusquent l'ame de pensées attachantes qui sont de grands obstacles à l'oraison ; cela forme votre intérieur à un état de distraction, qui vous rend inhabiles à ce saint exercice de traiter avec Dieu.

Que l'on fait de grandes pertes par le manquement d'intérieur! Que l'habitude à tant parler cause de grandes omissions du bien, et fait tomber dans de grands maux! Si l'on connoissoit ce que l'on perd à se répandre inutilement à l'extérieur, on s'affligeroit avec grand sujet sur ces pertes. Que fait-on quand on préfère les entretiens des créatures à ceux de Dieu, sinon se livrer volontairement à son propre dommage? Et que faites-vous, mes Filles, lorsque vous vous remplissez des idées et des entretiens des créatures? Vous en êtes distraites, vous vous en occupez, vous en demeurez toutes pénétrées ; cela vous dissipe et vous traverse dans vos saints exercices. Vous portez cette impression dans la prière, et c'est ce qui vous ôte la présence de Dieu. Vous ne sauriez vous adonner à l'oraison, et vous y perdez le temps. Ainsi tout l'ouvrage de votre avancement spirituel est arrêté par ce déréglement et par cet épanchement au dehors.

Vous ne pouvez rien faire dans l'oraison, ni rien établir dans l'édifice de votre perfection, si pour traiter avec Dieu, vous n'entrez dans une grande disposition de solitude à l'égard de la créature. Il attend qu'il vous trouve silencieuses. Quand il trouve notre ame seule, dégagée des créatures et retirée avec lui tout seul, il la visite, il lui envoie ses lumières, il répand en elle ses graces, il lui découvre ses vérités ; c'est là où il nous remplit de la connoissance de nous-mêmes et de la contrition de nos fautes. En ce saint silence, si nous avons besoin d'humilité, nous recevons des impressions qui nous anéantissent : nous sommes occupés au dedans de notre ame de l'esprit d'une componction intime ; Dieu nous remplit de cette sainte horreur de nous-mêmes à la vue de nos indignités ; il opère en notre intérieur de secrètes, mais puissantes convictions de nos iniquités ; il nous abaisse et nous écrase comme des vers : enfin, mes Filles, sa bonté prend ce temps de retraite et il l'attend pour nous occuper, pour nous éclairer, pour nous purifier et nous changer par tous ces effets de sa grace. Dans ce saint commerce avec Dieu, vous formerez des résolutions efficaces pour la pratique des œuvres de la perfection du christianisme, qui fait la principale de vos obligations.

C'est le but où vous devez tendre sans cesse ; c'est là votre fin que vous devez toujours regarder, et non pas vous porter à rien de singulier. Il ne faut point vous proposer rien d'extraordinaire qui ressente l'élévation ; mais pourtant vous devez vous tenir disposées à vous exercer en la pratique des plus grandes vertus, si Dieu vous en donne les occasions. Car bien qu'une religieuse ne doive pas se porter d'elle-même à rien d'extraordinaire, elle est cependant obligée d'être fidèle à embrasser les actes des plus grandes vertus et de s'y porter avec fidélité, quand Dieu les exigera et s'il les demande d'elle. Le soin que vous devez avoir de votre salut et de votre sanctification doit vous rendre attentives et soigneuses de recevoir et conserver la grace ; mais vous ne le serez jamais, si vous vous répandez trop à l'extérieur et si vous ne vous récolligez pas.

Je sais que vous êtes toutes fort occupées. Il y a assez d'obédiences dans cette maison, et votre institut vous occupe bien du temps et vous emploie beaucoup. C'est pourquoi le peu de loisir qui vous reste, employez-le à rentrer sérieusement dans le sanctuaire de votre ame, où sans doute vous trouverez le Saint-Esprit. Ayez un saint empressement de vous donner à la retraite et de faire de votre cellule un petit paradis, estimant tous les momens où vous pouvez vous y retirer, afin d'y entendre parler Dieu en vous-mêmes et pour l'y écouter paisiblement et non-seulement pour l'écouter, mais pour le posséder. Car, mes Filles, il n'est pas de ce divin objet de notre amour la même chose que des créatures : souvent nous aimons ce que nous ne possédons pas, et au moins ce que nous ne pouvons pas toujours posséder. Mais en Dieu, nous avons ce bonheur et ce grand avantage, de ne le pouvoir aimer sans le posséder : aussitôt que nous l'aimons, nous sommes en possession de lui-même. Quand donc vous serez en obédience avec quelqu'une de la communauté, aussitôt préméditez tout ce que vous aurez à faire pour prendre toujours le parti du silence, et prévoyez comment vous ferez pour le garder partout autant que vous pourrez.

Après vous être acquittées des devoirs de vos offices, estimez-vous heureuses si vous pouvez ménager le reste du temps pour le consacrer à la retraite. Si vous y êtes véritablement affectionnées, vous ne consommerez pas vainement le temps, vous n'aimerez pas à le perdre ni à le mal employer : soyez-en ménagères ; et au lieu de le consommer à parler inutilement après l'acquit de vos obédiences, allez le passer en votre cellule en ouvrage et en silence ; et là, mes Filles, occupez-vous de Dieu et de sa présence : pesez l'état que vous devez faire de ces momens qu'il vous donne pour lui parler, pour vous entretenir de lui et avec lui.

Combien précieux ces momens qui nous mettent en état d'écouter Dieu parler en nous-mêmes ! Dieu qui se plaît à se communiquer à une ame, quand il la trouve dans une entière oubliance et séparation de tout ce qui est hors de lui ; Dieu qui observe et qui attend ce temps favorable pour prendre une possession intime de l'intérieur, pour y établir son règne, et qui le dispose à ses graces dès que notre cœur le cherche dans la récollection véritable ; Dieu qui visite l'intime de ce cœur pour en faire son temple, sa maison vivante et animée, pour contenir son immense et incompréhensible grandeur ; Dieu qui porte des lumières dans le fond de l'ame recueillie, tantôt comme juge pour la remplir du regret de ses fautes, tantôt comme Souverain et Tout-Puissant pour la remplir du sentiment de sa présence et de sa majesté, et la former à des états d'abaissement et d'anéantissement devant lui ; Dieu qui communique sa sainteté à ses créatures par des impressions de pureté et des désirs qu'il leur donne de séparation pour les choses de la terre ; Dieu qui leur confère cette même pureté, et qui les dispose à traiter familièrement avec lui, en leur imprimant une chaste crainte de lui déplaire et les rendant amoureusement désireuses de lui plaire ; Dieu qui prend une secrète possession d'une ame qu'il trouve fidèle à se séparer des vaines joies et des vains amusemens de la terre, et qui la comble de délices en lui faisant part de sa même joie ; Dieu qui lui ouvre des sentiers admirables de paix, de consolation et de douceur, quand il la trouve à l'écart, seule avec lui, séparée des objets créés, et fuyant tout engagement avec les créatures.

Mes Filles, j'ai eu bien raison de vous le dire : on fait des pertes déplorables par le défaut de silence. Pleurez celles que vous avez faites et réparez-les à l'avenir, vous rendant fidèles à retrancher tout discours inutile et superflu. Etablissez en vous-mêmes ce silence, inspirez-le dans les autres ; et croyez que c'est l'élément de votre perfection d'être retirées, intérieures et récolligées. Attendez plus de fruit de cette conduite que de tous les entretiens avec les créatures, quelque saints qu'ils puissent être. Votre avancement ne dépend point de traiter avec les créatures ; persuadez-vous plutôt, comme il est vrai, qu'il est attaché à parler peu aux hommes et beaucoup à Dieu. Apprenons aujourd'hui à nous passer de toutes les créatures, et à ne chercher de consolation qu'en Jésus-Christ.

Et à quoi servent tant de discours, entretiens inutiles, et tant de paroles superflues, sinon à vous ôter ces grands biens et à vous faire de grands maux en vous dissipant ? Cela vous remplit de trouble et d'inquiétudes, et vous ôte l'Esprit de Jésus-Christ, qui ne se trouve que dans la paix et dans la fidélité à se retirer en son intérieur. D'où viennent tant de désirs de parler, sinon de cette nature qui veut toujours se satisfaire en la créature et parmi les sens, et qui nous détourne de Dieu pour nous convertir vers les choses de la terre ?

Non, mes Filles, il ne faut plus que vous suiviez ces mouvemens qui vous ont attirées dehors ; il faut rentrer en vous-mêmes et que vous vous passiez, le plus qu'il vous sera possible, de tout ce qui n'est point Dieu pour le faire occuper tout seul votre cœur et vos pensées. N'ayez d'entretien avec personne, à moins qu'il n'y ait du besoin : évitez par là de grands écueils, qui font obstacle à la pureté de la vie. Saint Jacques dit que de la langue viennent tous les péchés qui se commettent[1]. La paix seroit toujours dans les communautés si l'on savoit gouverner sa langue. Car d'où procèdent tant de fautes ? D'où vient que l'on a de petites antipathies, que l'on fait des médisances, que l'on raille, que l'on se plaint, que l'on murmure et que l'on voit de certains éloigne-

---
[1] *Jacob.*, III, 6.

mens les unes des autres, qui forment les divisions? Tous ces défauts ne viennent que du déréglement de la langue et du défaut de silence; et si l'on ne parloit point, et que vous vous tinssiez dans votre retraite, tout cela n'arriveroit pas. Le manquement de silence cause toutes les fautes contre la charité, qui se trouvent dans les maisons religieuses. Aussi saint Jacques nous dit : « Que l'homme soit prompt à écouter et tardif à parler [1]. » Qu'entend-il par là, sinon qu'il faut apprendre à ne parler que pour les choses nécessaires? Que veut dire cela, si ce n'est qu'on doit écouter celles qu'il faut qui nous parlent, mais les écouter d'une manière qu'elles ne nous distraient point, et ne nous empêchent pas d'entendre parler Jésus-Christ dans le fond de notre ame?

Faites si bien que vous contractiez une sainte habitude de ne parler précisément que lorsque quelque nécessité vous y oblige; faites-vous-en une loi, et mettez-y votre plaisir. La pratique fidèle de ce point vous en fera goûter l'exercice. Rendez-vous-y soigneuses, mes Filles; ayez toujours un nouveau désir d'en faire l'expérience. Lorsqu'une ame pressée du désir de se perfectionner, fait de suffisans efforts pour obtenir cette grace de récollection et s'y adonne sérieusement, il arrive que par le moyen de son silence elle obtient le silence; je veux dire que venant à goûter le bonheur de sa solitude, elle en chérit et en recherche la possession : elle ménage les moindres momens de cette sainte retraite, et elle les estime précieux. On voit cette religieuse se renfermer dans sa petite cellule, parce qu'elle est toute animée des dispositions qui lui font aimer sa solitude, et la préférer à toutes les conversations et à tous les divertissemens de la terre.

Ainsi, mes Filles, avec un peu d'application à ce que nous vous disons, vous ferez vos délices de cette pratique et de ce saint exercice, de laisser parler Dieu intérieurement dans votre cœur. Tout aussitôt qu'il vous trouvera seules, vous entendrez sa voix et vous sentirez sa présence par certaines touches de grace : vous vous trouverez tout abîmées devant lui dans un profond sentiment de respect pour sa majesté; vous y produirez des actes intérieurs de toutes manières, qui vous disposeront à l'oraison et vous en con-

[1] *Jacob.*, I, 19.

féreront l'esprit ; vous serez dégagées et purifiées des dispositions grossières, dont les sens et la nature font des impressions si fréquentes et si imparfaites. Ce sera dans la séparation et en vous retirant seules auprès de Dieu, que vous posséderez ces graces et jamais parmi les discours et les fréquentations inutiles avec les créatures.

Faites donc taire chez vous toutes les créatures ; et vous-mêmes, quittez tout entretien de pensée avec elles, afin d'être en état que Dieu vous parle. Observez de ne point parler pour vous-mêmes : voilà une bonne règle du silence. Il ne faut point parler pour soi-même, mais seulement pour la gloire de Dieu, pour le bien du prochain, pour la charité ; et comme Jésus-Christ est votre modèle, voyez l'exemple qu'il vous en donne pendant sa vie : chose admirable, que l'on ne nous ait pu dire qu'une seule parole q'uil ait dite durant trente ans, qui fut lorsque sa mère le cherchoit !

En sa passion il a fait usage d'un perpétuel silence. Voyez-le chez Caïphe, il répond pour rendre témoignage à la vérité : devant Pilate, il parle pour l'instruire ; hors de là, quel silence ! Il n'a jamais parlé pour soi : lorsqu'il étoit accusé et calomnié, il ne répondoit rien ; et quand la vérité l'a obligé de parler, il l'a fait en peu de paroles. Apprenez donc de lui le silence ; aimez à être seules, après l'acquit de vos emplois. Occupez-vous à aimer Jésus-Christ, à penser à lui : méditez sa passion, lisez ses paroles, goûtez ses maximes, aimez d'être abandonnées des créatures, pesez les états d'abandon de Jésus-Christ ; voyez-le seul, délaissé. Ce divin Sauveur nous est d'un grand exemple dans tous ses mystères. C'est sur lui, mes Filles, qu'il faut vous imprimer bien avant cette vérité : Il n'y a que Dieu dont je doive attendre ma perfection ; et partout trouver moyen de pratiquer l'éloignement et la solitude des créatures. Quand on y a mis son affection, on la trouve en tout temps, en tous lieux.

C'est donc là, mes Filles, ce qui m'a fait vous parler en particulier, vous assembler toutes ici en ma présence pour vous donner cette instruction, qui n'est pas simplement un avis et un conseil : ce n'est pas seulement une exhortation ; mais c'est un précepte que je vous donne, et que Dieu m'a inspiré de vous enjoindre.

Recevez-le de la part du Saint-Esprit, qui m'a porté à vous le donner ; ressouvenez-vous bien de ce jour, et ne l'oubliez jamais. Je vous ai trouvées toutes, ce me semble, dans de bons désirs : ce sont vos bonnes dispositions qui me font espérer que vous ferez profit de cette ordonnance ; gardez-la donc soigneusement, et priez Dieu pour moi ; je le prie de tout mon cœur qu'il vous bénisse.

QUATRIÈME EXHORTATION

AUX URSULINES DE MEAUX (a).

J'étois faché, mes Filles, de n'être pas venu hier solenniser les saints mystères de la Croix avec vous ; mais j'ai l'expérience que tous les jours sont bons et saints, et que toutes les solennités de l'Eglise ont leurs lumières propres et particulières pour la sanctification des ames. Ce sont autant d'astres lumineux et d'étoiles brillantes qui ornent l'Eglise, et qui nous illuminent par les influences de leurs lumières. Je trouve heureusement qu'aujourd'hui se rencontre la fête de sainte Monique, qui est votre modèle, mes Filles, en l'exercice de votre institut, dans son zèle, dans sa charité, dans le soin et la sollicitude qu'elle a eus et par les travaux qu'elle a soutenus, n'épargnant rien pour obtenir et pour procurer la conversion de son fils. Hé ! ne savez-vous pas que ce sont ses soupirs et ses gémissemens, ses larmes et ses continuelles prières qui ont enfanté saint Augustin à la grace? Que voilà une belle idée pour vous conduire dans vos emplois, et dans tout ce que vous avez à faire dans l'instruction des enfans!

Il est vrai que vous ne trouvez pas dans cette jeunesse, qui vous est confiée, les grands crimes qu'avoit sainte Monique à combattre et à détruire (b) dans son fils ; quoique cela ne soit pas,

---

(a) Prononcée à la fin de la visite pastorale, le 4 mai 1685.
Toujours d'après les indications et le rapport d'une religieuse.
(b) Var. : A combattre et à déraciner.

elles ont néanmoins le principe de tous les vices, par cet héritage funeste que nous tenons d'origine. Notre mère Eve est la première qui a péché : le mal a commencé par une femme ; le péché s'est introduit par votre sexe ; il s'y achève, il s'y perpétue et se dilate dans tous les âges. Cette source maligne se trouve en ces jeunes filles, et se répand dans tout le cours de leur vie. Quand donc vous en voyez d'épanchées, sujettes à discourir, opiniâtres, rebelles, qui se portent à l'oisiveté, et surtout indociles, vous ne sauriez trop gêner celles que vous voyez enclines à ces mauvaises dispositions ; et ce doit être là le sujet de vos larmes et de vos gémissemens (a). Vous devez prier et soupirer pour elles devant Notre-Seigneur, sur le préjugé des grands maux qui en peuvent arriver dans la suite : car l'indocilité est le commencement de tous les vices ; et cette charité, qui fait profiter dans le salut, doit non-seulement vous affliger et vous causer des gémissemens en la présence de Dieu ; mais il faut encore qu'elle vous anime à travailler fortement pour déraciner jusqu'aux moindres semences du mal, parce que l'efficacité malheureuse du péché se développe avec l'âge.

Vous devez donc, mes Filles, veiller beaucoup sur elles et sur vous-mêmes dans l'exercice de votre institut, lorsque vous y êtes employées, pour faire en sorte qu'elles ne voient rien en vous qui ne les porte au bien et qui ne leur persuade la vertu ; et surtout ne soyez point oisives devant elles, parce que vous leur devez l'exemple. Je vous recommande très-expressément de ne les point porter à avoir cet air de distinction des modes et des vanités du monde : car de la vanité qui les porte à l'immodestie, on tombe malheureusement dans l'impureté. Je sais bien qu'il y a des parens qui les aiment de la sorte, et qui les veulent voir ce qu'on appelle enjouées, agréables et jolies ; mais, je vous prie, n'ayez point de condescendance pour eux, ne les écoutez point, tenez ferme ; et faites-leur entendre que le plus bel ornement d'une fille chrétienne est la modestie, la pudeur et l'humilité. Voilà les dispositions qu'elles doivent avoir sortant de chez vous ; voilà ce qu'elles doivent apprendre auprès des Epouses de Jésus-Christ et

(a) *Var.* : Et de votre douleur.

entre leurs mains : c'est de conformer leurs mœurs à la piété et aux maximes du christianisme, pour animer de cet esprit tous les états et toutes les actions de leur vie.

Pour vous, mes Filles, renouvelez-vous dans tous vos bons propos, je vous y exhorte par les entrailles de la miséricorde de Dieu; renouvelez-vous et souvenez-vous de la sainteté de votre vocation, et pourquoi vous avez quitté le monde : ç'a été pour vivre dans la retraite, dans la solitude et de la vie de Jésus-Christ, séparées du tumulte et des embarras (*a*) du siècle, et pour vous unir à Dieu dans cet heureux état de séparation de toutes les choses d'ici-bas. Mais souvenez-vous aussi que le démon travaille incessamment pour vous perdre (*b*), et pour détruire en vous l'œuvre de Dieu; et s'apercevant des bons effets qu'a déjà produits la visite, il fera comme il est dit dans l'Evangile [1] : étant sorti d'une demeure qu'il avoit occupée, la trouvant nette et purifiée, il se propose d'y revenir; il lui donne de nouvelles attaques, et appelle ses semblables pour user même de violence. Ainsi après avoir été chassé et contraint de s'éloigner de ce lieu par les graces que Dieu vous a conférées par notre ministère en cette visite, voulant s'approcher encore de cette maison qu'il avoit tâché de troubler et d'inquiéter ci-devant par ses ruses, la trouvant, dis-je, maintenant dans le repos et dans le calme, ornée et parée, cet ennemi de la paix viendra, n'en doutez point, mes Filles, pour attaquer derechef la place. Cet ennemi (*c*) de votre salut redoublera ses suggestions, et fera tous ses efforts pour y rentrer par de nouvelles batteries.

Veillez donc et priez de peur de la tentation, car la chair est infirme : craignez, mes Sœurs, ce serpent qui entre et qui s'insinue par les sens, en glissant son venin malicieusement et imperceptiblement; défiez-vous de cet esprit rusé, ce n'est qu'un trompeur. Il vous dira comme à nos premiers parens : « Vous serez comme des dieux [2]; » mais ne l'écoutez pas, ne vous laissez pas séduire. Car que prétend ce malin par ce langage, sinon de vous faire raisonner, de vous faire présumer et de vous élever, en vous

---

(*a*) *Var.* : Du tumulte et des emplois. — (*b*) A votre perte. — (*c*) Adversaire.

[1] *Matth.*, XII, 43 et seq. — [2] *Genes.*, III, 5.

persuadant ce qui seroit contraire à la soumission et à la docilité? Il vous portera à vous imaginer que vous pouvez bien vous dispenser de cette humble obéissance, et de tant de renoncemens à vous-mêmes. Vous serez comme des dieux : je veux dire qu'il vous fera croire que vous êtes au-dessus de tout, que vous avez des lumières, de bonnes raisons : tout cela tendra à vous jeter dans l'indépendance. Ne croyez point ce tentateur ; ne vous laissez point séduire par les suggestions de ce serpent. Non, mes Filles, ce n'est point comme des dieux que vous devez être; c'est comme Jésus-Christ humilié et obéissant; c'est comme Jésus-Christ souffrant et crucifié qu'il faut que vous soyez : ce doivent être là toutes vos prétentions, tous vos désirs ne doivent vous élever qu'à tendre sans cesse à vous rendre en tout semblables à lui par les humiliations (a) de la croix. L'ennemi de votre bien pourra même vous dire, pour vous décevoir et pour vous tromper : « Vous ne mourrez pas [1]; » non, non, vous ne mourrez pas : ce n'est pas là grande chose, ce ne sera pas là un péché mortel (b) : quand je me dispenserai de cette soumission parfaite, de cette humble et paisible disposition, ce n'est point là si grande chose. Toutefois sachez, mes Filles, que tout péché volontaire dispose au péché mortel qui tue l'ame, et qu'il ne faut pas qu'une Epouse de Jésus-Christ se livre à aucune infidélité; quand même ce ne seroit pas un péché, vous devez appréhender et fuir tout ce qui est capable d'offenser les yeux de votre divin Epoux.

Renouvelez-vous donc aussi, mes Filles, dans l'esprit de votre vocation : souvenez-vous de votre consécration, de l'oblation et du sacrifice de vos vœux de chasteté, de pauvreté et d'obéissance.

Et premièrement la chasteté. La perfection de cette noble (c) vertu est un retranchement général de tous plaisirs des sens. Je n'entends pas parler ici de ces vices grossiers qui ne se doivent pas seulement nommer parmi nous, ni de la privation des plaisirs légitimes du monde : mais vous devez surtout la faire consister dans cette pureté intérieure de l'ame, dans cette mortifica-

---

[1] *Genes.*, III, 4.
(a) *Var.* : Dans les abaissemens. — (b) Un grand péché. — (c) Belle.

tion parfaite des sentimens de la nature ; ne souffrir nulle attache ni aucun désir de satisfaire les sens, pas le plus petit plaisir hors de Dieu; et de plus ne souffrir (*a*) aucun amour étranger, qui puisse partager vos cœurs. Car des épouses de Jésus-Christ ne le doivent jamais partager ni diviser pour la créature. Ce cœur est à lui : vous le lui avez donné tout entier lorsque vous vous êtes consacrées à son service. Fuyez donc, mes Filles, et ayez en horreur ces amitiés qui le divisent. Evitez comme un très-grand mal ces liaisons particulières; fuyez comme la peste les partialités, ces liens particuliers qui vous désunissent du général; c'est à quoi vous devez penser sérieusement. Qu'il n'y en ait donc point entre vous, mes Filles, à l'avenir, si vous voulez être parfaitement à Jésus-Christ votre Epoux.

Le vœu de pauvreté vous oblige premièrement à être pauvres en commun; c'est-à-dire, mes Filles, qu'il faut que vous ménagiez toutes le bien de la communauté, prenant garde à ne le point consommer sans véritable besoin. Que toutes aient le nécessaire, mais rien de superflu et d'inutile, non point par épargne ni par une avarice sordide, mais par un esprit de pauvreté et de vrai dénûment intérieur, qui vous fasse passer légèrement sur les choses de la vie humaine et qui vous rende fidèles à ne vous y pas répandre et attacher, mais plutôt à vous en dégager pour l'amour de Jésus-Christ, en qui vous avez toutes choses. Que l'esprit de cette humble pauvreté soit donc parmi vous : ayez soin de ne rien perdre, de ne rien dissiper et de ne rien laisser gâter. Epargnez le bien de la maison, parce que vous êtes des pauvres, et parce que c'est le bien de Dieu, dont il vous donne l'usage seulement pour votre besoin, et non pour vous permettre aucunes superfluités ni satisfactions inutiles. Les gens pauvres ne portent leurs pensées qu'aux choses expressément nécessaires dans leur état d'indigence, où nous voyons que le moindre déchet leur est de conséquence. Dans un triste ménage, un pot cassé est une perte considérable. Souvenez-vous donc, mes Filles, que vous êtes des pauvres et que vous devez par conséquent ménager le bien de la religion, qui appartient à Dieu; et qu'étant les Epouses

---

(*a*) *Var.* : **Ne conserver.**

de Jésus-Christ pauvre, vous devez chérir sa pauvreté. Il y a des occasions qui sont de légitimes objets de libéralité et où la piété l'inspire, comme la charité envers les pauvres, le soulagement des misérables et des affligés, et encore le zèle pour la décoration des saints autels, selon les moyens que Dieu en donne.

Mais il y a une seule chose, mes Filles, où vous devez toujours être libérales : c'est envers vos pauvres Sœurs infirmes et malades. Il ne faut point craindre ici de l'être trop à leur égard, puisque vous devez même prévenir jusqu'à leurs petits besoins pour éviter les sujets de plaintes et de murmures, quoiqu'il faille toujours mortifier la nature; mais quand elle est surchargée et accablée par la maladie, c'est alors qu'il faut la soulager avec douceur et charité, sans rien négliger ni épargner pour son soulagement. Toutefois il ne faut pas avoir égard aux petites délicatesses : il ne faut rien accorder à la nature, mais tout au besoin. Estimez donc, mes Filles, les malades; aimez-les, respectez-les et les honorez, comme étant consacrées par l'onction de la croix et marquées du caractère de Jésus-Christ souffrant. Comme il faut représenter les vrais besoins à la mère supérieure, c'est à elle aussi à y pourvoir charitablement; mais il se faut abandonner, et se dégager des trop grands empressemens de la nature. Faites état, mes Filles, de la pauvreté que vous avez vouée et que vous professez; aimez-la, même dans le temps de la maladie; et partout accoutumez-vous à faire tous les jours une circoncision spirituelle, qui vous fasse éviter l'inutilité et retrancher le superflu. C'est à quoi vous devez tendre, et ce que votre saint état vous demande et vous prescrit.

Pour ce qui est de l'obéissance, c'est le fondement solide de la vie religieuse. C'est en cette vertu, mes Filles, où l'on trouve la joie, la paix véritable du cœur et la sûreté entière dans l'état que vous avez embrassé. Ainsi vous devez mettre en cette vertu toute votre perfection. De plus vous devez y trouver le repos de vos ames, et chercher en elle un véritable contentement. Car hors de là vous ne rencontrerez qu'incertitude, qu'égarement et que trouble. Reposez-vous donc, mes Filles, entièrement sur l'obéissance, et regardez-la toujours comme le principe de votre avancement et de votre salut. Obéissez à vos supérieurs avec un esprit de douceur, d'humilité et de soumission parfaite, sans murmure ni chagrin. En toutes choses soumettez votre jugement à celui de l'obéissance, avec une entière docilité, ne donnant point lieu à votre esprit propre de raisonner et de réfléchir sur ce que les supérieurs vous ordonnent et sur les dispositions qu'ils font de vous. Obéissez-leur comme à Jésus-Christ : cherchez, mes Filles, la paix et le repos dans l'obéissance ; vous ne la trouverez pas ailleurs.

Je vous l'ai dit au commencement, et je vous le dis encore : soyez soumises, soyez dociles et parfaitement résolues de travailler à votre perfection ; vous y devez tendre et aspirer incessamment par la fidélité en la pratique de ces vertus. C'est votre état qui vous y oblige expressément, pour remplir dignement les devoirs de votre vocation, et vous acquitter de vos promesses et de vos vœux. Voilà l'unique désir que vous devez avoir : votre salut en dépend. Car rarement, faites attention à ceci, fait-on son salut en religion, si on ne tend à la perfection ? Non, je ne crois pas ; et ce n'est point mon opinion qu'une religieuse se sauve quand elle n'est point dans la résolution de tendre à cette perfection, quand elle n'y aspire point, et qu'elle n'y veut point travailler. Portez-y donc, mes Filles, tous vos désirs, aspirez-y de tout votre cœur ; travaillez-y sans relâche jusqu'à la mort : envisagez toujours le plus parfait ; ayez à cœur de garder les plus petites règles, sans toutefois trop de scrupule. Attachez-vous aux pratiques solides qui conduisent à la perfection, et non pas à ces craintes scrupuleuses qui ne sont point la véritable vertu. Ne craignez point de vous soumettre à certains petits soulagemens, aux jours de jeûne, que l'obéissance ordonne de prendre à celles qui sont dans l'emploi de l'institut. Ce n'est pas pour satisfaire la nature que l'on désire cela et qu'on vous l'ordonne, mais pour soulager et subvenir à la foiblesse et pour mieux supporter la fatigue et le travail de l'instruction. Vos règles sont bien faites ; elles ont été examinées et approuvées : celles qui vous ont précédées en ont usé de même. Allez en esprit de confiance ; marchez avec sûreté en obéissant, et quittez ces appréhensions frivoles : je vous décharge de toutes ces vaines craintes; je lève tous les scrupules : ce n'est point sur ces sujets que vous devez tant craindre, mais vous devez toujours appréhender la négligence en l'acquit de vos devoirs. Estimez et embrassez toutes les pratiques de la vie religieuse avec ferveur et amour. Car toutes ces choses vous conduiront infailliblement à la plus haute perfection : ce sont des degrés qui vous y doivent acheminer tous les jours. C'est dans l'exacte observance de vos vœux et de vos règles, où vous devez faire consister toute votre perfection. Ce n'est pas dans ces entretiens, ni dans ces belles paroles, ni même dans ces sublimes contemplations, vaines et apparentes, qu'elle consiste : non, ce n'est point dans toutes ces élévations de l'esprit, mais elle est uniquement et très-assurément dans la pratique d'une profonde humilité et parfaite obéissance.

Croyez-moi, mes Filles, et ne pensez donc plus qu'à votre perfection. Laissez-vous conduire sans résistance, je vous en conjure par les entrailles de la miséricorde de Dieu. Jusqu'à présent je ne vous ai parlé qu'avec douceur, charité, bénignité et miséricorde : je n'ai fait peine à personne; j'ai tout ménagé, tout épargné; j'ai même tout pardonné et tout oublié. Je n'ai point voulu faire confusion à personne; il n'y en a pas une qui puisse se plaindre d'avoir été traduite devant les autres; personne ne peut dire qu'on ait diminué sa réputation, ni qu'on l'ait déshonorée en la présence de ses Sœurs. Mais que dis-je, déshonorée? Seroit-ce un déshonneur pour une religieuse, de lui faire trouver et pratiquer l'humilité? Bien loin donc de reprendre et corriger personne, je vous ai toutes mises à couvert jusqu'à présent; j'ai usé de toutes sortes de douceur : mais si à l'avenir il y en avoit, à Dieu ne plaise! quelques-unes indociles, désobéissantes à nos ordres, rebelles à nos lois, et qui ne fussent pas disposées à profiter de notre douceur et bénignité, qu'elles prennent garde d'irriter la colère de Dieu et de nous contraindre de changer notre première douceur en sévérité et en rigueur; qu'elles ne nous obligent pas à exercer sur elles la puissance ecclésiastique. Nous savons le pouvoir que l'Eglise nous donne par notre autorité épiscopale : nous n'ignorons pas que Dieu nous met en main cette puissance de l'Eglise, pour châtier les esprits rebelles et pour leur faire sentir toute sa sévérité.

Voulez-vous, disoit saint Paul à des gens opiniâtres [1], que je vienne à vous avec la verge en main et en esprit de rigueur, ou bien avec douceur et suavité? J'en dis de même ; si vous m'obligez de prendre cette verge de correction, cette verge, dis-je, qui est capable de confondre, d'abattre et d'écraser en vous anéantissant jusqu'au centre de la terre. Lorsque nous sommes contraints d'en frapper les désobéissans et contumaces et d'exercer ce pouvoir redoutable, cela est capable de faire trembler, et je frémis moi-même quand j'y pense; car c'est le commencement du jugement de Dieu, et même c'est l'exécution de la sentence qu'il prononcera intérieurement contre une ame rebelle et indocile. Au nom de Dieu, mes Filles, ne me contraignez pas de vous traiter de la sorte; soyez dociles et parfaitement soumises à toutes nos ordonnances; ne méprisez pas la grace; ne l'outragez point indignement : prenez-y garde, mes Sœurs. Quoi ! seroit-il possible qu'il y en eût quelqu'une de vous qui voulût nous percer le cœur et en même temps le sien, et me navrer de douleur par sa perte et sa rébellion? Ne me donnez pas ce déplaisir, et celui de me voir obligé d'accuser et citer au jugement de Dieu celles qui n'auroient point fait profit de nos paroles et de nos instructions. Pour éviter ce malheur, gravez-les, je vous conjure, au milieu de vos cœurs et de votre esprit; imprimez-les dans votre ame et généralement dans toute votre conduite intérieure et extérieure, et ne les oubliez jamais. Croyez, mes Filles, que tous nos soins, nos peines, nos veilles, nos sollicitudes, nos regards, nos paroles et enfin toutes nos actions sont formées et animées par l'esprit et la charité de Jésus-Christ, qui réside en nous par la dignité de notre caractère et sortent même des entrailles de la miséricorde de Dieu, pour vous conférer la grace à laquelle il faut que vous soyez fidèles; en sorte que vous ne pensiez plus qu'à servir Dieu avec tranquillité et perfection.

Ainsi, mes Filles, à présent que vous m'avez toutes déchargé vos cœurs, soyez en paix; et comme je vous disois au commencement

[1] I *Cor.*, IV, 21.

de cette visite, que tout ce que vous me diriez ma conscience en demeureroit chargée ; au contraire ce que vous me tairiez vous en demeureriez chargées vous-mêmes : vous y avez tout déposé, vous m'avez parlé toutes avec simplicité et ouverture de cœur. Demeurez à présent paisibles, soumises et dans la douceur, comme de véritables servantes de Dieu. Je vous puis rendre ce témoignage, pour votre consolation, qu'il y a dans cette maison de bonnes ames qui ont de la vertu, qui veulent la perfection et désirent beaucoup de se renouveler encore. Vivez donc en repos et dans le silence : ayez un soin et une vigilance toute spéciale de vous avancer de jour en jour dans les plus hautes vertus : marchez à grands pas à la perfection de votre état. Si vous continuez, mes Filles, dans les bonnes dispositions où je vous vois toutes, vous serez vraiment ma joie, ma consolation et ma couronne au jour du Seigneur. Voilà, mes chères Filles, ce que j'attends et espère de vous. Donnez-moi cette consolation, respectez-vous les unes les autres : je vous le dis et vous le recommande derechef. Car enfin, mes Filles, vous êtes l'ornement de l'Eglise, vous en faites la plus belle partie, vous êtes la portion et le troupeau de Jésus-Christ. Ne dégénérez pas de ces nobles et sublimes dignités ; ne démentez pas aussi cette qualité si auguste d'être les Epouses de Jésus Christ ; ne déshonorez pas votre mère la sainte Eglise, et ne blessez pas le cœur de son Epoux, qui seroit percé de douleur s'il ne vous voyoit pas tendre (*a*) à la pratique des vertus solides.

Après vous avoir exhortées à la perfection de votre état, comme j'y suis obligé par mon ministère, quoiqu'en perfectionnant les autres nous nous laissions tomber malheureusement tous les jours dans des fautes et qu'en veillant sur autrui nous ne prenions pas assez garde à nous-mêmes, je vous dirai comme saint Paul que je crains qu'après avoir enseigné et prêché les autres, je ne sois moi-même condamné de Dieu [1]. Demandez donc pour moi sa miséricorde, dont j'ai tant de besoin pour opérer mon salut, afin que je ne sois pas jugé au dernier jour à la rigueur. Je m'en vais,

---

[1] 1 *Cor.*, IX, 27.

(*a*) *Var.* : Aspirer.

mais ce ne sera pas pour longtemps; et si les affaires de l'Eglise m'obligent à m'éloigner un peu de vous, c'est par nécessité; et je puis dire avec saint Paul que si je m'absente de corps, je demeure en esprit avec vous [1]. Je ne vous oublierai point; vous serez toutes aussi présentes à mon esprit, et encore plus particulièrement depuis cette visite que devant.

Mais faites en sorte que j'aie la consolation d'entendre dire à mon retour qu'il n'y a plus dans cette maison qu'un même cœur en l'esprit de Jésus-Christ, par le lien d'une très-étroite charité; que je ne trouve ici rien de bas, rien de rampant, point d'amusemens; en un mot, faites que j'apprenne que l'on a profité de nos avis, de nos instructions et de nos ordonnances. Ah! que je souhaiterois, mes Filles, que vous pussiez toutes parvenir à cette parfaite conformité que vous devez avoir avec votre Epoux! Ce seroit pour lors que vous seriez remplies d'une abondance de graces que l'on ne peut pas exprimer. Quelle gloire pour vous d'être ainsi pénétrées de Dieu! Quel bonheur, quelle félicité, quel excès, quelle joie et consolation! Quelle exultation et quel triomphe au jour du Seigneur, auquel vous parviendrez toutes, comme j'espère et désire, par la miséricorde de Jésus-Christ, lequel je prie de vous remplir de grace en ce monde et de gloire en l'autre; et en son nom je vous bénis toutes.

Monseigneur ayant fini son exhortation, étant debout et près de monter au parloir pour revoir en particulier une seconde fois la communauté, dit encore, avant que de nous quitter, ce peu de mots, dignes d'être remarqués :

Ressouvenez-vous de la dignité et de l'état de votre profession, de la sainteté de votre vocation et des saintes obligations de votre baptême; et répandez continuellement l'esprit de ces grandes graces dans toutes vos dispositions intérieures et extérieures.

Ne vous occupez, mes Filles, que de votre perfection, allant toujours en avant vers votre patrie, oubliant les choses qui sont en arrière pour vous hâter de parvenir jusqu'à Jésus-Christ, parce

---

[1] I *Cor.*, v, 3.

que la distance est grande et le chemin est long pour arriver à ce terme qui est Jésus-Christ (a).

CONFÉRENCE

FAITE

AUX URSULINES DE MEAUX (b).

Quid hoc audio de te? Redde rationem villicationis tuæ.

« Qu'est-ce que j'entends dire de vous? Rendez compte de votre administration. » Ce sont les paroles de Jésus-Christ dans l'évangile de ce jour, en *saint Luc,* XVI, 2.

Je suis bien aise, mes Filles, de ne m'en aller pas sans vous dire adieu; mais c'est un court adieu, puisque je ne m'éloigne que pour peu de temps, et j'espère même que je serai ici le dernier jour de ce mois. Il me semble que je ne pouvois mieux choisir que ces paroles pour le sujet de cette conférence, pour vous laisser quelque chose qui soit profitable et utile à votre salut, et qui s'imprime dans vos cœurs.

Ces paroles de l'Evangile s'entendent d'un seigneur qui ayant donné ses terres et confié son bien à un certain homme et ayant appris qu'il en faisoit un mauvais usage, qu'il avoit tout dissipé, le fait venir en sa présence, et lui dit ces paroles : « Qu'est-ce que j'entends dire de vous? » quel bruit est venu à mes oreilles? J'ai appris que vous avez dissipé mes biens et en avez fait un mauvais usage : venez, rendez compte de votre administration.

C'est ce que Jésus-Christ dit à chacun de nous en particulier,

---

(a) Déforis dit ici : « A la fin du manuscrit on lit ces paroles : Les vierges sont le fruit sacré de la chasteté féconde des évêques. »

(b) Encore aux Ursulines de Meaux, pendant la visite souvent mentionnée.

Et d'après le rapport d'une religieuse, comme le lecteur ne le verra que trop. Dans le discours précédent, le tendre pasteur témoigne à ses ouailles le regret de n'avoir pu les visiter plus tôt; il les prévient dans celui-ci qu'il ne veut pas s'éloigner sans leur dire adieu. Attention délicate! touchant empressement!

et le premier sens de ces paroles peut être appliqué et entendu des pasteurs. Et il me semble que j'entends cette voix. Qu'entends-je, qu'entends-je de toi ? Rends compte, rends compte de ton administration. Où est cette charité pastorale ? où est ce zèle apostolique ? où est cette sollicitude ecclésiastique ? où est cette inquiétude spirituelle ? où est cette charité chrétienne ? où est ce soin de la perfection ? Quand je fais réflexion à ces paroles, je vous avoue, mes Filles, que cette voix me fait trembler. Que puis-je répondre, sinon : Mon Dieu, ayez pitié de moi ? Que puis-je faire, sinon attendre et demander la miséricorde de Dieu, et m'abandonner à sa providence ?

Mais il ne faut pas que vous pensiez que ces paroles soient mises dans l'Evangile seulement pour les pasteurs de l'Eglise et pour les personnes supérieures ; elles s'adressent aussi à tous les chrétiens et à vous, mes Sœurs, tout particulièrement. Car « on demandera beaucoup à celui qui a reçu beaucoup [1], » et on demandera peu à celui qui a reçu peu. Jésus-Christ nous dit dans l'Evangile que celui qui avoit cinq talens, on lui en demanda cinq autres ; et celui qui n'en avoit que deux, on ne lui en demanda que deux [2]. C'est le Maître qui parle, il n'y a rien à dire : sa parole est expresse.

Qu'avez-vous reçu ? Examinez un peu, mes Sœurs, les graces que Dieu vous a faites, non-seulement comme au commun des chrétiens vous donnant la grace du baptême et vous faisant enfans de Dieu ; mais encore la grace de la vocation religieuse, grace pour suivre les conseils évangéliques ; mais de plus vous donnant une abondance de lumières pour connoître les misères du monde, et les difficultés de s'y sauver. Envisagez un peu les occasions qu'il y a de se perdre dans le monde, les scandales, les médisances, les mauvais exemples, les sensualités, les dissensions ; et vous connoîtrez les graces que Dieu vous a faites en vous faisant entrer dans la religion, où vous ferez votre salut avec plus de paix, de repos et avec moins d'inquiétude que dans le monde, n'ayant point de plus grande affaire que l'unique soin de votre salut. Prenez que je vienne aujourd'hui, non pas comme une personne

---

[1] *Luc.*, XII, 48. — [2] *Matth.*, XXV, 20, 22.

particulière, mais de la part de Dieu, qui m'envoie vous demander compte de l'administration de tous ses biens. Qu'entends-je de vous? Rendez compte de votre ame et de votre vocation. Qu'entends-je dire de vous? Quelles sont ces négligences? quelles affections humaines! quel oubli de votre ame! de votre ame, non pas parce qu'elle est votre ame, mais à cause qu'elle appartient à Jésus-Christ.

Eh quoi! mes Sœurs, ne seroit-ce pas une désolation universelle et comment pourroit-on vivre et subsister, si ayant semé de bon grain dans ses terres, on ne trouvoit que de méchante ivraie? Je sais bien que la terre, pour produire ses fruits, a besoin de la rosée du ciel et des influences du soleil. Mais combien plus nos ames ont-elles besoin de ces pluies de grace, de ces rosées célestes, de ce soleil de justice qui nous donne la fécondité des bonnes œuvres! Il veut bien que nous nous servions des secours extérieurs, mais c'est lui qui donne l'accroissement.

Rendez compte d'un grand nombre de graces que vous avez reçues. N'avois-je pas semé de bon grain dans cette terre? D'où vient donc que je ne trouve que des ronces et des épines? Que font dans ce cœur ces affections humaines, cet oubli de Dieu et de sa perfection? Que fera-t-on de cette paille inutile, quand le Maître dira à ses serviteurs : « Que la paille soit séparée du bon grain; jetez-la au feu, et que le blé soit mis dans mon grenier[1]? » Mes Sœurs, si vous êtes cette paille inutile et qui n'est propre à rien, vous serez jetées au feu de la damnation éternelle; et le bon grain sera porté dans ces greniers non pas terrestres, mais dans ces tabernacles éternels.

Ah! qu'il faudroit souvent nous demander ce compte à nous-mêmes, afin qu'il n'y ait rien à redire, s'il se peut, à ce dernier et redoutable compte qu'il faudra rendre, que personne ne pourra éluder! Et c'est pour ce sujet que je vous le demande aujourd'hui, afin d'éviter cet éternel et épouvantable jugement, auquel il faudra que cette ame paroisse immédiatement devant Dieu, toute nue et revêtue seulement des bonnes œuvres qu'elle aura faites et pratiquées en ce monde.

[1] *Matth.*, XIII, 30.

Où est donc ce grand zèle de votre perfection, que vous devez avoir et qui doit animer toutes les actions et la conduite de votre vie? Combien devez-vous faire état de vos ames, qui ont été rachetées d'un grand prix, comme est le sang de Jésus-Christ? « Dieu a tant aimé le monde, qu'il a donné son Fils unique pour notre salut[1]. » Et il ne s'est pas contenté, cet aimable Sauveur, de venir une fois à nous dans le mystère de l'incarnation; il se donne encore tous les jours à nous par la sainte communion, dans le sacrement de son amour, pour embraser nos cœurs des plus pures flammes de sa charité et nous consommer en lui, comme il dit lui-même, « afin qu'ils soient tous en moi comme je suis dans mon Père[2]. » C'est Jésus-Christ qui veut que nous ayons avec lui la même union qu'il a avec son Père : jugez quelle perfection cela demande de vous.

Commençons donc à examiner sur vos vœux, et les obligations que vous avez toutes de tendre à la perfection de votre vocation. Que chacune mette la main à la conscience, et qu'elle considère si elle a cet esprit de pauvreté exact et détaché de tout, et même du désir d'avoir et de posséder quelque chose.

La pauvreté ne consiste pas seulement à vous dépouiller de tous les biens et de toutes les commodités superflues et inutiles; mais encore du plus intime de l'ame, par un dépouillement entier de toutes les pensées, désirs et affections aux choses du monde. Ce ne seroit pas avoir une véritable pauvreté, si l'on avoit le moindre désir et attachement pour les choses de ce monde, et si l'on se portoit d'inclination à ce qui est des biens de la terre. Car remarquez ce que dit saint Paul : « Une vierge ne doit s'occuper que du soin des choses du Seigneur, et de ce qui peut lui plaire[3]. » Si vous avez donc un désir, je dis un simple désir des choses de la terre, vous n'avez point la véritable pauvreté, qui demande un dégagement entier des moindres attaches, puisqu'elle ne vous permet pas un simple retour vers les choses de la terre pour votre propre satisfaction; mais il faut que toute affection étrangère soit anéantie en vous, pour que votre cœur soit tout rempli de l'amour de votre divin Epoux. Voilà une pensée bien profonde et une

---

[1] *Joan.*, III, 16. — [2] *Ibid.*, XVII, 21. — [3] I *Cor.*, VII, 32 et seq.

grande perfection à laquelle vous devez tendre, et à quoi vous devez faire de sérieuses réflexions.

Vous ne devez pas ignorer ce que c'est que d'embrasser la perfection évangélique, de faire des vœux de pauvreté, de chasteté, d'obéissance, puisque vous vous êtes engagées volontairement. Donc par la pauvreté intérieure et extérieure que vous avez vouée, vous avez renoncé aux biens, aux honneurs et aux plaisirs. Ce n'est donc pas pratiquer la pauvreté que d'avoir quelque chose en propre, parce que cela seroit contraire à la perfection de votre état, qui exige que vous soyez dégagées de tout.

Venons à la chasteté. La chasteté demande de vous une séparation entière de tout plaisir; c'est-à-dire, en un mot, ne pas donner la moindre satisfaction aux sens extérieurs, et renoncer absolument à tout ce qui peut satisfaire la nature et la concupiscence, et que vous soyez comme des anges par la pureté de vos pensées. Il faut avoir cette pureté de corps et d'esprit, pour ne pas souffrir la moindre affection sensible et humaine : il faut qu'il n'y ait rien entre Jésus-Christ et l'ame, entre l'Epoux et l'Epouse; il faut être pures comme les anges, afin de pouvoir être dignes d'être présentées devant le trône de Dieu.

Quelle doit être enfin, mes Filles, votre obéissance? Elle ne doit pas seulement être extérieure et pour quelque temps, mais toujours la même et perpétuelle, accompagnée des sentimens du cœur, de l'esprit et de la volonté. Car qu'est-ce qu'une obéissance extérieure et forcée? On dira : Il faut obéir seulement à l'extérieur : car si je me révolte et que je marque de l'empressement, on ne m'accordera pas ce que je demande, parce qu'on pourroit croire que je suis préoccupée de passion. Il faut avoir encore patience trois mois : on verra ce qu'il fera. On met ainsi des bornes, et on marque l'obéissance jusqu'à un certain temps. Est-ce là une obéissance ou plutôt, pour la bien nommer par son propre nom, n'est-ce pas une vraie désobéissance?

Je demande de vous, mes Sœurs, une obéissance et soumission d'esprit parfaite. Il faut prendre ce glaive dont Jésus-Christ parle dans son Evangile [1], cette épée, ce couteau à deux tranchans qui

[1] *Matth.*, x, 34.

divise le corps d'avec l'esprit; qui coupe, qui tranche, qui sépare, qui anéantisse la volonté, le jugement propre. Quand on veut ouvrir un corps, on se sert des rasoirs les plus fins et les plus délicats pour couper et séparer les muscles des nerfs, des tendons; on fouille partout dans les entrailles, jusqu'au cœur et aux veines les plus délicates; on sépare et on divise tout, jusqu'aux moindres petites parties. Ainsi il faut prendre cette épée à deux tranchans, qui coupe de tous côtés, à droite et à gauche; qui sépare et divise, qui anéantisse et retranche tout ce qui est contraire à l'obéissance, jusqu'aux moindres fibres.

Ces paroles de l'Evangile sont considérables et méritent une grande attention, pour atteindre à la pratique de l'obéissance : « Que celui qui veut venir après moi, se renonce soi-même [1]. » Ah! que ces paroles sont dures, je l'avoue, et qu'elles sont difficiles à embrasser! Ces paroles sont bientôt dites, et sont plus aisées à dire qu'à faire. Mais il faut que le sacrifice soit entier; il faut que l'holocauste soit parfait, qu'il soit jeté au feu, entièrement brûlé, détruit et consumé, pour être agréable à Dieu. Et comme il ne désire autre chose de vous, mes Filles, qu'une parfaite obéissance, travaillez-y donc; c'est le vrai moyen de parvenir à cette perfection à laquelle vous devez tendre incessamment. Tous les chrétiens y sont obligés : combien devez-vous plus vous y avancer, puisque vous avez beaucoup plus de moyens? N'ayez donc que ce soin, de vous occuper sans cesse de votre perfection. Car j'ai plus de désir, de soin, et de sollicitude de votre propre perfection que vous n'en pouvez avoir vous-mêmes.

Je puis vous rendre ce témoignage, et me le rendre à moi-même comme étant sous les yeux de Dieu, que je vous porte toutes écrites dans mon cœur et empreintes dans mon esprit. Je n'ai pour vous que des entrailles de miséricorde : je connois tous vos besoins, je sais toutes vos nécessités; et comme je vous ai dit plusieurs fois, j'ai tout entendu et n'ai pas oublié un seul mot ni une seule syllabe; rien n'est échappé à ma mémoire de tout ce que vous m'avez dit chacune en particulier. Ce n'est donc point pour m'exempter d'avoir cette sollicitude et cette sainte inquié-

---

[1] *Matth.*, XVI, 24.

tude que je ne me rends pas à ce que vous souhaitez ; au contraire plus je verrai que vous aurez d'obéissance, plus je serai porté à prendre un grand soin de votre avancement. Donnez-moi donc cette consolation : que je dise que vous êtes mes véritables filles sous ma main, car je suis jaloux du salut de vos ames.

Pourquoi croyez-vous, mes Filles, que je demande de vous une si grande perfection ? Est-ce pour moi ? m'en revient-il quelque chose ? Point du tout : je recevrai seulement bonne édification de votre vertu et de votre obéissance. Mais croyez que c'est principalement pour vous, pour votre salut, et pour éviter ce jugement terrible et cette condamnation qui se fera d'une ame qui n'aura pas fait usage des moyens de perfection pour assurer son salut. Travaillez incessamment à l'acquérir, et demeurez toujours dans les bornes d'une parfaite soumission à tout ce que l'on souhaitera de vous. Et pour ce sujet il est à propos et convenable de vous faire connoître, comme par degrés, les principes qui doivent vous diriger, et de vous instruire de l'ordre et de la discipline de l'Eglise. Car je crois que vous êtes filles de l'Eglise ; et par conséquent vous êtes plus capables d'en concevoir les règles, qu'il ne faut pas que vous ignoriez.

Apprenez donc, mes Filles, aujourd'hui sa conduite, et qu'elle ne se porte pas facilement ni légèrement à changer les personnes qui servent par leur ministère à la conduite des ames, et comme il y a une subordination dans les règles qu'elle observe.

Par exemple, les prêtres sont amovibles et les évêques sont perpétuels. Les prêtres dépendent et sont sous l'autorité des évêques, et ce sont les évêques qui les établissent dans les fonctions de leur ministère. Or quoique cela soit, on observe de ne les point ôter que pour des causes extraordinaires, et après avoir examiné leur conduite. Moi donc, à qui Dieu a commis le soin de ce diocèse et à qui, tout indigne que je suis, Dieu a mis cette charge sur les épaules, qui me fait gémir et soupirer à toutes les heures du jour par la pesanteur du poids qui m'accable, estimant mes épaules trop foibles pour le pouvoir porter ; moi qui me rends tous les jours, par mes péchés, digne des plus grands châtimens de la colère de Dieu,... Or je reviens, et je dis : Si Dieu eût permis que vous eussiez un méchant évêque, il faudroit bien que vous me souffrissiez tel que je serois, parce qu'étant votre pasteur, vous êtes obligées de m'obéir. Je le dis de même de ceux qui vous sont donnés par notre autorité pour la conduite de vos ames, à qui vous devez vous assujettir comme à Dieu, puisqu'ils vous sont donnés et établis et approuvés de notre autorité.

Vous me direz et me répondrez peut-être que l'Eglise ne vous contraint et ne vous oblige pas à cela. Il est vrai, puisque, en quelque façon, vous ne dépendez que de l'évêque seul. Mais que seroit-ce, mes Filles, si dans le corps humain tous les membres vouloient exercer les mêmes fonctions? Il faut que chacun demeure à la place qui lui est convenable. Je dis le même, mes Sœurs, de la subordination qui doit être parmi vous. Si l'obéissance n'est point gardée en cette maison, ce ne sera que confusion et un continuel désordre, tout ira à la division et à la ruine totale de la perfection.

Savez-vous, mes Sœurs, d'où viennent les schismes et les hérésies dans l'Eglise? Par un commencement de division et de rébellion secrète. C'en est là un commencement que je trouve ici. Prenez-y garde; car j'ai reconnu, dès le commencement de la visite, que les unes veulent trop, les autres pas assez : cela marque trop d'empressement et d'attachement à ce qui est de l'homme. Ecoutez ce que dit saint Paul au peuple de Corinthe : « J'ai appris qu'il y a des partialités entre vous;... l'un dit : Je suis à Pierre; l'autre dit : Je suis à Paul, moi à Apollo, moi à Céphas, et moi à Jésus-Christ. Jésus-Christ est-il donc divisé? Paul a-t-il été crucifié pour vous? Avez-vous été baptisés au nom de Paul [1]? » Mais saint Paul que répondit-il à ces gens-là? Leur dit-il : Laissez-moi faire, je dirai à Pierre qu'il se retire et qu'il ne vous parle plus; Apollo, Céphas, ne vous en mêlez plus : ne vous mettez pas en peine; je m'éloignerai moi-même, et ferai en sorte que Jésus-Christ viendra en personne vous conduire et vous gouverner en ma place? Eh! quel discours, mes Filles! Ne sommes-nous pas tous à Jésus-Christ, et Jésus-Christ n'est-il pas pour tous? Qu'est-ce que vous trouvez dans ce prêtre? J'ai examiné et approuvé

[1] I *Cor.*, I, 11-13.

sa conduite : il est de bonnes mœurs, il a la charité, il est rempli de zèle, il a l'esprit et la capacité de son ministère.

Enfin on veut pousser à bout. Fera-t-on, ne fera-t-on pas? Ah! le voilà dit : qu'on ne m'en parle plus. Je vous déclare que je le veux et que je ne changerai point : je serai ferme, et ne me laisserai point ébranler par tout ce que vous me pourriez dire, jusqu'à ce que le Saint-Esprit me fasse connoître autre chose, et que je vous voie toutes dans une si parfaite obéissance sur ce sujet, qu'il ne reste pas la moindre répugnance ni résistance sur ce qui a été du passé. Je veux vous voir dans une parfaite soumission à mes ordres; à moins de cela n'attendez rien autre chose de moi. Abandonnez-vous donc à moi, mes chères Filles, pour le soin de votre perfection. Je sais mieux ce qui vous est utile que vous-mêmes : j'en fais mon principal, comme si je n'avois que cela à penser.

Je vous conjure, mes Filles, de vous tenir en union les unes avec les autres, par ce lien de la charité qui unit tous les cœurs en Dieu. Que je n'entende plus parler de divisions, de partialités. Que l'on ne tienne plus ces discours : L'on parle plus à celle-ci, on ne parle point à cette autre; on parle rudement à celle-ci, on parle doucement à celle-là, on ne me traite pas comme certaines. Eh! les ministres de Dieu ne sont-ils pas à tous, et ne se font-ils pas tout à tous pour les gagner tous à Jésus-Christ? Vous vous arrêtez trop à ce qui est humain et extérieur, sans considérer la grace intérieure qui vous est conférée par le pouvoir du caractère, qui est dans ce ministre de Jésus-Christ. Ainsi vous recevez toujours l'effet du sacrement. Que ce soit de ce monsieur-ci ou de ce monsieur-là, que vous importe? Agissez surnaturellement et par des vues plus spirituelles et dégagées des sens.

Croyez-moi, mes Filles, mettez-vous dans ces dispositions, et vous expérimenterez une grande paix et tranquillité d'esprit. Qu'on ne voie plus entre vous d'ambition, d'envie, de jalousie. Qu'on n'entende plus parmi vous ces plaintes si peu religieuses : On élève cette personne, on la met dans cet office, et moi je n'y suis pas. Tous sont-ils propres à une même charge; et comme dit saint Paul, « tous sont-ils docteurs? tous sont-ils prophètes [1] ? » tous sont-ils capables d'un même emploi? Mais la vertu est utile à tous, et tous sont obligés de se rendre capables de la pratiquer. C'est pourquoi dilatez, dilatez vos cœurs par la charité ; n'ayez point des cœurs rétrécis, resserrés et petits : allez à Dieu en esprit de confiance, courez à grands pas dans la voie de la perfection, afin que vous puissiez croître de vertu en vertu, jusqu'à ce que vous parveniez toutes à la consommation de la gloire, que je vous souhaite en vous bénissant au nom du Père, du Fils et du Saint-Esprit.

Après que Monseigneur eut achevé sa conférence, il dit encore ce peu de mots, en s'adressant à notre Mère supérieure :

Ma Mère, je vous recommande cette communauté; soyez-leur toujours une bonne mère, comme vous leur avez été jusqu'à présent. Il faut que vous ouvriez vos entrailles et que vous élargissiez votre sein, pour les recevoir toutes et pourvoir à leurs besoins. De leur part, il faut aussi qu'elles se rendent obéissantes et soumises à ce que vous leur ordonnerez, sans vous faire peine.

INSTRUCTION

FAITE

AUX URSULINES DE MEAUX (a).

Si tacueritis, salvi eritis.

« Si tu te tais, tu seras sauvé, » dit un grave auteur. Ces paroles seront le sujet de notre méditation.

L'avant-propos montroit évidemment les défauts de la langue, et comme elle est la source et le principe universel de tous les

[1] I *Cor.*, XII, 29.

(a) Le titre indique le lieu du discours, mais rien n'en marque la date. Manuscrit d'une religieuse.

péchés et d'un grand nombre d'imperfections : ensuite il étoit prouvé comme le silence étoit le souverain remède, pour corriger tout d'un coup ce cours malheureux et les saillies de nos passions. Ainsi il est vrai de dire que le silence bien gardé est un moyen sûr pour faire son salut. *Si tacueritis, salvi eritis:* Gardez le silence, vous vous sauverez infailliblement sans beaucoup de peine.

Il y a trois sortes de silence : le silence de règle, le silence de prudence dans les conversations et le silence de patience dans les contradictions. Notre-Seigneur nous a donné de beaux exemples du silence dans tout le cours de sa passion et de sa vie : du silence de règle dans le berceau, dans son enfance, durant sa vie cachée; du silence de prudence dans sa vie conversante et publique ; enfin du silence de patience en sa passion, où ce divin Sauveur a tant souffert sans dire un seul mot pour sa défense et pour s'exempter de souffrir. Ces trois sortes de silence feront les trois points de notre méditation.

PREMIER POINT.

Considérons, chères ames, que Jésus-Christ a gardé le silence de règle admirablement dans son enfance. Il est de règle selon l'ordre de la nature; et Jésus-Christ s'assujettit à cette règle, lui qui est la Parole éternelle du Père, non-seulement comme les autres enfans, mais encore l'espace de trente ans entiers. Car l'Evangile dit qu'il n'a parlé qu'une fois, lorsqu'il fut au temple, où il instruisoit les docteurs pour montrer que s'il ne disoit mot, c'étoit pour apprendre aux hommes à garder le silence. Si donc, mes chères Filles, Jésus-Christ a été si exact dans ce silence, combien devez-vous à son imitation être fidèles dans l'observance de celui qui vous est prescrit par votre règle !

Nous voyons que les ordres religieux sont distingués les uns des autres : cet ordre-là par une grande pénitence et austérité de vie; celui-ci est destiné pour chanter incessamment les louanges de Dieu. Il y en a qui ne sont appliqués qu'à la contemplation; d'autres enfin sont tout dévoués au service du prochain et à la charité. Mais dans toutes ces différences singulières de chaque institut, nous remarquons que dans tous le silence y est prescrit et ordonné par la règle, et qu'il y a des temps et des heures de silence. Quelques-uns gardent un silence perpétuel et profond et ne parlent jamais; d'autres sont obligés de le garder des temps considérables dans la journée, y ayant même des heures destinées pour cet effet et où il n'est pas permis de parler.

Remarquez, mes chères Filles, que tous les fondateurs de religions ont eu trois pensées et raisons, quand ils ont établi et prescrit le silence dans leur règle. La première, c'est qu'ils ont connu et vu par expérience que le silence retranchoit beaucoup de péchés et de défauts. Et en effet, où le silence n'est pas observé comme il doit l'être, combien s'y glisse-t-il d'imperfections et de désordres? C'est ce que nous verrons bientôt dans la suite de cet entretien. *In multiloquio non deerit peccatum,* dit le Saint-Esprit : « Le péché suit toujours la multitude des paroles [1]. » Et saint Jacques a eu raison de dire que la langue est l'organe et le principe de tout péché [2].

La seconde raison qu'ont eue encore les fondateurs d'ordres en établissant l'esprit de retraite, c'est qu'ils ont prévu que la dévotion et l'esprit d'oraison ne pouvoient subsister sans le silence. Ceci est trop visible et trop vrai; nous le voyons tous les jours dans ces ames épanchées et dissipées qui aiment à se répandre au dehors. Hé! dites-moi, chères ames, sont-elles pour l'ordinaire bien spirituelles et filles d'oraison, si elles ne sont recueillies? Quelques bons sentimens et mouvemens intérieurs que Dieu leur donne dans la prière, ils seront sans fruit, tant qu'elles se dissiperont aussitôt cherchant à causer et à parler; il est certain que toute l'onction de la dévotion s'évanouira et se perdra insensiblement : car elle ne peut se conserver que dans une ame silencieuse et parfaitement récolligée, attentive sur soi-même. Ainsi il ne faut pas espérer ni attendre grande spiritualité ni piété d'une religieuse qui aime à discourir et à s'entretenir avec celle-ci et avec celle-là, qui ne peut demeurer une heure dans sa cellule en repos et en silence.

Enfin la troisième raison qui a porté les fondateurs de recom-

[1] *Prov.,* x, 19. — [2] *Jacob.,* III, 6.

mander si étroitement le silence à leurs religieux, c'est parce que le silence unit les frères. Et en effet c'est un moyen très-propre pour maintenir la charité, la paix et l'union dans une maison religieuse, puisque le silence bannit tous ces discours et entretiens qui la divisent et la détruisent. Car pour l'ordinaire qu'est-ce qui fait la matière de ces conversations trop familières, sinon les défauts de ses Sœurs? Ce qui apporte bien souvent du trouble et de la division dans une communauté, et tout cela faute de silence. Quand on veut réformer un monastère qui n'est plus dans sa première ferveur, que fait-on? L'on observe soigneusement si les règles y sont bien gardées, spécialement les plus essentielles. S'aperçoit-on que le silence manque et n'est plus observé, c'est par là que l'on commence : aussitôt on y rétablit le silence qui n'y étoit point gardé, parce que c'est le moyen qui retranche tout d'un coup les autres imperfections, abus ou désordres qui arrivent dans une maison religieuse, parce qu'elle s'est relâchée sur la règle du silence.

Ayez donc, chères ames, de l'amour et de l'estime du silence de règle, si nécessaire pour entretenir et conserver toutes les vertus religieuses. Comme je vous ai déjà dit, dans toutes les maisons ou monastères l'on est toujours obligé à le garder aux temps et lieux ordonnés : c'est là ce qui maintient la régularité. Vous autres, mes chères Filles, quoique vous soyez consacrées au public par votre institut pour instruire la jeunesse, vous ne laissez pas d'avoir aussi ce silence de règle à observer dans de certains temps ; et j'ai remarqué, ce me semble, que par vos constitutions vous devez vous abstenir tout au moins de tous discours et paroles inutiles durant la journée. Et si vous ne parlez que pour le nécessaire, vous garderez un long silence, et vous ne vous épancherez pas inutilement parmi les créatures, en vous entretenant de tout ce qui se passe dans une maison. Tous ces désirs de communiquer avec cette amie seront mortifiés et réprimés ; on ne cherchera pas à s'aller décharger avec celle-ci de tout ce qui fait peine, pour en murmurer et s'en plaindre inconsidérément.

Si Notre-Seigneur faisoit la visite dans ce monastère pour voir si le silence est bien gardé, et qu'il entrât dans les lieux où il doit être gardé, hélas! qu'est-ce qu'il y trouveroit? Là deux petites amies, et ici trois autres en peloton occupées à causer et à s'entretenir ensemble à la dérobée, tandis peut-être que l'on devroit être au chœur ou à une autre observance. Si donc Jésus-Christ se présentoit à elles, et leur alloit faire cette demande : « Quels sont ces discours que vous tenez ensemble? » *Qui sunt hi sermones quos confertis ad invicem* [1]? quelle seroit leur réponse? Pourroient-elles dire avec vérité : Nous parlons de Jésus de Nazareth; ou bien : Nous parlons des moyens pour arriver à la pratique de la vertu, pour nous encourager les unes les autres? Ah! c'est souvent de rien moins. Car la plupart de tous vos discours avec cette amie, qui est la confidente de tous vos mécontentemens, sont de lui dire tous vos sentimens imparfaits sur tout ce qui vous choque et vous contrarie; c'est de parler des défauts des autres, et des prétendus déplaisirs que vous dites avoir reçus de cette sœur que vous ne pouvez souffrir. C'est là où l'on murmure, où l'on se plaint à tort et à travers de la conduite des officières de la maison. On critique, on censure, on contrôle toutes choses : la supérieure même n'est pas exempte d'être sur le tapis; on blâme sa conduite et sa manière d'agir; enfin l'on mêle dans ces entretiens familiers celle-ci, celle-là, encore celui-là : bref c'est dans ces communications indiscrètes où se font une infinité de péchés de médisance, et très-souvent de jugemens téméraires, plus griefs que l'on ne pense. Il faut ici faire réflexion, chacune selon son besoin, à ce que la conscience dictera, avant que de terminer ce premier point.

SECOND POINT.

Dans le second point de notre méditation nous allons voir le silence de prudence qu'il faut garder dans les conversations, pour apprendre à n'y point faire de fautes contraires à la charité. Et pour nous y bien comporter, envisageons, chères ames, Jésus-Christ notre parfait modèle, qui a pratiqué merveilleusement ce silence de prudence, dont je vais vous parler, en vous en faisant voir un bel exemple dans sa sacrée personne, pendant sa vie conversante et dans les années de ses prédications.

---

[1] *Luc.*, XXIV, 17.

Ce doux Sauveur étoit si débonnaire, qu'il est remarqué de lui qu'il n'a jamais rien dit qui fût capable de donner un juste sujet de plainte et de peine à personne. Cet Agneau plein de douceur a contraint les Juifs mêmes de dire de lui « que jamais homme n'avoit si bien parlé : » *Nunquàm sic locutus est homo, sicut hic homo* [1]. Et dans une autre occasion, où ils vouloient surprendre Jésus-Christ dans ses paroles, que firent-ils à cet effet ? Ils lui demandèrent s'il étoit permis de payer le tribut à César. Notre-Seigneur, qui est la Sagesse même, leur fit cette réponse prudente et judicieuse, qu'il étoit juste de « rendre à César ce qui est à César, et à Dieu ce qui est à Dieu [2]. »

Voilà, mes chères Filles, une belle idée et un modèle achevé, pour vous apprendre la pratique du silence de prudence dans vos conversations. Car remarquez avec moi que la perfection du silence ne consiste pas seulement à ne point parler, mais aussi à parler selon les règles de la charité chrétienne et religieuse. Comme par votre institut vous ne devez pas vivre à la façon des ermites et être toujours en solitude, il est nécessaire que vous conversiez les unes avec les autres les jours de récréations, où vous devez vous trouver toutes ensemble, pour obéir à la règle en esprit de charité et d'union. Mais, chères ames, comme c'est ici l'endroit le plus glissant peut-être qui soit en la vie religieuse, et où il soit plus aisé d'y faire des fautes, soit par inconsidération ou imprudence, n'étant pas pour lors attentives sur vous-mêmes : il faut se munir de grandes précautions et beaucoup veiller sur ses paroles, pour ne point commettre de péchés même considérables, où insensiblement on se laisse aller dans la conversation faute de savoir se maintenir dans les règles de la prudence et de la charité. C'est pourquoi il faut s'observer et prendre des mesures pour n'y point faillir avec vos Sœurs, de manière que votre conscience n'y soit point intéressée, ni la paix altérée.

Car, mes Filles, bien que vous soyez toutes membres d'un même corps, cependant la différence des humeurs et tempéramens, qui se rencontre entre toutes, forme de certaines oppositions et contradictions qui vous obligent à une grande circonspection dans les

[1] *Joan.*, VII, 46. — [2] *Matth.*, XXII, 21.

heures de vos récréations, où vous devez singulièrement faire paroître ce silence de prudence, en prenant garde surtout de ne rien dire qui puisse tant soit peu fâcher vos Sœurs et leur donner de la peine. Il faut aussi, par une sage discrétion, que vous sachiez prévoir et ne pas dire les choses que vous jugeriez ou croiriez devoir fâcher et mécontenter quelque Sœur : de plus cette même prudence doit vous empêcher de relever cent choses qui peuvent exciter parmi vous de petites disputes et divisions, d'où d'ordinaire elles naissent et se forment.

Ah! mes chères Filles, ayez attention à vous conduire de la sorte, si vous voulez maintenir la paix et la charité dans vos conversations, qui autrement deviendroient plus nuisibles qu'utiles. Pour cet effet, il faut savoir supporter prudemment et vertueusement les fardeaux les unes des autres, comme vous y exhorte le grand saint Paul : *Alter alterius onera portate* [1]. Que cette pratique si nécessaire vous feroit endurer de choses, si vous y aviez un peu d'application! Chacune à son tour n'a-t-elle pas à supporter quelques défauts dans les autres? Aujourd'hui vous endurez une parole un peu fâcheuse, qu'une Sœur vous aura dite par mauvaise humeur; hé bien! demain elle souffrira peut-être de vous des choses plus sensibles.

Mais, direz-vous, j'ai à converser avec cette Sœur qui est d'une humeur si rustique et si insupportable, qu'il me faut toute ma patience pour ne la choquer ni rebuter quand elle est dans sa mauvaise humeur. Il est vrai, il se rencontre des personnes si inciviles et malhonnêtes dans leurs conversations, qu'elles sont presque intraitables. Ces humeurs farouches y sont fort à charge, et donnent souvent sujet d'exercer la patience des autres toute leur vie. Car comme naturellement elles sont de cette humeur, jointe à l'éducation qu'elles ont eue qui a fort contribué à leurs mauvaises dispositions d'esprit, il n'en faut pas attendre autre chose de plus. Pour l'ordinaire elles sont ombrageuses, soupçonneuses et très-aisées à se fâcher et à parler selon leur boutade. Quoi qu'il en soit, la charité vous oblige de les supporter, et de ne les pas fâcher mal à propos. Je sais que cela est un peu difficile

---

[1] *Galat.*, VI, 2.

et qu'il n'y a rien de si contraire à un naturel plus sociable et poli, qui sait vivre honnêtement dans la conversation, que ces personnes grossières et fâcheuses, qui ne peuvent dire une parole de douceur et d'honnêteté. Mais ne savez-vous pas que c'est là où la vertu se fortifie et où elle a matière de s'exercer avec beaucoup de mérite; et que c'est en supportant patiemment les humeurs contraires à la vôtre, que vous faites voir que vos vertus et votre conduite ne sont point illusion?

Mais, dites-vous encore : Cette Sœur est si ombrageuse et pointilleuse que la moindre chose la met en mauvaise humeur, s'imaginant toujours que je lui en veux : je dis, par exemple, une parole innocemment et bonnement, sans avoir intention de lui faire de la peine; cependant elle s'en choque et s'aigrit. Or je veux que vous n'ayez point eu intention de l'attaquer; toutefois vous qui avez un naturel plus favorable et raisonnable, vous devez en conscience ménager ces esprits foibles qui par leur incapacité de faire autrement s'échappent souvent malgré eux. Ainsi par esprit de charité et de douceur ayez égard à leurs foiblesses : ne leur donnez pas sujet d'offenser Dieu en les contrariant; ayez même de la condescendance pour elles : abstenez-vous de dire de certaines choses, quoique indifférentes et innocentes, que ces esprits mal faits prendroient de travers : ayez-en de la compassion; car elles-mêmes ont de la peine et de la confusion de se voir ainsi à charge aux autres : ce qui les humilie et mortifie étrangement devant Dieu dans la connoissance qu'il leur donne de leur fragilité; elles en ont de l'amertume de cœur, à moins qu'elles ne soient tout à fait aveugles sur ce défaut.

Et vous, esprits revêches, humeurs grossières et fâcheuses, apprenez à vous vaincre et à être maîtresses de ces mouvemens impétueux, que produit en vous ce mauvais naturel que vous devez sans cesse combattre et détruire, pour vivre de la vie de la grace en mourant à la nature. Et ne pensez pas dire, pour vous mettre à couvert, comme ces ames lâches et imparfaites : Je ne saurois faire autrement, c'est mon humeur. Car vous n'en serez pas quittes pour cela devant Dieu, puisque vous êtes obligées, selon les préceptes de Jésus-Christ dans l'Evangile, de vous mortifier et de travailler à renoncer à vous-mêmes tous les jours. Et Dieu n'a-t-il pas dit à Caïn, au commencement du monde, de mortifier son humeur farouche, ses appétits déréglés, et de surmonter ses passions indomptées [1]?

Voyez donc, mes chères Filles, la nécessité qu'il y a de veiller sur sa langue, quand on est obligé de converser; et vous plus particulièrement, qui par votre institut êtes souvent engagées à communiquer et parler avec les séculiers, dans les occasions que vous procure l'instruction de la jeunesse qui vous est confiée, comme d'aller souvent au parloir visiter les parens des pensionnaires. Car la bienséance et l'honnêteté, quelquefois même la nécessité vous oblige d'avoir des entretiens avec ces personnes, et outre cela votre règle vous le permet, comme aussi avec vos parens et d'autres de vos amies et connoissances. Mais c'est ici, chères ames religieuses, qu'il faut surtout vous bien conduire et parler avec discrétion. Si jamais vous avez besoin du silence de prudence, c'est dans ces temps où il y a beaucoup à perdre ou à gagner. Je vous en avertis, prenez-y garde et comportez-vous-y d'une manière si édifiante, que les gens du monde n'aient pas moins d'estime de vous. Pour cet effet, il faut qu'une religieuse au parloir, en présence des séculiers, soit d'un maintien grave et modeste. Elle doit veiller extrêmement sur ses paroles, ne pas trop s'épancher, ni se dissiper. Car les gens du monde observent, plus que l'on ne pense, toutes les actions et la conduite des religieuses au parloir; et selon la sagesse et discrétion qu'ils remarquent dans les unes, ils prennent de fort mauvaises impressions de celles qu'ils voient trop libres, plus inconsidérées et mondaines dans leurs paroles; qui ne se sentent nullement de leur état, ne mêlant presque jamais dans leurs discours rien de spirituel et de Dieu, comme devroit faire une bonne religieuse.

Ne vous y trompez pas : car bien que les gens du monde vous fassent paroître de la complaisance et témoignent agréer vos pensées, ou entrer dans tous vos sentimens, vous ne savez pas de quelle manière ils prennent en eux-mêmes les choses qu'ils semblent approuver quand ils sont auprès de vos grilles. Car après,

[1] *Genes.*, IV, 6, 7.

qu'arrive-t-il de ces beaux entretiens quand ils sont en compagnie, et lorsqu'ils se mettent à parler des religieuses, que disent-ils ? Ah ! dit celle-là, ces jours passés j'ai entretenu une religieuse, je n'ai été qu'un quart d'heure avec elle, vous ne la connoissez pas ; pour moi je sais bien de quelle humeur elle est, je sais ses sentimens sur telles choses. Vous seriez surprises et même étonnées de savoir que ce sont souvent vos parens et vos plus proches qui parlent de vous de la sorte. Si je vous avertis de ceci, ce n'est pas que j'aie connoissance particulière de cette maison là-dessus ; je veux croire que ce défaut n'est pas ici : ce que je dis à présent, je le dis ailleurs, parce que ce point est de conséquence. Car il faut peu de chose pour mettre une communauté dans une très-mauvaise réputation dans l'esprit des personnes séculières, parce qu'ils s'imaginent que toutes les religieuses doivent être des saintes. Et là-dessus je me souviens moi-même que je me suis trouvé dans des maisons honorables à Paris, où j'ai ouï parler de certaines religieuses d'une manière plaisante et fort à la cavalière. Mes chères Filles, qu'est-ce qui produit un si méchant effet, si ce n'est l'imprudence et l'inconsidération des particulières qui ont parlé au parloir mal à propos, qui n'ont pu s'empêcher de faire paroître des saillies d'une passion immortifiée, qui donnoient à connoître leurs dispositions, tant sur ce qui les concernoit que sur les affaires particulières qui se passent dans une maison ?

Pour éviter tous ces dangereux inconvéniens, vous voyez, chères ames, que le plus sûr est de tenir très-cachées et sous un secret inviolable les affaires d'une communauté, sans en donner aucune connoissance aux personnes du dehors. Et pour vous justifier ici, ne me dites pas pour excuse : C'étoit à ma Sœur que j'ai dit telles choses, c'est à ma Mère, c'est à un prêtre ou directeur. Ne croyez pas avoir mieux fait, ni en être déchargées : car, sous prétexte de direction, très-souvent il arrive qu'insensiblement l'on mêle dans ces communications toutes les affaires les plus secrètes d'une maison, dont on devroit se taire absolument, puisqu'étant répandues au dehors, l'expérience nous montre que l'on n'en voit que de très-mauvais effets par la méchante réputation où ces connoissances mettent la communauté.

Vous devez encore prendre garde à un point qui n'est pas moins important que celui-ci, qui est d'être fort réservées dans vos paroles devant vos pensionnaires, tant celles qui leur rendent quelques services que celles qui sont destinées à leur instruction. Car ce sont de jeunes plantes extrêmement susceptibles des impressions qu'on leur donne; et quoiqu'elles soient encore jeunes, elles savent bien remarquer ce que l'on dit et fait en leur présence. D'où vient que dans la suite ces impressions premières, que vous leur avez données, leur demeurent, et qu'après elles se souviennent de ces idées qu'elles avoient déjà, lesquelles s'accroissent avec l'âge; ce qui leur fait dire, parlant des maîtresses qu'elles ont eues : Pour moi, disent-elles, j'ai eu dans un tel couvent une maîtresse qui n'étoit guère spirituelle ni dévote; car il étoit rare qu'elle nous parlât de Dieu : elle avoit de certaines maximes mondaines; et au lieu de nous porter à la modestie, elle nous enseignoit des secrets de vanité. On en entend d'autres, qui voyant les procédés de celle-ci si contraires à la charité, disent que cette maîtresse-là avoit assurément de l'antipathie et de l'aversion pour elle.

Ah! mes chers Filles, bannissez par votre prudence et votre bonne conduite tous ces défauts qui ont de si mauvaises suites. Le silence bien gardé en est le remède et le plus court chemin pour retrancher toutes ces pensées et discours mal digérés, qui ne laissent après tout dans la conscience que du scrupule et bien du trouble. Car enfin, tôt ou tard l'on s'aperçoit qu'on a mal parlé, et que l'on ne devoit pas dire bien des choses qui auroient dû être ensevelies dans le silence. Ayez pour cet effet la règle du silence en estime; gardez-la exactement, et vous serez à couvert de mille embarras où jette nécessairement le trop grand parler. Mes chères Filles, avec un peu d'application et avec une bonne volonté vous en viendrez à bout. Ayez attention sur votre langue pour ne laisser échapper aucune parole dont vous puissiez vous repentir après l'avoir dite. Retirez-vous dans votre cellule, c'est là le lieu sûr : ne vous produisez au dehors qu'avec peine et par nécessité; que la prudence et la discrétion règlent toutes vos paroles pour n'en dire aucune qui ne soit bonne, utile ou nécessaire. Si vous gardez toutes ces mesures, assurez-vous que la paix et l'union sera parfaite dans cette maison, et qu'elle conservera la bonne réputation où elle est aujourd'hui.

Mes chères Filles, ce n'est pas assez de savoir garder le silence de prudence; il faut de plus apprendre à se taire dans les croix, les persécutions et autres peines et afflictions qui arrivent dans la vie : c'est ce qui s'appelle le silence de patience, lequel vous conduira à un degré de perfection convenable à votre état, qui vous doit rendre en tout conformes à Jésus-Christ, votre époux; c'est ce que nous allons considérer dans le dernier point de notre méditation.

TROISIÈME POINT.

Considérons que le silence de patience dans les afflictions, les souffrances et les contradictions, est une des choses les plus difficiles à pratiquer de la morale chrétienne. Peu de gens aiment à souffrir, et à souffrir en silence sous les yeux de Dieu; et s'il est rare d'en trouver qui aiment à souffrir, il l'est encore plus d'en voir qui souffrent sans chercher à se répandre au dehors. Cependant c'est le silence qui sanctifie nos croix et nos afflictions, et qui en augmente de beaucoup le mérite. Avez-vous de la peine à pâtir dans vos croix et vos traverses, envisagez Jésus-Christ. Parmi une infinité de persécutions et de douleurs qu'il endure en présence de ses juges iniques, devant qui il est accusé et calomnié si faussement, Jésus garde un profond silence et ne répond rien : *Jesus autem tacebat*[1]. C'est ce qui me touche le plus dans la passion du Sauveur, que ce profond silence qu'il garde avec une patience invincible, et qui donnoit de l'étonnement au président : *Ita ut miraretur præses*[2]. Il souffre, il endure mille injures, mille outrages et indignités de la part de toute sorte de personnes : il est accusé faussement par les Juifs et les pharisiens, ses cruels ennemis. On dit que c'est un blasphémateur, un séditieux, qu'il est un perturbateur de la loi et du repos public, qu'il empêche que l'on ne paie le tribut à César; enfin que c'est un semeur de nouvelles doctrines, qui abuse le peuple. Jésus entend retentir à ses sacrées

---

[1] *Matth.*, XXVI, 63. — [2] *Ibid.*, XXVII, 14.

oreilles ces cris et ces calomnies, sans dire un seul mot pour se justifier et se défendre contre ces chiens enragés, qui déchirent si outrageusement sa réputation. Et pendant cette nuit obscure et ténébreuse, durant laquelle ce cher Sauveur a souffert une infinité d'outrages, d'affronts et de cruautés, que disoit ce doux Agneau? Hélas! jamais la moindre parole d'impatience. Enfin dans cette sanglante et douloureuse flagellation, où il est tout écorché et déchiré à coups de fouets et de nerfs de bœuf, qui font couler de toutes parts le sang de ses veines sacrées, ah! quelle patience et quel silence fait paroître ce doux Jésus! Il souffre tout cela sans rien dire; il n'ouvre pas seulement la bouche pour se plaindre de la cruauté de ses fiers bourreaux, qui ne sont pas encore contens de l'avoir traité si inhumainement : ils prennent une piquante couronne d'épines, et lui percent jusqu'au cerveau. Jésus endure ce tourment comme les autres dans un silence inviolable. Il est conduit chez Hérode, qui désiroit avec empressement de le voir et s'en réjouissoit : mais Notre-Seigneur persévère constamment à garder son profond silence. Nonobstant qu'il sût bien qu'Hérode le pouvoit délivrer d'entre les mains de ses ennemis, il ne dit mot cependant en sa présence, et ne proféra aucune parole; chose étonnante! et c'est avec sujet qu'un saint Père l'a appelé la victime du silence, puisque ce divin Jésus l'a consacré par sa patience durant sa passion..

Mes chères Filles, que voilà un exemple digne de vos imitations et tout ensemble de vos admirations! Voilà comme vous devriez en user lorsque vous êtes accusées, persécutées à tort : comme aussi dans le temps de l'affliction, il faut savoir souffrir en silence, avec patience, sans murmurer ni vous plaindre. Dans quelque état où Dieu permette que vous soyez, apprenez à y demeurer sans rechercher de vaines consolations parmi les créatures, dans tout ce qui vous fait peine : mais prenez plutôt le parti du silence, et vous renfermez en vous-mêmes, afin que Notre-Seigneur vous donne intérieurement des forces pour souffrir avec vertu et mérite. C'est dans ces occasions-là où il faut dire avec David : *Renuit consolari anima mea; memor fui Dei, et delectatus sum* : « Mon ame a refusé toute consolation; je me suis souvenu de Dieu, et j'ai trouvé ma joie [1]. »

C'est ici où une ame est éprouvée et perfectionnée merveilleusement, quand par une générosité vraiment chrétienne, elle sait s'élever au-dessus de tout ce qui lui arrive de fâcheux ou de contraire, et qu'elle peut comme Jésus-Christ son Epoux garder un profond silence, lors même qu'elle a plus sujet de parler, soit pour sa justification dans des accusations injustes, soit pour sa consolation dans une affliction sensible, et au milieu des plus grandes tempêtes ou bourrasques. Il faut qu'une ame vraiment généreuse prenne pour toute défense le silence, qui sera son repos et sa paix parmi les agitations. Jésus-Christ y fait goûter des douceurs intérieures au fond du cœur à une ame un peu courageuse, qui pour son amour rejette et abandonne toutes celles qu'elle pourroit trouver dans les créatures. Cela est inexplicable; il n'y a que ceux qui l'expérimentent qui en puissent parler dignement.

Mais avant de passer plus loin, remarquez, chères ames, qu'il y a trois règles ou trois maximes importantes à pratiquer pour ne point faire de fautes dans ce silence de patience, si nécessaire dans les occasions imprévues où l'on est persécuté, accusé; c'est de ne jamais parler que pour la charité, que pour la vérité ou la nécessité, et jamais pour soi ni pour son propre intérêt.

Eh bien, ames religieuses, sont-ce là les motifs qui vous font parler? Qu'est-ce qui vous fait ouvrir la bouche? Est-ce la nécessité ou bien la vérité? Examinez là-dessus votre cœur; et sondez-le jusqu'au plus profond, dans la rencontre des contradictions et autres circonstances, pour reconnoître que le plus souvent c'est la passion ou l'intérêt qui vous fait parler.

Oh mais! direz-vous, je suis accusée d'une chose tout à fait désavantageuse; quel moyen de ne se pas justifier dans cette conjoncture, où l'on m'attribue tout ce qu'il y a de mal, et l'on dit que j'en suis la cause, tandis que j'avois bien d'autres intentions que celles que l'on s'imagine? Arrêtez, que la passion n'ait pas le dessus sur la raison; réprimez tous les raisonnemens naturels pour écouter ceux de la grace; ne dites pas que vous ne pouvez vous empêcher de parler pour faire connoître votre innocence,

[1] *Psal.* LXXVI, 3, 4.

et qu'il est bien difficile alors de se taire, puisque l'exemple de Jésus-Christ vous doit rendre la chose aisée et facile. Vous n'avez pas de plus grandes persécutions et contradictions à soutenir que les siennes; tous les saints en ont bien supporté d'autres, plus fâcheuses que les vôtres. Si vous faisiez réflexion que Jésus-Christ par ces persécutions vous fait part d'un éclat de sa croix, vous auriez de la joie de les endurer avec patience dans un profond silence, pour y adorer ses desseins sur votre personne, qu'il veut élever par ce chemin rude et semé d'épines à une grande perfection, si vous n'apportez point de résistance à ses volontés suprêmes.

Que le silence est donc avantageux à une ame dans la souffrance et dans tous les états pénibles où elle se trouve, puisque par ce silence il n'y a point de passions si fortes, qui ne soient retenues dans les bornes de la raison ! En voulez-vous voir des preuves par quelques exemples? Etes-vous tentées d'ambition, que vous dit la passion dans cette rencontre, où elle est émue par quelque accident? C'est de vous élever au-dessus des autres par des paroles suffisantes et pleines d'un orgueil secret. Eh bien, gardez le silence et vous taisez; insensiblement ces saillies de la nature corrompue s'évanouiront. De même, que vous dit la passion dans les émotions d'une humeur colère et impatiente? Dans ces mouvemens violens, où en êtes-vous si vous ne les réprimez? Bientôt vous vous laisserez aller à des paroles d'emportement, sans craindre de choquer et de piquer les unes et les autres. Mais si vous savez vous taire, vous apaiserez infailliblement ces saillies impétueuses qui s'élèvent en vous-mêmes; et pour lors vous pourrez dire comme le Prophète, au milieu de vos troubles : *Turbatus sum, et non sum locutus :* « J'ai été troublée au dedans de moi, mais ma langue n'a formé aucune parole [1]. »

Sentez-vous en vous-mêmes quelques mouvemens d'aversion et d'antipathie, ou de ressentiment contre quelques-unes de vos Sœurs? Que vous dit cette passion à la vue de celle-là que vous ne pouvez souffrir? Aussitôt elle vous inspire de la mépriser ou rebuter par des paroles de froideur et de vengeance. Mais le moyen

[1] *Psal.* LXXVI, 5.

le plus court pour combattre et vaincre cette passion qui vous anime et vous tourmente, vous portant à commettre une infinité de péchés, c'est de vous taire à l'heure même que vous avez plus d'envie de parler, et de prendre le parti du silence. Il faudroit même, dans ces occasions-là, mordre sa langue plutôt que de choquer et fâcher ses Sœurs.

Enfin êtes-vous tentées de curiosité et avez-vous envie de vous épancher vainement, en allant trouver justement celle-là qui est un vrai bureau d'adresses, et cette autre-ci qui sait toutes les nouvelles, et qui a incessamment les oreilles ouvertes pour entendre tout ce qui se passe de nouveau dans la maison, laquelle est toujours en haleine pour tout savoir : n'y allez pas, gardez le silence, mortifiez ces désirs de curiosité. Croyez-moi, mes chères Filles, vous aurez plus de consolation de tout ignorer, et de ne point apprendre les choses qui ne vous concernent point : votre conscience en sera plus pure, votre esprit plus dégagé et plus libre pour vous entretenir avec Dieu dans l'oraison. Faites plus d'état d'une heure de récollection, où vous avez été seules avec Dieu, que de plusieurs autres où vous vous êtes contentées parmi les entretiens des créatures; car pour l'ordinaire la vertu en est bien affoiblie.

Soyez persuadées, chères ames, qu'en gardant fidèlement le silence, vous serez victorieuses de toutes vos passions, et qu'en peu de temps vous arriverez à la perfection. Souvenez-vous des avantages du silence de prudence; n'oubliez pas ceux du silence de patience, dont je vous parlois tout à l'heure : gravez-les dans votre esprit, afin que lorsque la tentation ou l'affliction arrivera, vous soyez toujours disposées à la bien recevoir, dans les dispositions saintes que je vous ai marquées. Dans vos souffrances et contradictions, n'envisagez jamais les causes secondes; et ne vous amusez point inutilement à vouloir découvrir la source de vos peines par des recherches d'amour-propre, pour savoir qui sont ceux qui vous les font naître; car proprement cela s'appelle courir après la pierre qui vous frappe. Il faut bien plutôt vous élever en haut vers le ciel, pour voir la main qui la jette, qui n'est autre que Dieu même, qui est celui qui a permis que telles choses vous arrivassent pour votre salut, si vous en savez bien profiter. Dans tous les événemens les plus fâcheux, une ame vraiment chrétienne et religieuse doit dire à Dieu dans le plus intime d'elle-même : *Paratum cor meum, Deus, paratum cor meum :* « Mon cœur est préparé à faire votre volonté, soit dans l'adversité ou la prospérité [1]. » Ah! mes chères Filles, plût à Dieu que vous et moi nous fussions dans ces dispositions! C'est à quoi il nous faut résoudre dans cette méditation; c'est le fruit que nous devons en remporter, et c'est la grace qu'il faut instamment demander à Jésus-Christ ; je vous y exhorte, et me recommande à vos prières.

PAROLES SAINTES

DE MON ILLUSTRE PASTEUR

MONSEIGNEUR JACQUES-BÉNIGNE BOSSUET,

ÉVÊQUE DE MEAUX,

LA VEILLE ET LE JOUR DE MA PROFESSION (a).

A l'interrogation hors la clôture.

Vous avez raison, ma Fille, d'appeler et d'estimer heureux le jour de votre profession. Il est heureux pour vous, puisque vous y deviendrez l'Epouse de Jésus-Christ; mais faites-y bien réflexion, et voyez à quoi vous allez vous engager. Ne croyez pas que vous serez exempte de peines dans la religion : ce seroit un abus que de le penser, puisque c'est un continuel sacrifice de mort à soi-même, et que la nature y souffre beaucoup : mais il n'importe, ne

---

[1] *Psal.* CVII, 2.

(a) Ce titre, empreint d'une si profonde vénération pour le grand évêque, reproduit fidèlement l'inscription du manuscrit. Dans toutes les grandes cérémonies du culte, quand il donnoit les ordres sacrés, recevoit l'abjuration des hérétiques ou solennisoit les vœux de religion, le saint prélat prend la parole plusieurs fois

l'écoutez pas ; car autrement vous ne ferez jamais rien. Si vous avez de la peine, à la bonne heure ; vous en aurez plus de mérite ; et Dieu vous donnera ses graces, pourvu que vous lui soyez fidèle. En voilà une bien grande qu'il vous fait, de vous appeler à la sainte religion ; correspondez-y fidèlement. Vous faites bien, ma Fille, de vivre dans la crainte ; car l'homme doit continuellement se défier de soi-même. Il ne faut cependant pas qu'elle soit excessive, car il y auroit de la recherche de soi-même ; et cette si grande crainte pourroit provenir d'une ame lâche, qui a peur de travailler. C'est bien fait, ma Fille, d'être toujours en crainte, pourvu qu'elle soit filiale et non point servile ; et pour y éviter les extrémités, ayez continuellement recours à Dieu, et vous combattez vous-même, puisque ce n'est qu'après le combat que l'on remporte la victoire. Soyez toujours humble et docile ; vivez dans l'obéissance, et vous n'aurez point toutes ces craintes.

A mes demandes après le sermon.

Vous voilà, ma Fille, pleinement instruite des obligations que vous allez contracter avec Jésus-Christ par le moyen de vos vœux : vous voyez à quoi ils vous obligent ; comme par le vœu de pauvreté vous renoncez pour jamais aux biens, aux pompes et à toutes les richesses du monde ; comme vous devez renoncer par le vœu de chasteté à tous les plaisirs et contentemens du siècle, en vous séparant même du plus petit par une mortification générale de tous vos sens. Enfin vous avez entendu que par l'obéissance vous devez consacrer votre cœur, votre volonté et tout ce qui est en vous jusqu'au fond de vos entrailles, pour n'avoir plus désormais d'autre volonté que celle de vos supérieures. C'est ce qui vous vient d'être prêché si saintement.

Ma Fille, retenez toutes ces vérités profondes, et ne les oubliez jamais ; gravez-les dans votre esprit et dans votre cœur, afin d'animer toutes vos opérations et de vous établir sur ces principes solides pendant tout le cours de votre vie religieuse. C'est, ma Fille, la prière que je vais faire à Dieu pour vous dans le reste de cette cérémonie, en vous aidant à achever votre sacrifice. Unissez-vous à nous de tout votre cœur. *Det tibi Deus in hoc sancto propo-*

sito perseverantiam : « Que Dieu vous donne la persévérance dans cette sainte résolution. »

A la sainte communion.

Ma Fille, voilà votre divin Epoux, voici votre Dieu qui vient se donner à vous. Recevez cette Victime sainte qui s'est immolée pour vous; consommez en lui votre sacrifice; mangez Jésus-Christ, savourez cette viande céleste et divine. Que votre esprit, votre cœur, tout votre intérieur et tout l'intime de vous-même en soit rempli. Nourrissez-vous de cet aliment et de cette nourriture sacrée, incorporez-vous à elle ; en la prenant, vous recevrez l'esprit de vos vœux. Nourrissez-vous donc de l'esprit de pauvreté, recevant celui qui a été si pauvre, qu'il est dit de lui qu'il n'a pas seulement eu de quoi reposer son chef adorable[1]. Nourrissez-vous de cette chair virginale ; et vous recevrez en vous-même l'esprit de chasteté, et la pureté de celui qui est vierge, Fils d'une Vierge, ami des vierges et le chaste Epoux des vierges. Recevez cette divine hostie, mangez cette victime d'amour et de pureté; et vous recevrez dans votre cœur l'esprit d'obédience de celui qui, par obéissance, s'est immolé et offert en sacrifice et en oblation pour le salut de tous les hommes, de celui qui s'est rendu sujet et parfaitement soumis, pendant sa vie, à tous ceux qui lui ont tenu la place de Dieu son Père, et qui a été obéissant jusqu'à la mort de la croix. Enfin vous venez de faire vœu d'instruire les petites filles : nourrissez-vous encore, en prenant Jésus-Christ, de l'esprit de zèle et de charité pour le salut des ames, de celui qui s'est consommé pour elles. Soyez une parfaite imitatrice de celui-là même qui a dit : « Laissez ces petits enfans venir à moi[2]. » Fortifiez-vous par cette divine nourriture ; mangez-la avec amour et respect : recevez-la souvent; car elle vous donnera des forces dans l'exercice de votre institut, elle vous animera toujours de nouveau pour vous en acquitter dignement. Recevez donc, ma chère Fille, Jésus-Christ, qui se donne à vous en confirmation de vos vœux. Prenez cet aimable Epoux ; aimez-le de toute votre capacité; unissez-vous à lui très-étroitement en cette vie, afin d'y être unie

[1] *Matth.*, VIII, 20. — [2] *Marc.*, X, 14.

en l'autre par la gloire, durant toute l'éternité. *Quod Deus in te incœpit ipse perficiat :* « Que Dieu achève ce qu'il a commencé en vous. »

En me donnant le voile.

Ma Fille, recevez ce voile qui vient d'être béni dans cette sainte cérémonie par le sacré ministère de l'Eglise; ce voile, qui est le signe de votre séparation du monde, sous lequel vous allez être toute votre vie ensevelie avec Jésus-Christ dans le tombeau de la religion, et cachée avec lui en Dieu. Recevez ce même voile qui est la marque de l'alliance que vous avez contractée avec lui : il ne vous sera jamais ôté que vous ne voyiez la face de Dieu à découvert dans le ciel.

Après la cérémonie.

Enfin, ma Fille, vous voilà consacrée à Jésus-Christ, voilà votre immolation faite : il ne reste plus qu'à être fidèle à votre Epoux dans votre saint état, et qu'à y persévérer jusqu'à la fin. Pour cet effet, prenez toujours le plus pénible. Ne regardez pas ce que vous avez fait, mais ce qui vous reste encore à faire. Accoutumez-vous à l'exercice de cette continuelle circoncision du cœur, qui vous séparera sans cesse des inclinations de la nature corrompue, si contraire à l'esprit et à la grace de Jésus-Christ votre divin Epoux. Puissiez-vous, ma Fille, par ce moyen vous élever toujours davantage par une vie pure et toute céleste ! Puissiez-vous monter de vertu en vertu, jusqu'à ce que vous soyez parvenue à la montagne d'Horeb, au sommet de la perfection, pour y consommer votre sacrifice !

PRÉCIS D'UN DISCOURS

FAIT

AUX VISITANDINES DE MEAUX (a).

J'ai désiré de vous voir pour vous communiquer quelque peu de grace spirituelle, et vous confirmer. *Rom.*, I, 11.

C'est saint Paul, ce vigilant pasteur, cet homme apostolique, cet homme du troisième ciel, qui parle ainsi. Examinons un peu ses paroles; pesons-les toutes. J'ai désiré de vous voir, dit-il; il ne se contente pas de leur écrire. Tantôt il envoie Tite, tantôt Timothée, ou quelque autre de ses disciples : mais enfin le désir immense de leur communiquer quelque peu de la grace spirituelle, le porte à souhaiter de venir lui-même leur rendre visite. Quelque peu : pourquoi quelque peu? C'est que ce grand Apôtre, qui avoit reçu tant de dons, parloit en la personne de nous autres, pasteurs indignes et infirmes, qui n'en pouvons communiquer que quelque peu : il ayoit en vue la disposition de ceux qui la reçoivent, et qui souvent ne sont capables que d'en recevoir peu; et aussi il n'appartient qu'à Dieu de rendre notre ministère assez efficace pour en donner beaucoup. De nous-mêmes nous ne saurions conférer aux autres la moindre grace; c'est Dieu, comme dit l'Apôtre, qui nous en rend capables[1]. Et vous voyez par là combien vous êtes intéressées à demander pour nous à l'Auteur de tout don qu'il prépare nos cœurs et les vôtres, afin que nous puissions produire des fruits abondans parmi vous. Dieu sait, mes Filles, que j'ai désiré d'un désir cordial, dans la sincérité de mon cœur et sous les yeux de Dieu, de vous voir. Sans me comparer au grand Apôtre, recevez le peu que je vous donne; puisque Dieu donne beaucoup à celui qui reçoit peu.

Je trouve trois fruits de la visite. Le premier me regarde et il vous regarde; c'est la consolation mutuelle que nous en devons

[1] II *Cor.*, II, 16.
(a) Prononcé dans une visite pastorale.

retirer vous et moi : vous, en voyant la sollicitude de votre pasteur ; et moi, par la joie que me donnera dans cette visite la promptitude de votre obéissance, et par l'espérance que je concevrai que vous serez ma couronne dans le ciel et ma consolation sur la terre, quand je penserai que j'ai des filles qui aiment sincèrement Dieu. Le second fruit de la visite, c'est l'estime que vous devez avoir de votre ame, en considérant le soin que Jésus-Christ lui-même en a pris : il n'a pas cru trop donner que de vous racheter au prix de son sang. Que ne devez-vous donc pas faire pour vous conserver dans la pureté qu'il vous a acquise? Et de là naît le troisième fruit de la visite, qui est de connoître vos défauts, et de prendre les moyens les plus propres pour vous en corriger et vous purifier des péchés qui souillent la pureté de l'ame, en travaillant efficacement à les éviter, afin de vous avancer chaque jour vers la perfection de votre état.

Le péché plaît à tous les hommes, lorsqu'ils le commettent : quand il est commis, l'homme sage s'en afflige et en pleure amèrement ; le scrupuleux et pusillanime s'en désespère ; l'imprudent rit et s'étonne de ce que les saints lui en portent compassion, et qu'ils lui parlent de pénitence. Entre les malades, les plus à plaindre sont ceux qui ne se plaignent pas eux-mêmes, et qui aiment leur maladie. Haïssons la nôtre : la haine est son remède ; elle est la marque que nous ne sommes pas délaissés, et qu'on médite encore pour nous dans le ciel des desseins de miséricorde.

DISCOURS

SUR

L'UNION DE JÉSUS-CHRIST AVEC SON ÉPOUSE.

Veni in hortum meum, Soror mea, Sponsa.
Je suis venu dans mon jardin, ma Sœur, mon Epouse. *Cant.*, v, 1.

Le nom d'*Epouse* est le plus obligeant et le plus doux dont Jésus-Christ puisse honorer les ames qu'il appelle à la sainteté de son amour ; et il ne pouvoit choisir un nom plus propre que celui d'Epoux, pour exprimer l'amour qu'il porte à l'ame et l'amour que l'ame doit avoir réciproquement pour lui. Il ne reste qu'à voir où se fait leur alliance, et de quelle manière ils s'unissent ensemble.

Saint Bernard dit que c'est dans l'oraison, qui est un admirable commerce entre Dieu et l'ame, qu'on ne connoît jamais bien qu'après en avoir fait l'expérience. C'est là que l'Epoux visite l'Epouse ; c'est là que l'Epouse soupire après son Epoux : c'est là que se fait cette union déifique entre l'Epoux et l'Epouse, qui fait le souverain bien de cette vie, et le plus haut degré de perfection où l'amour divin puisse aspirer sur la terre.

Les visites que l'Epoux céleste rend à l'Epouse se font dans le cœur : la porte par où il entre est la porte du cœur. Les discours qu'il lui tient sont à l'oreille du cœur : le cabinet où elle le reçoit est le cabinet du cœur. Le Verbe, qui sort du cœur du Père, ne peut être reçu que dans le cœur.

Je confesse, dit saint Bernard [1], que cet amoureux Epoux m'a quelquefois honoré de ses visites ; et si je l'ose dire dans la simplicité de mon cœur, il est vrai qu'il m'a souvent fait cette faveur. Dans ces fréquentes visites, il est arrivé parfois que je ne m'en suis pas aperçu. J'ai bien senti sa présence ; je me souviens encore de sa demeure ; j'ai même pressenti sa venue ; mais je n'ai jamais su comprendre comment il entroit, ni de quelle manière il sortoit : si bien que je ne puis dire ni d'où il vient, ni où il va, ni l'endroit

---

[1] *In Cant.*, serm. LXXIV, n. 5.

par où il entre, ni celui par où il sort. Certainement il n'est pas entré par les yeux, car il n'est point revêtu de couleur; il n'est pas aussi entré par l'oreille, car il ne fait point de bruit; ni par l'odorat, car il ne se mêle point avec l'air comme les odeurs, mais seulement avec l'esprit. Ce n'est point une qualité qui fasse impression dans l'air, mais une substance qui le crée. Il ne s'est point coulé dans mon cœur par la bouche, car on ne le mange pas; il ne s'est point fait sentir par l'attouchement, il n'a rien de grossier ni de palpable : par où est-ce donc qu'il est entré ?

Peut-être qu'il n'étoit pas besoin qu'il entrât, parce qu'il n'étoit pas dehors. Il n'est pas étranger chez nous : mais aussi ne vient-il pas du dedans, parce qu'il est bon; et je sais que le principe du bien n'est pas en moi. J'ai monté jusqu'à la pointe de mon esprit; mais j'ai trouvé que le Verbe étoit infiniment au-dessus. Je suis descendu dans le plus profond de mon ame, pour sonder curieusement ce secret; mais j'ai connu qu'il étoit encore dessous. Jetant les yeux sur ce qui est hors de moi, j'ai vu qu'il étoit au delà de tout ce qui m'est extérieur; et rappelant ma vue au dedans, j'ai aperçu qu'il étoit plus intime à mon cœur que mon cœur même.

Mais comment est-ce donc que je sais qu'il est présent, puisqu'il ne laisse point de trace ni de vestige qui m'en donne la connoissance? Je ne le connois pas à la voix, ni au visage, ni au marcher, ni par le rapport d'aucun de mes sens; mais seulement par le mouvement de mon cœur, par les biens et les richesses qu'il y laisse et par les efforts merveilleux qu'il y opère. Il n'y est pas sitôt entré qu'il le réveille incontinent. Comme il est vif et agissant, il le tire du profond sommeil où il étoit comme enseveli : il le blesse pour le guérir; il le touche pour le ramollir, parce qu'il est dur comme le marbre. Il y déracine les mauvaises habitudes; il y détruit les inclinations déréglées, et il y plante la vertu. S'il est sec, il l'arrose des eaux de sa grace; s'il est ténébreux, il l'éclaire de ses lumières; s'il est fermé, il l'ouvre; s'il est serré, il le dilate; s'il est froid, il le réchauffe; s'il est courbé, il le redresse. Je connois la grandeur de son pouvoir, parce qu'il donne la chasse aux vices, et qu'il n'a pas plutôt paru que ces monstres prennent la fuite. J'admire sa sagesse, quand il me découvre mes défauts cachés dans les plus secrets replis de mon ame. Le changement qu'il opère en moi par l'amendement de ma vie, me fait goûter avec plaisir les douceurs de sa bonté ; le renouvellement intérieur de mon ame me découvre sa beauté, et tous ces effets ensemble me remplissent d'un étonnement extraordinaire et d'une profonde vénération de sa grandeur.

Si les entretiens de l'Epoux étoient aussi longs qu'ils sont agréables à l'Epouse, elle seroit trop heureuse et satisfaite : mais quoiqu'il ne l'abandonne jamais, si elle ne l'y oblige par quelque offense mortelle, il ne laisse pas de lui soustraire souvent le sentiment de sa présence par un effet tout particulier de sa bonté, que nous avons coutume d'exprimer par ces noms d'éloignement, de fuite et d'absence. C'est une mer qui a son flux et son reflux, ses mouvemens réguliers et irréguliers qui nous surprennent. C'est un soleil qui donne la lumière et la retire quand il lui plaît : sa clarté donne de la joie à notre ame, son éloignement lui cause bien des soupirs et des gémissemens.

Dieu m'est témoin, dit Origène, que j'ai souvent reçu la visite de l'Epoux ; et qu'après l'avoir entretenu avec de grandes privautés, il se retire tout d'un coup, et me laisse dans le désir de le chercher et dans l'impuissance de le trouver [1]. Dans cette absence je soupire après son retour : je le rappelle par des désirs ardens ; et il est si bon qu'il revient. Mais aussitôt qu'il s'est montré et que je pense l'embrasser, il s'échappe de nouveau ; et moi je renouvelle mes larmes et mes soupirs.

Cette conduite est propre à l'état où nous vivons dans cet exil : état de changement, sujet à plusieurs vicissitudes qui interrompent la jouissance de l'Epouse par de fréquentes privations. Nous n'avons ici qu'un avant-goût, un essai comme l'odeur de la béatitude. Dieu s'approche de nous comme s'il vouloit se donner à nous ; et lorsque vous pensez le saisir, il se retire à l'instant. Et comme l'éclair, qui sort de la lune et traverse l'air en un moment, éblouit la vue plutôt qu'il ne l'éclaire : de même cette lumière divine, qui vous investit et vous pénètre, fait un jour dans la nuit, une nuit mystique dans le jour. Vous êtes touché subitement, et

[1] *In Cant.*, homil. I, n. 7.

vous sentez cette touche délicate au fond de l'ame ; mais vous n'apercevez pas celui qui vous touche. On vous dit intérieurement des paroles secrètes et ineffables, qui vous font connoître qu'il y a quelqu'un auprès de vous, ou même au dedans de vous, qui vous parle, mais qui ne se montre pas à découvert.

Dieu se présente à notre cœur; il lui jette un rayon de lumière, il l'invite, il l'attire, il pique son désir; mais parce que le cœur ne sent qu'à demi cette odeur et cette saveur délicieuse, qui n'a rien de commun avec les douceurs de la chair, il demeure ravi d'étonnement; et la souhaite avec d'autant plus d'ardeur, qu'elle surpasse tous les contentemens de la terre : son désir est suivi de la jouissance. Bientôt après suit la privation, qui par la renaissance des désirs qu'elle rallume, fait un cercle de notre vie qui passe continuellement du désir à la jouissance, de la jouissance à l'absence, et de l'absence au désir.

Qui est-ce qui me pourra développer le secret de ces mystérieuses vicissitudes, dit saint Bernard [1]? Qui m'expliquera les allées et les venues, les approches et les éloignemens du Verbe? L'Epoux n'est-il point un peu léger et volage? D'où peut venir et où peut aller ou retourner celui qui remplit toutes choses de son immense grandeur? Sans doute le changement n'est pas dans l'Epoux ; mais dans le cœur de l'Epouse, qui reconnoît la présence du Verbe lorsqu'elle sent l'effet de la grace; et quand elle ne le sent plus, elle se plaint de son absence et renouvelle ses soupirs. Elle s'écrie avec le Prophète : « Seigneur, mon cœur vous a dit : Les yeux de mon ame vous ont cherché [2]. » Et peut-être, dit saint Bernard [3], que c'est pour cela que l'Epoux se retire, afin qu'elle le rappelle avec plus de ferveur, et qu'elle l'arrête avec plus de fermeté : comme autrefois s'étant joint aux deux disciples qui alloient à Emmaüs, il feignit de passer outre, afin d'entendre ces paroles de leur bouche même : *Mane nobiscum, Domine* [4] : « Demeurez avec nous, Seigneur ; » car il se plaît à se faire chercher, afin de réveiller nos soins et d'embraser notre cœur.

Il ne fait que toucher en passant la cime de notre entendement,

---

[1] *In Cant.*, serm. LXXIV, n. 1. — [2] *Psal.* XXVI, 8. — [3] S. Bern., loc. cit., n. 3. — [4] *Luc.*, XXIV, 29.

comme un éclair, dit saint Grégoire de Nazianze, qui passe devant nos yeux, partageant ainsi notre esprit entre les ténèbres et la lumière, afin que ce peu que nous connoissons soit un charme qui nous attire, et que ce que nous ne connoissons pas soit un secret qui nous ravisse d'étonnement : en sorte que l'admiration excite nos désirs, et que nos désirs purifient nos cœurs, et que nos cœurs se défient par la familiarité que nous contractons avec Dieu dans cette aimable privauté.

Les vents qui secouent les branches des arbres les nettoient : les orages qui agitent l'air le purifient : les tempêtes qui ébranlent et renversent la mer, lui font jeter les corps morts sur le rivage : de même l'agitation du cœur, ému par ces saintes inquiétudes, contribue beaucoup à sa pureté, et l'exempte de beaucoup de taches et d'ordures, qui s'amassent au fond de l'ame pendant qu'elle est dans le calme, et qu'elle jouit d'un repos tranquille. L'eau qui croupit dans un étang se corrompt et devient puante : le pain qui cuit sous la cendre se brûle si on ne le tourne, comme dit le Prophète[1] : les corps qui ne font point d'exercice amassent beaucoup de mauvaises humeurs, qui sont des dispositions à de grandes maladies : et ainsi le cœur, qui n'est point exercé par ces épreuves, et par ces mouvemens alternatifs de douceur et de rigueur, s'évapore au feu des consolations divines, se corrompt par le repos, et se charge de mauvaises habitudes. C'est pourquoi le Fils de Dieu, qui l'aime et qui prend soin de le cultiver, lui procure de l'exercice ; ne voulant pas qu'il demeure oisif, ou qu'il se relâche par une trop longue jouissance de ses faveurs et de ses caresses.

Il semble qu'il se joue avec les hommes, dit Richard de Saint-Victor[2], comme un père avec ses enfans : tantôt ils se figurent qu'ils le tiennent ; et puis tout à coup il leur échappe : tantôt il se montre comme un soleil avec beaucoup de lumière ; et puis en un moment il se cache dans les nuages. Il s'en va, il revient ; il fuit, il s'arrête ; il les surprend, il se laisse surprendre, et tout aussitôt il se dérobe : et puis après avoir tiré quelques larmes de leurs yeux, et quelques soupirs de leurs cœurs, il retourne ; enfin il les réjouit de la douceur de ses visites.

---

[1] *Osee*, vii, 8. — [2] *De grad. Charit.*, cap. ii.

« Je m'en vais pour peu de temps, et je vous reverrai bientôt [1] : » souffrez mon absence pour un moment. O moment et moment! ô moment de longue durée! Mon doux Maître, comment dites-vous que le temps de votre absence est court? Pardonnez-moi, si j'ose vous contredire; mais il me semble qu'il est bien long et qu'il dure trop. Ce sont les plaintes de l'Epouse, qui s'emporte par l'ardeur de son zèle, et se laisse aller à la violence de ses désirs. Elle ne considère pas ses mérites : elle n'a pas égard à la majesté de Dieu; elle ferme les yeux à sa grandeur, et les ouvre au plaisir qu'elle sent en sa présence. Elle rappelle l'Epoux avec une sainte liberté : elle redemande celui qui fait toutes ses délices, lui disant amoureusement : « Retournez, mon bien-aimé; revenez promptement; hâtez-vous de me secourir; égalez la vitesse des chevreuils et des daims [2]. »

Au reste, ne pensez pas que ces larmes soient stériles, ni ces soupirs inutiles : cet état de privation est très-avantageux à qui sait s'en prévaloir. C'est là que notre amour-propre, qui est aveugle, trouve des yeux pour sonder l'abîme de ses misères et reconnoître son indigence : c'est là que notre cœur apprend à compatir aux autres, par l'expérience de ses propres peines : c'est là qu'il trouve un torrent de larmes pour noyer ses crimes et un trésor si précieux, qu'il suffit non-seulement pour payer ses dettes, mais encore celles du prochain. C'est une fournaise d'amour où l'Epouse échauffe son zèle et lui donne des ailes de feu pour voler à la conquête des ames aux dépens de son contentement et de son repos : c'est une école de sagesse où elle apprend les secrets de la vie intérieure : c'est une épreuve où elle se fortifie par la pratique des vertus chrétiennes, comme les plantes jettent de profondes racines durant les rigueurs de l'hiver. C'est là qu'elle goûte cette importante vérité qu'il faut interrompre les délices de la contemplation par les travaux de l'action; qu'elle doit laisser les secrets baisers de l'Epoux, pour donner les mamelles à ses enfans; que l'amour effectif est préférable à l'amour affectif; et que personne ne doit vivre pour lui seul, mais que chacun est obligé d'employer sa vie à la gloire de celui qui a voulu mourir pour tous les hommes. C'est le creuset où elle met sa

[1] *Joan.*, XVI, 16, 22. — [2] *Cant.*, II, 17.

charité à l'épreuve, pour savoir si elle est de bon aloi. C'est la balance où elle pèse les graces de Dieu, pour en faire un sage discernement et préférer l'Auteur des consolations à tous ses dons. C'est un exil passager, qui lui fait sentir par précaution combien c'est un grand mal d'être abandonné de Dieu pour jamais, puisqu'une absence de peu de jours lui paroît plus insupportable que toutes les peines du monde : mais surtout, c'est une excellente disposition à l'union intime avec son divin Epoux, qui est à vrai dire le fruit de ses désirs, la fin de ses travaux et la récompense de toutes ses peines.

Tous les saints Pères qui parlent de l'union qui se fait entre l'ame et l'Epoux céleste dans l'exercice de l'oraison, disent qu'elle est inexplicable. Saint Thomas l'appelle un baiser ineffable, parce qu'on peut bien goûter l'excellence des affections et des impressions divines, mais on ne la peut pas exprimer. Saint Bernard dit que c'est un lien ineffable d'amour, parce que la manière dont on le voit est ineffable, et demande une pureté de cœur toute extraordinaire. Saint Augustin dit que cette union se fait d'une manière qui ne peut tomber dans la pensée d'un homme, s'il n'en a fait l'expérience.

On peut dire que le propre de l'amour est de tendre à l'union la plus intime et la plus étroite qui puisse être, et qu'il ne se contente pas d'une jouissance superficielle, mais qu'il aspire à la possession parfaite. De là vient que l'ame qui aime parfaitement Jésus-Christ, après avoir pratiqué toutes les actions de vertu et de mortification les plus héroïques; après avoir reçu toutes les faveurs les plus signalées de l'Epoux, les visions, les révélations, les extases, les transports d'amour, les vues, les lumières, croit n'avoir rien fait et n'avoir rien reçu, à cause, dit saint Macaire, du désir insatiable qu'elle a de posséder le Seigneur; à cause de l'amour immense et ineffable qu'elle lui porte, qui fait qu'elle se consume de désirs ardens, et qu'elle aspire sans cesse au baiser de l'Epoux.

On peut bien dire encore que cette union parfaite, qui est l'objet de ses désirs, n'est pas seulement une simple union par le moyen de la grace habituelle qui est commune à tous les justes, ou par l'amour actuel même extatique et jouissant, qui ne se donne qu'aux grandes ames ; mais c'est le plus haut degré de la contemplation, le plus sublime don de l'Epoux, qui se donne lui-même, qui s'écoule intimement dans l'ame, qui la touche, qui se jette entre ses bras et se fait sentir et goûter par une connoissance expérimentale, où la volonté a plus de part que l'entendement, et l'amour que la vue. D'où vient que Richard de Saint-Victor dit « que l'amour est un œil, et qu'aimer c'est voir [1] : » et saint Augustin : « Qui connoît la vérité la connoît, et qui la connoît connoît l'éternité : c'est la charité qui la connoît [2]. »

On peut bien dire avec saint Bernard, que cet embrassement, ce baiser, cette touche, cette union, n'est point dans l'imagination ni dans les sens, mais dans la partie la plus spirituelle de notre être, dans le plus intime de notre cœur, où l'ame par une singulière prérogative reçoit son bien-aimé ; non par figure, mais par infusion ; non par image, mais par impression. On peut dire avec Denis le Chartreux que le divin Epoux voyant l'ame toute éprise de son amour, se communique à elle, se présente à elle, l'embrasse, l'attire au dedans de lui-même, la baise, la serre étroitement avec une complaisance merveilleuse ; et que l'Epouse étant tout à coup, en un moment, en un clin d'œil, investie des rayons de la Divinité, éblouie de sa clarté, liée des bras de son amour, pénétrée de sa présence, opprimée du poids de sa grandeur, et de l'efficace excellente de ses perfections, de sa majesté, de ses lumières immenses, est tellement surprise, étonnée, épouvantée, ravie en admiration de son infinie grandeur, de sa brillante clarté, de la délicieuse sérénité de son visage, qu'elle est comme noyée dans cet abîme de lumière, perdue dans cet océan de bonté, brûlée et consumée dans cette fournaise d'amour, anéantie en elle-même par une heureuse défaillance, sans savoir où elle est, tant elle est égarée et enfoncée dans cette vaste solitude de l'immensité divine. Mais de dire comment cela se fait, et ce qui se passe en ce secret entre l'Epoux et l'Epouse, cela est impossible : il le faut honorer par le silence, et louer à jamais l'amour ineffable du Verbe qui daigne tant s'abaisser pour relever sa créature.

[1] *De grad. Charit.*, cap. III. — [2] *Conf.*, lib. VII, cap. X.

LES DEVOIRS DE L'AME QUI EST ÉPOUSE DE JÉSUS-CHRIST.

Entre les devoirs de l'Epouse envers son divin Epoux, celui de l'amour est le premier; et même l'on peut dire qu'il est unique, parce qu'il contient tous les autres avec éminence. Car il faut considérer que Jésus-Christ prend quelquefois le nom de Seigneur, quelquefois celui de Père et quelquefois celui d'Epoux. Quand il veut nous donner de la crainte, dit saint Grégoire [1], il prend la qualité de Seigneur; lorsqu'il veut être honoré, il prend celle de Père : mais quand il veut être aimé, il se fait appeler Epoux.

Faites réflexion sur l'ordre qu'il garde : de la crainte procède ordinairement le respect, du respect l'amour. En cet amour consiste, comme dit excellemment saint Bernard [2], la ressemblance de l'ame avec le Verbe selon cette parole de l'Apôtre : « Soyez les imitateurs de Dieu, comme étant ses enfans bien-aimés; et marchez dans l'amour et la charité, comme Jésus-Christ nous a aimés [3], » afin de vous joindre par conformité à celui dont l'infinité vous sépare. Cette conformité marie l'ame avec le Verbe, lorsqu'elle se montre semblable en volonté et en désir à celui à qui elle ressemble par le privilége de la nature, aimant comme elle est aimée : si donc elle aime parfaitement, elle est épouse.

Qu'y a-t-il de plus doux que cette conformité? qu'y a-t-il de plus souhaitable que cet amour, qui fait, ô ame fidèle, que ne vous contentant pas d'être instruite par les hommes, mais vous adressant vous-même confidemment au Verbe, vous lui adhérez constamment, vous l'interrogez familièrement, vous le consultez sur toutes choses, égalant la liberté de vos désirs à l'étendue de vos pensées et de vos connoissances?

Certainement on peut dire que c'est ici que l'on contracte un mariage spirituel et saint avec le Verbe; je dis trop peu quand je dis qu'on le contracte : on le consomme. Car c'est en effet le consommer que de deux esprits n'en faire qu'un, en voulant et ne voulant pas les mêmes choses. Au reste il ne faut pas craindre que l'inégalité des personnes affoiblisse aucunement la conformité des volontés, parce que l'amour n'a pas tant d'égard au respect. Le

[1] *In Cant.*, prœm. n. 8. — [2] *Ibid.*, serm. LXXXIII, n. 3. — [3] *Ephes.*, v, 1, 2.

mot d'*amour* vient d'aimer, non pas d'honorer. Que celui-là se tienne en respect, qui frissonne, qui est interdit, qui tremble, qui est saisi d'étonnement : tout cela n'a point de lieu en celui qui aime. L'amour est plus que satisfait de lui-même; et quand il est entré dans le cœur, il attire à soi toutes les autres affections et se les assujettit. C'est pourquoi celle qui aime s'applique à l'amour et ne sait autre chose; et celui qui mérite d'être honoré, respecté et admiré, aime mieux néanmoins être aimé : l'un est l'Epoux; l'autre est l'Epouse.

Quelle affinité et quelle liaison cherchez-vous entre deux époux, sinon d'aimer et d'être aimé? Ce lien surpasse celui des pères et des mères à l'égard de leurs enfans, qui est celui de tous que la nature a serré plus étroitement. Aussi est-il écrit à ce sujet que « l'homme laissera son père et sa mère et s'attachera à son épouse [1]. » Voyez comme cette affection n'est pas seulement plus forte que toutes les autres, mais qu'elle se surmonte elle-même dans le cœur des époux. Ajoutez que celui qui est l'Epoux n'est pas seulement épris d'amour; il est l'amour même. Mais n'est-il point aussi l'honneur? Pour moi je ne l'ai point lu : j'ai bien lu que « Dieu est charité [2]; » mais je n'ai point lu qu'il soit honneur ni dignité. Ce n'est pas que Dieu rejette l'honneur, lui qui dit : « Si je suis Père, où est l'honneur qui m'est dû [3]? » mais il le dit en qualité de Père. Que s'il veut montrer qu'il est Epoux, il dira : Où est l'amour qui m'est dû? Car il dit aussi au même endroit : « Si je suis Seigneur, où est la crainte qui m'est due? » Dieu donc veut être craint comme Seigneur, honoré comme Père, aimé et chéri comme Epoux.

De ces trois devoirs, lequel est le plus excellent et le plus noble? L'amour. Sans l'amour, la crainte est fâcheuse, et l'honneur n'est point agréable. La crainte est une passion servile tandis qu'elle n'est point affranchie par l'amour; et l'honneur qui ne vient point du cœur n'est point un vrai honneur, mais une pure flatterie. La gloire et l'honneur appartiennent à Dieu, mais il ne les accepte point s'ils ne sont assaisonnés par l'amour : car il suffit par lui-même; il plaît par lui-même et pour l'amour de lui-même. L'a-

---

[1] *Genes.*, II, 24; *Matth.*, XIX, 5. — [2] I *Joan.*, IV, 8. — [3] *Malac.*, I, 6.

mour est lui-même et son mérite et sa récompense. Il ne demande point d'autre motif ni d'autre fruit que lui-même : son fruit, c'est son usage. J'aime parce que j'aime; j'aime pour aimer. En vérité, l'amour est une grande chose, pourvu qu'il retourne à son principe; et que, remontant à sa source par une réflexion continuelle, il y prenne des forces pour entretenir son cours.

De tous les mouvemens, de tous les sentimens et de toutes les affections de l'ame, il n'y a que l'amour qui puisse servir à la créature pour rendre la pareille à son Auteur, sinon avec égalité, pour le moins avec quelque rapport. Par exemple, si Dieu se fâche contre moi, me fâcherai-je contre lui? Non, certes; mais je craindrai, mais je tremblerai, mais je lui demanderai pardon; de même s'il me reprend, je ne le reprendrai pas à mon tour, mais plutôt je le justifierai; et s'il me juge, je n'entreprendrai pas de le juger, mais plutôt de l'adorer. S'il domine, il faut que je serve; s'il commande, il faut que j'obéisse : je ne puis pas exiger de lui une obéissance réciproque. Mais il n'est pas ainsi de l'amour : car quand Dieu aime, il ne demande autre chose qu'un retour d'amour, parce qu'il n'aime que pour être aimé, sachant bien que ceux qui l'aiment sont rendus bienheureux par l'amour même qu'ils lui portent.

Ainsi l'ame qui est assez heureuse pour y être parvenue, brûle d'un si ardent désir de voir son Epoux dans la gloire, que la vie lui est un supplice, la terre un exil, le corps une prison et l'éloignement de Dieu une espèce d'enfer, qui la fait sans cesse soupirer après la mort. Dans cet état, dit saint Grégoire [1], elle ne reçoit aucune consolation des choses de la terre; elle n'en a aucun goût, ni sentiment, ni désir : au contraire c'est pour elle un sujet de peine qui la fait soupirer jour et nuit et languir dans l'absence de son Epoux. Car elle est blessée d'amour; et cette plaie, qui consume les forces du corps, est la parfaite santé de l'ame, sans laquelle sa disposition seroit très-mauvaise et très-dangereuse. Plus cette plaie est profonde, plus elle est saine. Sa force consiste dans la langueur, et sa consolation est de n'en avoir point sur la terre. Tout ce qu'elle voit ne lui cause que de la tristesse, parce

[1] *In Cant.*, cap. III.

qu'elle est privée de la vue de celui qu'elle aime. Il n'y a qu'une seule chose qui la puisse consoler ; c'est de voir que plusieurs ames profitent de son exemple, et sont embrasées de l'amour de son Epoux.

Tel étoit saint Ignace martyr, qui soupiroit après les tourmens et la mort par l'extrême désir qu'il avoit de voir Jésus-Christ. Quand sera-ce, disoit-il [1], que je jouirai de ce bonheur, d'être déchiré des bêtes farouches dont on me menace? Ah! qu'elles se hâtent de me faire mourir et de me tourmenter; et, de grace, qu'elles ne m'épargnent point comme elles font les autres martyrs. Car je suis résolu, si elles ne viennent à moi, de les aller attaquer et de les obliger à me dévorer. Pardonnez-moi ce transport, mes petits enfans; je sais ce qui m'est bon : je commence maintenant à être disciple de Jésus-Christ; ne désirant plus rien de toutes les choses visibles et n'ayant qu'un seul désir, qui est de trouver Jésus-Christ. Qu'on me fasse souffrir les feux, les croix et les dents des bêtes farouches : que tous les tourmens que les démons peuvent inspirer aux bourreaux viennent fondre sur moi; je suis prêt à tout, pourvu que je puisse jouir de Jésus-Christ. Quel amour! quels transports! quelle ardeur pour Jésus-Christ! Puissions-nous entrer dans ces sentimens; et comme le saint martyr, n'avoir plus de vie, d'être, de mouvemens que pour consommer notre union avec le divin Epoux.

[1] *Ep. ad Rom.*

PENSÉES

CHRÉTIENNES ET MORALES

SUR DIFFÉRENS SUJETS (a).

I. — De Dieu et du culte qui lui est dû.

Autant que nous sommes purs, autant pouvons-nous imaginer Dieu : autant que nous nous le représentons, autant devons-nous l'aimer : autant que nous l'aimons, autant ensuite nous l'entendons.

En cette vie, il faut en partie que Dieu descende à nous ; c'est ce qu'il fait par la révélation. Il faut aussi que nous montions à lui ; c'est ce que nous faisons par la foi. Sans cela, nous n'aurions jamais de société avec Dieu ; cette bonté inestimable demeureroit comme resserrée en elle-même, et l'homme resteroit éternellement dans son indigence.

(a) Soit en composant, soit en relisant ses sermons, Bossuet traçoit fréquemment des notes plus ou moins longues, non-seulement sur les marges du manuscrit, mais encore sur des feuilles séparées.
L'héritier des manuscrits, plus empressé de les étaler aux yeux que de les livrer à l'impression, les avoit mêlés, brouillés comme un jeu de cartes.
Dans cette confusion et ce pêle-mêle sans ordre, le premier éditeur des sermons, Déforis ne découvrit pas toujours les endroits où devoient venir les feuilles et les morceaux de papiers détachés ; d'ailleurs il n'avoit pas consacré une place particulière aux notes marginales : de là les pensées chrétiennes et les réflexions morales qu'on trouve après les sermons, dans toutes les éditions complètes.
Nous avons reconnu sans peine, et tout lecteur attentif la reconnoîtra certainement, la place des morceaux détachés. Mais, d'un côté, la plupart de ces esquisses sont des variantes ou des notes qui ne doivent pas entrer dans la trame du discours ; d'une autre part, nous avons eu rarement le bonheur de retrouver les feuilles manuscrites qui les renferment. En conséquence nous n'en avons inséré qu'un petit nombre dans les sermons, et nous avons renvoyé les autres à la fin.
Il faut se défier des traductions dans les pensées détachées. On reconnoîtra facilement celles de Déforis ; car Déforis imprime à sa prose le cachet de la platitude, a dit M. Foisset, conseiller à la Cour impériale de Dijon (*Correspondant*, juin 1862). Nous avons supprimé ses crochets, c'est-à-dire ses commentaires et ses explications.

Porrò unum est necessarium[1] : toute multiplicité est ici foudroyée ; il faut que tout soit ravagé, pour nous ramener à cette heureuse unité qui fait notre santé et notre bonheur.

Dieu nous cherche quand nous le cherchons : *Trahe me ; post te curremus*[2] : il ne nous quitte jamais le premier ; mais il faut faire effort pour le retenir, autrement il se retire et nous tombons dans l'abîme ; « nous nous égarons dans un pays fort éloigné, » *in regionem longinquam*[3].

Si nous avons sincèrement cherché notre Dieu, disons donc : *Tenui eum, nec dimittam*[4]. Qu'est-ce que ce *Tenui ?* Ce sont les bons mouvemens, les attraits de la grace, les instructions, tout ce qui nous parle de Jésus-Christ ; s'en souvenir, en converser, se renouveler dans l'amour des vérités saintes dans le désir d'y conformer ses sentimens et sa conduite ; se tenir ainsi toujours inviolablement attaché à Jésus-Christ, afin qu'après avoir dit avec vérité durant le cours du voyage : *Non dimittam*, nous le disions avec assurance dans la gloire.

Parce que nous connoissons Dieu, nous l'aimons ; parce que nous ne le comprenons pas, nous l'adorons.

Ce n'est pas Dieu, mais nous qui croissons par le culte que nous lui rendons : nous venons, non pour le faire descendre à nous, mais pour nous élever à lui ; il ne rebute pas toujours quand il diffère, mais il aime la persévérance et lui donne tout.

Veri adoratores adorabunt Patrem in spiritu et veritate[5]. Il faut éviter trois faux cultes : l'erreur, l'hypocrisie, la superstition. L'erreur n'adore pas Dieu tel qu'il est : il n'est tel que dans l'Eglise catholique. L'hypocrisie ne montre pas l'homme tel qu'il est. La superstition mêle l'un et l'autre, et en est un monstrueux assemblage : c'est ce que saint Paulin exprime très-bien par ces paroles : *Superstitioni religiosa, religioni profana*[6].

Non in manufactis templis habitat[7] : « Dieu n'habite point dans les temples bâtis par les hommes. » Les temples ne sont pas élevés

---

[1] *Luc.*, x, 42. — [2] *Cant.*, I, 3. — [3] *Luc.*, xv, 13. — [4] *Cant.*, III, 4. — [5] *Joan.*, IV, 23. — [6] *Ad Jov.*, epist. XVI, n. 10. — [7] *Act.*, XVII, 24.

comme pour y renfermer la Divinité, mais afin de recueillir nous-
mêmes nos esprits en Dieu. Ce Dieu qui est immense, les hommes
s'imaginoient pouvoir le ramasser en un temple ou dans des statues, au lieu qu'il falloit songer à recueillir en lui leur esprit
dissipé.

II. — De Jésus-Christ et de ses mystères.

La grace du mystère de l'Epiphanie, c'est un esprit d'adoration
envers Jésus-Christ, et Jésus enfant, et Jésus inconnu, Jésus dans
l'abjection : esprit d'adoration des états inconnus de Jésus-Christ;
esprit d'adoration pour attirer à ce Dieu inconnu ceux qui le connoissent le moins, et qui en sont le plus éloignés. Entrez-y pour
toutes les créatures qui ne le connoissent pas. Et nous, comment
adorerons-nous? Comme si nous en entendions parler la première
fois, comme si son étoile ne nous avoit apparu que de ce jour.
Car, en effet, qu'avons-nous vu? qu'avons-nous connu? Si nous
le connoissons tant soit peu, tous les jours nous cessons de le
connoître; nous nous enfonçons tous les jours dans le centre d'une
bienheureuse ignorance, où nous n'avons de vue qu'en ne voyant
rien. Sortons donc du fond de cette ignorance comme d'un pays
éloigné; et sous la conduite de l'étoile, la foi, tantôt lumineuse,
tantôt obscurcie, paroissant et disparoissant, suivant le plaisir de
Dieu, allons adorer ce Dieu dont la gloire, dont la grandeur c'est
de nous être inconnu, jusqu'à ce qu'il nous ait mis en état de ne
plus rien connoître qu'en lui.

Donc, ô Dieu caché, ô Dieu inconnu, anéantissez en nous-mêmes
toutes nos lumières; et ne vous faites sentir à nos cœurs que par
un poids tout-puissant, qui nous presse de sortir de nous pour
nous élancer, pour nous perdre en vous.

Qu'il vous baptise, non point d'un baptême d'eau, mais d'un
baptême de feu, mais d'un baptême d'esprit, mais d'un baptême
de sang. Jetez-vous dans le sang de sa passion, dans ses souffrances
intérieures et extérieures; perdez terre dans cet océan; enivrez-
vous de ce vin tant que ses fumées, non moins efficaces que
délicates et pénétrantes, vous fassent perdre toute attache à vous-
même, tout goût, tout sentiment des choses présentes, pour être

dans le fond et dans les puissances captive de la vertu cachée et toute-puissante, qui est dans le sang et dans les souffrances de votre Epoux sous le pressoir. Ainsi puisse-t-il changer l'eau en vin, et accomplir en votre cœur tous les mystères que l'Eglise adore dans la fête de l'Epiphanie.

Oubliez tout, chère Epouse ; oubliez ce que vous faites et ce que vous êtes, vos lumières, vos connoissances, vos graces, votre paix, vos agitations, votre néant même ; oubliez tout de moment à autre, et n'ayez dans l'esprit et dans le cœur que ce que le cher Enfant y imprimera. O enfance, ô abjection, ô être inconnu de Jésus, faites-vous des adorateurs aussi inconnus que vous. Qu'ils ne se connoissent pas eux-mêmes ; qu'ils vous aiment sans en rien savoir ; qu'ils vous soient ce que vous leur êtes, adorateurs cachés à un Dieu caché. Oui, cachez en eux votre mystère ; éloignez-en les superbes et les curieux ; n'y appelez que les simples, les enfans, les ignorans que vous éclairez et dont vous êtes vous seul toute la science.

O vie, ô mort, ô péché, ô grace, ô lumière, ô ténèbres, vous n'êtes plus rien ! O néant, conçu et aperçu, vous n'êtes plus rien ; vous êtes perdu en Dieu! Mais, ô Dieu connu, vous êtes vous-même caché dans le néant! Régnez, ô Jésus, ô Dieu inconnu, régnez en détruisant tout : donnez un être infini à tout ce que vous devez détruire, afin que l'infinité de votre être ne se montre et ne se déclare que par l'infinité des destructions que vous opérez.

Deux choses que nous devons apprendre par la Passion : à nous mépriser, à nous estimer ; à nous mépriser à l'exemple de Jésus-Christ qui se prodigue, à nous estimer par le prix avec lequel il nous achète.

Pour être unis à la croix, il faut joindre la peine et l'opprobre : pour la diminuer, en ne pouvant éviter la peine, nous en voulons du moins séparer la honte.

Pour détacher Jésus-Christ de la croix, il faut nous y attacher en sa place ; celui-là le crucifie de nouveau, qui se détache lui-même de la croix.

Double transfiguration de Jésus-Christ sur deux montagnes : le

Thabor et le Calvaire. *Facta est, dùm oraret, species vultus ejus altera*[1] : « Pendant qu'il faisoit sa prière, son visage parut tout autre. » *Non est species ei neque decor*[2]: « Il a été sans éclat et sans beauté. » Le soleil obscurci dans l'une et dans l'autre : là, par la lumière de Jésus-Christ; ici, de honte de la confusion de son Créateur. Marie n'a pas vu la transfiguration glorieuse; elle a vu la douloureuse.

Par les choses qu'il a souffertes, il nous montre qu'il est puissant pour prêter secours à ceux qui souffrent: » *In eo enim in quo passus est ipse et tentatus, potens est et eis qui tentantur auxiliari*[3]. Car il est juste que celui qui s'est fait infirme par sa volonté, devienne l'appui des autres par sa puissance; et que pour honorer la foiblesse qu'il a prise volontairement, il soit le support de ceux qui sont foibles par nécessité. Il va devant nous pour nous prévenir, il se retourne et nous tend la main pour nous appuyer.

III. — Aveuglement des impies.

Que les impies nous disent de bonne foi s'ils sont assurés de ce qu'ils pensent; si le consentement universel, si le changement si soudain de tant de peuples, le commencement si saint et si simple de la religion laisse aucun lieu de douter de la divinité de son origine? Qu'ils se regardent sur le point de passer à l'éternité, et qu'ils voient dans quelle disposition ils voudroient se trouver à ce dernier moment. Etrange aveuglement de l'homme qui, tout penchant qu'il est à la mort, ne veut prendre qu'à l'extrémité les sentimens d'un mourant qu'elle inspire !

Vous vous plaignez de ce que Dieu ne vous a pas communiqué son secret. A qui voulez-vous que Dieu le dise? Quoi? qu'il parle à l'oreille à chacun, ou qu'il se montre à tout le monde? Pourquoi vous plutôt qu'un autre? Choisissez quels hommes vous désireriez que Dieu envoyât pour vous faire entendre sa parole. Ce sont de ceux-là qu'il a pris. Où en trouveriez-vous de plus sincères, de plus propres à vous persuader? et comment pouvez-vous leur

---

[1] *Luc.*, IX, 29. — [2] *Isa.*, LIII, 2. — [3] *Hebr.*, II, 18.

prêter ce complot? Venez, leur faites-vous dire, associons-nous; inventons une belle fable : disons que ce crucifié est le Fils de Dieu. Mais si cela est véritable, comme tant de faits vous le prouvent, quelle est votre opiniâtreté de refuser de vous soumettre?

IV. — De la Vérité.

Les hommes haïssent la vérité qui les reprend : ils ne veulent pas la connoître, de crainte qu'elle ne les juge; mais elle ne perd point son droit, et ils la perdent elle-même. Ceux qui nous reprennent nous signifient la sentence de Dieu contre nos vices. La loi qui est en Dieu la prononce; les hommes qui nous reprennent la signifient; la lumière de la conscience la veut mettre à exécution.

Deux moyens de connoître la vérité : premièrement en elle-même; secondement par l'autorité, sur la foi d'autrui. Dans le premier, point de soumission. C'est à Dieu seul de faire connoître la vérité en l'une et l'autre manière, parce que « c'est lui qui éclaire tout homme qui vient au monde : » *Illuminat omnem hominem venientem in hunc mundum*[1]. Il ne peut ni tromper ni être trompé. Quand les hommes attestent, opinion et doute; au contraire quand Dieu parle, la foi et la conviction. Or il est juste que Dieu soit adoré en ces deux manières; la vérité qui se découvre, et l'autorité qui fléchit doivent dominer. La vue, dans l'autre vie; la foi et la soumission sont pour la terre. Il faut que la vérité soit découverte; en attendant pour s'y préparer, que son autorité soit révérée. Vous perdez quelque chose du vôtre, le droit de juger qui nous est si cher que nous voulons nous mêler de juger de tout, même des choses les plus cachées : le sacrifice, non-seulement des sens, mais de la raison même.

V. — De l'Eglise.

On cherche vainement dans la médecine un remède unique et universel, qui remette tellement la nature dans sa véritable constitution, qu'il soit capable de la guérir de toutes ses maladies. Ce

[1] *Joan.*, I, 9.

qui ne se trouve pas dans la médecine, se trouve dans la science sacrée. Chaque hérésie, son remède particulier; remède général, l'amour de l'Eglise, qui rétablit si heureusement le principe de la religion, qu'il renferme entièrement en lui-même la condamnation de toutes les erreurs, la détestation de tous les schismes, l'antidote de tous les poisons, enfin la guérison infaillible de toutes les maladies.

Ce jour-là, mes très-chères Sœurs, auquel Dieu vous ouvrant les yeux..., vous doit être et plus cher et plus mémorable que votre propre naissance, plus cher même que votre baptême. C'est la marque de son efficace qu'il ne perde pas sa vertu, même dans des mains sacriléges. Mais que sert d'avoir le baptême? La marque de la milice dans les troupes est une marque d'honneur; en un soldat fugitif, c'est le témoignage de sa désertion. Ainsi le baptême, qui est la marque de la milice chrétienne, dans l'Eglise est une marque d'honneur; dans le schisme, une conviction de la révolte. Plût à Dieu non-seulement rappeler à votre souvenir le jour que vous vous êtes données à l'Eglise, mais encore renouveler votre première ferveur! Pour cela, je vous dirai ce que c'est que la sainte Eglise : je vous montrerai d'abord ce qu'elle est à Jésus-Christ et à ses enfans; et je vous ferai voir ensuite ce qu'elle est en elle-même dans la société de ses membres. Par le premier, vous apprendrez ce que nous lui sommes ; par le second, comment et en quel esprit nous y devons vivre.

Qu'est-ce que l'Eglise? C'est l'assemblée des enfans de Dieu, l'armée du Dieu vivant, son royaume, sa cité, son temple, son trône, son sanctuaire, son tabernacle. Disons quelque chose de plus profond : l'Eglise, c'est Jésus-Christ; mais Jésus-Christ répandu et communiqué.

Jésus-Christ est à nous en deux manières : par sa foi, qu'il nous engage; par son esprit, qu'il nous donne. Les noms d'*Epouse* et celui de *corps* sont destinés à représenter ces deux choses.

L'Eglise est mère et nourrice tout ensemble. Mère, contre ceux qui disent qu'elle n'étoit plus. L'Eglise est aussi nourrice; car elle a du lait.

Manière de rechercher la vérité, des hérétiques et des catholiques : ceux-là par l'esprit particulier. C'est ce qui les a divisés de l'Eglise ; c'est ce qui les divise entre eux. Cet esprit particulier, c'est le glaive de division qu'ils ont pris en main pour se séparer de l'Eglise ; par le même, ils se sont divisés entre eux. Les catholiques cherchent au contraire la vérité avec l'unité, l'autorité de l'Eglise : *Visum est Spiritui sancto et nobis* [1].

Pour être filles de l'Eglise, il faut aimer sa doctrine, aimer ses cérémonies ; rien à dédaigner quand on voit que le Saint-Esprit a admiré jusqu'aux franges de son habit : *In fimbriis aureis* [2]; que l'Epoux a été charmé même d'un de ses cheveux [3]. Tout ce qui est dans l'Eglise respire un saint amour, qui blesse d'un pareil trait le cœur de l'Epoux.

Venez être membres vivans ; venez à l'Epouse, soyez épouses. Venez à l'Epouse par la foi ; soyez épouses par l'amour. Les sociétés hérétiques se vantent d'être l'Epouse ; mais écoutez les noms qu'elles portent : *Zuingliens, Luthériens, Calvinistes*. Ce n'est pas là le nom de l'Epoux ; ce sont des épouses infidèles, qui ayant quitté l'Epoux véritable, ont pris les noms de leurs adultères.

Vidi cœlum novum et terram novam [4]. Renouvellement de toutes choses par l'Eglise : relation de toutes choses à l'Eglise, et de l'Eglise à toutes choses. Hors de l'Eglise, la lumière éblouit ; dans l'Eglise, l'obscurité illumine, parce que Dieu, qui aveugle avec la lumière, éclaire quand il lui plaît avec de la boue.

VI. — Du Carême : comment on doit le sanctifier.

Toute la vie est un temps destiné pour se former au Carême ; car la pénitence est l'exercice de toute la vie chrétienne. Les dimanches sont consacrés aux œuvres de la piété, afin qu'elle influe et se répande dans les autres jours : ainsi le Carême est institué, afin de se renouveler dans un esprit de pénitence qui s'étende à tous les temps.

Comment donc faut-il sanctifier le Carême ? L'Evangile nous dit que « Jésus fut conduit dans le désert : » *Ductus est in desertum* [5];

---

[1] *Act.*, xv, 28. — [2] *Psal.* xliv, 15. — [3] *Cant.*, iv, 9. — [4] *Apoc.*, xxi, 1. — [5] *Matth.*, iv, 1.

et par là il nous montre que la retraite doit accompagner notre jeûne. Celui de Jésus-Christ s'étendit à tout, pour nous apprendre que la mortification de tous nos sens est absolument nécessaire dans un véritable jeûne. Enfin c'est par tous ces moyens que Jésus-Christ se dispose à la tentation, *ut tentaretur,* parce que le jeûne et tous les exercices de la pénitence doivent nous préparer à vaincre la tentation, en combattant le démon notre ennemi.

Mais pourquoi la retraite nous est-elle si nécessaire? C'est que tout est corruption dans le monde : «Tout ce qui est dans le monde, dit saint Jean, est ou concupiscence de la chair, ou concupiscence des yeux, ou orgueil de la vie : » *Omne quod est in mundo, concupiscentia carnis est, et concupiscentia oculorum, et superbia vitæ* [1]. « Tout le monde est sous l'empire du malin esprit : » *Mundus totus in maligno positus est* [2]. Au contraire nous trouverons Jésus-Christ dans le désert; nous y verrons la nature dans sa pureté; elle nous paroîtra peut-être d'abord affreuse à cause de l'habitude que nous avons de voir les choses si étrangement falsifiées par l'artifice éblouissant de la séduction : mais l'illusion faite à nos sens se dissipera bientôt dans le calme de la solitude; et la nature nous y plaira d'autant plus, qu'elle n'y est point gâtée par le luxe; ce qui nous la rendra beaucoup plus agréable.

Si comme Jésus-Christ nous n'y avons de société qu'avec les bêtes, *cum bestiis* [3], pensons que les hommes sont plus sauvages, plus cruels que les animaux les plus farouches ; là c'est l'instinct qui conduit; dans les hommes, c'est une malice déterminée et délibérée. C'est ce qui jette le Prophète dans la solitude : *Quis dabit me in solitudine diversorium viatorum? Et derelinquam populum meum, et recedam ab eis; quia omnes adulteri sunt, cœtus prævaricatorum* [4]. « Chacun d'eux se rit de son frère : » *Vir fratrem suum deridebit.* Qu'est-ce qu'on fait dans le monde, que se moquer les uns des autres, que chercher tous les moyens de se tromper, de se nuire réciproquement, de se supplanter ? *Habitatio tua in medio doli* [5] : « Votre demeure est au milieu d'un peuple tout rempli de fourberie. » « Il n'y a plus de saint sur la terre; »

---

[1] Joan., II, 16. — [2] *Ibid.,* V, 19. — [3] *Marc.,* I, 13. — [4] *Jer.,* IX, 2, 5. — [5] *Ibid.,* 6.

on ne sait plus à qui se fier : *Periit sanctus de terrâ* ¹. La division s'est introduite jusque dans les mariages. De quoi les femmes s'entretiennent-elles, si ce n'est des excès multipliés des personnes de leur sexe, dont elles rougiroient si elles étoient elles-mêmes irréprochables? Toutes les familles sont dans la confusion : « Le fils traite son père avec outrage ; la fille s'élève contre sa mère ; la belle-fille contre sa belle-mère ; et l'homme a pour ennemis ceux de sa propre maison ². »

Dans cet état des choses, celui qui veut sincèrement penser à son salut et entrer dans la pénitence, ne doit-il pas se réfugier dans la solitude, et chercher son appui en Dieu seul ? *Ego autem ad Dominum aspiciam.....; audiet me Deus meus* ³. Plus il se séparera des créatures, plus il trouvera de consolation avec Dieu dans la retraite ; et au défaut des secours humains, « les anges mêmes lui seront envoyés pour le servir : » *Et angeli ministrabant illi* ⁴.

Le véritable jeûne emporte une mortification universelle, et doit par ses effets nous familiariser avec la mort et nous la rendre chaque jour plus présente : *Mortem de proximo norit* ⁵. Jeûner, c'est sacrifier toute sa vie dans les objets qui peuvent contribuer à l'entretenir, et dont on se prive par un esprit de pénitence. Dans ce sacrifice, l'homme est lui-même la victime qu'il offre à son Dieu. Pour nous y disposer, l'Eglise, à ces heures de silence où l'on offre les premiers vœux dans la tranquillité de la nuit, exhorte tous ses enfans à user avec plus de retenue des paroles, des alimens, du sommeil et des plaisirs : *Utamur ergo parciùs verbis, cibis et potibus, somno, jocis* ⁶. Par là elle nous fait assez sentir que le vrai jeûne consiste dans un retranchement général, non-seulement de tout ce qui peut flatter la nature, mais encore de tout ce qui n'est pas absolument nécessaire pour le soutien de la vie ; et qu'en un mot, il est établi pour nous conduire à cette parfaite circoncision qui fait le caractère de la vie spirituelle.

C'est ainsi que nous pourrons entrer dans l'exercice de vaincre les tentations. Pour y réussir, il est nécessaire de connoître la

---

¹ *Mich.*, vii, 2. — ² *Ibid.*, 6. — ³ *Ibid.*, 7. — ⁴ *Marc.*, i, 13. — ⁵ Tertull., *de Jejun.*, n. 12. — ⁶ *Hym. Offic. noct. in Quadrag.*

force et la puissance du démon. Il peut non-seulement transporter les corps, mais agir encore sur l'imagination, exciter au dedans des mouvemens déréglés, y remuer les passions, porter le trouble jusqu'au fond de notre ame, et mettre tout en désordre, si Dieu le lui permet. Et qui ne sera frappé d'étonnement et de frayeur, quand on voit ce que Notre-Seigneur lui a permis d'exécuter sur sa personne même? Mais c'étoit pour le vaincre. Ma confiance est que « c'est des peines et des souffrances mêmes par lesquelles il a été tenté et éprouvé, qu'il tire la vertu et la force de secourir ceux qui sont aussi tentés : » *In eo enim in quo passus est ipse et tentatus, potens est et eis qui tentantur auxiliari* [1].

Mais il n'est pas moins important de bien démêler les artifices du démon, et de savoir ce qu'il leur faut opposer. Premièrement il nous tente par la nécessité : *Dic ut lapides isti panes fiant* [2]; et c'est ainsi que prenant occasion de la faim que Jésus-Christ éprouva après son jeûne, il eût voulu le porter à quitter le dessein pour lequel il avoit été poussé par l'Esprit dans le désert, et l'engager à changer sa résolution. Une des sources principales des tentations, c'est donc la nécessité : de là les fraudes, les injustices, le violement des lois divines et ecclésiastiques. Le remède contre cette tentation, c'est d'être bien pénétré de cette parole dont Jésus-Christ se sert pour repousser le tentateur : *Non in solo pane vivit homo* [3] : « L'homme ne vit pas seulement de pain. » J'ai une autre vie dans la parole de Dieu, dans la vérité, dans l'accomplissement de la volonté divine : non que je ne vous plaigne dans les misères que vous éprouvez, et je voudrois pourvoir aux besoins de chacun; mais dans l'impuissance où je me trouve de le faire, je dois donner du moins à tous l'enseignement nécessaire et les consolations qui peuvent les soutenir dans leurs détresses.

La seconde tentation n'a plus la nécessité pour prétexte; la gloire, l'élévation, la grandeur en fournissent la matière. Que répondre alors au tentateur? La souveraineté n'est rien; nous avons un autre Maître, un autre Seigneur, qui mérite seul notre adoration et notre culte : *Dominum Deum tuum adorabis* [4].

[1] *Hebr.*, II, 18. — [2] *Matth.*, IV, 3. — [3] *Ibid.*, 4. — [4] *Ibid.*, 10.

Dans la troisième tentation, Satan, pour porter celui qu'il veut renverser à céder à ses efforts, cherche à lui inspirer une espérance téméraire du pardon : Jette-toi du haut du temple la tête devant, précipite-toi dans le crime ; Dieu te soutiendra, te pardonnera ; c'est son ancienne manière : *Nequaquàm morte moriemini*[1] : « Assurément vous ne mourrez pas, » disoit-il à Eve. Consentir à ses suggestions, c'est plus tenter Dieu que si nous nous précipitions du haut du temple ; car la pesanteur naturelle du corps ne nous pousse pas si naturellement vers la terre que le péché dans l'enfer.

Enfin, quoique par le secours de la grace nous ayons vaincu notre ennemi, ne nous rassurons pas. Car malgré sa défaite, le démon reviendra bientôt nous attaquer. Après la triple victoire que Jésus-Christ eut remportée sur le tentateur, « il se retira de lui pour un temps : » *Recessit ab illo usque ad tempus*[2]. Ce ne fut que pour un temps ; et à plus forte raison n'abandonnera-t-il jamais le dessein de nous perdre. S'il diffère de nous tendre de nouveaux piéges, c'est pour mieux prendre son temps ; c'est qu'il épie une occasion plus favorable : mais « il tourne sans cesse autour de nous pour nous dévorer : » *Circuit quærens quem devoret*[3]. Ne quittons donc jamais les armes de notre milice ; mettons en œuvre toutes les ressources qui peuvent nous fortifier contre un ennemi si redoutable : pratiquons une sainte vigilance, une prière humble et persévérante, tous les exercices de la pénitence chrétienne ; et surtout gardons une retraite continuelle, qui nous sépare des objets dont le tentateur pourroit se servir pour nous dresser des piéges et nous séduire.

VII. — De la Pénitence.

Quand on accoutumoit les premiers chrétiens, dès l'établissement du christianisme, à faire sur eux le signe de la croix dans toutes leurs actions saintes et profanes, à quelle autre fin pouvoit-ce être, sinon pour marquer tous leurs sens du caractère de mort, et leur enseigner que s'ils avoient quelque vie et quelque satisfaction, ce ne devoit pas être en eux-mêmes ? D'où nous pouvons inférer par

---

[1] *Genes.*, III, 4. — [2] *Luc.*, IV, 13. — [3] I *Petr.*, V, 8.

la suite nécessaire de cette doctrine, et la signification grecque du mot de *corps* nous y peut servir, que nos corps sont comme des sépulcres où nos ames sont gisantes et ensevelies. Partant gardons-nous bien de parer ces sépulcres du faste et de la pompe du monde; mais plutôt revêtons-les comme d'un deuil spirituel par la mortification et la pénitence. Chrétiens, voici le temps qui en approche; et les chaires et les prières publiques ne retentiront dorénavant que de la pénitence : toute l'Eglise s'unit pour offrir en esprit un sacrifice de jeûne. Nourrissons le nôtre de ce pain de larmes qui doit être la vraie viande des pénitens. Répandons nos oraisons, devant la face de Dieu, d'une conscience véritablement affligée ; et n'épargnons point nos aumônes pour racheter nos iniquités, ouvrant nos cœurs sur la misère du pauvre. Voici, voici le temps de vaquer à ces exercices : *Ecce nunc tempus acceptabile, ecce nunc dies salutis* [1].

Mais, ô vie humaine, incapable de toute règle ! Si près des jours de retraite, la dissolution peut-elle être plus triomphante? Ne dirions-nous pas qu'elle a entrepris de nous fermer le passage de la pénitence, et qu'elle en occupe l'entrée pour faire de la débauche un chemin à la piété ? Certes, je ne m'étonne pas si nous n'en avons que la montre et quelques froides grimaces. Car, il est certain, la chute de la pénitence au libertinage est bien aisée; mais de remonter du libertinage à la pénitence, mais sitôt après s'être rassasié des fausses douceurs de l'un, goûter l'amertume de l'autre, c'est ce que la corruption de notre nature ne sauroit souffrir. Laissons donc au monde sa félicité; préparons-nous sérieusement à corriger notre vie : autant que le monde s'efforce de noircir ces jours par l'infamie de tant d'excessives débauches, autant devons-nous les sanctifier par la pénitence et par une piété sincère.

L'humilité est la disposition la plus essentielle dans la pénitence; et pour l'acquérir, il faut découvrir et sentir toute la malice de son cœur : or qui peut dire jusqu'où s'étend notre corruption ? Nous ne sommes innocens d'aucun crime par les dispositions que nous nourrissons, comme ceux qui ont disposition à certaines maladies

---

[1] II *Cor.*, VI, 2.

par le vice de leur tempérament, quoiqu'ils n'aient pas le mal actuel.

Si vous voulez revenir sincèrement à Dieu et obtenir de lui le pardon de vos fautes, ne vous livrez pas à des conducteurs aveugles; car ceux qui sortent d'entre leurs mains sont comme s'ils n'avoient point été traités. On s'en étonne; on remarque toujours en eux les mêmes habitudes, les mêmes fréquentations, les mêmes inimitiés.

Allez-vous rechercher le chirurgien, le médecin qui vous flatte ou celui qui vous guérit? Ce Prophète lui a dit : Il vivra, et Dieu m'a dit qu'il mourroit de mort. Que ne le traitez-vous avec une sainte sévérité, en lui disant : Vous mourrez, comme Isaïe à Ezéchias [1] qui cependant le guérit? « La plaie profonde de la fille de mon peuple me blesse profondément; j'en suis attristé, j'en suis tout épouvanté : » *Super contritione filiæ populi mei contritus sum et contristatus; stupor obtinuit me* [2]. « N'y a-t-il donc point de résine dans Galaad? Ne s'y trouve-t-il point de médecin? Pourquoi donc la blessure de la fille de mon peuple n'a-t-elle point été fermée? » *Numquid resina non est in Galaad, aut medicus non est ibi? Quare igitur non est obducta cicatrix filiæ populi mei* [3]?

Puisse le Seigneur répandre sur nous un esprit de grace et de prières, qui nous porte à pleurer sur la perte que nous avons faite, comme Israël sur la mort de Josias, le meilleur de tous les rois et les délices de son peuple : faisons un deuil universel, poussons de profonds gémissemens; pleurons avec larmes et avec soupirs, comme on pleure son fils unique; soyons pénétrés de douleur, comme on l'est à la mort d'un fils aîné. Eh! seroit-ce trop s'affliger, puisque c'est son ame, c'est soi-même qu'on doit pleurer? Soyons donc tous dans les larmes; retranchons toutes les visites, comme au jour d'une grande affliction; séparons-nous, famille à famille, chacun à part, les hommes séparément, les femmes de même, afin de célébrer le jeûne du Seigneur en retraite, en prières et en continence.

[1] *Isa.*, XXXVIII, 1 et seq. — [2] *Jerem.*, VIII, 21. — [3] *Ibid.*, 22.

VIII. — De la Conversion.

Au commencement les pécheurs disent : Il n'est pas encore temps; après, ils trouvent qu'il n'est plus temps : ainsi l'illusion que leur fait une espérance présomptueuse, les conduit à une autre illusion encore plus funeste, celle du désespoir. « Ayant perdu tout remords et tout sentiment, ils s'abandonnent à la dissolution, pour se plonger avec une ardeur insatiable dans toutes sortes d'impuretés : » *Desperantes semetipsos tradiderunt impudicitiæ, in operationem immunditiæ omnis* [1].

Un des obstacles à la conversion du pécheur, c'est l'espérance de l'impunité. Il doute : Y a-t-il une vengeance ? Convaincu qu'il y a un Dieu qui punit les crimes, il commence à mettre la main à l'œuvre. Eh bien, se dit-il à lui-même, il est temps, convertissons-nous. Il éprouve alors une répugnance de tous ses sens et de sa raison asservie. Au milieu de ce travail, il vient une seconde fois à se ralentir. Eh ! est-il possible, dit-il, que Dieu m'ait si étroitement défendu ce que lui-même m'a rendu si agréable? C'est un père, et non un tyran; il ne punit que ceux qui ne suivent pas la vertu; mais il ne met pas la vertu à se contrarier soi-même : au contraire la vertu étant à faire du bien aux autres, elle ne consiste pas à déchirer son propre cœur. Débouté de cette défense par la raison de la justice de Dieu, à qui tout le mal déplaît et même celui qui nous plaît, car les désirs irréguliers d'un malade ne sont pas les lois de la nature, son dernier obstacle c'est le désespoir : *Desperantes semetipsos*. Il a douté de la justice qui venge et de la sagesse qui règle; il doute maintenant et de la bonté qui pardonne, et de la bonté qui guérit, et de la puissance qui corrige. Contre le premier doute, il faut se soutenir par ces paroles de saint Jacques : « La miséricorde s'élèvera au-dessus de la rigueur du jugement : » *Superexaltat misericordia judicium* [2]; contre le second, on doit dire à Dieu : « Guérissez-moi, Seigneur, et je serai guéri : » *Sana me, Domine, et sanabor* [3].

[1] *Ephes.*, IV, 19. — [2] *Jacob.*, II, 13. — [3] *Jerem.*, XVII, 14.

Quelquefois Dieu met au cœur des pécheurs certaines dispositions éloignées, qui feront à la fin leur conversion, étant réduites en acte. Par exemple, dans la Samaritaine, toute perdue qu'elle étoit, deux choses : premièrement d'attendre le Messie et de grandes choses par lui, de grandes instructions; secondement d'avoir désir d'apprendre la manière d'adorer Dieu : désir dont l'ardeur paroît en ce qu'ayant trouvé l'occasion de la rencontre d'un habile homme, aussitôt elle lui demande ce point.

On croit se convertir quand on se change, et quelquefois on ne fait que changer de vice : de la galanterie à l'ambition ; de l'ambition, quand un certain âge s'est passé, où l'on n'a plus assez de force pour la soutenir, on va se perdre dans l'avarice.

Probet autem seipsum homo [1]. Tout ce qui est saint inspire de la frayeur. Isaïe, après avoir ouï retentir de la bouche des Séraphins ces paroles : *Sanctus, sanctus, sanctus Dominus Deus exercituum* [2], au lieu de dire : Je suis consolé ; il s'écrie : « Malheur à moi qui me suis tu, parce que mes lèvres sont souillées, et j'ai vu de mes propres yeux le Roi, le Seigneur : » *Væ mihi, quia tacui, quia pollutus labiis ego sum.... et Regem Dominum exercituum vidi oculis meis* [3]. La Vierge Marie est aussi troublée à la voix de l'ange qui vient lui annoncer le grand prodige qui doit s'opérer en elle.

Il faut d'abord s'éprouver sur la connoissance, voir si l'on connoît bien son mal, si l'on sent ce que c'est que d'être exclu de la sainte table : c'est l'être du ciel. Aussi combien grande étoit la douleur des premiers chrétiens, quand ils s'en voyoient séparés ?

Notre épreuve a pour fin de prévenir le jugement de Dieu : « Si nous nous jugions, nous ne serions pas jugés [4]. » Or le jugement de Dieu est pénétrant ; car l'épée qui sort de sa bouche entre jusque dans les replis de l'ame : il est éclairant, parce que la lumière de sa vérité dissipe toutes les ténèbres qui pourroient nous couvrir : *Scrutabor Jerusalem in lucernis* [5] : « Je porterai la lumière des lampes jusque dans les lieux les plus cachés de Jérusalem. » Il est accablant ; car il s'exerce dans toute la rigueur

---

[1] I *Cor.*, XI, 28. — [2] *Isa.*, VI, 3. — [3] *Ibid.*, 5. — [4] I *Cor.*, XI, 31. — [5] *Sophon.*, I, 12.

d'une justice qui s'avance pour redemander tous ses droits : « Le Seigneur a résolu d'abattre la muraille de la fille de Sion; il a tendu son cordeau, et il n'a point retiré sa main que tout ne fût renversé. » *Cogitavit Dominus dissipare murum filiæ Sion; tetendit funiculum suum, et non avertit manum suam à perditione*[1].

La première qualité que doit avoir notre jugement, c'est la douleur; la seconde, la confusion; la troisième, c'est d'entrer dans le sentiment de la justice de Dieu, s'accabler et se renverser soi-même.

Pesez le chapitre IV de l'*Epître aux Hébreux: Vivus sermo Dei*[2]: « La parole de Dieu est vivante et efficace, et elle perce plus qu'une épée à deux tranchans; elle entre et pénètre jusque dans les replis de l'ame et de l'esprit, jusque dans les jointures et dans les moelles; et elle démêle les pensées et les mouvemens du cœur. » Voyez la victime qui avoit été égorgée; on l'écorchoit, la graisse étoit séparée d'avec la chair; les reins, les entrailles étoient mis à part; on faisoit pour ainsi dire l'anatomie de la victime. C'est ainsi que Dieu, comme un chirurgien, avec son couteau affilé et à deux tranchans à la main, qui est sa parole, pénètre les jointures, les moelles, les pensées, les intentions les plus secrètes, et fait dans la partie la plus spirituelle de notre être comme une espèce d'anatomie sur un sujet vivant. La douleur, pour prévenir son jugement, doit donc être vive, comme sa parole l'est: *Vivus sermo*. Ce glaive est vivant; il donne la vie, mais proportionnée : aux justes, une vie de joie; aux pécheurs, une vie de douleurs. « Ils doivent être comme agités de convulsions et de douleurs; il faut qu'ils souffrent des maux comme une femme qui est en travail : » *Torsiones et dolores tenebunt; quasi parturiens dolebunt*[3]. Ce n'est pas tout de penser à vos péchés, la douleur vous est encore nécessaire. Car c'est le point essentiel de bien prévenir le jugement de Dieu. Or ce jugement produit la plus vive douleur: donc si point de douleur ici, point de jugement de Dieu; or si nous ne nous jugeons, nous serons jugés.

La confusion est la seconde qualité: elle doit être semblable à celle d'un voleur qui est surpris dans son délit : *Quomodò confun-*

---

[1] *Thren.*, II, 8. — [2] *Hebr.*, IV, 12. — [3] *Isa.*, XIII, 8.

ditur fur quandò deprehenditur[1]. Il faudroit que les pécheurs qui déplorent sincèrement leurs excès et qui veulent prévenir le jugement du Seigneur, imitassent par esprit de pénitence ceux qui à son approche saisis d'une crainte trop tardive, se regarderont l'un l'autre avec étonnement, et dont les visages seront desséchés comme s'ils avoient été brûlés par le feu : *Unusquisque ad proximum suum stupebit, facies combustæ vultus eorum*[2]. Cette honte est le témoignage du pécheur contre soi-même ; elle produit une tendresse dans le front, qui le fait rougir saintement des désordres de sa vie, et qui lui fait dire d'un cœur vivement pénétré : « Il ne nous reste que la confusion de notre visage : » *Nobis confusio faciei*[3]. Les grands comme les petits doivent s'en revêtir et en être couverts : *Regibus nostris, principibus nostris*. L'effet de cette confusion, c'est de nous faire entrer dans de grands sentimens de notre indignité, qui nous portent à nous anéantir devant Dieu, et nous empêchent même de lever les yeux en sa présence, parce que nos iniquités sont alors comme un poids sur notre tête, qui nous oblige de nous abaisser toujours plus profondément : *Deus meus, confundor et erubesco levare faciem meam ad te, quoniam iniquitates nostræ multiplicatæ sunt super caput nostrum*[4]. Ce n'est pas seulement la considération des châtimens que le péché nous attire, qui doit nous tenir dans cet état d'humiliation ; mais la vue du péché en lui-même, de sa laideur, de l'opposition qu'il met entre Dieu et nous, pour pouvoir lui dire avec Esdras : « Vous nous voyez abattus devant vos yeux dans la vue de notre péché, car après cet excès on ne peut pas subsister devant votre face : » *Ecce coràm te sumus in delicto nostro, non enim stari potest coràm te super hoc*[5]. Et ne nous bornons pas à une vue générale de nos désordres ; mais sondons le fond de nos cœurs pour y découvrir le grand péché, le péché dominant, qui a entraîné tous les autres et qui a provoqué d'une manière toute particulière la colère de Dieu sur nous : *Omnia quæ venerunt super nos in operibus nostris pessimis, et in delicto nostro magno*[6]. C'est ce péché capital que nous devons combattre avec le

---

[1] *Jerem.*, II, 26. — [2] *Isa.*, XIII, 8. — [3] *Dan.*, IX, 8. — [4] I *Esdr.*, IX, 6. — [5] *Ibid.*, 15. — [6] *Ibid.*, 13.

plus de vigueur, pour parvenir à une véritable conversion, parce qu'en subjuguant l'inclination qui commande en nous, nous abattrons du même coup toutes les autres qui en dépendent, et le cœur se trouvera affranchi de l'empire des passions. On ne doit pas craindre les difficultés qu'on peut éprouver dans ce combat, parce qu'on parviendra sûrement à vaincre ses inclinations, pourvu qu'on entreprenne sa conversion avec force; et s'il en coûte pour résister à soi-même, le plaisir que l'on goûte à se faire violence est bien propre à nous animer, et à nous dédommager abondamment de tous nos sacrifices.

Mais il faut encore entrer dans les sentimens de la justice divine, et pour cela imiter Ninive renversée par la pénitence; prendre surtout pour modèle la pécheresse aux pieds de Jésus, qui renverse tout, en faisant servir à la réparation de ses iniquités tout ce qui lui a servi d'instrument pour les commettre.

Si l'on ne veut pas se tromper dans une affaire d'aussi grande conséquence, il est très-essentiel de bien s'examiner sur la sincérité de ses résolutions, sur les moyens qu'on prend pour les rendre efficaces, pour assurer sa conversion et produire de dignes fruits de pénitence. Un de ces moyens, c'est le souvenir de la sainte passion de Jésus-Christ, où nous devons puiser le véritable esprit de pénitence, et la force de la faire; qui en doit être la règle, le modèle, et que nous ne saurions trop méditer, si nous voulons bien comprendre tout ce que la justice divine exige du pécheur pour se réconcilier avec lui.

Il n'est pas moins nécessaire de s'éprouver sur les précautions et sur le régime qu'on se prescrit pour conserver la santé. Lorsqu'on l'a recouvrée, on a surtout besoin d'une grande vigilance pour éviter les petits péchés, « de peur que l'esprit accoutumé aux fautes légères, n'ait plus horreur des plus grandes; et qu'en s'habituant au mal, il ne prétende être autorisé à le commettre: » *Ut mens assueta malis levibus, nec gravia perhorrescat atque ad quamdam auctoritatem nequitiæ per culpas nutrita perveniat*[1].

Cette vigilance si nécessaire pour conserver la grace, doit nous faire prendre garde à toutes les occasions qui pourroient ou l'af-

---

[1] S. Greg. Mag., *Past.*, part. III, cap. XXXIII.

foiblir ou nous la faire perdre, afin de les éviter soigneusement : elle nous apprendra à ôter le regard avant que le cœur soit blessé. Mais pour persévérer, il est essentiel de prier beaucoup, dans le sentiment de sa foiblesse et de ses besoins. Car l'ame qui ne prie pas tombe bientôt dans le sommeil, et de là dans la mort. Ainsi après sa conversion, il faut opérer son salut avec crainte et un tremblement mêlé d'amour. Quelle crainte, celle de perdre Dieu !

Parmi tant d'accidens, l'homme se doit faire un refuge. Nul refuge n'est assuré que celui de la bonne conscience : sans elle, on ne rencontre que malheurs inévitables. Ceux qui l'ont mauvaise sont sans refuge, parce qu'il n'y a dans leur conscience nulle sûreté, nul repos. *Ipsa munditia cordis delectabit te :* « La pureté du cœur vous réjouira. »

La honte se met entre la vertu et le péché pour empêcher qu'on ne la quitte; puis entre le péché et la vertu pour empêcher qu'on ne la reprenne; et malheureusement elle réussit mieux dans ce dernier effort. Trois choses à faire pour se fortifier contre cette honte : premièrement, rentrer en sa conscience : la honte intérieure fait qu'on méprise l'extérieure; secondement, se dire sincèrement à soi-même : J'ai ravi la gloire à Dieu, il est juste que je perde la mienne : troisièmement, penser combien il est nécessaire de souffrir une confusion passagère pour éviter la honte éternelle.

Le péché et la mort dominent sur nous : la mort comme un tyran, le péché comme un roi chéri et aimé. Il faut, pour nous délivrer de cette injuste domination, craindre ce que nous aimions, et aimer ce que nous craignions. Il y en a sur lesquels le péché règne, quand ils lui obéissent avec plaisir; il y en a qu'il tyrannise. *Quod nolo malum, hoc ago*[1] *:* « Je fais le mal que je ne veux pas; » c'est le meilleur état.

Les hommes sont sujets à un changement perpétuel : quand sera-ce que nous changerons par la conversion ? tous les âges,

[1] *Rom.*, VII, 19.

tous les états changent quelque chose en nous : quand sera-ce que nous changerons pour la vertu?

IX. — Punition et peine du péché.

Dieu punit les pécheurs : premièrement, médicinalement pour eux, de peur qu'ils ne se délectent dans le péché et que devenus incorrigibles, ils ne meurent dans l'impénitence; secondement, exemplairement pour les autres; troisièmement, par une contrariété naturelle, par la répugnance nécessaire qu'il a au péché, naturelle et par conséquent infinie; nécessaire et par conséquent éternelle.

« J'entrerai en jugement avec vous, dit le Seigneur; j'entrerai en jugement avec les enfans de vos enfans : car passez aux îles de Céthim, et voyez s'il s'y est fait quelque chose de semblable. Y a-t-il quelque nation qui ait changé ses dieux, qui certainement ne sont point des dieux? Et cependant mon peuple a changé sa gloire en de vaines idoles [1]. » Dieu condamne avec autorité; il convainc par la comparaison des uns avec les autres; il confond le pécheur en lui montrant quel abus il a fait de ses graces.

« Vous avez surpassé l'une et l'autre, Samarie et Sodome, par vos abominations; et vos sœurs pourroient paroître justes en comparaison de toutes les abominations que vous avez faites ; car elles pourroient paroître justes en comparaison de vous. Confondez-vous et portez votre ignominie, vous qui avez justifié vos deux sœurs [2]. » Il semble que les infidèles s'élèveront contre les chrétiens, qui ont méprisé tous les moyens de salut qui leur étoient offerts. Seigneur, diront-ils, voilà votre peuple : que lui a servi d'avoir été éclairé de vos lumières? Quel usage a-t-il fait de tous vos dons? Pour nous, si nous ne vous avons pas adoré, c'est que nous ne vous avons pas connu. Ils sont justifiés par comparaison ; mais Dieu ne laisse pas de les juger. Touché de leurs cris, il fait tomber sur les fidèles le surcroît de peine qui est diminué par leur ignorance. Ils semblent justifiés à proportion, dirai-je ; leur supplice semble n'être rien à comparaison. Dieu, dans l'étendue de sa puissance, sait bien trouver des règles dans la même peine.

[1] *Jerem.*, II, 9. — [2] *Ezech.*, XVI, 51, 52.

Ego vado[1]; « Je m'en vais. » Ces paroles nous représentent Jésus-Christ se séparant et disant à l'ame le dernier adieu, rompant ses liaisons avec elle, retirant ses graces et lui reprochant son ingratitude. J'ai voulu t'attirer à moi pour te donner la vie, tu n'as pas voulu ; adieu donc, adieu pour jamais, je me retire maintenant, *Ego vado*, c'est moi qui m'en vais; mais je te chasserai un jour : *Discedite à me*[2] : « Retirez-vous de moi. »

Trois choses à considérer : le pécheur quittant Dieu, Dieu abandonnant le pécheur, et enfin Dieu chassant le pécheur : *Discedite, maledicti, in ignem œternum :* « Allez au feu éternel. » C'est alors que le damné conjurera toutes les créatures, et leur dira comme Saül à l'Amalécite : *Sta super me, et interfice me, quoniam tenent me angustiœ, et adhuc tota anima mea in me est*[3] ; « Appuyez-vous sur moi et me tuez, parce que je suis dans un accablement de douleur, et que toute mon ame est encore en moi. » Tant de liaisons que le pécheur avoit avec Dieu se trouveront rompues tout à coup. « Que je voie le visage du roi, disoit Absalon : » *Videam faciem regis : quod si memor est iniquitatis meœ, interficiat me*[4]. Il n'y avoit entre ce prince et David qu'une liaison ; l'homme en a avec Dieu une infinité : un coup de foudre part, qui rompt tout : *Discedite,* « Retirez-vous. » Adieu, mon père ; adieu, mon frère ; adieu, mon ami ; adieu, mon Dieu ; adieu, mon Seigneur ; adieu, mon Maître ; adieu, mon Roi ; adieu, mon tout ! Jésus-Christ ne le peut plus souffrir, il le hait infiniment, nécessairement, éternellement, substantiellement, comme il s'aime, parce qu'il est dans l'état de péché ; non dans l'acte, ni dans l'habitude, mais dans l'état. Le péché est humanisé en lui ; c'est un homme devenu péché, il perd tout bien, *omne bonum :* il ne reste pour tout bien en lui que la simplicité de son être, et c'est son malheur extrême, parce que Dieu le conserve pour être en butte éternellement à ses vengeances et le sujet de toutes les misères possibles.

Maledicti, « Maudits. » Cette parole exprime un jugement pratique en Dieu, qui livre le pécheur à toute l'exécration de sa justice ; et elle contient une imprécation contre lui, qui déracine jusqu'aux moindres fibres de la capacité qui étoit en lui pour re-

---
[1] *Joan.*, VIII, 21. — [2] *Matth.*, XXV, 41. — [3] II *Reg.*, I, 9. — [4] *Ibid.*, XIV, 32.

cevoir du bien et pour en faire : ainsi « ces deux maux viennent subitement fondre sur le pécheur, la viduité et la stérilité : » *Duo mala venerunt super te, viduitas et sterilitas* [1]. Il se trouve moins capable de recevoir du bien que le néant ; et l'inflexibilité de la volonté de Dieu dans son jugement, répond à l'invariabilité de celle du pécheur dans le mal. » Il a rejeté la bénédiction, elle sera éloignée de lui : » *Noluit benedictionem, et elongabitur ab eo* [2].

In ignem æternum : « Allez au feu éternel ; » feu surnaturel dans sa production, instrument de la puissance divine dans son usage, immortel dans son opération : méditez. Cela est-il vrai ? Qui est-ce que cela regarde ? Pourquoi, mon Sauveur, faut-il vous quitter ? *Discedite ;* « Retirez-vous. » Votre bénédiction avant de partir : *Maledicti !* « Vous êtes maudits ! » Ce ne sera peut-être pas pour toujours ; je reviendrai faire pénitence. Ah ! mes yeux, que je vous ferai bien porter la peine de tous ces regards voluptueux qui me coûtent si cher ! Quel torrent de larmes ne vous forcerai-je pas alors de répandre ! Quelle violence ne ferai-je pas à tous mes sens pour expier l'abus et les soumettre à la loi divine ! — Non, vous vous flattez en vain, il n'y aura plus de temps ; tout est désormais éternel, le supplice comme la récompense.

Pourquoi, nous dit-on, pour un péché qui passe si vite est-on condamné à une peine éternelle ? « O homme, qui es-tu pour répondre à Dieu [3] ? » Et néanmoins, afin de satisfaire en un mot à ta question, n'est-il pas vrai que, lorsque tu te livres aux objets de tes passions, tu veux pécher sans fin ? Combien de fois as-tu protesté aux complices de tes désordres que tu ne leur serois jamais infidèle ? Toutes tes protestations s'en vont en fumée, le vent les emporte, parce que Dieu confond tes projets : mais c'est là l'intention de ton cœur ; tu ne veux jamais voir finir la chose où tu mets ton bonheur ; et la marque que tu désires pouvoir toujours pécher, c'est que tu ne mets point de fin à tes crimes tant que tu vis. Combien de pâques, de jubilés, de maladies, d'exhortations, de menaces, dont tu n'as tiré aucun profit ? Tout passe pour toi comme l'eau : n'est-il pas juste ensuite « que celui qui

[1] *Isa.*, XLVII, 9. — [2] *Psal.* CVIII, 18. — [3] *Rom.*, IX, 20.

n'a jamais voulu cesser de pécher, ne cesse jamais aussi d'être tourmenté?» *Ut nunquàm careat supplicio, qui nunquàm voluit carere peccato* [1].

Les hommes font leur plaisir de ce que Dieu envoie pour se venger, tant ils sont abandonnés au sens réprouvé de leur cœur : *Tradidit eos in reprobum sensum* [2]. Dieu fera à son tour leur supplice de ce qui a été leur plaisir. Car les satisfactions que l'homme pécheur goûte dans les objets de ses passions, deviennent dans la main du Dieu vengeur un aiguillon qui ne cessera de les tourmenter : *Quæ sunt delectamenta homini peccanti, fiunt irritamenta Domino punienti* [3].

L'impunité fait naître dans les hommes un certain sentiment que Dieu ne se soucie pas des péchés; ensuite une autre réflexion, quand on en a commis un, qu'il vaut autant aller à tout. Ayant une fois tiré l'épée, on franchit toutes les bornes. Il n'y a que le premier obstacle qui coûte à vaincre, la pudeur: on avale après la honte.

X. — Bonté et justice de Dieu.

La bonté et la justice divine sont comme les deux bras de Dieu; mais la bonté est le bras droit, c'est elle qui commence, qui fait presque tout, qui veut paroître dans toutes les opérations. Que les hommes s'y laissent conduire, elle remplira tout de bienfaits et de munificence : mais au contraire si l'insolence humaine s'élève contre elle, la justice, cet autre bras qui devoit demeurer à jamais sans action, se meut contre la malice des hommes. Ce bras terrible, qui porte avec soi les foudres, la fureur, la désolation éternelle, s'élèvera aussi pour écraser les têtes de ses ennemis. Il y a une espèce de partage entre la bonté et la justice : la bonté a la prévention, tous les commencemens lui appartiennent: toutes les choses aussi dans leur première institution sont très-bonnes. La justice ne s'étend qu'à ce qui est ajouté, qui est le péché. Mais il

---

[1] S. Greg. Mag., *Mor.*, liv. XXXIV, n. 36. — [2] *Rom.*, I, 28. — [3] S. Aug., *Enar. in Psal.* VII, n. 16.

y a cette différence, que la justice ne prend jamais rien sur les droits de la bonté. La bonté au contraire anticipe quelquefois sur ceux de la justice; car par le pardon elle s'étend même sur les péchés, qui sont le propre fonds sur lequel la justice travaille.

XI. — Combien Dieu aime à pardonner.

Dieu estime tellement de pardonner, que non-seulement il pardonne, mais oblige tout le monde à pardonner. Il sait que tous les hommes ont besoin qu'il leur pardonne; il se sert de cela pour les obliger à pardonner. Il met pour ainsi dire son pardon en vente; il veut être payé en même monnoie; il donne pardon pour pardon. Il ne veut pas que nous fassions de mal à nos frères, même quand ils nous en font; et voyant bien que notre inclination y répugne, il épie l'occasion que nous avons besoin de lui, que nous venions nous-mêmes lui demander pardon, afin de faire avec nous une compensation du pardon qu'il nous fera avec celui que nous accorderons à nos frères. Et comme il sait bien que nous ne sommes pas capables de lui donner quoi que ce soit, c'est pourquoi il a pris sur soi tout ce qui arriveroit à nos frères de bien ou de mal : il se ressent et des bienfaits et des injures, et voilà comme il fait compensation de pardon à pardon.

Seigneur, afin que vous me pardonniez, je transige avec vous que je pardonnerai à tel qui m'a offensé : je vous donne sa dette en échange de celle dont je suis chargé envers vous; mais je vous la donne, afin que vous lui pardonniez aussi bien qu'à moi. Pour nous obliger à ne me rien demander, je vous cède une dette dont je vous prie aussi de ne rien demander. C'est ainsi que Dieu veut que nous traitions avec lui; tant il aime à pardonner et à faire pardonner aux autres.

XII. — De la charité fraternelle.

Le caractère du chrétien, c'est d'aimer tous les hommes et de ne craindre pas d'en être haï; ainsi l'esprit de charité fraternelle forme le caractère particulier du chrétien. « Ce que je vous commande, dit Jésus-Christ à ses disciples, c'est de vous aimer les uns les autres : » *Hæc mando vobis, ut diligatis invicem* [1]. Ce commandement est comme le précepte spécial de Jésus-Christ et de l'Evangile, puisqu'il ajoute : « C'est en cela que tous connoîtront que vous êtes mes disciples, si vous avez de l'amour les uns pour les autres : » *In hoc cognoscent omnes quia discipuli mei estis, si dilectionem habueritis ad invicem* [2].

L'esprit du monde, bien différent de celui du chrétien, renferme quatre sortes d'esprits diamétralement opposés à la charité : esprit de ressentiment, esprit d'aversion, esprit de jalousie, esprit d'indifférence. Et voici le progrès du mal. On vous a offensé ; c'est une action particulière qui vous a indisposé contre celui qui l'a commise. L'esprit d'aversion va encore plus loin : ce n'est pas une action particulière ; c'est toute la personne qui vous déplaît, son air, sa contenance, sa démarche ; tout vous choque et vous révolte en lui. L'esprit de jalousie enchérit encore : ce n'est pas qu'il vous offense ni qu'il vous déplaise ; s'il n'étoit pas heureux, vous l'aimeriez ; si vous ne sentiez point en lui quelque excellence par laquelle vous voulez croire que vous êtes déprimé, vous auriez pour lui des dispositions plus équitables. L'esprit d'indifférence : Que m'importe, dit-on, qu'il soit heureux ou malheureux, habile ou ignorant, estimé ou méprisé ? Que m'importe ? Qu'est-ce que cela me fait ? — C'est la disposition la plus opposée à la charité fraternelle. Plein et occupé de soi-même, on ne sent rien pour les autres, on ne leur témoigne que froideur et insensibilité. Mais voici le remède, en un mot, à chaque partie d'un si grand mal.

L'esprit de ressentiment et de vengeance est un attentat contre la souveraineté de Dieu : *Mihi vindicta* [3], nous dit-il : « C'est à moi que la vengeance est réservée. » *Mihi flectetur omne genu* [4] : « Tout genou fléchira devant moi. » Deux raisons nous font donc sentir l'injustice de nos ressentimens : premièrement, Dieu seul est juge souverain ; à lui le jugement, à lui la vengeance ; l'entreprendre, c'est attenter sur ses droits suprêmes : secondement, il est la règle ; lui seul peut venger, parce qu'il ne peut jamais faillir, jamais faire trop ni trop peu.

L'esprit d'aversion se fonde sur l'humeur et sur les défauts

[1] *Joan.*, XV, 17. — [2] *Joan*, XIII, 35. — [3] *Rom.*, XII, 19. — [4] *Ibid.*, XIV, 11.

naturels de ceux qui nous déplaisent. Rien de plus capable de le confondre que ce que dit Jésus-Christ sur la femme adultère : « Que celui de vous qui est sans péché, que celui de vous qui est parfait, lui jette la pierre [1]. » Vous donc qui ne pouvez souffrir vos frères, sans doute que vous êtes parfait et le seul parfait, car tous les autres vous déplaisent; ainsi, à vous entendre, vous devez être le modèle de notre âge, le seul estimable. Jetez donc la pierre au reste des hommes : si vous ne l'osez parce que le témoignage de votre conscience vous retient, portez donc, comme vous le prescrit l'Apôtre [2], les fardeaux des autres; et craignez que Jésus-Christ ne vous fasse le même reproche qu'aux pharisiens : « Hypocrite, qui coulez le moucheron et qui avalez le chameau [3]; qui ne pouvez souffrir un fétu dans l'œil de votre frère, et ne voyez pas la poutre qui crève le vôtre [4]. »

Le remède à l'esprit de jalousie, c'est la parole de Jésus-Christ : « Celui qui fait mal hait la lumière [5]. » Nulle passion plus basse, ni qui veuille plus se cacher que la jalousie. Elle a honte d'elle-même : si elle paroissoit, elle porteroit son opprobre et sa flétrissure sur le front. On ne veut pas se l'avouer à soi-même, tant elle est ignominieuse; mais dans ce caractère caché et honteux, dont on seroit confus et déconcerté s'il paroissoit, on trouve la conviction de notre esprit bas et de notre courage ravili.

L'esprit d'indifférence est proprement l'esprit de Caïn, celui qu'il témoignoit lorsqu'il disoit à Dieu : *Num custos fratris mei sum ego* [6]? « Suis-je le gardien de mon frère? » Et qui ne redoutera un esprit si funeste, en voyant à quelles horribles extrémités il conduisit ce malheureux fratricide? La vérité nous assure qu'on en usera à notre égard de la même manière que nous en aurons usé envers les autres [7]. Que peuvent donc se promettre ces hommes sans tendresse, sans sentimens pour leurs frères? Tu es insensible aux intérêts de ton frère : Dieu sera insensible pour toi. Ainsi le mauvais riche fut insensible aux maux de Lazare; et à son tour il n'éprouva qu'insensibilité dans l'excès des tourmens qu'il enduroit. Tous les imitateurs de son indifférence doivent s'attendre au

---

[1] *Joan.*, VIII, 7. — [2] *Galat.*, VI, 2. — [3] *Matth.*, XXIII, 24. — [4] *Ibid.*, VII, 3. — [5] *Joan.*, III, 20. — [6] *Genes.*, IV, 9. — [7] *Marc.*, IV, 24.

même traitement; une goutte d'eau éternellement demandée et éternellement refusée, le ciel de fer sur ta tête, la terre d'airain sous tes pieds : voilà ce que mérite ton indifférence. « Jugement sans miséricorde à celui qui ne fait point miséricorde [1]. »

Rien de plus fort que la doctrine de saint Jude contre les indifférens : « Nuées sans eau [2], » qui ne répandent jamais la moindre rosée sur la terre; ce sont des « arbres sans fruits; » ou s'ils en donnent, ce sont des fruits qui ne mûrissent jamais : quelques désirs, des feuilles, des fleurs; jamais de fruit pour le prochain. Aussi quel terrible jugement ces pécheurs impitoyables ne subiront-ils pas, lorsque Dieu viendra convaincre tous les impies de la dureté de leur cœur et de l'injustice de leurs actions, et exercer ses vengeances contre tous ceux qui manquent de charité, « qui se séparent eux-mêmes [3]; hommes sensuels, qui n'ayant point l'Esprit de Dieu, font schisme dans le corps même dont ils sont membres [4]. »

Dilatamini et vos : « Etendez donc votre cœur pour vos frères. Pourquoi vos entrailles sont-elles resserrées à leur égard? » *Angustiamini autem in visceribus vestris* [5]. Rien n'entre chez vous que votre intérêt, votre passion, votre plaisir. « Dilatez-vous donc, dilatez-vous : » *Dilatamini, dilatamini et vos*. Voilà donc ce cœur dilaté, qui enferme tous les hommes : son amour embrasse les amis et les ennemis; il ne fait plus de différence entre ceux qui plaisent et ceux qui déplaisent. Mais encore que cela soit ainsi et qu'il les aime tous, il ne se soucie pas d'être aimé, il ne craint point d'être haï : c'est le comble, c'est la perfection de la générosité chrétienne. Il ne s'en soucie pas par rapport à soi; et s'il recherche leur amitié, c'est « afin de vivre en paix, autant qu'il est en lui, avec tout le monde : « *Cum omnibus hominibus pacem habentes* [6].

Mais s'ils ne veulent pas répondre aux efforts de sa charité, il sera alors heureux de souffrir patiemment la haine injuste qu'ils lui porteront : *Beati eritis cùm vos oderint homines,... et exprobraverint... propter Filium hominis* [7]. Et ce qui doit le consoler,

---

[1] *Jacob.*, II, 13. — [2] *Jud.*, 12. — [3] *Ibid.*, 19. — [4] I *Cor.*, XII, 15, 16. — [5] II *Cor.*, VI, 12, 13. — [6] *Rom.*, XII, 18. — [7] *Luc.*, VI, 22.

c'est qu'il aura en cela un trait de ressemblance avec le Sauveur, que les hommes ont haï sans aucun sujet : *Ut adimpleatur sermo qui in lege eorum scriptus est, quia odio habuerunt me gratis* [1]. Toutes ses œuvres ne respiroient que tendresse pour les hommes, ses discours étoient animés d'un zèle tout divin pour leur salut, il étoit vivement sensible à toutes leurs infirmités, il prodiguoit les miracles de sa puissance en leur faveur ; il les instruisoit avec une bonté ravissante, il les supportoit avec une patience infatigable ; mais parce qu'il leur disoit la vérité, il leur devint odieux et ils résolurent sa perte. Ainsi par un mouvement de charité, vous avez repris votre frère, vous lui avez mis son péché devant les yeux ; à cette femme, sa vie licencieuse ; à ce mari foible qui ne réprime pas les excès de son épouse, sa lâche condescendance ; à ce père, à cette mère trop indulgens, leur mollesse. Vous êtes haï ; on ne peut souffrir le zèle qui vous anime : réjouissez-vous, parce que vous êtes heureux. Vous vous êtes jeté entre deux frères, deux parens, deux amis, qui alloient se consumer par des procès, mettre le feu dans la maison l'un de l'autre : vous vous jetez au milieu du feu entre les poignards aiguisés de ces hommes qui se perçoient mutuellement ; ils vous haïssent, ils vous frappent, ils vous percent tous deux ; vous êtes heureux. Le monde vous hait, parce que vous n'en voulez pas suivre les œuvres, ni marcher dans ses sentiers. Vous n'avez pas voulu prêter votre ministère au crime, à la passion d'autrui ; on vous hait gratuitement : vous êtes heureux, vous portez le caractère de Jésus-Christ. Venez, médisant ; venez, envieux : vous imprimez sur moi ce beau caractère de Jésus-Christ : « Ils m'ont haï gratuitement. » Mais combien y a-t-il loin de lui à vous ! Il étoit innocent, parfait, bienfaisant envers tout le monde : mais vous, pourquoi le monde vous aimeroit-il ? On a donc raison de s'élever contre vous en général ; mais on a tort de le faire dans ce point particulier, et c'est pourquoi on vous hait gratuitement. Vous avez mérité, il est vrai, la haine, tous les mépris ; mais vous la souffrez injustement de celui-ci, pour ce sujet, à cet égard ; c'est ce qui vous rend conforme à Jésus-Christ, qui a été haï le premier sans sujet :

[1] *Joan.*, xv, 25.

Quia odio habuerunt me gratis; et c'est aussi ce qui doit vous combler de joie et vous encourager.

XIII. — Du Pardon des ennemis.

Pour pardonner à ses ennemis, il faut combattre premièrement la colère qui respire la vengeance; secondement, la politique qui dit : Si je souffre, on entreprendra contre moi; troisièmement, la justice que l'on fait intervenir pour autoriser son ressentiment. Il est juste, dit-on, que les méchans soient réprimés; — oui, par les lois. Mais quand cela ne se peut, et que les lois n'y pourvoient pas, ou ne le peuvent, on doit alors souffrir l'offense comme une suite de la société. L'impuissance humaine ne peut pourvoir à tout; et l'on verroit un désordre extrême, si chacun se faisoit justice.

XIV. — Des Jugemens humains.

Il faut une autorité qui arrête nos éternelles contradictions, qui détermine nos incertitudes, condamne nos erreurs et nos ignorances : autrement la présomption, l'ignorance, l'esprit de contradiction, ne laissera rien d'entier parmi les hommes. Jésus-Christ s'est mis au-dessus des jugemens humains plus que jamais homme vivant n'avoit fait, non-seulement par sa doctrine, mais encore par sa vie. La possession certaine de la vérité lui a fait mépriser les opinions : il n'a rien donné à l'opinion, rien à l'intérêt, rien au plaisir, rien à la gloire. De combien de degrés s'est-il élevé par-dessus les égards humains? On ne peut pas même inventer ni feindre une fin vraisemblable à ses desseins, autre que celle de faire triompher sur tous les esprits la vérité divine. Ceux qui se rendent captifs des opinions humaines ne peuvent pas en être les juges. A vous donc, ô divin Jésus, qui vous êtes élevé si haut par-dessus les pensées des hommes, à vous il appartient de les réformer avec une autorité suprême. Il s'est donné l'autorité toute entière sur les jugemens humains, en se mettant au-dessus : c'est à lui de confirmer ce qu'il y reste de droit, de fixer ce qu'il y a de douteux, et de rejeter pour jamais ce qu'ils ont de corrompu et de dépravé.

Nous péchons doublement dans l'estime que nous faisons de notre prochain : premièrement, en ce que nous présumons dans les autres les vices que nous sentons en nous-mêmes; secondement, en ce que nous les trouvons bien plus blâmables dans les autres que dans nous-mêmes. Saint Grégoire de Nazianze dit [1], si je ne me trompe, que nous sommes comme le miroir où nous voyons les autres; parce qu'en effet, ne connoissant pas leur intérieur, nous ne pouvons en juger que par quelque chose de semblable que nous connoissons qui est nous-mêmes. Mais si nous sommes le miroir où nous voyons les affections des autres, les autres doivent être le miroir où nous voyons la difformité de nos propres vices, que nous ne remarquons pas assez quand nous les considérons en nous-mêmes.

On est habitué à juger des autres par soi-même : il semble que nous ne pouvons presque pas faire autrement; mais c'est conjecture. Là nous faisons deux fautes : premièrement, d'attribuer aux autres nos vices; secondement, de les voir dans les autres bien plus grands qu'en nous-mêmes. Et la troisième faute que nous commettons, c'est qu'en voyant les fautes des autres, nous devrions songer par la même raison que nous en sommes capables, et gémir pour eux en tremblant pour nous. Nous ne pardonnons rien aux autres; nous ne refusons rien à nous-mêmes.

Tout oblige l'homme de se tenir en posture d'un criminel, qui doit non juger, mais être jugé, « jusqu'à ce que le Seigneur vienne, qui produira à la lumière ce qui est caché dans les ténèbres : » *Quoadusquè veniat qui illuminabit abscondita tenebrarum* [2]. Pour juger, il faut être innocent. Le coupable qui juge les autres, se condamne lui-même par même raison : *In quo enim judicas alium, teipsum condemnas* [3]. *Qui sine peccato est vestrûm, primus in illam lapidem mittat* [4]. *Hypocrita, ejice primùm trabem de oculo tuo* [5]. Hypocrite, parce qu'il fait le vertueux en reprenant les autres. Il ne l'est pas, parce qu'il ne se corrige pas

---

[1] Orat. XXVIII, n. 1. — [2] I Cor., IV, 5. — [3] Rom., II, 1.— [4] Joan., VIII, 7.— [5] Matth., VII, 5.

soi-même. Il reprend ce qu'il ne peut amender; il n'amende pas ce qui est en son pouvoir. Suivez les hommes, ils vous blâment; ne les suivez pas, ils vous critiquent de même par un désir opiniâtre de contredire.

Il est nécessaire de se mettre en la place des autres, pour juger de la même mesure ce que l'on fait et ce que l'on souffre. Dieu, par l'injure que nous souffrons, extorque de nous la confession de la vérité. « Car ceux qui font du mal aux autres, reconnoissent que cela est un mal, lorsqu'on leur fait souffrir le même traitement : » *Nam qui mala faciunt, clamant mala esse quandò patiuntur* [1].

XV. — De la Médisance.

La médisance attaque comme il se pratique dans la guerre : premièrement, elle tire l'épée ouvertement contre ses ennemis; secondement, elle va par embûches : « La bouche de l'homme trompeur s'est ouverte pour me déchirer : » *Os dolosi super me apertum est* [2]; troisièmement, elle assiége, elle empêche toutes les ouvertures de la justification, elle fait venir la calomnie de tant de côtés que l'innocence assiégée ne peut se défendre : « Ils m'ont comme assiégé par leurs discours remplis de haine : » *Sermonibus odii circumdederunt me* [3]. Alors il n'y a de recours qu'à Dieu : « Ne vous taisez pas, mon Dieu, sur le sujet de mon innocence : » *Deus, laudem meam ne tacueris* [4].

XVI. — De la Vertu.

La vertu tient cela de l'éternité, qu'elle trouve tout son être en un point. Ainsi un jour lui suffit, parce que son étendue est de s'élever toute entière à Dieu, et non de se dilater par parties. Celui-là donc est le vrai sage, qui trouve toute sa vie en un jour : de sorte qu'il ne faut pas se plaindre que la vie est courte, parce que c'est le propre d'un grand ouvrier de renfermer le tout dans un petit espace; et quiconque vit de la sorte, quoique son âge soit imparfait, sa vie ne laisse pas d'être parfaite.

[1] S. August., *in Psal.* LVIII, *Enar.* I. — [2] *Psal.* CVIII, 1. — [3] *Ibid.*, 2. — [4] *Ibid.*, 1.

Il y a une grande difficulté à savoir si l'on est vertueux. Il y a des vices si semblables aux vertus, des vertus auxquelles il faut si peu de détour pour les faire décliner au vice : il arrive des circonstances qui varient si fort la nature des objets et des actions ; ces circonstances sont si peu prévues, si difficiles à connoître ; ce point indivisible dans lequel la vertu consiste est si inconnu, si fort imperceptible ! Aristote dit [1] que la vertu est le milieu défini par le jugement d'un homme sage. Et qui est cet homme sage ? Chacun le pense être ; et si vous le voulez définir, il le faudra faire par la vertu même : et ainsi vous définissez l'homme sage par la vertu, et la vertu par l'homme sage.

Au grand courage rien n'est grand : de là il dédaigne tout ce qu'il a. Mais il ne suffit pas de s'agrandir dans les choses qu'on dédaignera, aussi bien que les autres, quand on sera le maître : il faut chercher quelque chose qui soit digne de satisfaire un grand cœur, la vertu.

La foi est hardie : rien de plus hardi que de croire un Dieu homme et mort. Toutes les vertus chrétiennes sont aussi hardies et entreprenantes ; car elles surmontent tous les obstacles : elles doivent se faire en foi, et tenir de son caractère.

XVII. — De la vraie Dévotion.

La vraie dévotion, loin d'être à craindre dans un Etat, y est au contraire d'un grand secours. « Elle défend de vouloir du mal à personne, d'en faire à autrui, d'en dire, d'en penser de qui que ce soit : elle ne souffre pas qu'on entreprenne, même contre un particulier, ce qui ne seroit pas permis contre un empereur ; et combien plus interdit-elle à son égard tout ce qu'elle ne permet pas contre le dernier des sujets ? » *Malè velle, malè facere, malè dicere, malè cogitare de quoquam ex æquo vetamur. Quodcumque non licet in imperatorem, id nec in quemquam; quod in neminem, eò forsitan magis nec in ipsum* [2].

[1] *De Morib.*, lib. II, cap. IX. — [2] Tertull., *Apol.*, n. 36.

XVIII. — Opposition de la nature et de la grace.

L'Evangile nous apprend qu'il n'y a rien de plus opposé que la nature et la grace ; et néanmoins la grace agit selon l'ordre de la nature, et ne pervertit pas son ordre. Quant à l'objet auquel la grace nous applique, il y a entre elle et la nature une étrange opposition ; mais quant à la manière dont la grace nous fait agir, elle a avec la nature une entière ressemblance et une parfaite conformité. *Sicut exhibuistis membra vestra servire iniquitati ad iniquitatem, ita nunc exhibete membra vestra servire justitiæ in sanctificationem*[1] : « Comme vous avez fait servir les membres de votre corps à l'injustice pour commettre l'iniquité, faites-les servir maintenant à la justice pour votre sanctification. »

XIX. — Des biens et des maux de la vie.

Il y a des biens qu'on désire pour eux-mêmes, sans avoir égard à ce qu'ils produisent, comme le plaisir qui n'a aucune mauvaise suite ; d'autres que l'on désire, et pour eux-mêmes, et pour les autres biens qu'ils apportent, comme de se porter bien, d'être sage ; d'autres que l'on ne désire que pour les suites, comme d'être traité quand on est malade, d'exercer quelque art pénible. Ainsi il y a des biens laborieux, et c'est une suite nécessaire de cette vie misérable, où les biens ne sont pas purs.

La vie présente est fâcheuse : on se plaint toujours de son siècle ; on souhaite le siècle passé qui se plaignoit aussi du sien. La source du bien est corrompue et mêlée ; aussi le mal prévaut ; quand il est présent, on le croit toujours plus grand que jamais. Tous les ans, on dit qu'on n'a jamais éprouvé des saisons si dures et si fâcheuses. Dans ce dégoût, « qui nous fera voir les biens qu'on nous promet ? » *Quis ostendet nobis bona*[2] ? En attendant, « cherchons la paix, et poursuivons-la avec persévérance ; » car elle est encore éloignée : *Quære pacem, et persequere eam*[3]. Il faut d'abord la chercher dans sa conscience, et travailler à se l'y procurer.

[1] *Rom.*, VI, 19. — [2] *Psal.* IV, 6. — [3] *Psal.* XXXIII, 14.

XX. — De l'Aumône.

Touchant l'aumône, il semble qu'il y a trois vices principaux : le premier, de ceux qui ne la font point ; le second, de ceux qui ne la font point dans l'esprit de Jésus-Christ et par le principe de la foi, mais par quelque pitié naturelle ; le troisième, de ceux qui la faisant croient en quelque sorte s'exempter par là de la peine qui est due à leur mauvaise vie, et ne songent pas à se convertir ; contre lesquels saint Augustin a dit ces beaux mots : « Certes que nul ne pense pouvoir commettre tous les jours, et racheter autant de fois par des aumônes ces crimes horribles qui excluent du royaume des cieux ceux qui s'y abandonnent. Il faut travailler à changer de vie, apaiser Dieu par des aumônes pour les péchés passés, et ne pas prétendre qu'on puisse en quelque sorte lui lier les mains, et acheter le droit de commettre toujours impunément le péché : » *Sanè cavendum est ne quisquam existimet infanda illa crimina, qualia qui agunt regnum Dei non possidebunt, quotidiè perpetranda, et eleemosynis quotidiè redimenda. In melius quippe est vita mutanda, et per eleemosynas de peccatis præteritis est propitiandus Deus; non ad hoc emendus quodam modo, ut ea semper liceat impunè committere* [1].

On se flatte, en ce qu'on espère de soi-même faire des aumônes quand on sera riche. Les prétextes ne manqueront pas alors pour s'en dispenser : on ne trouve pas à qui la faire ; on commence à entrer en défiance de ceux qui se mêlent des affaires de charité, on retarde ; on veut encore, mais on remet à un autre temps ; peu à peu on n'y pense plus ; après, la volonté se change, on ne le veut plus.

Respecter la main de Dieu sur notre frère, les traits de sa ressemblance et de sa face, le sang de Jésus-Christ dont il est lavé. *Si negavi quod volebant pauperibus, et oculos viduæ expectare feci,.... humerus meus à juncturâ suâ cadat, et brachium meum cum suis ossibus confringatur* [2] : « Si j'ai différé de donner aux

---

[1] *Enchir.*, cap. LXX, n. 19. — [2] *Job.*, XXXI, 16, 22.

pauvres ce qu'ils désiroient; si j'ai fait attendre la veuve et lassé ses yeux, que mon bras soit arraché de mon épaule, et que la partie supérieure de mon bras se sépare de la partie inférieure, par le brisement du coude. » Qui viole par sa dureté la société du genre humain, celui-là est justement puni par la dislocation et la fracture de ses os et de ses membres. *Membra de membro*[1] : « Vous êtes les membres les uns des autres. » *Oculos viduæ :* « Les yeux de la veuve, » non ses plaintes. *Expectare :* « non-seulement donner, mais promptement et sans faire attendre. »

XXI. — De la Cupidité.

Pourquoi l'avarice est-elle une idolâtrie? C'est que les richesses sont une espèce d'idole ; on y met sa confiance. *Non sperare in incerto divitiarum; sed in Deo vivo*[2] : « Ne point mettre sa confiance dans les richesses incertaines et périssables, mais dans le Dieu vivant, » non dans cette idole muette et inanimée.

Qui volunt divites fieri, incidunt in tentationem[3]. Ceux qui veulent devenir riches : il n'a pas dit : Les riches, mais ceux qui veulent s'enrichir tombent dans la tentation de le faire par de mauvais moyens. On commence par les bons : il ne manque plus qu'une injustice, une fausseté, un faux serment : *Et in laqueum diaboli*[4] : « Et dans le piége du diable. » De soin en soin, piége, lacet : on ne peut plus sortir de ce labyrinthe de mauvaises affaires. *Et desideria inutilia et nociva, quæ mergunt homines in interitum et perditionem*[5] : « Et en des désirs inutiles et pernicieux, qui précipitent les hommes dans l'abîme de la perdition. » *Primò inutilia*, « premièrement inutiles ; » *secundò nociva*, « secondement pernicieux. » Car plusieurs de ceux qui étoient possédés du désir des richesses, « se sont écartés de la foi : » *Erraverunt à fide*[6]. *Fides est sperandarum substantia rerum, argumentum non apparentium*[7] : « La foi est le fondement des choses que l'on doit espérer, et une pleine conviction de celles qu'on ne voit point. » L'avarice veut voir et compter. *Et inseruerunt se doloribus multis*[8] : « Et ils se sont embarrassés en une infinité

---

[1] I *Cor.*, XII, 27. — [2] I *Timoth.*, VI, 17. — [3] *Ibid.*, 9. — [4] *Ibid.* — [5] *Ibid.* — [6] *Ibid.*, 10. — [7] *Hebr.*, XI, 1. — [8] I *Timoth.*, VI, 10.

d'afflictions et de peines. » Les grands pleurs dans les grandes maisons.

Non sublimè sapere[1] : « N'avoir pas une haute idée de soi-même; » c'est-à-dire, premièrement, ne pas s'estimer beaucoup; secondement, ne point mépriser les autres; troisièmement, ne leur pas faire injustice, comme si les lois n'étoient pas communes : ne les tenir bas qu'autant que cette sujétion leur est utile, non pour contenter notre humeur ou notre fierté naturelle. La puissance est de l'ordre de Dieu, non l'insulte, ni le mépris, ni l'injure, ni les avantages injustes.

Divitibus hujus sæculi[2]. Les véritables riches sont ceux qui ont faim des biens de l'autre. A ceux que le siècle appelle riches, *præcipe*, « commandez : » ce sont des commandemens. L'Apôtre prescrit des remèdes spécifiques aux différentes maladies : premièrement contre l'orgueil : *Non sublimè sapere;* secondement contre la confiance aux richesses, il montre que c'est une idolâtrie; troisièmement, *benè agere*[3], « faire du bien, » contre la paresse. Ils croient n'avoir rien à faire qu'à se divertir : cela, c'est pour eux-mêmes. Ensuite pour le prochain : *facilè tribuere :* « donner l'aumône de bon cœur; » *communicare :* « participer » à leurs maux, pour participer à leur bénédiction et à leur grace; car celle de la nouvelle alliance est pour les pauvres.

On ne peut se rendre maître des choses en les possédant toutes; il faut s'en rendre le maître en les méprisant toutes.

Plus on a, plus on veut avoir : on agit par humeur; l'humeur subsiste toujours; de là vient qu'on ne se contente jamais. La perte est plus sensible aux riches qu'aux pauvres; et le désir d'avoir est aussi plus ardent dans les premiers : il faut en effet qu'il soit plus ardent, parce que la facilité est plus grande. Si l'on a tant d'ardeur lorsque le chemin étoit difficile, à plus forte raison quand on le trouve aplani. Ainsi la possession des richesses augmente le désir d'en amasser.

[1] I *Timoth.*, VI, 17. — [2] *Ibid.* — [3] *Ibid.*, 18.

XXII. — De l'Orgueil.

C'est un orgueil indiscipliné qui se vante, qui va à la gloire avec un empressement trop visible; il se fait moquer de lui : c'est au contraire un orgueil habile, que celui qui va à la gloire par l'apparence de la modestie.

Quelques-uns semblent mépriser l'opinion des autres : Ce sont des hommes, disent-ils; mais ils s'admirent eux-mêmes, ils mettent leur souverain bien à se plaire à eux-mêmes, comme si eux-mêmes n'étoient pas des hommes.

Quiconque a cette pensée, veut plaire aux autres; mais il feint de se contenter de soi-même, pour l'une de ces deux raisons : premièrement, parce qu'il ne peut acquérir l'estime des autres, et il s'en console en se prisant soi-même : secondement, par une certaine fierté, qui fait que désirant l'estime des autres, il ne veut pas la demander et veut l'obtenir comme une chose due; en quoi il est d'autant plus possédé de cette passion, qu'il la couvre davantage. Mais il croit toujours y arriver par cette voie; et la gloire le charmera d'autant plus, qu'il l'aura acquise en la méprisant : c'est comme un tribut qu'il exige pour marque d'une plus grande souveraineté et indépendance, comme s'il étoit au-dessus même de l'honneur.

La modestie et la modération dans les honneurs peut venir de ces principes mauvais : premièrement, l'ame est contente et hume tout l'encens en elle-même, ce qui devroit être au dehors est au dedans et y rentre bien avant; secondement, l'extérieur paroît affable, ce qui fait quelque montre de modestie, et souvent cela vient de ce que l'ame contente en elle-même et pleine de joie, la répand sur ceux qui approchent, et les traite bien, comme au contraire une humeur chagrine décharge sa bile sur eux par un superbe dégoût.

XXIII. — De l'Ambition.

Si l'on désire les fortunes extraordinaires pour satisfaire l'ambition, la foi se ruine. On veut toujours s'élever au-dessus de sa condition, jusqu'à être Dieu : *Elevatum est cor tuum, et dixisti:*

Deus ego sum, et in cathedrâ Dei sedi; et dedisti cor tuum quasi cor Dei [1] : « Votre cœur s'est élevé, et vous avez dit en vous-même : Je suis un Dieu, et je suis assis sur la chaire de Dieu; et votre cœur s'est élevé comme si c'étoit le cœur d'un Dieu. » *Ecce ego ad te, Pharao, qui dicis: Meus est fluvius, et ego feci memetipsum* [2] : « Je viens à toi, Pharaon, qui dis : Le fleuve est à moi, et c'est moi qui me suis fait moi-même. » Si l'on cherche à élever sa maison et à l'agrandir, qu'on pense que les chrétiens ont une postérité qui ne dépend pas des grandeurs de ce monde. Si l'on aspire à une autre éternité que celle que Dieu promet, qu'on se souvienne que Dieu renverse tous ces projets ambitieux. C'est ainsi qu'il ruina la maison d'Achab, la maison de Jéhu; et que tous les jours il en fait disparoître tant d'autres appuyées sur les mêmes fondemens.

Quand quelqu'un est arrivé au haut degré des honneurs auxquels l'ambition aspire, on dit : Il ne doit plus avoir de regret à mourir; et c'est précisément le contraire, parce que rien ne coûte plus que de quitter ce qu'on a aimé si passionnément.

XXIV. — De l'Intérêt.

Nous sommes fortement attachés à nous-mêmes; c'est pourquoi ceux qui conduisent prennent les hommes par leurs intérêts, sachant que la probité et la vertu sont fort foibles et ont peu d'effet dans le monde. On oublie aisément les bienfaits; ce qu'on n'oublie jamais, c'est son avantage : on engage par là les hommes; et comme il est malaisé de faire beaucoup de bien, que la source du bien est peu féconde et tarit bientôt, on est contraint de donner des espérances, même fausses. Il n'y a point d'homme plus aisé à mener qu'un homme qui espère; il aide à la tromperie.

XXV. — De la Préoccupation.

Les ennemis de la justice sont l'intérêt, la sollicitation violente, la corruption. On se corrompt soi-même par l'attache à son sens et à ses impressions. Il y a un intérêt délicat, jaloux de ses pensées, qui nous préoccupe en leur faveur. Mais rien de plus dange-

---

[1] *Ezech.*, XXVIII, 2. — [2] *Ibid.*, XXIX, 3.

reux que cette préoccupation : elle nous empêche de voir tout ce qui pourroit nous éclairer sur le bon parti. Elle ne se peut remarquer, parce qu'elle ne cause aucun mouvement inusité. Ainsi la première chose qu'elle cache, c'est elle-même. Elle sent que ce n'est point un intérêt étranger qui la nourrit, mais cet intérêt caché, l'amour de nos opinions; nous ne le sentons pas, car c'est nous-mêmes qu'elle trompe. C'est pourquoi Salomon demandoit à Dieu « un cœur docile à toutes les impressions de la vérité et étendu comme les bords de la mer, » c'est-à-dire dégagé de toutes les préoccupations qui nous resserrent l'esprit, et ne nous permettent pas de comparer les différentes raisons qui doivent déterminer notre jugement : *Cor docile, et latitudinem cordis quasi arenam quæ est in littore maris* [1]. Le remède à la prévention, c'est de se défier. De qui? De soi-même. Mais voilà une autre perplexité : il faut donc s'abandonner aux autres. O Dieu, trouvez le milieu. Le voici : la prière, la confiance en Dieu. Appliquons-nous à écouter Jésus-Christ en toutes choses : *Ipsum audite* [2]; mais écoutons-le de manière que nous réglions sur son jugement tout ce qui nous regarde, nos plaisirs, nos douleurs, nos craintes, nos discours, en un mot toute notre conduite.

XXVI. — De l'Amitié.

L'amitié entre les inégaux est soutenue, d'une part par l'humilité, de l'autre par la libéralité.

Est amicus solo nomine amicus. Nonne tristitia inest usque ad mortem [3]? « Il y a un ami qui n'est ami que de nom. N'est-ce pas une douleur qui dure jusqu'à la mort? » Les faux amis laissent tomber dans le piége faute d'avertir. On souffre tout; on reprend avec envie; on s'en vante après comme pour se disculper; on affecte un certain extérieur dans la mauvaise fortune, pour soutenir le simulacre d'amitié et quelque dignité d'un nom si saint.

On peut concevoir de l'inimitié contre son prochain, à cause de quelque action qu'il a faite qui nous déplaît. Cette disposition est très-dangereuse; mais l'inimitié contre l'état de la personne est

---

[1] III *Reg.*, III, 9; IV, 29. — [2] *Matth.*, XVII, 5. — [3] *Eccli.*, XXXVII, 1.

encore plus à craindre. Souvent on conçoit de l'envie et de l'inimitié par fantaisie, par antipathie. On ne sait pourquoi : on le sait; on ne le dit pas : on le sait et on le dit ; c'est la disposition de Saül contre David.

XXVII. — De la Justice.

Si les juges, qui ne sont équitables qu'aux puissans, regardoient la justice comme une reine à laquelle seule il faut complaire, ils s'empresseroient, pour mériter son approbation, de faire droit à tous sans acception de personnes.

Le zèle de la justice fait faire des injustices énormes. On voit un grand crime fait, une grande tromperie, une machination pleine d'artifices : on ne veut pas que ce meurtre, que ce vol soit impuni; à quelque prix que ce soit, on en veut connoître l'auteur; et on aime mieux deviner, au hasard de punir un innocent, que ne sembler pas avoir déterré le coupable. *Justa, justè; bona, benè.*

Pour voir quel est dans le monde l'avantage de l'injuste sur le juste, il faut supposer l'un et l'autre parfait en son art. L'injuste faisant injure, sera caché; le souverain degré d'injustice est d'être injuste et de paroître juste : au contraire, le plus haut degré de justice, c'est de ne s'émouvoir de rien, et d'être souverainement juste sans vouloir le paroître, et ne le paroissant pas en effet. Le plus heureux, au jugement de presque tous les hommes, sera l'injuste.

XXVIII. — Des Rois et des Grands.

Un roi doit agir comme si Dieu étoit présent : il ne le voit pas en lui-même; mais il lui est présent par ses œuvres, comme le prince l'est dans l'étendue de ses Etats par ses différentes opérations. La majesté de Dieu lui doit être d'autant plus présente, qu'il en porte en lui-même une image plus vive et plus auguste.

Un roi a deux devoirs à remplir : pour le dedans, rendre la justice par lui-même, la faire rendre par ses officiers; et pour le dehors, garder la foi dans les paroles qu'il donne, mais bien prendre garde à ce qu'il promet. Car « tel promet, qui est percé ensuite comme d'une épée par sa conscience: » *Est qui promittit, et quasi gladio pungitur conscientiæ* [1].

Le prince, pour gouverner avec sagesse, doit juger de la disposition de ses sujets par la sienne : *Intellige quæ sunt proximi ex teipso* [2]. Il faut qu'il se montre tel aux particuliers qu'il voudroit qu'ils fussent à son égard, si eux étoient princes et lui particulier. Mais les princes ont bien de la peine à se mettre en comparaison : ils croient que tout leur est dû, et cependant ils doivent plus qu'on ne leur doit. Je suis, disent-ils souvent et en eux-mêmes et par leur conduite, et il n'y a que moi sur la terre [3]. Dieu châtie les injustices des rois après leur mort.

La justice dans un souverain demande de la fermeté et de l'égalité. Trois vertus sont comme les sœurs de la justice qui doit le caractériser : la constance, la prudence, la clémence ; la première pour l'affermir dans la volonté de suivre la loi, la seconde pour le discernement des faits, la troisième pour supporter les foiblesses et lui apprendre à tempérer en certaines choses la rigueur de la loi.

Il est plus beau d'être vaincu par la justice que de triompher par les armes. Car lorsque nous sommes vaincus par la justice, la raison triomphe en nous, qui est la principale partie de nous-mêmes; et c'est alors que les rois sont rois, quand ils font régner la justice sur eux-mêmes, parce que, comme dit Platon, « la gloire d'un règne consiste dans l'amour de l'équité: » *Quia regni decus est æquitatis affectus.*

Un prince doit faire des conquêtes dans son propre État, en gagnant ses peuples à soi, en les gagnant à Dieu et à la justice, en déracinant les vices.

Un état est bien disposé par l'exemple, qui change les personnes et les forme à la vertu; au lieu que les lois sont souvent des remèdes qui surchargent, loin de soulager.

Les princes ont des ennemis contre lesquels ils n'ont jamais l'épée tirée : ce sont les flatteurs. Contre ceux-là le prince n'est pas sur ses gardes; ce sont cependant les plus proches, et c'est

[1] *Prov.*, XII, 18. — [2] *Eccli.*, XXXI, 18. — [3] *Isa.*, XLVII, 10.

l'une des épreuves de la vertu. Il faut qu'un roi soit au-dessus des louanges, et il ne doit en être touché qu'autant qu'il a sujet de craindre d'être blâmé. On traite délicatement les princes, pour leur inspirer de loin *causas odii*.

Si les grands ont peu de justice, c'est qu'ils ne peuvent s'appliquer cette première loi de l'équité naturelle : « Ne faites pas à autrui ce que vous ne voudriez pas qu'on vous fît à vous-même : » *Alii ne feceris quod tibi fieri non vis ;* à cause qu'ils s'imaginent que tout leur est dû, et que leur orgueil ne peut consentir à se mettre en égalité avec les autres. Pour cela il faut qu'ils descendent et qu'ils se mettent en la place du foible, qu'ils voient en cet état ce qu'ils voudroient leur être fait; mais ils ne peuvent se résoudre à s'imaginer qu'ils sont peu de chose, ni à se mettre en la place du petit; c'est néanmoins en quoi consiste la véritable grandeur. Ils sont élevés au-dessus des autres, pour soutenir leurs besoins et entrer dans leurs justes sentimens contre ceux qui les oppriment.

XXIX. — Des gens de bien.

La justice est une espèce de martyre. L'homme de bien, dans les fonctions publiques, ne peut gratifier ses amis; l'injuste le peut. L'homme de bien se donne des bornes à lui-même; l'injuste n'en connoît aucunes. Celui à qui il fait du bien croit qu'il lui est dû; il n'oblige proprement que la société, et qui est encore une multitude toujours ingrate. Il souffre les injures et s'expose à toutes sortes d'outrages, croyant qu'il n'est non plus permis à un homme de bien de faire du mal qu'à un médecin de tuer.

Il est peu considéré, parce qu'il ne peut se faire d'amis que par la vertu, qui est une foible ressource; parce que les hommes ordinairement sont injustes, car ils ne blâment que ceux qui sont injustes à demi. Ceux qui arrivent par leur injustice jusqu'à opprimer l'autorité des lois, sont loués, non-seulement par les flatteurs, mais parce qu'en effet le genre humain ne juge que par les événemens. Que l'injustice impunie passe aisément pour justice, si peu qu'elle ait d'adresse pour se couvrir de prétextes, et que les hommes estiment heureux ceux qui sont venus à ce point ! Car il est vrai que les hommes ne blâment l'injustice que parce qu'ils ne peuvent la faire, et qu'ils craignent de la souffrir.

De tout cela il résulte que c'est principalement aux grands de pratiquer la justice ; premièrement, parce qu'ils sont personnes publiques, dont le bien, comme tels, est le bien public ; secondement, parce qu'ils ne craignent rien à cause de leur puissance ; troisièmement, parce que leur appui doit être l'amour, la reconnoissance, le respect de la multitude qui aime la justice, dont l'amour ne se corrompt en nous qu'à cause des intérêts particuliers.

Les hommes se réjouissent, quand ils voient tomber ceux qui sont gens de bien : ils prennent plaisir de le publier. Premièrement vous les blâmez ; ils font plus, ils se condamnent, ils se châtient : secondement quand vous péchez par leurs exemples, vous faites pis qu'eux ; car ils ne cherchent pas à s'excuser. « Ainsi celui-là est plus criminel que David, qui ose se permettre les crimes de ce roi, parce que c'est lui qui les a commis : » *Indè anima iniquior, quæ cùm proptereà fecerit quia fecit David, pejùs fecit quàm David* [1].

Quand vous croyez qu'on ne peut pas être homme de bien à la Cour, vous rendez témoignage contre vous-même, vous vous condamnez vous-même.

Tant qu'on est attaché au monde, on ne soupçonne pas qu'on puisse seulement aimer Dieu ; on prend tout à mal.

Les méchans ne veulent point trouver de bons, de peur de conviction et pour ne point se joindre aux bonnes œuvres. De tout temps la profession de vouloir bien faire a été odieuse au monde.

On hait les gens de bien, « parce qu'ils rendent témoignage contre le monde, que ses œuvres sont mauvaises. » *Quia testimonium perhibeo de illo quòd opera ejus mala sunt* [2]. On en médit ; on donne de mauvaises couleurs à leurs actions : on veut se persuader et dire qu'il n'y en a point.

On ne sauroit s'élever trop fortement contre ceux qui s'ima-

[1] S. August., *Enar. in Psal.* L. — [2] *Joan.*, VII, 7.

ginent qu'il n'y a point de vrais pieux : d'où résulte, premièrement, qu'ils désespèrent de le pouvoir devenir; secondement, qu'ils ne se joignent à aucune œuvre de piété, parce qu'ils soupçonnent toujours du mal caché.

Contre la tentation qu'il n'y a point de gens de bien, disons-leur : *Estote tales, et invenietis tales :* « Soyez tels que vous désirez de voir les autres, et vous en trouverez qui vous ressemblent. » Dans la grange, tout semble paille, le bon grain est mêlé et caché dedans; il faut profiter de ce mélange. L'Eglise est ici-bas comme dans un pèlerinage, elle est étrangère : faut-il s'étonner si elle est mêlée de tant d'étrangers ?

XXX. — Du Monde.

Le monde est une comédie qui se joue en différentes scènes. Ceux qui sont dans le monde comme spectateurs, souvent le connoissent mieux que ceux qui y sont comme acteurs.

Dieu envoie annoncer avec diligence à ceux qui espèrent toujours dans le monde, aux gens de la Cour, que leur espérance engage : *Væ terræ!* Mais à qui ce malheur? *Ite, angeli veloces, ad gentem convulsam et dilaceratam, ad gentem expectantem et conculcatam :* « Allez en diligence, ambassadeurs, vers une nation divisée et déchirée, vers une nation qui espère et qui attend, et qui est foulée aux pieds. » Et combien n'est-elle pas foulée aux pieds, *cujus diripuerunt flumina terram ejus* [1], à qui tout ce qui coule et s'échappe a ôté tout le solide!

Les vanités, les vices nous trompent dès le commencement du monde, et nous ne sommes pas encore désabusés de leur tromperie.

XXXI. — Du Temps.

Notre vie est toujours emportée par le temps qui nous échappe; tâchons d'y attacher quelque chose de plus ferme que lui.

Il est tard de ménager quand on est au fond : rien de plus essen-

---
[1] *Isa.*, XVIII, 1, 2.

tiel que de travailler de bonne heure. Il faut épargner le temps de la jeunesse : celui qui reste au fond n'est pas seulement le plus court, mais le plus mauvais, et comme la lie de tout l'âge.

XXXII. — Il faut régler sa vie.

C'est un grand défaut dans les hommes de vouloir tout régler, excepté eux-mêmes.

Il y a des gens qui commencent à vivre lorsqu'il faut cesser de vivre, ou plutôt qui ont cessé de vivre avant de commencer. Ceux-là commenceront à la mort une malheureuse stabilité. La providence de Dieu a ses fins déterminées, auxquelles arriveront enfin, sans y penser, ceux qui ne se déterminent jamais. Ce sera la fin de leur inconstance. Il faut donc se déterminer; « il faut donc régler sa vie, et l'accomplir de manière que chaque jour nous tienne lieu de toute la vie : » *Id ago ut mihi instar totius vitæ sit dies* [1].

Je converse avec moi-même comme avec le plus légitime censeur de ma vie.

XXXIII. — De l'Homme.

Rien de moins important que ce que fait l'homme, parce qu'il est mortel : rien de plus important, par rapport à l'éternité.

Il semble que la perfection de chaque chose consiste en son action; car chaque chose a son action. La perfection et le bien d'un architecte, c'est de bâtir, et du peintre, comme tel, de faire un tableau, et ainsi des autres. Quoi donc! les artisans, ceux même qui font profession des arts les plus mécaniques ont leurs actions : les cordonniers, les maçons, les charpentiers : l'homme seul se trouveroit-il être sans action? La nature l'aura-t-elle destiné à une oisiveté éternelle? L'aura-t-elle formé si beau, si adroit, si désireux de savoir, pour le laisser toujours inutile? Ou bien ne faut-il pas dire plutôt que si les yeux, les oreilles, le cœur, le cerveau et généralement toutes les parties qui composent l'homme ont leur action, l'homme aura outre celles-là quelque action,

[1] Senec., ep. LXI.

quelque ouvrage, quelque fonction principale? Quelle donc pourra être sa fonction? Car certes la faculté de croître lui est commune avec les plantes. Or il est ici besoin de quelque chose qui lui soit propre, parce que nous trouvons que la perfection de chaque chose est d'exercer l'action que Dieu et la nature lui ont donnée, pour la distinguer des autres. Par exemple, la perfection du joueur de luth, en tant qu'il est tel, ne consiste pas en ce qu'il peut avoir de commun avec l'arithméticien et le peintre, comme peuvent être la subtilité de la main et la science des nombres, mais en ce qui lui est propre. Par cette même raison, il est clair que l'homme ne peut pas trouver sa perfection dans les fonctions animales. Car les bêtes brutes l'égalent, et le surpassent même quelquefois en cette partie. Que si nous trouvons après une exacte recherche de tout ce qui est dans l'homme, que la raison est tout ensemble ce qu'il a de plus propre et de plus divin, ne faudra-t-il pas décider que la perfection de l'homme est de vivre selon la raison? Et de là il résulte que c'est dans cet exercice que consiste sa félicité. Car il est certain que chaque chose est heureuse, quand elle est parvenue à la perfection pour laquelle elle est née; et le bonheur du joueur de luth, comme tel, est de toucher délicatement cet instrument si harmonieux. Car comme le propre du joueur de luth c'est de jouer du luth; aussi est-ce du bon joueur de luth d'en jouer selon les règles de l'art. Que si l'homme n'avoit autre qualité que celle de jouer du luth, il seroit parfaitement heureux quand il auroit atteint la perfection de cette science. Il en est de même de la raison; et encore qu'il y ait en l'homme autre chose que la raison, si est-ce néanmoins qu'elle est la partie dominante, et l'autre est née pour lui obéir : par où il paroît que la félicité de l'homme consiste à vivre selon la raison. En quoi il ne faut pas prendre garde aux sentimens des particuliers. Car l'esprit de l'homme est capable d'errer, non moins dans le choix des choses qu'il faut faire pour être heureux que dans la connoissance de toutes les autres vérités. De sorte qu'il ne faut pas avoir égard à ceux qui se sont figuré une fausse idée de bonheur ; et ainsi leur imagination étant abusée, ils semblent jouir de quelque ombre de félicité : semblables aux hypocondriaques, dont la fantaisie blessée se repaît du simulacre et du songe d'un plaisir vain et chimérique, et d'un fantôme léger, d'un spectacle sans corps.

Dieu a attaché des armes naturelles aux animaux, des ongles aux lions, des cornes aux taureaux, des dents aux sangliers; il les a au contraire séparées et détachées de l'homme, pour modérer en lui l'appétit de la vengeance.... que par raison.... y penser.

Les hommes affectent une liberté farouche qui ne connoît aucune règle, et ne veut dépendre que de son inclination. Les bêtes ne nuisent que par nécessité ou colère, l'homme par plaisir. Quoique la nature semble armée de toutes parts contre nous pour nous contenir dans les justes bornes, rien n'est capable de modérer la violence de nos passions, tant elles sont indomptables.

Un défaut qui empêche les hommes d'agir, c'est de ne sentir pas de quoi ils sont capables. Trois choses les en empêchent: la crainte, pour ne s'être pas éprouvés; la paresse, pour ne vouloir pas travailler; l'application ailleurs, pour satisfaire sa légèreté. La crainte présuppose un bon principe, le désir de bien faire : il le faut animer ; la paresse vient de lâcheté : il faut la combattre; l'application ailleurs vient de différentes causes : il faut se captiver. Il est à regretter qu'un bon naturel ne se mette pas à son meilleur usage.

XXXIV. — De la Société.

La société consiste dans les services mutuels que se rendent les particuliers; c'est pourquoi elle se lie par la communication et permutation : et tout cela est né du besoin, parce qu'il n'est pas possible qu'un seul homme puisse suffire à tout. Ainsi la société demande la diversité des ouvrages. Car s'il n'y en avoit que d'une sorte, chacun seroit suffisant à soi-même. De là vient que deux médecins ne composeront jamais une société, mais le médecin, par exemple, et le laboureur. Ils se donnent donc l'un à l'autre les choses dont ils ont besoin. Mais d'autant qu'il y en a dont l'ouvrage vaut mieux que celui des autres, afin d'obliger le meilleur à donner au moindre, il a fallu faire une mesure commune, et cela les hommes l'ont fait par l'estimation. Or afin que cela fût plus commode, d'autant qu'il sembloit extrêmement difficile d'égaler des choses de si différente nature, comme une maison et du blé, on a introduit l'usage de l'argent. Je vous donne mon blé, par exemple; mais j'aurai besoin d'un logement dans quelque temps. Je fais un échange avec Paul, afin de me loger : mais Paul n'a pas de quoi m'accommoder, il substitue de l'argent en la place du logement que je lui demande; et ainsi l'argent m'est comme caution que je pourrai avoir une maison quand la nécessité me preseras, sans quoi il est évident que je ne délivrerois pas mon blé que je ne visse la maison en mes mains. C'est pourquoi Aristote appelle l'argent *Fidejussor nummus, sponsor* [1].

L'argent n'est pas une chose que la nature désire pour lui-même : car les métaux par eux-mêmes n'ont aucun usage utile au service de l'homme. Aussi dans l'origine des choses, les richesses consistoient dans la possession des biens dont la nature avoit besoin et dont le désir nous est naturel, tel qu'est le froment, le vin et les troupeaux : nous le voyons dans les patriarches. Que si l'argent ne nous est nécessaire que comme substitué en la place de ces choses, le désir n'en doit pas être plus grand qu'il seroit de ces choses-là mêmes. Le désir maintenant va à proportion du besoin : or les bornes du besoin sont étroites. La nature est sobre et se contente de peu : mais la cupidité est venue, qui ne s'est plus voulu contenter du nécessaire; par les degrés du commode, du plaisant, du bienséant, elle est montée au délicieux, au mou, au superflu, au somptueux. Nous nous sommes fait certaines règles d'une bienséance incommode; d'où il est arrivé qu'un homme peut être pauvre, et néanmoins ne manquer de rien de ce que la nature désire : et cela c'est absolument ne manquer de rien, parce qu'il faut contenter la nature, non l'opinion. La pauvreté n'est plus opposée à la nécessité, mais au luxe; et ainsi ce que dit Aristote se vérifie en cette rencontre, « que les hommes ne travaillent qu'à irriter la soif de leurs cupidités [2]. »

[1] *De Morib.*, lib. V, cap. VIII. — [2] *Ibid.*, lib. VII, cap. XV.

XXXV. — Des Arts.

Les arts ne se profitent pas à eux-mêmes, mais à ceux auxquels ils président. La médecine a pour objet la conservation ou le rétablissement de la santé de ceux qu'elle traite; l'art pastoral ne tend à autre chose, sinon que les troupeaux soient en bon état; et comme l'art pastoral et les autres arts ne profitent rien d'eux-mêmes à qui s'en sert, il a été besoin d'y établir quelque récompense pour ceux qui les exercent. L'art de gouverner est de même; et il faudroit que les hommes fussent obligés par quelques gages d'accepter le gouvernement, ou sous quelques peines. La peine est d'être soumis aux méchans, qui contraint les bons d'accepter la conduite: de sorte que s'il y avoit une ville où tous les hommes fussent bons, on se battroit pour ne pas conduire, avec le même empressement que l'on fait maintenant pour gouverner. Car il n'y a point d'homme assez insensé qui n'aime mieux qu'on pourvoie justement à tous ses besoins, que de se faire des affaires en se chargeant de subvenir à ceux des autres.

XXXVI. — De la Guerre.

La guerre est une chose si horrible, que je m'étonne comment le seul nom n'en donne pas de l'horreur : en quoi je ne puis souffrir l'extrême brutalité des anciens, qui avoient fait une divinité pour la guerre, au lieu qu'un esprit qui ne s'occupe qu'aux armes est, non un Dieu, mais une furie. S'il venoit un homme ou du ciel ou de quelque terre inconnue et inaccessible, où la malice des hommes n'eût pas encore pénétré, à qui on fît voir tout l'appareil d'une bataille et d'une guerre, sans lui dire à quoi tant de machines épouvantables, tant d'hommes armés seroient destinés, il ne pourroit croire autre chose, sinon que l'on se prépare contre quelque bête farouche ou quelque monstre étrange, ennemi du genre humain. Que si on venoit à lui dire que cela se prépare contre des hommes, il ne faut point douter que ce récit ne lui fît dresser les cheveux, qu'il n'eût en abomination une si cruelle entreprise, et qu'il ne maudît mille et mille fois ceux qui l'auroient conduit en une terre si inhumaine. Mais encore souffrons que les nations se battent les unes contre les autres, puisque telle est notre inhumanité et notre fureur, que lorsque nous nous trouvons séparés de quelques fleuves, ou quelques montagnes, et où par quelques légères différences de langage ou de mœurs, nous semblons oublier que nous avons une nature commune. Mais que des peuples qui se sont associés ensemble sous les mêmes lois et le même gouvernement, afin de se prêter un secours mutuel ; que ces peuples, dis-je, se détruisent eux-mêmes par des guerres sanglantes, cela passe à la dernière extrémité de la fureur.

XXXVII. — Du Corps.

Le corps n'est qu'une victime que la charité consacre ; en l'immolant, elle le conserve, afin de le pouvoir toujours immoler : une masse de boue qu'on pare d'un léger ornement à cause de l'ame qui y demeure. Si un roi étoit obligé de demeurer dans quelque pauvre maison, ornement passager, quelque rayon de la magnificence royale. Ainsi cette terre et cette poussière qui forme notre corps, est revêtue de quelque éclat en faveur de l'ame qui doit y habiter quelque temps. Toutefois c'est toujours de la poussière, qui au bout d'un terme bien court retombera dans la première bassesse de sa naturelle corruption.

Plût à Dieu que je m'ensevelisse avec Jésus-Christ pour être son cohéritier! Car que faisons-nous, chrétiens, que faisons-nous autre chose, lorsque nous flattons ce corps, que d'accroître la proie de la mort, lui enrichir son butin, lui engraisser sa victime? Pourquoi m'es-tu donné, ô corps mortel, fardeau accablant, soutien nécessaire, ennemi flatteur, ami dangereux, avec lequel je ne puis avoir ni guerre ni paix, parce qu'à chaque moment il faut s'accorder et à chaque moment il faut rompre? O inconcevable union et aliénation non moins surprenante! Malheureux homme que je suis! Et vous vous attachez à ce corps mortel, et vous bâtissez sur ces ruines, et vous contractez avec ce mortel une amitié immortelle?

Je ne sais pourquoi je suis uni à ce corps mortel, ni pourquoi étant l'image de Dieu, il faut que je sois plongé dans cette boue.

Je le hais comme mon ennemi capital, je l'aime comme le compagnon de mes travaux ; je le fuis comme ma prison, je l'honore comme mon cohéritier.

Regarder la vie comme un faux ami ; fermer les sens, vivre hors de la chair et du monde, recueilli en soi, conversant avec soi et avec Dieu. Mener une vie au-dessus de tout ce qui est visible et recevoir les idées divines, toujours nettes et immuables, nullement mélangées des formes terrestres, errantes et vagues, que le mouvement des choses humaines nous imprime. Etre par ce moyen, et devenir de plus en plus un miroir très-net de Dieu et des choses divines : s'élever à la lumière par la lumière, c'est-à-dire, à la plus claire par la plus obscure : goûter par avance la vie céleste.

XXXVIII. — De la Mort.

Voyez cette bouche ouverte, ce visage allongé, cette respiration entrecoupée, ce jugement offusqué qui revient par certains momens comme de fort loin : autant de signes prochains de la mort. Les amis du moribond, vivement affligés, se livrent à une sorte de désespoir, qui leur fait tout tenter pour rappeler le mourant à la vie : chacun s'empresse à le secourir quand on ne peut plus rien ; et dans les vicissitudes de la maladie on passe successivement de la tristesse à la joie, et de l'une à l'autre. S'il paroît quelque mieux dans l'état du malade, on aperçoit sur ceux qui l'environnent un rayon d'espérance qui illumine tout à coup le visage comme au travers d'un nuage ; et enfin, lorsque le malade est aux prises avec la mort, tout le monde court sans savoir où ; dès qu'il est expiré, la douleur éclate par les cris et les sanglots. Le temps semble adoucir le chagrin que cause cette mort : sa femme ne pleure plus et croit être tranquille ; cependant elle demeure étourdie, comme si elle étoit tombée du haut d'un clocher. On ne peut imaginer la mort : on croit à toute heure voir entrer le défunt : l'ame, afin de suppléer la présence de l'objet qu'elle aime, fait effort pour rendre sa douleur immortelle : son affection envers la mémoire de son ami et le désir de le faire revivre, lui fait prendre tous les moyens qui peuvent réparer sa perte. On voit par là combien on a raison de dire que cela est un des principes de l'idolâtrie : un reste de l'immortalité perdue nous fait ainsi combattre contre la mort. Mais il est fort nécessaire de se préparer de bonne heure à perdre ce qui nous est cher; car dans le coup on écoute peu les consolations.

La mort nous doit rendre plus forts contre la douleur, et la douleur contre la mort. Dans l'heure de la mort, deux sentimens à corriger : premièrement, la crainte, celle qui trouble ; secondement, quand tout est désespéré, par dépit on voudroit bientôt finir et par impatience à cause de la douleur.

XXXIX. — Funestes effets des plaisirs.

L'intempérance a attiré les plus terribles châtimens. Il ne faut pas jeter les yeux sur l'objet, ni se permettre le moindre retour : se rappeler la femme de Lot. L'adultère de David a été plus puni que son meurtre. La volupté affoiblit le cœur et énerve le principe de droiture, comme on le voit dans Samson et dans Salomon. La volupté commence ses attaques par les yeux ; ce sont les premiers qui se corrompent. L'impudicité est nommée la première et avec l'idolâtrie : elle s'excuse toujours sur sa foiblesse. La luxure et la dépense se tournent en cruauté.

XL. — Des Passions.

Le plaisir d'être maître de soi-même et de ses passions, doit être balancé avec celui de les contenter ; et il emportera le dessus, si nous savons comprendre ce que c'est que la liberté.

Inconstantia concupiscentiæ transvertit sensum sine malitiâ [1] : « Les passions volages de la concupiscence renversent l'esprit, même éloigné du mal. » Pourquoi ? Parce que errans d'un désir à un autre, à la fin il s'en trouve quelqu'un qui nous surprend ; comme un malade chagrin qu'on tâche de divertir tantôt par un objet tantôt par un autre, on lui propose des jeux de toutes façons, enfin insensiblement on l'amuse.

[1] *Sapient.*, IV, 12.

XLI. — Comment on s'engage dans les emplois.

Nous nous plaignons de notre ignorance; mais c'est elle qui fait presque tout le bien du monde : ne prévoir pas, fait que nous nous engageons. C'est ainsi qu'on entre dans le mariage et dans les emplois, qu'on se détermine à aller à la guerre : on n'a qu'une vue générale des incommodités qui s'y trouvent. On s'engage, on trouve mille accidens imprévus; on voudroit retourner en arrière, il est trop tard, on est engagé.

XLII. — Les parens ne doivent pas s'opposer à la vocation de leurs enfans. Vertus de sainte Fare.

Que n'a pas gâté la concupiscence? Elle a vicié même l'amour paternel. Les parens jettent leurs enfans dans les religions sans vocation, et les empêchent d'y entrer contre leur vocation.

Les parens de sainte Fare veulent la forcer d'entrer dans le mariage; mais on la veut ôter à Jésus-Christ, on lui veut ravir l'Epoux céleste. Sainte Fare s'en prend à ses yeux innocens, qu'elle éteint, qu'elle noie dans un déluge de larmes. Cette sainte, qui se renferme, a voulu n'être jamais vue et ne jamais voir.

Mais quelle fut la fécondité de sainte Fare par l'union qu'elle contracta avec l'Epoux céleste? Le voisinage, tout le royaume, l'Angleterre même, recueillirent les précieux fruits de ce mariage tout divin. Elle enfanta à Jésus-Christ saint Faron son frère, que je ne puis nommer sans confusion et sans consolation : sans consolation, parce qu'il m'apprend mes devoirs; sans confusion, parce qu'il accable mon infirmité par l'exemple de ses vertus. Diocèse de Meaux, ce que tu dois à Fare est inestimable : tu lui dois saint Faron. Et vous, mes filles, qui avez pour mère et pour modèle sainte Fare, donnez par vos prières un imitateur de saint Faron à ce diocèse.

XLIII. — Vertus de sainte Gorgonie.

Elle ne s'est point souciée de se charger d'or, ni de pierreries, ni de cette beauté étrangère qu'on achète ou qu'on s'attache par artifice, faisant une idole de l'image de Dieu. Point de rouge que celui que causoit la pudeur, ni de blanc que celui que donne l'abstinence : elle laissoit les autres ornemens à celles à qui la pudeur est une honte, qui désirent la santé pour la beauté, l'embonpoint, la vivacité pour le teint; laides par leur beauté empruntée, déshonorées par leurs ornemens artificiels, défigurées par leur air, choquantes et importunes par leur agrément affecté.

Qui a plus su? Qui a moins parlé? O corps exténué! ô ame qui soutenoit le corps presque sans aucune nourriture! ou plutôt ô corps contraint de mourir avant la mort même, afin que l'ame fût en liberté! ô membres tendres et délicats, couchés sur la dure! ô gémissemens! ô cris de la nuit pénétrant les nues, perçant jusqu'à Dieu! ô fontaines de larmes, sources de joie! O Eve! ô appât du plaisir sensible et goût du fruit défendu, surmontés par la continence! O Jésus-Christ! ô sa mort! ô son anéantissement et sa croix, honorés par la pratique de la pénitence! O femme, qui a fait voir que la différence du sexe n'est pas dans l'esprit ni dans le cœur!

XLIV. — Honneur dû aux Saints.

Le vrai honneur que nous devons rendre aux Saints, c'est de les imiter. Leurs reliques nous prêchent, en nous invitant à suivre leurs exemples; elles nous demandent un reliquaire vivant, les vertus, le cœur.

XLV. — Des Prédicateurs.

Condition périlleuse des prédicateurs, à qui il n'y a rien ni tant à désirer, ni tant à craindre que la satisfaction et même le profit de leurs auditeurs.

Nous parlons contre le luxe, et on nous l'amène devant nos yeux; nous élevons nos voix contre les irrévérences scandaleuses, et nous n'entendons autre chose. Il y a quelques gens de bien qui gémissent en leur conscience, qui disent en eux-mêmes : Ils ont raison. Mais nous ne les connoissons pas; ils se cachent parmi la presse et ils nous échappent.

PENSÉES DÉTACHÉES.

I. Il y en a qui ne trouvent leur repos que dans une incurie de toutes choses, qui ne prennent rien à cœur, qui se donnent à ce qui est présent et n'ont du futur aucune inquiétude, non point parce qu'ils ne croient pas, mais parce qu'ils n'y songent pas. Ils ne nient pas, mais ils ne sont pas persuadés du siècle futur.

II. Les hommes estiment foiblesse de ne s'attendre qu'à Dieu. Il y a un athéisme caché dans tous les cœurs, qui se répand dans toutes les actions. On compte Dieu pour rien; on croit que quand on a recours à Dieu, c'est que les choses sont désespérées et qu'il n'y a plus rien à faire.

III. La curiosité nous porte à disputer des choses divines, et produit en nous l'empressement d'en parler; de là naît ensuite le mépris et l'indifférence : il semble qu'on s'intéresse pour la piété, et dans le fait on en détruit tout l'esprit. La curiosité veut aller toute seule; la foi accorde et tempère toutes choses.

IV. Il y a des hypocrites qui ont dessein de tromper; il y a des hypocrites qui trompent et n'en ont pas précisément le dessein, mais qui agissent par bienséance et ne veulent point donner de scandale. Les premiers sont plus dangereux pour les autres, et les seconds pour eux-mêmes.

V. Il semble qu'il y ait des personnes que Dieu n'ait destinées que pour les autres, pour instruire, pour donner exemple. Ils ont une demi-piété, des sentimens imparfaits de dévotion, parce que cela règle du moins l'extérieur et est nécessaire pour cet effet : mais le sceau de la piété, c'est-à-dire les bonnes œuvres et la conversion du cœur ne s'y trouvent pas; ils ne s'abstiennent pas des péchés damnables.

VI. Combien en voit-on qui se servent de la philosophie, non pour se détacher des biens de la fortune, mais pour plâtrer la douleur qu'ils ont de les perdre, et faire les dédaigneux de ce qu'ils ne peuvent avoir?

VII. *Nisi venerit discessio primùm* [1] : « Il ne viendra point que

[1] II *Thess.*, II, 3.

la révolte et l'apostasie ne soit arrivée auparavant. » Quel est ce mystère d'iniquité, cette apostasie des hommes quittant Jésus-Christ, en sorte qu'il ne trouve plus de vraie foi parmi eux? *Non inveniet fidem* [1]. Ce mystère d'iniquité est fait pour éprouver ses élus et ses fidèles serviteurs, et il consiste dans la corruption des maximes de l'Evangile et l'établissement de l'antichristianisme.

VIII. *Nonne et ethnici hoc faciunt* [2]? « Les païens ne le font-ils pas aussi? » Il faut que notre justice passe celle des gentils, qu'elle passe même celle des pharisiens. Quand serons-nous chrétiens, nous qui ne sommes pas encore arrivés au premier degré, qui est celui de la philosophie et sagesse purement humaine?

IX. Les chrétiens doivent apprendre à profiter de tout, des biens et des maux de la vie, des vices et des vertus des autres, de leur persévérance et de leur chute, de leurs tentations, de leurs propres fautes et de leurs bonnes actions.

X. *Utamur nostro in nostram utilitatem* [3] : faire usage de Dieu pour aller à Dieu, c'est la vie chrétienne.

XI. *Fili, in vitâ tuâ tenta animam tuam; et si fuerit nequam, non des illi potestatem* [4] : « Mon fils, éprouvez votre ame pendant votre vie; et si vous trouvez que quelque chose lui soit dangereux, ne la lui accordez pas. » La tentation dans les grandes charges, dans les grandes affaires, c'est qu'on les trouve si importantes qu'on y donne tout et que l'affaire du salut s'oublie.

XII. Que vous vous faites de belles maisons! que vous acquérez de belles terres! Pourquoi vous faites-vous de nouveaux liens? pourquoi aggravez-vous votre fardeau? Votre maison est bâtie, votre héritage est assuré, toutes vos acquisitions sont faites; il n'y a plus qu'à se mettre en possession.

XIII. En l'autre vie tout est infiniment plus vif qu'en celle-ci. Nous n'avons ici qu'une ombre de plaisir, et qu'une ombre de douleur. Nous ne saurions concevoir toutes les puissances du siècle futur, *Virtutes sæculi venturi* [5]. La vertu, la force, la puissance, se montrent là : tout ce qui est en cette vie n'est rien.

XIV. On voit dans les hommes le désir de plaire, c'est le pre-

---

[1] *Luc.*, XVIII, 8.— [2] *Matth.*, V, 47. — [3] S. Bern., hom. III, super *Missus*, n. 14. — [4] *Eccli.*, XXXVII, 30. — [5] *Hebr.*, VI, 5.

mier péché par complaisance; on y voit aussi le désir de contredire. Comment accorder de si grandes contradictions? C'est que nous voulons tout rapporter à nous, et ne pouvons souffrir ce qui s'oppose à nos désirs. De la première source vient la flatterie, de l'autre la plupart des désordres de la vie.

XV. Le précepte n'empêche pas le péché, parce qu'il faut boucher la source qui est la convoitise; au contraire le précepte irrite le désir, car l'ame fait effort quand on veut lui ôter ce qu'elle regarde comme son bien. Or quand on lui défend, on lui arrache déjà en quelque sorte ce qu'elle possède par l'amour, et elle accroît son effort pour le retenir.

XVI. Peut-on mettre en comparaison ce que vous faites de bien avec ce que vous faites de mal? Pourquoi péchez-vous? parce que vous aimez le péché. Pourquoi priez-vous? parce que vous craignez : l'un donc par l'inclination, l'autre par une espèce de force.

XVII. Il est important que l'esprit soit dompté : nous n'avons pas le courage de retrancher nous-mêmes notre volonté; Dieu, comme souverain Médecin, le fait en plusieurs manières, et surtout par les contradictions qu'il nous envoie. Les véritables vertus se font remarquer durant les persécutions.

XVIII. *De peccato triumphum agere* [1] : « Triompher du péché comme un conquérant, qui non content d'avoir vaincu, choisit un jour pour triompher : » mener ainsi ce péché, ce roi captif en triomphe par une pénitence publique et édifiante. Deux sortes de personnes ont besoin de conversion : les honnêtes païens qui n'ont que des vertus morales, et ceux qui ont commis de grands crimes.

XIX. Les criminels doivent agir différemment envers un juge qu'ils ne feroient envers un père : envers un juge, on nie, on se défend, on s'excuse; envers un père, on confesse, on promet, on demande grace: on ne défend pas le passé, on donne des assurances pour l'avenir. Un juge veut la punition, et un père l'amendement du criminel; c'est pourquoi il oublie le passé, pourvu qu'on stipule pour l'avenir.

XX. Dieu veut que nous le servions avec ferveur; c'est pour-

[1] S. Greg. Nazianz., *Orat.* XL, n. 26.

quoi il fait naître en nous les passions qui font agir ardemment, comme l'émulation.

XXI. Il faut mener les hommes passionnés comme des enfans et des malades, par des espérances vaines.

XXII. Pour pratiquer la patience chrétienne, il faut souffrir les maux, souffrir le dégoût, souffrir le délai.

XXIII. *Orantes nolite multùm loqui* [1] : « N'affectez point de parler beaucoup dans vos prières. » Jésus-Christ nous avertit ici d'éviter les prières où l'on ne fait que parler sans sentiment, où le cœur ne dit rien de lui-même, mais va tout emprunter de l'esprit.

XXIV. La retraite et l'oraison nous apprennent à mourir, parce que celle-là détache les sens des objets extérieurs, et celle-ci l'esprit des sens.

XXV. Dieu enseigne quelquefois aux hommes des choses qu'ils ne pensent pas savoir : « J'ai instruit une veuve, dit-il à Elie, pour te nourrir [2]. » Elle n'en savoit rien, la disposition secrète du cœur.

XXVI. L'Ecriture donne de l'ame à ce qui n'en a pas, pour bénir Dieu ; du corps à ce qui n'en a pas, pour nous rendre plus sensibles les opérations divines, et s'accommoder à notre foiblesse. *Misericordia et veritas obviaverunt sibi ; justitia et pax osculatæ sunt* [3] : « La miséricorde et la vérité se sont rencontrées ; la justice et la paix se sont donné le baiser. »

XXVII. Combien l'esprit de raillerie est-il opposé au salut et au sérieux de l'Evangile? *Væ vobis, qui ridetis* [4] : « Malheur à vous, qui riez. » Les gens du monde ne savent eux-mêmes pourquoi ils y sont attachés.

XXVIII. Nous agissons par humeur et non par raison ; c'est pourquoi l'ambition ni l'avarice ne se changent pas pour avoir ce qu'elles demandent, parce que l'humeur demeure toujours. Les appétits, qui consistent à remplir les organes corporels, se finissent à cause que les organes sont bornés : mais dans les appétits où l'imagination doit être remplie, il n'y a nulle fin ; c'est ce qui s'appelle agir par humeur.

---

[1] *Matth.*, VI, 7. — [2] III *Reg.*, XVII, 9. — [3] *Psal.* LXXXIV, 11. — [4] *Luc.*, VI, 25.

XXIX. Rien de plus commun dans la bouche des hommes que le mensonge, et que de prendre à témoin la première vérité. Quiconque ment ne garde point la foi qu'il exige ; car il veut que celui à qui il ment lui soit fidèle dans la chose même sur laquelle il le trompe. Or celui qui viole la foi donnée, est coupable d'une grande injustice.

XXX. On dit : Cet homme m'a ôté mon honneur. Comment? En me faisant un affront. Ce n'est pas lui qui vous l'ôte, car l'injuste injure étant mal fondée, n'ôte rien, c'est l'opinion de ceux qui jugent mal des choses.

XXXI. La renommée nous en impose, quoique cent fois on ait été trompé par ses faux bruits. Cette séduction a pour principe, ou la malignité de notre cœur toujours prêt à s'ouvrir à la médisance, ou notre amour-propre aussi empressé à se persuader tout ce qui peut flatter l'intérêt de ses désirs.

FIN DU DIXIÈME VOLUME

(TROISIÈME DES SERMONS).

TABLE

DES MATIÈRES CONTENUES DANS LE DIXIÈME VOLUME

(TROISIÈME DES SERMONS).

PREMIER SERMON POUR LE VENDREDI SAINT. — Sur la Passion de Notre-Seigneur Jésus-Christ. Jésus, chargé de nos crimes dans son holocauste, est tourmenté par trois sortes d'ennemis : par lui-même, sous la honte et le poids du péché, dans cette cruelle agonie qui lui fit répandre des flots de sang et d'eau; par les Juifs, qui soulevèrent contre lui toute la nature dans sa passion, qui l'abreuvèrent d'outrages et couvrirent son corps sacré de plaies profondes; par son Père, qui se déclare contre lui sur la croix, lui imprime toutes les terreurs de la justice suprême et l'accable sous la malédiction réservée aux pécheurs. 1

SECOND SERMON POUR LE VENDREDI SAINT. — Sur la Passion. Parce que la mort du Sauveur est un sacrifice, elle nous apprend ce que nous devons perdre avec joie, c'est-à-dire les biens périssables; parce qu'elle est un mystère de rédemption, elle nous apprend ce que nous devons conserver précieusement, ce sont nos ames ; parce qu'elle est un combat, elle nous apprend ce que nous devons conquérir courageusement, on sait que c'est le ciel. 24

TROISIÈME SERMON POUR LE VENDREDI SAINT. — Sur la Passion. Le testament fait pour nous sur le Calvaire est inébranlable, parce que Jésus l'a écrit de son sang; il nous est infiniment utile, parce que Jésus nous y laisse la rémission de nos crimes; il est souverainement équitable, parce que Jésus nous y ordonne la société de ses souffrances. 54

QUATRIÈME SERMON POUR LE VENDREDI SAINT. — Sur la Passion. Dans le mystère sanglant de la croix, les hommes osent tout par injustice, Jésus souffre tout par obéissance, il pardonne tout par miséricorde. Or nous trouvons, dans les persécutions qu'il endure, notre crime; dans l'obéissance qu'il pratique, notre modèle; dans le pardon qu'il accorde, notre grace et notre espérance. 74

PREMIER SERMON POUR LE JOUR DE PAQUES. — Sur la nécessité de mourir avec Jésus-Christ, de ressusciter avec lui, et d'être comme lui immortel à la grace. Jésus-Christ est mort au péché; nous devons mourir à nos passions mauvaises; il est ressuscité pour vivre selon Dieu : nous devons renaître à une vie toute céleste; il ne meurt plus une fois ressuscité : nous devons vivre éternellement à la grace. 92

SECOND SERMON POUR LE JOUR DE PAQUES. — Sur la vie nouvelle du chrétien. Pour renaître avec Jésus-Christ, nous devons détruire en nous le péché, c'est notre justification; non contens d'avoir détruit le péché, nous devons en attaquer les restes par la répression de nos mauvais désirs, c'est notre exercice; en mortifiant en nous les mauvais désirs, nous préparons peu à peu nos corps à l'immortalité glorieuse, c'est notre espérance. 119

Second exorde pour le sermon précédent. 138

Troisième sermon pour le jour de Paques. — Sur la nécessité de purifier, de consacrer et d'entretenir le temple de notre cœur. Comme notre cœur a été profané par le culte immonde des fausses divinités, c'est-à-dire des passions, il faut effacer tous les vestiges de ce culte irréligieux; lorsqu'il est purifié de ces marques honteuses, il faut le consacrer en dirigeant toutes ses pensées au culte de Dieu; puisqu'il est un édifice antique et caduc, il faut le visiter avec soin pour le garder, le soutenir et le réparer tous les jours. 142

Second exorde pour le sermon précédent. 162

Quatrième sermon pour le jour de Paques. — L'immortalité sur la terre. Jésus-Christ ressuscité et qui ne meurt plus est auteur d'une loi toujours nouvelle, fondateur d'une Eglise toujours immuable, chef de membres toujours vivans : nous devons à cette loi toujours nouvelle un perpétuel renouvellement de nos mœurs; à cette Eglise toujours immuable, un inviolable attachement; à ce Chef qui nous veut avoir pour membres toujours vivans, une horreur du péché si vive qu'elle nous le fasse éternellement détester plus que la mort. 164

Premier abrégé d'un sermon pour le jour de Paques. — Trois choses: passer par la croix, en quoi consiste cette croix, les moyens de la porter. 193

Second abrégé d'un sermon pour le jour de Paques. — Nous devons nous réjouir de deux choses: des graces que la résurrection de Jésus-Christ nous assure dans la vie présente, et des graces qu'elle nous donne le droit d'espérer dans la vie future. 196

Sermon pour le dimanche de Quasimodo. — Sur la paix faite et annoncée par Jésus-Christ. Le Fils de Dieu a fait notre paix : sa mort en est le moyen; renoncer au monde, la condition; le commerce rétabli entre le ciel et la terre, la suite et le fruit. 201

Sermon pour le troisième dimanche après Paques. — Sur la Providence. La prospérité des méchans est inconstante et trompeuse, l'affliction des bons est un remède salutaire, et l'espérance du bonheur éternel en adoucit l'amertume. 217

Abrégé d'un sermon pour le troisième dimanche après Paques. — Sur le danger des plaisirs des sens : le chrétien doit renoncer aux joies sensuelles, ne rien aimer que de saint et ne rien rechercher que de véritable. 239

Sermon pour le cinquième dimanche après Paques. — Ce que c'est que d'aller à notre Père, ce qui doit nous arriver en attendant que nous y soyons, et quel bien nous y aurons quand nous y serons arrivés. . . 247

Sermon pour l'Ascension de Notre-Seigneur Jésus-Christ. — Jésus-Christ devoit s'approcher du Père pour être notre Négociateur : étant près du Père, il devoit intercéder pour nous; en intercédant pour nous, il devoit nous bénir et répandre les graces sur nous. 263

Premier sermon pour le jour de la Pentecote. — La loi nous tue par la lettre, et la grace nous vivifie par l'esprit. 285

Autre exorde et fragmens du premier sermon pour le jour de la Pentecote. 308

SECOND SERMON POUR LE JOUR DE LA PENTECOTE. — Le Saint-Esprit répand sur les fidèles l'esprit de force et l'esprit de charité : l'esprit de force pour combattre le monde, l'esprit de charité pour vivre les uns avec les autres dans la paix du christianisme. 316

TROISIÈME SERMON POUR LE JOUR DE LA PENTECOTE. — Le Saint-Esprit convainc le monde de péché, en donnant aux chrétiens l'esprit de force qui les rend en quelque sorte invincibles à leurs propres maux, et l'esprit de charité qui les fait compatir aux maux de leurs frères. . . . 338

ABRÉGÉ D'UN SERMON POUR LE JOUR DE LA PENTECOTE. 352

SERMON SUR LE MYSTÈRE DE LA TRÈS-SAINTE TRINITÉ. — Comme le Père, le Fils et le Saint-Esprit sont un dans le même être, dans la même intelligence, dans le même amour : ainsi les fidèles doivent être un dans le même être par leur nouvelle nativité, un dans la même intelligence par la doctrine de vérité, un dans le même amour par le lien de la charité. 355

SERMON POUR LE TROISIÈME DIMANCHE APRÈS LA PENTECOTE. — Les anges se réjouissent de la conversion des pécheurs, parce qu'ils voient magnifiquement éclater dans la pénitence la miséricorde et la justice de Dieu : la miséricorde dans la conversion, la justice dans la satisfaction ; la première dans la rémission des péchés, la seconde dans les gémissemens des pécheurs. 370

SERMON POUR LE CINQUIÈME DIMANCHE APRÈS LA PENTECOTE. — Sur la réconciliation avec nos frères : Jésus-Christ nous ordonne de nous réconcilier avec nos frères avant d'offrir notre présent à l'autel, et Dieu n'accepte que les offrandes des ames vraiment réconciliées. 385

SERMON POUR LE NEUVIÈME DIMANCHE APRÈS LA PENTECOTE. — Sur la bonté et la rigueur de Dieu à l'égard des pécheurs : Jésus déplorant nos maux à cause de sa propre bonté ; Jésus devenu impitoyable à cause de l'excès de nos crimes. 400

ABRÉGÉ D'UN SERMON POUR LE VINGT-UNIÈME DIMANCHE APRÈS LA PENTECOTE. — Parabole du serviteur. Trois vérités : 1° que tout pécheur contracte une dette envers la justice divine ; 2° qu'il ne peut jamais lui en faire le paiement, si Dieu ne la lui remet par pure grace ; 3° que la condition qu'il y appose, c'est que nous remettions aux autres. 427

PREMIER SERMON POUR LE JOUR DE L'EXALTATION DE LA SAINTE CROIX. — Sur la vertu de la croix ; elle glorifie Dieu en sauvant le monde. En effet la gloire de Dieu est en sa puissance et en sa bonté. Or c'est la croix qui fait éclater le mieux la puissance et la bonté divine : car, en premier lieu, mourant par puissance et non par foiblesse, le Sauveur renverse le pouvoir des démons et subjugue les cœurs des hommes ; en second lieu, mourant pour les coupables, il répand sur le monde avec son sang les trésors infinis de ses graces et de ses biens. 429

SECOND SERMON POUR LE JOUR DE L'EXALTATION DE LA SAINTE CROIX. — Sur les souffrances. La justice et la miséricorde sont jointes ensemble sur le Calvaire ; car le Père frappe son Fils innocent pour l'amour des hommes criminels, et en même temps il pardonne aux hommes criminels pour l'amour de son Fils innocent. De même Dieu frappe les hommes pour exercer sa miséricorde et sa justice : la croix est une grace dans les uns et une vengeance dans les autres ; les souffrances conduisent au ciel ceux qui les supportent avec patience, elles commencent l'enfer de ceux qui les endurent sans pénitence. 451

PRÉCIS D'UN SERMON POUR LE JOUR DE L'EXALTATION DE LA SAINTE CROIX.
— Exaltation sur le Calvaire : la croix nous montre dans Jésus le Fils de Dieu et le Rédempteur du monde; le Roi, le vainqueur et le conquérant du monde; le Docteur, le Chef et le modèle du monde : elle nous découvre tous ses mystères, tous ses attraits, tous ses préceptes. . . . 466

EXHORTATION AUX NOUVELLES CATHOLIQUES. — Pauvreté et patience, richesse et charité. L'Evangile nous enseigne deux voies pour arriver au céleste royaume : la voie royale de la pauvreté, celle que suivent après Jésus-Christ ceux qui portent sa marque, c'est-à-dire la souffrance et la croix; puis la voie large de la fortune, celle que parcourent les riches du monde en secourant les misérables, par l'adoucissement de leurs amertumes et le soulagement de leurs douleurs. Ainsi Dieu nous éprouve de ces deux manières : si vous vivez dans l'indigence, croyez que le Seigneur vous éprouve pour reconnoître votre patience; si vous êtes dans l'abondance, croyez que le Seigneur vous éprouve pour reconnoître votre charité. 468

FRAGMENT D'UN DISCOURS SUR LA VIE CHRÉTIENNE. — Comme l'ame est la vie du corps, ainsi Dieu est la vie de l'ame : il s'unit à elle de la manière la plus étroite, il l'élève à des actes surnaturels, il lui donne le gage de l'immortalité bienheureuse. 481

PREMIÈRE EXHORTATION AUX URSULINES DE MEAUX. — La grace est une vertu spirituelle que Jésus-Christ répand dans nos ames; c'est cette source d'eau vive qui rejaillit jusqu'à la vie éternelle, en donnant et faisant fructifier le germe de la glorification, la justice et la sainteté. Pour recevoir cette eau vive, il faut lui ouvrir son cœur, c'est-à-dire il faut en bannir l'amour du monde par la vie intérieure, et l'affection du péché par l'aveu de ses fautes. 493

SECONDE EXHORTATION AUX URSULINES DE MEAUX. — D'après saint Jacques, il faut être « prompt à écouter et tardif à parler. » Prompt à écouter, qui? Jésus-Christ, qui parle intérieurement; puis les pasteurs et les directeurs des ames, qui déclarent ses volontés. Tardif à parler. Pourquoi? Pour offrir à l'esprit un séjour paisible dans son cœur, et pour garder la charité avec ses frères et ses sœurs. 502

ORDONNANCES NOTIFIÉES AUX URSULINES DE MEAUX. — L'office divin doit être chanté gravement en gardant la médiation. Ne point suggérer aux autres ses propres pensées dans les visites. Point d'amitiés privées, ni de communications secrètes, garder le secret du chapitre. Les Sœurs n'entreront pas dans les cellules les unes des autres. Elles ne feront point attendre les confesseurs au confessionnal. Elles se garderont de communiquer aux pensionnaires les affaires ou les difficultés de la communauté. 512

TROISIÈME EXHORTATION AUX URSULINES DE MEAUX. — Le moyen le plus sûr d'avancer dans la perfection chrétienne, c'est la retraite, la séparation d'avec les créatures, l'amour de la solitude. Car sitôt que l'ame est seule, Dieu lui parle intérieurement, lui fait sentir les touches de son Esprit et l'enchaîne par le charme de ses perfections infinies; mais les épanchemens faciles au dehors effacent les impressions de la grace, éteignent le feu de la piété, tournent le cœur vers le monde et le remplissent d'idées profanes qui traversent les exercices de la religion. . . . 517

QUATRIÈME EXHORTATION AUX URSULINES DE MEAUX. — Les religieuses vouées à l'instruction doivent, non-seulement détruire dans le cœur des enfans les moindres semences du mal, mais ne rien laisser paroître dans leur conduite qui ne les porte au bien et ne leur persuade la vertu. Vigilance continuelle pour déjouer les ruses du démon, qui après avoir été chassé d'une maison, s'efforce d'y rentrer par de nouvelles batteries. Se renouveler dans l'obligation et le sacrifice des vœux de pauvreté, de chasteté et d'obéissance. Jusqu'ici le prélat n'a employé que douceur, charité, bénignité et miséricorde; mais si la désobéissance et l'opiniâtreté l'y forçoit, il déploieroit ce pouvoir terrible, capable de confondre, d'abattre et d'écraser. 526

CONFÉRENCE FAITE AUX URSULINES DE MEAUX. — Le souverain Maître demandera beaucoup à ses vierges, parce qu'elles ont beaucoup reçu : elles ont reçu, non-seulement les graces communes de la vie chrétienne, mais encore les graces particulières de la vie religieuse. Les prêtres ne peuvent être changés dans les fonctions de leur ministère que pour des causes extraordinaires : de là, pour les religieuses, l'obligation de rester soumises à leurs directeurs malgré leurs prétentions et leur répugnance. Elles doivent garder l'union la plus étroite; point de partialité ni de contentions, point d'ambition ni de jalousie. 537

INSTRUCTION FAITE AUX URSULINES DE MEAUX. — Sur le silence. Il y a le silence de règle, le silence de prudence et le silence de patience. Le silence de règle est prescrit dans tous les Ordres religieux, parce qu'il prévient beaucoup de péchés, maintient la discipline et favorise l'esprit d'oraison. Le silence de prudence prévient les paroles blessantes, aide à supporter les humeurs grossières et ramène la paix dans les querelles et les contentions. Enfin le silence de patience souffre la douleur sans se plaindre, la calomnie sans se défendre, et les fausses accusations sans se justifier; il ne parle jamais pour soi-même, mais pour la charité, la vérité et la nécessité. 546

PAROLES SAINTES de mon illustre Pasteur, Monseigneur Jacques-Bénigne Bossuet, évêque de Meaux, la veille et le jour de ma profession. A l'interrogation hors de la clôture, à mes demandes après le sermon, à la sainte communion, en me donnant le voile, après la cérémonie. . . . 562

PRÉCIS D'UN DISCOURS FAIT AUX VISITANDINES DE MEAUX. 566

DISCOURS SUR L'UNION DE JÉSUS-CHRIST AVEC SON EPOUSE. — De l'union de l'ame avec Dieu. Le divin Epoux, voyant l'ame éprise de ses charmes, se présente à elle, se communique à elle, l'embrasse, l'attire au dedans de lui-même, la serre avec une complaisance merveilleuse : et l'Epouse investie des rayons de la Divinité, pénétrée de sa présence, éblouie de sa clarté, accablée du poids de sa grandeur, est surprise, étonnée, ravie en admiration; elle est comme noyée dans cet abime de perfection, perdue dans cet océan de bonté, brûlée et consumée dans cette fournaise d'amour. 568

PENSÉES CHRÉTIENNES ET MORALES SUR DIFFÉRENS SUJETS. 580

PENSÉES DÉTACHÉES. 635

FIN DE LA TABLE DU DIXIÈME VOLUME

(TROISIÈME DES SERMONS).

BESANÇON. — IMPRIMERIE D'OUTHENIN CHALANDRE FILS.

GRAND CATÉCHISME

OU

EXPOSITION SOMMAIRE DE LA DOCTRINE CHRÉTIENNE

APPUYÉE SUR LES TÉMOIGNAGES DE L'ÉCRITURE ET DES PÈRES

PAR LE R. P. CANISIUS,
de la Compagnie de Jésus.

OUVRAGE TRADUIT ET ANNOTÉ PAR L'ABBÉ PELTIER

Traducteur de la *Règle de Foi* du P. PERRONE.

RENFERMANT LE TEXTE LATIN.

DEUXIÈME ÉDITION

AUGMENTÉE D'UNE TABLE GÉNÉRALE DES MATIÈRES ET D'UNE THÉORIE DE LA FOI.

7 volumes in-8º. — Prix : 35 francs.

Ce livre est du petit nombre de ceux qui portent avec eux-mêmes leur recommandation. Les éditions latines qui existent de cet ouvrage, sont innombrables. Il y en a eu 400 en moins d'un siècle.

Pour donner une idée du mérite et de l'importance de cet ouvrage il nous suffira de dire qu'il est à la Doctrine ce qu'est aux Evangiles la *Chaîne d'Or* de saint Thomas ; c'est également un enchaînement continuel de l'Ecriture et des Pères.

BESANÇON. — IMPRIMERIE D'OUTHENIN CHALANDRE FILS.

www.ingramcontent.com/pod-product-compliance
Lightning Source LLC
Chambersburg PA
CBHW071150230426
43668CB00009B/895